Studien zum Privatrecht

Band 101

Cyril H. Hergenröder

Minderjährigkeit und finanzielle Überforderung

Mohr Siebeck

Cyril H. Hergenröder, geboren 1986; 2006–11 Studium der Spanischen Literaturgeschichte, Neueren deutschen Literaturgeschichte und Neueren und Neuesten Geschichte an der Universität Würzburg; 2008–13 Studium der Rechtswissenschaft mit Begleitstudium Europarecht ebenda; Rechtsreferendariat in Aschaffenburg, Würzburg und Barcelona; Wissenschaftlicher Mitarbeiter und Doktorand am Lehrstuhl für Deutsche und Europäische Rechtsgeschichte, Bürgerliches Recht und Kirchenrecht an der Universität Würzburg; derzeit Staatsanwalt bei der Staatsanwaltschaft Aschaffenburg sowie nebenamtlicher Wissenschaftlicher Mitarbeiter an der Universität Würzburg.

Das vorliegende Werk wurde als Dissertation an der Juristischen Fakultät der Julius-Maximilians-Universität angenommen.

ISBN 978-3-16-159915-6 / eISBN 978-3-16-160251-1
DOI 10.1628/978-3-16-160251-1

ISSN 1867-4275 / eISSN 2568-728X (Studien zum Privatrecht)

Die Deutsche Nationalbibliothek verzeichnet diese Publikation in der Deutschen Nationalbibliographie; detaillierte bibliographische Daten sind über *http://dnb.dnb.de* abrufbar.

Das Buch wurde von Gulde Druck in Tübingen auf alterungsbeständiges Werkdruckpapier gedruckt und dort gebunden.

Printed in Germany.

Meinen Eltern

Vorwort

Die Teilhabe minderjähriger Personen am gesellschaftlichen Alltagsleben birgt für diese nicht nur vielerlei Entfaltungsmöglichkeiten, sondern auch nicht unerhebliche Risiken. Zu Letzteren zählt die Gefahr einer langfristigen, aus nachteilhaften Rechtsgeschäften oder aus deliktischer Verantwortlichkeit resultierenden finanziellen Überforderung, welche die Entwicklungsperspektiven junger Menschen über den Eintritt der Volljährigkeit hinaus spürbar beeinträchtigen kann. Ziel der vorliegenden Arbeit ist es, eine umfassende und auch praxisbezogene Analyse der zum Schutz minderjähriger Rechtsverkehrsteilnehmer bestehenden Regelungsmechanismen und des in diesem Zusammenhang bestehenden Reformpotentials zu bieten. Die Untersuchung entstand während meiner Tätigkeit als wissenschaftlicher Mitarbeiter am Lehrstuhl für Deutsche und Europäische Rechtsgeschichte, Bürgerliches Recht und Kirchenrecht der Julius-Maximilians-Universität Würzburg.

Meinen herzlichen Dank möchte ich an dieser Stelle meiner akademischen Lehrerin Frau Prof. Dr. Anja Amend-Traut aussprechen. Nicht allein ermöglichte sie mir die Anfertigung der vorliegenden Arbeit an ihrem Lehrstuhl und förderte deren Entstehung durch steten fachlichen Austausch und manch kritischen Rat; auch weckte sie in ihrem Doktoranden und Mitarbeiter darüber hinaus ganz grundsätzlich das Interesse und die Freude an der Wissenschaft. Dabei ließ sie mir zur Verwirklichung dieses Interesses im Rahmen meiner langjährigen Tätigkeit an ihrem Lehrstuhl vertrauensvoll und keinesfalls selbstverständlich vielzählige Freiheiten. Dank gebührt zudem Herrn Prof. Dr. Peter Limmer für die freundliche Übernahme der Zweitbetreuung meiner Arbeit und die rasche und wohlwollende Anfertigung des dazugehörigen Gutachtens. In stets guter Erinnerung werde ich im Übrigen die vielen Wegbegleiterinnen und Wegbegleiter am Institut für Rechtsgeschichte der Universität Würzburg behalten. Besonders erwähnt seien an dieser Stelle meine geschätzten Kollegen Dr. Josef Bongartz und PD Dr. Patrick Meier sowie Karolina Tekin.

Meinen Eltern, meinen beiden Schwestern und meinen Schwiegereltern danke ich für die stete Förderung und Unterstützung meines beruflichen wie persönlichen Werdegangs. Für die Übernahme der mühseligen Aufgabe des Korrekturlesens dieser Arbeit danke ich zudem meinen Eltern, meiner Schwester Cylia, Olaf Beller und meiner Frau Andrea.

Schließlich und zuvorderst danke ich meiner Frau Andrea von ganzem Herzen für ihre stete und bedingungslose Unterstützung. Ohne sie, ihren beständigen Zuspruch und ihr geduldiges Verständnis wäre mir die Anfertigung dieser Arbeit nicht möglich gewesen.

Aschaffenburg/Würzburg, August 2021 Cyril H. Hergenröder

Inhaltsverzeichnis

Abkürzungsverzeichnis

ABGB	Allgemeines bürgerliches Gesetzbuch
Abs.	Absatz
AcP	Archiv für die civilistische Praxis
ADAC	Allgemeiner Deutscher Automobil-Club e.V.
a.E.	am Ende
a.F.	alte Fassung
AG	Amtsgericht
AGB	Allgemeine Geschäftsbedingungen
AHB	Allgemeine Versicherungsbedingungen für die Haftpflichtversicherung
AktG	Aktiengesetz
ALR	Allgemeines Landrecht für die Preußischen Staaten
Alt.	Alternative
Anm. d. Verf.	Anmerkung des Verfassers
APuZ	Aus Politik und Zeitgeschichte
Art.	Artikel
BayObLG	Bayerisches Oberstes Landgericht
BB	Betriebs-Berater
BBG	Bundesbeamtengesetz
Bd.	Band
BefBedV	Verordnung über die Allgemeinen Beförderungsbedingungen für den Straßenbahn- und Obusverkehr sowie den Linienverkehr mit Kraftfahrzeugen
BerlVerfGH	Verfassungsgerichtshof des Landes Berlin
Beschl. v.	Beschluss vom
BGB	Bürgerliches Gesetzbuch
BGH	Bundesgerichtshof
BGHZ	Entscheidungen des Bundesgerichtshofs in Zivilsachen
BSG	Bundessozialgericht
BuE	Bildung und Erziehung
BVerfG	Bundesverfassungsgericht
BVerfGE	Entscheidungen des Bundesverfassungsgerichts
BW	Burgerlijk Wetboek
BWNotZ	Zeitschrift für das Notariat in Baden-Württemberg
bzw.	beziehungsweise
ca.	circa
CAS	Causa Sport
CC	Código Civil
CD	Compact Disk
Cod. Civ.	Codice Civile
CR	Computer und Recht

DAR	Deutsches Autorecht
DCFR	Draft Common Frame of Reference
DGVZ	Deutsche Gerichtsvollzieher Zeitung
d.h.	das heißt
DIJuF	Deutsches Institut für Jugendhilfe und Familienrecht
Diss.	Dissertation
DM	Deutsche Mark
DRiZ	Deutsche Richterzeitung
DStR	Deutsches Steuerrecht
DVD	Digital Versatile Disc
EGBGB	Einführungsgesetz zum Bürgerlichen Gesetzbuche
EMRK	Konvention zum Schutz der Menschenrechte und Grundfreiheiten
EU	Europäische Union
EuGH	Europäischer Gerichtshof
EKHG	Eisenbahn- und Kraftfahrzeughaftpflichtgesetz
ErbStB	Erbschaft-Steuerberater
et al.	et alii
EU	Europäische Union
e.V.	eingetragener Verein
EVO	Eisenbahn-Verkehrsordnung
f.	folgende/r/s
ff.	folgende
FamFR	Familienrecht und Familienverfahrensrecht
FamRZ	Zeitschrift für das gesamte Familienrecht
FIS	Fédération Internationale de Ski
Fn.	Fußnote
FPR	Familie Partnerschaft Recht
FuR	Familie und Recht
GbR	Gesellschaft bürgerlichen Rechts
gem.	gemäß
GG	Grundgesetz
GmbH	Gesellschaft mit beschränkter Haftung
GmbHG	Gesetz betreffend die Gesellschaften mit beschränkter Haftung
GRUR	Gewerblicher Rechtsschutz und Urheberrecht
GRUR-Prax	Gewerblicher Rechtsschutz und Urheberrecht, Praxis im Immaterialgüter- und Wettbewerbsrecht
GWP	Gesellschaft, Wirtschaft, Politik
h. M.	herrschende Meinung
HPflG	Haftpflichtgesetz
Hs.	Halbsatz
i.d.F.	in der Fassung
info also	Informationen zum Arbeitslosenrecht und Sozialhilferecht
InsO	Insolvenzordnung
ITRB	IT-Rechtsberater
i.V.m.	in Verbindung mit
JA	Juristische Arbeitsblätter
JAmt	Das Jugendamt – Zeitschrift für Jugendhilfe und Familienrecht
JArbSchG	Gesetz zum Schutz der arbeitenden Jugend – Jugendarbeitsschutzgesetz
JBl	Juristische Blätter

JGG	Jugendgerichtsgesetz
JIM	Jugend, Information, (Multi-) Media
JMS-Report	Jugend Medien Schutz-Report
JMStV	Jugendmedienschutz-Staatsvertrag
JURA	Juristische Ausbildung
JuS	Juristische Schulung
JuSchG	Jugendschutzgesetz
JZ	JuristenZeitung
Kap.	Kapitel
KErzG	Gesetz über die religiöse Kindererziehung
Kfz	Kraftfahrzeug
KG	Kommanditgesellschaft
KritV	Kritische Vierteljahresschrift für Gesetzgebung und Rechtswissenschaft
KTS	Zeitschrift für Insolvenzrecht
KUG	Gesetz betreffend das Urheberrecht an Werken der bildenden Künste und der Photographie
LG	Landgericht
LSG	Landessozialgericht
m. Anm.	mit Anmerkung
MDR	Monatsschrift für Deutsches Recht
MHbeG	Gesetz zur Beschränkung der Haftung Minderjähriger
MMR	Multimedia und Recht
MRG	Mietrechtsgesetz
m.w.N.	mit weiteren Nachweisen
n.F.	neue Fassung
NJOZ	Neue Juristische Online Zeitschrift
NJW	Neue Juristische Wochenschrift
NVersZ	Neue Zeitschrift für Versicherungsrecht
NZFam	Neue Zeitschrift Familienrecht
NZG	Neue Zeitschrift für Gesellschaftsrecht
NZS	Neue Zeitschrift für Sozialrecht
NZV	Neue Zeitschrift für Verkehrsrecht
ÖJZ	Österreichische Juristen-Zeitung
OGH	Oberster Gerichtshof
oHG	Offene Handelsgesellschaft
OLG	Oberlandesgericht
OR	Schweizerisches Obligationenrecht
PAuswG	Gesetz über Personalausweise und den elektronischen Identitätsnachweis
PBefG	Personenbeförderungsgesetz
PETL	Principles of European Tort Law
PIN	Persönliche Identifikationsnummer
POS	Point of Sale
RabelsZ	Rabels Zeitschrift für ausländisches und internationales Privatrecht
RG	Reichsgericht
Rn.	Randnummer
RNotZ	Rheinische Notar-Zeitschrift
Rpfleger	Der Deutsche Rechtspfleger
RStGB	Strafgesetzbuch für das Deutsche Reich

RStV	Staatsvertrag für Rundfunk und Telemedien
r+s-Beil.	recht und schaden Sonderheft
RW	Rechtswissenschaft
S.	Seite
SchadÄndG	Zweites Gesetz zur Änderung schadensersatzrechtlicher Vorschriften
SchRModG	Gesetz zur Modernisierung des Schuldrechts
SCHUFA	SCHUFA Holding AG
SEPA	Single Euro Payments Area/Einheitlicher Euro-Zahlungsverkehrsraum
SGB	Sozialgesetzbuch
SMS	short message service
sog.	sogenannte/r/s
SpuRt	Zeitschrift für Sport und Recht
StGB	Strafgesetzbuch
StVG	Straßenverkehrsgesetz
SuP	Schule und Psychologie
TMG	Telemediengesetz
TranspR	Transportrecht
u.	und
u.a.	unter anderem
uj	unsere Jugend (Zeitschrift für Studium und Praxis der Sozialpädagogik)
usw.	und so weiter
UrhG	Urhebergesetz
Urt. v.	Urteil vom
UWG	Gesetz gegen den unlauteren Wettbewerb
VermittVergV	Vermittler-Vergütungsverordnung
VersR	Versicherungsrecht
VR	Verwaltungsrundschau
VuR	Verbraucher und Recht
VVG	Versicherungsvertragsgesetz
WM	Zeitschrift für Wirtschafts- und Bankrecht
WRP	Wettbewerb in Recht und Praxis
ZAP	Zeitschrift für die Anwaltspraxis
z.B.	zum Beispiel
ZBlJR	Zentralblatt für Jugendrecht und Jugendwohlfahrt
ZErb	Zeitschrift für die Steuer- und Erbrechtspraxis
ZEV	Zeitschrift für Erbrecht und Vermögensnachfolge
Zfj	Zentralblatt für Jugendrecht
zfs	Zeitschrift für Schadensrecht
ZGB	Schweizerisches Zivilgesetzbuch
ZGR	Zeitschrift für Unternehmens- und Gesellschaftsrecht
ZInsO	Zeitschrift für das gesamte Insolvenz- und Sanierungsrecht
ZIP	Zeitschrift für Wirtschaftsrecht
ZJS	Zeitschrift für das Juristische Studium
ZMR	Zeitschrift für Miet- und Raumrecht
ZPO	Zivilprozessordnung
ZStW	Zeitschrift für die gesamte Strafrechtswissenschaft
ZRP	Zeitschrift für Rechtspolitik

ZUM	Zeitschrift für Urheber- und Medienrecht
ZVI	Zeitschrift für Verbraucher- und Privat-Insolvenzrecht

A. Einführung

I. Problemstellung

„Minderjährigenverschuldung" und „Jugendverschuldung" – hinter diesen schlagwortartigen Verkürzungen verbergen sich Problemkomplexe, welche aufgrund ihrer gesellschaftlichen und sozialen Relevanz regelmäßig in den Fokus medialer Berichterstattung rücken. So titelte beispielsweise das Nachrichtenmagazin Spiegel Online im Jahr 2007: „Schüler in der Kreide – Wie werde ich meine Schulden los?".[1] Ähnlich lautete ein 2013 in der Süddeutschen Zeitung erschienener Beitrag: „Schulden bei Jugendlichen – Alles nur auf Pump."[2] Auch beschäftigen sich einzelne empirische Untersuchungen dezidiert mit der Finanzsituation junger Menschen in Deutschland. So galten nach einer vom Institut für Jugendforschung bereits im Jahr 2005 durchgeführten Erhebung 6% der dort insgesamt 1003 repräsentativ befragten Studienteilnehmer zwischen zehn und 17 Jahren als verschuldet.[3] Vergleichbare Studienergebnisse liegen auch für andere europäische Länder vor. Beispielsweise ergab eine 2005 in der Schweiz durchgeführte Untersuchung, dass insgesamt 27% der im Rahmen der Studie befragten Probanden zwischen 17 und 19 Jahren Schulden aufwiesen.[4]

Entsprechende Erkenntnisse sind nicht allein aus wirtschaftspädagogischer, sozialwissenschaftlicher oder volkswirtschaftlicher Perspektive von Interesse. Vielmehr ergibt sich mit Blick auf die – gewollte oder ungewollte – Verschuldung junger Menschen und die damit verbundene Belastung ihres unter Umständen bereits vorhandenen Vermögens darüber hinaus auch eine

---

[1] Artikel vom 28.3.2007, abrufbar unter https://www.spiegel.de/lebenundlernen/schule/schueler-in-der-kreide-wie-werde-ich-meine-schulden-los-a-460735.html (Abrufdatum 27.4.2021).

[2] Artikel vom 12.12.2013, abrufbar unter https://www.sueddeutsche.de/geld/schulden-bei-jugendlichen-alles-nur-auf-pump-1.1841883 (Abrufdatum 27.4.2021).

[3] Vgl. *Lange/Fries*, Jugend und Geld, S. 67. Ungeachtet einer im Rahmen der vorliegenden Arbeit noch zu definierenden genaueren Abgrenzung der Begriffe „Verschuldung", „Überschuldung" und „Zahlungsunfähigkeit" ist der Terminus „Verschuldung" im Rahmen der genannten Studie als „Unfähigkeit, geliehenes Geld sofort zurückzuzahlen" zu verstehen.

[4] Vgl. *Streuli*, Kinder- und Jugendhilfe in der Schweiz, S. 333, 344.

Vielzahl genuin juristischer Fragestellungen: Können sich Minderjährige überhaupt in signifikantem Umfang rechtswirksam verschulden? Inwieweit und in welchen Lebenssachverhalten ist dies tatsächlich von praktischer Relevanz? Bestehen diesbezüglich spezifische, maßgeblich auf den Schutz Minderjähriger vor solch einer frühen Verschuldung und einer daraus womöglich resultierenden langfristigen finanziellen Überforderung ausgerichtete gesetzliche Schutzmechanismen?

Derartige Fragen berühren unterschiedlichste Bereiche der deutschen Rechtsordnung und stellen Wissenschaft und Praxis schon seit geraumer Zeit vor nicht unerhebliche Probleme. So stellte das BVerfG bereits am 13.5.1986 klar, dass ein Eingriff in das Allgemeine Persönlichkeitsrecht eines minderjährigen Kindes vorliegen könne, wenn es aufgrund der seitens seiner Eltern ausgeübten gesetzlichen Vertretungsmacht mit erheblichen Schulden in die Volljährigkeit entlassen würde.[5] Dieser Umstand wirkte sich nach Ansicht des Gerichts auf die Verfassungsmäßigkeit der zivilrechtlichen Regelungen zur elterlichen Vertretungsmacht in deren damaliger Fassung aus. Auf den betreffenden Beschluss des BVerfG reagierte der deutsche Gesetzgeber schlussendlich mit dem zum 1.1.1999 in Kraft getretenen Minderjährigenhaftungsbeschränkungsgesetz[6] und der damit verbundenen Schaffung der Vorschrift des § 1629a BGB.

Die im Anschluss an den genannten Beschluss des BVerfG verstärkt geführten wissenschaftlichen Diskussionen hinsichtlich der Voraussetzungen und notwendigen Grenzen einer vertraglichen Haftung Minderjähriger sowie der Erlass des MHbeG verhalfen der Thematik einer finanziellen Überforderung junger Menschen zu weitreichender und bis heute anhaltender Popularität im Bewusstsein der juristischen Fachöffentlichkeit. Dabei gilt es zu berücksichtigen, dass die für eine rechtsgeschäftliche Betätigung Minderjähriger geltenden §§ 106 ff. BGB bereits bei Inkrafttreten des BGB im Jahr 1900 zu dessen Kernvorschriften zählten, sich seit diesem Zeitpunkt allerdings die gesellschaftliche Realität insbesondere im Hinblick auf technische Weiterentwicklungen deutlich verändert hat und auch weiterhin einem stetigen Wandel unterworfen ist. Dies gilt umso mehr, als die alle Lebensbereiche prägende zunehmende Digitalisierung immensen Einfluss auf die Alltagsbewältigung insbesondere junger Menschen hat, bei welchen sich virtuelle und reale Lebensräume zunehmend und auf vielfältige Weise verschränken.[7] Dies wirft die Frage auf, ob die in den §§ 106 ff., 1626 ff. BGB zum

---

[5] BVerfG, Beschl. v. 13.5.1986 – 1 BvR 1542/84, NJW 1986, 1859, 1860 = DNotZ 1986, 629, 632.

[6] Gesetz zur Beschränkung der Haftung Minderjähriger (MHbeG) v. 25.8.1998, BGBl. I 1998, S. 2487.

[7] 15. Kinder- und Jugendbericht v. 1.2.2017, BT-Drs. 18/11050, S. 276.

Ausdruck kommende Gesetzeslage de lege lata den Anforderungen des modernen Alltagslebens noch gerecht werden kann.

Brisante Fragestellungen ergeben sich daneben seit jeher auch im Bereich der deliktischen Haftung, die beispielsweise in Fällen von Brandstiftungen oder Körperverletzungen bei Spielunfällen zu besonders gravierenden und langanhaltenden finanziellen Belastungen eines minderjährigen Schädigers führen kann. Speziell das im deutschen Schadensersatzrecht verankerte Prinzip der Totalreparation, griffig auch als „Alles-oder-Nichts-Prinzip" bezeichnet, wurde und wird vor dem Hintergrund der dadurch möglichen Beeinträchtigungen des verfassungsmäßig gebotenen Schutzes junger Menschen durch den Staat durchaus zwiespältig gesehen.[8] Überdies birgt die fortschreitende Digitalisierung des Alltagslebens auch vielfältige deliktsrechtlich relevante Gefahrenpotentiale, was sich exemplarisch am Phänomen des sogenannten „Cyber-Mobbings" verdeutlichen lässt. Mit Blick auf die deliktische Verantwortlichkeit junger Menschen wurde zudem auch der Gesetzgeber in jüngerer Zeit in Form des zum 1.8.2002 in Kraft getretenen Zweiten Schadensersatzrechtsänderungsgesetzes und der damit verbundenen Neufassung von § 828 Abs. 2 BGB tätig.[9] Der Einführung der betreffenden Norm gingen langanhaltende Kontroversen in der wissenschaftlichen Literatur voraus;[10] dabei ließ der deutsche Gesetzgeber angesichts der in § 828 Abs. 2 BGB verwirklichten Sonderregelung für den Bereich des Straßenverkehrs eine Vielzahl noch weitreichenderer Reformvorschläge letztlich unberücksichtigt.

Bereits der voranstehende kurze Überblick lässt erkennen, dass das Problemfeld einer finanziellen Überforderung Minderjähriger essentielle Kernbereiche des deutschen Zivilrechts berührt. Dabei lassen es aktuelle Entwicklungen etwa im Bereich der Nutzung von E-Commerce und Social Media sowie die damit einhergehende zunehmende, zumindest vermeintlich eigenverantwortliche Teilhabe heranwachsender Personen am Rechtsverkehr unverändert notwendig und gerechtfertigt erscheinen, die rechtlichen Voraussetzungen der Entstehung von Schulden bei minderjährigen Personen umfassend zu analysieren und die insoweit vorhandenen gesetzlichen Mechanismen zum Schutz Minderjähriger vor einer Ver- und Überschuldung sowie einer daraus resultierenden langfristigen finanziellen Überforderung kritisch zu überprüfen. Dabei soll die vorliegende Untersuchung keine gegenständ-

---

[8] Vgl. hierzu *Looschelders*, VersR 1999, 141.

[9] Zweites Gesetz zur Änderung schadensersatzrechtlicher Vorschriften (SchadÄndG) v. 19.7.2002, BGBl. I 2002, S. 2674. Eine kompakte Darstellung der entsprechenden Auswirkungen findet sich bei *Kilian*, ZGS 2003, 168 ff.

[10] Vgl. unter anderem *Beitzke*, AcP 172 (1972), 240, 254 ff.; *Krause*, JR 1994, 494, 496; *Scheffen*, ZRP 1991, 458 ff.; *dies.*, FuR 1993, 82 ff.

liche Beschränkung allein auf die Möglichkeiten eines Ver- und Überschuldungsschutzes im Fall rechtsgeschäftlicher Verpflichtungen oder die Voraussetzungen einer deliktischen Verantwortlichkeit Minderjähriger beinhalten. Ziel der Arbeit soll es vielmehr sein, auch mittels einer Einbeziehung alltäglicher Praxisfälle eine möglichst umfassende Gesamtbetrachtung des im BGB und anderweitigen gesetzlichen Regelungen zum Ausdruck kommenden Schutzkonzepts zugunsten Minderjähriger kritisch darzustellen und eventuell bestehende und gebotene Reformpotentiale zu erforschen.

II. Ziele und Gang der Untersuchung

Zwecks einer ersten Annäherung an die skizzierte Thematik soll zu Beginn der vorliegenden Arbeit zunächst der Frage nachgegangen werden, inwieweit und im Rahmen welcher Fallgestaltungen minderjährige Schuldner in der alltäglichen Rechtspraxis tatsächlich in Erscheinung treten. Von Interesse erscheint diese Fragestellung insbesondere angesichts des Umstands, dass die prekäre Situation verschuldeter Minderjähriger oftmals sowohl zur Legitimation legislativer Reformen wie beispielsweise des MHbeG als auch zur Begründung der Forderung nach noch weitreichenderen Reformen herangezogen wird, obgleich sich deren tatsächliche Alltagsrelevanz und gesellschaftliche Breitenwirkung jenseits einzelner, teils spektakulärer Gerichtsentscheidungen nur schwer belegen lässt. Auch das in der wissenschaftlichen Literatur zum Thema der finanziellen Überforderung Minderjähriger vorhandene Meinungsbild stellt sich als durchaus kontrovers dar. Einschätzungen, welche die Überschuldung von Kindern und Jugendlichen als „ernstzunehmendes gesellschaftliches Problem“ ansehen[11] oder konstatieren, die Minderjährigenverschuldung habe ein „erhebliches Ausmaß erreicht“,[12] konfligieren mit anderslautenden Stimmen, nach deren Dafürhalten die Problematik der Jugendverschuldung in Relation zur Gesamtzahl der jungen Menschen in Deutschland weit weniger dringlich erscheine, als es die Popularität des Themas vermuten lasse.[13]

In Kapitel B. werden daher zunächst verschiedene vorhandene Statistiken und Studien zur Kinder- und Jugendverschuldung in Deutschland, Österreich und der Schweiz ausgewertet, um dergestalt den Versuch einer zahlenmäßigen Erfassung der Problematik zu unternehmen. Daran anknüpfend erfolgt eine Darstellung der im Zuge der Untersuchung durch den Verfasser unternommenen Recherchen. Diese bestanden aus mehreren persönlich ge-

---

[11] *Bork*, Kind im Recht, S. 85.

[12] So die apodiktische Feststellung bei *Derleder/Thielbar*, NJW 2006, 3233.

[13] Vgl. die Einschätzung bei *Rau/Bender*, uj 2010, 493, 494.

führten Gesprächen, unter anderem mit Gerichtsvollziehern sowie Mitarbeiterinnen und Mitarbeitern von Schuldnerberatungen, sowie einer im Anschluss daran durchgeführten fragebogenbasierten Befragung von Teilnehmerinnen und Teilnehmern dreier in Rheinland-Pfalz durchgeführter Praxisforen für Schuldner- und Insolvenzberater. Ziel dieser Recherchen war es dabei nicht, eine empirisch fundierte Erhebung valider Daten zur Minderjährigenverschuldung durchzuführen. Vielmehr sollte ein Einblick in die subjektiven Erfahrungen der betroffenen Berufsträger bezüglich der praktischen Arbeit mit minderjährigen Schuldnern oder solchen volljährigen Schuldnern, deren Schulden auch aus dem Zeitraum der Minderjährigkeit stammen, gewonnen werden. Von besonderem Interesse waren daher auch Schilderungen solcher Fallkonstellationen, in denen die genannten Schuldnergruppen im Alltag tatsächlich in Kontakt insbesondere mit Schuldnerberatungsstellen kommen.

Die nachfolgenden Kapitel C. und D. beinhalten sodann zunächst einen für den Fortgang der Untersuchung notwendigen Überblick über die verfassungsrechtlichen Rahmenbedingungen, die die Grundlage des Prinzips eines umfassenden rechtlichen Schutzes Minderjähriger darstellen. Im Anschluss daran erfolgt eine kursorische Darstellung wesentlicher gesetzlicher Regelungsmechanismen, nach denen bei Minderjährigen überhaupt rechtswirksam Schulden entstehen und nötigenfalls auch prozessual durchgesetzt werden können.

Daran anknüpfend erfolgt in Kapitel E. eine kritische Darstellung derjenigen gesetzlichen Schutzkonzepte, die eine übermäßige Verschuldung Minderjähriger bereits präventiv verhindern oder zumindest nach deren Entstehung eine langfristige Überschuldung nachträglich abwenden oder beschränken sollen. Sinn und Zweck einer solchen Analyse kann es dabei im Rahmen dieser Arbeit naturgemäß nicht sein, sämtliche normativen Details der ausgewählten Vorschriften aufzuzeigen und zu kommentieren. Vielmehr sollen im Rahmen einer Gesamtschau vordergründig der jeweils bestehende Regelungszweck und dessen tatbestandliche und praktische Umsetzung aufgezeigt werden, um solchermaßen den Boden für nachfolgende Untersuchungen hinsichtlich eines etwaigen Modifikationspotentials zu bereiten. Zudem kann es nicht Ziel der vorliegenden Untersuchung sein, sämtliche durch Gesetzgeber und Rechtsprechung zur Verfügung gestellten Instrumente zu analysieren, die, unter Umständen auch nur mittelbar, dem Schutz Minderjähriger dienen. Vielmehr soll und muss eine für den Gesamtaufbau der Arbeit selbstbeschränkende Auswahl getroffen werden. Aus diesem Grund umfasst die Untersuchung beispielsweise weder eigenständige Ausführungen zu den tradierten Anwendungsfällen der bereicherungsrechtlichen Saldotheorie im Fall der Beteiligung minderjähriger Bereicherungsschuldner[14] noch eine Darstellung zu den Grundsätzen der beschränkten Arbeitnehmerhaftung, die über § 10 Abs. 2 BBiG insbesondere auch auf minderjährige Auszubildende Anwendung finden können.[15]

Zu den zu betrachtenden relevanten Schutznormen zählen im Bereich der vertraglichen Haftung neben den §§ 106 ff. BGB vor allem die §§ 1626, 1629 BGB. Unter Einbeziehung verfassungsrechtlicher Wertungen soll insoweit aufgezeigt werden, dass das Institut der elterlichen Sorge und das daraus resultierende gesetzliche Vertretungsrecht der Eltern nicht allein positive, sondern auch negative Implikationen für einen davon betroffenen Minderjährigen entfalten können. Daneben stellt auch § 1629a BGB eine besonders wesentliche Vorschrift im Zusammenhang mit einer rechtsgeschäftlichen Haftung Minderjähriger dar. Zum besseren Verständnis dieser vergleichsweise jungen, gleichwohl in der wissenschaftlichen Literatur bereits intensiv rezipierten Regelung ist knapp auf deren Entstehung und Wirkungsweise einzugehen. Maßgeblich sollen dabei die Regelungsinhalte des § 1629a BGB vor dem Hintergrund der Zielsetzung des Gesetzgebers kritisch beleuchtet und Stellung zu etwaigen normativen Mängeln und streitigen Fragen der Normanwendung bezogen werden. Weitgehend ausgeblendet bleiben hingegen die gesellschafts- und handelsrechtlichen Hintergründe und Auswirkungen der Vorschrift; nur soweit sie für das Verständnis der Intention des Gesetzgebers zur Schaffung der Norm und deren Telos vonnöten sind, werden diese in die Untersuchung einbezogen.

Einen weiteren wesentlichen Baustein der zivilrechtlichen Schutzvorrichtungen zugunsten Minderjähriger stellt die Vorschrift des § 828 BGB dar. Wie eingangs der Arbeit bereits erwähnt, bestehen seit geraumer Zeit umfassende Diskussionen und Untersuchungen zur Vereinbarkeit der Gesetzeslage im Deliktsrecht sowohl mit bestehenden verfassungsrechtlichen Vorgaben als auch mit praktischen Erfordernissen des Minderjährigenschutzes.[16] Eine erneute intensive Beleuchtung der betreffenden Vorschrift sowie des schadensrechtlichen Prinzips der Totalreparation auch im Rahmen der vorliegenden Arbeit erscheint angesichts des noch aufzuzeigenden fortbestehenden Reformpotentials, der nur singulären legislativen Tätigkeit des deutschen Gesetzgebers in diesem Bereich und den auf nationaler wie supranationaler

---

[14] Zur Saldotheorie und ihrer Anwendung bei Minderjährigkeit des Schuldners vgl. nur *Staudinger/Steinrötter*, JuS 2012, 97, 105.

[15] Allgemein zu den Grundsätzen der beschränkten Arbeitnehmerhaftung vgl. nur BeckOGK/*Feuerborn*, BGB, § 619a Rn. 39, 49; zu deren Anwendung auf Auszubildende vgl. BAG, Urt. v. 18.4.2002 – 8 AZR 348/01, NZA 2003, 37, 38 f. sowie *Fischinger*, Haftungsbeschränkung im Bürgerlichen Recht, S. 514.

[16] Vgl. erneut die Verweise in Fn. 10 sowie ergänzend *Canaris*, JZ 1987, 993 ff. und *Kilian*, ZGS 2003, 168 ff.

Ebene zu beobachtenden Tendenzen hin zur Schaffung einer Haftungsreduktionsklausel gleichwohl gerechtfertigt.

Schließlich soll neben sozial- und versicherungsrechtlichen Regelungen vor allem auch auf die das Verbraucherinsolvenz- und Restschuldbefreiungsverfahren regelnden Vorschriften der §§ 304 ff., 286 ff. InsO eingegangen und eine Einbeziehung derselben in den Gesamtkontext der Untersuchung vorgenommen werden. Kritisch zu hinterfragen ist dabei insbesondere, ob und unter welchen Voraussetzungen eine im Rahmen des Insolvenzverfahrens mögliche Restschuldbefreiung auch minderjährigen Schuldnern zur Verfügung stehen kann und welche speziellen Problemfelder sich für diese dabei infolge ihrer Minderjährigkeit eröffnen können.

Auf Grundlage der in den voranstehenden Kapiteln enthaltenen Darlegungen erfolgt sodann in Kapitel F. eine Analyse ausgewählter praktischer Fallbeispiele, im Rahmen derer Minderjährige im Alltag als Schuldner in Erscheinung treten können. Die Zusammenstellung der Sachverhaltskonstellationen basiert sowohl auf den Ergebnissen der eigenen Recherchen des Verfassers als auch auf einer Auswertung der einschlägigen Literatur sowie thematisch relevanter Gerichtsentscheidungen. Von besonderem Interesse sind dabei aktuelle, der weitreichenden Digitalisierung des Alltagslebens geschuldete Problembereiche wie beispielsweise von Eltern getätigte Online-Warenbestellungen auf den Kindesnamen, In-App-Käufe Minderjähriger, der Erwerb mobiler elektronischer Geräte und die sich daran anschließende Nutzung von Mehrwertdiensten sowie Fälle von Cyber-Mobbing unter Minderjährigen. Aber auch „klassische" Problemkonstellationen wie beispielsweise die in Rechtsprechung und Literatur bis heute umstrittene zivilrechtliche Handhabung von Schwarzfahrten Minderjähriger sowie Fälle von Körperverletzungen oder Brandstiftungen werden einer eingehenden Analyse unterzogen.

Im Fokus der Betrachtung steht dabei stets die Frage, ob in den zu untersuchenden Fallgestaltungen eine Inanspruchnahme Minderjähriger rechtlich denkbar ist und ob die bis dato bestehenden Schutzmechanismen im Sinne eines bestmöglichen Minderjährigenschutzes als ausreichend anzusehen sind. Unberücksichtigt bleibt demgegenüber die in der Praxis eventuell bestehende Erfüllungsbereitschaft des minderjährigen Schuldners oder seiner gesetzlichen Vertreter einerseits sowie die damit korrelierende, unter Umständen auch auf die Tätigkeit von Inkassounternehmen gestützte Beitreibungspolitik des jeweiligen Gläubigers andererseits.

Nachdem solchermaßen die gesetzlichen Regelungen zum Schutz Minderjähriger vor ungebremster Verschuldung, unter Einbeziehung verfassungsrechtlicher Überlegungen, anhand praktischer Fallkonstellationen auf Schutzlücken überprüft wurden, soll in Kapitel G. analysiert werden, inwieweit sich etwaig bestehende Wertungswidersprüche auflösen und Schutzlücken verhindern lassen können. Dabei sollen auch konkrete Reformvorschläge im Bereich der vertraglichen und außervertraglichen Haftung Minderjähriger präsentiert werden. Kapitel H. schließlich beinhaltet eine Zusammenfassung der wesentlichen Untersuchungsergebnisse.

III. Grundlegende Definitionen

Mit Blick auf den weiteren Gang der Darstellung ist es unerlässlich, zunächst einzelne für den Bereich der Untersuchung zur finanziellen Überforderung Minderjähriger wesentliche Begriffe exakt zu definieren und gegenüber nicht relevanten Termini abzugrenzen.

1. „Minderjähriger", „Kind", „Jugendlicher"

Eine Legaldefinition des Begriffes „Minderjährigkeit" existiert im BGB nicht.[17] Daher muss eine taugliche Definition des Terminus im Wege eines Umkehrschlusses zu dem in § 2 BGB enthaltenen Begriff der Volljährigkeit entwickelt werden.[18] Volljährig im Sinne des BGB ist, wer das 18. Lebensjahr vollendet hat.[19] Als Minderjähriger ist folglich diejenige natürliche Person zu bezeichnen, welche das 18. Lebensjahr noch nicht vollendet hat.[20]

Nicht überzeugend ist es demgegenüber, den Begriff „minderjährig" als vollständig deckungsgleich mit dem in § 106 BGB enthaltenen Terminus „beschränkt geschäftsfähig" zu verstehen. Nach teilweise vertretener Ansicht werde der Terminus „Minderjähriger" durch das BGB „zur Bezeichnung des Personenkreises, der kraft seines Alters den Status der beschränkten Ge-

---

[17] Der erste Kommissionsentwurf hatte insoweit noch einen nicht in die endgültige Gesetzesfassung eingegangenen § 25 BGB folgenden Inhalts vorgesehen: „Das Kindesalter dauert bis zum zurückgelegten 7., die Minderjährigkeit bis zum zurückgelegten 21. Lebensjahre." Vgl. die Gegenüberstellung der Entwürfe bei *Mugdan*, Materialien, Band 1, S. LVI.

[18] Ebenso *Busch*, Der Reifegrad Minderjähriger, S. 23; *Nolting-Hauff*, Gebote zum Schutz Minderjähriger, S. 17. Auch im allgemeinen Sprachgebrauch wird der Terminus „minderjährig" antonym zu „volljährig" genutzt. Siehe nur Duden, Stichwort „minderjährig": „noch nicht volljährig".

[19] Bis 31.12.1974 galt als Grenze zur Volljährigkeit die Vollendung des 21. Lebensjahres. Vgl. hierzu das Gesetz zur Neuregelung des Volljährigkeitsalters v. 8.8.1974, BGBl. I 1974, S. 1713.

[20] Vgl. *Brox*, JA 1989, 441; *Meyer*, Die Stellung des Minderjährigen im öffentlichen Recht, S. 23; *Roth*, NJW-Spezial 2019, 615.

schäftsfähigkeit innehat“, verwendet.[21] Dies solle sich aus dem „Zusammenspiel der §§ 2 und 106 BGB“ ergeben. Folglich seien zur Gruppe der Minderjährigen ausschließlich diejenigen Personen zu zählen, die über sieben, aber unter 18 Jahre alt sind.[22] Unter Zugrundelegung dieser Begriffsbestimmung wären somit die §§ 104, 105, 828 Abs. 1 BGB im Rahmen der im weiteren Verlauf der Arbeit noch zu leistenden Darstellung aller für einen effektiven Minderjährigenschutz relevanten gesetzlichen Vorschriften konsequenterweise außer Betracht zu lassen.

Eine solche Interpretation des Terminus „Minderjähriger“ lässt sich allerdings weder aus dem Wortlaut noch aus einem systematischen Ineinandergreifen der §§ 2, 106 BGB ableiten. Überdies bildet dieses Begriffsverständnis auch nicht den Willen des historischen Gesetzgebers ab. Die Vorschrift des § 106 BGB lautet wie folgt: „Ein Minderjähriger, der das siebente Lebensjahr vollendet hat, ist nach Maßgabe der §§ 107 bis 113 in der Geschäftsfähigkeit beschränkt.“ Dem Wortlaut der Norm lässt sich explizit lediglich entnehmen, dass auf denjenigen Minderjährigen, der über sieben Jahre alt ist, die §§ 107 ff. BGB Anwendung finden können. Dies impliziert zugleich, dass für solche Minderjährige, die jünger als sieben Jahre alt sind, andere Vorschriften, nämlich §§ 104, 105 BGB, heranzuziehen sind. So ist nach § 104 Nr. 1 BGB geschäftsunfähig, wer nicht das siebente Lebensjahr vollendet hat. Unter Hinzunahme der §§ 1, 2 BGB ist somit jede Person ab ihrer Geburt bis zur Vollendung des 18. Lebensjahrs minderjährig, gleichwohl je nach Altersstufe entweder geschäftsunfähig oder beschränkt geschäftsfähig. Entsprechendes gilt mit Blick auf die Deliktsfähigkeit im Sinne von § 828 BGB.[23] Insoweit ist auch die amtliche Paragrafenüberschrift „Minderjährige“ zu § 828 BGB, der in Absatz 1 Regelungen für Personen unter sieben Jahren beinhaltet, zu berücksichtigen.[24]

Für eine entsprechende Interpretation der §§ 2, 104, 106 BGB lässt sich über Wortlaut und Systematik der Vorschriften hinaus auch der Wille des historischen Gesetzgebers fruchtbar machen. Dieser differenzierte hinsichtlich der rechtlich relevanten Altersstufen zwischen zwei Zeiträumen, namentlich der Minderjährigkeit und der mit Vollendung des 21. Lebensjahrs ein-

---

[21] So jurisPK-BGB/*Hansen*, BGB, § 106 Rn. 5; ebenso MüKoBGB/*Spickhoff*, BGB, § 106 Rn. 9, dort in Abgrenzung zu dem für unter sieben Jahre alte Personen verwendeten Begriff „Kinder“.

[22] jurisPK-BGB/*Hansen*, BGB, § 106 Rn. 4.

[23] Ein solches Verständnis wird beispielsweise bei *Leipold*, BGB I, § 11 Rn. 10 vorausgesetzt: „Bis zur Vollendung des 7. Lebensjahres sind Minderjährige deliktsunfähig, § 828 Abs. 1 BGB.“

[24] Vgl. die amtliche Überschrift der Vorschrift „§ 828 Minderjährige“ in der Fassung durch Art. 3 Abs. 1 Nr. 2 des Gesetzes zur Harmonisierung des Haftungsrechts im Luftverkehr vom 6.4.2004, BGBl. I 2004, S. 550.

setzenden „Großjährigkeit". Dabei wurden innerhalb des Zeitraums der Minderjährigkeit zwei Stufen unterschieden, nämlich einerseits das Kindesalter sowie andererseits dasjenige Alter, in welchem zwar die Willensfähigkeit anzuerkennen, gleichwohl aber eine Beschränkung des selbstständigen Auftretens im Rechtsverkehr durch noch fehlende Besonnenheit und geistige Entwicklung bedingt sei.[25] Die Grenze des Kindesalters sei in Übereinstimmung mit dem gemeinen, preußischen und sächsischen Recht auf das Ende des siebten Lebensjahres zu setzen.[26] Nach alledem ging auch der historische Gesetzgeber des BGB von einem Beginn der Minderjährigkeit nicht erst ab Vollendung des siebten Lebensjahres, sondern vielmehr schon ab der Geburt aus. Lediglich hinsichtlich des Umfangs der rechtlichen Geschäftsfähigkeit markiert das vollendete siebte Lebensjahr somit eine Grenze, was in terminologischer Hinsicht jedoch keine andere Einschätzung gebietet.[27]

Angemerkt sei überdies, dass sowohl die im Zuge der Untersuchung auszuwertenden Studien als auch die für das vorliegende Untersuchungsgebiet relevante juristische, medizinische, sozialpädagogische und psychologische Literatur neben dem Terminus der Minderjährigkeit häufig auch die Begriffe „Kind" bzw. „Kleinkind", „Jugendlicher" oder „junger Erwachsener" zur Grundlage der jeweiligen Darstellung machen. Aus rechtlicher Perspektive erschöpft sich der Bedeutungsgehalt des Terminus „Kind" jedenfalls im BGB allein in der Bezeichnung eines Verwandtschaftsverhältnisses,[28] dient darüber hinaus jedoch nicht der Konkretisierung einer Altersstufe von rechtlicher Relevanz.[29] Vereinzelt wird die Bezeichnung „Kind" allerdings in Anlehnung an das Gemeine Recht sowie einzelne vor Inkrafttreten des BGB geltende Partikularrechte zur Bezeichnung der untersten Altersgruppe der Minderjährigen vor Vollendung des siebten Lebensjahres gebraucht, obgleich dem BGB selbst kein solches Begriffskonzept zugrunde liegt.[30]

Die ebenfalls häufig zur Anwendung gelangenden Begriffe „Jugendlicher" und „junger Erwachsener" stellen jedenfalls für das BGB keine relevanten

---

[25] Vgl. die Motive bei *Mugdan*, Materialien, Band 1, S. 381.

[26] Vgl. die Motive bei *Mugdan*, Materialien, Band 1, S. 381.

[27] Ebenso *Moritz*, Zivilrechtliche Stellung der Minderjährigen, S. 41.

[28] So im vierten Buch des BGB in den §§ 1589–1772 BGB.

[29] Außerhalb des BGB konkretisiert beispielsweise § 1 Abs. 1 Nr. 1 JuSchG den Begriff des Kindes in zeitlicher Hinsicht. Danach ist Kind, wer das 14. Lebensjahr noch nicht vollendet hat. Abweichend hiervon setzt § 2 Abs. 1 JArbSchG das Kindesalter für den Geltungsbereich des JArbSchG auf den Zeitraum vor Vollendung des 15. Lebensjahres fest.

[30] Vgl. insoweit etwa *Knothe*, Die Geschäftsfähigkeit der Minderjährigen, S. 266 mit dem dortigen Verweis auf § 47 des Sächsischen BGB sowie auf ALR I 1 § 25. Ein abweichendes Verständnis findet sich wiederum bei *Kunz*, ZBlJR 1983, 258 (Fn. 1), wonach mit dem Terminus „Kind" allgemein all jene Minderjährigen bezeichnet würden, welche noch nicht das 14. Lebensjahr vollendet hätten.

Termini dar.[31] Überdies liegt deren Nutzung insgesamt keine einheitliche, im zivilrechtlichen Kontext verbindliche Begriffsbestimmung zugrunde, da je nach fachlicher Ausrichtung unterschiedliche Definitionsansätze existieren. So soll sich etwa der Zeitraum des Jugendalters unter anderem aus historischer, philosophisch-anthropologischer, pädagogischer, soziologischer, psychologischer oder biologischer Perspektive definieren, wobei Einigkeit nur insoweit besteht, als der Zeitraum der Jugend zwischen Kindheit und Erwachsenenalter anzusetzen ist.[32] Auch erfolgt in wissenschaftlichen Darstellungen oftmals keine Abgrenzung zwischen den Gruppen der „Jugendlichen" einerseits und „jungen Erwachsenen" andererseits.[33]

Im Hinblick auf den vor allem aus zivilrechtlicher Perspektive zu beleuchtenden Untersuchungsgegenstand der vorliegenden Arbeit rekurriert die weitere Darstellung überwiegend auf den für das BGB bedeutsamen Begriff der Minderjährigkeit. Auf die Termini „Jugendlicher" und „junger Erwachsener" hingegen wird weitestgehend verzichtet, sofern deren Nutzung nicht für die Auswertung der herangezogenen Studien oder zum Verständnis normativer Regelungen außerhalb des BGB, beispielsweise des JGG, unentbehrlich ist.

2. „Schulden", „Verschuldung", „Überschuldung", „Zahlungsunfähigkeit"

Im Rahmen vorhandener statistischer und wissenschaftlicher Auseinandersetzungen mit der Frage, ob und unter welchen Voraussetzungen Minderjährige als Schuldner in Erscheinung treten können, wird regelmäßig auf verschiedene Termini zurückgegriffen. Neben dem Begriff „Schulden" finden dabei auch die Bezeichnungen „Verschuldung" und „Überschuldung" Verwendung. Eine einheitliche, insbesondere gesetzliche Definition speziell des Begriffes „Verschuldung" existiert dabei nicht. Vielmehr ist der diesem Terminus zugewiesene Bedeutungsgehalt maßgeblich vom Blickwinkel der je-

[31] Vgl. jurisPK-BGB/*Hansen*, BGB, § 106 Rn. 5. Für die Anwendung des JGG hingegen definiert § 1 Abs. 2 JGG den Begriff des Jugendlichen wie folgt: „Jugendlicher ist, wer zur Zeit der Tat vierzehn, aber noch nicht achtzehn, Heranwachsender, wer zur Zeit der Tat achtzehn, aber noch nicht einundzwanzig Jahre alt ist." Auch nach § 1 Abs. 1 Nr. 2 JuSchG ist Jugendlicher, wer das 14., nicht aber das 18. Lebensjahr vollendet hat. Nach § 2 Abs. 2 JArbSchG hingegen ist Jugendlicher, wer das 15., nicht aber das 18. Lebensjahr vollendet hat

[32] Vgl. hierzu *Himmelsbach*, BuE 54 (2001), 255.

[33] Vgl. beispielsweise die bei *Barry*, Die Einstellung zu Geld bei jungen Erwachsenen, S. 17 enthaltenen Ausführungen zur Armutsgefährdungsquote bei „Jugendlichen und jungen Erwachsenen", wobei für diese Gruppe ohne weitere Differenzierung ein Alter zwischen 18 und 25 Jahren zugrundegelegt wird.

weils mit dem Untersuchungsgegenstand befassten Disziplin abhängig.[34] Da einigen der genannten Begriffe über die alltagssprachliche Verwendung hinaus ein konkreter juristischer Bedeutungsgehalt innewohnt, ist es folglich notwendig, einzelne Begriffsbestimmungen knapp und für die nachfolgenden Betrachtungen verbindlich zu konkretisieren.

Im Zusammenhang mit finanziellen Verbindlichkeiten einer Person wird zunächst naheliegender Weise häufig der allgemeine Terminus „Schulden" genutzt, für den das BGB keine eindeutige gesetzliche Definition bietet.[35] Im Sinne einer finanziellen Verpflichtung bezeichnet „Schuld" gemäß der im Duden enthaltenen Begriffsbestimmung einen „Geldbetrag, den jemand einem anderen schuldig ist".[36] Ebenso kann hierunter die Beanspruchung einer Leistung, ohne dass diese unmittelbar beglichen wird, verstanden werden.[37] Aus zivilrechtlicher Perspektive ist Schuldner eines Anspruchs im Sinne von § 241 Abs. 1 BGB derjenige, von dem der Gläubiger eine Leistung fordern kann, welche im Rahmen eines Schuldverhältnisses begründet wurde.[38] Im Bereich der kaufmännischen Bilanzierung nach § 246 HGB schließlich sind Schulden nicht als eine rechtlich bestehende Verbindlichkeit, sondern im Sinne einer den Kaufmann wirtschaftlich belastenden, erzwingbaren Verbindlichkeit zu begreifen.[39]

Im Rahmen der vorliegenden Untersuchung soll der Begriff „Schulden" rechtswirksam entstandene und noch nicht erfüllte Verbindlichkeiten eines Schuldners gegenüber einem Gläubiger bezeichnen.[40] Auf Grundlage dieses Verständnisses ist von einer Verschuldung bereits dann auszugehen, wenn zu Lasten einer Person entsprechende Verbindlichkeiten bestehen. Als „Ver-

[34] Verwiesen sei auf die umfangreiche, hier nur in Grundzügen wiederzugebende Auseinandersetzung mit den Termini „Verschuldung" und „Überschuldung" bei *Korczak*, Definitionen, S. 3. Dieser weist einleitend darauf hin, dass im Rahmen vorhandener wissenschaftlicher Darstellungen diverse unterschiedliche Blickwinkel bei der Beschäftigung mit den Begriffen „Verschuldung" und „Überschuldung" zu differenzieren seien. Eine Begriffsbestimmung könne daher je nach befasster Disziplin aus semantisch-ethymologischer, religiös-philosophischer, psychologischer, soziologischer, juristischer oder makro- und mikroökonomischer Perspektive vorgenommen werden.

[35] Dabei findet der Ausdruck „Schulden" im BGB insgesamt immerhin elfmal Verwendung, wie *Hien*, JA 2019, 481, 482 darlegt.

[36] Vgl. Duden, Stichwort „Schuld". Darüber hinaus kann „Schuld" insbesondere auch einen moralischen Vorwurf an eine Person bezeichnen, vgl. die weiteren Duden-Einträge zum betreffenden Stichwort.

[37] *Streuli*, Kinder- und Jugendhilfe in der Schweiz, S. 333, 339.

[38] Vgl. *Amend*, zeitenblicke 3 (2004), Nr. 3, Absatz 2.

[39] Vgl. Baumbach/Hopt/*Merkt*, HGB, § 246 Rn. 13.

[40] Damit stellen Schulden als „rechtsförmige Verpflichtungsschulden" die Kehrseite einer Forderung aus Sicht des Schuldners eines Schuldverhältnisses dar, vgl. *Hien*, JA 2019, 481, 485.

schuldung" ist demnach im weiteren Gang dieser Untersuchung jede Form des Eingehens von Zahlungsverpflichtungen zu verstehen.[41] Für die Annahme einer Verschuldung unerheblich ist es hingegen, ob dem Schuldner eine Zahlung des in Rede stehenden Betrages, also eine vollständige Erfüllung seiner bestehenden Verpflichtungen, überhaupt möglich ist.[42] Maßgeblich für die Frage, auf Grundlage welcher gesetzlichen Regelungsmechanismen eine Verschuldung Minderjähriger entstehen kann, ist somit ungeachtet einer bestehenden oder nicht bestehenden Leistungsfähigkeit derselben zunächst allein die Prüfung des Entstehens rechtswirksamer Verbindlichkeiten.

Dass eine Haftung Minderjähriger für rechtswirksam entstandene Verbindlichkeiten möglich und daher im Hinblick auf die Feststellung des Vorliegens einer Verschuldung zu berücksichtigen ist, lassen mit dem Thema befasste Arbeiten allerdings teilweise außer Acht. So sei laut der Darstellung bei *Hippel* der Begriff „Verschuldung" bei Minderjährigen aufgrund ihrer beschränkten Geschäftsfähigkeit keinesfalls im rechtlichen Sinne als „Haftung für Schulden" zu verstehen, sondern nur im tatsächlichen Sinne als „Außenstände".[43] Dem kann nicht zugestimmt werden. Wie noch aufzuzeigen sein wird, ist eine rechtswirksame Haftung Minderjähriger für von diesen oder ihren gesetzlichen Vertretern verursachte Verbindlichkeiten unter bestimmten Voraussetzungen durchaus möglich.

Im Gegensatz zu den bereits genannten Begriffen existieren mit Blick auf die ebenfalls vorzufindenden Termini „Überschuldung" und „Zahlungsunfähigkeit" feststehende gesetzliche Definitionen. Nach § 17 Abs. 2 S. 1 InsO ist derjenige Schuldner zahlungsunfähig, welcher nicht in der Lage ist, fällige Zahlungspflichten zu erfüllen. Demgegenüber liegt Überschuldung im Sinne von § 19 Abs. 2 S. 1 InsO vor, wenn das Vermögen des Schuldners die bestehenden Verbindlichkeiten nicht mehr deckt. Speziell die genannte Definition der Überschuldung erscheint gleichwohl nicht letztverbindlich für Begriffsbestimmungen außerhalb des Insolvenzverfahrens. Vielmehr lässt sich Überschuldung allgemein als Zustand beschreiben, den der Schuldner voraussichtlich nicht mehr aus vorhandenen oder zu erwartenden Einnahmen oder bestehendem Vermögen beseitigen kann.[44] Auf diese Begriffsbestimmung soll

---

[41] So die Definition bei *Korczak*, Definitionen, S. 14.

[42] Das in Fn. 3 mit Blick auf die dort zitierte Studie zugrundegelegte Verständnis, wonach „Verschuldung" mit „Unfähigkeit, geliehenes Geld zurückzuzahlen" gleichzusetzen ist, entspricht somit nicht der für den Fortgang der Untersuchung maßgeblichen Definition.

[43] *Hippel*, Jugendverschuldung, S. 25 (Fn. 16).

[44] BeckOGK/*Amend-Traut*, BGB, § 1629a Rn. 2.1.

auch im Rahmen der vorliegenden Untersuchung zurückgegriffen werden, soweit der Schutz Minderjähriger vor einer potentiell langfristigen Überschuldung Gegenstand der Darstellung ist.[45]

[45] Im Kontext sozialwissenschaftlicher Studien hingegen wird oftmals dann von Überschuldung gesprochen, wenn zur Abzahlung bestehender Schulden neue Kredite aufgenommen werden. Vgl. *Streuli*, Kinder- und Jugendhilfe in der Schweiz, S. 333, 339. Auch eine synonyme Verwendung der Begriffe Überschuldung und Zahlungsunfähigkeit findet sich stellenweise, vgl. etwa *ASB*, Schuldenreport 2016, S. 8 sowie *Rau*, GWP 2011, 337, 339, wonach aus sozialwissenschaftlicher Sicht dann eine Überschuldungssituation bestehe, wenn Einkommen und Vermögen nicht mehr ausreichen, um die notwendigen Kosten zur Lebensführung und die vorhandenen Zahlungsverpflichtungen zu decken, was mit Zahlungsunfähigkeit im Sinne von § 17 Abs. 2 S. 1 InsO gleichzusetzen sei. Auch im allgemeinen Sprachgebrauch wird zumeist nicht näher zwischen Zahlungsunfähigkeit und Überschuldung differenziert, vgl. *Hien*, JA 2019, 481, 484. Im Rahmen einer Schuldnerberatung wird im Übrigen weiterführend noch zwischen „relativer" und „absoluter" Überschuldung unterschieden. Neben der Unmöglichkeit einer fristgerechten Erfüllung laufender Verbindlichkeiten treten bei letzterer „harte" Überschuldungszeichen etwa in Form von Kündigungen, Kontenpfändungen oder Zwangsversteigerungen ein. Vgl. hierzu *Ulbricht,* Überschuldungsreport 2019, S. 5.

B. Praktische Relevanz

I. Messbarkeit einer Verschuldung Minderjähriger im Alltag

Im Rahmen einer ersten Annäherung an die Frage nach Existenz und Dimension einer potentiellen, eine finanzielle Überforderung begründenden Verschuldung Minderjähriger und zwecks Überprüfung solcher Aussagen, wonach die Überschuldung von Kindern und Jugendlichen ein „ernstzunehmendes gesellschaftliches Problem" darstelle[1] oder die Minderjährigenverschuldung ein „erhebliches Ausmaß" erreicht habe,[2] erscheint zunächst eine Auswertung thematisch einschlägiger Statistiken und wissenschaftlicher Studien geboten. Wie noch aufzuzeigen sein wird, existiert zwar auch eine Vielzahl unterschiedliche Lebens- und Haftungssituationen Minderjähriger betreffender Gerichtsentscheidungen; absolute Zahlen oder prozentuale Nachweise bezüglich der Frage, in welchem Umfang minderjährige Personen in Deutschland als Schuldner konkret in Erscheinung treten, lassen sich diesen jedoch nicht entnehmen.

Allerdings weisen die zur Verschuldung von Privatpersonen und -haushalten verfügbaren Statistiken und empirischen Erhebungen die im Sinne des hiesigen Untersuchungsgegenstands allein maßgebliche Personengruppe unter 18 Jahren zumeist nicht gesondert aus. So erfasst beispielsweise die seitens des Statistischen Bundesamts publizierte jährliche „Statistik zur Überschuldung privater Personen" zum Jahr 2017 hochgerechnet 560.673 Personen, die im betreffenden Berichtszeitraum die Dienste der insgesamt rund 1.400 unter Trägerschaft der Verbraucher- und Wohlfahrtsverbände oder der Kommunen stehenden Schuldnerberatungsstellen in Deutschland in Anspruch genommen haben.[3] Davon entfallen 0,4 % und somit 2.430 Personen auf die Altersstufe „unter 20 Jahren", wobei in dieser Schuldnergruppe durchschnittliche Schulden von 9.993 Euro bestanden.[4] Wie groß dabei der Anteil

---

[1] Vgl. erneut *Bork*, Kind im Recht, S. 85.

[2] Vgl. erneut *Derleder/Thielbar*, NJW 2006, 3233.

[3] Vgl. *Destatis*, Überschuldungsstatistik 2017, S. 5.

[4] Nach der Überschuldungsstatistik zum Jahr 2018 zählten zwar ebenfalls 0,5 % der insgesamt 571.467 im Jahr 2018 beratenen Personen zur Altersgruppe „unter 20 Jahren"; eine durchschnittliche Schuldenhöhe weist die betreffende Statistik hingegen nicht aus. Vgl. *Destatis*, Überschuldungsstatisik 2018, S. 5.

der unter 18 Jahre alten Personen ist, lässt sich der Statistik allerdings nicht isoliert entnehmen. Überdies beruhen die darin enthaltenen Hochrechnungen auf Angaben von nur 528 an der Erhebung teilnehmenden Schuldnerberatungsstellen. Diese haben für das Berichtsjahr 2017 Angaben von rund 127.000 beratenen Personen bereitgestellt, die im Übrigen der Weitergabe ihrer Daten zuvor zustimmen mussten.[5] Diese methodischen Voraussetzungen der betreffenden Überschuldungsstatistik verleihen dieser somit insgesamt einen nur begrenzten repräsentativen Aussagewert.[6] Im Übrigen ist die Aussagekraft der Erhebung notwendigerweise auch insoweit limitiert, als die an der Erhebung teilnehmenden Berufsträger naturgemäß nur über solche Personen Auskunft geben können, die die bestehenden Beratungsangebote tatsächlich wahrnehmen, was notwendigerweise zu einer „Dunkelziffer" führt.[7]

Ähnlich gestaltet sich die Datenlage im „Überschuldungsreport 2018" des Instituts für Finanzdienstleistungen e.V. Dieser wertet ebenfalls die von kommunalen, gewerblichen oder unter Trägerschaft von Wohlfahrts- und Verbraucherverbänden stehenden Schuldnerberatungen zur Verfügung gestellten Verfahrensdaten aus. Dabei sind von 11.853 im Jahr 2018 erfassten Beratungsfällen insgesamt 2,36 % zur Altersgruppe „bis unter 20 Jahre" zu rechnen.[8] Ob Minderjährige entsprechende Beratungsangebote wahrgenommen haben, lässt sich jedoch auch dieser Statistik nicht explizit entnehmen.

Auch in dem von der Unternehmensgruppe Creditreform zuletzt für das Jahr 2018 veröffentlichten „Schuldneratlas Deutschland" finden Personen unter 18 Jahren keine Berücksichtigung. Maßgeblicher Ansatz der genannten Studie, welche auf Daten zweier unter anderem mit Bonitätsprüfungen befassten Tochterfirmen der genannten Unternehmensgruppe basiert, ist vielmehr die Darstellung aller erfassten überschuldeten Privatpersonen in Deutschland über 18 Jahren. Danach waren im Jahr 2018 zum Stichtag 1. Oktober insgesamt 10,04 % dieser Vergleichsgruppe überschuldet, was einer absoluten Zahl von 6,93 Millionen bundesdeutscher Bürger entspricht.[9]

---

[5] *Destatis*, Überschuldungsstatistik 2017, S. 3.

[6] Auf diesen Umstand weist das für die Erhebung verantwortliche Statistische Bundesamt auch selbst hin, siehe *Destatis*, Überschuldungsstatistik 2017, S. 3: „Es nehmen nicht alle Beratungsstellen in Deutschland an der Erhebung teil und die Beteiligung fällt regional sehr unterschiedlich aus. Dies schränkt die Repräsentativität der Ergebnisse der Überschuldungsstatistik ein."

[7] *Braun/Lanzen/Schweppe*, APuZ 2016, 36, 37. Vgl. auch insoweit *Destatis*, Überschuldungsstatistik 2017, S. 3: „Da einerseits viele Personen die Dienste von Schuldnerberatungsstellen nicht in Anspruch nehmen, obwohl sie überschuldet sind, und andererseits nicht alle Beratungsfälle zwangsläufig überschuldet sein müssen, kann die Statistik keinen Beitrag zur Gesamtzahl der überschuldeten Personen oder Haushalte leisten."

[8] *Ulbricht*, Überschuldungsreport 2019, S. 29.

[9] Vgl. *Creditreform*, SchuldnerAtlas Deutschland 2018, S. 5, Tabelle 1. Dabei ist nach

Auch hieraus lassen sich keine Rückschlüsse auf die Situation minderjähriger Personen ziehen.

Eine in diesem Zusammenhang bemerkenswerte Ausnahme stellt der in Österreich durchgeführte „Schuldenreport 2016" der Dachorganisation der staatlich anerkannten Schuldnerberatungen Österreichs dar. Danach zählten 1,8 % der 59.269 Personen, die von staatlich anerkannten Beratungsstellen im Jahr 2015 Hilfe erhielten, zur Altersgruppe „15 bis 20 Jahre", wobei 0,1 % der Gruppe „bis 17 Jahre" angehörten.[10] Stellt diese Zahl prozentual gesehen zwar nur einen relativ marginalen Anteil aller erfassten Beratungsfälle in Österreich dar, so lässt sich dem gleichwohl in absoluten Zahlen entnehmen, dass im Jahr 2015 immerhin etwa 59 Personen unter 18 Jahren Schuldnerberatungsangebote wahrgenommen haben. Ähnliche Zahlen lassen sich auch dem „Schuldenreport 2015" entnehmen, wonach 0,2 % der insgesamt 58.869 im Jahr 2014 beratenen Personen zur Altersgruppe „bis 17 Jahre" angehörten.[11] Ab dem Jahr 2017 wird die entsprechende Altersgruppe im jeweiligen jährlichen Schuldreport allerdings nicht mehr gesondert ausgewiesen, vielmehr wird in den insoweit einschlägigen Übersichten nur noch auf die Kategorie „bis 20 Jahre" rekurriert.[12]

Hingewiesen sei im Übrigen auf die „Statistik über Einkommen, soziale Eingliederung und Lebensbedingungen der EU", welche in ihrem Modul „Überschuldung und finanzielle Ausgrenzung" für das Jahr 2008 Daten zum Grad der Überschuldung privater Haushalte bereitstellt und dabei auch Privatpersonen unter 18 Jahren erfasst.[13] Danach wiesen 12,9 % der in Deutschland lebenden Privatpersonen unter 18 Jahren Schulden in Höhe von mehr als 66 % ihres monatlich frei verfügbaren Einkommens auf. 14,4 % waren demnach sogar mit Schulden belastet, die sich auf mehr als 100 % des monatlich frei verfügbaren Einkommens erstreckten.

---

der dem SchuldnerAtlas vorangestellten Definition der Creditreform Unternehmensgruppe von Überschuldung auszugehen, wenn der Schuldner die Summe seiner fälligen Zahlungsverpflichtungen mit hoher Wahrscheinlichkeit über einen längeren Zeitraum nicht begleichen kann und ihm zur Deckung seines Lebensunterhalts weder Vermögen noch Kreditmöglichkeiten zur Verfügung stehen. Allerdings ist berücksichtigen, dass den auf Angaben von Wirtschaftsauskunfteien beruhenden Daten angesichts selektiver und teils unvollständiger Datenbestände nur eingeschränkte Aussagekraft beizumessen ist, vgl. *Rau*, GWP 2011, 227, 338.

[10] Vgl. *ASB*, Schuldenreport 2016, S. 11.

[11] Vgl. *ASB*, Schuldenreport 2015, S. 11.

[12] Vgl. *ASB*, Schuldenreport 2017, S. 11; *ASB*, Schuldenreport 2018, S. 15; *ASB*, Schuldenreport 2019, S. 15.

[13] Das betreffende Modul ist abrufbar unter https://ec.europa.eu/eurostat/web/income-and-living-conditions/data/ad-hoc-modules (Abrufdatum 27.4.2021). Vgl. daneben auch die diesbezügliche Darstellung der Ausarbeitung des Wissenschaftlichen Diensts des Bundestags zur Überschuldung von Privatpersonen vom 31.10.2018, WD 7 – 3000 – 218/18, S. 16 ff.

Ebenso wie die Mehrzahl der genannten statistischen Erhebungen befassen sich auch die zum Thema Minderjährigen- bzw. Jugendverschuldung vorhandenen wissenschaftlichen Studien soweit ersichtlich ebenfalls nicht explizit mit der Situation minderjähriger Schuldner. Vielmehr wird im Rahmen entsprechender Abhandlungen oft allein auf die gebildete Vergleichsgruppe der „Jugendlichen", „jungen Erwachsenen" oder auch „Heranwachsenden" rekurriert, wobei die jeweiligen Begriffe nicht trennscharf voneinander abgegrenzt werden und überdies der Entstehungszeitpunkt der jeweils in Rede stehenden Forderung nicht offengelegt wird.[14] Die Kategorie der „Jugendlichen" umfasst daher in entsprechenden Studien ebenso wie in vorhandenen Statistiken zumeist alle Personen unter 18 bzw. 20 Jahren,[15] während mittels des Begriffs „junge Erwachsene" regelmäßig die Angehörigen der Altersgruppe von 18 bis 24 Jahren[16] bzw. 20 bis 24 Jahren[17] bezeichnet werden.

Einzelne, teils vor längerer Zeit erschienene Studien widmen sich allerdings speziell der Situation junger Schuldner unter 18 Jahren. Eine im Jahr 2005 durchgeführte empirische Untersuchung befragte repräsentativ 1.003 Personen im Alter zwischen zehn und 17 Jahren im Hinblick auf deren Umgang mit Geldmitteln. Nach den Ergebnissen der Studie konnten insgesamt 6% der Befragten insoweit als verschuldet gelten, als sie sich Geld geliehen hatten, das sie nicht sofort zurückzahlen konnten, wobei die durchschnittliche Verschuldungshöhe bei 72 Euro lag.[18] Immerhin 7% der befragten Personen gaben an, Schulden zwischen 100 Euro und 950 Euro zu haben. Allerdings beschränken sich die Gläubiger der befragten Minderjährigen nach den Erkenntnissen der Studie ausschließlich auf das private Umfeld und innerhalb desselben vorwiegend auf Eltern und Freunde.[19]

---

[14] Vgl. auch *Jaquemoth*, ZVI 2011, 141, 142. Dieser Umstand mag auch einem Verständnis geschuldet sein, welches „Jugend" als ein gesellschaftliches Phänomen und eine notwendige, nicht zwingend rechtlich determinierte Lebensphase begreift. Danach bezeichnet der Begriff Jugend den Übertritt von der Kindheit in das Erwachsenenalter unter Bewältigung verschiedenster Identitätskonflikte, wobei eine klare Altersabgrenzung in einer modernen Gesellschaft nicht mehr vorgenommen werden könne. Unter Zugrundelegung dieses Begriffsverständnisses können auch Personen, die das 18. Lebensjahr vollendet haben und somit volljährig im Sinne des § 2 BGB sind, als Jugendliche angesehen werden. Vgl. zum Ganzen *Gabanyi/Hemedinger/Lehner*, Jugendverschuldung, S. 13 f.

[15] Vgl. beispielsweise *Hippel*, Jugendverschuldung, S. 24. Allerdings werden im Rahmen der dortigen Darstellung teilweise selbst 18 bis 24 Jahre alte Personen noch unter den Sammelbegriff der „Jugendlichen" gefasst, vgl. *Hippel*, Jugendverschuldung, S. 26.

[16] So etwa SCHUFA, Kredit-Kompass 2013, S. 7.

[17] So bei *Streuli*, Kinder- und Jugendhilfe in der Schweiz, S. 333, 340.

[18] *Lange/Fries*, Jugend und Geld, S. 8.

[19] *Lange/Fries*, Jugend und Geld, S. 71.

II. Persönliche Befragung einschlägig befasster Berufsträger

Um hinsichtlich der potentiellen Schuldenaufnahme durch Minderjährige über rein numerische Belege hinaus auch einen Einblick in real existierende Fallgestaltungen gewinnen zu können, führte der Verfasser der vorliegenden Arbeit mehrere persönliche Einzelgespräche mit unterschiedlichen Berufsträgern zum Problemkomplex „minderjährige Schuldner". Hierzu fanden zwischen November 2016 und März 2018 insgesamt acht Gespräche mit professionellen, nicht gewerblich tätigen Schuldnerberaterinnen und Schuldnerberatern sowie Gerichtsvollziehern, einem Vertreter der Inkassobranche und einem Sozialwissenschaftler in drei verschiedenen Bundesländern statt.

1. Gesprächspartner und Ziel der Befragungen

In diesem Zusammenhang waren persönliche Gespräche mit Obergerichtsvollziehern aus Bühl (Landkreis Rastatt, Baden-Württemberg), Elsenfeld (Landkreis Miltenberg, Bayern) und Simmern (Rhein-Hunsrück-Kreis, Rheinland-Pfalz) sowie mit Beraterinnen und Beratern der Schuldnerberatungen der Diakonie Aschaffenburg (Bayern), des Landratsamts Main-Spessart in Karlstadt am Main (Bayern) und des Caritas-Verbands Mainz e.V. in Bingen am Rhein (Rheinland-Pfalz) möglich. Daneben standen auch der Geschäftsführer der Arvato Infoscore Forderungsmanagement GmbH mit Sitz in Baden-Baden (Baden-Württemberg) sowie ein mit Forschungen zum Jugendstrafrecht und privater Verschuldung befasster Sozialwissenschaftler der Universität Mainz (Rheinland-Pfalz) für ein Gespräch zur Verfügung.

Die betreffenden Gesprächspartnerinnen und -partner wurden im Rahmen einer offenen Gesprächssituation über ihre subjektiven Erfahrungen im Umgang mit minderjährigen Schuldnern befragt und insbesondere um die Darstellung prägnanter und anonymisierter Beispiele aus ihrer Berufspraxis gebeten. Dabei sollte nachvollzogen werden, ob, in welchem Umfang und aus welchen Gründen Minderjährige nach der persönlichen Einschätzung der befragten Berufsträger Schulden aufbauen, Beratungsangebote wahrnehmen und Vollstreckungsversuchen ihrer Gläubiger unterliegen. Wichtig war in diesem Zusammenhang, stets zwischen der allein maßgeblichen Gruppe der „Minderjährigen" im Sinne der vorbeschriebenen Definition und der insbesondere in den bereits angeführten Studien gebildeten Vergleichsgruppen „junge Erwachsene", „Jugendliche" oder „Heranwachsende" zu differenzieren.

2. Ergebnisse

Grundlegendes Ergebnis der Gespräche war der seitens aller Gesprächspartnerinnen und -partner vermittelte subjektive Erfahrungswert, dass auch minderjährige Personen ungeachtet der unzureichenden statistischen Messbarkeit im Alltag als Schuldner in Erscheinung treten. Allerdings nähmen minderjährige Schuldner nach Angaben der konkret befragten Schuldnerberaterinnen und Schuldnerberater im Regelfall Beratungsangebote von offiziellen Stellen überhaupt nicht oder lediglich in Begleitung ihrer Eltern wahr. Dementsprechend erfolge eine Aufdeckung von Minderjährige betreffenden Verbindlichkeiten zumeist erst dann, wenn die mittlerweile volljährigen Schuldner im Zuge einer Schuldnerberatung oder Vollstreckungsmaßnahme mit während der Minderjährigkeit entstandenen Verbindlichkeiten konfrontiert würden und daraufhin eine Beratungsstelle aufsuchten. Im Übrigen offenbarten sich Schulden Minderjähriger häufig mittelbar im Rahmen einer Beratung der Eltern oder aufgrund von gegenüber den Schuldnerberatungen erfolgten Anfragen anderer Institutionen zu deren minderjährigen Klienten, wie beispielsweise der Jugendgerichtshilfe oder des mit einer Amtsvormundschaft nach §§ 1791b, 1791c BGB betrauten Jugendamts.[20]

Nach Einschätzung der befragten Gesprächspartnerinnen und -partner könne daher von einer gewissen Dunkelziffer ausgegangen werden, welche von verfügbaren Statistiken nicht abgebildet werde, da solche auf den Daten der Schuldnerberatungen beruhenden Erhebungen lediglich aktiv Ratsuchende erfassen, die zudem der Weitergabe ihrer Daten auch explizit zustimmen müssen.[21] Im Übrigen werde von Seiten der Angehörigen der Minderjährigen in der Praxis oftmals zunächst versucht, auch solche Schulden, die außerhalb der Familie bei Dritten aufgenommen wurden, durch eigene Anstrengungen zu tilgen, bevor offizielle Beratungsangebote wahrgenommen würden.

---

[20] In diesem Zusammenhang ist darauf hinzuweisen, dass neben der freiwilligen Annahme von Beratungsangeboten durch Minderjährige auch eine gerichtliche Anordnung des Besuchs einer Schuldnerberatung im Rahmen eines Jugendstrafverfahrens nach dem JGG in Betracht kommen kann. Die Regelungen des JGG finden insbesondere Anwendung auf Jugendliche im Sinne von § 1 Abs. 2 JGG, also minderjährige Personen, welche zur Tatzeit das 14., nicht aber das 18. Lebensjahr vollendet haben. Begehen diese eine Straftat, so können anlässlich derselben gem. § 5 Abs. 1 JGG sogenannte Erziehungsmaßregeln angeordnet werden. Zu diesen zählen gem. § 9 Nr. 1 JGG auch Weisungen im Sinne von § 10 Abs. 1 S. 1 JGG, also Gebote und Verbote, welche die Lebensführung des Jugendlichen regeln und dadurch seine Erziehung fördern und sichern sollen. Außerhalb des von § 10 Abs. 1 S. 3 JGG erfassten Beispielskataloges zählen dazu auch solche Weisungen, die auf die Regelung der finanziellen Verhältnisse abzielen. In diesem Rahmen kann dem Jugendlichen unter anderem der Besuch eine Schuldnerberatung auferlegt werden, vgl. BeckOK JGG/*Nehring*, JGG, § 10 Rn. 51.

[21] So auch die Einschätzung bei *Braun/Lanzen/Schweppe*, APuZ 2016, 36, 37.

Gleichwohl komme es in der Praxis regelmäßig, wenn auch in geringem Umfang, zu Vollstreckungsversuchen gegenüber Minderjährigen. Exemplarisch sei insoweit auf die Auskunft eines befragten Obergerichtsvollziehers mit Sitz in Elsenfeld im Landkreis Miltenberg verwiesen, wonach bei in seinem Bezirk im Jahr 2017 insgesamt vorhandenen rund 1.550 Vollstreckungsaufträgen lediglich zwischen 10 und 15 Aufträge und somit maximal 1% gegen Minderjährige gerichtet waren. Dies entsprach nach Angabe des Gesprächspartners dem üblichen jährlichen Durchschnitt im betreffenden Bezirk. Dabei werde das exakte Alter des Schuldners, insbesondere in den noch genauer zu analysierenden Fällen von Online-Bestellungen, durch den Gerichtsvollzieher oftmals erst während des Vollstreckungsversuchs vor Ort aufgedeckt.

Nach typischen praktischen Beispielen einer Verschuldung Minderjähriger befragt, nannten die interviewten Berufsträger verschiedene Konstellationen, in denen sich nach ihrer Erfahrung in der Praxis eine Inanspruchnahme minderjähriger Schuldner tatsächlich feststellen lasse. Hierzu zählten beispielsweise Fallgestaltungen, in denen Eltern als gesetzliche Vertreter ihrer minderjährigen Kinder unter Angabe des Kindesnamens Bestellungen im Online- oder Versandhandel tätigten, sowie gegen Kinder als Mitglied einer sozialrechtlichen Bedarfsgemeinschaft gerichtete Rückforderungen von Sozialleistungen insbesondere durch das Jobcenter. Ebenso wurden Inanspruchnahmen Minderjähriger wegen „Handyschulden" oder illegalen Downloads etwa von Musiktiteln genannt. Zudem wurden auch deliktische Handlungen Minderjähriger berichtet, so etwa der Fall eines minderjährigen Straftäters, der eine Haftzelle in Brand gesetzt und hierdurch Sachschäden verursacht hatte.

Die im Rahmen der Gespräche berichteten praktischen Fallgestaltungen werden im Fortgang der Untersuchung noch systematisch auf ihre juristische Relevanz geprüft. Im Fokus soll dabei stets die Frage stehen, ob in den aufgeführten Beispielen tatsächlich rechtswirksame Verbindlichkeiten zu Lasten der betroffenen Minderjährigen entstehen können. Von der Frage, ob es in der Praxis ungeachtet der Existenz juristisch an sich haltloser Forderungen faktisch zur Leistung von Zahlungen durch den Minderjährigen oder Dritte sowie den Abschluss von Zahlungsvereinbarungen kommt, ist diese ausschließlich rechtliche Betrachtung strikt zu trennen. Mangels juristischer Relevanz sollen zudem Schulden im sozialen Nahbereich, wie beispielsweise die Aufnahme eines unverzinslichen Darlehens bei den eigenen Eltern oder Großeltern sowie bei Schulfreunden in nur unerheblichem Umfang, weitestgehend ausgeklammert bleiben. Denn in entsprechenden Konstellationen steht regelmäßig weniger die Frage nach einer rechtswirksamen juristischen Verbindlichkeit des Minderjährigen als diejenige einer emotionalen Verpflichtung zur Begleichung der erhaltenen Beträge im Vordergrund.

III. Fragebogenbasierte Befragung

Zwischen dem 26. und dem 28. September 2018 fanden in Trier, Koblenz und Mainz drei vom Schuldnerfachberatungszentrum Mainz (SFZ) organisierte Praxisforen für Schuldner- und Insolvenzberater der jeweiligen geografischen Einzugsbereiche statt.[22] Anlässlich dieser Veranstaltungen des SFZ ergab sich für den Verfasser der vorliegenden Untersuchung die Möglichkeit, über die im vorangegangenen Abschnitt dargestellten persönlichen Gespräche hinaus mittels eines auf den genannten Veranstaltungen durch den wissenschaftlichen Leiter des SFZ ausgeteilten Fragebogens ein weiteres, zumindest in beschränkter geografischer Breite aussagekräftiges Meinungsbild zum Thema „minderjährige Schuldner“ einzuholen.

1. Konzeption und Auswertung

Die Konzeption des zu diesem Zweck verwendeten Fragebogens beruht maßgeblich auf den zuvor im Rahmen der Einzelgespräche gewonnenen Erkenntnissen. Er umfasst Fragen sowohl zur tatsächlichen Existenz einer Beratung minderjähriger Schuldner als auch zu einzelnen schuldbegründenden Fallgestaltungen. Dabei wurden insbesondere Konstellationen in den Fragebogen aufgenommen, die zuvor von einzelnen Berufsträgern im Rahmen der persönlichen Gespräche als praxisrelevant genannt wurden, um dergestalt einen Abgleich der subjektiv empfundenen Relevanz zu erhalten. An der durchgeführten anonymen Befragung nahmen insgesamt 57 Besucherinnen und Besucher der eingangs genannten Praxisforen teil.[23]

[22] Die „Forschungs- und Dokumentationsstelle für Verbraucherinsolvenz und Schuldnerberatung“, kurz Schuldnerfachberatungszentrum, ist eine durch das Ministerium für Soziales, Arbeit, Gesundheit und Demografie des Landes Rheinland-Pfalz geförderte Einrichtung der Johannes Gutenberg-Universität Mainz, deren Ziel die Förderung und Unterstützung der nach § 305 Abs. 1 Nr. 1 InsO anerkannten Schuldnerberatungsstellen in Rheinland-Pfalz ist. Zum SFZ vgl. www.sfz.uni-mainz.de (Abrufdatum 27.4.2021).

[23] Eine Auszählung der abgegebenen „Ja“- und „Nein“-Stimmen aller 57 auf den drei Veranstaltungen abgegebenen Fragebögen findet sich in Tabelle 1 im Anhang zur vorliegenden Untersuchung. In den dort dargestellten absoluten Zahlen nicht ausgewiesen sind Enthaltungen sowie nicht eindeutige Antworten. Eine nach den jeweiligen Veranstaltungsorten vorgenommene, auch Enthaltungen ausweisende detaillierte Auswertung der Fragebögen findet sich ebenfalls im Anhang der vorliegenden Arbeit in den weiteren dort aufgeführten Tabellen.

2. Ergebnisse

Im Zuge der Befragung bestätigten sich zunächst einige der bereits anlässlich der persönlichen Einzelgespräche gewonnenen subjektiven Erkenntnisse. So sind gemäß der in den Fragebögen gegebenen Antworten insgesamt 50 von 57 Befragungsteilnehmerinnen und -teilnehmern aus ihrer persönlichen Beratungspraxis Fälle bekannt, in denen Eltern auf den Namen der eigenen Kinder Warenbestellungen im Online- oder Versandhandel vorgenommen hatten. 43 von 57 Befragten haben dabei ausweislich ihrer Antwort Kenntnis von Beratungskonstellationen, in denen im Zuge der Beratung verschuldeter Eltern auch Schulden zu Lasten deren noch minderjährigen Kinder aufgedeckt werden konnten. Insgesamt 41 Besucherinnen oder Besuchern der drei Praxisforen sind aus ihrer beruflichen Praxis zudem Fallgestaltungen bekannt, in denen Minderjährige als Mitglied einer sozialrechtlichen Bedarfsgemeinschaft im Zuge einer Rückforderung von Sozialleistungen in Anspruch genommen wurden.

Weitergehend lassen sich jedoch auch einzelne neue Erkenntnisse aus den anlässlich der Befragung gegebenen Antworten ableiten. So haben danach immerhin 13 von 57 Befragten in ihrer Beratungspraxis bereits Schuldner beraten, die zum Zeitpunkt der Beratung noch minderjährig waren und die Beratungsstelle ohne Begleitung ihres gesetzlichen Vertreters aufgesucht hatten. Darüber hinaus bestätigten 27 von 57 Befragungsteilnehmerinnen und -teilnehmern, dass sie in ihrer Beratungspraxis bereits minderjährige Schuldner in Begleitung deren jeweiliger gesetzlichen Vertreter beraten hätten. An den betreffenden Antworten lässt sich folglich aufzeigen, dass eine Schuldnerberatung minderjähriger Klienten in der Realität durchaus vorkommt, obgleich verfügbare Statistiken zum Thema wie zuvor dargelegt entsprechende Beratungssituationen grundsätzlich nicht abbilden.

Zudem bejahten insgesamt 48 Teilnehmerinnen und Teilnehmer, dass sie in ihrer Beratungspraxis bereits volljährige Schuldner beraten hätten, deren Schulden ausschließlich oder zumindest teilweise aus der Zeit der Minderjährigkeit resultierten. Ausweislich der zu Frage 9 des Fragebogens ausgewerteten Antworten ist gleichwohl nur für 34 von 57 Befragten die nach § 1629a BGB bestehende Möglichkeit einer Haftungsbeschränkung in ihrer Beratungspraxis von Relevanz. Diese Korrelation erstaunt durchaus, da gerade in der Beratung volljähriger Personen mit Schulden aus der Minderjährigkeit die Einrede nach § 1629a BGB zumindest bedacht werden sollte. Diesem Aspekt wird im weiteren Fortgang der vorliegenden Untersuchung bei der Darstellung zu § 1629a BGB und dessen Verbreitung in der Praxis noch nachzugehen sein.

IV. Fazit

Zusammenfassend lässt sich im Hinblick auf die praktische Relevanz des Phänomens „Minderjährigenverschuldung" als Grundlage der weiteren Untersuchung festhalten, dass Minderjährige ausweislich sowohl einzelner der vorliegend ausgewerteten Statistiken und Studien als auch der eigenen Recherchen des Verfassers durchaus als Schuldner im Alltag in Erscheinung treten. Dies betrifft im Übrigen explizit auch Schulden, die gegenüber Gläubigern außerhalb des Familien- oder Freundeskreises bestehen. Dabei können bereits relativ niedrige Beträge speziell in prekären finanziellen und sozialen Verhältnissen eine immense und langfristige Belastung minderjähriger Schuldner über die Volljährigkeit hinaus hervorrufen.[24]

Bundesweit repräsentativ messbar erscheint die Verschuldung von Personen unter 18 Jahren gleichwohl nur bedingt, da die diesbezüglich verfügbaren Statistiken mangels eigenständiger Aufführung dieser Altersgruppe zumeist keine aussagekräftigen Zahlen erkennen lassen. Aufgrund des methodischen Ansatzes solcher Statistiken und Studien, welche auf den von Schuldnerberatungsstellen und Wirtschaftsunternehmen wie insbesondere Bonitätsprüfungsunternehmen übermittelten Zahlen beruhen, dürfte nach alledem im Hinblick auf die faktische Existenz von Schulden Minderjähriger von einer gewissen Dunkelziffer auszugehen sein.

---

[24] Vgl. hierzu nur die Darstellung bei *Melchers*, FuR 2009, 6, 9, wonach ein in einfachsten Einkommensverhältnissen lebender junger Erwachsener, insbesondere im Fall eines Bezuges von Leistungen nach dem SGB II, in der Praxis zumeist einen Betrag von lediglich 30 Euro zur Begleichung aus dem Zeitraum der Minderjährigkeit stammender Verbindlichkeiten abführen könne. Bereits eine mit Zinsen titulierte Forderung von knapp über 1.000 Euro nähme somit zu ihrer ratenweisen Tilgung einen längeren Zeitraum in Anspruch.

C. Verfassungsrechtliche Determinanten eines umfassenden Minderjährigenschutzes

I. Allgemeines

Die Erkenntnis, dass Minderjährige im Rahmen der geltenden Rechtsordnung aufgrund ihrer noch nicht abgeschlossenen persönlichen Entwicklung und der aus diesem Umstand potentiell resultierenden Risiken sowohl für sie als auch für Dritte in hohem Maße schutzbedürftig sind, ist ein in Rechtsprechung und Literatur häufig genutzter argumentativer Topos.[1] Den gesamtgesellschaftlich relevanten Stellenwert des Minderjährigenschutzes führte dabei schon die Literatur zu Beginn des 20. Jahrhunderts kurz nach Inkrafttreten des BGB an.[2] Auch der Gesetzgeber berücksichtigt in einer Vielzahl von einfachrechtlichen Vorschriften die gegenüber volljährigen Personen mit besonderen Bedürfnissen verbundene Stellung Minderjähriger im Rechtsverkehr.[3] Es besteht somit ein allgemeiner Konsens dahingehend, dass die Belange des Minderjährigenschutzes im Rahmen der Rechtsetzung und Rechtsanwendung besonders zu berücksichtigen sind, um einer möglichst ungehinderten und freien Entwicklung Heranwachsender sowie ihrer verminderten Mündigkeit im Rechtsverkehr Rechnung tragen zu können. Das

---

[1] So konstatiert beispielsweise *Looschelders*, VersR 1999, 141 schlicht und emblematisch: „Der Minderjährigenschutz ist ein zentrales Prinzip unserer Zivilrechtsordnung". Vgl. auch OLG Celle, Vorlagebeschl. v. 26.5.1989 – 4 U 53/88, VersR 1989, 709 m. Anm. *Lorenz*; *Tilsen*, Die beschränkte Haftung des Minderjährigen im Deliktsrecht, S. 21.

[2] Vgl. hierzu die Ausführungen bei *Dittenberger*, Schutz des Kindes, S. 1: „Eine der bedeutsamsten und wichtigsten Aufgaben des Staates ist es, dem noch in der Entwickelung begriffenen jugendlichen Menschen einen besonderen Schutz angedeihen zu lassen, denn nur durch solche Fürsorge wird die für das Wohl des Staates in erster Linie notwendige gedeihliche Ausbildung des Individuums gewährleistet."

[3] Exemplarisch seien hier, neben den im Verlauf der vorliegenden Arbeit noch eingehend zu untersuchenden §§ 106 ff., 1629a, 828 BGB, die Vorschriften § 1 Abs. 2 JGG sowie § 3 JGG genannt. Danach ist ein Jugendlicher, welcher das 14., nicht aber das 18. Lebensjahr verwirklicht hat, nur dann strafrechtlich verantwortlich, wenn er zur Tatzeit eine ausreichende sittliche und geistige Reife aufweist, um das Unrecht der Tat einzusehen und nach dieser Einsicht zu handeln.

Gebot des Minderjährigenschutzes wird weitergehend zudem als ein rechtsethisches Prinzip des positiven Rechts verstanden.[4]

Der konkrete Gehalt des Terminus „Minderjährigenschutz" ist gleichwohl nicht per se hinreichend eindeutig erkennbar.[5] Dies macht eine Präzisierung des Untersuchungsgegenstandes erforderlich. Im Anschluss an eine diesbezüglich notwendige Definition des Begriffs „Minderjährigenschutz" soll im Folgenden knapp dargestellt werden, inwiefern das im Zivilrecht zu beachtende Prinzip des Minderjährigenschutzes als ein Prinzip von Verfassungsrang anzusehen ist. Zu hinterfragen ist dabei, welche grundrechtlichen Positionen der Schutzbedürftigkeit junger Menschen Rechnung tragen sollen.[6] Dem gegenüberzustellen sind die ebenfalls grundrechtlich abgesicherten Interessen der betroffenen Verkehrskreise, innerhalb welcher minderjährige Personen agieren, sowie das Spannungsverhältnis, das aus diesen oftmals konträren Positionen resultiert.

II. Begriff „Minderjährigenschutz"

Ausgangspunkt jeglicher Folgeüberlegungen muss eine definitorische Konkretisierung des einleitend bereits mehrfach genutzten Terminus „Minderjährigenschutz" sein, auf deren Grundlage die Erwägungen zu den existierenden Schutzvorschriften nachvollzogen werden können. Begrifflich lässt sich der Rechtsgedanke des Minderjährigenschutzes dabei in einem weiteren und einem engeren Sinne verstehen.[7] Während in einem weiten Sinne das komplexe, verfassungsrechtliche Verhältnis zwischen Kind, Eltern und Staat in all seinen Facetten unter den Begriff Minderjährigenschutz gefasst werden kann, meint dieser im engeren Sinne ganz konkret den Schutz minderjähriger Personen im rechtlichen Verhältnis zu Dritten.[8]

---

[4] *Nolting-Hauff*, Gebote zum Schutz Minderjähriger, S. 61.

[5] Vgl. *Nolting-Hauff*, Gebote zum Schutz Minderjähriger, S. 17.

[6] Unter den hier gewählten Begriff „grundrechtliche Positionen" fällt sowohl der subjektive Schutzgehalt einzelner Grundrechte als „Abwehrrecht" gegenüber staatlichen Eingriffen als auch die aus den Grundrechten erwachsende objektiv-rechtliche Schutzdimension, welche als „Wertordnung" Auswirkungen beispielsweise auf die Grundrechtsausübung Dritter, die Legislative oder die Rechtsauslegung im Rahmen der Judikative beinhaltet und dem Staat im Einzelfall auch Schutzpflichten auferlegen kann. Zum Begriff der „objektiv-rechtlichen Wertordnung" vgl. grundlegend Maunz/Dürig/*Herdegen*, GG, Art. 1 Rn. 21 ff., sowie spezifisch zum Bereich des Minderjährigenschutzes *Nolting-Hauff*, Gebote zum Schutz Minderjähriger, S. 46 ff.

[7] Vgl. *Hertwig*, FamRZ 1987, 124.

[8] *Hertwig*, FamRZ 1987, 124. Noch weiter einschränkend *Moritz*, Zivilrechtliche Stellung der Minderjährigen, S. 42, wonach die Nutzung des Begriffes Minderjährigenschutz als solcher streng auf die Regelungsbereiche des „Haager Übereinkommens über die Zu-

Den Hintergrund der jeweils vorausgesetzten gesteigerten Schutzbedürftigkeit und -würdigkeit minderjähriger Menschen im Verhältnis zu volljährigen Teilnehmern am Rechtsverkehr bildet eine verfestigte entwicklungspsychologische Einschätzung hinsichtlich eines mangelnden Reifegrades minderjähriger Personen. Darin kommt zum Ausdruck, dass diese aufgrund noch nicht vollständig entwickelter geistiger Reife, Reflektion und Reaktionsmöglichkeit sowie mangelnder Erfahrung im geschäftlichen Verkehr regelmäßig weder in der Lage sein werden, ihr tatsächliches Handeln vollständig zu überblicken, noch die eventuellen Nachteile und langfristigen Folgen rechtsgeschäftlicher Verpflichtung zu erkennen.[9]

Da die Notwendigkeit eines effektiven Minderjährigenschutzes im engeren Sinne gravierende Auswirkungen auf die rechtlichen Regelungen sowohl im Bereich der rechtsgeschäftlichen Verpflichtung Minderjähriger als auch hinsichtlich ihrer Haftung aus deliktischem Verhalten beinhaltet, wird für den weiteren Verlauf der vorliegenden Untersuchung ganz überwiegend die oben zweitgenannte Begriffsbestimmung von Interesse sein.

III. Verfassungsrechtliche Verankerung des Prinzips Minderjährigenschutz

Nachdem sich das Prinzip des Minderjährigenschutzes folglich dahingehend definieren lässt, dass dieses die Notwendigkeit eines umfassenden und effektiven Schutzes Minderjähriger gegenüber Dritten im Rechtsverkehr zum Ausdruck bringt, ist nunmehr zu überprüfen, inwieweit dieses Prinzip bereits verfassungsrechtlich verbürgt erscheint. Im Rahmen des für die vorliegende Arbeit abgesteckten Untersuchungsgegenstandes kann dabei naturgemäß nicht abschließend und vollumfänglich auf alle relevanten rechtlichen Fragestellungen eingegangen werden, die sich im Hinblick auf den weitreichenden Problemkomplex „Minderjährige im Verfassungsrecht“ ergeben. Insbesondere die in der Literatur vorzufindenden Erörterungen der einer Darstellung der relevanten Schutzpositionen an sich vorgelagerten Frage nach der Grundrechtsfähigkeit und Grundrechtsmündigkeit eines Minderjährigen bleiben daher nachfolgend unberücksichtigt.[10]

---

ständigkeit der Behörden und das anzuwendende Recht auf dem Gebiet des Schutzes von Minderjährigen“ von 1961 beschränkt bleiben müsse.

[9] Zu dieser Einschätzung vgl. schon *Enneccerus/Kipp/Wolff*, Lehrbuch des bürgerlichen Rechts, S. 201: „Das Denk- und Willensvermögen des Menschen, sein Pflichtbewusstsein und die Erkenntnis der Verantwortlichkeit für seine Handlungen sind bei jedem einzelnen das Ergebnis einer allmählichen Entwicklung.“ Vgl. auch *Birr*, Die Haftung Minderjähriger, S. 19; *Tilsen*, Die beschränkte Haftung des Minderjährigen im Deliktsrecht, S. 21.

[10] Nähere Ausführungen hierzu finden sich etwa bei *Kuhn*, Grundrechte und Minder-

1. Das staatliche Wächteramt nach Art. 6 Abs. 2 S. 2 GG

Auf verfassungsrechtlicher Ebene wird als ein wesentlicher Anknüpfungspunkt für entsprechende Überlegungen zum Minderjährigenschutz zumeist Art. 6 Abs. 2 GG[11] genannt. Diesem lasse sich das Rechtsprinzip des Minderjährigenschutzes in Form einer objektiven Wertentscheidung des Gesetzgebers entnehmen.[12] Damit wird zum Ausdruck gebracht, dass der Minderjährigenschutz als Prinzip von Verfassungsrang sowohl durch die Legislative im Rahmen der Gesetzgebungstätigkeit als auch durch die Rechtsprechung bei der Anwendung und verfassungskonformen Auslegung des Privatrechts zwingend zu berücksichtigen ist.[13]

Darüber hinaus erwächst dem Staat aus Art. 6 Abs. 2 S. 2 GG ein „Wächteramt",[14] das diesen verpflichtet, die den Eltern nach Art. 6 Abs. 2 S. 1 GG vorrangig obliegende Pflicht zur Pflege und Erziehung ihrer Kinder angemessen zu kontrollieren.[15] Maßstab dieser Kontrolle ist das Kindeswohl.[16] Dessen Gefährdung löst folglich die Schutzpflicht des Staates aus Art. 6 Abs. 2 S. 2 GG aus.[17] Aus verfassungsrechtsdogmatischer Perspektive betrachtet enthält Art. 6 Abs. 2 S. 2 GG eine Schranke für die Ausübung des in Art. 6 Abs. 2 S. 1 GG reglementierten Elternrechts.[18] Die Vorschrift berech-

---

jährigkeit, S. 4 ff., 31 ff.; *Meyer*, Die Stellung des Minderjährigen im öffentlichen Recht, S. 27 ff.; *Moritz*, Zivilrechtliche Stellung der Minderjährigen, S. 127; *Nolting-Hauff*, Gebote zum Schutz Minderjähriger, S. 22 ff.

[11] Art. 6 Abs. 2 GG lautet wie folgt: „Pflege und Erziehung der Kinder sind das natürliche Recht der Eltern und die zuvörderst ihnen obliegende Pflicht. Über ihre Betätigung wacht die staatliche Gemeinschaft."

[12] So beispielsweise *Tilsen*, Die beschränkte Haftung des Minderjährigen im Deliktsrecht, S. 25.

[13] Vgl. Palandt/*Grüneberg*, BGB, Einleitung vor § 1 Rn. 18; Sachs/*von Coelln*, GG, Art. 6 Rn. 76.

[14] Zum Begriff vgl. Sachs/*von Coelln*, GG, Art. 6 Rn. 76.

[15] Zum konkreten Inhalt der Kontrollpflicht vgl. beispielsweise für den Bereich der Erziehung und Schulbildung *Heinz*, FuR 2016, 328, 329.

[16] BeckOK BGB/*Veit*, BGB, § 1626 Rn. 17. Der Begriff des Kindeswohls ist als unbestimmter Rechtsbegriff Bestandteil einer Vielzahl von Rechtsvorschriften, z.B. §§ 1666 Abs. 1, 1671 Abs. 1 S. 2 Nr. 2, 1697a BGB. Eine Legaldefinition desselben existiert jedoch nicht, so dass die Bestimmung des konkreten Inhalts den Gerichten nach den Einzelfallumständen überlassen bleibt. Integraler Bestandteil des Kindeswohls ist gleichwohl, neben der körperlichen und seelischen Unversehrtheit, ganz allgemein die Möglichkeit des Kindes, zu einer selbständigen und verantwortungsbewussten Person heranwachsen zu können, vgl. MüKoBGB/*Lugani*, BGB, § 1696 Rn. 26. Vgl. weiterführend *Meyer*, Die Stellung des Minderjährigen im öffentlichen Recht, S. 33 ff.

[17] Vgl. Sachs/*von Coelln*, GG, Art. 6 Rn. 69.

[18] Vgl. hierzu die Ausführungen bei *Hufen*, Staatsrecht II, § 16 Rn. 28, wonach Art. 6 Abs. 2 S. 2 GG zwar keinen Gesetzesvorbehalt enthalte, aus Art. 6 Abs. 3 GG a maiore ad minus jedoch zu schließen sei, dass auch mildere Eingriffe als die Trennung des Kindes von der Familie auf gesetzlicher Grundlage erfolgen können.

tigt und verpflichtet die Legislative folglich dazu, entsprechende gesetzliche Voraussetzungen für eine effektive Kontrolle des Elternrechts zu schaffen.

Der Staat hat somit insbesondere dafür Sorge zu tragen, dass sich eine unkontrollierte Entscheidungsbefugnis der Eltern nicht nachteilig für deren Kinder auswirken kann.[19] Sein ihm dergestalt zugewiesenes „Wächteramt" hat der Gesetzgeber beispielweise für den Bereich der den Eltern gem. § 1626 Abs. 1 BGB obliegenden Vermögenssorge in § 1643 BGB institutionalisiert.[20] Wie in der Folge noch genauer aufzuzeigen sein wird, erklärte das BVerfG anlässlich seines Beschlusses vom 13.5.1986 auch unter Bezugnahme auf diese dem Art. 6 Abs. 2 S. 2 GG entnommene Wertung die Regelungen zur elterlichen Vertretungsmacht in ihrer damaligen Form für verfassungswidrig.

2. Allgemeines Persönlichkeitsrecht, Art. 2 Abs. 1 GG i.V.m. Art. 1 Abs. 1 GG

Die zweite tragende Säule, auf welcher die Annahme des Prinzips eines weitreichenden Minderjährigenschutzes fußt, stellt das aus Art. 2 Abs. 1 GG i.V.m. Art. 1 Abs. 1 GG entwickelte Allgemeine Persönlichkeitsrecht in seiner Ausprägung als Recht auf individuelle Selbstbestimmung dar.[21] Danach ist das Recht des Minderjährigen auf freie, chancengleiche und anlagengerechte Entfaltung und Entwicklung der eigenen Persönlichkeit als Ausdruck der engeren persönlichen Lebenssphäre grundrechtlich abgesichert.[22] Zu diesem Entwicklungsschutz zählt insbesondere auch die grundsätzliche Selbstbestimmung im wirtschaftlichen Bereich, deren Einschränkung eine dauerhafte Aufhebung der freien persönlichen Entfaltung bedeuten kann.[23]

In Verbindung mit dem oben skizzierten Wächteramt des Staates ergibt sich somit eine Verpflichtung der nach Art. 1 Abs. 3 GG an die Grundrechte gebundenen Legislative, Bedingungen zu schaffen, unter denen der Minderjährige bei seiner persönlichen Entwicklung und Entfaltung eine „nicht nur scheinbare" Freiheit erlangen kann.[24] Eine solche bloß scheinbare Freiheit erreichen Minderjährige jedenfalls dann, wenn sie als Folge der Vertretungsmacht ihrer Eltern mit erheblichen Schulden in die Volljährigkeit entlassen

---

[19] Maunz/Dürig/*Badura*, GG, Art. 6 Rn. 122.

[20] *Peschel-Gutzeit*/*Jenckel*, FuR 1997, 34.

[21] Zum Allgemeinen Persönlichkeitsrecht vgl. Maunz/Dürig/*Di Fabio*, GG, Art. 2 Rn. 127 ff.; speziell zur oben genannten Ausprägung als Recht des Kindes auf freie, möglichst ungehinderte Entfaltung der eigenen Persönlichkeit vgl. BVerfG, Beschl. v. 13.5.1986 – 1 BvR 1542/84, NJW 1986, 1859, 1860; Maunz/Dürig/*Di Fabio*, GG, Art. 2 Rn. 208 ff.; *Zech*, Beschränkung der Haftung Minderjähriger, S. 97.

[22] Vgl. BVerfG, Beschl. v. 13.5.1986 – 1 BvR 1542/84, NJW 1986, 1859, 1860.

[23] Vgl. *Zech*, Beschränkung der Haftung Minderjähriger, S. 97.

[24] Vgl. *Nolting-Hauff*, Gebote zum Schutz Minderjähriger, S. 51.

werden und ihnen infolgedessen nicht der Raum bleibt, um ihr weiteres Leben selbst und ohne unzumutbare Belastungen zu gestalten, die sie selbst nicht zu verantworten haben.[25] In einem solchen Fall wäre eine Verletzung des Allgemeinen Persönlichkeitsrechts des Minderjährigen demnach zu bejahen. Dies soll nach der Entscheidung des BVerfG aus dem Jahr 1986 jedenfalls für den Bereich der rechtsgeschäftlichen Verpflichtung eines Minderjährigen durch seine Eltern mit potentiell existenzbedrohenden Haftungsfolgen gelten, weshalb sich in der Konsequenz die Vertretungsnorm des § 1629 BGB nach Auffassung des BVerfG insoweit als verfassungswidrig darstellte.[26]

Problematisch erscheint in diesem Zusammenhang überdies die an anderer Stelle noch eingehend zu erörternde Frage, ob sich die Erwägungen zu einer mit Blick auf Art. 2 Abs. 1 GG i.V.m. Art. 1 Abs. 1 GG notwendigen Beschränkung der Minderjährigenhaftung im Gesetzeswege auf den Fall einer deliktischen Verantwortlichkeit des Minderjährigen ruinösen Ausmaßes übertragen lassen können. Entsprechende Forderungen existieren in Rechtsprechung und Literatur bereits seit Längerem.[27]

Ein abschließendes Dictum des BVerfG hingegen liegt zu dieser Frage bis dato noch nicht vor.[28]

Neben der sich aus dem Schutzgehalt des Allgemeinen Persönlichkeitsrechts ergebenden Verpflichtung des Gesetzgebers, legislative Grundlagen für eine möglichst freie Entfaltung Minderjähriger zu schaffen, hat das Eingreifen der genannten Schutzposition eine weitere Konsequenz. Aufgrund der Ausstrahlung der Grundrechte ins Privatrecht und der damit einhergehenden sogenannten „mittelbaren Drittwirkung“ sind diese bei der Auslegung und Anwendung einfachen Gesetzesrechts durch die Rechtsprechung auch bei Streitigkeiten zwischen Privatpersonen stets zwingend zu berücksichtigen.[29] Folglich wird die Auslegung unbestimmter Rechtsbegriffe, bei-

---

[25] BVerfG, Beschl. v. 13.5.1986 – 1 BvR 1542/84, NJW 1986, 1859, 1860.

[26] Vgl. BVerfG, Beschl. v. 13.5.1986 – 1 BvR 1542/84, NJW 1986, 1859, 1860.

[27] Vgl. OLG Celle, Vorlagebeschl. v. 26.5.1989 – 4 U 53/88, VersR 1989, 709, 710 m. Anm. *Lorenz*; LG Dessau, Vorlagebeschl. v. 25.9.1996 – (6) 8 O 853/96, VersR 1997, 242; LG Bremen, Urt. v. 15.2.1991 – 6 O 2866/89 u. 1218/90, NJW-RR 1991, 1432; *Hertwig*, FamRZ 1987, 124, 125; *Looschelders*, VersR 1999, 141, 148; *Goecke*, NJW 1999, 2305, 2310; *Looschelders*, Einwirkungen der Grundrechte, S. 93, 103 f.; *Zech*, Beschränkung der Haftung Minderjähriger, S. 102 ff.

[28] Insbesondere stufte das BVerfG eine dahingehende Richtervorlage des LG Dessau im Sinne von Art. 100 Abs. 1 GG bereits als unzulässig ein, da es sich bei § 828 Abs. 2 BGB a.F. um vorkonstitutionelles Recht handele. Vgl. BVerfG, Beschl. v. 13.8.1998 – 1 BvL 25–96, NJW 1998, 3557, 3557 f.

[29] Der gewichtige Einfluss der Grundrechte auf die Anwendung und Fortentwicklung des deutschen Privatrechts ist seit der Entscheidung BVerfG, Urt. v. 15.1.1958 – 1 BvR 400/57, BVerfGE 7, 198 = NJW 1958, 257 – Lüth allgemein anerkannt. Zur Konstruktion der heute überwiegend vertretenen mittelbaren Drittwirkung der Grundrechte im Privat-

spielsweise des Terminus „lediglich rechtlicher Vorteil" in § 107 BGB oder des Begriffes „Treu und Glauben" in § 242 BGB, maßgeblich durch die verfassungsrechtlichen Gewährleistungen der Art. 2 Abs. 1 GG i.V.m. Art. 1 Abs. 1 GG beeinflusst.[30]

3. Weitere einschlägige Grundrechtspositionen zum Schutze Minderjähriger

Neben diesen genannten zentralen verfassungsrechtlichen Absicherungen des Minderjährigenschutzes lassen sich noch weitere Vorschriften nennen, mittels derer sich ein umfassender Schutz Minderjähriger im Rechtsverkehr legitimieren lässt. Diese sollen nunmehr der Vollständigkeit halber in der hier gebotenen Kürze dargestellt werden.

Die Gewährleistungen des Art. 1 Abs. 1 GG, welcher die einem jeden Menschen zukommende Menschenwürde als unantastbar und daher nicht beschränkbar dem besonderen Schutz der staatlichen Gewalt unterstellt, entfalten ihre Wirkungen unterschiedslos gegenüber Minder- und Volljährigen. Soweit es danach jedem Menschen freisteht, sein Leben frei, würdig und selbstbestimmt zu führen, ist es im Falle eines Minderjährigen die besondere Aufgabe des Staates, die Grundbedingungen für einen unbelasteten Start in die Volljährigkeit zu sichern. Insoweit kommt es zu inhaltlichen Überschneidungen mit dem Schutzbereich des Allgemeinen Persönlichkeitsrechts, welches die genannten Gewährleistungen in unterschiedlichen Fallgestaltungen absichern soll.[31]

Einen weiteren verfassungsrechtlichen Ansatzpunkt, mittels dessen sich die Notwendigkeit eines umfassenden gesetzlichen Schutzes für Minderjährige begründen lässt, stellt das aus Art. 3 Abs. 1 GG abgeleitete Gleichheitsgebot dar. Danach ist eine Gleichbehandlung von Ungleichem, in diesem Fall also eine fehlende Differenzierung in der Behandlung Minderjähriger und Volljähriger, grundsätzlich unzulässig, sofern nicht ein hinreichender

---

recht vgl. etwa *Canaris*, AcP 184 (1984), 201, 202; MüKoBGB/*Säcker*, BGB, Einleitung Rn. 62 ff.; Maunz/Dürig/*Durner*, GG, Art. 10 Rn. 141 ff.; *Medicus*, AcP 192 (1992), 35, 43; *Schlaich/Korioth*, Das Bundesverfassungsgericht, Rn. 291. Vgl. im Übrigen auch *Nipperdey*, Grundrechte und Privatrecht, S. 14 f., welcher den Begriff einer „absoluten Wirkung" der Grundrechte als gegenüber dem Terminus „Drittwirkung" vorzugswürdig erachtet.

[30] Vgl. zum Ganzen näher *Canaris*, AcP 184 (1984), 201, 210; *Medicus*, AcP 192 (1992), 35, 43; *Hager*, JZ 1994, 373, 374; Maunz/Dürig/*Durner*, GG, Art. 10 Rn. 145 f. Die Beeinflussung des Zivilrechts durch das GG und insbesondere die Rechtsprechung des BVerfG wird im Übrigen insgesamt nicht unkritisch gesehen. Zum Vorwurf eines vermuteten „Grundrechtstotalitarismus" vgl. *Simon*, AcP 204 (2004), 264, 264 f. Kritisch zur Figur der „mittelbaren Drittwirkung der Grundrechte" auch *Neuner*, NJW 2020, 1851, 1853 ff.

[31] Vgl. BVerfG, Beschl. v. 13.5.1986 – 1 BvR 1542/84, NJW 1986, 1859, 1860.

sachlicher Grund für diese vorliegt.[32] Schließlich verweisen mehrere Grundrechte in ihren Schrankenbestimmungen auf das Rechtsgut Jugendschutz, der seinem Schutzbereich nach mit dem Rechtsbegriff Minderjährigenschutz übereinstimmt.[33] Entsprechende Regelungen, die eine Beschränkung der Grundrechtsausübung Dritter legitimieren können, finden sich in Art. 5 Abs. 2 GG, Art. 11 Abs. 2 GG und Art. 13 Abs. 7 GG.

IV. Spannungsverhältnis: Minderjährigenschutz und Rechtsverkehr

Die im vorangegangenen Abschnitt thematisierte, verfassungsrechtlich besonders sensible Stellung minderjähriger Personen impliziert bereits ein potentielles Spannungsverhältnis zwischen dem Rechtsprinzip des Minderjährigenschutzes und etwaiger entgegenstehender subjektiver Rechtspositionen anderer Teilnehmer des Rechtsverkehrs. Da im Rahmen der im weiteren Verlauf der Arbeit zu leistenden Analyse der zugunsten minderjähriger Personen bestehenden Schutzsysteme stets auch die Interessen dritter Personen, insbesondere in Gestalt von Vertragspartnern sowie Opfern deliktischer Handlungen, berücksichtigt werden müssen, bedarf es an dieser Stelle eines Überblicks über die insoweit relevanten subjektiven Rechte Dritter. Darüber hinaus sind auch Interessen der Allgemeinheit, insbesondere hinsichtlich der Gewährleistung eines stabilen Rechts- und Geschäftsverkehrs, zu bedenken. Zwar binden grundrechtliche Positionen eines Minderjährigen und anderer Teilnehmer des Rechtsverkehrs gem. Art. 1 Abs. 3 GG nur den Staat unmittelbar, während sie zwischen Privatpersonen nicht wechselseitig geltend gemacht werden können. Infolge ihrer mittelbaren Drittwirkung und ihres Charakters als objektive Wertordnung sind die gegensätzlichen Rechtspositionen jedoch bei einem möglichst schonenden Interessenausgleich nicht allein durch den Gesetzgeber, sondern auch seitens Verwaltung und Rechtsprechung zu berücksichtigen.

Erwähnung muss in diesem Zusammenhang zunächst das bereits angesprochene, überwiegend innerfamiliär zur Entfaltung kommende Elternrecht aus Art. 6 Abs. 2 S. 1 GG finden. Die den Eltern auf Grundlage dieser verfassungsrechtlichen Verbürgung im Bereich der Kinderpflege und -erziehung zukommenden Befugnisse und Pflichten kollidieren besonders augenscheinlich mit dem Recht des Kindes aus Art. 2 Abs. 1 GG i.V.m. Art. 1 Abs. 1 GG auf eine selbstbestimmte und freie Entfaltung seiner Persönlichkeit.[34] Implikationen ergeben sich aus diesem Spannungsverhältnis maßgeb-

---

[32] Vgl. *Nolting-Hauff*, Gebote zum Schutz Minderjähriger, S. 52.

[33] *Nolting-Hauff*, Gebote zum Schutz Minderjähriger, S. 21.

[34] *Kuhn*, Grundrechte und Minderjährigkeit, S. 59.

lich im Bereich der noch eingehender zu untersuchenden elterlichen Sorge nach §§ 1626 ff. BGB.

Außerhalb dieses rein innerfamiliären Kontextes bestehen weitere Grundrechtspositionen, die Dritten im Rechtsverkehr gegenüber Minderjährigen zukommen. Diese entfalten zum Schutz ihres jeweiligen Trägers ebenfalls eine mittelbare Drittwirkung und sind somit sowohl im Rahmen legislativer Tätigkeit als auch bei der Auslegung und Anwendung einfachen Gesetzesrechts zu berücksichtigen. Zu nennen ist hier im Bereich des Vertragsrechts vor allem die primär in Art. 2 Abs. 1 GG verbürgte Vertragsfreiheit. Diese schützt als Bestandteil der umfassenderen zivilrechtlichen Privatautonomie die Freiheit des Abschlusses oder Nichtabschlusses sowie der inhaltlichen Gestaltung privatrechtlicher Verträge.[35] Jegliche gesetzliche Reglementierung, die die Willensfreiheit der Vertragsschließenden begrenzt und damit der Möglichkeit der freien Selbstbestimmung über die eigenen Rechtsbeziehungen zu privaten Dritten Grenzen setzt, stellt sich daher als rechtfertigungsbedürftig dar.[36] Verhindern beispielsweise die §§ 106 ff. BGB das Zustandekommen eines ohne Zustimmung des gesetzlichen Vertreters getätigten Rechtsgeschäfts mit einem Minderjährigen, so manifestiert sich darin zweifelsohne ein Eingriff in die Vertragsfreiheit nicht nur des Minderjährigen, sondern auch des Geschäftspartners.[37] Daneben können je nach Situation des Vertragsschlusses unter Umständen weitere, gegenüber Art. 2 Abs. 1 GG als „Auffanggrundrecht"[38] speziellere Grundrechtspositionen zu beachten sein, so etwa die in Art. 9 Abs. 1 GG zum Ausdruck kommende Vereinigungsfreiheit im Fall gesellschaftsrechtlicher Übereinkünfte.

Im Bereich des Deliktsrechts ist neben der in Art. 1 Abs. 1 GG verbrieften Menschenwürde und dem aus Art. 2 Abs. 2 GG folgenden Recht auf Leben und körperliche Unversehrtheit insbesondere auch das Art. 2 Abs. 1 GG i.V.m. Art. 1 Abs. 1 GG entnommene Allgemeine Persönlichkeitsrecht des Geschädigten in die Abwägung einzubeziehen. Dieses wäre etwa im Fall einer umfänglichen und kompensationslosen Freistellung Minderjähriger von ihrer deliktischen Haftung tangiert.[39] Zudem können im Fall eines deliktischen Handelns Minderjähriger je nach betroffenem Rechtsgut bzw. Interesse noch weitere Grundrechtspositionen in die Abwägung einzustellen sein.

---

[35] Maunz/Dürig/*Di Fabio*, GG, Art. 2 Rn. 101. Als speziellere Anknüpfungspunkte für den Schutz der Privatautonomie kommen auch andere Grundrechte wie beispielsweise Art. 12 GG oder Art. 14 GG in Betracht, vgl. *Canaris*, JZ 1987, 993, 994.

[36] Maunz/Dürig/*Di Fabio*, GG, Art. 2 Rn. 102.

[37] Vgl. auch *Medicus*, AcP 192 (1992), 35, 46, wonach solche Normen, welche Einschränkungen der Privatautonomie nach sich ziehen, letztlich im Gegensatz zur Privatautonomie stünden.

[38] Sachs/*Murswiek*/*Rixen*, GG, Art. 2 Rn. 137.

[39] Vgl. hierzu *Ahrens*, VersR 1997, 1064, 1065.

So kann bei Beeinträchtigungen von Sachwerten der Schutzbereich der in Art. 14 Abs. 1 GG verbürgten Eigentumsgarantie eröffnet sein.

Eventuell aufkommende Kollisionen zwischen widerstreitenden, grundrechtlich verbürgten Interessen sind unter Beachtung des Grundsatzes der Verhältnismäßigkeit nach dem Prinzip der sogenannten „praktischen Konkordanz" oder des „schonendsten Ausgleichs" aufzulösen, wobei allerdings keines der betroffenen Grundrechte gänzlich unberücksichtigt bleiben darf.[40] Dem Gesetzgeber kommt insoweit bei Erlass einfachen Gesetzrechts durchaus ein breiter Gestaltungsspielraum zu. Jenseits jeglicher Einzelfallabwägung kann dieser im Rahmen einer auf abstrakten Vorrangentscheidungen beruhenden Abwägung zugunsten eines der jeweils kollidierenden Grundrechte votieren. In diesem Zusammenhang erscheint es grundlegend geboten, dem verfassungsrechtlich besonders abgesicherten Minderjährigenschutz tendenziell den Vorrang einzuräumen und kollidierende Rechte demgegenüber im Zweifelsfall zurücktreten zu lassen, soweit dadurch nicht deren grundrechtlicher Mindestgehalt unberücksichtigt bleibt. Dies bedingt bereits der Umstand, dass dem Gedanken eines umfassenden, staatlich zu garantierenden Minderjährigenschutzes unter Heranziehung des Art. 6 Abs. 2 S. 2 GG die Qualität eines Prinzips von Verfassungsrang zugestanden werden kann.

Unterfällt demnach dem „Wächteramt" des Staates insbesondere die gesetzliche Konkretisierung und eventuelle Beschneidung des Elternrechts unter Orientierung am sogenannten Kindeswohl, so verdeutlicht sich hierin illustrativ das enorme Gewicht und die Bedeutung des Schutzes heranwachsender Personen im Rahmen der staatlichen Gemeinschaft. Überdies obliegt dem Staat speziell im Bereich des Vertragsrechts aufgrund des Gewährleistungsgehalts des Art. 2 Abs. 1 GG eine weitreichende Schutzpflicht. Zwar ist der einzelne Teilnehmer am Rechtsverkehr mit Blick auf die Privatautonomie grundsätzlich berechtigt, seine Rechtsbeziehungen zu anderen Rechtssubjekten selbstbestimmt zu regeln. Gleichwohl hat der Staat dafür Sorge zu tragen, dass es nicht aufgrund eines fehlenden Kräftegleichgewichts zwischen den Vertragspartnern im Ergebnis zu einer Fremdbestimmung des „Schwächeren" kommt.[41] Insoweit bedürfen gerade minderjährige Vertragspartner aufgrund ihrer regelmäßig geringeren geschäftlichen Erfahrung und eventuell verringerten Umsichtigkeit in finanziellen Belangen der besonderen Fürsorge der staatlichen Gemeinschaft.

---

[40] *Canaris*, JuS 1989, 161, 163. Zum Prinzip der Verhältnismäßigkeit im Privatrecht vgl. grundlegend *Medicus*, AcP 192 (1992), 35, 50 ff.

[41] Maunz/Dürig/*Di Fabio*, GG, Art. 2 Rn. 107.

D. Rechtliche Grundlagen einer Verschuldung Minderjähriger

Neben der Möglichkeit einer rechtsgeschäftlichen Verpflichtung Minderjähriger ergeben sich im Alltag häufig auch Risiken einer Haftung des Minderjährigen kraft gesetzlicher Einstandspflichten. Die insoweit für den Fortgang der vorliegenden Untersuchung besonders relevant erscheinenden, für das Verständnis der nachfolgenden Untersuchungsabschnitte vorauszusetzenden Normkomplexe werden nunmehr kursorisch dargestellt, um dergestalt den Boden für die Analyse sowohl bereits bestehender Schutzmechanismen als auch praktisch erheblicher Rechtsanwendungsfälle zu bereiten.[1]

I. Rechtsgeschäftliche Verpflichtungen

Minderjährige werden bei der Vornahme rechtsgeschäftlicher Willenserklärungen grundsätzlich durch ihren gesetzlichen Vertreter, zumeist also die eigenen Eltern nach §§ 1626, 1629 BGB, vertreten. Gleichwohl eröffnen sich ihnen aufgrund verschiedener gesetzlicher Regelungen mit zunehmendem Alter durchaus Möglichkeiten einer eigenständigen rechtsgeschäftlichen Betätigung. Im Folgenden soll nunmehr analysiert werden, inwieweit dem Minderjährigen, abhängig vom Erreichen gewisser Altersgrenzen, der selbständige Abschluss wirksamer Rechtsgeschäfte und damit auch die Aufnahme von Schulden gestattet sein kann.

[1] Zu der hier in der Folge nicht eigenständig behandelten Möglichkeit einer quasivertraglichen Haftung Minderjähriger aus culpa in contrahendo sowie aus einer Geschäftsführung ohne Auftrag vgl. näher *Staudinger/Steinrötter*, JuS 2012, 97, 101 f. Mit Blick auf eine gleichfalls denkbare Haftung des Minderjährigen im Eigentümer-Besitzer-Verhältnis sowie nach bereicherungsrechtlichen Grundsätzen vgl. zudem die Darstellung bei *Eckardt*, ZJS 2008, 444, 450 f.

1. Geschäftsunfähige Minderjährige

a) §§ 104 Nr. 1, 105 BGB

Als geschäftsfähig im Sinne des BGB gilt diejenige natürliche Person, welche die Fähigkeit besitzt, allgemein zulässige Rechtsgeschäfte selbständig vollwirksam vornehmen zu können.[2] Während das BGB von der Regel ausgeht, dass grundsätzlich jeder Mensch geschäftsfähig ist, normiert es lediglich als Ausnahme, welche Personen als geschäftsunfähig bzw. beschränkt geschäftsfähig gelten. Für die vorliegende Untersuchung von Relevanz ist dabei die in § 104 Nr. 1 BGB niedergelegte Geschäftsunfähigkeit aus Altersgründen. Danach ist geschäftsunfähig, wer nicht das siebte Lebensjahr vollendet hat. Daran anknüpfend normiert § 105 Abs. 1 BGB, dass die Willenserklärung eines Minderjährigen der entsprechenden Altersstufe mit Wirkung gegenüber jedermann nichtig ist.[3] Ein selbständiges rechtsgeschäftliches Handeln ist diesem somit nicht möglich.[4]

b) §§ 1626, 1629 BGB

Aufgrund dieser gesetzlich begründeten Unmöglichkeit eigenen Handelns im rechtsgeschäftlichen Bereich muss somit stets der gesetzliche Vertreter für den Geschäftsunfähigen handeln. Regelmäßig üben die Eltern gem. §§ 1626 Abs. 1, 1629 Abs. 1 S. 2 Hs. 1 BGB als gemeinsame Inhaber der elterlichen Sorge die gesetzliche Vertretung ihres geschäftsunfähigen Kindes gemeinschaftlich aus.[5] Dies gilt unter den Voraussetzungen des § 1626a BGB auch für nicht miteinander verheiratete Eltern. Im Rahmen der Gesamtvertretung sind die Eltern grundsätzlich zur umfassenden rechtsgeschäftlichen Vertretung in Vermögensangelegenheiten ihres Kindes berechtigt und verpflichtet.[6]

---

[2] MüKoBGB/*Spickhoff*, BGB, § 104 Rn. 2.

[3] Ergänzt werden die §§ 104 ff. BGB durch § 131 Abs. 1, Abs. 2 S. 1 BGB, wonach eine Willenserklärung, die gegenüber einer nicht voll geschäftsfähigen Person abgegeben wird, grundsätzlich erst in dem Zeitpunkt Wirksamkeit entfaltet, in welchem sie deren gesetzlichem Vertreter zugeht, vgl. *Hackenbroich*, Jura 2019, 136, 142.

[4] Die Vorschrift des § 105a S. 1 BGB, welche für volljährige Geschäftsunfähige bei Vorliegen der dort normierten engen Voraussetzungen eine Ausnahme von der grundsätzlichen Nichtigkeit der Willenserklärung vorsieht, ist im Fall eines Minderjährigen naturgemäß nicht einschlägig.

[5] Auch im Fall des Getrenntlebens oder einer Scheidung der Ehe üben grundsätzlich weiterhin beide Elternteile gemeinsam die elterliche Sorge aus. Ein Elternteil ist beispielsweise dann alleiniger Inhaber der elterlichen Sorge und somit allein vertretungsberechtigt, wenn ihm das Sorgerecht nach der Trennung übertragen wurde, § 1671 BGB. Gleiches gilt gem. §§ 1680 Abs. 1, 1681 Abs. 1 im Fall des Todes oder der Todeserklärung eines mitsorgeberechtigten Elternteils.

[6] Steht ein Minderjähriger nicht unter elterlicher Sorge oder sind seine Eltern aus rechtlichen Gründen in einzelnen Angelegenheiten an der Vertretung ihres Kindes verhindert,

Dies ermöglicht ihnen ein Handeln in Form der offenen Stellvertretung ebenso wie in Form der verdeckten Stellvertretung, also im eigenen Namen, wenn auch in Vertretung oder für Rechnung des Kindes.[7]

Werden Eltern oder sonstige gesetzliche Vertreter entsprechend rechtsgeschäftlich tätig, so kann es zu wirksamen Vertragsschlüssen kommen, aus welchen der nach § 104 Nr. 1 BGB geschäftsunfähige, gleichwohl nach § 1 BGB rechtsfähige minderjährige Vertragspartner auf Leistung der jeweils geschuldeten Verpflichtung in Anspruch genommen werden kann. Über die aus Vertragsverhältnissen resultierenden Primärpflichten hinaus ist im Übrigen stets auch an Sekundärpflichten, beispielsweise aus dem in §§ 280 ff. BGB enthaltenen allgemeinen Leistungsstörungsrecht oder nach bereicherungsrechtlichen Grundsätzen, zu denken, wobei insbesondere die Zurechnung elterlichen Verhaltens über § 278 BGB von Relevanz ist.[8] Allerdings unterliegt das elterliche Vertretungsrecht verschiedenen Beschränkungen. Von einer Vertretung ausgenommen sind insbesondere höchstpersönliche Rechtsgeschäfte wie die Eheschließung oder die Testamentserrichtung; zudem bedürfen die Eltern für den Abschluss von Rechtsgeschäften im Namen des Kindes in verschiedenen Bereichen nach § 1643 ff. BGB der Genehmigung durch das Familiengericht.[9] Weitere wesentliche Einschränkungen des elterlichen Vertretungsrechts ergeben sich darüber hinaus gem. §§ 1629 Abs. 2 S. 1, 1795 BGB aufgrund einer Heranziehung der für einen Vormund geltenden Vertretungsbeschränkungen, wonach zur Vornahme bestimmter Rechtsgeschäfte die Bestellung eines Ergänzungspflegers vonnöten ist.

2. Beschränkt geschäftsfähige Minderjährige

a) §§ 1626, 1629 BGB

Nach Vollendung des siebten Lebensjahres tritt bei Minderjährigen gem. § 106 BGB die sogenannte beschränkte Geschäftsfähigkeit ein, die grundsätzlich bis zum Erreichen der Volljährigkeit fortbesteht. Danach obliegt den Eltern auch für ein beschränkt geschäftsfähiges minderjähriges Kind gem. § 1626 Abs. 1 BGB weiterhin die elterliche Sorge im bereits dargestellten Um-

---

ist statt ihrer gem. § 1793 Abs. 1 S. 1 BGB ein Vormund bzw. gem. § 1915 Abs. 1 S. 1 BGB i.V.m. § 1793 Abs. 1 S. 1 BGB ein Ergänzungspfleger zur Vertretung des Kindes berechtigt und verpflichtet.

[7] Vgl. Soergel/*Preisner*, BGB, § 1626 Rn. 38.

[8] Zwecks Konzentration auf die wesentlichen Grundsätze werden die insoweit denkbaren Verpflichtungstatbestände im Rahmen des nachfolgenden Überblicks nicht eigenständig dargestellt.

[9] Vgl. näher Münch/*Müller-Engels*, § 13 Rn. 160 ff. So ist beispielsweise die im Namen des Kindes vorgenommene Ausschlagung einer Erbschaft oder eines Vermächtnisses durch die Eltern nach § 1643 Abs. 2 BGB von einer entsprechenden Genehmigung abhängig.

fang, aufgrund derer ihnen nach § 1629 Abs. 1 BGB die Befugnis zur Vertretung des eigenen Kindes zukommt. Zu beachten ist in diesem Zusammenhang allerdings, dass einzelne Rechtsgeschäfte dem Minderjährigen nach §§ 107 ff. BGB selbst vorbehalten sein können, obschon die daraus resultierenden Vermögensvorteile der elterlichen Verwaltung letztlich nicht per se entzogen sind.[10]

b) §§ 106, 107 BGB

Dem Minderjährigen, der das siebte Lebensjahr vollendet hat, ist unabhängig von der grundsätzlich bestehenden Vertretungsbefugnis seines gesetzlichen Vertreters ein selbständiges rechtsgeschäftliches Handeln in gewissem Umfang möglich. Dies gründet auf einer gewissermaßen pädagogischen Erwägung des Gesetzgebers, der es dem Minderjährigen ermöglichen wollte, mit zunehmender Einsichtsfähigkeit und zwecks Erwerbs eigener Geschäftserfahrung allmählich selbstverantwortlich am Rechtsverkehr teilzunehmen.[11] Den Ausgangspunkt einer Darstellung der Möglichkeiten einer rechtsgeschäftlichen Verpflichtung und einer damit einhergehenden Verschuldung Minderjähriger bilden dabei die Vorschriften der §§ 106, 107 BGB. Danach bedarf der Minderjährige zur Wirksamkeit seiner Willenserklärung prinzipiell der Einwilligung seines gesetzlichen Vertreters, soweit er durch diese nicht lediglich einen rechtlichen Vorteil erlangt.[12] Aufgrund dieser so-

---

[10] Verwaltungsfrei sind allerdings solche Mittel, die dem minderjährigen Kind nach § 110 BGB überlassen wurden, sowie die im Rahmen von § 112 BGB erworbenen und wieder im Betrieb verwendeten Mittel und Guthaben aus Lohnkonten, sofern diesbezüglich eine Ermächtigung nach § 113 BGB besteht. Vgl. Palandt/*Götz*, BGB, § 1626, Rn. 19.

[11] Zu dieser Erziehungsfunktion der §§ 106 ff. BGB vgl. etwa *Ballon*, Vermächtnisse bei beschränkt Geschäftsfähigen, S. 53 und MüKoBGB/*Spickhoff*, BGB, Vorbemerkung vor § 104 Rn. 5. Diese tritt neben die in den §§ 106 ff. BGB ebenfalls zum Ausdruck kommende Schutzfunktion. In jüngerer Zeit wird allerdings vereinzelt kritisch darauf hingewiesen, dass die durch §§ 106 ff. BGB verwirklichten Schutzmechanismen einem solchen Erziehungsziel negativ entgegenwirken könnten, da jegliche Teilnahme des Minderjährigen am Rechtsverkehr notwendigerweise unter dem Vorbehalt elterlicher Erlaubnis stehe. Mangele es an einer ausreichenden elterlichen Billigung rechtsgeschäftlicher Betätigung bis Vollendung des 18. Lebensjahres, so könnten junge Menschen mangels Expertise im Geschäftsverkehr nach Eintritt der Volljährigkeit einer schlagartigen Überforderung unterliegen. In diese Richtung etwa *Busch*, Der Reifegrad Minderjähriger, S. 35.

[12] Dabei sollen nach überwiegender Auffassung nur unmittelbar durch das Rechtsgeschäft ausgelöste Rechtsnachteile von § 107 BGB erfasst werden, während eine wirtschaftliche Betrachtungsweise ausscheidet. Vgl. nur JurisPK-BGB/*Hansen*, BGB, § 107 Rn. 6. Als rechtlich nachteilhaft im Sinne von § 107 BGB muss nach zutreffender Ansicht im Hinblick auf Systematik und Telos der §§ 104 ff. BGB allerdings auch ein Vertragskonstrukt angesehen werden, durch das ein Unternehmer seinem minderjährigen Vertragspartner eine erst nach Erreichen der Volljährigkeit eingreifende Kostenpflicht auferlegt. Zu solchen anfänglich kostenlosen Verträgen siehe die ausführliche Darstellung und Bewer-

genannten beschränkten Geschäftsfähigkeit wird das rechtsgeschäftliche Handeln des Minderjährigen grundsätzlich der Kontrolle seines gesetzlichen Vertreters und somit regelmäßig seiner Eltern als gemeinsamen Inhabern der elterlichen Sorge nach §§ 1626, 1629 BGB unterworfen. Schließt der Minderjährige einen Vertrag ohne die erforderliche Einwilligung, so ist dieser gem. § 108 Abs. 1 BGB schwebend unwirksam und von der Genehmigung des gesetzlichen Vertreters nach § 184 BGB abhängig.[13]

Im Hinblick auf die nach § 107 BGB erforderliche Einwilligungserklärung der Eltern ist sowohl eine nur für konkrete Rechtsgeschäfte geltende Spezialeinwilligung als auch eine alle einem bestimmten Zweck dienenden Rechtsgeschäfte umfassende Einwilligung, beschränkter Generalkonsens genannt, denkbar.[14] Unzulässig wäre hingegen eine sogenannte Generaleinwilligung, welche alle vom Minderjährigen getätigten Rechtsgeschäfte umfasst. Dies erklärt sich insbesondere mit Blick auf den Charakter der Vermögenssorge als pflichtgebundenes Recht, das Eltern zu einer gewissenhaften Ausübung desselben verpflichtet.[15]

c) § 110 BGB

Nach wohl überwiegender Auffassung stellt § 110 BGB einen Unter- oder Spezialfall des § 107 BGB dar.[16] Aufgrund dieser oftmals plakativ als „Taschengeldparagraph“ bezeichneten Regelung kann auch ein durch den Minderjährigen ohne die Zustimmung seines gesetzlichen Vertreters geschlosse-

---

tung bei *Latzel/Zöllner*, NJW 2019, 1031 nebst dort enthaltenem Verweis auf entsprechende Vertragsmodelle des ADAC, welche eine zunächst beitragsfreie Mitgliedschaft für Minderjährige bis zum 18. Geburtstag mit automatischer Umwandlung in eine kostenpflichtige Mitgliedschaft nach Erreichen der Volljährigkeit offerierten. Schließlich soll eine Einwilligung aufgrund teleologischer Reduktion des § 107 BGB für die Vornahme sogenannter „neutraler“ Rechtgeschäfte entbehrlich sein, welche für den Minderjährigen weder einen rechtlichen Vorteil noch einen rechtlichen Nachteil begründen. Vgl. hierzu MüKoBGB/*Spickhoff*, BGB, § 107 Rn. 54.

[13] § 111 S. 1 BGB ordnet ergänzend an, dass ein ohne die erforderliche vorherige Einwilligung vorgenommenes einseitiges Rechtsgeschäft, etwa eine Kündigung, unwirksam ist.

[14] Erman/*Müller*, BGB, § 107 Rn. 12; *Veit*, FS Birk, S. 877, 885.

[15] Vgl. jurisPK-BGB/*Hansen*, BGB, § 107 Rn. 31; *Veit*, FS Birk, S. 877, 885. Zur Unwirksamkeit einer pauschalen elterlichen Einwilligung in alle ein Girokonto betreffenden Bankgeschäfte eines minderjährigen Kindes vgl. *Kunkel*, Rpfleger 1997, 1, 6.

[16] Danach gestatte es § 110 BGB dem jeweiligen gesetzlichen Vertreter, die nach § 107 BGB für eine wirksame Willenserklärung des Minderjährigen erforderliche Einwilligung in Form einer Überlassung finanzieller Mittel zu erklären. Nach anderer Auffassung soll es sich bei § 110 BGB um einen Ausnahmefall zu § 107 BGB handeln, weshalb in der Mittelüberlassung keine konkludente Zustimmung zum Abschluss eines Verpflichtungsgeschäfts zu sehen sein solle. Zum Streitstand vgl. MüKoBGB/*Schmitt*, § 110, Rn. 2ff. m.w.N.

ner, rechtlich nachteiliger schuldrechtlicher Vertrag ex tunc wirksam werden. Voraussetzung hierfür ist, dass der Minderjährige die vertragsmäßige Leistung vollständig mit Mitteln bewirkt, die ihm zu diesem Zweck oder zur freien Verfügung überlassen worden sind. Eine nur teilweise Befriedigung des Gläubigers durch den Minderjährigen führt dementsprechend nur unter der Voraussetzung einer Teilbarkeit von Leistung und Gegenleistung zu einer Teilwirksamkeit des Vertrages.[17]

Durch die Vorschrift des § 110 BGB soll es dem gesetzlichen Vertreter ermöglicht werden, dem Minderjährigen eine wirtschaftliche Eigenbetätigung in beschränktem Maße zu eröffnen, ohne dass dessen Vermögen gefährdet wird.[18] Historisch betrachtet erfolgte die Aufnahme des § 110 BGB, um einer tatsächlich bestehenden allgemeinen „Sitte" hinsichtlich der Gewährung eines Taschengeldes gerecht zu werden, ohne dass dahingehend bereits ähnliche Vorschriften in anderen deutschen Partikularrechten bestanden hätten.[19] Diese Entscheidung des historischen Gesetzgebers erscheint im Übrigen auch vor dem Hintergrund aktueller erziehungswissenschaftlicher und entwicklungspsychologischer Einschätzungen unverändert begrüßenswert. Eine regelmäßige Gewährung von Taschengeld und dessen möglichst selbstbestimmter Einsatz wird heute nach wohl allgemeinem Dafürhalten als ein wesentliches Element der finanziellen Sozialisierung und ökonomischen Grundbildung von Kindern angesehen.[20]

Dem erzieherischen Zweck des § 110 BGB entsprechend sind allerdings im Innenverhältnis zwischen Minderjährigem und gesetzlichem Vertreter stets die Wertvorstellungen und der Wille des Letzteren zu beachten, sodass auch hinsichtlich der „zur freien Verfügung" überlassenen Mittel im Einzelfall durch eine Zweckbestimmung des gesetzlichen Vertreters Restriktionen bestehen können.[21] Das Risiko, dass sich ein Rechtsgeschäft des Minderjährigen nicht im Rahmen dieser Zweckbestimmung bewegt, trägt der Vertragspartner des Minderjährigen; seine potentielle Gutgläubigkeit hinsichtlich des Nichtbestehens einer Beschränkung wird nicht geschützt.[22] Schließlich können sich auch ohne besondere Zweckbindung nach den Umständen des Einzelfalls immanente Beschränkungen ergeben, beispielsweise bei Waffenkäufen oder jugendgefährdenden Schriften.[23]

---

[17] MüKoBGB/*Spickhoff*, BGB, § 110 Rn. 15.

[18] Vgl. MüKoBGB/*Spickhoff*, BGB, § 110 Rn. 1.

[19] Vgl. hierzu die Motive der 1. Kommission zum BGB bei *Mugdan*, Materialien, Band 1, S. 433 f.

[20] Vgl. etwa *Rosendorfer*, ZVI 2012, 46, 49; *Steinle*, ZVI 2012, 293, 296.

[21] MüKoBGB/*Spickhoff*, BGB, § 110 Rn. 29 f.

[22] HK-BGB/*Dörner*, BGB, § 110 Rn. 3; *Klees*, CR 2005, 626, 629.

[23] Erman/*Müller*, BGB, § 110 Rn. 3.

d) §§ 112, 113 BGB

Schließlich enthalten sowohl § 112 BGB als auch § 113 BGB Ausnahmen vom grundsätzlichen Zustimmungserfordernis des § 107 BGB. Will ein beschränkt geschäftsfähiger Minderjähriger einen selbständigen Erwerbsbetrieb begründen oder ein Dienst- oder Arbeitsverhältnis aufnehmen, so würde er in der Praxis durch die Vorgaben der §§ 107 ff. BGB deutlich in seinem Handeln eingeschränkt. Mittels §§ 112, 113 BGB ist es daher möglich, dem Minderjährigen für die genannten Bereiche eine partiell unbeschränkte Geschäftsfähigkeit einzuräumen und somit eine echte Statusveränderung herbeizuführen.[24] Speziell § 112 BGB mangelt es nach verbreiteter Ansicht gleichwohl an tatsächlicher praktischer Relevanz,[25] wenngleich vereinzelt darauf hingewiesen wird, dass die zunehmende Digitalisierung der Dienstleistungslandschaft ein Bedürfnis für die Anwendung von § 112 BGB als verlässliche Grundlage der selbständigen Erwerbstätigkeit eines Minderjährigen begründe.[26] Zu denken wäre insoweit beispielsweise an einen minderjährigen Spiele-App-Entwickler oder an den in Kapitel F. der vorliegenden Untersuchung noch näher zu analysierenden Fall eines minderjährigen Influencers.

Nach § 112 BGB kann ein Minderjähriger im Falle einer Einwilligung des gesetzlichen Vertreters und der Genehmigung des Familiengerichts die unbeschränkte Geschäftsfähigkeit für sämtliche Rechtsgeschäfte erlangen, die ein Erwerbsbetrieb mit sich bringt. Die Vorschrift des § 113 BGB hingegen regelt eine entsprechende unbeschränkte Geschäftsfähigkeit des Minderjährigen für die Vornahme von Rechtsgeschäften, die zur Begründung oder Erfüllung eines Dienst- oder Arbeitsverhältnisses vonnöten sind. Hierbei ist eine Ermächtigung des gesetzlichen Vertreters ausreichend, einer familiengerichtlichen Genehmigung bedarf es nicht. Verträge, zu denen der Vertreter einer entsprechenden Genehmigung bedürfte, sind allerdings gem. § 113 Abs. 1 S. 2 BGB vom Anwendungsbereich der Norm ausgenommen. Auf Berufsausbildungsverhältnisse soll § 113 BGB nach seinem Schutzzweck nicht passen und

---

[24] Vgl. Erman/*Müller*, BGB, § 112 Rn. 1; *Veit*, FS Birk, S. 877, 887; Staudinger/*Klumpp*, BGB, § 113 Rn. 1.

[25] Vgl. MüKoBGB/*Spickhoff*, BGB, § 112 Rn. 2; Erman/*Müller*, BGB, § 112 Rn. 1; jurisPK-BGB/*Hansen*, BGB, § 112 Rn. 7. Dies wird maßgeblich mit der Herabsetzung des Volljährigkeitsalters von 21 auf 18 Jahre und den eine frühzeitige Aufnahme eines selbständigen Erwerbsgeschäfts verhindernden langen Ausbildungszeiten begründet. Zum praktischen Bedeutungsverlust auch des § 113 BGB vgl. *Veit*, FS Birk, S. 877, 887. Gegenüber § 112 BGB soll die Bedeutung von § 113 BGB nach MüKoBGB/*Spickhoff*, BGB, § 113 Rn. 3 allerdings „[...] erheblich, jedenfalls beträchtlich größer [...]“ sein. Ähnlich *Bork*, Kind im Recht, S. 85, 87.

[26] Staudinger/*Klumpp*, BGB, § 112 Rn. 4. Vgl. auch *Willems*, MMR 2018, 707, 711, der die Tätigkeit eines minderjährigen Influencers unter gewissen Voraussetzungen § 112 BGB unterfallen lässt und insoweit eine potentielle „Renaissance“ der Vorschrift erkennt.

daher nach überwiegender Auffassung im Wege teleologischer Reduktion nicht auf diese zur Anwendung gelangen.[27] Zudem steht es dem gesetzlichen Vertreter frei, die von ihm gegenüber dem Minderjährigen als relevantem Adressaten ausgesprochene Ermächtigung von vorneherein gegenständlich zu begrenzen.[28] Insoweit kommt es entscheidend auf eine Auslegung der Ermächtigung nach §§ 133, 157 BGB an.[29]

II. Deliktische Haftung, §§ 823 ff. BGB

Verhaltensweisen, die sowohl aus deliktsrechtlicher als auch aus strafrechtlicher Perspektive relevant sind, lassen sich bei Minderjährigen häufig feststellen. Dies erscheint insbesondere dem Umstand geschuldet, dass Kindern und Jugendlichen im alltäglichen Umgang mit anderen Personen und deren Rechtsgütern oftmals eine altersbedingte gewisse Sorg- und Achtlosigkeit zu eigen ist. Unfälle beim gemeinsamen Spielen mit anderen Minderjährigen, Sachbeschädigungen und zumindest auch auf einem unachtsamen Verhalten junger Menschen beruhende Verkehrsunfälle sind nahezu an der Tagesordnung und beschäftigen insbesondere die Rechtsprechung in zahlreichen Sachverhaltskonstellationen.[30]

1. Haftung des Aufsichtspflichtigen und Eigenhaftung des Minderjährigen

In entsprechenden Fällen steht zunächst oftmals eine Haftung der Eltern oder anderer Aufsichtspersonen aus § 832 BGB wegen Verletzung ihrer gesetzlichen oder vertraglich übernommenen Aufsichtspflicht in Rede. Eine

[27] Vgl. MüKoBGB/*Spickhoff*, BGB, § 113 Rn. 14, wonach dies jedenfalls dann gelten soll, wenn die Ausbildung und nicht die Arbeits- oder Dienstleistung als Gegenleistung für eine Vergütung im Vordergrund steht, sowie ErfK/*Preis*, BGB, § 113 Rn. 6; *Kunkel*, Rpfleger 1997, 1, 2; Staudinger/*Klumpp*, BGB, § 113 Rn. 15; *Veit*, FS Birk, S. 877, 891.

[28] Staudinger/*Klumpp*, BGB, § 113 Rn. 21.

[29] *Veit*, FS Birk, S. 877, 886.

[30] Vgl. bereits *Schubart*, MDR 1956, 531, welcher seinerzeit eine zunehmende Häufung von durch Minderjährige verursachten Personen- und Sachschäden und nachfolgenden, auch gerichtlich geltend gemachten Schadensersatzforderungen beobachtete. Nach *Wille/Bettge*, VersR 1971, 878, 879 zeichnen sich von Minderjährigen hervorgerufene Schadensfälle generell „[…] durch eine gewisse Typizität aus; es sind in erster Linie Brandstiftungen, Körperverletzungen durch Wurf- und Schleudergeschosse, Kinderstreiche durch Beinstellen und Stuhl-Wegziehen, Ertrinkungsfälle beim Spielen an Flüssen und Teichen sowie zunehmend Fahrrad- und Straßenverkehrsunfälle“. Eine Darstellung exemplarischer Gerichtsentscheidungen aus diesem Bereich bieten *Birr*, Die Haftung Minderjähriger, S. 44 ff. und *Scheffen*, ZRP 1991, 458, 459 ff.

Inanspruchnahme derselben durch den Geschädigten wird in vielen Fallgestaltungen des täglichen Lebens vorrangig versucht werden, da ein minderjähriger Schädiger oftmals über keine eigenen finanziellen Ressourcen zur Schadenskompensation verfügen wird. Neben einer Haftung der betreffenden Aufsichtsperson kommt gleichwohl auch eine deliktische Eigenhaftung des Minderjährigen nach den §§ 823 ff. BGB in Betracht, welche in der Praxis auch häufig gerichtlich geltend gemacht wird.[31] Einerseits verfügen einzelne Minderjährige durchaus über beträchtliche Vermögenswerte oder können diese in absehbarer Zeit beispielsweise durch Arbeitsaufnahme oder Erbschaften erwerben. Andererseits kommt einer Eigenhaftung des Minderjährigen insbesondere dann eigenständige Bedeutung zu, wenn eine Haftung nach § 832 BGB aufgrund möglicher Exkulpation durch den jeweils betroffenen Aufsichtspflichtigen abzulehnen ist. Im Fall einer Haftung sowohl des Minderjährigen aus §§ 823 ff. BGB als auch der aufsichtspflichtigen Person nach § 832 BGB ist im Übrigen eine gesamtschuldnerische Haftung im Sinne von § 840 Abs. 1 BGB gegeben.

2. Voraussetzungen einer deliktischen Verantwortlichkeit Minderjähriger

Maßgebliche Vorschrift im Zusammenhang mit einer deliktischen Haftung Minderjähriger ist neben den anhand des jeweiligen Einzelfalls zu prüfenden tatbestandlichen Voraussetzungen der §§ 823 ff. BGB vor allem § 828 BGB. Danach richtet sich die Deliktsfähigkeit Minderjähriger, also die Fähigkeit, überhaupt Handlungen mit der Konsequenz einer deliktischen Verantwortlichkeit vornehmen zu können, nach festen Altersstufen.[32] Gem. § 828 Abs. 1 BGB ist eine deliktische Verantwortlichkeit und damit auch eine Haftung eines minderjährigen Schädigers für sein Verhalten vor dem vollendeten siebten Lebensjahr ausgeschlossen. Die gesetzgeberische Festsetzung der in § 828 Abs. 1 BGB enthaltenen gesetzlichen Altersgrenze auf sieben Jahre knüpft an eine bereits in den deutschen Partikularrechten vor Inkrafttreten des BGB teilweise bestehende Rechtslage an. So hafteten Kinder unter sieben Jahren nach dem Allgemeinen Landrecht für die preußischen Staaten ebenso wie „Wahn- und Blödsinnige" nur subsidiär gegenüber ihren Eltern oder anderen Aufsichtspflichtigen.[33]

---

[31] Vgl. *Birr*, Die Haftung Minderjähriger, S. 21 sowie *Schubart*, MDR 1956, 531.

[32] Neben dem hier gewählten Terminus „Deliktsfähigkeit" existieren in Rechtsprechung und Literatur weitere, synonym verwendete Begriffe wie beispielsweise „Zurechnungsfähigkeit", „Verschuldensfähigkeit" oder „Verschuldensreife", vgl. *Birr*, Die Haftung Minderjähriger, S. 27; *Deutsch*, Allgemeines Haftungsrecht, S. 289.

[33] Vgl. ALR I 6 § 41. Auch im römischen Recht wurde bereits zwischen „infantes", welche das siebte Lebensjahr noch nicht vollendet hatten, und „impuberes", welche das

Nach Vollendung des siebten Lebensjahres hingegen bemisst sich die deliktische Verantwortlichkeit Minderjähriger grundsätzlich nach § 828 Abs. 3 BGB. Dieser statuiert mittels seiner negativen Formulierung ein Regel-Ausnahme-Verhältnis, nach dem Minderjährige ab Vollendung des siebten Lebensjahres grundsätzlich für den einem anderen zugefügten Schaden verantwortlich sind, sofern ihnen nicht bei Begehung der schädigenden Handlung die zur Erkenntnis der Verantwortlichkeit erforderliche Einsicht fehlt.[34] Maßgeblich ist in diesem Zusammenhang, ob der Minderjährige die geistige Entwicklung aufweist, die ihn generell das Unrecht seiner Handlungen und seine Verantwortung für sein eigenes Tun erkennen lässt.[35] Es kommt folglich auf die Fähigkeit des Minderjährigen an zu erkennen, dass sein Verhalten Unrecht darstellt und er für dieses in irgendeiner Weise zur Verantwortung gezogen werden kann.[36] Ein tatsächliches Vorliegen dieser Erkenntnis ist nicht vonnöten; entscheidend ist vielmehr allein die bestehende Fähigkeit zur Entwicklung einer entsprechenden Einsicht.[37] Ausreichend ist nach vorherrschendem Verständnis von § 828 Abs. 3 BGB im Übrigen, dass der Minderjährige imstande ist zu erkennen, dass sein Verhalten Gefahren irgendwelcher Art hervorrufen kann und somit abstrakt gefährlich ist. Die Erkenntnis einer allgemeinen Gefahr und eines allgemeinen Schadens ist folglich ausreichend.[38] Die rechtlichen und wirtschaftlichen Folgen seines Verhaltens, mit-

---

siebte, nicht jedoch das 14. Lebensjahr vollendet hatten, unterschieden. Während erstere als deliktsunfähig angesehen wurden, galten letztere als bedingt schuldfähig. Die Wahl der Zahl Sieben als Grenze zwischen „infantia" und „impubertas" beruhte neben der ab sieben Jahren unterstellten Entwicklungsstufe rein körperlicher Fähigkeiten auch auf einer Anlehnung an Überlegungen der griechischen Philosphie, vgl. *Waibel*, Die Verschuldensfähigkeit des Minderjährigen, S. 16 (Fn. 4). Zur rechtshistorischen Entwicklung der deliktischen Verantwortlichkeit seit dem Römischen Recht bis zur Entstehung von § 828 BGB vgl. insgesamt die ausführlichen Darstellungen bei *Borgelt*, Kind im Deliktsrecht, S. 11 ff.; *Busch*, Der Reifegrad Minderjähriger, S. 58 ff.; *Loheit,* Die Deliktsfähigkeit Minderjähriger, S. 29 ff.

[34] Zu der § 828 BGB zugrundeliegenden Regelungsstruktur vgl. näher *Kilian*, ZGS 2003, 168, 169.

[35] MüKoBGB/*Wagner*, BGB, § 828 Rn. 11.

[36] So die ständige Rechtsprechung des BGH. Vgl. hierzu etwa BGH, Urt. v. 23.12.1953 – VI ZR 166/52, JZ 1954, 297; BGH, Urt. v. 8.1.1965 – VI ZR 230/63, VersR 1965, 385; BGH, Urt. v. 27.1.1970 – VI ZR 157/68, VersR 1970, 374. Vgl. auch Staudinger/*Oechsler*, BGB, § 828 Rn. 25; *Birr*, Die Haftung Minderjähriger, S. 29. Aus psychologischer Perspektive setzt sich die in § 828 Abs. 3 BGB geforderte Einsichtsfähigkeit dabei im Detail aus mehreren kognitiven Komponenten zusammen, nämlich der Gefahrenerkenntnis, dem Unrechtsbewusstsein, der Verschuldenserkenntnis und dem Verantwortungspflichtverständnis. Vgl. dazu näher *Busch*, Der Reifegrad Minderjähriger, S. 90 ff.; *Undeutsch,* Forensische Psychologie, S. 567, 573 ff.

[37] Geigel/*Haag*, Kap. 16 Rn. 10; *Scheffen*, ZRP 1991, 458.

[38] So bereits BGH, Urt. v. 23.12.1953 – VI ZR 166/52, JZ 1954, 297.

hin die konkrete Gefahr oder den konkreten Schaden, muss er sich hingegen nicht vorstellen können.[39]

Auch auf das Hemmungsvermögen und die Steuerungsfähigkeit des Minderjährigen, also die individuelle Fähigkeit, sein Verhalten im konkreten Einzelfall an seiner vorhandenen Einsicht auszurichten, soll es nach ständiger Rechtsprechung des BGH im Rahmen von § 828 Abs. 3 BGB nicht ankommen.[40] Eine Berücksichtigung lediglich der generell verminderten Steuerungsfähigkeit Minderjähriger bestimmter Altersgruppen, nicht aber etwaiger individueller Einschränkungen des im Einzelfall betroffenen Minderjährigen, erfolgt allein bei der Festlegung des Fahrlässigkeitsmaßstabs im Rahmen der Verschuldensprüfung. Dieser Verzicht auf die Berücksichtigung der Steuerungsfähigkeit im Rahmen von § 828 Abs. 3 BGB führt in der Praxis dazu, dass die Deliktsfähigkeit Minderjähriger regelmäßig bejaht wird, da diesen fast immer bewusst sein wird, dass ihre Handlungen unspezifische Gefahren hervorrufen können, obgleich es ihnen angesichts ihres Entwick-

---

[39] Vgl. Staudinger/*Oechsler*, BGB, § 828 Rn. 25; *Scheffen*, ZRP 1991, 458. Auf diesem Verständnis fußte bereits die reichsgerichtliche Entscheidung RG, Urt. v. 3.2.1902 – 370/01, RGZ 51, 30. Im zugrundeliegenden Sachverhalt hatte sich der minderjährige Beklagte im Inneren einer Laube befunden, während zwei ebenfalls minderjährige Freunde des Beklagten spielerische „Angriffe“ auf die Laube tätigten. Zur Abwehr derselben steckte der Beklagte den Stiel eines Rechens durch die Wand der Laube hindurch und stieß mit diesem hin und her, wobei er das Auge des späteren Klägers traf. Der Beklagte ging dabei zwar davon aus, dass sich die Freunde in ihm erreichbarer Nähe befänden, konnte diese jedoch nicht sehen. Nach Darstellung des RG habe der Beklagte „[...] bei gehöriger Überlegung die Gefährlichkeit seines Vorgehens erkennen müssen; er hat also, indem er die gefährliche Handlung vornahm, fahrlässig gehandelt; er hat aber auch Einsicht genug gehabt, um zu wissen, daß er, wenn er seine Spielgenossen der Gefahr schwerer Verletzung aussetze, gegen diese unrecht handele. Damit ist diejenige subjektive Erfordernis gedeckt, welche in § 828 Abs. 2 BGB als ‚die zur Erkenntnis erforderliche Einsicht‘ bezeichnet ist. Mit Recht hat auch das Berufungsgericht angenommen, es sei weder für das Vorhandensein dieser Einsicht, noch für die Annahme einer Fahrlässigkeit erforderlich, daß für den Beklagten gerade die Folgen, welche sein Gebaren thatsächlich gehabt hat, voraussehbar gewesen seien.“

[40] Vgl. BGH, Urt. v. 17.12.1957 – VI ZR 271/56, VersR 1958, 177; BGH, Urt. v. 10.3.1970 – VI ZR 182/68, NJW 1970, 1038, 1039; BGH, Urt. v. 28.2.1984 – VI ZR 132/82, NJW 1984, 1958; OLG Celle, Urt. v. 19.2.2020 – 14 U 69/19, BeckRS 2020, 1808; *Scheffen/Parday*, Unfälle mit Minderjährigen, S. 9; *Scheffen*, ZRP 1991, 458, 459. Für eine Einbeziehung der Steuerungsfähigkeit entgegen der vorherrschenden Auffassung vgl. hingegen Erman/*Wilhelmi*, BGB, § 828 Rn. 2. Der BGH folgte mit seiner Judikatur der bereits bei RG, Urt. v. 8.12.1902 – VI 260/02, RGZ 53, 157 vertretenen Auffassung zur Auslegung des in § 828 Abs. 2 BGB verwendeten Begriffes der „Einsichtsfähigkeit“. Einen Überblick über die insoweit relevante Entwicklung der Rechtsprechung bietet *Waibel*, Die Verschuldensfähigkeit des Minderjährigen, S. 61 ff. Demgegenüber setzt § 3 JGG für die strafrechtliche Deliktsfähigkeit die Steuerungsfähigkeit des Minderjährigen voraus.

lungsstands oft nicht möglich ist, sich gemäß der ihnen bewussten Gefährlichkeit ihres Tuns zu verhalten.[41]

Schließlich wird nach § 828 Abs. 3 BGB die Einsichtsfähigkeit nicht stets von Amts wegen beurteilt, sondern vielmehr grundsätzlich widerlegbar vermutet. Dem minderjährigen Schädiger obliegt folglich die Beweislast dafür, dass ihm bei Begehung der deliktischen Handlung die Einsichtsfähigkeit fehlte.[42] Zwecks Beurteilung der individuellen Verstandesreife des Minderjährigen können Gerichte auf die Ergebnisse einer Anhörung des Minderjährigen sowie die ihnen zur Verfügungen stehenden allgemeinen Erfahrungswerte zurückgreifen.[43] Lediglich im Fall begründeter Zweifel an der Zurechnungsfähigkeit des Minderjährigen im Sinne von § 828 Abs. 3 BGB soll die Einholung eines Sachverständigengutachtens erforderlich sein.[44]

Speziell für den Bereich von Unfällen im Straßen- und Schienenverkehr unter Beteiligung Minderjähriger erfolgte im Zuge des SchadÄndG im Jahr 2002 eine Neuregelung in Gestalt von § 828 Abs. 2 S. 1 BGB. Danach ist eine Haftung Minderjähriger, die das siebte, nicht aber das 10. Lebensjahr vollendet haben, bei Verkehrsunfällen unter Beteiligung eines Kfz oder einer Schienen- oder Schwebebahn auf Fälle vorsätzlich herbeigeführter Verletzungen beschränkt.[45] Dadurch sollte einer als gesichert geltenden entwick-

---

[41] Vgl. *Waibel*, Die Verschuldensfähigkeit des Minderjährigen, S. 65. Vgl. hierzu auch *Birr*, Die Haftung Minderjähriger, S. 29 sowie *Goecke*, Unbegrenzte Haftung Minderjähriger, S. 30, wonach in über 80 ausgewerteten, zwischen 1964 und 1994 an Instanzgerichten ergangenen Entscheidungen nur in zwei Fällen die Deliktsfähigkeit eines Minderjährigen verneint wurde.

[42] *Birr*, Die Haftung Minderjähriger, S. 43. Näher zu den Anforderungen an den seitens des Schädigers zu führenden Beweis *Hommers*, Entwicklungspsychologie, S. 25.

[43] *Busch*, Der Reifegrad Minderjähriger, S. 52; *Scheffen*, ZRP 1991, 458; *Scheffen/Parday*, Unfälle mit Minderjährigen, S. 10. Kriterien einer entsprechenden Prüfung in der Praxis finden sich aufgelistet bei *Hesse-Schmitz*, GS Wörlen, S. 235, 238.

[44] MüKoBGB/*Wagner*, BGB, § 828 Rn. 14. Nach BGH, Urt. v. 22.11.1966 – VI ZR 58/65, VersR 1967, 158 müssten die insoweit vorhandenen Darlegungen des Minderjährigen Anhaltspunkte bieten, aus denen sich „besondere gegen seine Deliktsfähigkeit sprechende Gesichtspunkte ergeben könnten“, um die Einholung eines die Einsichtsfähigkeit betreffenden psychologischen Gutachtens zu begründen. Kritisch *Birr*, Die Haftung Minderjähriger, S. 43, wonach es sich als verfehlt darstelle, nur in den „relativ seltenen Fällen“, in denen besondere Anhaltspunkte gegen die Annahme von Deliktsfähigkeit sprächen, ein Gutachten einzuholen.

[45] Zur seitens des BGH vorgenommenen teleologischen Reduktion des Wortlauts von § 828 Abs. 2 BGB in solchen Fällen, in denen Unfälle nicht auf einer alterstypischen kindlichen Überforderungssituation beruhen, vgl. BGH, Urt. v. 30.11.2004 – VI ZR 335/03, NJW 2005, 354, 355; BGH, Urt. v. 21.12.2004 – VI ZR 276/03, NJW-RR 2005, 327, 328; MüKoBGB/*Wagner*, BGB, § 828 Rn. 6. Insgesamt kritisch zur teleologischen Reduktion des Wortlauts von § 828 Abs. 2 BGB die Ausführungen bei *Singer*, FS Prölss, S. 191, 196, wonach die hinter § 828 Abs. 2 BGB stehende gesetzgeberische Intention durch eine teleologische Reduktion des Haftungsprivilegs „teilweise konterkariert“ werde.

lungspsychologischen Erkenntnis Rechnung getragen werden, wonach Kinder in der Regel erst nach Vollendung des 10. Lebensjahres zu einer Einschätzung von Entfernung und Geschwindigkeit beweglicher Objekte im Straßenverkehr in der Lage sind und spezifisch kindliche Eigenheiten wie Affektreaktionen und mangelnde Konzentrationsfähigkeit einem verkehrsgerechten Verhalten entgegenstehen.[46] Für den Fall vorsätzlich durch einen Minderjährigen herbeigeführter Verletzungen bleibt es allerdings gem. § 828 Abs. 2 S. 2 BGB bei einer Anwendung von § 828 Abs. 3 BGB.

Liegt nach alledem Deliktsfähigkeit vor, so ist, neben Tatbestandsmäßigkeit und Rechtswidrigkeit, auch das Verschulden in Form von Vorsatz oder Fahrlässigkeit weitere Voraussetzung für eine deliktische Haftung des Minderjährigen. Für dieses trägt der Geschädigte die Beweislast.[47] Während unter Vorsatz das Wissen und Wollen des rechtswidrigen Erfolgs für das verletzte Rechtsgut zu verstehen ist, so liegt unter Beachtung der in § 276 Abs. 2 BGB enthaltenen Definition Fahrlässigkeit vor, wenn der Handelnde die Gefährlichkeit seiner unerlaubten Handlung erkennt oder sorgfaltswidrig nicht erkennt und der rechtswidrige Erfolg für den Handelnden vermeidbar und ein sorgfaltsgerechtes Verhalten auch zumutbar ist.[48] Erkennbarkeit und Vermeidbarkeit beziehen sich dabei auf den Haftungstatbestand in Gestalt von Tatbestand und Rechtswidrigkeit, während der infolge einer Rechtsgutsverletzung konkret eingetretene Schaden für den Schädiger nicht vorhersehbar sein muss.[49]

Nach herrschender Auffassung kommt es für den Fahrlässigkeitsmaßstab des Deliktsrechts im Interesse des Verkehrsschutzes auf eine objektive Betrachtung an, welche unter Bezugnahme auf die konkrete Handlungssituation nach Verkehrskreisen differenziert und typisiert, auf individuelle Unzulänglichkeiten des Schädigers jedoch keine Rücksicht nimmt.[50] Im Rahmen einer potentiellen deliktischen Haftung Minderjähriger hat dieses Verständnis zur Folge, dass im Hinblick auf die festzustellenden Fahrlässigkeitsmerkmale nicht die individuellen Fähigkeiten des im Einzelfall betroffenen Minderjährigen entscheidend sind. Vielmehr kommt es insoweit darauf an, ob ein normal entwickelter Minderjähriger dieses Alters die Gefährlichkeit seines Tuns hätte vorhersehen und dieser Einsicht entsprechend handeln kön-

---

[46] Begr. RegE, BT-Drs. 14/7752, S. 26.

[47] *Birr*, Die Haftung Minderjähriger, S. 42.

[48] Vgl. *Tilsen*, Die beschränkte Haftung des Minderjährigen im Deliktsrecht, S. 15 m.w.N.

[49] Vgl. MüKoBGB/*Grundmann*, BGB, § 276 Rn. 52; OLG Nürnberg, Urt. v. 28.4.2006 – 5 U 130/06, NJW-RR 2006, 1170, 1171.

[50] Geigel/*Haag*, Kap. 16 Rn. 10; MüKoBGB/*Wagner*, BGB, § 823 Rn. 38. Zu diesem objektivierten Fahrlässigkeitsmaßstab vgl. insbesondere auch die umfangreichen Rechtsprechungsnachweise bei *Loheit*, Die Deliktsfähigkeit Minderjähriger, S. 20 (Fn. 18).

nen und müssen, was mit dem Schlagwort „Gruppenfahrlässigkeit" bezeichnet wird.[51] Ein etwaiger Mangel an Disziplin, Impulsivität, Forschungs- und Erprobungsdrang und ähnliche die Steuerungsfähigkeit beeinflussende Faktoren können daher nur im Rahmen einer alterstypischen Vergleichbarkeit berücksichtigt werden.[52]

Schließlich kommt im Fall eines Ausschlusses der deliktischen Verantwortlichkeit eines Minderjährigen gem. § 828 BGB eine, wenn auch subsidiäre, Billigkeitshaftung nach § 829 BGB in Betracht. Voraussetzung einer entsprechenden Ersatzpflicht aus Billigkeitsgründen ist dabei die Verwirklichung eines deliktischen Haftungstatbestandes.[53]

3. Rechtsfolgen

Liegen die tatbestandlichen Voraussetzungen einer Haftung des Minderjährigen nach §§ 823 ff. BGB vor, so richtet sich der Haftungsumfang primär nach den allgemeinen Vorschriften der §§ 249 ff. BGB. Nach § 249 Abs. 1 BGB hat der minderjährige Schädiger somit den Zustand herzustellen, der bestehen würde, wenn der zum Ersatz verpflichtende Umstand nicht eingetreten wäre. Im Falle von Sachschäden und Personenschäden kann der Gläubiger den zur Herstellung erforderlichen Geldbetrag verlangen. Soweit die Herstellung unmöglich oder zur Entschädigung des Gläubigers nicht ausreichend ist, schuldet der Minderjährige gem. § 251 Abs. 1 BGB ebenfalls Entschädigung in Geld. Ersatzfähig sind nicht allein die unmittelbar durch die Verletzung des Rechtsguts selbst entstandenen Schäden wie Reparatur- oder Heilbehandlungskosten, sondern nach § 252 BGB auch der entgangene Gewinn. Überdies kann nach § 253 Abs. 2 BGB im Falle immaterieller Schäden auch die Zahlung eines sogenannten Schmerzensgeldes in Form einer billigen Entschädigung in Geld in Betracht kommen.

---

[51] BGH, Urt. v. 28.2.1984 – VI ZR 132/82, NJW 1984, 1958.

[52] BeckOGK/*Wellenhofer*, BGB, § 828 Rn. 44; MüKoBGB/*Wagner*, BGB, § 828 Rn. 10.

[53] Vgl. insbesondere zur umstrittenen Frage, inwieweit die subjektiven Tatbestandselemente der jeweiligen unerlaubten Handlung vorliegen müssen, MüKoBGB/*Wagner*, BGB, § 829 Rn. 7 ff. Eine Haftung des Minderjährigen aus Billigkeitsgründen gem. § 829 BGB kommt im Übrigen auch bei Anwendung von § 828 Abs. 2 BGB in Betracht, vgl. *Wagner*, NJW 2002, 2049, 2060.

III. Mitverpflichtung nach § 1357 BGB

Im Rahmen bestehender Ehen kann sich nach § 1357 Abs. 1 S. 2 BGB eine Mithaftung von Ehegatten ergeben. Danach werden durch Geschäfte, die ein Ehegatte zur angemessenen Deckung des familiären Lebensbedarfs tätigt, beide Ehegatten gleichermaßen berechtigt und verpflichtet. In diesem Zusammenhang ist umstritten, ob ein minderjähriger Ehegatte durch rechtsgeschäftliche Handlungen seines volljährigen Ehegatten mitverpflichtet werden kann.[54] Trotz der bis zum Jahr 2017 nach § 1303 Abs. 2 BGB a.F. möglichen Befreiung vom gem. § 1303 Abs. 1 BGB a.F. bestehenden Volljährigkeitserfordernis wurde die praktische Relevanz dieser Streifrage allerdings durchweg als relativ gering eingestuft.[55]

Nach Inkrafttreten des Gesetzes zur Bekämpfung von Kinderehen am 22.7.2017[56] besteht im Bereich der Ehemündigkeit angesichts des nunmehr geltenden § 1303 S. 1 BGB n.F. ein generelles Volljährigkeitserfordernis, während eine gerichtliche Befreiung von diesem nicht mehr möglich ist.[57] Infol-

---

[54] Eine Mitverpflichtung des minderjährigen Ehegatten aus § 1357 Abs. 1 S. 2 BGB bejahend: BeckOK BGB/*Hahn*, BGB, § 1357 Rn. 10; BeckOGK/*Erbarth*, BGB, § 1357 Rn. 61; jurisPK-BGB/*Grandel*, BGB, § 1357 Rn. 10; *Käppler*, AcP 179 (1979), 245, 277; MüKoBGB/*Roth*, BGB, § 1357 Rn. 15; Staudinger/*Voppel*, BGB, § 1357 Rn. 31. Auch Soergel/*Fischinger*, BGB, § 1629a Rn. 22, setzt eine wirksame Mitverpflichtung voraus. Eine Mitverpflichtung des minderjährigen Ehegatten ablehnend: *Muscheler*, Familienrecht, § 21 Rn. 332; Palandt/*Siede*, BGB, § 1357 Rn. 19; *Wacke*, FamRZ 1980, 13, 16. Differenzierend hingegen *Dethloff*, Familienrecht, § 4 Rn. 66 und Erman/*Kroll-Ludwigs*, BGB, § 1357 Rn. 8, wonach eine Verpflichtung des minderjährigen Ehegatten nur bei vorliegender Zustimmung des gesetzlichen Vertreters möglich sein soll.

[55] Angeführt wird insoweit die traditionell niedrige Zahl jährlicher Eheschließungen unter Beteiligung Minderjähriger vor dem Jahr 2017. Vgl. hierzu näher MüKoBGB/*Wellenhofer*, BGB, § 1303 Rn. 3.

[56] Gesetz zur Bekämpfung von Kinderehen v. 17.7.2017, BGBl. I 2017, S. 2429. In diesem Zusammenhang sei darauf hingewiesen, dass das betreffende Gesetz insbesondere im Hinblick auf seine Vereinbarkeit mit Wertungen des GG sowie der EMRK nicht unumstritten ist. Zu der vom Gesetzgeber nunmehr in § 1303 S. 2 BGB n.F. normierten, nach Art. 13 Abs. 3 Nr. 1 EGBGB auch für nach ausländischem Recht geschlossene Ehen geltenden Nichtigkeitslösung vgl. etwa die kritische Würdigung bei *Bongartz*, NZFam 2017, 541, 543 ff. Zuletzt hat auch der BGH im Wege eines Normenkontrollverfahrens nach Art. 100 Abs. 1 S. 1 GG eine Überprüfung der für nach ausländischem Recht geschlossenen Ehen geltenden Vorschrift des Art. 13 Abs. 3 Nr. 1 EGBGB durch das BVerfG beantragt. Vgl. hierzu BGH, Beschl. v. 14.11.2018 – XII ZB 292/16, NZFam 2019, 65 m. Anm. *Löhnig*.

[57] Nach Maßgabe von § 1303 S. 2 BGB n.F. ist eine Ehe unwirksam und entfaltet als sogenannte „Nichtehe“ keinerlei Rechtswirkungen, wenn sie mit einer Person eingegangen wird, die das 16. Lebensjahr noch nicht vollendet hat. Auch nach Vollendung des 16. Lebensjahres darf eine Ehe im Übrigen gem. § 1303 S. 1 BGB n.F. nicht vor Eintritt der Volljährigkeit eingegangen werden. Kommt es in einem solchen Fall gleichwohl zur Ehe-

gedessen hat sich die praktische Relevanz der dogmatischen Streitfrage um eine Mitverpflichtung minderjähriger Ehegatten aus § 1357 Abs. 1 S. 2 BGB zwar nochmals verringert, ist jedoch keinesfalls gänzlich entbehrlich geworden. Während eine vor einem Standesbeamten in der Bundesrepublik Deutschland eingegangene Ehe unter Mitwirkung eines unerkannt gebliebenen Minderjährigen realiter schwer vorstellbar erscheint, kann der genannte Streitstand neben dem etwaigen Bestehen von „Altfällen" jedenfalls dann Auswirkungen haben, wenn Verbindlichkeiten im Rahmen einer außerhalb Deutschlands unter Beteiligung eines Minderjährigen geschlossenen Ehe in Rede stehen, auf die § 1357 BGB nach Art. 14 EGBGB gleichfalls Anwendung findet.[58] Voraussetzung ist insoweit allerdings, dass es sich dabei um eine Ehe handelt, deren Aufhebung nach § 1315 Abs. 1 Nr. 1b) BGB ausgeschlossen ist.[59]

Obwohl die Annahme einer gesetzlichen Mitverpflichtung des minderjährigen Ehegatten gem. § 1357 Abs. 1 S. 2 BGB naturgemäß geeignet erscheint, mit den Prinzipien eines hohen Minderjährigenschutzniveaus und dem Schutzzweck der §§ 106 ff. BGB zu kollidieren, so vermag dies allein gleichwohl eine Nichtanwendung der Vorschrift auf Minderjährige nicht zu rechtfertigen. Einerseits differenziert § 1357 Abs. 1 BGB bereits seinem Wortlaut nach nicht zwischen voll- und minderjährigen Ehegatten.[60] Andererseits folgt die Mithaftung des Minderjährigen auch nicht aus dessen eigenem rechtsgeschäftlichen Handeln, sondern unmittelbar aus § 1357 BGB und somit infolge gesetzlicher Anordnung, weshalb insbesondere die dem Minderjährigenschutz bei Rechtsgeschäften dienenden §§ 106 ff. BGB nicht zur Anwendung gelangen können.[61] Eine Mitverpflichtung des minderjährigen Ehegatten stünde überdies auch mit dem gesetzlichen Zweck der Vorschrift im Einklang, soweit dieser zumindest auch in der Verstärkung der in der Ehe zu sehenden Unterhaltsgemeinschaft der Ehegatten nach außen hin gesehen

---

schließung, so ist die eingegangene Ehe zwar wirksam, jedoch nach § 1314 Abs. 1 Nr. 1 BGB aufhebbar. Vgl. näher BeckOK BGB/*Hahn*, BGB, § 1303 Rn. 4 f.

[58] Vgl. BeckOK BGB/*Hahn*, BGB, § 1357 Rn. 9.

[59] Vgl. für eine solche Fallkonstellation OLG Oldenburg, Beschl. v. 18.4.2018 – 13 UF 23/18, NZFam 2018, 609. Wie bereits die Vorinstanz verneinte das OLG Oldenburg in dem der Entscheidung zugrundeliegenden Einzelfall die Aufhebung der in Rumänien rechtswirksam geschlossenen Ehe wegen Annahme einer außergewöhnlichen Härte im Sinne von § 1315 Abs. 1 S. 1 Nr. 1b) BGB.

[60] So auch *Käppler*, AcP 179 (1979), 245, 277.

[61] Vgl. BeckOK BGB/*Hahn*, BGB, § 1357 Rn. 10; BeckOGK/*Erbarth*, BGB, § 1357 Rn. 61; MüKoBGB/*Roth*, BGB, § 1357 Rn. 15; *Käppler*, AcP 179 (1979), 245, 277; *Wacke*, FamRZ 1980, 13, 15, der infolgedessen die §§ 106 ff. BGB nicht unmittelbar, sondern ihrem Schutzzweck nach zur Ablehnung einer Mitverpflichtung des minderjährigen Ehegatten heranzieht.

wird, da auch der Minderjährige seinem Ehegatten zum Familienunterhalt nach § 1360 BGB verpflichtet ist.[62]

Soweit schließlich bis dato im Sinne einer ablehnenden Haltung § 1633 BGB a.F. argumentativ herangezogen wurde, wonach dem gesetzlichen Vertreter eines Minderjährigen auch nach dessen Eheschließung weiterhin die Vermögenssorge zustand,[63] so fehlt einer solchen Argumentation nunmehr infolge der durch das Gesetz zur Bekämpfung von Kinderehen bewirkten Streichung der betreffenden Vorschrift die gesetzliche Grundlage. Im Übrigen ließ sich insoweit schon vor dem Wegfall von § 1633 BGB einwenden, dass § 1357 Abs. 1 S. 2 BGB eine zwingende Mitverpflichtung des Ehegatten von Gesetzes wegen und unabhängig vom Willen der Beteiligten statuiert, was kein rechtsgeschäftliches Handeln des volljährigen Ehegatten im Namen des Minderjährigen voraussetzt.[64] Der dem gesetzlichen Vertreter gem. § 1633 BGB a.F. obliegende Bereich der Vermögenssorge für den Minderjährigen war somit bereits nach der früher geltenden Rechtslage allenfalls mittelbar betroffen.

Soweit eine wirksame Eheschließung durch einen Minderjährigen auch nach derzeitiger Rechtslage noch möglich ist, insbesondere im Fall einer nicht in der Bundesrepublik Deutschland geschlossenen Ehe, sprechen nach alledem die überzeugenderen Argumente für eine Mitverpflichtung und -berechtigung des minderjährigen Ehegatten über § 1357 Abs. 1 S. 2 BGB. Ein anderes Ergebnis ließe sich lediglich durch eine legislative Reform von § 1357 Abs. 1 S. 2 BGB erzielen.[65]

---

[62] Vgl. Staudinger/*Voppel*, BGB, § 1357 Rn. 31. Zur Funktion von § 1357 BGB vgl. auch kritisch Erman/*Kroll-Ludwigs*, BGB, § 1357 Rn. 1 f. sowie PWW/*Weinreich*, BGB, § 1357 Rn. 2.

[63] So *Dethloff*, Familienrecht, § 4 Rn. 66.

[64] Vgl. *Gernhuber/Coester-Waltjen*, Familienrecht, § 19 Rn. 33; BeckOK BGB/*Hahn*, BGB, § 1357 Rn. 9; Staudinger/*Voppel*, BGB, § 1357 Rn. 31.

[65] Stehen dem vertragsschließenden Ehegatten Gestaltungsrechte wie insbesondere ein Widerrufsrecht bei Verbraucherverträgen im Sinne von § 355 BGB oder ein Rücktrittsrecht zu, so ist im Übrigen umstritten, ob auch der mitverpflichtete Ehegatte nach § 1357 Abs. 1 BGB berechtigt ist, diese mit Wirkung für beide Ehegatten selbständig auszuüben. Für eine Berechtigung zur Ausübung entsprechender Gestaltungsrechte etwa MüKoBGB/*Roth*, BGB, § 1357 Rn. 41 m.w.N., dagegen beispielsweise BeckOGK/*Erbarth*, BGB, § 1357 Rn. 126 m.w.N. Insoweit hat nunmehr der BGH in einer Entscheidung aus dem Jahr 2018 dargelegt, dass ein Vertrag über eine Vollkaskoversicherung, der ein Geschäft zur angemessenen Deckung des Lebensbedarfs im Sinne von § 1357 Abs. 1 BGB darstellt, auch durch den mitverpflichteten Ehegatten mit Wirkung für den anderen Ehegatten gekündigt werden kann. Vgl. BGH, Urt. v. 28.2.2018 – XII ZR 94/17, NZFam 2018, 327, 329 f. Auch dem minderjährigen Ehegatten, der über § 1357 Abs. 1 S. 2 BGB mitverpflichtet wird, steht demnach die Ausübung beispielsweise eines Widerrufsrechts zu. Allerdings beginnt die diesbezüglich maßgebliche Widerrufsfrist auch dann zu laufen, wenn er selbst keine Kenntnis von dem Geschäft hat, vgl. nur MüKoBGB/*Roth*, BGB, § 1357 Rn. 31. Überdies

IV. Unterhaltsverpflichtungen, §§ 1601 ff. BGB

Unterhaltsrechtliche Verpflichtungen können sich für Minderjährige zunächst aus §§ 1601 ff. BGB gegenüber ihren Eltern ergeben, da das Unterhaltsrecht insoweit keine „Einbahnstraße“ darstellt. Sind Eltern im Sinne des § 1602 BGB bedürftig und Minderjährige etwa infolge eigenen Erwerbseinkommens auch leistungsfähig nach Maßgabe des § 1603 BGB, so können Unterhaltsansprüche der Eltern oder eines Elternteils bestehen, wobei ein erhöhter angemessener Selbstbehalt des Kindes in Abzug zu bringen ist.[66] Praktisch vorstellbar erscheint daneben auch eine Unterhaltsverpflichtung minderjähriger nichtehelicher Väter aus § 1615l BGB. Dabei können sich etwaige Unterhaltsansprüche der Mutter nach § 1615l Abs. 2 S. 4 BGB auf einen Zeitraum von mindestens drei Jahren nach der Geburt erstrecken, soweit diese infolge der Schwangerschaft oder einer durch die Schwangerschaft oder die Entbindung verursachten Krankheit zur Aufnahme einer Erwerbstätigkeit außerstande ist. Zu beachten ist zudem, dass die Unterhaltsverpflichtung des minderjährigen nichtehelichen Vaters gegenüber derjenigen der Verwandten der Mutter gem. § 1615l Abs. 3 S. 2 BGB vorrangig ist. Betreut der Vater das Kind, so steht ihm der aus § 1615l Abs. 2 BGB resultierende Anspruch gem. § 1615l Abs. 4 BGB im Übrigen ebenso gegen die minderjährige Mutter zu.

V. Haftung für Nachlassverbindlichkeiten, §§ 1922, 1967 BGB

Im Bereich des Erbrechts kann sich ein gesetzlicher Haftungstatbestand für Minderjährige aus § 1967 Abs. 1 BGB ergeben. Gemäß dieser Vorschrift haftet ein Erbe infolge des in § 1922 BGB zum Ausdruck kommenden Grundsatzes der Universalsukzession auch für die zur Erbschaft gehörenden Nachlassverbindlichkeiten. Zu diesen zählen gem. § 1967 Abs. 2 BGB neben den vom Erblasser herrührenden Schulden auch die sogenannten Erbfallschulden, die aus Anlass des Erbfalls entstehen, wie beispielsweise Vermächtnisansprüche oder Beerdigungskosten im Sinne von § 1968 BGB. Ein Anfall der betreffenden Erbschaft ergibt sich für den gem. § 1923 Abs. 1 BGB erbfähigen[67] Minderjährigen auf Grundlage des in §§ 1922, 1942 BGB zum Ausdruck

bedürfte der Minderjährige zur Ausübung eines Gestaltungsrechts wie eines Rücktritts oder eines Widerrufs aufgrund der damit einhergehenden Rechtsfolgen wegen § 107 BGB grundsätzlich der Zustimmung seines gesetzlichen Vertreters. Vgl. hierzu BeckOGK/*Duden*, BGB, § 107 Rn. 76 m.w.N.

[66] Vgl. hierzu MüKoBGB/*Langeheine*, BGB, § 1603 Rn. 187.

[67] Gem. § 1923 Abs. 1 BGB ist erbfähig, wer zur Zeit des Erbfalls lebt. Demnach kann ein Minderjähriger gem. § 1 BGB ab Vollendung der Geburt als Erbe berücksichtigt werden

kommenden Vonselbsterwerbs[68] infolge einer nicht oder nicht innerhalb der Frist nach § 1944 Abs. 1 BGB erfolgten Ausschlagung bzw. durch Annahme gem. § 1943 BGB.

Sowohl Annahme als auch Ausschlagung stellen einseitige Willenserklärungen dar, die den allgemeinen Regelungen über die Geschäftsfähigkeit unterliegen. Dementsprechend können diese für einen geschäftsunfähigen Erben gem. §§ 104 Nr. 1, 105 Abs. 1 BGB nur durch dessen gesetzlichen Vertreter erfolgen. Für den beschränkt geschäftsfähigen Erben hingegen stellen sich sowohl die Ausschlagung einer Erbschaft als auch deren Annahme als rechtlich nicht lediglich vorteilhaft dar.[69] Folglich kann eine Erbschaft gem. §§ 107, 111 S. 1 BGB entweder durch den gesetzlichen Vertreter oder mit dessen Einwilligung durch den beschränkt geschäftsfähigen Minderjährigen persönlich angenommen oder ausgeschlagen werden. Für die Ausschlagung der Erbschaft ist überdies gem. § 1643 Abs. 2 S. 1 BGB unter Umständen eine familiengerichtliche Genehmigung erforderlich.[70]

Wird ein Minderjähriger infolge des Anfalls einer Erbschaft Erbe oder Miterbe, so haftet er für bestehende Nachlassverbindlichkeiten nach § 1967 Abs. 1 BGB grundsätzlich unbeschränkt sowie als Miterbe nach § 2058 BGB gesamtschuldnerisch. Allerdings kann der Erbe neben einer lediglich vorläufigen Haftungsbeschränkung[71] auch eine dauerhafte Beschränkung seiner Haftung auf den Bestand des Nachlasses durch Beantragung einer gerichtlichen Nachlassverwaltung gem. §§ 1975 ff. BGB oder die Eröffnung eines Nachlassinsolvenzverfahrens nach § 1975 BGB i.V.m. §§ 315 ff. InsO erreichen.[72] Daneben ist ihm unter Umständen auch die Möglichkeit einer Dürf-

---

und der Haftung aus § 1967 Abs. 1 BGB unterfallen. Auch der vor dem maßgeblichen Erbfall gezeugte, aber erst nach diesem geborene sogenannte Nasciturus gilt gem. § 1923 Abs. 2 BGB als vor dem Erbfall geboren und ist somit ebenfalls erbfähig.

[68] Zum Begriff vgl. MüKoBGB/*Leipold*, BGB, § 1942 Rn. 1.

[69] Eine Annahme der Erbschaft ist nicht lediglich rechtlich vorteilhaft im Sinne des § 107 BGB, da der Minderjährige durch diese gem. § 1943 BGB des Rechts zur Ausschlagung verlustig geht. Bei der Ausschlagung hingegen manifestiert sich die rechtliche Nachteilhaftigkeit in der auf § 1953 Abs. 1 BGB beruhenden Rechtsfolge des Verlusts der Erbenstellung. Vgl. *Damrau*, Der Minderjährige im Erbrecht, § 4 Rn. 35, 39; *Lange*, Erbrecht, § 39 Rn. 60.

[70] Vgl. hierzu näher die Darstellung unter F. II.

[71] Für den noch beschränkbar haftenden Erben besteht die Möglichkeit, die Ansprüche der Nachlassgläubiger zwecks Inventarerrichtung durch die Einreden der §§ 2014, 2015 BGB während einer an die Annahme der Erbschaft anschließenden Schonfrist abzuwehren. Siehe näher MüKoBGB/*Küpper*, BGB, § 2014 Rn. 1. Zudem kann er als gesamtschuldnerisch haftender Miterbe nach § 2059 Abs. 1 S. 1 BGB eine Berichtigung der Nachlassverbindlichkeiten aus seinem neben dem Nachlassanteil bestehenden Vermögen bis zur Teilung des Nachlasses einredeweise verweigern.

[72] Zu den Voraussetzungen und Rechtsfolgen der genannten Rechtsinstitute vgl. näher *Röthel*, Erbrecht, § 31 Rn. 68 ff., 87 ff.

tigkeitseinrede nach §§ 1990 ff. BGB eröffnet.[73] Auch diesbezüglich gilt es wiederum zu beachten, dass im Fall der Minderjährigkeit eines Erben mangels dessen unbeschränkter Geschäftsfähigkeit notwendige Anträge oder Einredeerhebungen dem gesetzlichem Vertreter des Minderjährigen obliegen.

VI. Haftung als Gesellschafter

Minderjährige Gesellschafter sind in der Praxis insbesondere im Zusammenhang mit Familienunternehmen anzutreffen. Dabei ist sowohl eine Beteiligung Minderjähriger im Rahmen der Mitgründung einer Gesellschaft als auch im Wege des Beitritts zu einer bestehenden Gesellschaft insbesondere durch Übertragung von Anteilen an derselben denkbar.[74] Eine Anteilsübertragung kann entweder von Todes wegen erfolgen, indem der Minderjährige als gesetzlicher oder durch letztwillige Verfügung bestimmter Erbe des Anteilsnehmers in dessen Rechtsstellung einrückt,[75] oder aber zu Lebzeiten des bisherigen Gesellschafters durch eine schenkweise Anteilsübertragung im Rahmen einer vorweggenommenen Erbfolge realisiert werden.[76] Die Motivation zur Aufnahme eines Minderjährigen in eine Gesellschaft sowie zur Anteilsübertragung unter Lebenden an diesen kann vielschichtiger Natur sein und unter anderem der Minimierung anfallender Erbschafts- und Schenkungssteuern durch mehrmalige Nutzung des für Abkömmlinge eines Gesellschafters bestehenden Steuerfreibetrags dienen.[77]

Unter der hier vorausgesetzten Prämisse, dass der Minderjährige wirksam in die Gesellschafterstellung einrückt,[78] stellt sich neben anderen Problem-

---

[73] Zu den Voraussetzungen der Dürftigkeitseinrede vgl. näher *Muscheler*, Erbrecht, § 49 Rn. 3661 ff.

[74] *Nitze*, Minderjährige Gesellschafter im Familienunternehmen, S. 23; *Rust*, DStR 2005, 1942.

[75] Dies kann auch mit Blick auf den Gesellschaftsvertrag eine kautelarjuristische Vorsorge erforderlich machen. Vgl. etwa zur unter Umständen empfehlenswerten Aufnahme einer sogenannten Umwandlungsklausel für den Fall des Versterbens eines Komplementärs einer KG die Darstellung nebst Formulierungsvorschlag bei *Carlé*, ErbStB 2009, 195, 197.

[76] *Nitze*, Minderjährige Gesellschafter im Familienunternehmen, S. 23 f.

[77] Vgl. näher *Ivo*, 2018: Familie und Recht, S. 79; *Lüdecke*, NJOZ 2018, 681; *Münch*, FamRZ 2019, 1916; *Nitze*, Minderjährige Gesellschafter im Familienunternehmen, S. 25 ff.

[78] Von Relevanz ist insoweit insbesondere die Frage nach der wirksamen Vertretung des Minderjährigen bei Gesellschaftsgründung oder -eintritt sowie nach der in diesem Zusammenhang unter Umständen erforderlichen familiengerichtlichen Genehmigung des jeweiligen Rechtsgeschäfts und der Bestellung eines Ergänzungspflegers. Vgl. hierzu eingehend *Ivo*, 2018: Familie und Recht, S. 80 ff.; *Rust*, DStR 2005, 1942 ff.

komplexen, wie beispielsweise den Voraussetzungen einer Beteiligung an Gesellschaftsentscheidungen,[79] insbesondere auch die Frage nach einer möglichen persönlichen Haftung des Minderjährigen. Zu unterscheiden ist insoweit nicht nur zwischen einer Beteiligung an Personengesellschaften einerseits sowie an Kapitalgesellschaften andererseits, sondern insbesondere auch danach, ob eine Haftung im Innenverhältnis der Gesellschaft oder im Außenverhältnis gegenüber Gläubigern derselben in Rede steht.

So können im Rahmen von Personengesellschaften beispielsweise Ausgleichspflichten des minderjährigen Gesellschafters nach § 735 BGB bestehen, während ihn im Fall der Beteiligung an einer Kapitalgesellschaft gegenüber dieser unter anderem eine Nachschusspflicht nach §§ 26 ff. GmbHG oder die Pflicht zur Einlageerbringung nach §§ 54, 63 Abs. 1 AktG treffen kann.[80] Während eine persönliche Haftung des minderjährigen Gesellschafters einer Kapitalgesellschaft gegenüber deren Gläubigern aufgrund der auf das Gesellschaftsvermögen beschränkten Haftung grundsätzlich nicht zu befürchten steht,[81] ist eine unbeschränkte persönliche Haftung für Gesellschaftsverbindlichkeiten im Fall der Beteiligung an einer oHG oder als Komplementär einer KG nach §§ 161 Abs. 2, 128 HGB sowie bei einer Beteiligung an einer GbR nach § 128 HGB analog möglich.[82]

VII. Haftung als Mitglied einer sozialrechtlichen Bedarfsgemeinschaft

Zur Sicherstellung eines notwendigen Existenzminimums können Personen, die nach § 7 Abs. 1 S. 1 SGB II zum Bezug von Leistungen nach dem SGB II berechtigt sind, gem. § 4 Abs. 1 Nr. 2 SGB II vom jeweils zuständigen Sozialträger Geldleistungen zur Lebenssicherung erhalten. Nach § 19 Abs. 1 SGB II zählen zu diesen Arbeitslosengeld II und Sozialgeld. Abgedeckt werden

[79] Zu Fragen der Stimmrechtsausübung vgl. etwa *Flume*, NZG 2014, 17 ff. sowie die umfassende Untersuchung bei *Nitze*, Minderjährige Gesellschafter im Familienunternehmen, S. 38 ff.

[80] Vgl. näher *Behnke*, NZG 1999, 244; *Rust*, DStR 2005, 1992, 1994 ff.

[81] Vgl. § 13 Abs. 2 GmbHG, § 1 Abs. 1 S. 2 AktG. Zu den unter Umständen infolge eines Haftungsdurchgriffs möglichen Einschränkungen des sogenannten Trennungsprinzips und insoweit anerkannten Fallgruppen vgl. Baumbach/Hueck/*Fastrich*, GmbHG, § 13 Rn. 43 ff.

[82] *Rust*, DStR 2005, 1992, 1995. Für die Haftung als Kommanditist einer KG hingegen gelten die §§ 171 f. HGB. Ist die nach dem Gesellschaftsvertrag vorgesehene und ins Handelsregister eingetragene Einlage tatsächlich geleistet, so ist eine persönliche Haftung des Kommanditisten gegenüber den Gesellschaftsgläubigern gem. § 171 Abs. 1 Hs. 2 HGB ausgeschlossen.

insbesondere die Aufwendungen für eine angemessene Wohnung nebst Betriebskosten.[83] Voraussetzung für die Gewährung entsprechender Leistungen ist die Bedürftigkeit des Leistungsempfängers nach §§ 7 Abs. 1 S. 1 Nr. 3, 9 Abs. 1 SGB II. Entfällt diese nach Bewilligung von Leistungen nach dem SGB II, so können überschüssige Beträge grundsätzlich von den Sozialträgern zurückgefordert werden.

Leben Minderjährige mit ihren Eltern in einem gemeinsamen Haushalt und beziehen Letztere entsprechende Leistungen nach dem SGB II, so können sich etwaige Rückforderungsansprüche eines Sozialträgers nicht nur gegen die Eltern, sondern auch gegen die Minderjährigen persönlich richten. Leben mehrere Personen in dem Haushalt eines erwerbsfähigen Leistungsberechtigten, so bilden diese eine sogenannte Bedarfsgemeinschaft im Sinne von § 7 Abs. 2 SGB II. Einer solchen gehören gem. § 7 Abs. 3 Nr. 4 SGB II insbesondere die dem Haushalt des Leistungsberechtigten zugehörigen unverheirateten Kinder desselben an, sofern sie das 25. Lebensjahr noch nicht vollendet haben und die zur Sicherung ihres Lebensunterhalts notwendigen Leistungen nicht aus eigenem Einkommen oder Vermögen beschaffen können. Diese erhalten nach § 7 Abs. 2 S. 1 SGB II ebenfalls Sozialgeld, das in der Höhe nach dem Lebensalter gestaffelt ist.[84]

Zwar sind die Bezugsberechtigungen der Mitglieder einer Bedarfsgemeinschaft im Sinne von § 7 Abs. 3 Nr. 4 SGB II als Individualansprüche ausgestaltet.[85] Gleichwohl wird zwecks Feststellung der Hilfebedürftigkeit und damit des Anspruchsumfangs jedes einzelnen Mitglieds der Bedarfsgemeinschaft nach § 9 SGB II der Gesamtbedarf aller Mitglieder der Bedarfsgemeinschaft deren Gesamteinkommen und -vermögen gegenübergestellt.[86] Soweit eine Aufhebung und Rückforderung eines zu Unrecht erbrachten Betrags gem. § 40 Abs. 1 S. 1 SGB II i.V.m. §§ 45 Abs. 1, 48 Abs. 1 SGB X in Betracht kommt, können diesbezüglich zu erlassende Bescheide nur gegen das einzelne Mitglied der jeweiligen Bedarfsgemeinschaft gerichtet werden.[87] In der Folge können entsprechende Erstattungsansprüche des Sozialträgers aus § 50

---

[83] *Eichenhofer*, Sozialrecht, § 21 Rn. 481.

[84] Vgl. *Eichenhofer*, Sozialrecht, § 21 Rn. 481.

[85] Insoweit liegen dogmatisch betrachtet vom Hauptleistungsberechtigten abgeleitete, „akzessorische" Ansprüche vor. Vgl. Knickrehm/Kreikebohm/Waltermann/*Knickrehm*, SGB II, § 7 Rn. 12 sowie die ausführliche methodische Begründung des sog. Individualisierungsgrundsatzes bei *Uyanik*, Aufhebungs- und Erstattungsentscheidungen, S. 56 ff.

[86] Eicher/Luik/*Becker*, SGB II, § 7 Rn. 81. Diese Gesamtveranlagung kann im Einzelfall dazu führen, dass in einer Bedarfsgemeinschaft selbst derjenige, dessen individueller Bedarf durch Einkommen gedeckt ist, wie ein Hilfebedürftiger behandelt wird. Vgl. BSG, Urt. v. 7.11.2006 – B 7b AS 8/06 R, NZS 2007, 328, 330.

[87] Knickrehm/Kreikebohm/Waltermann/*Knickrehm*, SGB II, § 7 Rn. 12.

Abs. 1 S. 1 SGB X auch den in einer Bedarfsgemeinschaft lebenden Minderjährigen treffen.[88]

Besondere Brisanz erlangt dieser Umstand vor dem Hintergrund, dass ein nach §40 Abs. 1 S. 1 SGB II i.V.m. §§45 Abs. 1, 48 Abs. 1 SGB X erlassener Rückforderungsbescheid einen vollstreckbaren Verwaltungsakt darstellt, der gem. §40 Abs. 1 S. 1 SGB II i.V.m. §66 SGB X, unter Umständen nach zuvor erfolgter Durchführung eines Widerspruchsverfahrens, im öffentlich-rechtlichen Vollstreckungsverfahren beigetrieben werden kann. Demnach ist es der die Rückzahlung begehrenden Behörde möglich, sich selbst einen Vollstreckungstitel „zu schaffen“, der auch bei Rechtswidrigkeit in Bestandskraft erwachsen kann, sofern kein Widerspruch dagegen eingelegt wird.[89] Die Einleitung etwaiger die Bestandskraft hindernder Verfahrensschritte obläge dabei in der Regel den Eltern als gesetzlichen Vertretern des nicht verfahrensfähigen Minderjährigen, welche das Rückforderungsbegehren durch ihre vorherige Untätigkeit oder etwaige Falschangaben allerdings häufig erst verursacht haben.[90]

VIII. Überblick: Titulierung und Vollstreckung gegen minderjährige Schuldner

Besteht ein materiell-rechtlich begründeter Anspruch gegen einen minderjährigen Schuldner, so stellt sich aus praktischer Sicht im Fall seiner Nichterfüllung die Frage, wie er seitens des Gläubigers gerichtlich durchgesetzt werden kann. Der nachfolgende Überblick geht daher aus Gründen der Vollständigkeit knapp auf Voraussetzungen und Besonderheiten einer Forderungstitulierung und -vollstreckung gegen Minderjährige ein.

---

[88] Daneben können einen minderjährigen Erben in der Praxis im Fall des Todes eines Sozialleistungen beziehenden Elternteils naturgemäß auch solche Erstattungsansprüche als Erblasserschulden treffen, welche grundsätzlich gegen den verstorbenen Elternteil bestanden. Vgl. hierzu den der Entscheidung OLG Brandenburg, Beschl. v. 23.1.2014 – 9 UF 16/13, BeckRS 2014, 3335 zugrundeliegenden Lebenssachverhalt, in welchem der einem minderjährigen Erben angefallene mütterliche Nachlass mit Rückforderungsansprüchen eines Jobcenters in potentiell fünfstelliger Höhe belastet war.

[89] *Uyanik*, Aufhebungs- und Erstattungsentscheidungen, S. 54.

[90] *Uyanik*, Aufhebungs- und Erstattungsentscheidungen, S. 54.

1. Titulierung

a) Mahnverfahren

Zur Durchsetzung eines geltend gemachten Anspruchs kommt in vielen Fällen zunächst das schnell und kostengünstig durchzuführende Mahnverfahren nach §§ 688 ff. ZPO in Betracht, das auf die Erlangung eines Vollstreckungstitels in Gestalt eines Vollstreckungsbescheids nach § 699 ZPO gerichtet ist. Dies gilt auch mit Blick auf minderjährige Schuldner.[91] Zwingende Voraussetzung für die Einleitung eines Mahnverfahrens ist gem. §§ 688, 690 ZPO ein auf den Erlass eines Mahnbescheids gerichteter Antrag des Gläubigers. Erlässt das zuständige Gericht den beantragten Mahnbescheid und wird gegen diesen seitens des Schuldners nicht fristgerecht Widerspruch erhoben, so ergeht gem. § 699 Abs. 1 ZPO auf Grundlage des Mahnbescheids ein Vollstreckungsbescheid.

Ist der Anspruchsgegner minderjährig, so ist dieser zwar gem. § 50 Abs. 1 ZPO i.V.m. § 1 BGB im Rahmen eines Prozessrechtsverhältnisses parteifähig. Allerdings ist er infolge seiner beschränkten Geschäftsfähigkeit gem. § 52 ZPO i.V.m. § 106 BGB in der Regel prozessunfähig.[92] Folglich ist auch im Rahmen eines Mahnverfahrens eine Vertretung durch den gesetzlichen Vertreter erforderlich. Der Mahnantrag des Gläubigers muss in einem solchen Fall gem. § 690 Abs. 1 Nr. 1 ZPO neben dem Minderjährigen als Partei des Mahnverfahrens auch die Bezeichnung seines gesetzlichen Vertreters enthalten.[93] Sowohl Mahnbescheid als auch Vollstreckungsbescheid müssen dem

---

[91] Entsprechend gestaltete sich auch die prozessuale Ausgangskonstellation der einen Minderjährigen betreffenden Entscheidung AG Würzburg, Beschl. v. 18.12.2007 – 1 M 6969/07, DGVZ 2008, 160. Vgl. auch die in Tabelle 1 im Anhang abgedruckte Fragebogenauswertung und dort Frage 6). Danach sind 27 der 57 befragten Teilnehmerinnen und Teilnehmer Fälle bekannt, in denen gegen einen minderjährigen Schuldner ein Mahnverfahren eingeleitet wurde.

[92] Nach § 52 Abs. 1 ZPO besteht ein Gleichlauf von Prozess- und Geschäftsfähigkeit. Folglich sind nach § 104 Nr. 1 BGB geschäftsunfähige Minderjährige stets prozessunfähig. Auch beschränkt geschäftsfähige Minderjährige sind gem. § 52 Abs. 1 ZPO i.V.m. § 106 BGB regelmäßig prozessunfähig. Soweit jedoch in materiell-rechtlicher Hinsicht der Anwendungsbereich der §§ 112, 113 BGB eröffnet ist, ist der Minderjährige für die sich aus dem Erwerbsgeschäft bzw. Dienst- oder Arbeitsverhältnis ergebenden Rechtsstreitigkeiten voll prozessfähig. Vgl. *Christmann*, DGVZ 1994, 65, 66; Saenger/*Bendtsen*, ZPO, § 52 Rn. 5; *Veit*, FS Birk, S. 877, 887. Überdies kann ein beschränkt geschäftsfähiger Minderjähriger auch im Rahmen eines Abstammungsverfahrens als Anfechtungsberechtigter gem. § 9 Abs. 1 Nr. 3 FamFG i.V.m. § 1600a Abs. 2 S. 2 BGB sowie nach § 125 Abs. 1 FamFG in Ehesachen verfahrensfähig sein.

[93] Unter Umständen wird dem Gläubiger, beispielsweise bei Zahlungsansprüchen infolge von Online-Bestellungen, allerdings nicht bewusst sein, dass es sich bei seinem Anspruchsgegner um einen prozessunfähigen Minderjährigen handelt. Sowohl ein auf den Erlass eines Mahnbescheides gerichteter Antrag als auch ein nachfolgend ergangener

Schuldner überdies gem. §§ 693 Abs. 1, 699 Abs. 4 ZPO zugestellt werden. Soll an einen nach § 51 Abs. 1 ZPO prozessunfähigen Schuldner zugestellt werden, so ist der Mahn- bzw. Vollstreckungsbescheid allerdings gem. § 170 Abs. 1 S. 1 ZPO an den gesetzlichen Vertreter zu adressieren. Bei mehreren gesetzlichen Vertretern genügt gem. § 170 Abs. 3 ZPO die Zustellung an einen von diesen. Eine Zustellung an einen prozessunfähigen Minderjährigen selbst wäre hingegen gem. § 170 Abs. 1 S. 2 ZPO grundsätzlich unwirksam.[94]

Liegt mangels entsprechender Angabe im Mahnantrag keine Adressierung an den gesetzlichen Vertreter vor, so hindert dies gleichwohl eine wirksame Zustellung von Mahn- und Vollstreckungsbescheid nicht, sofern dem gesetzlichen Vertreter der nur an den Minderjährigen adressierte Mahn- bzw. Vollstreckungsbescheid gem. § 189 ZPO tatsächlich zugeht. Von einem solchen Zugang kann insbesondere bei einer Zustellung im Wege der Einlegung in den zur Wohnung des gesetzlichen Vertreters gehörenden Hausbriefkasten nach § 180 ZPO und dessen regelmäßiger Leerung durch diesen zumeist ausgegangen werden.[95] Unter der Voraussetzung der tatsächlichen Kenntnisnahme des gesetzlichen Vertreters vom Mahn- bzw. Vollstreckungsbescheid wird die nur an den Minderjährigen gerichtete und daher gem. § 170 Abs. 1 S. 2 ZPO unwirksame Zustellung somit gem. § 189 ZPO geheilt.[96]

Mahn- und Vollstreckungsbescheid werden in solchen Fällen daher zumeist nur die Bezeichnung des minderjährigen Schuldners, nicht aber die gem. § 690 Abs. 1 Nr. 1 ZPO zusätzlich erforderliche Angabe seiner gesetzlichen Vertreter enthalten. Nichtsdestotrotz wäre ein entsprechender Vollstreckungsbescheid wirksam und rechtskraftfähig, wenn auch gem. §§ 700 Abs. 1, 578 Abs. 1, 579 Abs. 1 Nr. 4, 586 Abs. 3 ZPO mittels einer Nichtigkeitsklage anfechtbar. Vgl. *Giers*, DGVZ 2008, 145, 147; MüKoZPO/*Braun*/*Heiß*, ZPO, § 586 Rn. 21. Überdies ist ein Vollstreckungsbescheid auch ohne darin enthaltene, gem. §§ 699, 692 Abs. 1 Nr. 1, 690 Abs. 1 Nr. 1 ZPO vorgeschriebene Nennung der gesetzlichen Vertreter des minderjährigen Schuldners nach überwiegender Meinung vollstreckungsfähig, da entsprechende Angaben in Titel und Klausel nach § 750 Abs. 1 ZPO nicht erforderlich sind. Vgl. nur MüKoZPO/*Heßler*, ZPO, § 750 Rn. 18 m.w.N.

[94] Allerdings sollen nach Auffassung des BGH im Fall einer an den Minderjährigen selbst erfolgten und damit nach § 170 Abs. 1 S. 2 ZPO grundsätzlich unwirksamen Zustellung des Mahn- bzw. Vollstreckungsbescheides gleichwohl Einspruchs- und Rechtsmittelfristen in Gang gesetzt werden, sofern die Prozessunfähigkeit des Schuldners aus dem zuzustellenden Titel nicht erkennbar ist. Der Vollstreckungsbescheid würde demnach unabhängig von einem tatsächlichen Zugang bei den Eltern nach Ablauf der Einspruchsfrist formell rechtskräftig und somit vollstreckbar. Vgl. BGH, Urt. v. 19.3.2008 – VIII ZR 68/07, NJW 2008, 2125; *Christmann*, DGVZ 1994, 65, 67; MüKoZPO/*Schüler*, ZPO, § 700 Rn. 14; *Rosenberg*/*Schwab*/*Gottwald*, Zivilprozessrecht, § 73 Rn. 4. Zur Kritik an dieser Rechtsprechung vgl. nur MüKoZPO/*Braun*/*Heiß*, ZPO, § 579 Rn. 15.

[95] AG Würzburg, Beschl. v. 18.12.2007 – 1 M 6969/07, DGVZ 2008, 160.

[96] Vgl. BGH, Urt. v. 12.3.2015 – III ZR 207/14, DGVZ 2015, 124, 125. Zu den Voraussetzungen einer tatsächlichen Kenntnisnahme des gesetzlichen Vertreters vgl. näher *Giers*, DGVZ 2008, 145, 148.

Die dergestalt fingierte wirksame Zustellung an die gesetzlichen Vertreter bewirkt insbesondere ein Anlaufen der Rechtsbehelfsfristen nach §§ 692 Abs. 1 Nr. 3, 700 Abs. 1, 339 Abs. 1 Hs. 2 ZPO sowie der Rechtsmittelfrist[97] nach § 586 Abs. 1, Abs. 3 ZPO. Dies kann bei weiterer Untätigkeit der gesetzlichen Vertreter in letzter Konsequenz zu einem gem. §§ 700 Abs. 1, 322 Abs. 1 ZPO rechtskräftigen, da nicht mehr mittels eines Einspruchs nach §§ 700 Abs. 1, 338 ZPO[98] bzw. einer Nichtigkeitsklage nach § 579 Abs. 1 Nr. 4 ZPO angreifbaren Vollstreckungsbescheid führen.[99]

b) Klageverfahren

Macht ein Gläubiger seine gegen den Minderjährigen gerichtete Forderung nicht im Mahnverfahren, sondern durch Erhebung einer Leistungsklage gem. § 253 Abs. 1 ZPO geltend, so gilt auch insoweit, dass der Minderjährige grundsätzlich prozessunfähig und somit durch seine Eltern zu vertreten ist. Folglich hat die Klageschrift zum Zwecke der Zustellbarkeit neben der gem. § 253 Abs. 2 Nr. 1 ZPO erforderlichen Bezeichnung des minderjährigen Beklagten auch den gesetzlichen Vertreter zu bezeichnen.[100] Zudem ist die Klage gem. § 170 Abs. 1 S. 1 ZPO an den gesetzlichen Vertreter zuzustellen.[101] Im Prozess obliegt die Prüfung der Prozessfähigkeit sowie der ordnungsgemäßen Vertretung gem. § 56 ZPO im Übrigen von Amts wegen dem Gericht, das notwendige Feststellungen im Wege des Freibeweises treffen kann, sofern konkrete Verdachtsmomente gegen die Parteifähigkeit bestehen.[102] Ist ein Mangel der Prozessfähigkeit festgestellt und bereits die Klage durch Zustellung nur an den Prozessunfähigen erhoben, so muss diese durch Prozessurteil als unzulässig abgewiesen werden.[103] Ist die Klage hingegen ordnungsgemäß erhoben worden, fehlt es aber an einer wirksamen Vertretung des Minderjährigen im Rahmen der mündlichen Verhandlung, so muss ebenfalls durch

---

[97] Zu den Schwierigkeiten einer dogmatischen Einordnung von Nichtigkeits- und Restitutionsklage und der Charakterisierung als „außerordentliches Rechtsmittel" vgl. MüKoZPO/*Braun/Heiß*, ZPO, Vorbemerkung zu § 578 Rn. 5.

[98] Eine Berufung sowie eine auf § 547 Nr. 4 ZPO gestützte Revision kommen im Falle eines Vollstreckungsbescheids gem. §§ 700 Abs. 1, 514 Abs. 1, 565 S. 1 ZPO hingegen nicht in Betracht.

[99] Vgl. AG Würzburg, Beschl. v. 18.12.2007 – 1 M 6969/07, DGVZ 2008, 160; *Christmann*, DGVZ 1994, 65, 68; *Giers*, DGVZ 2008, 145.

[100] Saenger/*Saenger*, ZPO, § 253 Rn. 10. Steht ein Minderjähriger unter elterlicher Sorge und kommt beiden Elternteilen gesetzliche Vertretungsmacht zu, sind auch beide Elternteile in der Klageschrift zu erwähnen.

[101] Ist die Klage lediglich an den Minderjährigen adressiert, gelten die bereits getätigten Ausführungen zu einer Möglichkeit der Heilung nach § 189 ZPO durch Kenntnisnahme der Eltern als gesetzliche Vertreter entsprechend.

[102] *Rosenberg/Schwab/Gottwald*, Zivilprozessrecht, § 44 Rn. 32.

[103] *Rosenberg/Schwab/Gottwald*, Zivilprozessrecht, § 44 Rn. 34.

Prozessurteil entschieden werden. In diesem Fall gilt die Kostenregel des § 91 ZPO nach allgemeiner Meinung auch zu Lasten des prozessunfähigen Minderjährigen.[104]

2. Vollstreckung

Liegt ein vollstreckbarer Titel im Sinne der §§ 704, 794 ZPO vor, so schließt sich auf Antrag des Gläubigers das Vollstreckungsverfahren an. Grundlegende Voraussetzung für die Durchführung einer Zwangsvollstreckungsmaßnahme ist wiederum die Partei- und Prozessfähigkeit des Schuldners, wobei auch bei Vollstreckungen gegen Minderjährige allein die letztgenannte Anforderung problematisch ist. Eine ordnungsgemäße Vertretung des prozessunfähigen Minderjährigen durch den gesetzlichen Vertreter ist somit auch im Rahmen des Zwangsvollstreckungsverfahrens wesentliche Verfahrensvoraussetzung und daher für den weiteren Ablauf der Zwangsvollstreckung unentbehrlich.[105] Insbesondere wäre der jeweils vorhandene gesetzliche Vertreter auch als für den Minderjährigen offenbarungspflichtige Person zur Abgabe der Vermögensauskunft nach § 802c ZPO zu laden, sofern er im Rahmen der gesetzlichen Vertretung mit der Vermögensverwaltung betraut ist.[106]

Im Fall einer wie vorbeschrieben denkbaren Nichtaufnahme des gesetzlichen Vertreters in den Mahn- und Vollstreckungsbescheid bzw. das Versäumnisurteil[107] und infolge fehlender Angaben zum Alter der Partei wird die Minderjährigkeit des Schuldners für den Gerichtsvollzieher gleichwohl zumeist erst bei persönlicher Kontaktaufnahme mit diesem ersichtlich.[108] Dabei unterliegt er im Hinblick auf solche Zweifelsfälle, die das Alter des Schuldners betreffen, eingeschränkten Prüfpflichten.[109] Im Rahmen der Vollstre-

---

[104] MüKoZPO/*Lindacher*/*Hau*, ZPO, § 52 Rn. 38; *Rosenberg*/*Schwab*/*Gottwald*, Zivilprozessrecht, § 44 Rn. 34.

[105] Vgl. MüKoZPO/*Heßler*, ZPO, § 750 Rn. 18. Lediglich der erste, rangwahrende Zugriff soll nach Rechtsprechung und Literatur auch gegenüber einem prozessunfähigen Schuldner zulässig sein, vgl. Saenger/*Kindl*, ZPO, Vorbemerkung zu §§ 704–945 Rn. 17.

[106] MüKoZPO/*Forbriger*, ZPO, § 802c Rn. 13.

[107] Im Falle eines Versäumnisurteils ist die Angabe sowohl der Parteien als auch der gesetzlichen Vertreter gem. § 313 Abs. 2 S. 3 ZPO regelmäßig entbehrlich.

[108] Dieser Umstand ist umso bedeutender, als laut *Mroß* heutzutage in „mindestens 90 Prozent der Fälle" aus Vollstreckungsbescheiden bzw. Versäumnisurteilen vollstreckt wird. Siehe *Mroß*, DGVZ 2011, 66. Im Falle eines Versäumnisurteils ist die Angabe sowohl der Parteien als auch der gesetzlichen Vertreter gem. § 313 Abs. 2 S. 3 ZPO überdies regelmäßig entbehrlich.

[109] Obgleich Vollstreckungsorgane keine Ermittlungsorgane sind, haben diese bei zweifelhaften Umständen insoweit eigenständig Nachforschungen anzustellen, als diese keine tatsächlichen oder rechtlichen Schwierigkeiten bereiten, keinen unzumutbaren Zeitauf-

ckung kommen in diesen Fällen zwei Situationen in Betracht. Einerseits ist denkbar, dass der Gerichtsvollzieher im Rahmen seines ihm vom Gläubiger erteilten Vollstreckungsauftrags erst vor Ort oder anlässlich des Termins zur Erteilung der Vermögensauskunft nach § 802c ZPO feststellt, dass der Schuldner bei Titelerlass minderjährig war und dies zum Zeitpunkt der Vollstreckungsmaßnahme auch noch ist. Andererseits kommt die Konstellation in Betracht, dass der bei Titelerlass minderjährige Schuldner zum Zeitpunkt der Vollstreckung unterdessen volljährig geworden ist.

Lässt sich die Minderjährigkeit des im Titel bezeichneten Schuldners im Rahmen der Vollstreckungsmaßnahme vor Ort ermitteln, beispielsweise durch Vorzeigen des Personalausweises oder bereits aufgrund der äußeren Erscheinung, so muss der Gerichtsvollzieher in gewissem Umfang versuchen, die gesetzlichen Vertreter zu ermitteln.[110] Ist ihm dies ohne größere rechtliche oder tatsächliche Schwierigkeiten möglich, insbesondere im Fall eines noch bei den Eltern lebenden Minderjährigen, so kann die fragliche Vollstreckungsmaßnahme unter Einbeziehung derselben durchgeführt werden. Folglich kann die Zwangsvollstreckung in ein vorhandenes verwertbares Vermögen des Minderjährigen bei Vorliegen auch der weiteren Vollstreckungsvoraussetzungen vorgenommen werden.[111] Lassen sich aufgetretene Zweifel bezüglich der Minder- oder Volljährigkeit des Schuldners hingegen nicht im Rahmen zumutbarer Anstrengungen ausräumen oder der gesetzliche Vertreter nicht ermitteln, so hat der Gerichtsvollzieher die Vollstreckung einzustellen und den Vollstreckungsauftrag mitsamt entsprechender Hinweise an den Gläubiger zurückzugeben.[112] Ist der vormals minderjährige Schuldner noch vor Beginn der Vollstreckungsmaßnahme volljährig geworden, so kann diese im Übrigen unmittelbar an ihn selbst gerichtet werden. Einer Titelberichtigung oder -umschreibung bedarf es dabei nicht.[113] Zu prüfen ist jedoch wiederum, ob eine wirksame Zustellung des Vollstreckungstitels vorliegt. Hier ist eine Heilung der an den vormals Minderjährigen gerichteten Zustellung im Sinne des § 189 ZPO durch eine nochmalige Kenntnisnahme vom Schriftstück durch den nunmehr Volljährigen denkbar.[114]

---

wand erfordern und den Vollstreckungszweck nicht gefährden, vgl. MüKoZPO/*Heßler*, ZPO, § 750 Rn. 26 f. m.w.N.

[110] Vgl. *Giers*, DGVZ 2008, 145, 147.

[111] Insbesondere eine, wenn auch nur nach § 189 ZPO wirksame Zustellung des Vollstreckungstitels an den bzw. die gesetzlichen Vertreter des minderjährigen Schuldners ist gem. § 750 Abs. 1 ZPO zwingend erforderlich. In Zweifelsfällen wäre eine entsprechende Zustellung erneut durchzuführen, vgl. *Giers*, DGVZ 2008, 145, 148.

[112] Vgl. *Giers*, DGVZ 2008, 145, 147.

[113] Vgl. *Giers*, DGVZ 2008, 145, 147.

[114] Vgl. *Giers*, DGVZ 2008, 145, 148.

E. Schutzmechanismen des geltenden Rechts

Im Folgenden soll auf die de lege lata existierenden Vorschriften zum Schutz Minderjähriger vor einer wie dargestellt in vielerlei Hinsicht möglichen rechtswirksamen Verschuldung und damit potentiell zusammenhängenden finanziellen Überforderung eingegangen werden. Berücksichtigt werden bei dieser Darstellung der relevanten Schutznormen auch die bereits herausgearbeiteten verfassungsrechtlichen Wertungen, die einen besonderen Schutz des Minderjährigen gebieten. Diese verfassungsrechtliche Manifestation des Prinzips Minderjährigenschutz spiegelt sich auf einfachgesetzlicher Ebene in einer Vielzahl privatrechtlicher Vorschriften insbesondere des BGB wider. Mittels dieser Normen soll das Interesse des Minderjährigen an einer Vermeidung hoher finanzieller Belastungen dadurch verwirklicht werden, dass diese von vorneherein verhindert oder zumindest nachträglich ausgeschlossen oder begrenzt werden. Wie im Folgenden aufzuzeigen sein wird, leidet dieses gesetzliche System allerdings vereinzelt an Schwächen.

I. §§ 1626 ff. BGB – die elterliche Sorge

Die in Kapitel D. bereits erwähnten Vorschriften zur elterlichen Sorge weisen bei genauerer Betrachtung einen durchaus ambivalenten Charakter auf. Zwar ermöglichen sie einerseits über das in § 1629 Abs. 1 BGB geregelte Vertretungsrecht ein rechtsgeschäftliches Handeln der Eltern im Namen ihrer Kinder und eröffnen dergestalt, abhängig von der tatsächlichen Handhabung dieses Rechts in der Praxis, auch eine potentielle Gefahrenquelle für das Vermögen des Kindes. Andererseits stellt das Institut der elterlichen Sorge konzeptionell gesehen einen wesentlichen Baustein im Gefüge der zugunsten eines Minderjährigen bestehenden Schutzvorschriften dar.

1. Zusammenspiel mit §§ 104 ff. BGB

Die Vorschriften über die elterliche Sorge korrelieren notwendigerweise mit den Vorschriften über die Geschäftsfähigkeit des Minderjährigen nach §§ 104 ff. BGB und ergeben mit diesen ein engmaschiges System des Vermögensschutzes. Gerade die §§ 106 ff. BGB, die ein eigenständiges rechtsgeschäftliches Handeln des beschränkt geschäftsfähigen Minderjährigen in begrenztem Umfang ermöglichen, beinhalten neben der ihnen zugedachten Erziehungsfunktion auch eine ausgeprägte Schutzfunktion. Nicht nur das Konzept einer schrittweisen Heranführung des Minderjährigen an eine selbstverantwortliche Teilnahme am Rechtsverkehr lag der Implementierung dieser Normen in das BGB zugrunde, sondern vor allem auch der Gedanke, den Minderjährigen durch eine weitgehende Kontrolle seines rechtsgeschäftlichen Handelns durch die gesetzlichen Vertreter vor den potentiellen Folgen seiner mangelnden Geschäftserfahrung zu bewahren.[1]

2. *Verfassungsrechtlicher Hintergrund der elterlichen Sorge*

Die Regelungen zur elterlichen Sorge nach §§ 1626 ff. BGB[2] basieren grundlegend auf dem schon angesprochenen Elternrecht aus Art. 6 Abs. 2 S. 1 GG, das den Eltern die Pflege und Erziehung ihrer Kinder als ein natürliches Recht und eine natürliche Pflicht vorrangig zuweist.[3] Folglich haben diese bei der Erziehung und Pflege ihrer Kinder einen weiten Ermessensspielraum sowie gegenüber Eingriffen der staatlichen Gewalt ein aus Art. 6 Abs. 2 S. 1 GG resultierendes Abwehrrecht, sofern entsprechende Eingriffe nicht durch das oben genauer dargestellte staatliche Wächteramt aus Art. 6 Abs. 2 S. 2 GG gedeckt sind.[4] Dabei stellt sich das Recht zur elterlichen Sorge als Pflicht-Recht dar, das den Eltern nicht zur Verfolgung eigennütziger Interessen,

[1] Vgl. die Motive der 1. Kommission bei *Mugdan*, Materialien, Band 1, S. 424 sowie *Ballon*, Vermächtnisse bei beschränkt Geschäftsfähigen, S. 51 f. Kritisch insoweit *Keitel*, Der Minderjährige als strukturell Unterlegener, S. 125 f., die speziell in den §§ 104 Nr. 1, 105 BGB und der darin zum Ausdruck kommenden Negierung der Privatautonomie des Minderjährigen zugunsten der Rechtssicherheit und des Rechtsverkehrs keine Schutzfunktion zugunsten Minderjähriger unter sieben Jahren erkennt.

[2] Die vorliegende Untersuchung beschränkt sich weitestgehend auf eine Darstellung der aktuellen Gesetzeslage nach dem BGB. Einen umfassenden Überblick zur rechtshistorischen Entwicklung des Eltern-Kind-Verhältnisses unter Einbeziehung römischrechtlicher und naturrechtlicher Einflüsse bieten die Darstellung zur Normgenese bei BeckOGK/*Amend-Traut*, BGB, § 1626 Rn. 12 ff., sowie die Ausführungen bei *Griem*, Gesetzliche Vertretung und Überschuldungsschutz, S. 6–103.

[3] Der Terminus „natürliches Recht" bringt zum Ausdruck, dass dieses den Eltern nicht vom Staat verliehen, sondern von diesem lediglich als bereits bestehend anerkannt wird. In diesem Sinne etwa BVerfG, Urt. v. 9.2.1982 – 1 BvR 845/79, NJW 1982, 1375, 1376 sowie Soergel/*Löhnig*/*Preisner*, BGB, vor §§ 1626 Rn. 20. Die Betonung des Elternrechts als ein „natürliches" Recht lässt sich insbesondere vor dem Hintergrund der Bestrebungen des Verfassungsgebers verstehen, nach den Erfahrungen der totalitären Diktatur und der in dieser entstandenen Vereinnahmung der Kindererziehung durch den Staat einen zu großen Einfluss des Staates auf die Kindererziehung möglichst zu verhindern, vgl. *Hufen*, Staatsrecht II, § 16 Rn. 17.

[4] Vgl. *Meyer*, Die Stellung des Minderjährigen im öffentlichen Recht, S. 31 f.

sondern zum Schutz des Kindes und der Förderung seiner Entwicklung zukommt.[5]

Die §§ 1626 ff. BGB konkretisieren den durch das Elternrecht aus Art. 6 Abs. 2 S. 1 GG gesteckten Rahmen einfachgesetzlich.[6] Dabei sollen sie in besonderem Maße dem Bedürfnis des Kindes nach Schutz und der Möglichkeit, sich zu einer eigenverantwortlichen Persönlichkeit entwickeln zu können, Rechnung tragen.[7] Diese in § 1626 Abs. 2 BGB festgelegte Pflicht der Eltern unterliegt gem. § 1666 BGB der staatlichen Kontrolle. Auch im Rahmen der Auslegung gesetzlicher Regelungen im Bereich des Art. 6 Abs. 2 GG muss daher das Kindeswohl letztlich der ausschlaggebende Faktor sein.[8]

3. Inhalt der elterlichen Sorge

Nach § 1626 Abs. 1 S. 1 BGB obliegt den Eltern eines Kindes die Pflicht und das Recht, für das minderjährige Kind zu sorgen. Diese dergestalt legal definierte elterliche Sorge umfasst gem. § 1626 Abs. 1 S. 2 BGB sowohl die Personen- als auch die Vermögenssorge für das Kind, wobei diese Bestandteile der elterlichen Sorge aufgrund einzelner Überschneidungen nicht stets trennscharf voneinander abgegrenzt werden können.[9] Zum Bereich der Personensorge gehören unter anderem das Recht zur Bestimmung des Aufenthalts des Kindes, das Umgangsrecht sowie das Recht zur Kindeserziehung im engeren Sinne, beispielsweise nach bestimmten religiösen Wertvorstellungen.[10] Aufgrund der an dieser Stelle vorrangig interessierenden Vermögenssorge hingegen sind die Eltern berechtigt, aber auch verpflichtet, das jeweils existente Vermögen ihres Kindes in dessen Interesse zu verwalten, insbesondere also zu erhalten. Wesentlicher Ausfluss dieser Pflicht ist es folglich, Schulden zulasten des Kindes zu vermeiden und dessen vorhandenes Geld wirtschaftlich nachhaltig anzulegen und zu verwalten.[11]

Zwecks Wahrnehmung der elterlichen Sorge sind die Eltern gem. § 1629 Abs. 1 S. 1 BGB zur umfassenden Vertretung ihres Kindes in personen- und

---

[5] Vgl. BeckOGK/*Amend-Traut*, BGB, § 1626 Rn. 9.

[6] Vgl. FA-FamR/*Maier*, Kap. 4 Rn. 33. Weitere konkretisierende Vorschriften existieren etwa in Form der Bestimmungen zur Kinder- und Jugendhilfe des SGB VII, vgl. *Hufen*, Staatsrecht II, § 16 Rn. 28.

[7] Vgl. Palandt/*Götz*, BGB, § 1626 Rn. 1.

[8] Vgl. *Nolting-Hauff*, Gebote zum Schutz Minderjähriger, S. 53. Beispiele für eine entsprechende Auslegung nach dem Kindeswohlgedanken, jeweils bezogen auf die Vorschrift des § 1632 Abs. 4 BGB, stellen die Entscheidungen BVerfG, Beschl. v. 17.10.1984 – 1 BvR 284/84, NJW 1985, 423 sowie BVerfG, Beschl. v. 14.4.1987 – 1 BvR 332/86, NJW 1988, 125, 126, dar.

[9] Vgl. Soergel/*Preisner*, BGB, § 1626 Rn. 33.

[10] PWW/*Ziegler*, BGB, § 1626 Rn. 9.

[11] Vgl. MüKoBGB/*Huber*, BGB, § 1626 Rn. 56.

vermögensrechtlichen Bereichen berechtigt, was insbesondere Rechtsgeschäfte im Namen des Kindes sowie die auch gerichtliche Geltendmachung aller dem Kind zustehenden Forderungen umfasst. Dabei üben die Eltern, sofern nicht jeweils besondere Konstellationen vorliegen, die Vertretung des Kindes im Rahmen einer Gesamtvertretung grundsätzlich gemeinschaftlich aus, vgl. § 1629 Abs. 1 S. 1 Hs. 2 BGB. Beschränkungen der elterlichen Sorge ergeben sich dabei neben den als immanente Schranke aus dem Kindeswohl resultierenden Erfordernissen[12] auch aus verschiedenen einfachgesetzlichen Regelungen.[13] Sind Eltern allerdings zur Vertretung ihrer Kinder berechtigt, so wird dieses Können im Außenverhältnis nicht durch die ihnen im Innenverhältnis gegenüber ihrem Kind obliegenden Rücksichtnahmepflichten beschränkt.

4. Schutz des Minderjährigen als Intention der elterlichen Vermögenssorge

Das grundsätzliche Bedürfnis nach einer verantwortungsbewussten Ausübung der Vermögenssorge durch die Eltern beruht auf der Annahme, dass geschäftsunfähige und beschränkt geschäftsfähige Kinder sich selbst nicht ausreichend vorausschauend und unter Abwägung aller maßgeblichen Risiken mit der Verwaltung ihres Vermögens auseinandersetzen können. Art. 6 Abs. 2 S. 1 GG sowie die einfachgesetzliche Regelung des § 1626 Abs. 1 BGB weisen folglich den Schutz des Kindes vorrangig dem Verantwortungsbereich der Eltern zu.[14] Das Elternrecht beinhaltet aufgrund dieser Zuweisung, trotz seines dogmatischen Charakters als Freiheitsgrundrecht, allerdings keine eigentliche Freiheit zugunsten der Eltern, sondern vielmehr zugunsten des Kindes. Es soll den Eltern als den ihrem Kind am nächsten stehenden und damit im Regelfall in höchstem Maße um dessen Wohl besorgten Personen

[12] Zur Figur einer immanenten Schranke des Elternrechts in Form des Kindeswohls vgl. Soergel/*Löhnig*/*Preisner*, BGB, vor §§ 1626 Rn. 22 f.

[13] Hierzu zählt beispielsweise § 5 KErzG, welcher die Personensorge der Eltern in religiösen Fragen abhängig vom jeweiligen Alter ihres Kindes begrenzt. Im Bereich der Vermögenssorge besteht für einzelne Rechtsgeschäfte nach § 1643 BGB i.V.m. §§ 1821, 1822 BGB die Notwendigkeit einer familiengerichtlichen Genehmigung, zudem kann die elterliche Verwaltung des Kindesvermögens nach § 1638 BGB vollständig ausgeschlossen sein. Speziell mit Blick auf die Vermögenssorge kann die Vertretungsmacht der Eltern nach §§ 1638 f. BGB ausgeschlossen oder beschränkt sein, sofern im Fall eines Vermögenserwerbs von Todes wegen oder einer lebzeitigen Zuwendung der Erblasser oder Zuwendende bestimmt hat, dass die Eltern das in Rede stehende Vermögen überhaupt nicht oder nur in Übereinstimmung mit einer getätigten Anordnung verwalten sollen. Vgl. hierzu näher *Jordans*, MDR 2014, 1056, 1059.

[14] Vgl. FA-FamR/*Maier*, Kap. 4 Rn. 30.

eine eigenverantwortliche und vor staatlichen Eingriffen weitestgehend geschützte Pflege und Erziehung des Kindes ermöglichen.[15]

Die daraus resultierenden Befugnisse der Eltern stehen allerdings in einem latenten Spannungsverhältnis zu dem aus Art. 2 Abs. 1 GG i.V.m. Art. 1 Abs. 1 GG resultierenden Recht ihres Kindes auf eine freie und selbstbestimmte Entwicklung. Die den Eltern mittels ihrer gesetzlichen Vertretungsmacht offenstehende Möglichkeit, ihre minderjährigen Kinder finanziell verpflichten zu können, stellt eine intensive Beeinträchtigung des Rechts des Kindes auf individuelle Selbstbestimmung dar und ist geeignet, die Grundbedingungen freier Entfaltung und Entwicklung zu beeinträchtigen.[16] Die Rechte und Pflichten aus Art. 6 Abs. 2 S. 1 GG werden den Eltern folglich nicht als eigennützige zugestanden, vielmehr sind die Eltern bei der Ausübung des Erziehungsrechts an das Wohl des jeweiligen Kindes gebunden.[17] Entsprechend regelt § 1626 Abs. 2 S. 1 BGB auf einfachgesetzlicher Ebene, dass die Eltern bei der Pflege und der Erziehung des Kindes dessen wachsende Fähigkeit zu einem selbständigen verantwortungsbewussten Handeln berücksichtigen müssen. Die elterliche Sorge stellt nach alledem ein treuhänderisches Recht dar, welches den Eltern zum Wohl ihres Kindes übertragen und somit in besonderem Maße auch pflichtgebunden ist.[18]

5. Grundsätzliche Verfassungsmäßigkeit des elterlichen Vertretungsrechts

Dieses aufgezeigte Spannungsverhältnis der verschiedenen Rechtspositionen wurde in der Literatur vereinzelt sogar als Ansatzpunkt für eine grundsätzliche Verfassungswidrigkeit des im Rahmen der elterlichen Sorge bestehenden gesetzlichen Vertretungsrechts der Eltern aus §§ 1626, 1629 BGB herangezogen.[19] Die Begründung dieser – durch den Beschluss des BVerfG vom 13.5.1986 beflügelten[20] – Extremposition fußt auf einem Verständnis des Elternrechts aus Art. 6 Abs. 2 S. 1 GG als bloßes „fiduziarisches Recht", das

---

[15] BVerfG, Urt. v. 9.2.1982 – 1 BvR 845/79, NJW 1982, 1375, 1376; BVerfG, Beschl. v. 19.11.2014 – 1 BvR 1178/14, NJW 2015, 223, 224; BeckOGK/*Amend-Traut*, BGB, § 1626 Rn. 51.

[16] BVerfG, Beschl. v. 13.5.1986 – 1 BvR 1542/84, NJW 1986, 1859, 1860.

[17] *Meyer*, Die Stellung des Minderjährigen im öffentlichen Recht, S. 33.

[18] Soergel/*Preisner*, BGB, § 1626 Rn. 11.

[19] In dieser Konsequenz *Ramm*, NJW 1989, 1708.

[20] Vgl. *Canaris*, JuS 1989, 161, der die Feststellungen des BVerfG zur teilweisen Verfassungswidrigkeit des § 1629 BGB als „Paukenschlag" tituliert. Ähnlich auch *Reuter*, AcP 192 (1992), 108, 110, wonach durch die Schlussfolgerung des Gerichts, dass infolge des Allgemeinen Persönlichkeitsrechts des Kindes die gesetzliche Vertretung im Hinblick auf dessen mögliche Vorbelastung verboten oder nur in Grenzen zulässig sei, „[...] grundlegende Wertungen des geltenden Privatrechts auf den Prüfstand gestellt" würden.

ausschließlich der Verwirklichung der kindlichen Persönlichkeitsentfaltung zu dienen habe. Die sich aus §§ 1626, 1629 BGB ergebenden Handlungsspielräume der Eltern als gesetzliche Vertreter gingen allerdings über diese rein treuhänderische Aufgabe hinaus und verletzten daher im Sinne des Übermaßverbots das Prinzip der Angemessenheit von Mittel und Zweck. Die gesetzliche Vertretung durch die Eltern als ein Relikt des historischen Rechtsbildes der elterlichen Gewalt sei folglich nach modernem Verständnis in Gänze als verfassungswidrig einzustufen.[21]

Dieser Einschätzung sind andere Stimmen in der Literatur entschieden entgegengetreten.[22] Das Rechtsinstitut des elterlichen Vertretungsrechts dürfe gerade nicht ausschließlich als Manifestation einer Konkurrenz subjektiver Rechte, namentlich Kindesrechte einerseits und Elternrechte andererseits, verstanden werden. Vielmehr stelle es ein Institut mit ambivalenter Schutzrichtung dar, da es zum einen den Rechtsverkehr, zum anderen aber auch den Minderjährigen selbst schütze.[23] Zudem sei es im Hinblick auf das verfassungsrechtliche Gebot einer praktikablen Rechtsordnung unabdingbar, am elterlichen Vertretungsrecht festzuhalten.[24]

Dem muss gerade auch im Hinblick auf die von *Ramm* diskutierte Alternative zugestimmt werden. Diese soll darin bestehen, das elterliche Vertretungsrecht durch eine „Einzelentscheidung des Vormundschaftsgerichts", nach neuerer Diktion folglich des Familiengerichts, über eine „Treuhandschaft der Eltern oder eines Elternteils" zu ersetzen.[25] Zu Recht werden Zweifel daran geäußert, ob die staatlichen Gerichte zu solchen Entscheidungen organisatorisch und psychologisch überhaupt in der Lage sein könnten.[26] Eine ausschließliche Entscheidung entsprechender Fragen durch das Familiengericht könnte zudem nur schwerlich dem verfassungsrechtlich gebotenen Schutz des Kindes als oberste Prämisse entsprechender Vertretung Genüge tun, da die hiermit beauftragten Richter mangels ausführlichen Einblicks in die alltäglichen Gegebenheiten des familiären Zusammenlebens letztlich stets eine Abwägungsentscheidung treffen müssten. Eine Vertretung durch die Eltern, das Wohl des Kindes als ihr wesentliches Handlungsmotiv

---

[21] Vgl. zum Ganzen *Ramm*, NJW 1989, 1708, 1712.

[22] Vgl. insbesondere *Schmidt*, NJW 1989, 1712. Vgl. auch die ablehnende Einschätzung bei *Reuter*, AcP 192 (1992), 108, 123 f. Dieser stellt heraus, dass die gesetzliche Vertretung, anders als von *Ramm* formuliert, nicht als „Restfigur der elterlichen Gewalt" verstanden werden könne, sondern vielmehr als Ausdruck des neuzeitlichen Bestrebens, den Unmündigen als Rechtssubjekt anzuerkennen und am Rechtsverkehr zu beteiligen, aufgefasst werden müsse. Kritische Bewertungen der Position *Ramms* finden sich auch bei *Schwartze*, FS Pieper, S. 527, 537 sowie *Waas*, KritV 2000, 5, 9 f.

[23] *Schmidt*, NJW 1989, 1712, 1713.

[24] *Schmidt*, NJW 1989, 1712, 1713.

[25] Vgl. *Ramm*, NJW 1989, 1708, 1711.

[26] *Schmidt*, NJW 1989, 1712, 1714.

vorausgesetzt, erscheint vor diesem Hintergrund sowohl deutlich praktikabler als auch interessengerechter. Dies entspricht auch dem Grundgedanken des in Art. 6 GG statuierten Elternrechts, wonach Eltern das Wohl ihres eigenen Kindes in aller Regel mehr am Herzen liegt als anderen Personen oder staatlichen Institutionen.[27]

Die innere Legitimation des Rechtsinstituts der elterlichen Vermögenssorge ergibt sich nach alledem aus der Funktion, dem Schutz des noch nicht ausreichend geschäftsfähigen Kindes zu dienen und es gerade im Bereich der Vermögenssorge vor finanziellen Verlusten und Schulden zu bewahren.[28] Im Fall der Einhaltung dieses gesteckten Rahmens verkörpert das Recht der elterlichen Sorge nach §§ 1626, 1629 BGB auch unter Berücksichtigung der Rechte des Kindes eine verfassungsgemäße Konkretisierung des Elternrechts aus Art. 6 Abs. 2 S. 1 GG.[29]

6. Praktische Problemfälle des gesetzlichen Vertretungsrechts

In hohem Maße problematisch stellt es sich vor diesem Hintergrund allerdings dar, wenn Eltern entgegen der Intention des Gesetzgebers gerade nicht im Interesse ihres Kindes agieren, sich also „gleichsam instinktiv vom Kindeswohl leiten“[30] lassen, sondern die ihnen eingeräumten gesetzlichen Befugnisse und insbesondere ihr Vertretungsrecht wissentlich und vorsätzlich zu Lasten des Kindes ausüben. Dies ist entgegen der zuvor dargestellten grundsätzlichen Annahme, wonach Eltern als ihren Kindern naturgemäß besonders nahestehende Personen stets um deren Wohlergehen bedacht sind, praktisch durchaus vorstellbar. Schon im Rahmen der Entwürfe zum BGB wurde die Problematik einer arglistigen Ausnutzung der Vertretungsmacht im Rahmen der väterlichen Gewalt oder der Vormundschaft erkannt und auf insoweit bereits vorhandene gemeinrechtliche Regelungsgedanken zum Recht der Vormundschaft Bezug genommen.[31] Auch das BVerfG stellte fest, dass

---

[27] Vgl. BVerfG, Urt. v. 9.2.1982 – 1 BvR 845/79, NJW 1982, 1375, 1376; *Ossenbühl*, Das elterliche Erziehungsrecht, S. 46; *Waas*, KritV 2000, 5, 10.

[28] In diesem Sinne auch *Kuhn*, Grundrechte und Minderjährigkeit, S. 67.

[29] *Hertwig*, FamRZ 1987, 124, 125.

[30] *Ossenbühl*, FamRZ 1977, 533, 534.

[31] Siehe hierzu die Motive bei *Mugdan*, Materialien, Band 4, S. 576: „Gemeinrechtlich sind solche vom Vormunde im Namen des Mündels vorgenommene[n] Rechtsgeschäfte für den Mündel unverbindlich, welche sich als ein arglistiger Eingriff in das Vermögen des Mündels darstellen […]. Eine derartige Einschränkung der Vertretungsmacht findet sich indessen in den neueren Gesetzen nicht; sie ist auch mit dem Gedanken der Repräsentativgewalt des Vormundes nicht vereinbar. […] Hier, wie dort ist davon ausgegangen, daß der Nutzen, welcher im Allgemeinen für die Sicherheit des Verkehres und das Interesse des Mündels daraus erwächst, daß das Gesetz für eine sichere, kreditwirkende Vertretung des Mündels sorgt, schwerer wiegt, als die Gefahren, welche in einzelnen Fällen für den Mün-

nicht ausgeschlossen werden könne, dass Eltern im Einzelfall „nicht fähig oder bereit sind, den Anforderungen des Elternrechts zu entsprechen", das „uneigennützig und verantwortungsbewusst wahrzunehmen" sei.[32]

Ein in der Praxis häufiger auftretendes Beispiel solch eines von Eigeninteressen motivierten Missbrauchs der elterlichen Vertretungsmacht stellt die Anschaffung von Waren und Gütern im Online- oder Versandhandel durch Eltern unter Angabe des Namens ihrer Kinder dar.[33] Wie in Kapitel F. noch näher aufzuzeigen sein wird, führt das im Außenverhältnis unbeschränkte gesetzliche Vertretungsrecht der Eltern in solchen Fällen häufig zu einer wirksamen Verpflichtung des minderjährigen Kindes zur Zahlung des jeweils in Rede stehenden Kaufpreises, was dem Kindeswohlgedanken sowie einer uneigennützigen und verantwortungsbewussten Ausübung der elterlichen Sorge diametral entgegensteht.[34] Entscheidendes Charakteristikum entsprechender Fallgestaltungen ist der Umstand, dass die finanzielle Belastung des Kindes jeweils nicht auf einer sich innerhalb des anerkennenswerten elterlichen Ermessensspielraums bewegenden wirtschaftlichen Fehleinschätzung, sondern auf einem vorsätzlichen und wissentlichen Missbrauch der Vertretungsmacht beruht.

Ist der Staat in Ausübung seines ihm nach Art. 6 Abs. 2 S. 2 GG obliegenden Wächteramts dazu berufen, Sorge dafür zu tragen, dass sich eine unkontrollierte Entscheidungsbefugnis der Eltern nicht nachteilig für deren Kinder auswirken kann, so stellt sich eine solche missbräuchliche Ausnutzung des gesetzlichen Vertretungsrechts als äußerst problematisch dar. So wies das BVerfG in seinem vielzitierten, die Gesetzgebung zum MHbeG initiierenden

---

del daraus entstehen können, daß der Vormund seine Vertretungsmacht arglistig zum Nachtheile des Mündels mißbraucht. Böser Wille ist es verhältnismäßig am allerwenigsten, woraus dem Mündel Gefahr droht, und gegen Verbrechen kann schließlich kein Gesetz schützen." Die Motive nehmen in diesem Zusammenhang Bezug auf D. 41, 4, 7, 3 (Jul. 44 dig.). Die betreffende Stelle der Digesten lautet in deutscher Übersetzung nach *Otto/Schilling/Sintenis*, Das Corpus Juris Civilis, S. 331, wie folgt: „Wenn der Vormund seines Mündels Sache gestohlen und verkauft hat, so tritt die Ersitzung nicht eher ein, als die Sache in des Mündels Gewalt zurückkehrt; denn der Vormund wird in Ansehung dessen Vermögens dann für den Herrn gehalten, wenn er die Vormundschaft führt, und nicht, wenn er ihn beraubt."

[32] BVerfG, Beschl. v. 13.5.1986 – 1 BvR 1542/84, NJW 1986, 1859, 1860.

[33] Vgl. hierzu beispielsweise die in Tabelle 1 im Anhang abgedruckte Fragebogenauswertung und dort Frage 5a). Danach sind 50 von 57 Befragungsteilnehmerinnen und -teilnehmern entsprechende Fälle aus ihrer Beratungspraxis bekannt.

[34] Idealisierend wirkt angesichts solcher Alltagsfälle eine die elterliche Fürsorge betreffende Einschätzung, wonach heutige Eltern ihre Kinder insbesondere infolge der Verbreitung künstlicher Empfängnisverhütung überwiegend als sinnstiftende Lebensaufgabe auffassen, wobei sie zudem den sozialen Erfolg oder Misserfolg der Kinder originär als ihren eigenen begreifen. In diesem Sinne *Reuter*, AcP 192 (1992), 108, 114.

Beschluss aus dem Jahr 1986 über den im Ausgangssachverhalt betroffenen Einzelfall hinaus darauf hin, dass eine umfassende Einschränkung der Privatautonomie, wie sie aus der gesetzlichen Vertretung Minderjähriger folgt, insbesondere das Allgemeine Persönlichkeitsrecht des Minderjährigen berührt.[35] Wesentliches Kriterium stellt in diesem Zusammenhang die Unterscheidung zwischen einer auf rechtsgeschäftlicher Vollmacht beruhenden Vertretung und der gesetzlichen Vertretungsmacht etwa der Eltern dar. Insoweit liegt im Fall gesetzlicher Vertretung ein ungleich höheres Maß an Fremdbestimmung gegenüber der jedenfalls im Rahmen der Vollmachterteilung verwirklichten Selbstbestimmung vor.

Folgerichtig gerät die gesetzlich angeordnete Vertretung des Minderjährigen insbesondere durch seine Eltern notwendigerweise in Konflikt mit dem Schutzbereich seines Allgemeinen Persönlichkeitsrechts, das dem Minderjährigen ein Recht auf freie Entfaltung und Entwicklung als Ausdruck der engeren persönlichen Lebenssphäre garantiert. Zwar ist dieses nach ausdrücklicher Feststellung des BVerfG nicht verletzt, soweit sich die Fremdbestimmung durch die Eltern als Minderjährigenschutz erweist.[36] Diese Voraussetzung ist jedoch bei einem vorsätzlichen, das Kindeswohl außer Acht lassenden Missbrauch der gesetzlichen Vertretungsmacht gerade nicht der Fall.

In seinem Beschluss aus dem Jahr 1986 verpflichtete das BVerfG den Gesetzgeber daher zu legislativen Reformen, die verhindern sollten, dass der volljährig gewordene Minderjährige aufgrund einer infolge der gesetzlichen Vertretung entstandenen Schuldenlast eine nur scheinbare Freiheit erlangt.[37] Mit Blick auf die betreffende Entscheidung wurde in der nachfolgenden Literatur teilweise konstatiert, dass der seitens des BVerfG aufgedeckte verfassungsrechtliche Gehalt lediglich Gewähr dafür bieten müsse, dass der Minderjährige nicht mit exorbitanten Schulden in die Volljährigkeit entlassen werde.[38] Es gehe mithin um eine zweckgerechte Abgrenzung der Phase der

---

[35] BVerfG, Beschl. v. 13.5.1986 – 1 BvR 1542/84, NJW 1986, 1859, 1860.

[36] BVerfG, Beschl. v. 13.5.1986 – 1 BvR 1542/84, NJW 1986, 1859, 1860. Demnach ist nicht jede elterliche Maßnahme, welche sich für das Kind als grundrechtseinschränkend erweist, gleichsam automatisch nicht mehr vom Elternrecht und damit von der gesetzlichen Vertretungsbefugnis erfasst. Ein solches Verständnis würde dazu führen, dass keinerlei Eingriffe in den Schutzbereich der Kindesgrundrechte mehr möglich wären, was das als Pflichtrecht ausgestaltete Elternrecht obsolet erscheinen ließe. Vgl. Soergel/*Löhnig*/*Preisner*, BGB, vor §§ 1626 Rn. 32.

[37] BVerfG, Beschl. v. 13.5.1986 – 1 BvR 1542/84, NJW 1986, 1859, 1860; vgl. auch *Reuter*, AcP 192 (1992), 108, 137.

[38] Mit Art. 6 Abs. 2 GG vereinbar sei es danach im vom BVerfG entschiedenen Einzelfall, wenn sich die Haftung eines Minderjährigen als Nachwirkung der elterlichen Sorge bei einem ererbten und fortgeführten Handelsgeschäft auf das jeweils ererbte Vermögen beschränke, vgl. *Hüffer*, ZGR 1986, 603, 642.

Fremdbestimmung durch die Eltern von der sich an diese anschließende Phase des selbstbestimmten Lebens des volljährigen Kindes.[39]

Diese Interpretation erscheint vor dem Hintergrund des hohen Stellenwerts des Allgemeinen Persönlichkeitsrechts Minderjähriger zu kurz gegriffen und überdies auch nicht zwingendes Resultat einer Deutung der Entscheidung des Gerichts. Angesichts der seitens des BVerfG postulierten notwendigen Legitimation fremdbestimmter gesetzlicher Vertretung Minderjähriger durch deren Eltern ist zur Verwirklichung des auf Art. 6 Abs. 2 S. 2 GG beruhenden staatlichen Wächteramtes vielmehr ein noch umfassenderer Schutz geboten. Beruht die innere Rechtfertigung des Rechtsinstituts der elterlichen Vermögenssorge wie zuvor festgestellt auf deren Funktion, dem Schutz des noch nicht ausreichend geschäftsfähigen Kindes zu dienen und dieses vor finanziellen Vermögenseinbußen und Schulden zu bewahren, so wird dieser verfassungsrechtlich begründete Schutzzweck durch die Möglichkeit einer nicht unerheblichen Schuldenaufnahme unter missbräuchlicher und pflichtwidriger Ausnutzung der gesetzlichen Vertretungsmacht geradezu karikiert.

Dementsprechend kommen andere Deutungen in der Literatur vereinzelt zur Auffassung, dass die vom BVerfG betonte Grundbedingung einer freien und selbstbestimmten Entwicklung des Minderjährigen einen Schutz auch dessen vor Volljährigkeit vorhandenen Vermögens erfordere.[40] Der im Zuge des MHbeG eingeführte § 1629a BGB bietet mit Blick auf diese Problematik keine Hilfestellung. Insbesondere stellt dieser keinen Fall einer per se greifenden Beschränkung der elterlichen Vertretungsmacht, sondern vielmehr eine einredeweise geltend zu machende nachträgliche Haftungsbeschränkung dar.[41] Überdies sichert die betreffende Vorschrift entsprechend den Vorgaben des BVerfG allein einen schuldenfreien Start in die Volljährigkeit, während sie für den Zeitraum vor der Vollendung des 18. Lebensjahres den Gläubigerzugriff auf ein etwaiges Vermögen des Minderjährigen nicht behindert.

Nach alledem beinhaltet die vorsätzlich missbräuchliche Ausnutzung gesetzlicher Vertretungsmacht durch die Eltern zur Aufnahme nicht nur unbedeutender Verbindlichkeiten auf den Namen des Kindes einen Eingriff in die insbesondere nach Art. 2 Abs. 1 GG i.V.m. Art. 1 Abs. 1 GG geschützte

---

[39] So *Reuter*, AcP 192 (1991), 108, 137 f. mit Hinweis auch auf anderweitige Deutungs- und Interpretationsversuche.

[40] Vgl. *Klüsener*, Rpfleger 1999, 55, 59 sowie *Schmidt*, Auswirkungen auf den Minderjährigenschutz, S. 31 f., der dabei jedoch nicht allein auf Art. 2 Abs. 1 GG i.V.m. Art. 1 Abs. 1 GG abstellt, sondern für seine Argumentation insbesondere Art. 14 Abs. 1 GG heranzieht. Diesbezüglich kritisch *Reuter*, AcP 192 (1992), 108, 117, der im Hinblick auf den von *Schmidt* postulierten notwendigen Schutz des Minderjährigen vor Vermögensverlust die Entscheidung des BVerfG als „[…] nicht richtig ausgewertet" erachtet.

[41] Vgl. BeckOGK/*Amend-Traut*, BGB, § 1629a Rn. 7.

Rechtssphäre des Minderjährigen, der auch unter Berücksichtigung des verfassungsrechtlich gewährleisteten elterlichen Handlungsspielraums nicht tragbar erscheint. Eine ruinöse Auswirkung entsprechender Verpflichtungen auf dessen vor Volljährigkeit bestehendes Vermögen oder eine Belastung mit überbordenden Schulden über den Eintritt der Volljährigkeit hinaus ist dabei nicht zwingend Voraussetzung für die Annahme eines solchen Eingriffs.[42]

Fraglich muss gleichwohl in der weiteren Folge sein, ob mit Blick auf die Verpflichtung des Staates aus Art. 6 Abs. 2 S. 2 GG und die ebenfalls schützenswerten Interessen des Rechtsverkehrs weiterführende Lösungsansätze zum Schutz Minderjähriger vor solch einer missbräuchlichen Ausnutzung des Vertretungsrechts erforderlich oder Einschränkungen des Minderjährigenschutzes im Einzelfall als gleichsam systemimmanent hinzunehmen sind. Notwendigerweise handelt es sich dabei, unabhängig von der konkreten dogmatischen Umsetzung etwaiger Lösungsansätze, vor allem um eine Abwägung zwischen Verkehrsschutz einerseits und individueller Billigkeit andererseits.[43] Insoweit stellte *Schmidt* unter Bezugnahme auf den Beschluss des BVerfG von 1986 bereits vor geraumer Zeit fest, dass neben der in der gerichtlichen Entscheidung aufgeworfenen Einzelproblematik generell die Frage zu beantworten sei, ob „[...] für das Kindesvermögen schädliche Vertretungsgeschäfte grundsätzlich unwirksam oder – wie dies dem traditionellen Konzept der gesetzlichen Vertretung entspricht – grundsätzlich wirksam und nur in den engen Grenzen unwirksam sein sollen, die allgemein für den Mißbrauch der Vertretungsmacht gelten."[44] Soweit *Schmidt* diese Fragestellung noch vor Erlass des MHbeG als „drängendes Problem des Elternvertretungsrechts"[45] bezeichnete, erscheint eine zufriedenstellende, dem Kindeswohl bestmöglich entsprechende Antwort auch mit Blick auf die nunmehrige Existenz des § 1629a BGB auch heute noch nicht gefunden.

---

[42] Eine solche Argumentation ist hingegen Vorbedingung der Ausführungen bei *Schmidt*, Auswirkungen auf den Minderjährigenschutz, S. 31. Gleichwohl müssen sich die Verbindlichkeiten als belastend darstellen, um eine gewisse, den Eingriffscharakter auslösende Erheblichkeitsschwelle zu überschreiten. Eine Schuldenaufnahme in nur unerheblicher Höhe, etwa einer Summe von wenigen Euro, erscheint daher unabhängig vom Bestand des Vermögens des Minderjährigen nicht geeignet, einen tauglichen Eingriff zu begründen.

[43] So *Schott*, AcP 171 (1971), 385, 390.

[44] *Schmidt*, NJW 1989, 1712, 1713.

[45] *Schmidt*, NJW 1989, 1712, 1713.

II. Familiengerichtliche Kontrolle und Ergänzungspflegschaft

Eine tragende Funktion beim Schutz Minderjähriger kommt neben deren Eltern auch den Familiengerichten zu, welche in vielen Fällen sowohl durch präventiv erforderliche Genehmigungen als auch durch die Möglichkeit repressiver Eingriffe Einfluss auf die Ausübung von elterlicher Sorge und Vormundschaft nehmen. Überdies kann für die Vornahme einzelner Rechtsgeschäfte im Namen des Minderjährigen auch die gerichtliche Bestellung eines Ergänzungspflegers vonnöten sein.

Ein nach § 1793 Abs. 1 S. 1 BGB mit der Sorge für Person und Vermögen des minderjährigen Mündels betrauter Vormund benötigt trotz seines grundsätzlich nach § 1793 Abs. 1 S. 1 BGB bestehenden gesetzlichen Vertretungsrechts gem. §§ 1821 ff. BGB für einzelne Rechtsgeschäfte eine familiengerichtliche Genehmigung. Fehlt es an dieser, so ist ein gleichwohl geschlossener Vertrag gem. § 1829 Abs. 1 S. 1 BGB schwebend unwirksam und bedarf damit zu seiner Wirksamkeit der nachträglichen Genehmigung des Familiengerichts oder, wie von § 1829 Abs. 3 BGB vorgesehen, des volljährig gewordenen Mündels selbst. Dieses Erfordernis einer familiengerichtlichen Genehmigung gilt auch für die sorgeberechtigten Eltern eines minderjährigen Kindes, deren aus § 1629 Abs. 1 BGB resultierendes Vertretungsrecht insoweit eingeschränkt wird, als § 1643 Abs. 1 BGB auf einzelne Vorschriften der §§ 1821, 1822 BGB verweist. In der Praxis kann ein Genehmigungserfordernis danach unter anderem gem. § 1822 Nr. 3 BGB für solche Gesellschaftsverträge bestehen, die zum Zweck des Beitritts eines Minderjährigen zu einer bestehenden, ein Erwerbsgeschäft betreibenden Gesellschaft wie beispielsweise einer grundstücksverwaltenden GbR geschlossen werden.[46] Zudem kann gem. § 1643 Abs. 2 BGB eine Genehmigung auch zur Ausschlagung einer Erbschaft oder eines Vermächtnisses des Kindes sowie für den Verzicht auf einen diesem zustehenden Pflichtteil erforderlich sein.

Eine weitere Einschränkung des Sorgerechts der Eltern und des Vormunds ergibt sich überdies aus § 1795 BGB, auf den § 1629 Abs. 2 S. 1 BGB für die Eltern als gesetzliche Vertreter ihres Kindes verweist. Danach ist die Vertretung eines Minderjährigen durch seine Eltern oder seinen Vormund für gewisse Rechtsgeschäfte ausgeschlossen und infolgedessen die Bestellung eines Ergänzungspflegers nach §§ 1909 ff. BGB für die in Rede stehenden Angelegenheiten notwendig. Dies dient dem Schutz des Minderjährigen vor etwaigen Interessenkollisionen, die sich im Falle einer Vertretung ergeben können.[47]

---

[46] MüKoBGB/*Kroll-Ludwigs*, BGB, § 1822 Rn. 22.

[47] MüKoBGB/*Spickhoff*, BGB, § 1795 Rn. 1. Von besonders hoher praktischer Relevanz ist die Notwendigkeit einer Bestellung eines Ergänzungspflegers dabei im Rahmen von In-Sich-Geschäften eines Elternteils, welche nach §§ 1629 Abs. 2 S. 1, 1795 Abs. 2, 181

In Fällen der Gefährdung der Person oder des Vermögens des Kindes hat das Familiengericht nach § 1666 Abs. 1 BGB zudem die zur Abwehr der Gefahr erforderlichen Maßnahmen zu treffen, soweit die Eltern dazu nicht gewillt oder in der Lage sind. Hierzu steht dem Familiengericht insbesondere der Maßnahmenkatalog aus § 1666 Abs. 3 BGB zur Verfügung, der den in § 1666 Abs. 1 BGB enthaltenen, unbestimmten Maßnahmenbegriff konkretisiert. Unter notwendiger Beachtung des Verhältnismäßigkeitsgrundsatzes kann das Familiengericht auf Grundlage von § 1666 BGB Maßnahmen bis hin zur teilweisen oder vollständigen Entziehung der elterlichen Sorge nach § 1666 Abs. 3 Nr. 6 BGB treffen.[48] Die Vorschrift des § 1666 BGB stellt sich dabei insgesamt als einfachgesetzliche Ausprägung des staatlichen Wächteramts aus Art. 6 Abs. 2 S. 2 GG dar.[49]

III. Die Haftungsbeschränkung nach § 1629a BGB

Seit Inkrafttreten des MHbeG am 1.1.1999 eröffnet § 1629a BGB einem vormals minderjährigen Schuldner die Möglichkeit, seine Haftung für bestimmte während der Minderjährigkeit begründete Verbindlichkeiten im Wege einer nicht fristgebundenen Einrede auf den Bestand des bei Eintritt der Volljährigkeit bestehenden Vermögens zu beschränken. Der Fokus der nachfolgenden Darstellung zu § 1629a BGB liegt vorwiegend auf den insoweit wesentlichen systematischen Zusammenhängen, wobei auch zu einzelnen in dogmatischer oder praktischer Hinsicht besonders relevanten Problempunkten kritisch Stellung bezogen wird. Für eine weiterführende Darstellung der Normgenese sowie der tatbestandlichen Voraussetzungen der Vorschrift sei überdies auf das diesbezüglich einschlägige Schrifttum verwiesen.[50]

BGB untersagt sind. Insbesondere mit Blick auf Grundstücksschenkungen an Minderjährige durch einen Elternteil sowie deren dinglichen Vollzug existiert eine umfangreiche Judikatur. Vgl. den Überblick bei *Kölmel*, RNotZ 2010, 618 ff.

[48] Zu denkbaren praktischen Fallgruppen und möglichen gerichtlichen Maßnahmen vgl. näher die Darstellung bei *Dethloff*, Familienrecht, § 13 Rn. 108 ff.

[49] MüKoBGB/*Lugani*, BGB, § 1666 Rn. 1.

[50] Weiterführende Erläuterungen zur Entstehungsgeschichte von § 1629a BGB bieten beispielsweise die Ausführungen bei *Athanasiadis*, Beschränkung der Haftung Minderjähriger, S. 5 ff.; *Muscheler*, WM 1998, 2271, 2273 f.; *Thiel*, Das Gesetz zur Beschränkung der Haftung Minderjähriger, S. 4 ff. Umfassende Kommentierungen sowohl der tatbestandlichen Voraussetzungen als auch der Rechtsfolgen einer Geltendmachung von § 1629a BGB finden sich beispielsweise bei BeckOGK/*Amend-Traut*, BGB, § 1629a Rn. 14 ff., 92 ff. sowie bei Staudinger/*Coester*, BGB, § 1629a Rn. 17 ff., 49 ff.

1. Normhistorie

Ausgangspunkt der Schaffung von § 1629a BGB war ein bereits erwähnter Beschluss des BVerfG aus dem Jahr 1986. In diesem sah das BVerfG die Vorschriften der §§ 1626, 1643 BGB insoweit als mit Art. 2 Abs. 1 GG i.V.m. Art. 1 Abs. 1 GG unvereinbar an, als diese Vorschriften es Eltern ermöglichen würden, ihre minderjährigen Kinder ohne vormundschaftsgerichtliche Genehmigung in einem Maße finanziell zu verpflichten, dass diesen nach Eintritt der Volljährigkeit kein Raum bliebe, um ihr weiteres Leben ohne unzumutbare, von ihnen nicht zu verantwortende Belastungen zu gestalten.[51] Der mit dieser Entscheidung vom BVerfG adressierte, auf dem Wächteramt des Staates gründende Gesetzgebungsauftrag[52] wurde seitens des Gesetzgebers erst mit dem am 1.1.1999 in Kraft getretenen MHbeG, dessen maßgebliche Regelung § 1629a BGB darstellte, umgesetzt.[53] Ausgehend von Handlungsempfehlungen, die das BVerfG im Rahmen seines Beschlusses selbst aufgezeigt hatte,[54] war in diesem Zusammenhang vor Erlass des MHbeG in der einschlägigen Literatur insbesondere umstritten, ob zur Umsetzung der verfassungsrechtlichen Vorgaben eine Erweiterung der bis dato im BGB existierenden Genehmigungstatbestände nötig oder vielmehr die Schaffung der Möglichkeit einer Haftungsbeschränkung vorzugswürdig sei.[55] Mit § 1629a BGB entschied sich der Gesetzgeber für die letztgenannte Lösung.

2. Regelungszweck

Maßgeblicher Zweck des § 1629a BGB ist es, den volljährig gewordenen Schuldner vor einer fremdverantwortlich herbeigeführten Überschuldung zu

---

[51] BVerfG, Beschl. v. 13.5.1986 – 1 BvR 1542/84, NJW 1986, 1859, 1860. Im fraglichen Ausgangssachverhalt hatte eine Mutter gemeinsam mit ihren zwei Töchtern ein ererbtes Handelsgeschäft in ungeteilter Erbengemeinschaft fortgeführt. Im Rahmen dessen hatte sie ein notarielles Schuldanerkenntnis im eigenen Namen und im Namen ihrer Töchter abgegeben, aus dem diese sodann in Anspruch genommen wurden. Einer gerichtlichen Genehmigung für die Fortführung des Unternehmens in der Erbengemeinschaft hatte es dabei auch nach Auffassung des BGH nicht bedurft. Eine nähere Darstellung des Ausgangssachverhalts und der Entscheidungen sowohl des BGH als auch des BVerfG findet sich unter anderem bei *Thiel*, Das Gesetz zur Beschränkung der Haftung Minderjähriger, S. 4 ff.

[52] BVerfG, Beschl. v. 13.5.1986 – 1 BvR 1542/84, NJW 1986, 1859, 1861.

[53] Daneben wurde als weitere wesentliche Änderung § 723 Abs. 1 BGB neu gefasst und um ein Kündigungsrecht des volljährig gewordenen Gesellschafters ergänzt.

[54] Vgl. BVerfG, Beschl. v. 13.5.1986 – 1 BvR 1542/84, NJW 1986, 1859, 1861.

[55] Zum diesbezüglich vor Erlass des MHbeG bestehenden Diskussionsstand siehe eingehend die Darstellung bei *Athanasiadis*, Beschränkung der Haftung Minderjähriger, S. 10 ff. sowie die Nachweise aus dem Schrifttum bei *Waas*, KritV 2000, 5, 14 (Fn. 45).

schützen.[56] Macht der vormalige Minderjährige nach Eintritt der Volljährigkeit gegenüber einem oder mehreren Gläubigern von der Möglichkeit der Haftungsbeschränkung Gebrauch, so haftet er für alle während der Minderjährigkeit begründeten Verbindlichkeiten nur mit seinem zum Zeitpunkt des Eintritts der Volljährigkeit vorhandenen Vermögen.[57] Eine gegenständliche Beschränkung der Vertretungsmacht der Eltern oder sonstiger Vertreter im Zeitraum der Minderjährigkeit ist damit nicht verbunden.[58] Zudem greift die Haftungsbeschränkung nicht für sogenannte Neuverbindlichkeiten, die erst nach Eintritt der Volljährigkeit entstanden sind.[59]

Zur Abgrenzung zwischen Alt- und Neuverbindlichkeiten ist dabei allein entscheidend, dass der Rechtsgrund einer in Rede stehenden Verbindlichkeit vor Eintritt der Volljährigkeit gesetzt wurde, während der Zeitpunkt der Fälligkeit oder Durchsetzbarkeit einer Forderung nicht von Relevanz ist.[60] Vor allem bei Dauerschuldverhältnissen kommt es somit darauf an, wann der Rechtsgrund für die Verbindlichkeit gelegt worden ist.[61]

---

[56] BeckOGK/*Amend-Traut*, BGB, § 1629a Rn. 7.

[57] „Altvermögen" oder „Volljährigkeitsvermögen", welches vom sogenannten „Neuvermögen", also dem nach Eintritt der Volljährigkeit erworbenen Vermögen, abzugrenzen ist, vgl. Staudinger/*Coester*, BGB, § 1629a Rn. 2.

[58] Insoweit wird in der Literatur teilweise auf ein mögliches Missbrauchsrisiko hingewiesen, das sich aus der Anwendung von § 1629a BGB insbesondere daraus ergeben könnte, dass Eltern ihre Kinder im Rahmen eines Vertragsschlusses als „Strohmänner" nutzen, um eine eigene Haftung auszuschließen, während sich eine erhebliche finanzielle Belastung ihrer Kinder nach § 1629a BGB vermeiden ließe. Überdies wird auf die Möglichkeit eines Missbrauchs durch den vormals Minderjährigen selbst hingewiesen. Vgl. zu beiden Konstellationen BeckOGK/*Amend-Traut*, BGB, § 1629a Rn. 122 ff.; *Behnke*, NJW 1998, 3078, 3082; *Müller-Feldhammer*, FamRZ 2002, 13, 15 f.

[59] MüKoBGB/*Huber*, BGB, § 1629a Rn. 25. Nach *Thiel*, Das Gesetz zur Beschränkung der Haftung Minderjähriger, S. 30 ff. soll es dabei zu einer Verantwortlichkeit des volljährig Gewordenen auch für solche Verbindlichkeiten kommen können, welche ursprünglich die Eltern während seiner Minderjährigkeit begründet haben, sofern diese letztlich auf ein eigenverantwortliches Handeln oder Unterlassen des volljährig Gewordenen zurückzuführen sind. Hierunter sollen insbesondere das Versäumen einer Kündigungsmöglichkeit oder das bewusste „Eintreten" in ein von den Eltern begründetes Schuldverhältnis, etwa durch einen erneuten Vertragsschluss mit dem Gläubiger oder einen Einredeverzicht, zu zählen sein. Vgl. insoweit auch Staudinger/*Coester*, BGB, § 1629a Rn. 48, wonach sich eine Altverbindlichkeit durch deren Bestätigung oder ein Anerkenntnis des volljährig Gewordenen in eine Neuverbindlichkeit wandeln kann. Hingegen kann die bloße Nichtwahrnehmung einer vorhandenen Kündigungsmöglichkeit allein kaum ausreichend sein, um darin eine dem Einredeverzicht vergleichbare, Eigenverantwortung begründende Übernahme der fraglichen Verbindlichkeit zu erblicken, siehe Staudinger/*Coester*, BGB, § 1629a Rn. 70.

[60] BeckOK BGB/*Veit*, BGB, § 1629a Rn. 9; *Peschel-Gutzeit*, FPR 2006, 455, 456.

[61] Wurde beispielsweise bei einem Mietvertrag der Mietvertrag als Rechtsgrund der Mietzahlungen während der Minderjährigkeit geschlossen, ist demnach eine Berufung auf

Das vor Eintritt der Volljährigkeit erworbene Vermögen eines Minderjährigen wird vom Schutzzweck des § 1629a BGB nicht umfasst. Dies entspricht dem Auftrag des BVerfG, welches den Gesetzgeber dazu angehalten hatte, die Rechtslage dergestalt anzupassen, dass einem betroffenen Minderjährigen ein Übertritt in die Volljährigkeit ohne unzumutbare, eine freie persönliche Entwicklung ausschließende Belastungen ermöglicht werde. Das vor Eintritt der Volljährigkeit vorhandene Altvermögen obliegt folglich dem Zugriff der Gläubiger des Minderjährigen. Davor dass ein Minderjähriger aufgrund elterlicher Misswirtschaft „kahlgepfändet" und vermögenslos in die Volljährigkeit entlassen wird, schützt § 1629a BGB somit nicht.[62]

3. Tatbestandliche Voraussetzungen

a) Persönlicher Anwendungsbereich

aa) Vertreterhandeln und Eigengeschäfte des Minderjährigen

Von der Wirkung der Haftungsbeschränkung werden gem. § 1629a Abs. 1 S. 1 Hs. 1 Alt. 1 BGB zunächst Verbindlichkeiten erfasst, die die Eltern eines Kindes als dessen Vertreter oder sonstige kraft rechtsgeschäftlicher oder gesetzlicher Vertretungsmacht vertretungsberechtigte Personen wie beispielsweise ein Vormund durch Rechtsgeschäft oder eine sonstige Handlung mit Wirkung für das Kind begründet haben.[63] Mit der Erstreckung von § 1629a Abs. 1 BGB auch auf das Handeln anderer vertretungsberechtigter Personen als der Eltern ist der Gesetzgeber über die seitens des BVerfG aufgestellten Anforderungen hinausgegangen.[64] Begründet wurde dies mit der notwendigen Vermeidung von Wertungswidersprüchen, da es für den Minderjährigen

---

§ 1629a Abs. 1 BGB auch für solche periodisch zu erbringenden Mietzahlungen möglich, die erst nach Eintritt der Volljährigkeit fällig werden. Vgl. Staudinger/*Coester*, BGB, § 1629a Rn. 48 m.w.N.

[62] Vgl. *Klüsener*, RPfleger 1999, 55, 59; *Müller-Feldhammer*, FamRZ 2002, 13, 17; *Schmidt*, JuS 2004, 361, 362; Staudinger/*Coester*, BGB, § 1629a Rn. 7. Deutliche Kritik an diesem Umstand findet sich bei *Schmidt*, FS Derleder, S. 601, 607: „Das Versagen des ‚Minderjährigenhaftungsbegrenzungsgrundsatzes' während der Dauer der Minderjährigkeit ist eine unverkennbare Schwäche des gesetzlichen Konzepts."

[63] Insoweit findet sich für den Vormund in § 1793 Abs. 2 BGB eine Verweisung auf § 1629a BGB. Nach § 1915 Abs. 1 S. 1 BGB gilt § 1793 Abs. 2 BGB auch für das Handeln eines Ergänzungspflegers, wobei allerdings § 1915 Abs. 3 BGB die Pflegschaft für Volljährige von dieser Verweisung ausnimmt. Auch nach § 1688 Abs. 1 S. 1 BGB vertretungsberechtige Pflegeeltern sowie ein Stiefelternteil werden von § 1629a Abs. 1 BGB erfasst, vgl. Soergel/*Fischinger*, BGB, § 1629a Rn. 22.

[64] Vgl. BeckOGK/*Amend-Traut*, BGB, § 1629a Rn. 8; *Eckebrecht*, MDR 1999, 1248, 1250; Staudinger/*Coester*, BGB, § 1629a Rn. 5.

letztlich unerheblich sei, über welche rechtliche Konstruktion er mit erheblichen Verbindlichkeiten belastet werde.[65]

Besondere Relevanz entfaltet dieser Umstand für minderjährige Gesellschafter einer Personengesellschaft, die infolge ihrer Gesellschafterstellung für Verbindlichkeiten der Gesellschaft akzessorisch und persönlich z.B. nach § 128 HGB gegenüber Dritten haften müssen.[66] Denn grundsätzlich erfasst der Wortlaut von § 1629a Abs. 1 BGB, der eine durch Vertretung des Minderjährigen begründete Verbindlichkeit voraussetzt, solche infolge gesetzlicher Haftung entstehenden Verpflichtungen nicht.[67] Hier besteht allerdings entgegen des Wortlauts von § 1629a Abs. 1 BGB im Ergebnis überwiegend Einigkeit, dass sich ein volljährig Gewordener mit Blick auf den Schutzzweck des § 1629a BGB auch bei gesellschaftsrechtlich und somit fremdverantwortlich durch den Handlungsbevollmächtigten einer Personengesellschaft begründeten Verbindlichkeiten auf die Haftungsbeschränkung berufen können muss.[68]

Gem. § 1629a Abs. 1 S. 1 Hs. 2 Alt. 1 BGB unterfallen sodann auch solche Verbindlichkeiten der Haftungsbeschränkung, die ein beschränkt geschäftsfähiger Minderjähriger nach §§ 107, 108, 111 BGB mit der Zustimmung seiner Eltern eingegangen ist. Dabei werden auch Eigengeschäfte des Minderjährigen erfasst, die dieser auf Grundlage eines beschränkten Generalkonsenses, mithin einer alle einem bestimmten Zweck dienenden Rechtsgeschäfte umfassenden Einwilligung des gesetzlichen Vertreters, vornimmt. Vom Anwendungsbereich des § 1629a Abs. 1 S. 1 BGB ausgenommen sind demgegenüber die von einem Minderjährigen selbstverantwortlich verursachten Verbindlichkeiten, wozu vor allem deliktische Ansprüche zu zählen sind.[69] Auch auf Ansprüche aus ungerechtfertigter Bereicherung wegen einer

---

[65] Vgl. BT-Drs. 13/5624, S. 8.

[66] Zu den Voraussetzungen einer entsprechenden Haftung vgl. die Darstellung unter D. VI.

[67] Vgl. nur BeckOGK/*Amend-Traut*, BGB, § 1629a Rn. 19 ff.

[68] So BeckOGK/*Amend-Traut*, BGB, § 1629a Rn. 21; Staudinger/*Coester*, BGB, § 1629a Rn. 20 f. m.w.N. Zum Streitstand bezüglich der dogmatischen Begründung dieses Ergebnisses vgl. nur BeckOGK/*Amend-Traut*, BGB, § 1629a Rn. 21 m.w.N. Im Übrigen kann es zu einer Kollision zwischen Minderjährigenschutz und handelsrechtlichem Verkehrsschutz kommen, sofern der minderjährige Gesellschafter einer Handelsgesellschaft im Handelsregister fälschlicherweise als Volljähriger ausgewiesen wird und sich daher gem. § 15 Abs. 3 HGB aufgrund der positiven Publizität des Handelsregisters im Rechtsverkehr als Volljähriger behandeln lassen müsste. Diese Kollision ist nach überzeugender Auffassung zugunsten des Minderjährigenschutzes aufzulösen und eine Berufung des volljährig Gewordenen auf § 1629a Abs. 1 BGB trotz fälschlicher Eintragung im Handelsregister zuzulassen. Zum Ganzen BeckOGK/*Amend-Traut*, BGB, § 1629a Rn. 83 ff. und Staudinger/*Coester*, BGB, § 1629a Rn. 79, jeweils m.w.N. zum Streitstand.

[69] BeckOGK/*Amend-Traut*, BGB, § 1629a Rn. 47 f.; Palandt/*Götz*, BGB, § 1629a Rn. 8;

Eingriffskondiktion findet § 1629a Abs. 1 BGB keine Anwendung.[70] Die Nichtberücksichtigung der von einem Minderjährigen selbst zu verantwortenden Verbindlichkeiten entspricht dem eingangs skizzierten Auftrag des BVerfG an den Gesetzgeber, Minderjährige effektiv vor einer von ihnen nicht zu verantwortenden Überschuldung und den daraus resultierenden unzumutbaren Belastungen zu schützen. Allerdings kann in der Realität naturgemäß gerade eine deliktische Haftung Minderjähriger dazu führen, dass diese auch nach Eintritt in die Volljährigkeit längere Zeit mit hohen finanziellen Belastungen zu rechnen haben. Die Entscheidung des Gesetzgebers zur Nichtberücksichtigung solcher Verbindlichkeiten ist daher in der Folge in der einschlägigen Literatur nicht unwidersprochen geblieben.[71]

bb) Rechtsgeschäfte eines volljährigen Ehegatten des Minderjährigen

Keine ausdrückliche Regelung beinhaltet § 1629a Abs. 1 BGB mit Blick auf die Frage, ob die Möglichkeit der Haftungsbeschränkung auch bei einer durch § 1357 Abs. 1 S. 2 BGB begründeten Mitverpflichtung eines minderjährigen Ehegatten zur Anwendung gelangen kann. Dass trotz Inkrafttretens des Gesetzes zur Bekämpfung von Kinderehen und der damit einhergehenden Streichung von § 1303 Abs. 2 BGB a.F. weiterhin wirksame Ehen zwischen Minder- und Volljährigen praktisch denkbar sind, wurde bereits näher erörtert.[72] Überdies wird bei einem rechtsgeschäftlichen Handeln des volljährigen Ehegatten gem. § 1357 Abs. 1 S. 2 BGB nach zutreffender Ansicht auch dessen minderjähriger Ehegatte berechtigt und verpflichtet.[73] Infolgedessen

---

Staudinger/*Coester*, BGB, § 1629a Rn. 9. Vereinzelt wird allerdings angenommen, dass auf Gefährdungshaftungstatbestände wie beispielsweise § 833 S. 1 BGB die Einrede aus § 1629a BGB zur Anwendung gelangen könne, da auch die Begründung etwa der Eigenschaft als Halter eines Luxustiers durch die Eltern bzw. mit deren Einwilligung erfolge. So *Eckardt*, ZJS 2008, 444, 450. Vgl. demgegenüber aber die abweichende Auffassung bei BeckOGK/*Amend-Traut*, BGB, § 1629a Rn. 48; BeckOK BGB/*Veit*, BGB, § 1629a Rn. 21.1; *Bittner*, FamRZ 2000, 325, 327; MüKoBGB/*Huber*, BGB, § 1629a Rn. 25; NK-BGB/*Kaiser*, BGB, § 1629a Rn. 19; Palandt/*Götz*, BGB, § 1629a Rn. 8; PWW/*Ziegler*, BGB, § 1629a Rn. 3; Staudinger/*Coester*, BGB, § 1629a Rn. 42.

[70] *Gernhuber/Coester-Waltjen*, Familienrecht, § 65 Rn. 7; Soergel/*Fischinger*, BGB, § 1629a Rn. 34; Staudinger/*Coester*, BGB, § 1629a Rn. 41. Zur im Hinblick auf die Frage nach der Fremdverantwortlichkeit notwendigen Differenzierung bei Leistungskondiktionen vgl. Soergel/*Fischinger*, BGB, § 1629a Rn. 34. Ohne Differenzierung hingegen PWW/*Ziegler*, BGB, § 106 Rn. 3.

[71] Vgl. beispielhaft die Kritik bei *Glöckner*, FamRZ 2000, 1397, 1405, der die mit dem MHbeG erzielte Gesetzeslage als „unbefriedigend" empfindet und über die mit § 1629a BGB verfolgte gesetzgeberische Intention hinaus einen „[...] angemessenen Schutz Minderjähriger auch gegen deliktische Verbindlichkeiten [...]" fordert.

[72] Siehe hierzu erneut die Darstellung unter D. III.

[73] Vgl. hierzu gleichfalls die Ausführungen unter D. III.

stellt sich die Frage, ob auch der volljährige Ehegatte eines Minderjährigen als „sonstige vertretungsberechtigte Person“ im Sinne von § 1629a Abs. 1 S. 1 Hs. 1 Alt. 1 BGB angesehen werden muss.

Bei Zugrundlegung allein des Wortlauts von § 1629a Abs. 1 S. 1 Hs. 1 Alt. 1 BGB wäre dies zu verneinen, da § 1357 Abs. 1 S. 2 BGB nach zutreffender Auffassung keinen Fall gesetzlicher Stellvertretung darstellt.[74] Vielmehr handelt es sich dabei um eine familienrechtliche Rechtsmacht sui generis, auf welche die §§ 164 ff. BGB weder unmittelbare noch analoge Anwendung finden.[75] Der volljährige Ehegatte, dessen rechtsgeschäftliches Handeln den Minderjährigen auf Grundlage von § 1357 Abs. 1 S. 2 BGB von Gesetzes wegen mit Wirkung gegenüber Dritten mitverpflichtet, stellt somit keine „sonstige vertretungsberechtigte Person“ dar, die „im Rahmen ihrer Vertretungsmacht“ agiert.

Gleichwohl kann § 1629a Abs. 1 BGB im Ergebnis auch bei einer Verpflichtung des Minderjährigen über § 1357 Abs. 1 S. 2 BGB Anwendung finden.[76] Dies bedarf allerdings angesichts des allein auf Stellvertretungskonstellationen abzielenden Wortlauts von § 1629a Abs. 1 S. 1 Hs. 1 Alt. 1 BGB einerseits und der Rechtsnatur von § 1357 Abs. 1 S. 2 BGB andererseits einer näheren Begründung. Hierfür lässt sich der Normzweck von § 1629a Abs. 1 BGB fruchtbar machen. Nach dem Willen des Gesetzgebers sollen alle durch vertretungsberechtigte Personen im Rahmen ihrer Vertretungsmacht für das Kind begründeten Verbindlichkeiten der Haftungsbeschränkung unterfallen, um Wertungswidersprüche im Sinne des Minderjährigenschutzes zu vermeiden.[77] Da auch durch das Handeln eines volljährigen Ehegatten erhebliche Verbindlichkeiten für den minderjährigen Ehegatten entstehen können, darf für diese Situation somit notwendigerweise nichts anderes gelten.[78]

---

[74] Vgl. *Gernhuber/Coester-Waltjen*, Familienrecht, § 19 Rn. 28 mit Hinweis auch auf abweichende Einschätzungen in Fn. 43; Jauernig/*Budzikiewicz*, BGB, § 1357 Rn. 2; *Schwab*, Familienrecht, § 26 Rn. 169; Soergel/*Lipp*, BGB, § 1357 Rn. 11; *Wellenhofer*, Familienrecht, § 10 Rn. 3.

[75] Vgl. *Gernhuber/Coester-Waltjen*, Familienrecht, § 19 Rn. 31 f.; Jauernig/*Budzikiewicz*, BGB, § 1357 Rn. 2. Vgl. allerdings *Schwab*, Familienrecht, § 26 Rn. 169, der § 1357 Abs. 1 S. 2 BGB zwar als eine „gesetzliche Verpflichtungsermächtigung“ ansieht, die sich von der Stellvertretung konzeptionell unterscheide, gleichwohl aber einzelne Vorschriften des Stellvertretungsrechts, darunter § 165 BGB, zur Anwendung bringen will. Auch *Wellenhofer*, Familienrecht, § 10 Rn. 3 klassifiziert § 1357 BGB im Hinblick auf dessen Rechtsnatur als gesetzliche Verpflichtungsermächtigung.

[76] BeckOGK/*Erbarth*, BGB, § 1357 Rn. 61; *Gernhuber/Coester-Waltjen*, Familienrecht, § 19 Rn. 33 (Fn. 52); *Peschel-Gutzeit*, FPR 2006, 455, 456; Staudinger/*Coester*, BGB, § 1629a Rn. 19; Staudinger/*Voppel*, BGB, § 1357 Rn. 31.

[77] Vgl. BT-Drs. 13/5624, S. 8.

[78] Ähnlich Staudinger/*Coester*, BGB, § 1629a Rn. 19: „Auch der Ehegatte eines Minderjährigen vertritt diesen im Rahmen der ‚Schlüsselgewalt‘ des § 1357, unabhängig von

Rechtstechnisch lässt sich dieses Ergebnis mittels einer teleologischen Extension des Wortlauts von § 1629a Abs. 1 S. 1 Hs. 1 Alt. 1 BGB erreichen, auf Grundlage derer auch eine Verpflichtung des minderjährigen Ehegatten über § 1357 Abs. 1 S. 2 BGB unter den Anwendungsbereich von § 1629a Abs. 1 BGB gefasst werden kann.[79]

b) Sachlicher Anwendungsbereich

aa) Vertreterhandeln und Erwerb von Todes wegen

§ 1629a Abs. 1 S. 1 Hs. 1 Alt. 1 BGB erfasst zunächst Verbindlichkeiten, welche die Eltern oder sonstige vertretungsberechtigte Personen durch Rechtsgeschäft oder eine sonstige Handlung mit Wirkung für das Kind während dessen Minderjährigkeit begründet haben.[80] Hierunter sind im Ergebnis nicht allein auf Erfüllung gerichtete Primärverbindlichkeiten zu verstehen, sondern auch vertragliche Sekundäransprüche auf Schadensersatz, die aus der Verletzung des Leistungsversprechens oder einer Nebenpflichtverletzung resultieren.[81] Dies gilt jedenfalls bei einer dem Minderjährigen über § 278 BGB zurechenbaren anspruchsbegründenden Pflichtverletzung seines gesetzlichen Vertreters.[82] Auch die Nichterfüllung gesetzlich begründeter Verbindlichkeiten des Kindes seitens der Eltern unterfällt als „sonstige Handlung" dem Anwendungsbereich von § 1629a Abs. 1 BGB.[83] Insoweit wird auch ein pflichtwidriges Unterlassen des gesetzlichen Vertreters von § 1629a Abs. 1 S. 1 Hs. 1 Alt. 1 BGB erfasst.[84] Ist der Minderjährige Mitglied einer Personengesellschaft, so sind auch solche Gesellschafterverbindlichkeiten, die aus einer der Gesellschaft nach § 31 BGB analog zuzurechnenden Vertragspflichtverletzung oder unerlaubten Handlung resultieren, als durch eine „sonstige Handlung" begründet anzusehen.[85]

---

der rechtlichen Qualifizierung dieser Verpflichtungsmacht […]." Für eine Einbeziehung entsprechender Rechtsgeschäfte in den Anwendungsbereich von § 1629a Abs. 1 S. 1 Hs. 1 Alt. 1 BGB im Ergebnis auch Soergel/*Fischinger*, BGB, § 1629a Rn. 22.

[79] Zur teleologischen Extension als Unterfall teleologischer Auslegung einer Norm vgl. nur *Röhl*/*Röhl*, Allgemeine Rechtslehre, S. 621.

[80] Zwar erfasst der Wortlaut von § 1629a Abs. 1 S. 1 Hs. 1 Alt. 1 BGB explizit allein Rechtsgeschäfte, die die Eltern als gesetzliche Vertreter ihrer Kinder nach § 1629 BGB tätigen. Gleichwohl findet die Haftungsbeschränkung ihrem Normzweck nach auch auf solche Verbindlichkeiten Anwendung, welche die Eltern aufgrund rechtsgeschäftlicher Bevollmächtigung oder im Zuge einer gesellschaftsrechtlichen Stellvertretung für das Kind begründet haben, vgl. BeckOGK/*Amend-Traut*, BGB, § 1629a Rn. 15; Soergel/*Fischinger*, BGB, § 1629a Rn. 24 f.

[81] *Eckardt*, ZJS 2008, 444, 447; MüKoBGB/*Huber*, BGB, § 1629a Rn. 11.

[82] Vgl. BeckOK BGB/*Veit*, BGB, § 1629a Rn. 8.

[83] MüKoBGB/*Huber*, BGB, § 1629a Rn. 13.

[84] BeckOGK/*Amend-Traut*, BGB, § 1629a Rn. 27.

[85] BeckOGK/*Amend-Traut*, BGB, § 1629a Rn. 30.

Im Übrigen fallen gem. § 1629a Abs. 1 S. 1 Hs. 1 Alt. 2 BGB auch Verbindlichkeiten unter den Anwendungsbereich, die dem Minderjährigen infolge eines während der Minderjährigkeit erfolgten Erwerbs von Todes wegen entstanden sind. Hierzu zählen sowohl Erblasserschulden als auch Erbfallschulden, wohingegen Nachlassverwaltungskosten und Nachlasserbenschulden als durch Rechtsgeschäft begründete Verbindlichkeiten unter § 1629a Abs. 1 S. 1 Hs. 1 Alt. 1 BGB zu fassen sind.[86] Die Möglichkeit einer Haftungsbeschränkung nach § 1629a Abs. 1 S. 1 Hs. 1 Alt. 2 BGB tritt dabei neben die aus §§ 1975 ff., 1990 ff. BGB resultierenden Haftungsbeschränkungsmöglichkeiten, die dem Minderjährigen bereits vor Eintritt der Volljährigkeit zustehen. Infolgedessen bewirkt § 1629a BGB in diesem Bereich eine zusätzliche Privilegierung des minderjährigen Erben, da ihm die Möglichkeit einer Einrede aus § 1629a Abs. 1 BGB nach Eintritt der Volljährigkeit auch dann noch zusteht, wenn ihm infolge der Untätigkeit seiner gesetzlichen Vertreter die Möglichkeit einer erbrechtlichen Haftungsbeschränkung nicht zugutekam.[87]

bb) Genehmigungsbedürftige Rechtsgeschäfte

§ 1629a Abs. 1 S. 1 Hs. 2 Alt. 2 BGB stellt klar, dass die Möglichkeit einer Haftungsbeschränkung auch für Verbindlichkeiten aus solchen Rechtsgeschäften besteht, zu denen die Eltern oder ein anderweitiger gesetzlicher Vertreter eine nach §§ 1643, 1821, 1822 BGB notwendige Genehmigung des Familiengerichts erteilt bekommen haben.[88] Nach Auffassung des Gesetzgebers war die Einbeziehung entsprechender Rechtsgeschäfte in den Anwendungsbereich von § 1629a BGB durch den Umstand geboten, dass eine gerichtliche Genehmigung speziell bei längerer Laufzeit eines in Rede stehenden Schuldverhältnisses den Minderjährigenschutz mangels Prognostizierbarkeit der weiteren wirtschaftlichen Entwicklung im Zeitpunkt der Genehmigung nicht vollständig bewirken könne.[89]

Gleichwohl sieht sich die Entscheidung des Gesetzgebers zur unterschiedslosen Aufnahme sämtlicher nach §§ 1643, 1821, 1822 BGB genehmi-

---

[86] BeckOK BGB/*Veit*, BGB, § 1629a Rn. 11.

[87] Vgl. BeckOGK/*Amend-Traut*, BGB, § 1629a Rn. 35; *Klüsener*, Rpfleger 1999, 55, 56. Dem volljährig gewordenen Minderjährigen kommt somit eine „zweite Chance“ zur Haftungsbeschränkung zugute, vgl. *Behnke*, NJW 1998, 3078, 3079; MüKoBGB/*Huber*, BGB, § 1629a Rn. 20; *Peschel-Gutzeit*, FPR 2006, 455, 457.

[88] Infolge des Gesetzes zur Reform des Verfahrens in Familiensachen und in den Angelegenheiten der freiwilligen Gerichtsbarkeit (FGG-RG) v. 17.12.2008, BGBl. I 2008, S. 2586 wurde der in § 1629a Abs. 1 S. 1 Hs. 2 BGB zuvor enthaltene Passus „Genehmigung des Vormundschaftsgerichts“ durch „Genehmigung des Familiengerichts“ ersetzt, vgl. BGBl. I 2008, S. 2723.

[89] Vgl. BT-Drs. 13/5624, S. 7 f.

gungsbedürftiger Rechtsgeschäfte in den Anwendungsbereich der Haftungsbeschränkung teils deutlicher Kritik ausgesetzt.[90] Denn der diese Regelung tragende Gedanke der Vermeidung von Schutzlücken, die infolge einer gerichtlichen Fehlprognose bei Schuldverhältnissen mit längerer Laufzeit entstehen könnten, kann mit Blick auf diejenigen gerichtlichen Genehmigungen keine Relevanz entfalten, die im Fall beispielsweise von § 1822 Nr. 8 BGB oder § 1822 Nr. 12 BGB nicht auf potentiell unsicheren Prognoseentscheidungen beruhen.[91] Überdies liegt der Überantwortung einzelner Rechtsgeschäfte in den Kontrollbereich des Familiengerichts die grundsätzliche Überlegung zugrunde, dass dieses grundsätzlich befähigt ist, eine Einschätzung der wirtschaftlichen Risiken eines Rechtsgeschäfts vorzunehmen.[92] Dass zwischen dem Zeitpunkt der Genehmigung des Rechtsgeschäfts durch das Familiengericht und dem Eintritt der Volljährigkeit im Einzelfall ein längerer, wirtschaftlichen Schwankungen unterliegender Zeitraum liegen kann und auch gerichtliche Prognoseentscheidungen naturgemäß nicht unfehlbar sein können, ist angesichts dieser grundsätzlichen Entscheidung des Gesetzgebers hinzunehmen. Zudem entwertet die Möglichkeit einer Geltendmachung von § 1629a BGB bei Eintritt der Volljährigkeit die in Rede stehende familiengerichtliche Entscheidung in hohem Maße. Dieser Umstand erscheint im Hinblick auf die in vielen Fällen gesetzlich zwingend erforderliche Mitwirkung des Familiengerichts verfahrensökonomisch zweifelhaft und ist zudem geeignet, das Vertrauen des Rechtsverkehrs in die Durchsetzbarkeit einer Forderung zu unterminieren.[93]

cc) Sekundärpflichten des Minderjährigen infolge eigener Pflichtverletzung

In der Praxis kann es zu Konstellationen kommen, in denen ein Minderjähriger im Rahmen eines durch seine Eltern geschlossenen Vertragsverhältnisses infolge einer Leistungs- oder Nebenpflichtverletzung Schäden verursacht und sich deswegen einer Haftung auf Schadensersatz vor allem nach §§ 280 Abs. 1, 241 Abs. 2 BGB sowie §§ 280 Abs. 1, Abs. 2, 286 BGB ausgesetzt sieht. Auch vorvertragliche Pflichtverletzungen Minderjähriger wegen culpa in contrahendo gem. §§ 280 Abs. 1, 241 Abs. 2, 311 Abs. 2 BGB sind denkbar, sofern Minderjährige Rechtsgutsverletzungen im Zusammenhang mit Ver-

---

[90] Kritisch etwa BeckOGK/*Amend-Traut*, BGB, § 1629a Rn. 43; *Glöckner*, FamRZ 2000, 1397, 1403; *Habersack/Schneider*, FamRZ 1997, 649, 652; *Klumpp*, ZEV 1998, 409, 412. Anderer Auffassung ist insoweit Staudinger/*Coester*, BGB, § 1629a Rn. 22, der auf die mögliche Fehleranfälligkeit einer gerichtlichen Prognoseentscheidung verweist.

[91] *Klumpp*, ZEV 1998, 409, 412, der vor diesem Hintergrund für eine zwischen konkreten Genehmigungstatbeständen differenzierende Neuregelung plädiert.

[92] Ebenso BeckOGK/*Amend-Traut*, BGB, § 1629a Rn. 43.

[93] Vgl. BeckOGK/*Amend-Traut*, BGB, § 1629a Rn. 43.

handlungen zu einem Rechtsgeschäft begehen, zu dem sie die Zustimmung ihrer gesetzlichen Vertreter erhalten haben.[94]

Ob auch solche Verbindlichkeiten des Minderjährigen unter den Anwendungsbereich der Haftungsbeschränkung fallen, wird uneinheitlich beurteilt.[95] Bei Anknüpfung allein an den ausdrücklichen Wortlaut von § 1629a Abs. 1 S. 1 Hs. 1 Alt. 1 BGB, der eine durch die Eltern oder sonstige gesetzliche Vertreter „begründete" Verbindlichkeit voraussetzt, wäre dies abzulehnen, da entsprechende Verbindlichkeiten nicht unmittelbar durch eine rechtsgeschäftliche Betätigung oder ein sonstiges Handeln der Eltern oder eines sonstigen Vertreters begründet werden. Vielmehr stellt in solchen Fällen eine anspruchsbegründende Pflichtverletzung des Minderjährigen selbst den unmittelbaren Anknüpfungspunkt einer Verpflichtung desselben dar, so dass es vordergründig an einer nach dem Gesetzeszweck von § 1629a Abs. 1 BGB vorausgesetzten Fremdverantwortlichkeit fehlt.

Gleichwohl gilt § 1629a Abs. 1 BGB nach zutreffender Ansicht auch für solche Verbindlichkeiten, die aus einer vom Minderjährigen selbst zu verantwortenden Verletzung des vertraglichen Leistungsversprechens oder einer vertraglichen Nebenpflicht sowie aus culpa in contrahendo resultieren. Methodisch lässt sich dies mit einer weiten, am Normzweck von § 1629a BGB orientierten Auslegung begründen.[96] Zur Qualifikation der in Rede stehenden Verbindlichkeit als fremdverantwortet muss demnach geprüft werden, ob das Verhalten des gesetzlichen Vertreters bei wertender Betrachtung die dominierende Ursache für die Entstehung der Verbindlichkeit gesetzt hat. Dies kann im Fall eines zum Vertragsschluss notwendigen elterlichen Konsenses bejaht werden.[97] Schaffen die gesetzlichen Vertreter mit ihrer Zustimmung zum Rechtsgeschäft mittelbar die Grundvoraussetzung für spätere Pflichtverletzungen des Minderjährigen, so erscheint es angesichts des Telos von § 1629a BGB wertungsgerecht, auch die hierdurch entstehenden Verbindlichkeiten der Haftungsbeschränkung unterfallen zu lassen.

---

[94] Siehe hierzu das illustrative Fallbeispiel bei *Brauer/Roßmann*, JA 2001, 381, 382 f.: Ein Minderjähriger ist Eigentümer eines Mietshauses und will dieses mit Zustimmung seiner Eltern verkaufen. Im Rahmen von in der elterlichen Wohnung geführten Verkaufshandlungen mit einem potentiellen Käufer gerät der Minderjährige auf der Treppe ins Stolpern und reißt den Interessenten mit sich, der sich ein Bein bricht.

[95] Eine Anwendung von § 1629a Abs. 1 BGB bejahen *Brauer/Roßmann*, JA 2001, 381, 383; *Eckardt*, ZJS 2008, 444, 448; *Muscheler*, WM 1998, 2271, 2281; Soergel/*Fischinger*, BGB, § 1629a Rn. 35; Staudinger/*Coester*, BGB, § 1629a Rn. 42. Ablehnend hingegen Jauernig/*Budzikiewicz*, BGB, § 1629a Rn. 4; *Quitzau*, Haftungsbeschränkung, S. 208 ff.; *Thiel*, Das Gesetz zur Beschränkung der Haftung Minderjähriger, S. 39 f.

[96] Vgl. *Eckardt*, ZJS 2008, 444, 448 sowie *Brauer/Roßmann*, JA 2001, 381, 383, die das dergestalt gefundene Ergebnis überdies auf eine an Art. 1 Abs. 1 GG i.V.m. Art. 2 Abs. 1 GG orientierte verfassungskonforme Auslegung stützen.

[97] *Eckardt*, ZJS 2008, 444, 448.

Schließt der Minderjährige beispielsweise mit Einwilligung seiner Eltern einen laufzeitgebundenen Mobilfunkvertrag ab und gerät er sodann mit den monatlichen Zahlungen in Verzug, knüpft der infolgedessen eintretende Anspruch des Mobilfunkanbieters aus § 286 BGB an die vertragliche Primärleistungspflicht des minderjährigen Vertragspartners an.[98] Eine Anwendung von § 1629a BGB bietet in solchen Fällen den gewünschten umfassenden Schutz Minderjähriger vor wirtschaftlichen Belastungen, die sie nicht ausschließlich selbst zu verantworten haben. Denn auch mit Blick auf die Möglichkeit der Entstehung sekundärer Verbindlichkeiten erscheint die elterliche Einschätzungsprärogative als maßgebliches Anknüpfungskriterium, was entsprechenden Verbindlichkeiten einen rechtsgeschäftlichen Charakter verleiht. Grundvoraussetzung muss dabei gleichwohl stets sein, dass die konkrete haftungsbegründende Pflichtverletzung noch zur Zeit der Minderjährigkeit begangen wurde, mithin nicht allein der Zeitpunkt des elterlichen Konsenses der Anwendung von § 1629a Abs. 1 BGB zugrunde gelegt werden darf.[99]

Begründet eine vertragliche Pflichtverletzung des Minderjährigen allerdings zugleich auch einen konkurrierenden deliktischen Anspruch des betroffenen Vertragspartners, findet § 1629a Abs. 1 BGB auf diesen keine Anwendung.[100] Anderenfalls ergäbe sich ein nicht auflösbarer Wertungswiderspruch zu solchen Fällen, in denen das anspruchsbegründende Verhalten des Minderjährigen auch außerhalb vertraglicher Beziehungen denkbar und in solch einem Fall nur nach deliktsrechtlichen Vorschriften zu behandeln wäre.[101]

---

[98] Vgl. das Fallbeispiel bei *Brauer/Roßmann*, JA 2001, 381, 382.

[99] Vgl. Staudinger/*Coester*, BGB, § 1629a Rn. 48. Zu Recht weist *Quitzau*, Haftungsbeschränkung, S. 210 auf den anderenfalls eintretenden Widerspruch hin, dass ein Volljähriger dem Gläubiger eines Sekundäranspruchs § 1629a BGB auch dann entgegenhalten könnte, wenn er zwar erst nach Eintritt der Volljährigkeit eine Pflichtverletzung begeht, seine Eltern jedoch bereits während der Minderjährigkeit die Primärverbindlichkeit begründet hatten.

[100] Ebenso *Brauer/Roßmann*, JA 2001, 381, 384.

[101] Gestatten beispielsweise Eltern ihrem 16 Jahre alten Sohn, in der Wohnung eines Nachbarn gegen eine angemessene Vergütung ein oder mehrere Zimmer zu streichen, so kommt angesichts der vereinbarten Vergütung ungeachtet der konkreten vertragstypologischen Einordnung ein Vertrag zwischen dem Minderjährigen und dem Nachbarn zustande. Beschädigt der Minderjährige im Zuge dieses Vertragsverhältnisses in der Wohnung des Nachbarn eine teure Vase, welche er beim Streichen aus Unachtsamkeit umstößt, so begründet dies einen Schadensersatzanspruch des Nachbarn aus §§ 280 Abs. 1, 241 Abs. 2 BGB sowie aus § 823 Abs. 1 BGB. Die Verbindlichkeit des Minderjährigen nach §§ 280 Abs. 1, 241 Abs. 2 BGB unterfällt dabei dem Anwendungsbereich von § 1629a Abs. 1 BGB, da die Zustimmung der Eltern zum Vertrag mit dem Nachbarn bei wertender Betrachtung Ursache der Aufnahme der Streicharbeiten und der damit einhergehenden Beschädigung der Vase war. Würde dies auch hinsichtlich des Anspruchs aus § 823 Abs. 1 BGB gelten, so ergäbe sich ein Wertungswiderspruch zu solchen Konstellationen, in denen

dd) Öffentlich-rechtliche Verbindlichkeiten

Unter § 1629a Abs. 1 BGB fallen im Übrigen nicht allein fremdverantwortete Verbindlichkeiten zivilrechtlicher Natur, sondern auch entsprechende öffentlich-rechtliche Verbindlichkeiten.[102] Eine Anwendung von § 1629a BGB auf Sachverhalte mit öffentlich-rechtlichem Bezug war seitens des Gesetzgebers zwar angesichts des Wortlauts der Vorschrift und mangels entsprechender Ausführungen im Rahmen der Gesetzesbegründung nicht explizit vorgesehen.[103] Nichtsdestotrotz gelten die Darlegungen des BVerfG zum notwendigen Schutz Minderjähriger vor einem fremdbelasteten Start in die Volljährigkeit auch für öffentlich-rechtliche Sachverhalte, da für diese das Allgemeine Persönlichkeitsrecht des Minderjährigen nach Art. 2 Abs. 1 GG i.V.m. Art. 1 Abs. 1 GG gleichfalls von hervorgehobener Bedeutung ist.[104]

Vorstellbar sind insoweit beispielsweise an einen Minderjährigen persönlich geleistete, ohne die notwendige Einberechnung einer vorhandenen Ausbildungsvergütung erfolgte Kindergeldzahlungen oder bestehende Beitragsschulden in der gesetzlichen Krankenversicherung.[105] In solchen Konstellationen sind auch etwaige Rückforderungsbescheide gemäß der sogenannten actus-contrarius-Theorie an den Minderjährigen als Leistungsempfänger zu richten.[106] Einkommenssteuerschulden des Minderjährigen können ebenfalls § 1629a Abs. 1 BGB unterfallen, soweit sie sich als fremdverantwortet darstellen.[107]

Von besonderer Praxisrelevanz ist die Anwendung von § 1629a BGB im Übrigen für die in Kapitel F. noch eingehend zu untersuchenden Konstellationen, in denen sich minderjährige Mitglieder einer sozialrechtlichen Bedarfsgemeinschaft Erstattungsansprüchen eines Sozialträgers aus § 50 Abs. 1 S. 1 SGB X ausgesetzt sehen. Nach einer Grundsatzentscheidung des BSG aus dem Jahr 2011, welche die Rückzahlungspflicht einer vormals minderjährigen Klägerin nach Aufhebung eines Leistungsbewilligungsbescheids

---

sich der Minderjährige in Abwandlung des Beispiels nicht zur Ausführung von vergüteten Streicharbeiten in der Wohnung des Nachbarn befindet, sondern dort mit Wissen und Einverständnis seiner Eltern mit dem Sohn des Nachbarn verabredet ist. Stößt der Minderjährige in diesem Zusammenhang wiederum versehentlich die Vase des Nachbarn um, käme wegen des daraus resultierenden Schadens zwar kein vertraglicher Schadensersatzanspruch, wohl aber eine Inanspruchnahme des minderjährigen Schädigers nach § 823 Abs. 1 BGB in Betracht. Diese Verbindlichkeit könnte § 1629a Abs. 1 BGB allerdings zweifellos nicht unterfallen.

[102] Staudinger/*Coester*, BGB, § 1629a Rn. 17.

[103] *Uyanik*, Aufhebungs- und Erstattungsentscheidungen, S. 51, 137 ff.

[104] Vgl. *Uyanik*, Aufhebungs- und Erstattungsentscheidungen, S. 51.

[105] Vgl. näher *Uyanik*, Aufhebungs- und Erstattungsentscheidungen, S. 52.

[106] *Uyanik*, Aufhebungs- und Erstattungsentscheidungen, S. 53.

[107] Soergel/*Fischinger*, BGB, § 1629a Rn. 36.

zum Gegenstand hatte, muss § 1629a Abs. 1 S. 1 BGB analog auch bei entsprechenden Rückforderungsbescheiden beachtet werden.[108] Diese Entscheidung des BSG wird als „Zäsur in der öffentlich-rechtlichen Rechtsprechung" gesehen, mit der § 1629a Abs. 1 BGB „in der öffentlich-rechtlichen Judikatur schlagartig an Bedeutung gewonnen" habe.[109]

c) Kein Ausschluss nach § 1629a Abs. 2 BGB

Eine nach Inkrafttreten des MHbeG vieldiskutierte Einschränkung des Anwendungsbereichs von § 1629a Abs. 1 BGB ergibt sich aus § 1629a Abs. 2 BGB. Danach gilt § 1629a Abs. 1 BGB einerseits nicht für Verbindlichkeiten aus dem selbständigen Betrieb eines Erwerbsgeschäfts, zu dem der Minderjährige nach § 112 BGB ermächtigt war, und andererseits nicht für Verbindlichkeiten aus Rechtsgeschäften, die allein der Befriedigung seiner persönlichen Bedürfnisse dienten.

aa) § 1629a Abs. 2 Alt. 1 BGB

Die in § 1629a Abs. 2 Alt. 1 BGB enthaltene Entscheidung des Gesetzgebers, wonach ein Minderjähriger abweichend von § 1629a Abs. 1 BGB für solche Rechtsgeschäfte unbeschränkt haften muss, die im Zusammenhang mit einem nach § 112 Abs. 1 S. 1 BGB auch familiengerichtlich genehmigten selbständigen Erwerbsgeschäft stehen, erscheint mit Blick auf die Interessen des Rechtsverkehrs wertungsgerecht. Denn soweit der Minderjährige nach § 112 Abs. 1 S. 1 BGB für die Angelegenheiten seines selbständig geführten Erwerbsgeschäfts als unbeschränkt geschäftsfähig gilt, muss er sich auch im Hinblick auf die Haftung für sein damit in Verbindung stehendes Handeln wie ein unbeschränkt Geschäftsfähiger behandeln lassen.[110] Zweifelhaft

---

[108] Vgl. BSG, Urt. v. 7.7.2011 – B 14 AS 153/10 R, NJOZ 2013, 127; im Anschluss hieran auch BSG, Urt. v. 18.11.2014 – B 4 AS 12/14 R, BeckRS 2015, 67296, wonach § 1629a BGB als „allgemeiner Rechtsgrundsatz" auch auf sozialrechtliche Erstattungsforderungen anzuwenden sein soll, sowie BSG, Urt. v. 19.10.2016 – B 14 AS 40/15 R, BeckRS 2016, 116267. Eine Anwendung von § 1629a BGB auf Erstattungsforderungen nach dem SGB II wurde zuletzt auch in den Entscheidungen BSG, Urt. v. 28.11.2018 – B 14 AS 34/17 R, BeckRS 2018, 41635 sowie BSG, Urt. v. 28.11.2018 – B 4 AS 43/17 R, NJW 2019, 1701 m. Anm. *Kellner* bejaht. Siehe zudem auch BeckOGK/*Amend-Traut*, BGB, § 1629a Rn. 31; Eicher/Luik/*Greiser*, SGB II, § 40 Rn. 142; *Kellner*, VR 2018, 253, 253 f. Kritisch zur analogen Anwendung von § 1629a BGB in entsprechenden Sachverhalten hingegen *Uyanik*, Aufhebungs- und Erstattungsentscheidungen, S. 137 ff., 205 und *ders.*, info also 2019, 153, 157 ff. unter Verweis insbesondere auf eine auch ohne Heranziehung von § 1629a BGB bestehende Korrekturmöglichkeit nach § 44 SGB II. Eine Anwendung von § 1629a Abs. 1 BGB auf Rückforderungen nach § 50 SGB X insgesamt ablehnend jurisPK-BGB/*Hamdan*, BGB, § 1629a Rn. 18.

[109] *Uyanik*, Aufhebungs- und Erstattungsentscheidungen, S. 129 f.

[110] BeckOGK/*Amend-Traut*, BGB, § 1629a Rn. 52; Staudinger/*Coester*, BGB, § 1629a

bleibt jedoch, wieso demgegenüber Verbindlichkeiten, die einem Minderjährigen im Zusammenhang mit einer ihm nach § 113 BGB gestatteten Aufnahme eines Dienst- oder Arbeitsverhältnisses entstehen, nicht gleichfalls vom Anwendungsbereich des § 1629a Abs. 1 BGB ausgenommen sind.[111]

Während ein früherer Gesetzesentwurf der Freien und Hansestadt Hamburg aus dem Jahr 1992 noch eine dahingehende Gleichbehandlung von §§ 112, 113 BGB vorgesehen hatte, nahm die Gesetzesbegründung zum MHbeG keinen expliziten Bezug mehr auf § 113 BGB.[112] Diese Differenzierung des Gesetzgebers zwischen § 112 BGB einerseits und § 113 BGB andererseits ist im Ergebnis allerdings nicht überzeugend.[113] Sofern man mögliche Verbindlichkeiten im Sinne von §§ 112 Abs. 1 S. 1, 113 Abs. 1 S. 1 BGB dem Anwendungsbereich von § 1629a Abs. 1 BGB unterfallen lässt,[114] müsste die

---

Rn. 17. Anderer Auffassung ist insoweit *Athanasiadis*, Beschränkung der Haftung Minderjähriger, S. 155, die aus Gründen des Minderjährigenschutzes für eine Aufgabe der Beschränkung nach § 1629a Abs. 2 Alt. 1 BGB plädiert.

[111] Überdies wird auch dahingehend ein Widerspruch erkannt, dass der Minderjährige seine Haftung wegen § 1629a Abs. 2 Alt. 1 BGB zwar nicht für Verbindlichkeiten nach § 112 BGB beschränken könne, eine Haftungsbeschränkung aber in solchen Fällen, in denen ihm ein beschränkter Generalkonsens seiner Eltern eine partiell selbständige rechtsgeschäftliche Handlungsfähigkeit verleiht, möglich bleibt. Vgl. diesbezüglich Staudinger/*Coester*, BGB, § 1629a Rn. 33, sowie *Muscheler*, WM 1998, 2271, 2282, der § 1629a Abs. 2 Alt. 1 BGB angesichts dieser Diskrepanzen, mutmaßlich mit Blick auf den Gleichheitsgrundsatz, sogar für verfassungswidrig erachtet.

[112] Vgl. hierzu den Gesetzentwurf der Freien und Hansestadt Hamburg vom September 1992, Anlage zu BR-Drs. 623/92, der keine § 1629a Abs. 2 BGB entsprechende Norm enthält. Die Begründung zu § 114 des Hamburger Entwurfs führt dahingehend auf S. 17 aus wie folgt: „Eine Haftung auch mit dem Neuvermögen kann nur in den Fällen eintreten, in denen der Minderjährige nach dem Gesetz unbeschränkt geschäftsfähig ist (§§ 112, 113), in denen es mithin an dem für den Minderjährigenschutz nach dem Beschluss des Bundesverfassungsgerichts entscheidenden Merkmal der Entscheidungsbefugnis des gesetzlichen Vertreters fehlt." Ebenso *Peschel-Gutzeit*, FamRZ 1993, 1009, 1011.

[113] Ebenso BeckOGK/*Amend-Traut*, BGB, § 1629a Rn. 55.

[114] Hiervon wird soweit ersichtlich jedenfalls für § 113 BGB überwiegend ausgegangen, vgl. etwa BeckOGK/*Amend-Traut*, BGB, § 1629a Rn. 55; Soergel/*Fischinger*, BGB, § 1629a Rn. 35; Staudinger/*Coester*, BGB, § 1629a Rn. 33; Staudinger/*Klumpp*, BGB, § 113 Rn. 8. Eine Möglichkeit der Haftungsbeschränkung bei Verbindlichkeiten nach Maßgabe von §§ 112, 113 BGB lehnt demgegenüber allerdings *Quitzau*, Haftungsbeschränkung, S. 187 f., 193 mit durchaus beachtlichen Argumenten ab. Eine Möglichkeit zur Haftungsbeschränkung gem. § 1629a Abs. 1 BGB scheide danach bei Verbindlichkeiten im Sinne von §§ 112, 113 BGB aus, da in diesem Bereich der Minderjährige das jeweilige Rechtsgeschäft selbst abschließe. Zwar sei er zuvor seitens des gesetzlichen Vertreters dazu ermächtigt worden; allerdings stelle dies keine von § 1629a Abs. 1 BGB vorausgesetzte fremdverantwortete Begründung einer Verbindlichkeit dar. Damit komme auch § 1629a Abs. 2 Alt. 1 BGB lediglich eine klarstellende Funktion zu. Ebenso *Gernhuber/Coester-Waltjen*, Familienrecht, § 65 Rn. 5; *Thiel*, Das Gesetz zur Beschränkung der Haftung Minderjähriger, S. 52.

in § 1629a Abs. 2 Alt. 1 BGB enthaltene Ausnahme von § 1629a Abs. 1 BGB mit Blick auf Sinn und Zweck der Haftungsbeschränkung richtigerweise auch für solche Verbindlichkeiten gelten, die einen Minderjährigen infolge der Aufnahme oder Erfüllung eines Dienst- oder Arbeitsverhältnisses treffen.

Zwar unterscheiden sich die Vorschriften der §§ 112, 113 BGB tatbestandlich insoweit, als § 113 Abs. 1 S. 1 BGB grundsätzlich eine Ermächtigung durch den gesetzlichen Vertreter ausreichen lässt,[115] wohingegen gem. § 112 Abs. 1 S. 1 BGB neben die Ermächtigung des Minderjährigen durch den gesetzlichen Vertreter zusätzlich eine Genehmigung des Familiengerichts treten muss. Grundsätzlich räumen jedoch beide Vorschriften dem Minderjährigen für einen spezifischen Bereich eine partiell unbeschränkte Geschäftsfähigkeit ein, was bei diesem zu einer Statusveränderung führt.[116] Auch dient § 1629a Abs. 2 Alt. 1 BGB seinem Regelungszweck nach dazu, eine Ausnahme der Haftungsbeschränkung im Fall eines eigenverantwortlichen Handelns des Minderjährigen zu erreichen. Die Nichtaufnahme von § 113 BGB berücksichtigt daher nicht ausreichend, dass auch für die Verletzung konkreter arbeits- oder dienstvertraglicher Pflichten der minderjährige Vertragspartner selbst maßgeblich verantwortlich ist.[117] Im Ergebnis muss auch bei Rechtsgeschäften im Sinne von § 113 Abs. 1 S. 1 BGB gelten, dass der Minderjährige sich mit Blick auf seine Haftung aus entsprechenden Rechtsgeschäften wie ein unbeschränkt Geschäftsfähiger behandeln lassen muss. Dieser Wertung würde ein Ausschluss der Haftungsbeschränkung für entsprechende Verbindlichkeiten über § 1629a Abs. 2 Alt. 1 BGB entsprechen.

Zu diesem Zweck wird teilweise eine analoge Anwendung von § 1629a Abs. 2 Alt. 1 BGB auf solche Fälle vorgeschlagen, in denen ein Handeln des Minderjährigen nach § 113 BGB in Rede steht.[118] Insoweit wird allerdings von

---

Ein ähnliches Verständnis klingt überdies auch im Gesetzesentwurf der Freien und Hansestadt Hamburg vom September 1992 an, vgl. hierzu die in Fn. 112 zitierte Passage desselben. Die zitierte Entwurfsbegründung geht erkennbar davon aus, dass es in Fällen der §§ 112, 113 BGB an einer Fremdverantwortlichkeit der den Minderjährigen belastenden Verbindlichkeiten fehlt, weshalb insoweit eine Haftung des volljährig Gewordenen auch mit dem Neuvermögen in Betracht kommt. Vgl. schließlich *Veit*, FS Birk, S. 877, 897, wonach § 113 BGB mangels Nichtnennung in § 1629a Abs. 1 BGB nicht dessen Anwendungsbereich unterfalle, eine analoge Anwendung jedoch angesichts der Nähe von § 113 BGB zu einer elterlichen Generaleinwilligung nach § 107 BGB in Betracht komme.

[115] Zu beachten bleibt allerdings die Einschränkung nach § 113 Abs. 1 S. 2 BGB für solche Rechtsgeschäfte, zu denen auch ein Vertreter der Genehmigung des Familiengerichts bedarf.

[116] Vgl. bereits die Ausführungen unter D. I. 2. d).

[117] BeckOGK/*Amend-Traut*, BGB, § 1629a Rn. 55.

[118] Für eine analoge Anwendung von § 1629a Abs. 2 Alt. 1 BGB auf Fälle des § 113 BGB plädiert BeckOK BGB/*Veit*, BGB, § 1629a Rn. 14.2; erwogen auch bei *Veit*, FS Birk, S. 877, 897.

anderen Stimmen das Vorliegen einer planwidrigen Regelungslücke angezweifelt.[119] Einer analogen Anwendung bedürfte es hingegen nicht, sofern man die vereinzelt geäußerte Auffassung teilt, wonach § 1629a Abs. 2 Alt. 1 BGB angesichts des Umstands, dass auf §§ 112, 113 BGB beruhende Verpflichtungen vormaliger Minderjähriger dem Anwendungsbereich von § 1629a Abs. 1 BGB mangels Fremdverantwortung nicht unterfallen können, allein eine klarstellende Wirkung zukommt.[120] In beiden Fällen birgt die Nichtaufnahme von § 113 BGB in § 1629a Abs. 2 BGB jedoch zumindest eine deutliche Inkohärenz, da eine deklaratorische Nennung aufgrund der wie dargestellt notwendigen Gleichbehandlung der §§ 112, 113 BGB entweder beide Vorschriften umfassen müsste oder aber mangels Relevanz insgesamt entbehrlich wäre.

Die in § 1629a Abs. 2 Alt. 1 BGB formulierte Ausnahme vom Anwendungsbereich des § 1629a Abs. 1 BGB stellt sich somit insgesamt als wenig geglückt dar. Insbesondere vor dem Hintergrund methodischer Zweifel an einer Analogiebildung erscheint eine Aufnahme auch von § 113 BGB in § 1629a Abs. 2 Alt. 1 BGB notwendig und geboten, um entgegen der derzeitigen Rechtslage eine Gleichbehandlung der nach §§ 112, 113 BGB denkbaren Verpflichtungssituationen zu gewährleisten.

bb) § 1629a Abs. 2 Alt. 2 BGB

Des Weiteren ist § 1629a Abs. 1 BGB nach Maßgabe von § 1629a Abs. 2 Alt. 2 BGB auch auf solche Verbindlichkeiten nicht anwendbar, die allein der Befriedigung der persönlichen Bedürfnisse des betroffenen Minderjährigen dienten. Die diesbezüglich bestehende Ausnahme von § 1629a Abs. 1 BGB wird angesichts des wenig aussagekräftigen Begriffs „persönliche Bedürfnisse“ anhaltend kritisiert.[121] Nach Ansicht des Gesetzgebers soll § 1629a

---

[119] Vgl. BeckOGK/*Amend-Traut*, BGB, § 1629a Rn. 55 (Fn. 92), und NK-BGB/*Kaiser*, BGB, § 1629a Rn. 23.

[120] Vgl. erneut Fn. 114 sowie *Gernhuber/Coester-Waltjen*, Familienrecht, § 65 Rn. 5; *Quitzau*, Haftungsbeschränkung, S. 187 f., 193; *Thiel*, Das Gesetz zur Beschränkung der Haftung Minderjähriger, S. 52.

[121] Vgl. *Athanasiadis*, Beschränkung der Haftung Minderjähriger, S. 158; BeckOGK/*Amend-Traut*, BGB, § 1629a Rn. 57; *Glöckner*, FamRZ 2000, 1397, 1401 f.; *Muscheler*, WM 1998, 2271, 2282; *Peschel-Gutzeit*, FamRZ 1993, 1009, 1012; *dies.*, FPR 2006, 455, 458; Staudinger/*Coester*, BGB, § 1629a Rn. 35. Vgl. im Übrigen auch den Hinweis bei *Waas*, KritV 2000, 5, 21, wonach es sich bei § 1629a Abs. 2 Alt. 2 BGB vor dem Hintergrund der Entscheidung des BVerfG „[…] um nichts anderes als um die partielle Nichtbeachtung eines verfassungsrechtlichen Gebotes handelt, nämlich des Gebots, einen wirksamen Schutz des Minderjährigen vor Haftungsfolgen zu gewährleisten, die er selbst nicht ‚zu verantworten‘ hat.“ Nichtsdestotrotz halte die darin enthaltene Ausnahme von der Haftungsbeschränkung einer verfassungsrechtlichen Prüfung mit Blick auf die Interessen des Minderjährigen im Ergebnis stand.

Abs. 2 Alt. 2 BGB sowohl „Kleingeschäfte des täglichen Lebens" als auch größere, für einen Minderjährigen der jeweiligen Altersstufe allerdings typische oder jedenfalls nicht ungewöhnliche Rechtsgeschäfte erfassen.[122] Den relevanten Maßstab einer entsprechenden Einschätzung stellt die Verkehrsanschauung dar.[123]

Auch in der bis dato ergangenen Rechtsprechung finden sich Versuche einer einzelfallbasierten Konkretisierung des Begriffs „Befriedigung der persönlichen Verhältnisse". So soll beispielsweise die Erhebung einer Vaterschaftsfeststellungsklage durch einen Minderjährigen nach einer Entscheidung des AG Göppingen nicht allein der Befriedigung der persönlichen Bedürfnisse des minderjährigen Klägers dienen. Zwar bezwecke diese zuvörderst, dem Minderjährigen einen Unterhaltsschuldner zu verschaffen; zugleich diene sie aber auch dem öffentlichen Interesse an der Klärung familienrechtlicher Statusfragen.[124] Auch „aufwendige Heilbehandlungen" wie eine kostspielige und nicht zum medizinischen Mindestschutz zählende kieferorthopädische Behandlung sollen § 1629a Abs. 2 BGB nicht unterfallen.[125] Demgegenüber nahm etwa das LG Hamburg in einer Entscheidung an, dass die im Rahmen eines Ausbildungsvertrags erbrachten Ausbildungsleistungen im Bereich Gesang, Tanz und Schauspiel allein der Befriedigung persönlicher Bedürfnisse der im zugrundeliegenden Fall betroffenen minderjährigen Schülerin dienten.[126]

Mit Blick auf den Wortlaut von § 1629a Abs. 2 Alt. 2 BGB, insbesondere die unterhaltsrechtliche Prägung des Begriffs „Bedürfnisse" und die in der Verwendung des Possessivartikels „seiner" vermeintlich zum Ausdruck kommende Bezugnahme auf den Lebensstandard eines konkret betroffenen Minderjährigen, sowie den der Gesetzesbegründung zu entnehmenden Normzweck wird zu Recht überwiegend eine restriktive und dabei typisierend-generelle Auslegung der Vorschrift vertreten.[127] Insbesondere soll eine An-

[122] Als Beispiele für ein Kleingeschäft des täglichen Lebens nennt die Gesetzesbegründung den Kauf von Nahrungsmitteln oder Schulbedarf, während unter ein größeres, jedoch alterstypisches Rechtsgeschäft die Anschaffung eines Fahrrades, Kleinkraftrades oder Computers fallen könne. Vgl. BT-Drs. 13/5624, S. 13.

[123] BeckOK BGB/*Veit*, BGB, § 1629a Rn. 17.

[124] Vgl. AG Göppingen, Beschl. v. 16.3.2018 – 6 F 335/17, BeckRS 2018, 26970.

[125] Vgl. AG Leipzig, Urt. v. 10.5.2007 – 114 C 8347/06, BeckRS 2008, 1985.

[126] Vgl. LG Hamburg, Urt. v. 17.12.2010 – 318 O 208/10, BeckRS 2011, 83.

[127] BeckOGK/*Amend-Traut, BGB, § 1629a Rn. 57; Muscheler*, WM 1998, 2271, 2282 f.; *Peschel-Gutzeit*, FPR 2006, 455, 458; MüKoBGB/*Huber*, BGB, § 1629a Rn. 29; *Thiel*, Das Gesetz zur Beschränkung der Haftung Minderjähriger, S. 57. Für eine Zugrundelegung der konkreten Lebensverhältnisse des individuellen Minderjährigen hingegen *Athanasiadis*, Beschränkung der Haftung Minderjähriger, S. 158; *Bittner*, FamRZ 2000, 325, 327; *Melchers*, FuR 2009, 6, 8; andeutungsweise auch *Waas*, KritV 2000, 5, 20. Im Sinne des Gläubigerschutzes favorisiert *Bittner*, FamRZ 2000, 325, 327, im Übrigen eine weite Aus-

wendung von § 1629a Abs. 2 Alt. 2 BGB für solche Fälle unzulässig und eine Haftungsbeschränkung somit möglich sein, in denen dem Minderjährigen infolge des Rechtsgeschäfts erhebliche finanzielle Belastungen drohen oder ihm der Gegenwert des Geschäfts nicht zugutegekommen ist, wofür methodisch eine teleologische Reduktion des als zu weitreichend angesehenen Gesetzeswortlauts vorgeschlagen wird.[128]

Angesichts der Interpretationsbedürftigkeit des Begriffs „persönliche Bedürfnisse" kommt § 1629a Abs. 2 Alt. 2 BGB unter Berücksichtigung der vorangegangenen Erwägungen in der Praxis in vielen Fällen eine gewichtige Rolle zu.[129]

4. *Weitere Voraussetzungen*

Nach der dispositiven Vorschrift des § 1629a Abs. 3 BGB werden Rechte, die Gläubigern gegen Mitschuldner und Mithaftende zustehen, sowie deren Rechte aus einer für die Forderung gegen den Minderjährigen bestellten dinglichen Sicherheit nicht berührt. Von der Vorschrift des § 1629a Abs. 3 Alt. 1 BGB werden dabei insbesondere akzessorische Rechte wie beispielsweise eine Bürgschaft tangiert und die Wirkungen der Akzessorietät eingeschränkt. So kann sich der Bürge im Unterschied zum minderjährigen Hauptschuldner nach Maßgabe des § 1629a Abs. 3 Alt. 1 BGB abweichend von § 768 Abs. 1 S. 1 BGB nicht auf die Einrede der Haftungsbeschränkung berufen, soweit zwischen Bürgen und Gläubiger nichts Abweichendes vereinbart wurde.[130] § 1629a Abs. 4 BGB schließlich dient mittels zweier die Abgrenzung von Alt- und Neuverbindlichkeiten und den Bestand des Altvermögens betreffenden Vermutungen dem Schutz der Gläubiger von Verbindlichkeiten des Minderjährigen aus Gemeinschaftsverhältnissen und aus dem Betrieb eines einzelkaufmännischen Handelsgeschäfts.[131]

5. *Geltendmachung der Einrede*

Beruft sich der volljährig Gewordene auf die ihm aus § 1629a BGB zustehende Einrede, so finden nach § 1629a Abs. 1 S. 2 BGB die Vorschriften der

---

legung des Begriffes „persönliche Bedürfnisse", um dergestalt die Möglichkeiten zur Haftungsbeschränkung zu minimieren.

[128] BeckOGK/*Amend-Traut, BGB, § 1629a Rn. 57;* MüKoBGB/*Huber*, BGB, § 1629a Rn. 28; Staudinger/*Coester*, BGB, § 1629a Rn. 36.

[129] Auch im Rahmen der noch erfolgenden rechtlichen Analyse einzelner praktischer Fälle wird vereinzelt näher auf § 1629a Abs. 2 Alt. 2 BGB einzugehen sein.

[130] Zur Dispositivität von § 1629a Abs. 3 BGB vgl. Staudinger/*Coester*, BGB, § 1629a Rn. 39.

[131] Vgl. näher MüKoBGB/*Huber*, BGB, § 1629a Rn. 67 ff.

§§ 1990, 1991 BGB entsprechende Anwendung. Infolge dieser Verweisung ist der Schuldner den Gläubigern wie ein Beauftragter für die Verwaltung des bei Eintritt der Volljährigkeit bestehenden Vermögens verantwortlich, wobei ihn unter anderem Auskunfts- und Rechenschaftspflichten nach § 666 BGB und bei Verletzung seiner aus der Stellung als Beauftragter ergebenden Pflichten auch Schadensersatzansprüche aus § 280 Abs. 1 BGB treffen.[132] Inwieweit insbesondere eine notwendige getrennte Verwaltung des Alt- und Neuvermögens durch den Minderjährigen im Einzelfall praktisch durchführbar und realistisch ist, wird allerdings teilweise bezweifelt.[133] Die Errichtung eines bei Gericht einzureichenden Inventars des bei Volljährigkeit bestehenden Altvermögens ist mangels Verweisung auf § 1993 BGB in § 1629a Abs. 1 S. 2 BGB im Übrigen nicht vonnöten, wenngleich dem volljährig Gewordenen die Erstellung eines Verzeichnisses des Altvermögens aus Gründen der späteren Beweisführung in etwaigen Prozessen dringend anzuraten ist.[134]

Bei Dauerschuldverhältnissen führt die Erhebung der Einrede zur Haftungsbeschränkung auch für die nach Eintritt der Volljährigkeit fällig werdenden Vergütungen, da diese gleichfalls als Altschulden gelten. In diesem Fall steht dem Vertragspartner allerdings ein Kündigungsrecht aus wichtigem Grund gem. § 314 BGB zu; zudem kann er vor Erbringung weiterer eigener Leistungen nach Maßgabe von § 321 BGB einen Verzicht des volljährig Gewordenen auf die Geltendmachung der Einrede oder eine Sicherheitsleistung nach § 1629a Abs. 3 BGB verlangen.[135]

Eine Erhebung der Einrede aus § 1629a Abs. 1 BGB ist im Übrigen ausgeschlossen, sofern auf diese wirksam verzichtet wurde. Während ein Verzicht durch den Minderjährigen selbst oder seinen Vertreter nicht möglich ist, kann der volljährig Gewordene, grundsätzlich auch konkludent, gegenüber einem oder allen in Betracht kommenden Gläubigern rechtswirksam auf die Geltendmachung der Einrede verzichten.[136]

---

[132] MüKoBGB/*Huber*, BGB, § 1629a Rn. 35.

[133] Vgl. *Schmidt*, FS Derleder, S. 601, 610: „Man darf sich diese getrennte Vermögensverwaltung offenkundig nicht einfach vorstellen. […] Ob dergleichen im Rechtsleben irgendeine Entsprechung hat, ist zu bezweifeln."

[134] So schon BT-Drs. 13/5624, S. 10. Vgl. auch *Behnke*, NJW 1998, 3078, 3080; MüKoBGB/*Huber*, BGB, § 1629a Rn. 36; *Peschel-Gutzeit*, FPR 2006, 455, 458.

[135] Staudinger/*Coester*, BGB, § 1629a Rn. 70 m.w.N. Vgl. auch *Habersack*, FamRZ 1999, 1, 6, der ein Recht des Vertragspartners zur außerordentlichen Kündigung bereits dann bejaht, wenn der Minderjährige die Volljährigkeit erreicht und die Geltendmachung der Haftungsbeschränkung „absehbar" sei. Nach *Klumpp*, ZEV 1998, 409, 412 und *Peschel-Gutzeit*, FPR 2006, 455, 456 soll der Eintritt der Volljährigkeit allein ein Kündigungsrecht des Gläubigers allerdings nicht begründen können. Dies überzeugt angesichts der nach Eintritt der Volljährigkeit bestehenden Möglichkeit sowohl eines ausdrücklichen Verzichts als auch der schlichten Nichtausübung der Einrede.

[136] Staudinger/*Coester*, BGB, § 1629a Rn. 50 m.w.N.

6. Prozessuale Aspekte

Wird ein volljährig gewordener Schuldner von einem Gläubiger gerichtlich in Anspruch genommen, muss er bereits im Rahmen des Erkenntnisverfahrens die Einrede aus § 1629a Abs. 1 BGB erheben; dies gilt auch dann, wenn er während des Prozesses volljährig wird.[137] Liegen die Voraussetzungen des § 1629a BGB vor und ist das Altvermögen unstreitig erschöpft oder zur Befriedigung des Klägers nicht ausreichend, kann das Gericht die Klage ganz oder teilweise abweisen. Sind die Voraussetzungen des § 1629a BGB oder der Bestand des Altvermögens hingegen streitig, kann das Gericht einen Vorbehalt nach § 780 Abs. 1 ZPO in das Urteil aufnehmen, so dass dem volljährig Gewordenen die Möglichkeit der Durchsetzung der Haftungsbeschränkung im Zwangsvollstreckungsverfahren nach § 767 ZPO verbleibt.[138]

Sofern gegen den Schuldner ein Titel noch während dessen Minderjährigkeit erwirkt wurde, die Aufnahme eines Vorbehalts im Leistungsurteil somit nicht möglich war, kann der Schuldner die Haftungsbeschränkung aus § 1629a Abs. 1 BGB nach Eintritt der Volljährigkeit im Wege einer Vollstreckungsabwehrklage geltend machen.[139] Ist der vormals Minderjährige allerdings vor oder während des Erkenntnisverfahrens volljährig geworden und erhebt er die Einrede aus § 1629a Abs. 1 BGB dennoch nicht, kann das Gericht die gegen ihn gerichtete Klage weder abweisen noch einen entsprechenden Vorbehalt in das Urteil aufnehmen. Die Erhebung einer auf § 1629a Abs. 1 BGB gestützten Vollstreckungsabwehrklage wäre dem Schuldner im anschließenden Vollstreckungsverfahren sodann nicht mehr möglich, da er insoweit gemäß § 767 Abs. 2 ZPO präkludiert wäre.[140]

Diese aus § 767 Abs. 2 ZPO drohende Gefahr einer Präklusion im Vollstreckungsverfahren stellt sich aus praktischer Sicht insbesondere angesichts des Einredecharakters von § 1629a Abs. 1 BGB als problematisch dar. Wird eine Zahlungsklage gegen einen volljährig gewordenen Schuldner betrieben und ist dieser mangels Anwendbarkeit von § 78 Abs. 1 ZPO im Erkenntnisverfahren nicht anwaltlich vertreten, wird ihm die Möglichkeit einer Berufung auf § 1629a Abs. 1 BGB eventuell unbekannt sein. Gleichwohl darf das Gericht einen Beklagten grundsätzlich nicht auf ein von ihm übersehenes

---

[137] Staudinger/*Coester*, BGB, § 1629a Rn. 51.

[138] MüKoBGB/*Huber*, BGB, § 1629a Rn. 33 f.

[139] OLG Koblenz, Beschl. v. 27.5.2015 – 2 U 894/14, BeckRS 2015, 10646; BeckOGK/*Amend-Traut*, BGB, § 1629a Rn. 91; *Poller*, NZFam 2015, 840.

[140] Vgl. für eine gegen einen Kostenfestsetzungsbeschluss gerichtete Vollstreckungsabwehrklage OLG Köln, Beschl. v. 8.3.2010 – 27 UF 14/10, NJW-RR 2010, 1447, 1448. Vgl. ebenso AG Siegburg, Urt. v. 6.1.2010 – 322 F 147/08, BeckRS 2010, 14092. Auf eine dahingehende potentielle „Haftungsfalle" im Rahmen anwaltlicher Prozessvertretung weist *Poppen*, FamFR 2010, 328 hin. Kritisch zur Einschätzung des OLG Köln hingegen *Melchers*, FuR 2012, 166, 166 f.

Gestaltungsrecht oder eine Einrede hinweisen, sofern der Parteivortrag nicht erkennen lässt, dass sich der Beklagte, wenn auch nur laienhaft, mit einer bestimmten Einrede zur Wehr setzen möchte, obwohl die insoweit notwendigen Tatsachen vorliegen.[141] Im Übrigen ist auch im Fall einer anwaltlichen Vertretung eine versehentliche Nichtberufung auf § 1629a Abs. 1 BGB durchaus vorstellbar. Dies kann im Fall des Eintritts der Präklusionswirkung eine Anwaltshaftung nach sich ziehen.[142]

Besonders gravierende Auswirkungen kann die Unkenntnis der Einrede aus § 1629a Abs. 1 BGB für den volljährig gewordenen Schuldner zudem im Fall eines gegen ihn eingeleiteten Mahnverfahrens nach §§ 688 ff. ZPO haben. Ergeht mangels Widerspruchs gegen den Mahnbescheid ein Vollstreckungsbescheid nach § 699 ZPO, findet auf diesen die Vorschrift des § 767 Abs. 2 ZPO gem. §§ 795 S. 1, 794 Abs. 1 Nr. 4 ZPO ebenfalls Anwendung. Ist die zweiwöchige Einspruchsfrist nach §§ 700 Abs. 1, 339 Abs. 1 ZPO abgelaufen und der Vollstreckungsbescheid somit rechtskräftig, ist dem Schuldner eine Berufung auf § 1629a Abs. 1 BGB wegen der Präklusionswirkung aus § 767 Abs. 2 ZPO im Vollstreckungsverfahren folglich nicht mehr möglich. Dies gilt im Übrigen auch im Fall des Erlasses eines Versäumnisurteils gegen einen minderjährigen Beklagten nach § 331 ZPO, beispielsweise in einem von § 331 Abs. 3 S. 1 ZPO geregelten Fall nicht rechtzeitiger Verteidigungsanzeige. Auch insoweit gilt die zweiwöchige Einspruchsfrist des § 339 Abs. 1 ZPO.[143] Nach deren Ablauf und Rechtskraft des Versäumnisurteils kann sich der Beklagte folglich gem. § 767 Abs. 2 ZPO gegenüber etwaigen Vollstreckungsversuchen des Gläubigers nicht mehr auf § 1629a Abs. 1 BGB berufen.

7. *Praxisbedeutung*

Während die Möglichkeit einer Beschränkung der Minderjährigenhaftung, wie sie schlussendlich in Gestalt von § 1629a BGB realisiert wurde, im Zeitraum vor und nach Inkrafttreten des MHbeG in der Literatur intensiv und kritisch diskutiert wurde, nahm das wissenschaftliche Interesse an einer Auseinandersetzung mit § 1629a BGB innerhalb des letzten Jahrzehnts soweit

[141] Musielak/Voit/*Stadler*, ZPO, § 139 Rn. 9.

[142] Vgl. hierzu *Poller*, NZFam 2015, 840 sowie *Poppen*, FamFR 2010, 328.

[143] Diese beginnt gem. § 339 Abs. 1 Hs. 2 ZPO grundsätzlich mit Zustellung des Versäumnisurteils an die säumige Partei. Im erwähnten Fall eines Versäumnisurteils im schriftlichen Vorverfahren nach § 331 Abs. 3 ZPO, welches an beide Parteien zuzustellen ist, soll hingegen nach überwiegender Auffassung die zuletzt vorgenommene Zustellung für den Fristbeginn maßgeblich sein. Vgl. nur Musielak/Voit/*Stadler*, ZPO, § 339 Rn. 1.

ersichtlich zunehmend ab.[144] Häufig wird auch angeführt, dass die Vorschrift seit Inkrafttreten des MHbeG kaum praktische Relevanz entfaltet habe.[145]

Allerdings wiesen nicht nur die im Zuge der vorliegenden Arbeit befragten Schuldnerberaterinnen und -berater teilweise auf die nach ihrer Berufserfahrung vorhandene Relevanz des § 1629a BGB für die Beratung volljähriger Schuldner hin; auch im Zuge der mit 57 Teilnehmerinnen und Teilnehmern durchgeführten Befragung antworteten immerhin 34 Befragte auf die Frage „Ist die nach § 1629a BGB bestehende Möglichkeit einer Beschränkung der Minderjährigenhaftung in Ihrer persönlichen Beratungspraxis von Relevanz?" mit „Ja".[146] Überdies befassen sich auch einzelne auf Anfragen von Jugendämtern hin ergangene Rechtsgutachten des Instituts für Jugendhilfe und Familienrecht e.V. (DIJuF) anhand konkreter praktischer Fälle mit § 1629a BGB.[147]

Zudem hat § 1629a BGB nach seinem Inkrafttreten auch in der zivilrechtlichen Kasuistik soweit ersichtlich durchaus Einzug gehalten, wobei die voranstehend bereits erwähnten Entscheidungen insbesondere das diffizile Verständnis des Begriffs „persönliche Bedürfnisse" in § 1629a Abs. 2 Alt. 2 BGB sowie prozessrelevante Präklusionsfragen betrafen. Neben den dort einschlägigen Sachverhaltskonstellationen, in denen die Frage nach dem Erfolg der Einredeerhebung durch einen mittlerweile volljährigen Beklagten im

---

[144] Kritische Besprechungen bereits des Gesetzesentwurfs zum MHbeG finden sich etwa bei *Peschel-Gutzeit*, FamRZ 1993, 1009, 1012 ff.; *Peschel-Gutzeit/Jenckel*, FuR 1997, 34 ff.; *Behnke*, NJW 1998, 3078 ff.; *Muscheler*, WM 1998, 2271 ff.; *Eckebrecht*, MDR 1999, 1248 ff. Zu Darstellungen aus jüngerer Zeit vgl. beispielsweise *Eckardt*, ZJS 2008, 444 ff. sowie *Melchers*, FuR 2009, 6 ff. und *ders.*, FuR 2009, 85 ff.

[145] Vgl. *Gernhuber/Coester-Waltjen*, Familienrecht, § 65 Rn. 2; *Janković*, Vererben an Minderjährige, S. 28; *Peschel-Gutzeit*, FPR 2006, 455, 456; *Schmidt*, JuS 2004, 361, 366; Staudinger/*Coester*, BGB, § 1629a Rn. 1. Auf die „[...] geringe praktische Bedeutung [...] dieser doch offenkundig in der Literatur eher überschätzten Vorschrift [...]" verweist *Schmidt*, FS Derleder, S. 601. Auch die Einleitung eines Beitrags von *Melchers* aus dem Jahr 2009 unterstreicht ostentativ die angenommene Unkenntnis der Vorschrift in der Praxis: „Hand aufs Herz: Ist Ihnen diese Vorschrift geläufig? Wahrscheinlich nicht." Vgl. *Melchers*, FuR 2009, 6. Aus gesellschaftsrechtlicher Perspektive vgl. *Ivo*, 2018: Familie und Recht, S. 79: „Kaum praktisch geworden ist bislang die Haftungsbeschränkung des § 1629a BGB für volljährig gewordene Gesellschafter". Vgl. im Übrigen auch schon die Gesetzesbegründung zum Regierungsentwurf in BT-Drs. 13/5624, dort unter A. 5., wonach die Bundesregierung selbst von einer „[...] relativ geringen Zahl von Fällen, in denen das Minderjährigenhaftungsbeschränkungsgesetz zur Anwendung kommt [...]", ausging.

[146] Vgl. die im Anhang abgedruckte Tabelle 1 und dort die Auswertung zu Frage 9 des Fragebogens. Daneben lagen 20 Antworten mit „Nein" sowie drei Enthaltungen vor.

[147] Vgl. *DIJuF*, Rechtsgutachten vom 18.1.2016 – V 2.400/V 2.500 Ho, JAmt 2016, 209; *DIJuF*, Rechtsgutachten vom 20.5.2015 – V 2.400/V 2.500 Ho, JAmt 2015, 262, 263. Zum DIJuF siehe allgemein https://www.dijuf.de/ueber-das-institut.html (Abrufdatum 3.5.2021).

Mittelpunkt stand, findet die aus § 1629a BGB resultierende Möglichkeit einer Haftungsbeschränkung in einzelnen Entscheidungen überdies auch mittelbar im Rahmen gerichtlicher Argumentation Berücksichtigung.

Beispielhaft sei diesbezüglich eine Entscheidung des OLG Bremen genannt, welche die familiengerichtliche Genehmigung einer Kommanditanteilsübertragung auf ein minderjähriges Kind betraf.[148] Während das erstinstanzlich befasste Familiengericht eine Genehmigung im Hinblick auf die Kindesinteressen noch abgelehnt hatte, gelangte das OLG Bremen als Beschwerdegericht zur Auffassung, dass der Erwerb des Kommanditanteils überwiegend vorteilhaft für das Kind und somit genehmigungsfähig sei. Dabei stützte das OLG Bremen seine Einschätzung neben weiteren Abwägungsaspekten auch auf den Umstand, dass sich aus § 1629a BGB zugunsten des Kindes nach dessen Eintritt in die Volljährigkeit die Möglichkeit einer Haftungsbeschränkung ergeben werde.[149]

Eine vergleichbare Abwägungsentscheidung traf unter Heranziehung des § 1629a BGB auch das LG München I hinsichtlich der Genehmigung einer Einbeziehung zweier Kinder in eine vermögensverwaltende Familien-GbR.[150] Ebenso stellte auch das OLG Braunschweig in einer Beschwerdeentscheidung, welche die schenkweise Übertragung von GbR-Anteilen an die Kinder eines Mitgesellschafters zum Gegenstand hatte, fest, dass zur Entscheidung über die Vor- oder Nachteilhaftigkeit der Anteilsübertragung auch § 1629a Abs. 1 BGB in die notwendige Abwägung eingestellt werden müsse.[151] Nach einer Entscheidung des LG Koblenz schließlich wurde im Rahmen einer gegen drei Minderjährige betriebenen Schadensersatzklage ein pfändbarer Anspruch der Minderjährigen auf Schadensersatz gegen einen Dritten mangels Vorliegens eines Schadens verneint: Während den betroffenen Minderjährigen nach Darstellung des LG Koblenz bis dato noch keine Vermögenseinbuße entstanden war, könnten sich diese gegen zukünftige Inanspruchnahmen Dritter auf § 1629a Abs. 1 BGB berufen, sodass noch nicht feststehe, in welcher Höhe ihnen letztlich überhaupt ein anspruchsbegründender Schaden erwachsen werde.[152] Diese Rechtsauffassung des LG Koblenz wurde vom OLG Koblenz in einem nachfolgenden Hinweisbeschluss bestätigt.[153]

Von gesteigerter praktischer Bedeutung erscheint die Möglichkeit einer Haftungsbeschränkung nach § 1629a BGB im Übrigen aktuell im Bereich öffentlich-rechtlicher Erstattungsansprüche insbesondere auf dem Gebiet

---

[148] OLG Bremen, Beschl. v. 24.2.1999 – 4 UF 16–99, NJW-RR 1999, 876.

[149] OLG Bremen, Beschl. v. 24.2.1999 – 4 UF 16–99, NJW-RR 1999, 876, 877.

[150] LG München I, Beschl. v. 27.4.2000 – 13 T 16 668/99, ZEV 2000, 370, 371 f.

[151] OLG Braunschweig, Beschl. v. 30.10.2000 – 2 W 237/00, ZEV 2001, 75, 76.

[152] LG Koblenz, Urt. v. 25.6.2014 – 15 O 290/13, BeckRS 2015, 12316.

[153] Vgl. OLG Koblenz, Beschl. v. 27.5.2015 – 2 U 894/14, FamRZ 2016, 384.

des SGB II.[154] Die diesbezüglich im Jahr 2011 ergangene Grundsatzentscheidung des BSG hat den faktischen Anwendungsbereich von § 1629a BGB über den zivilrechtlichen Fokus hinaus erheblich erweitert.[155] Dies hat in der Folge zu einer durchaus beachtlichen Kasuistik auch der Sozial- und Landessozialgerichtsbarkeit geführt.[156] Gleichwohl wird für den sozialrechtlichen Bereich vereinzelt vorgetragen, dass nach Erfahrung der Behörden und Gerichte in vielen Fällen § 1629a BGB nicht von den Klägern geltend gemacht werde; dies betreffe nicht nur Naturalparteien, sondern selbst anwaltlich vertretene Erstattungsschuldner, da oftmals „[…] die Möglichkeit einer analogen Anwendung nicht bedacht wird oder weil der ehemals Minderjährige im Erstattungsrechtstreit zwischenzeitlich längst volljährig geworden ist, sodass die Problematik aus dem Blick gerät.“[157]

8. Fazit

Mit der Vorschrift des § 1629a BGB hat der Gesetzgeber minderjährigen Schuldnern die Möglichkeit eingeräumt, sich nach Eintritt der Volljährigkeit einredeweise von fremdverantworteten Schulden zu befreien. Angesichts des weiten Anwendungsbereichs und der relativ niedrigen Verfahrensanforderungen geht mit § 1629a BGB eine starke Privilegierung im Rechtsverkehr einher, die aus Gesichtspunkten des Minderjährigenschutzes zu begrüßen ist. Entgegen teilweise vorgebrachter Darstellungen in der Literatur ist die Vorschrift in der Praxis auch nicht bedeutungslos. Die durch das BSG klargestellte Möglichkeit einer Heranziehung von § 1629a BGB im Sozialrecht hat dessen praktischen Wert, auch mit Blick auf die diesbezüglich notwendige Anwendung von Amts wegen, zudem noch erhöht. Eine Berücksichtigung der Vorschrift in Wissenschaft und Praxis, insbesondere im Zusammenhang mit einer Schuldnerberatung sowie anwaltlichen Vertretung, ist folglich von herausragendem Interesse.

---

[154] Vgl. hierzu auch eine unter https://www.infodienst-schuldnerberatung.de/minderjaehrigenhaftung-bei-rueckforderungen-des-jobcenters/ (Abrufdatum 27.4.2021) angebotene Musterformulierung zur Erhebung der Einrede aus § 1629a BGB gegenüber einem die Rückerstattung geltend machenden Jobcenter.

[155] Vgl. erneut BSG, Urt. v. 7.7.2011 – B 14 AS 153/10 R, NJOZ 2013, 127.

[156] Vgl. etwa LSG Sachsen-Anhalt, Urt. v. 28.9.2017 – L 2 AS 695/16, BeckRS 2017, 138731; LSG Sachsen-Anhalt, Urt. v. 2.3.2017 – L 5 AS 261/15, BeckRS 2017, 118740; LSG Berlin-Brandenburg, Urt. v. 19.4.2013 – L 26 AS 1379/10, BeckRS 2013, 70569; SG Neuruppin, Gerichtsbeschl. v. 27.4.2016 – S 30 AS 2629/15, BeckRS 2016, 118085; SG Landshut, Urt. v. 5.2.2014 – S 10 AS 390/12, BeckRS 2014, 66784.

[157] *Uyanik*, Aufhebungs- und Erstattungsentscheidungen, S. 237.

IV. Die Deliktsfähigkeit Minderjähriger nach § 828 BGB

Im Deliktsrecht regelt § 828 BGB die Verantwortlichkeit Minderjähriger für die von ihnen verursachten Schäden. Die von dieser Vorschrift statuierten Haftungsprivilegierungen tragen dabei der Erkenntnis Rechnung, dass Minderjährigen zu ihrer Reifung und Persönlichkeitsentfaltung ein gewisser Freiraum im Sinne eines Lernens durch „Versuch und Irrtum" gewährt werden muss.[158] Dergestalt normiert § 828 BGB nicht allein eine Haftungsvoraussetzung in Gestalt deliktischer Verantwortlichkeit, sondern dient seinem Normzweck nach auch dem Minderjährigenschutz.[159] Gleichwohl lassen der Gesetzeswortlaut von § 828 BGB in seiner aktuellen Fassung und seine Handhabung durch die Rechtsprechung einige grundsätzliche Problemfelder unbeantwortet.

1. Normhistorie

Die bereits bei Inkrafttreten des BGB am 1.1.1900 existente Vorschrift des § 828 BGB blieb zunächst mehr als 100 Jahre in inhaltlich unveränderter Form bestehen. Erst durch das SchadÄndG wurde mit Wirkung zum 1.8.2002 in § 828 Abs. 2 BGB n.F. die Altersgrenze für die Deliktsfähigkeit Minderjähriger in Fällen nicht vorsätzlich herbeigeführter Schäden, die im Zusammenhang mit Unfällen im Bereich des motorisierten Straßenverkehrs entstehen, auf zehn Jahre angehoben. Damit entsprach der Gesetzgeber langanhaltend geäußerten, auf entwicklungspsychologischen und empirischen Einsichten beruhenden rechtspolitischen Forderungen.[160] Die vor Inkrafttreten des SchadÄndG in § 828 Abs. 2 S. 1 BGB a.F. geregelte Haftungsprivilegierung für Kinder ab dem vollendeten siebten Lebensjahr wurde im Zuge der gesetzlichen Neufassung in § 828 Abs. 3 BGB n.F. niedergelegt, während die bis dato in § 828 Abs. 2 S. 2 BGB a.F. enthaltene Privilegierung für Taubstumme ersatzlos gestrichen wurde.[161] Im Übrigen blieb § 828 BGB inhaltlich unverändert.

Bei der Konzeption des für Minderjährige nach Vollendung des siebten Lebensjahres geltenden § 828 Abs. 2 BGB a.F. orientierte sich der deutsche Gesetzgeber an den zu diesem Zeitpunkt geltenden §§ 56, 57 RStGB a.F. in

---

[158] *Loheit*, Die Deliktsfähigkeit Minderjähriger, S. 17; Staudinger/*Oechsler*, BGB, § 828 Rn. 1.

[159] Vgl. MüKoBGB/*Wagner*, BGB, § 828 Rn. 2.

[160] Vgl. *Wagner*, NJW 2002, 2049, 2060. Laut *Kilian*, ZGS 2003, 168 wurde mit Erlass des SchadÄndG eine „Ewigkeitsdiskussion" beendet, was den Stellenwert der zugrundeliegenden Streitfrage plastisch umschreibt.

[161] Zur Abschaffung der Sonderregelung für Taubstumme in § 828 Abs. 2 S. 2 BGB a.F. vgl. näher Staudinger/*Oechsler*, BGB, § 828 Rn. 4.

der Fassung vom 15.5.1871, nach welchen die Strafmündigkeit eines Jugendlichen von seiner die Strafbarkeit seines Verhaltens betreffenden Einsichtsfähigkeit abhing.[162] Konzeptionell stellt die gem. § 828 Abs. 3 BGB nach Vollendung des siebten Lebensjahres notwendige Prüfung der deliktsrechtlich relevanten Zurechnungsfähigkeit eines Minderjährigen dabei einen Kompromiss zwischen dem Bemühen um Einzelfallgerechtigkeit einerseits und dem allgemeinen Interesse an einer einfachen Rechtsanwendung andererseits dar.[163]

2. *Altersgrenze von sieben Jahren gem. § 828 Abs. 1, Abs. 3 BGB*

Während Minderjährige gem. § 828 Abs. 1 BGB vor Vollendung des siebten Lebensjahres unwiderleglich als deliktsunfähig angesehen werden, stellt § 828 Abs. 3 BGB im Wege eines Regel-Ausnahme-Verhältnisses klar, dass Minderjährige nach Überschreiten dieser Altersgrenze grundsätzlich für den einem anderen zugefügten Schaden verantwortlich sind, sofern ihnen nicht bei Begehung der schädigenden Handlung die zur Erkenntnis der Verantwortlichkeit erforderliche Einsicht fehlt.

---

[162] *Peters*, Kindheit im Strafrecht, S. 19; *Scheffen*, ZRP 1991, 458, 459; *Waibel*, Die Verschuldensfähigkeit des Minderjährigen, S. 20.

[163] MüKoBGB/*Wagner*, BGB, § 828 Rn. 2, unter Einbeziehung alternativer Möglichkeiten zur Prüfung der Zurechnungsfähigkeit. Danach stellt § 828 BGB aufgrund der in § 828 Abs. 1 BGB enthaltenen Altersgrenze und der in den Absätzen 2 und 3 enthaltenen Haftungsprivilegierungen für Minderjährige oberhalb dieser Altersgrenze einen Kompromiss zwischen starrer Altersgrenze einerseits und individueller Prüfung der Zurechnungsfähigkeit anderseits dar. Einen alternativen Weg beschreitet beispielsweise die Zivilrechtsordnung der Schweiz. Nach Art. 14, 16 ZGB ist ein Minderjähriger vor Vollendung des 18. Lebensjahres urteilsfähig, sofern ihm nicht wegen seines Kindesalters, infolge geistiger Behinderung, psychischer Störung oder anderweitiger Defizite die Fähigkeit mangelt, vernunftgemäß zu handeln. Art. 16 ZGB verknüpft dergestalt die für eine deliktische Haftung maßgebliche Urteilsfähigkeit mit der individuellen Reife des einzelnen Minderjährigen, was folglich stets eine gerichtliche Beurteilung der individuellen Reife insbesondere auf Basis einer Anhörung erforderlich macht, vgl. Breitschmid/Jungo/*Breitschmid*, ZGB, Art. 16 Rn. 5. Demgegenüber beinhaltet der im österreichischen Schuldrecht geltende § 176 ABGB eine starre Altersgrenze. Danach wird ein minderjähriges Kind, unbeschadet einer nach § 1310 ABGB möglichen Billigkeitshaftung, grundsätzlich erst mit Erreichen der gem. § 21 Abs. 2 S. 2 ABGB auf 14 Jahre festgelegten Mündigkeit auch deliktsfähig im Sinne der schadensersatzrechtlichen Bestimmungen. Nach Vollendung des 14. Lebensjahres allerdings haftet ein Minderjähriger im gleichen Maße wie ein Volljähriger, da kein Grund bestehen soll, dessen Haftung unter sonst gleichen Voraussetzungen allein wegen des Alters milder zu beurteilen. Vgl. *Barth/Dokalik/Potyka*, ABGB, S. 91. Einen Überblick über weitere Regelungsmöglichkeiten in anderen europäischen Rechtsordnungen bietet *Borgelt*, Kind im Deliktsrecht, S. 64–71.

a) Stellenwert entwicklungspsychologischer Erkenntnisse

Diese in § 828 Abs. 1, Abs. 3 BGB vorgesehene Unterscheidung zwischen Minderjährigen unter sieben Jahren einerseits sowie über sieben Jahren andererseits basiert unverändert auf den bereits bei Einführung des BGB im Jahr 1896 maßgeblichen, die körperliche und kognitive Entwicklung Minderjähriger betreffenden rechtlichen und gesellschaftlichen Auffassungen und Alltagsbedingungen. Schon der historische Gesetzgeber des BGB wählte die noch heute in § 828 Abs. 1 BGB bestehende, die Deliktsfähigkeit begründende Altersgrenze von sieben Jahren allerdings nicht allein aufgrund einer empirisch belegten Annahme, wonach diese zwingend mit den vermuteten Entwicklungsläufen Minderjähriger übereinstimmen müsse. Vielmehr entsprach die Grenze von sieben Jahren bereits bestehenden historischen Rechtstraditionen.[164]

Nichtsdestotrotz haben sich nicht nur die an Minderjährige gestellten alltäglichen Anforderungen und die auf diese einwirkenden Umweltreize seit dem Ende des 19. Jahrhunderts umfänglich und in vielerlei Hinsicht verändert bzw. unterliegen weiterhin einem beständigen Wandel. Dies gilt etwa im Bereich digitaler Kommunikation, der Fortentwicklung technischer Geräte und der Teilnahme am Straßenverkehr, insbesondere im beengten urbanen Raum. So nehmen junge Menschen beispielsweise nicht mehr nur als Fußgänger, Radfahrer oder Skater aktiv am Verkehr teil, vielmehr nimmt auch die Verbreitung von elektrisch unterstützten Fahrrädern, sogenannten Pedelecs, und E-Scootern zu. Hingewiesen sei diesbezüglich insbesondere auf die zum 15.6.2019 in Kraft getretene Elektrokleinstfahrzeuge-Verordnung,[165]

[164] Vgl. hierzu erneut Kapitel D. und dort Fn. 33 sowie *Zech*, Beschränkung der Haftung Minderjähriger, S. 29. Siehe auch die Motive der ersten Kommission zu § 828 BGB bei *Mugdan*, Materialien, Band 2, S. 409: „Auch die Deliktsunfähigkeit der Kinder ist prinzipiell anerkannt. Das praktische Bedürfnis erheischt aber die positive Bestimmung einer Grenze, bis zu welcher in Ansetzung der Frage der Deliktsfähigkeit das Kindesalter dauert. Für diese Grenzbestimmung ist maßgebend die langher gemacht und erprobte Erfahrung. Überwiegend wird sie […] auf die Zurücklegung des siebenten Lebensjahres gelegt." Nach Einschätzung von *Hommers*, Entwicklungspsychologie, S. 13 ist in diesem Zusammenhang unter „Erfahrung" nicht eine solche im Sinne erfahrungswissenschaftlicher Befunde über die kognitive Entwicklung minderjähriger Personen, sondern vielmehr eine Erfahrung der Praktikabilität, mithin also fehlender praktischer Widersprüche zu verstehen. Überdies wurde im Rahmen der Diskussion der Entwürfe zum BGB vereinzelt kritisch auf die zwingend bestehende Willkürlichkeit rechtserheblicher Altersgrenzen hingewiesen und eine Erstreckung der Altersgrenze auf 12 Jahre oder sogar die Abschaffung jeglicher Altersgrenzen gefordert; entsprechenden Einwänden wurde jedoch vor allem deshalb nicht stattgeben, weil nach Auffassung der befassten Kommission hinreichende Nachweise für die Unzweckmäßigkeit der gewählten Altersgrenze von sieben Jahren fehlten. Vgl. *Dittenberger*, Schutz des Kindes, S. 12.

[165] Verordnung über die Teilnahme von Elektrokleinstfahrzeugen am Straßenverkehr

nach deren § 3 nunmehr Elektrokleinstfahrzeuge wie etwa E-Scooter mit einer maximalen Geschwindigkeit von immerhin 20 km/h bereits von Personen geführt werden dürfen, die das 14. Lebensjahr vollendet haben.[166]

Auch das in vormoderner Zeit bestehende gesellschaftliche Bild von Kindern als „kleinen Erwachsenen" hat sich in jüngerer Zeit infolge verschiedener Faktoren wie beispielsweise der Abschaffung von Kinderarbeit, Verlängerung der Schulbildung und zunehmender Pädagogisierung des Umgangs mit Kindern nachhaltig gewandelt.[167] Zudem werden mitunter auch die im Alltag häufig vorhandene „Reizüberflutung" durch Fernsehen und elektronische Unterhaltungsgeräte sowie auf eine unzureichende körperliche Bewegung zurückzuführende motorische Defizite als entwicklungshemmende, geradezu „retardierende" Elemente eingestuft.[168]

Nach verbreitet geäußerter, auf moderne medizinische und psychologische Erkenntnisse[169] gestützter Ansicht soll darüber hinaus die den in § 828

---

und zur Änderung weiterer straßenverkehrsrechtlicher Vorschriften vom 6.6.2019, BGBl. I 2019, S. 756.

[166] Mangels Berücksichtigung sogenannter Hoverboards, E-Skateboards und Airwheels im Rahmen der Elektrokleinstfahrzeuge-Verordnung dürfen entsprechende elektrische Fahrzeuge, trotz teilweise zu beobachtender faktischer Verbreitung, derzeit noch nicht zulässigerweise im öffentlichen Verkehrsraum genutzt werden. Angesichts dessen sind insbesondere Unfallschäden, die bei der Nutzung entsprechender Fortbewegungsmittel verursacht werden, nicht von privaten Haftlichtversicherungen umfasst. Vgl. hierzu die Darstellung unter https://www.adac.de/rund-ums-fahrzeug/e-mobilitaet/elektrofahrzeuge/hoverboard/ (Abrufdatum 27.4.2021). Allerdings existieren aktuell politische Bestrebungen, welche auf die straßenverkehrsrechtliche Zulassung auch solcher Fahrzeugtypen im Straßenverkehr gerichtet sind. Vgl. hierzu etwa den Antrag der FDP-Fraktion des Bundestags zur Zulassung von E-Scootern und Hoverboards vom 19.3.2019, BT-Drs. 19/8543, wonach Elektrokleinstfahrzeuge der sogenannten „Freizeitklasse" mit einer Geschwindigkeit bis 12 km/h ohne Altersbeschränkung auch auf Gehwegen zugelassen werden sollen.

[167] LG Bremen, Urt. v. 15.2.1991 – 6 O 2866/89 u. 1218/90, NJW-RR 1991, 1432, 1434; *Busch*, Der Reifegrad Minderjähriger, S. 62; *Kuhlen*, JZ 1990, 273, 276; *Scheffen*, FS Steffen, S. 387, 388.

[168] So *Lang*, r+s-Beil. 2011, 63, 66.

[169] Insoweit besteht ein umfangreiches, nicht allein juristisches, sondern insbesondere auch medizinisches, psychologisches und psychiatrisches Schrifttum, welches anlässlich der vorliegenden Untersuchung nur insoweit ausgewertet werden soll, als es für den weiteren Fortgang der Analyse von Interesse und Nutzen ist. Hinsichtlich der aus psychologischer Perspektive allgemein vorausgesetzten Bedingungen einer deliktischen Verantwortlichkeit Minderjähriger vgl. beispielsweise die Darstellungen bei *Schneider/Frister/Olzen*, Begutachtung psychischer Störungen, S. 171 ff. sowie *Undeutsch*, Forensische Psychologie, S. 567, 568 ff. Zur konkreten Korrelation zwischen der vor allem altersbedingten, psychisch-kognitiven Entwicklung Minderjähriger einerseits und den die deliktische Verantwortlichkeit betreffenden Altersgrenzen im BGB andererseits vgl. etwa *Busch*, Der Reifegrad Minderjähriger, S. 91 ff.; *Hommers*, Entwicklungspsychologie, S. 51 ff.; *Langosch*, Einsichtsfähigkeit und Verschulden, S. 155 ff.; *Politsch*, SuP 1954, 339, 340 ff.; *Wille/Bettge*, VersR 1971, 878.

Abs. 1, Abs. 3 BGB definierten Altersgrenzen zugrundeliegende Einschätzung der geistlich-sittlichen Reife Minderjähriger auch nicht mehr dem heutzutage geltenden entwicklungspsychologischen Erkenntnisstand entsprechen.[170] Die Fähigkeit zu einer nach § 828 Abs. 3 BGB notwendigen Erkenntnis der abstrakten Gefährlichkeit und des Unrechts des eigenen Verhaltens liege bei Minderjährigen danach zumeist erst zwischen neun und zehn Jahren, nicht jedoch generell schon ab dem siebten Lebensjahr vor.[171] Auch das Verständnis für kausale Abläufe, welches als zwingende Voraussetzung für die von § 828 Abs. 3 BGB geforderte Einsicht in eine wenn auch nur allgemeine Gefahr angenommen wird, soll bei Minderjährigen dieser Altersgruppe nicht pauschal vorausgesetzt werden können. Die entscheidende intellektuelle Entwicklung Minderjähriger, welche diese insbesondere befähigt, auch Situationen außerhalb ihres individuellen und unmittelbaren Erfahrungsbereichs zu bewältigen und Handlungsabläufe mit deren Konsequenzen vorauszusehen, vollziehe sich vielmehr regelmäßig erst im Alter zwischen zehn und 14 Jahren.[172] Die in § 828 Abs. 1 BGB fixierte Altersgrenze sei daher aus medizinisch-psychologischer Sicht durchaus zweifelhaft, da sie in Fällen unterschiedlicher individueller Reifung Minderjähriger potentiell zu unangemessenen Ergebnissen führen könne.[173]

Zu beachten ist in diesem Zusammenhang auch die im Kindesalter individuell verlaufende Entwicklung der sogenannten Aufmerksamkeitsfunktionen, welche Einfluss darauf besitzen, was Kinder in ihrer Umwelt beachten

---

[170] Vgl. *Borgelt*, Kind im Deliktsrecht, S. 32; *Busch*, Der Reifegrad Minderjähriger, S. 18; *Loheit*, Die Deliktsfähigkeit Minderjähriger, S. 115; *Niboyet*, Haftung Minderjähriger und ihrer Eltern, S. 56.

[171] Vgl. die auf einer empirischen, mittels eines multiple-choice-Verfahrens durchgeführten Untersuchung beruhenden Feststellungen bei *Wille/Bettge*, VersR 1971, 878, 881, sowie die Darstellung bei *Busch*, Der Reifegrad Minderjähriger, S. 91 f. Vgl. im Übrigen auch *Birr*, Die Haftung Minderjähriger, S. 30; *Zech*, Beschränkung der Haftung Minderjähriger, S. 31 f. Zur Kritik an den Untersuchungsergebnissen von *Wille/Bettge* sowie insbesondere an dem dort gewählten methodischen Ansatz vgl. *Borgelt*, Kind im Deliktsrecht, S. 32 m.w.N.

[172] Vgl. *Langosch*, Einsichtsfähigkeit und Verschulden, S. 166; *Loheit*, Die Deliktsfähigkeit Minderjähriger, S. 96; *Politsch*, SuP 1954, 339, 342; *Richter/Schlag/Schupp*, Kinderunfälle, S. 25. Vgl. auch den Gesetzesantrag der Abgeordeten Grießhaber und Schmidt sowie der Fraktion Bündnis 90/Die Grünen vom 18.7.1996, BT-Drs. 13/5302, wonach entsprechenden Erkenntnisse der Entwicklungspsychologie speziell für den Bereich des Straßenverkehrs mit einer Haftungsfreistellung bis zur Vollendung des 14. Lebensjahres Rechnung getragen werden sollte. Vgl. schließlich BeckOGK/*Wellenhofer*, BGB, § 828 Rn. 44, wonach die Fähigkeit, im Straßenverkehr über einen längeren Zeitraum hinweg ein ausreichendes Aufmerksamkeitsniveau aufrecht zu erhalten, zumeist erst mit 14 Jahren erreicht werde.

[173] *Schneider/Frister/Olzen*, Begutachtung psychischer Störungen, S. 172.

können.[174] Insbesondere im Hinblick auf die sogenannte kontrollierende Aufmerksamkeitskomponente, welche der Konfliktlösung im Falle verschiedener Ziel- und Ablenkreize dient, kommt es zumeist zu einer relativ späten Entwicklung mit kontinuierlicher Verbesserung der individuellen Fähigkeiten bis in die Phase der Pubertät hinein.[175] Gemäß den Erkenntnissen der modernen Jugendpsychologie sind Minderjährige im Lebensalter unter zehn Jahren überdies regelmäßig in hohem Maße von Impulsivität und Affektreaktionen beherrscht, wodurch ihnen der Abbruch einer bereits begonnenen Handlung sowie die gedankliche Einbeziehung mehrerer auf sie einwirkender Gesichtspunkte erschwert wird.[176]

Nach alledem stellt sich die in § 828 Abs. 1 BGB enthaltene gesetzliche Altersgrenze der Deliktsfähigkeit von sieben Jahren zwar als historisch fundiert dar, gleichwohl soll sie sich nach verbreiteter Ansicht aus entwicklungspsychologischer Perspektive nicht mehr uneingeschränkt rechtfertigen lassen können.[177]

---

[174] Vgl. *Konrad/Fink*, Entwicklungspsychiatrie, S. 161, 168. „Aufmerksamkeit" umfasst danach insbesondere die Teilleistungen der Fokussierung, Konzentration und Bewusstheit, welche es einem Kind ermöglichen, von gewissen Dingen abzusehen, um sich effektiv mit anderen Reizen befassen zu können.

[175] Vgl. *Konrad/Fink*, Entwicklungspsychiatrie, S. 161, 169.

[176] *Scheffen*, ZRP 2001, 380; *Singer*, FS Prölls, S. 191, 201. Vgl. auch *Voss*, BuE 54 (2001), 287, 291, der im Hinblick auf die juristisch relevante Einsichtsfähigkeit Minderjähriger darauf hinweist, dass selbst in der Altersgruppe der 16 bis 18 Jahre alten Personen von einer in vielen Fällen bestehenden mangelnden Impulssteuerung auszugehen sei.

[177] Vgl. *Busch*, Der Reifegrad Minderjähriger, S. 63; *Borgelt*, Kind im Deliktsrecht, S. 33; *Zech*, Beschränkung der Haftung Minderjähriger, S. 32. Vgl. auch *Loheit*, Die Deliktsfähigkeit Minderjähriger, S. 95, der darauf verweist, dass sich nach entwicklungspsychologischen Erkenntnissen erst im Alter zwischen zehn und 14 Jahren diejenige entscheidende intellektuelle Entwicklung vollziehe, welche es einem Minderjährigen ermögliche, auch für Situationen außerhalb seines unmittelbaren Erfahrungsbereichs potenzielle Beziehungen abzuleiten und mögliche Folgen vorausschauend zu erkennen. Demgegenüber soll sich nach abweichender Auffassung im psychologischen Schrifttum die im BGB vorhandene Altersgrenze von sieben Jahren als Anknüpfungspunkt der Deliktsfähigkeit aus entwicklungspsychologischer Sicht letztlich zwar nicht positiv bestätigen, aber auch nicht grundsätzlich widerlegen lassen können. Vgl. hierzu *Hommers*, Entwicklungspsychologie, S. 209, sowie unter Bezugnahme auf diesen *Tilsen*, Die beschränkte Haftung des Minderjährigen im Deliktsrecht, S. 92 f.: „Ohne die von *Busch* und *Hommers* [Hervorhebungen im Original, Anm. d. Verf.] zugrunde gelegten psychologischen Forschungsergebnisse im Rahmen einer juristischen Arbeit abschließend bewerten zu können und zu müssen, zeigt sich jedenfalls, dass sich bisher die Frage nach der Validität der Altersgrenze der allgemeinen Deliktsfähigkeit gemäß § 828 I BGB nicht für sämtliche Fallkonstellationen von unerlaubten Handlungen eindeutig und einheitlich beantworten lässt."

b) Berücksichtigung entwicklungspsychologischer Erkenntnisse im Rahmen des SchadÄndG

Von den vorgenannten, die Entwicklung Minderjähriger betreffenden modernen psychologischen Erkenntnissen ließ sich auch der deutsche Gesetzgeber bei Schaffung des im Zuge des SchadÄndG neugefassten § 828 Abs. 2 BGB leiten. Neben der Kindern bis zum zehnten Lebensjahr regelmäßig mangelnden Fähigkeit, Entfernungen und Geschwindigkeiten richtig einzuschätzen, stünden nach der in der maßgeblichen Gesetzesbegründung enthaltenen Einschätzung des Gesetzgebers auch „[...] kindliche Eigenheiten wie Lauf- und Erprobungsdrang, Impulsivität, Affektreaktionen, mangelnde Konzentrationsfähigkeit und gruppendynamisches Verhalten oft einem ‚verkehrsgerechten Verhalten' entgegen."[178]

Um diesen spezifischen Bedürfnissen minderjähriger Teilnehmer am motorisierten Straßenverkehr gerecht werden zu können, schuf der deutsche Gesetzgeber im Zuge des SchadÄndG eine tatbestandliche Neufassung des § 828 Abs. 2 BGB, welche eine Heraufsetzung der für durch Unfälle im motorisierten Straßenverkehr unter Beteiligung eines Kfz bzw. einer Schienen- oder Schwebebahn verursachten Schäden relevanten Zurechenbarkeitsgrenze auf zehn Jahre beinhaltete.[179] Eine allgemeine Heraufsetzung der für die deliktische Verantwortlichkeit maßgeblichen Altersgrenze sah der Gesetzgeber hingegen nicht als notwendig an, da die an Kinder gerichteten Anforderungen außerhalb des motorisierten Verkehrs „im Allgemeinen" geringer seien, was dazu führe, dass diese aufgrund ihrer altersbedingten Defizite „seltener überfordert" seien.[180] Für Unfälle bei Beteiligung nicht motorisierter Verkehrsteilnehmer, wie beispielsweise Radfahrer oder Skater, gilt das Haftungsprivileg aus § 828 Abs. 2 BGB somit nicht; insoweit bleibt es bei der alleinigen Anwendung von § 828 Abs. 3 BGB.[181]

---

[178] BT-Drs. 14/7752, S. 16.

[179] Zu der nach der Rechtsprechung des BGH erforderlichen Beschränkung der Privilegierung auf typische Überforderungssituationen im motorisierten Straßenverkehr, welche im Wege einer teleologischen Reduktion des Wortlauts von § 828 Abs. 2 BGB realisiert wird, vgl. die Darstellungen bei *Lang*, r+s-Beil 2011, 63, 64 sowie bei Berz/Burmann/*Hess*, Kap. 3 B. Rn. 61.

[180] BT-Drs. 14/7752, S. 27. Empirische oder wissenschaftliche Belege für jene Annahme eines dergestalt vermuteten, außerhalb des Straßenverkehrs „im Allgemeinen" niedrigeren Anforderungsniveaus enthält die Gesetzesbegründung nicht.

[181] *Pardey*, DAR 2004, 499, 507. Dies gilt im Übrigen selbst dann, wenn es bei einem Unfall eines bereits sieben, aber noch nicht zehn Jahre alten Minderjährigen mit einem Radfahrer oder Fußgänger in der konkreten Verkehrssituation zu einer individuellen Überforderung des Minderjährigen kam. Vgl. Geigel/*Haag*, Kap. 16 Rn. 8.

c) Beschränkung auf den Bereich des motorisierten Straßenverkehrs

Entgegen dieser dem SchadÄndG zugrundeliegenden Einschätzung des Gesetzgebers wirken sich die vorerwähnten kognitiven und verhaltensbasierten Defizite Minderjähriger unter zehn Jahren allerdings nicht allein auf deren Verhalten im von § 828 Abs. 2 BGB erfassten motorisierten Bahn- und Straßenverkehr aus. Vielmehr beeinflussen diese Faktoren Minderjährige ersichtlich auch in anderen Lebensbereichen in erheblichem Maße. Die durch den BGH entschiedene Fallgestaltung einer neun Jahre alten Skifahrerin, welche wegen einer von ihr verursachten Kollision mit einer anderen Skifahrerin auf Schadensersatz und Schmerzensgeld in Höhe von 56.000 DM verklagt worden war,[182] zeigt deutlich auf, dass auch in anderen Situationen als derjenigen des motorisierten Straßenverkehrs Fehleinschätzungen Minderjähriger hinsichtlich Geschwindigkeit und Entfernung zu schwerwiegenden Schäden führen können. Die durch § 828 Abs. 2, Abs. 3 BGB statuierte Unterscheidung zwischen einer Neunjährigen, welche als Skifahrerin auf einer öffentlich zugänglichen Piste bei hoher Geschwindigkeit mit einer anderen Skifahrerin kollidiert, und einer Neunjährigen, welche als Radfahrerin im öffentlichen Straßenverkehr in einen Unfall mit einem Kfz verwickelt wird, erscheint angesichts der jeweils durchaus vergleichbaren kognitiven Anforderungen somit nicht zwingend nachvollziehbar.[183] Noch deutlicher wird dieser Umstand bei Unfällen, welche etwa von Minderjährigen als Radfahrern unter Beteiligung von nicht-motorisierten Fußgängern oder anderen Radfahrern verursacht werden.

Aus Sicht eines noch in der Entwicklung befindlichen Minderjährigen dürften sämtliche Geschehensabläufe vergleichbar sein, die durch den altersbedingten Lauf- und Erprobungsdrang oder durch Impulsivität und mangelndes Einschätzungsvermögen bestimmt werden und zu Schäden an Rechtsgütern Dritter führen können.[184] Nach jugendpsychologischen Erkenntnissen sollen Minderjährige entwicklungsbedingt erst ab etwa zehn

---

[182] Vgl. BGH, Urt. v. 20.1.1987 – VI ZR 182/85, NJW 1987, 1947.

[183] Vgl. auch *Koziol*, 200 Jahre ABGB, S. 307, 319, der einen Reformvorschlag für das österreichische ABGB, wonach Minderjährigen bis zum zehnten Lebensjahr im Rahmen der Teilnahme am Straßenverkehr keinesfalls ein Verschulden treffen können soll, mit identischen Erwägungen als zweifelhaft ansieht: „Es ist für mich auch nicht nachvollziehbar, dass die Einsichtsfähigkeit des Zehnjährigen bei Teilnahme am Straßenverkehr eine andere ist als bei Teilnahme am Schiverkehr auf einer bevölkerten Abfahrtspiste."

[184] *Pardey*, DAR 2004, 499, 507. Vgl. auch die Ausführungen bei *Scheffen*, ZRP 1991, 458, 461: „Wenn es den Erkenntnissen moderner Jugendpsychologie widerspricht, Kindern im Alter von unter 10 Jahren ihr Fehlverhalten als Verschulden anzulasten und sie u.U. mit erheblichen finanziellen Verpflichtungen zu belasten, die sogar zum wirtschaftlichen Ruin führen können, dann muß das in gleicher Weise gelten, ob sie Opfer oder Täter, ob sie Verkehrsteilnehmer oder Spielgefährten sind."

Jahren in der Lage sein, Entfernungen sowie ihre eigene Geschwindigkeit und diejenige Dritter annähernd realistisch einzuschätzen.[185] Generell sollen selbst auf den Straßenverkehr vorbereitete Kinder erst mit etwa 12 Jahren dazu fähig sein, den Straßenverkehr ähnlich wie Erwachsene zu verstehen, wobei davon ausgegangen wird, dass sie im Alter zwischen zehn und 14 Jahren eine im Vergleich zu Erwachsenen immer noch deutlich verlängerte Reaktionszeit aufweisen.[186] Sich beispielsweise vor einem Abbiegemanöver mittels Schulterblick von der im eigenen Rücken liegenden Verkehrssituation zu vergewissern, dabei die Entfernung und Geschwindigkeit eines herannahenden Rennrades zuverlässig einzuschätzen und sich entsprechend der situativen Risiken verkehrsadäquat zu verhalten, dürfte einen minderjährigen Radfahrer folglich vor ähnliche Probleme stellen wie die Überprüfung der verbleibenden Distanz zu einem in Bewegung befindlichen Kfz.

Im Übrigen sollen Kinder erst mit acht bis zehn Jahren überhaupt in der Lage sein, die für das Radfahren erforderlichen psychomotorischen Leistungen wie Bremsen, Lenken und Spurhalten zu erbringen.[187] Altersbedingte Entwicklungsdefizite beeinträchtigen Minderjährige mit Blick auf deren Deliktsfähigkeit im Verkehr im Ergebnis regelmäßig unabhängig davon, ob es zu einer Kollision derselben mit einem Kfz, einem Radfahrer oder einem Fußgänger kommt.[188]

Schließlich wirken sich die seitens des Gesetzgebers ins Feld geführten „kindlichen Eigenheiten" wie beispielsweise eine erhöhte Impulsivität oder ein affektgesteuertes und gruppendynamisches Verhalten gerade bei den unter jüngeren Minderjährigen häufig auftretenden Spielunfällen in besonderem Maße aus.[189] Ein bei jungen Menschen häufig in gesteigertem Maße vorhandener Spieltrieb sowie impulsive Reaktionen auf verbale und körperliche Provokationen anderer „Mitspieler" führen in entsprechenden Konstellationen vereinzelt auch zu schwerwiegenderen Verletzungen einzelner Spielteilnehmer.[190]

---

[185] Vgl. *Lang*, r+s-Beil. 2011, 63, 66; *Limbourg*, 39. Deutscher Verkehrsgerichtstag 2001, S. 39, 45.

[186] *Haberstroh*, VersR 2000, 806, 807; *Pardey*, DAR 2013, 2.

[187] *Limbourg*, 39. Deutscher Verkehrsgerichtstag 2001, S. 39, 45.

[188] *Pardey*, DAR 2004, 499, 507. Siehe auch *ders.*, DAR 2013, 2, 6: „Geht es darum dem Kind wegen seiner begrenzten physischen und psychischen Fähigkeit und seiner Überforderung bei Teilnahme am Verkehr haftungsrechtlich gerecht werden zu wollen, liegt es nahe, das Kind auch im Verhältnis zu Fußgängern oder Radfahrern zu privilegieren."

[189] Eine erläuternde Darstellung von insgesamt sechs obergerichtlichen, Sport- und Spielunfälle unter Beteiligung Minderjähriger zwischen sieben und zehn Jahren betreffenden Entscheidungen findet sich bei *Scheffen*, FuR 1993, 82, 84 ff. Weitere Rechtsprechungsbeispiele zu Unfällen Minderjähriger im Zusammenhang mit Sport und Spiel finden sich auch bei *Birr,* Die Haftung Minderjähriger, S. 49 ff. sowie bei Staudinger/*Oechsler*, BGB, § 828 Rn. 38 ff.

[190] Als Beispiel sei insoweit nur eine bereits aus dem Jahr 1953 stammende vielzitierte

Die Entscheidung des Gesetzgebers gegen eine generelle Heraufsetzung der Deliktsfähigkeit kollidiert folglich mit den regelmäßig vorhandenen und auch empirisch nachweisbaren Entwicklungsdefiziten Minderjähriger im Alter von sieben bis zehn Jahren. Dies erscheint nicht nur angesichts daraus erwachsender praktischer Konsequenzen, sondern auch aus verfassungsrechtlicher Perspektive beleuchtet nicht unbedenklich, da in der Privilegierung allein derjenigen Minderjährigen unter zehn Jahren, die Schäden im Zusammenhang mit dem motorisierten Straßenverkehr verursachen, womöglich eine nicht zu rechtfertigende Verletzung des aus Art. 3 Abs. 1 GG resultierenden Gleichheitssatzes gesehen werden kann.[191] Die auf den Verkehrssektor beschränkte Regelung des § 828 Abs. 2 BGB bleibt somit „hinter dem zurück, was nottut“[192] und ist folglich allein nicht geeignet, das auch außerhalb des modernen Straßenverkehrs bestehende Problem kindlicher Überforderung und Impulsivität sowie dessen Auswirkungen auf das Vorliegen deliktsrechtlich relevanter Einsichtsfähigkeit hinreichend aufzulösen. Insbesondere hat sich durch die im Zuge des SchadÄndG vorgenommene, nur den Teilbereich des motorisierten Verkehrs betreffende Reform des § 828 BGB gerade nicht eine Vielzahl der in der Literatur bestehenden Reformvorschläge zu einer noch weitreichenderen Einschränkung der deliktischen Verantwortlichkeit Minderjähriger „erledigt“.[193]

Die dem SchadÄndG zugrundeliegende Gesetzesbegründung selbst lässt zumindest erahnen, dass der durch die Novellierung des § 828 Abs. 2 BGB erreichte Rechtszustand nicht zwingend als endgültiger Abschluss aller Reformbemühungen verstanden werden kann und darf. Nach dieser sei durch

---

Entscheidung des BGH genannt, welche eine spielerische „Tomatenschlacht“ mehrerer Minderjähriger zum Gegenstand hatte. Im Rahmen dieser „Tomatenschlacht“ wurde ein neun Jahre alter Mitspieler durch den Wurf einer Tomate so unglücklich am linken Auge getroffen, dass er auf diesem seine Sehkraft völlig einbüßte. Vgl. BGH, Urt. v. 23.10.1952 – III ZR 273/51, VersR 1953, 28.

[191] Vgl. hierzu *Singer*, FS Prölls, S. 191, 205. Danach sei eine Verletzung des Gleichheitssatzes mit Blick auf § 828 Abs. 2 BGB durchaus nicht fernliegend, da Minderjährige der Altersstufe zwischen sieben und zehn Jahren nach den bestehenden entwicklungspsychologischen Erkenntnissen aufgrund ihrer entwicklungsbedingten Defizite nicht nur im Straßenverkehr, sondern auch in anderen Situationen tendenziell überfordert seien. Zwecks Rechtfertigung der Ungleichbehandlung könne allerdings insbesondere berücksichtigt werden, dass die Gefährdung Minderjähriger im Straßenverkehr aufgrund der dort geltenden Gesetzmäßigkeiten besonders hoch sei.

[192] So *Hippel*, FamRZ 2001, 748.

[193] So aber BeckOK BGB/*Spindler*, BGB, § 828 Rn. 4. Allerdings fordert etwa *Scheffen*, ZRP 1991, 458, 463, auf die bei BeckOK BGB/*Spindler*, BGB, § 828 Rn. 4 unter anderem Bezug genommen wird, eine allgemeine Anhebung der Altersgrenze in § 828 Abs. 1 BGB auf zehn Jahre, ohne insoweit eine Beschränkung auf den Bereich des Straßenverkehrs vorzuschlagen. Dieser Forderung wurde und wird die vorgenommene Neufassung des § 828 Abs. 2 BGB nicht gerecht.

die Neufassung des § 828 Abs. 2 BGB die „[...] bereits seit langem kontrovers geführte Diskussion über eine sachgerechte Festlegung der allgemeinen Deliktsfähigkeit [...] immerhin für einen wichtigen Teilbereich abgeschlossen.“[194] Insgesamt erscheint die gesetzliche Regelungssituation in § 828 Abs. 2, Abs. 3 BGB folglich als geeigneter und überdies auch notwendiger Anknüpfungspunkt weiterführender Überlegungen hinsichtlich einer Umgestaltung der Voraussetzungen der Deliktsfähigkeit Minderjähriger.

3. Einsichtsfähigkeit im Sinne von § 828 Abs. 3 BGB

§ 828 Abs. 3 BGB schließt eine deliktische Haftung Minderjähriger nach Vollendung des siebten Lebensjahres aus, sofern diese bei Begehung der schädigenden Handlung nicht die zur Erkenntnis der Verantwortlichkeit erforderliche Einsicht haben. Dabei soll die erforderliche Einsicht des Minderjährigen nach vorherrschender Auffassung bereits dann vorliegen, wenn er allgemein um seine Verantwortung weiß und imstande ist, dieses Wissen auf den konkreten Fall anzuwenden; ob der Minderjährige auf Grundlage seines persönlichen Entwicklungsstandes auch die konkret von seiner Handlung ausgehende Gefahr erkennen konnte, soll demgegenüber unerheblich und allein im Rahmen von § 276 BGB unter Zugrundelegung der sogenannten Gruppenfahrlässigkeit zu berücksichtigen sein.[195]

a) Vorherrschendes Verständnis und abweichende Auffassung

Diese Interpretation von § 828 Abs. 3 BGB wird vereinzelt kritisch gesehen. In der Einsichtsfähigkeit des Täters seien abstrakte und konkrete Erkenntnisse untrennbar verschränkt, was eine Einbeziehung auch der konkreten Handlungsfolgen in die vom Täter zu verlangende Einsicht notwendig mache.[196] Die vorherrschende Auslegung von § 828 Abs. 3 BGB stelle demge-

---

[194] BT-Drs. 14/7752, S. 17.

[195] Vgl. die bereits unter D. II. 2. getätigten Ausführungen.

[196] Siehe Staudinger/*Oechsler*, BGB, § 828 Rn. 32. Zustimmend *Singer,* FS Prölss, S. 191, 205 f. Für eine Berücksichtigung der konkreten Gefahr im Rahmen der Einsichtsfähigkeit auch *Nießen*, Eltern haften für ihre Kinder, S. 190 f. In diese Richtung auch *Ell*, ZfJ 1992, 632, 634, wonach die Einsichtsfähigkeit stets anhand des konkreten Minderjährigen in einer konkreten Situation bestimmt werden müsse. Kritisch hierzu MüKoBGB/*Wagner*, BGB, § 828 Rn. 12, wonach der BGH im Rahmen seiner Rechtsprechung zu § 828 Abs. 3 BGB nicht etwa auf die Erkennbarkeit der konkreten Gefährlichkeit der Handlung verzichte, sondern lediglich auf die Voraussicht der konkret eingetretenen Schadensfolgen. Vgl. allerdings auch MüKoBGB/*Wagner*, BGB, § 828 Rn. 11, wonach für die Annahme der Einsichtsfähigkeit nach herrschender Auffassung genügen solle, dass der minderjährige Täter verstehe, „[...] dass seine Handlung generell gefährlich ist [...].“ Nach Staudinger/*Oechsler*, BGB, § 828 Rn. 28 bestehe angesichts dessen in dieser Frage die Gefahr eines „Streites um Worte“.

genüber eine Haftungsverschärfung zu Lasten minderjähriger Täter dar, da deren Fähigkeit, konkrete Gefahren zu erkennen und einzuschätzen, nicht nach dem subjektiv-individuellen Maßstab des § 828 Abs. 3 BGB, sondern vielmehr nach dem objektiven Maßstab von § 276 Abs. 1 BGB und somit nach strengeren Kriterien geprüft werde.[197]

In methodischer Hinsicht gründet die diesbezügliche Kritik zunächst auf dem Wortlaut der Vorschrift, der eine „bei der Begehung der schädigenden Handlung" vorliegende Einsicht fordere. Diese müsse demnach sachlich auf ein konkretes Lebensgeschehen bezogen und gerade nicht abstrakter Natur sein.[198] Neben der Entstehungsgeschichte der Norm[199] sprächen überdies vor allem System und Zweck derselben für eine einheitliche Beurteilung der Einsichtsfähigkeit. Denn einerseits würden bei § 828 Abs. 3 BGB, anders als im Rahmen der Verschuldensprüfung nach § 276 BGB, konkret-individuelle Maßstäbe angelegt, weshalb systematisch betrachtet an dieser Stelle auch die Einsichtsfähigkeit in die konkrete Gefahr erörtert werden müsse. Andererseits spreche gegen eine Berücksichtigung der Einsicht in die konkrete Gefährlichkeit des Verhaltens auch nicht eine hiermit eventuell verbundene verringerte Verkehrssicherheit, da § 828 BGB ja gerade auf eine Durchbrechung der durch den objektiven Verschuldensbegriff verbürgten Verkehrssicherheit abziele.[200]

Auch stelle sich aus praktischer Sicht die Frage, wie die in § 828 Abs. 3 BGB vorausgesetzte allgemeine Einsicht des minderjährigen Täters in die eigene Verantwortung zu bejahen sein könne, wenn dieser die konkreten Gefahren des eigenen Tuns überhaupt nicht zu erkennen vermöge. Während der BGH dies für möglich halte, zeige die Praxis, dass sich eine Entscheidung über die Voraussetzungen der Unzurechnungsfähigkeit nur anhand der konkreten Gefahr treffen lasse.[201] Veranschaulichen lasse sich dies an der bereits zitierten Entscheidung des BGH zur Haftung einer neunjährigen Skifahrerin.[202] Der BGH gehe im Rahmen der betreffenden Entscheidung davon aus, dass ein normal entwickeltes neunjähriges Kind „[…] allgemein nach seiner geistigen Entwicklung fähig ist, seine Verantwortlichkeit für die Folgen einer zu schnellen oder unaufmerksamen Fahrweise beim Abfahrtslauf und die dadurch bedingte Verletzung eines anderen zu erkennen."[203] Diese sich durch

---

197 Staudinger/*Oechsler*, BGB, § 828 Rn. 27.

198 Staudinger/*Oechsler*, BGB, § 828 Rn. 29.

199 Hierzu Staudinger/*Oechsler*, BGB, § 828 Rn. 30; demgegenüber kritisch MüKoBGB/*Wagner*, BGB, § 828 Rn. 12.

200 Staudinger/*Oechsler*, BGB, § 828 Rn. 31.

201 Staudinger/*Oechsler*, BGB, § 828 Rn. 28 unter Verweis auf OLG Koblenz, Urt. v. 11.1.1989 – 1 U 189/88, VersR 1989, 485, 486.

202 BGH, Urt. v. 20.1.1987 – VI ZR 182/85, NJW 1987, 1947.

203 BGH, Urt. v. 20.1.1987 – VI ZR 182/85, NJW 1987, 1947, 1949.

ein hohes Maß von Abstraktheit auszeichnenden Überlegungen des BGH erschienen weit vom Entwicklungszustand eines Kindes entfernt, da Neunjährige im Allgemeinen nicht an die Gefährlichkeit schneller Skiabfahrten als solche dächten, sondern sich wenn überhaupt nur konkrete Gefahrsituationen wie beispielsweise kreuzende Skifahrer vorstellten.[204]

b) Stellungnahme

Zuzustimmen ist der vorgenannten Kritik dahingehend, dass die strikt abstrakte Betrachtungsweise des BGH und der vorherrschenden Meinung in der Literatur der Lebenswirklichkeit insbesondere jüngerer Minderjähriger wohl nicht immer gerecht zu werden vermag. So werden etwa minderjährige Skifahrer trotz vorhandener Regelwerke zum möglichst sicheren Verhalten auf Skipisten[205] ihr eigenes Verhalten in einer spezifischen Situation nicht immer ausreichend reflektieren und an bestehende Verhaltensanforderungen anpassen können. Allerdings dürfte ihnen regelmäßig zumindest unterschwellig bewusst sein, dass zu hohe Geschwindigkeiten bei Skiabfahrten im Allgemeinen die Gefahr des Kontrollverlusts und damit einhergehend von Verletzungen der eigenen Person oder Dritter beinhalten.

Die Ausführungen des BGH in der zitierten, die Haftung einer Neunjährigen wegen eines Skiunfalls betreffenden Entscheidung verdeutlichen die diesbezüglichen Kritikpunkte der Gegenansicht. So habe das Berufungsgericht nach den Feststellungen des BGH zutreffend die Deliktsfähigkeit der Beklagten nach § 828 Abs. 2 BGB a.F. angenommen. Dabei sei es korrekterweise davon ausgegangen, dass „[…] ein Kind dieser Altersgruppe im Allgemeinen weiß, daß, wenn es beim Skifahren die Gewalt über seine Bretter verliert und dadurch einem Dritten Schaden zufügt, dieses Verhalten Un-

[204] Staudinger/*Oechsler*, BGB, § 828 Rn. 28. Die zitierte Passage lässt im Übrigen auch erkennen, dass der BGH sein Augenmerk jedenfalls in dieser Entscheidung tatsächlich nicht auf die Einsicht der neun Jahre alten Skifahrerin in die Gefährlichkeit ihres Verhaltens in der konkreten, spezifischen Situation richtete. Ausreichend war für die Bejahung der Einsichtsfähigkeit vielmehr bereits die vom BGH angenommene Einsicht der Minderjährigen, dass eine schnelle oder unachtsame Fahrweise beim Abfahrtslauf im Allgemeinen zu Verletzungen „eines anderen", nicht zwingend der tatsächlich geschädigten Klägerin, führen und dies eine Verantwortlichkeit für die daraus resultierenden Folgen begründen könnte.

[205] Die maßgeblichen Verhaltensregeln werden auch mittels kindgerecht gestalteter Materialien und im Rahmen von Skikursen vermittelt. Vgl. die bebilderte Darstellung der „FIS-Verhaltensregeln für Skifahrer und Snowboarder" des Internationalen Skiverbandes Fédération Internationale de Ski unter https://www.ski-online.de/stiftung-sicherheit/fis-verhaltensregeln/fis-regeln-alpin.html (Abrufdatum 27.4.2021) und dort insbesondere Regel Nr. 2: „Jeder Skifahrer und Snowboarder muss auf Sicht fahren. Er muss seine Geschwindigkeit und seine Fahrweise seinem Können und den Gelände-, Schnee- und Witterungsverhältnissen sowie der Verkehrsdichte anpassen."

recht ist, für dessen Folgen es einzustehen hat. Eine solche auf allgemeiner Lebenserfahrung bestimmter Altersgruppen beruhende Erwägung ist zulässig."[206] Bei der nach §276 Abs. 1 BGB erfolgenden Feststellung des Verschuldens der beklagten Minderjährigen führt der BGH sodann auch unter Berufung auf die FIS-Verhaltensregeln aus, dem Berufungsgericht sei „[...] darin beizupflichten, daß ein 9jähriges Kind allgemein in der Lage ist, zu erkennen, daß es aufgrund der Boden- und Geländebeschaffenheit kurzfristig die Gewalt über seine Skier verlieren und damit eine Gefahr für die körperliche Unversehrtheit dritter Personen setzen kann. Diese Gefahr gilt es grundsätzlich auch beim Abfahrtslauf zu vermeiden. [...] Dies gilt grundsätzlich auch für den jugendlichen Skiläufer im Alter der Beklagten [...], dem allerdings altersbedingt jugend-typische Sichtweisen und Reaktionen gegenüber den Gefahren zugutekommen können."[207]

Der BGH bezieht folglich die nach §828 Abs. 3 BGB grundsätzlich individuell zu ermittelnde Einsichtsfähigkeit in der betreffenden Entscheidung nicht allein auf die allgemeine Einsicht der Minderjährigen, dass ein Verlust der Kontrolle über die Skier zu Schäden an den Rechtsgütern Dritter führen kann und somit Unrecht ist. Vielmehr legt der BGH ebenso wie das Berufungsgericht der Annahme der individuellen Einsichtsfähigkeit der Neunjährigen überdies die „allgemeine Lebenserfahrung eines Kindes dieser Altersgruppe" zugrunde. Diese auf allgemeiner Lebenserfahrung beruhende Erwägung, wonach in gewissen Altersstufen die für die betroffene Handlung verlangte Einsicht regelmäßig vorhanden sein soll, ist zulässig, sofern die individuelle Entwicklung des Schädigers nicht erkennbar hinter diesen Erfahrungswerten zurückgeblieben ist.[208]

Die Nichtberücksichtigung der Frage, ob für die betroffene Neunjährige die Gefährlichkeit ihres Verhaltens in der konkreten Situation und mit Blick auf den später konkret eingetretenen Unfallschaden erkennbar war, bedingt somit in Kombination mit dem Umstand, dass auch die Fahrlässigkeit des Verhaltens der Beklagten unter Berücksichtigung alterstypischer Maßstäbe ermittelt wird, eine deutliche Haftungsverschärfung zu Lasten der minderjährigen Beklagten. Hinsichtlich der in §828 Abs. 3 BGB vorausgesetzten Einsichtsfähigkeit auch die konkreten Handlungsfolgen einzubeziehen, könnte vor diesem Hintergrund eine dem altersspezifischen Erfahrungshorizont angepasste individuelle Beurteilung durch das erkennende Gericht befördern. Zuzustimmen ist der Kritik an der herrschenden Meinung zudem auch insoweit, als eine Orientierung der Einsichtsfähigkeit allein an dem allgemeinen Wissen des Minderjährigen um die Gefährlichkeit seines Ver-

---

[206] BGH, Urt. v. 20.1.1987 – VI ZR 182/85, NJW 1987, 1947, 1949.

[207] BGH, Urt. v. 20.1.1987 – VI ZR 182/85, NJW 1987, 1947, 1949.

[208] Vgl. *Scheffen*, ZRP 1991, 458.

haltens und seine diesbezügliche Verantwortlichkeit dem Wortlaut von § 828 Abs. 3 BGB nicht zwingend zu entnehmen ist.

Gleichwohl ist die vorherrschende Auffassung, welche es mit Blick auf die Annahme der Einsichtsfähigkeit des Minderjährigen ausreichen lässt, wenn dieser allgemein um seine Verantwortung weiß und imstande ist, dieses Wissen auf den konkreten Fall anzuwenden, insgesamt vorzugswürdig. Dies hat nicht allein dogmatische, sondern auch praktische Gründe. Zunächst ist darauf hinzuweisen, dass der Wortlaut von § 828 Abs. 3 BGB zwar eine Berücksichtigung allein der Fähigkeit zur Erkenntnis der Gefahr einer allgemein bestehenden Interessenverletzung nicht voraussetzt, gleichwohl aber vice versa die Einbeziehung der konkreten Schadensfolgen ebenfalls nicht zwingend notwendig erscheinen lässt. Ist der Minderjährige von einer Haftung befreit, sofern er „bei Begehung der schädigenden Handlung nicht die zur Erkenntnis der Verantwortlichkeit erforderliche Einsicht hat“, so lässt sich diese Vorgabe des Gesetzes angesichts der Präposition „bei“ durchaus dergestalt im Sinne der herrschenden Auffassung verstehen, dass sich der Schädiger während eines schadensbegründenden Verhaltens um die allgemeine Gefährlichkeit desselben und seine insoweit vorhandene Verantwortlichkeit im Klaren sein muss.

Zudem ist der Gegenmeinung zwar wie dargestellt dahingehend zuzustimmen, dass es der auf der herrschenden Meinung beruhenden Praxis der erkennenden Gerichte zumeist an einer an dem altersspezifischen Erfahrungshorizont des minderjährigen Schädigers entsprechenden individuellen Beurteilung der Einsichtsfähigkeit fehlen dürfte. Dieser Umstand beruht gleichwohl letztlich nicht auf der nicht gestellten Frage, ob dem Minderjährigen die konkreten Folgen seines Verhaltens überhaupt ersichtlich sein können. Problematisch erscheint in dieser Hinsicht vielmehr der in der Praxis gehandhabte Rückgriff auf die mit Blick auf eine spezifische Altersgruppe allgemein bestehenden Erwartungen und Erfahrungen. Durch diesen wird die Bejahung der Einsichtsfähigkeit ohne die Notwendigkeit einer gründlichen Auseinandersetzung mit den Fähigkeiten des in Rede stehenden Schädigers ermöglicht. Vorzugswürdig wäre demgegenüber eine nicht auf einer seitens des Gerichts angenommenen „allgemeinen Lebenserfahrung“ beruhende, sondern möglichst individuelle und nötigenfalls auf sachverständiger Exploration beruhende Einschätzung der kognitiven Fähigkeiten eines Minderjährigen.[209] Allein die Erkennbarkeit der konkreten Handlungsfolgen zur zusätzlichen Voraussetzung der Einsichtsfähigkeit zu erheben, dürfte in der gerichtlichen Praxis in einer Vielzahl von Fallgestaltungen hingegen keine abweichenden Ergebnisse hervorrufen.

---

[209] Mit Blick auf eine notwendige individuell-subjektive Einschätzung ebenso MüKoBGB/*Wagner*, BGB, § 828 Rn. 13.

Soweit im Übrigen in einzelnen Sachverhaltskonstellationen angesichts der konkreten Einzelfallumstände unter Zugrundelegung der Mindermeinung abweichende Ergebnisse denkbar wären, könnte dies selbst bei Berücksichtigung der häufig bestehenden Entwicklungsdefizite Minderjähriger und deren gesteigerter Schutzwürdigkeit im Ergebnis auf eine nicht hinnehmbare Beeinträchtigung der ebenfalls relevanten Schutzinteressen des Rechtsverkehrs im Allgemeinen und einzelner Betroffener im Speziellen hinauslaufen. Stellt man sich in Fortentwicklung der oben beschriebenen Konstellation eines Skiunfalls vor, dass ein minderjähriger Skifahrer auf einer Abfahrtspiste einen Hügel überspringt, ohne die darunterliegende Pistenführung einsehen zu können, oder mit überhöhter Geschwindigkeit in die Kurve eines engen Ziehweges einbiegt, ohne das Ende derselben überblicken zu können, sind infolge dieses Verhaltens Zusammenstöße mit anderen Pistennutzern realiter jederzeit denkbar. Bei gebotener Beachtung der bereits zitierten FIS-Regeln, insbesondere hinsichtlich des Fahrens auf Sicht und der an die Umgebung anzupassenden Geschwindigkeit, wird auch minderjährigen Skifahrern nach Vollendung des siebten Lebensjahres regelmäßig bewusst sein, dass ein entsprechendes Verhalten besonders gefahrträchtigen Charakter aufweist und daher zu unterlassen ist. Dieses Wissen können und dürfen die übrigen Pistennutzer auch von minderjährigen Skifahrern erwarten, um an einem geregelten und möglichst sicheren Skiverkehr teilnehmen zu können.

Auf die Einsicht in etwaige Schadensfolgen, welche aus einem Zusammenstoß mit einem anderen Pistennutzer, der sich in den skizzierten Situationen überhaupt nicht im Blickfeld des Minderjährigen befindet, resultieren können, kann es demgegenüber nicht mehr ankommen. Die mangelnde Vorab-Visualisierung des Unfallgegners und die damit einhergehende Unmöglichkeit des Minderjährigen, sich die konkreten Handlungsfolgen hinreichend vorzustellen, müsste in entsprechenden Fällen überdies zu einer gegenüber den anderen Verkehrsteilnehmern nicht zu rechtfertigenden Exkulpation des Minderjährigen führen. Nimmt eine minderjährige Person am Alltagsleben teil, so muss von dieser nach alledem zur Wahrung der Interessen des Rechtsverkehrs ein gewisses Mindestmaß an Situationseinschätzung und entsprechender Einsichtsfähigkeit hinsichtlich der aus ihrem Verkehrsverhalten allgemein resultierenden Gefahren verlangt werden. Ist der individuell betroffene Minderjährige aufgrund nachweisbarer intellektueller Einschränkungen zu dieser Einsicht außerstande, so kann eine Haftung nach § 828 Abs. 3 BGB entfallen. Ist ihm hingegen ein an der vorhandenen Einsicht ausgerichtetes Verhalten aufgrund mangelnder oder eingeschränkter Fähigkeit zur Willenssteuerung nicht möglich, so betrifft dies die im Anschluss zu erörternde Frage nach der Relevanz einer fehlenden Steuerungsfähigkeit. Im Übrigen aber erscheint es akzeptabel und notwendig, die Einsichtsfähigkeit in die generelle Gefährlichkeit des eigenen Verhaltens ausreichen zu lassen, sofern sich diese in begründeten Zweifelsfällen hinreichend konkret-individuell und ohne weitreichenden Rückgriff auf eine allgemeine Lebenserfahrung feststellen lässt.

4. Nichtberücksichtigung der individuellen Steuerungsfähigkeit

Nicht allein die von § 828 Abs. 1 BGB normierte Altersgrenze von sieben Jahren sowie das vorherrschende Verständnis der in § 828 Abs. 3 BGB vorausgesetzten Einsichtsfähigkeit werden mitunter kritisch gesehen. Dies gilt vielmehr auch für den Umstand, dass im Rahmen einer nach § 828 Abs. 3 BGB erfolgenden Prüfung der deliktischen Verantwortlichkeit Minderjähriger nach herrschender Auffassung allein ihrer Fähigkeit zur Erkenntnis ihrer Verantwortlichkeit Bedeutung zugemessen wird, nicht jedoch ihrer Fähigkeit, sich dieser Erkenntnis entsprechend zu verhalten.

a) Verzicht auf voluntatives Element seitens Gesetzgeber und Rechtsprechung

Neben dem kognitiven Element der Einsichtsfähigkeit setzt die deliktische Zurechnungsfähigkeit gem. § 828 Abs. 3 BGB nach traditioneller und vorherrschender Auffassung kein voluntatives Element in Gestalt der sogenannten Steuerungsfähigkeit voraus. Auf die Fähigkeit des Minderjährigen, sich entsprechend seiner Einsicht in die Gefährlichkeit seines Handelns und seiner dahingehenden Verantwortlichkeit verhalten zu können, kommt es für die Begründung deliktischer Verantwortlichkeit somit nicht an.[210] Selbst im Fall einer nachgewiesenen individuellen Unfähigkeit des Minderjährigen, sein Verhalten an der von ihm erwarteten Einsicht zu orientieren, kann seine deliktische Verantwortlichkeit folglich angenommen werden.[211]

Diese Nichtberücksichtigung der Steuerungsfähigkeit eines Minderjährigen entspricht dem Wortlaut von § 828 Abs. 3 BGB. Danach ist derjenige, welcher das siebte, nicht aber das 18. Lebensjahr vollendet hat, für einen Schaden dann nicht verantwortlich, wenn er bei der Begehung der schädigenden Handlung nicht die zur Erkenntnis der Verantwortlichkeit erforderliche Einsicht hat. Insoweit unterscheidet sich § 828 Abs. 3 BGB insbesondere deutlich von § 3 JGG, der für die strafrechtliche Verantwortlichkeit eines

---

[210] Vgl. hierzu nur MüKoBGB/*Wagner*, BGB, § 828 Rn. 10 m.w.N. Abweichend etwa Erman/*Wilhelmi*, BGB, § 828 Rn. 2 sowie *Wilhelmi*, Risikoschutz durch Privatrecht, S. 329, wonach die mangelnde Steuerungsfähigkeit entgegen des Wortlauts von § 828 Abs. 3 BGB gleichfalls bei der Feststellung der deliktischen Verantwortlichkeit zu berücksichtigen sein soll. Die Notwendigkeit einer Prüfung der Steuerungsfähigkeit ergebe sich danach bereits aus dem Umstand der mangelnden Differenzierung zwischen Einsichts- und Steuerungsfähigkeit zum Zeitpunkt der Entstehung des BGB, so dass der Wortlaut des § 828 Abs. 3 BGB einem entsprechenden Verständnis nicht entgegenstehe. Vgl. hierzu auch *Rolfs*, JZ 1999, 233, 238.

[211] Vgl. BGH, Urt. v. 10.3.1970 – VI ZR 182/68, NJW 1970, 1038.

Jugendlichen im Sinne von § 1 Abs. 2 JGG kumulativ voraussetzt, dass dieser zur Tatzeit nach seiner sittlichen und geistigen Entwicklung reif genug ist, das Unrecht der Tat einzusehen, und zugleich auch fähig ist, nach dieser Einsicht zu handeln.[212] Auf diesem eindeutigen, allein ein kognitives Zurechnungselement fordernden Wortlaut des § 828 Abs. 3 BGB gründet auch die ständige Rechtsprechung des BGH, der eine Berücksichtigung der Steuerungsfähigkeit als zusätzliches Verantwortlichkeitskriterium im Rahmen der Prüfung der Deliktsfähigkeit ablehnt.[213]

Das Fehlen individueller Steuerungsfähigkeit kann folglich nur auf der Ebene des Verschuldens berücksichtigt werden, da Fahrlässigkeit im Sinne von § 276 Abs. 2 BGB nicht allein die Kenntnis oder das Kennenmüssen der Gefährlichkeit einer Handlung voraussetzt, sondern auch die Fähigkeit, das eigene Verhalten danach auszurichten.[214] Allerdings kommt es im Rahmen der Fahrlässigkeitsprüfung nach der Rechtsprechung des BGH wiederum nicht auf die individuellen Fähigkeiten des betroffenen Minderjährigen an. Maßgeblich ist vielmehr der an einen normal entwickelten Minderjährigen desselben Alters anzulegende Maßstab.[215] Dabei können und sollen der in der jeweiligen Altersgruppe regelmäßig vorhandene Spieltrieb, der Forschungs- und Erprobungsdrang, der Mangel an Disziplin, Rauflust, Impulsivität und die Neigung zu Affektreaktionen Berücksichtigung finden.[216]

---

[212] Die mit § 3 des JGG vom 16.2.1923 einhergehende Novellierung des zuvor geltenden § 56 RStGB diente der Umsetzung der zu diesem Zeitpunkt bestehenden wissenschaftlichen Erkenntnis, wonach die Steuerungsfähigkeit notwendige Voraussetzung einer strafrechtlichen Verantwortlichkeit des Jugendlichen sein müsse. Zur Schaffung von § 3 JGG im Rahmen des Jugendgerichtsgesetzes von 1923 vgl. näher *Loheit*, Die Deliktsfähigkeit Minderjähriger, S. 54 ff.; *Peters*, Kindheit im Strafrecht, S. 19; *Waibel*, Die Verschuldensfähigkeit des Minderjährigen, S. 52 ff.

[213] Vgl. BGH, Urt. v. 17.12.1957 – VI ZR 271/56, VersR 1958, 177; BGH, Urt. v. 10.3.1970 – VI ZR 182/68, NJW 1970, 1038; BGH, Urt. v. 28.2.1984 – VI ZR 132/82, NJW 1984, 1958. Für eine abweichende Auffassung vgl. hingegen OLG Nürnberg, Urt. v. 7.10.1966 – 1 U 120/65, OLGZ 1967, 143. Das OLG Nürnberg sprach sich in der betreffenden Entscheidung für eine an § 3 JGG orientierte Berücksichtigung der Willensfähigkeit im Rahmen von § 828 Abs. 2 BGB a.F. aus. Zum einen könne nicht angenommen werden, dass der Gesetzgeber die Absicht gehabt hätte, bei der Beurteilung der Verantwortlichkeit Minderjähriger einen grundsätzlichen Unterschied zwischen der strafrechtlichen und der zivilrechtlichen Haftung zu statuieren. Zum anderen entspreche nur eine sowohl die intellektuelle als auch die voluntative Komponente berücksichtigende Auslegung des § 828 Abs. 2 BGB a.F. den Ergebnissen der Psychologie und Psychiatrie.

[214] Vgl. hierzu allerdings *Waibel*, Die Verschuldensfähigkeit des Minderjährigen, S. 66, der in diesem Zusammenhang auf das Bestreben des BGH verweist, eine Berücksichtigung der individuellen Steuerungsfähigkeit des Minderjährigen im Rahmen der Prüfung der Zumutbarkeit eines verkehrsgerechten Verhaltens und somit auf der Ebene der Verschuldensprüfung vorzunehmen.

[215] Vgl. BGH, Urt. v. 10.3.1970 – VI ZR 182/68, NJW 1970, 1038, 1039.

[216] MüKoBGB/*Wagner*, BGB, § 828 Rn. 10.

Diese Rechtsprechung des BGH entspricht der dem Haftungsrecht des BGB immanenten, objektivierenden Schuldtypisierung. Während das Strafrecht persönliche Sanktionen aufgrund eines individuellen Schuldvorwurfs ausspricht, ist Ziel des Haftungsrechts eine möglichst ausgewogene Risiko- und Schadensverteilung im Sinne eines gerechten Schadensausgleichs.[217] Diese ist im Grundsatz gekennzeichnet durch eine weitreichende Verlagerung des Schadensrisikos auf den Schädiger. Dementsprechend ermöglicht der Verzicht auf die Berücksichtigung eines individuell-voluntativen Elements eine an Sinn und Zweck des Schadensrechts orientierte weitgehende Schuldtypisierung.[218] Den zivilrechtlichen Anforderungen des Verkehrs- und Opferschutzes soll durch eine entsprechend pauschalierende oder typisierende Wertung besser entsprochen werden können, als dies mittels eines individuellen Maßstabs, der im Strafrecht vor dem Hintergrund der notwendigen individuellen Strafzuweisung angemessen sei, möglich wäre.[219] Der typisierte Fahrlässigkeitsmaßstab des § 276 Abs. 2 BGB soll demnach ein geeignetes Kriterium sein zur Abgrenzung zwischen dem notwendigen Bewegungsfreiraum des Einzelnen und dem Schutz des redlichen Verkehrs, der sich bei der Begegnung mit einem Schädiger auf dessen typischerweise vorhandene Fähigkeiten einstellen können soll.[220]

Schließlich bedingt das geltende Verständnis des § 828 Abs. 3 BGB eine deutliche Erleichterung bei der im Einzelfall notwendigen Feststellung der Deliktsfähigkeit. Insbesondere kann dergestalt zumeist auf die Hinzuziehung eines Sachverständigen verzichtet werden.[221] Ohnehin soll die Feststellung der individuellen Direktionsfähigkeit den Gerichten nach teilweise vorgebrachter Ansicht kaum möglich sein, was sich aus der Erfahrung der Rechtspraxis im Jugendstrafrecht zu § 3 JGG gezeigt habe.[222] Im Übrigen könne eine

---

[217] *Loheit*, Die Deliktsfähigkeit Minderjähriger, S. 127; *Looschelders* VersR 1999, 141, 144.

[218] Vgl. *Geilen*, FamRZ 1965, 401 f.; *Loheit*, Die Deliktsfähigkeit Minderjähriger, S. 110.

[219] Vgl. BGH, Urt. v. 28.2.1984 – VI ZR 132/82, VersR 1984, 641; MüKoBGB/*Wagner*, BGB, § 828 Rn. 10.

[220] *Goecke*, Unbegrenzte Haftung Minderjähriger, S. 223; *Loheit*, Die Deliktsfähigkeit Minderjähriger, S. 127.

[221] *Schneider/Frister/Olzen*, Begutachtung psychischer Störungen, S. 173.

[222] Vgl. MüKoBGB/*Wagner*, BGB, § 828 Rn. 10. Auch eine sachverständige Exploration der von § 3 JGG verlangten Steuerungsfähigkeit stehe vor erheblichen Schwierigkeiten. Während im Rahmen der Feststellung der Schuldfähigkeit die in § 20 StGB genannten „biologischen" Defizite des Täters auf Grundlage einer gefestigten medizinisch-psychiatrischen Tradition relativ sicher festgestellt werden könnten, sei die nach § 3 JGG für die nötige Steuerungsfähigkeit vorausgesetzte verminderte „Reife" des Jugendlichen kaum anhand objektiver Kriterien nachweisbar. Vgl. hierzu *Goecke*, Unbegrenzte Haftung Minderjähriger, S. 223 m.w.N.; vgl. auch schon *Schaffstein*, ZStW 77 (1965), 191, 197. Auf den

den Vorgaben des § 3 JGG entsprechende Berücksichtigung der Steuerungsunfähigkeit nur den absolut steuerungsunfähigen Minderjährigen von der deliktischen Haftung befreien, während diejenigen Minderjährigen, die eine gegenüber Erwachsenen lediglich verringerte Steuerungsfähigkeit aufweisen, von einer entsprechenden Privilegierung nicht erfasst würden.[223]

b) Problematische Aspekte der Nichtberücksichtigung fehlender Steuerungsfähigkeit

Sowohl die fehlende gesetzliche Berücksichtigung der individuellen Steuerungsfähigkeit des handelnden Minderjährigen als auch ihre mangelnde Überprüfung durch die Rechtsprechung im Rahmen von § 828 Abs. 2 BGB a.F. bzw. § 828 Abs. 3 BGB n.F. werden seit geraumer Zeit kritisch betrachtet.[224]

aa) Psychologische Erkenntnisse

Zunächst lasse die Prüfung allein des intellektuellen Vermögens, die allgemeine Gefährlichkeit eines Verhaltens und die eigene Verantwortlichkeit zu erkennen, bei gleichzeitiger Nichtberücksichtigung des Unvermögens, dieser Einsicht entsprechend zu handeln, die seit langem bestehenden psychologischen Erkenntnisse außer Acht, die im Bereich des Jugendstrafrechts zur Schaffung von § 3 JGG a.F. geführt haben.[225] Soweit § 828 Abs. 2 BGB a.F. bzw. § 828 Abs. 3 BGB n.F. von dem Bild eines Menschen ausgehe, der vor Beginn einer Handlung intellektuell reflektiere, ob diese richtig oder falsch sei, und daraufhin unbeeinflusst von etwaigen Triebkonstellationen den Entschluss zu dieser Handlung fasse, müsse dies als psychologisch überholt an-

---

erheblichen Aufwand, den eine entsprechende Gutachteneinholung bedeutet, verweist BeckOGK/*Wellenhofer*, BGB, § 828 Rn. 40.

[223] *Goecke*, Unbegrenzte Haftung Minderjähriger, S. 226.

[224] Vgl. hierzu *Deutsch*, JZ 1964, 86; *Geilen*, FamRZ 1965, 401, 401 f.; *Koebel*, NJW 1956, 969 (Fn. 8); *Munkwitz*, ZBlJR 1960, 129, 130 f.; *Schneider/Frister/Olzen*, Begutachtung psychischer Störungen, S. 173; *Teichmann*, JZ 1970, 617, 618; *Waibel*, Die Verschuldensfähigkeit des Minderjährigen, S. 65 f.

[225] Vgl. *Busch*, Der Reifegrad Minderjähriger, S. 62; *Loheit*, Die Deliktsfähigkeit Minderjähriger, S. 73 f., 125; *Mezger*, MDR 1954, 597, 598; *Teichmann*, JZ 1970, 617, 618. Auch der BGH erkannte in einer Entscheidung von 1970 an, dass § 828 Abs. 2 BGB a.F. die „neuen Erkenntnisse der Jugendpsychologie" unberücksichtigt lasse, stellte jedoch klar, dass eine Einbeziehung dieser gesicherten Erkenntnisse in den Tatbestand des § 828 BGB nicht der Rechtsprechung, sondern vielmehr dem Gesetzgeber obliege. Vgl. BGH, Urt. v. 3.10.1970 – VI ZR 182/68, NJW 1970, 1038, 1039. Im Übrigen könne es nach damaliger Argumentation des BGH auch denkbar sein, dass rechtspolitische Umstände dazu zwängen, an der Unterscheidung zwischen Strafrecht und Zivilrecht festzuhalten.

gesehen werden.[226] Gerade jüngere Minderjährige zwischen sieben und zehn Jahren könnten abhängig von ihrem jeweiligen Entwicklungsstand vor allem in spielerischen Situationen zwar die unspezifische Gefährlichkeit einer Handlung antizipieren, diese Gefahrerkenntnis jedoch nicht auf die jeweils neue Situation übertragen.[227] Angesichts des situationsbezogenen Fehlens der Fähigkeit, die Folgen des eigenen Handelns zu überschauen, äußerten sich die Besonderheiten der individuellen Reifeentwicklung des jeweiligen Minderjährigen daher auch und gerade in impulsiven, augenblicksorientierten Verhaltensmustern.[228]

Schließlich sind in der Praxis angesichts des geltenden Verständnisses der Deliktsfähigkeit durchaus Fälle denkbar, in denen eine Begutachtung durch einen Sachverständigen, der seine Gutachtertätigkeit gemäß der seitens der Rechtsprechung zu § 828 BGB aufgestellten Prämissen durchzuführen hat, zur Annahme der Deliktsfähigkeit führen muss, obgleich diese mangels des Vorliegens von Steuerungsfähigkeit aus psychiatrischer oder psychologischer Sicht äußerst zweifelhaft sein kann. Insoweit sei beispielhaft auf eine an der Uniklinik Marburg durchgeführte sachverständige Beurteilung der zivilrechtlichen Deliktsfähigkeit eines etwas über sieben Jahre alten Brandstifters verwiesen.[229] Bei dem betreffenden Minderjährigen, der zusammen mit einem Freund mit Streichhölzern in einer Scheune gespielt und durch zwei dabei gelegte Feuer einen Schaden von mehr als 230.000 DM verursacht hatte, war seitens der befassten Sachverständigen die Deliktsfähigkeit nach den mit Blick auf § 828 Abs. 2 BGB a.F. geltenden Maßstäben im Ergebnis bejaht worden. Dabei handelte es sich bei dem Minderjährigen nach Einschätzung der Gutachter um ein gesundes, altersentsprechend entwickeltes Kind.

Im Rahmen der Gutachtenerstellung wurden die spezifische Entwicklungssituation des Minderjährigen, sein vorhandener Spieltrieb sowie die konkrete Sachverhaltskonstellation durch die Sachverständigen berücksichtigt und festgestellt: „Fasst man Einsichtsfähigkeit in sein Tun dem BGB entsprechend so eng, so wird man diese Einsichtsfähigkeit bei L. bejahen müssen. […] Hier stehen Ursache und Folge in einem für das Kind über-

---

[226] So schon *Mezger*, MDR 1954, 597, 598; *Politsch*, SuP 1954, 339, 341; *Teichmann*, JZ 1970, 617, 618.

[227] Vgl. *Birr*, Die Haftung Minderjähriger, S. 29; *Goecke*, Unbeschränkte Haftung Minderjähriger, S. 30; *Nießen*, Eltern haften für ihre Kinder, S. 193; *Waibel*, Die Verschuldensfähigkeit des Minderjährigen, S. 65.

[228] *Loheit*, Die Deliktsfähigkeit Minderjähriger, S. 111; *Munkwitz*, ZBlJR 1960, 129, 130 f.

[229] Die genannte Untersuchung wurde im Rahmen einer an der Uniklinik Marburg über mehrere Jahre hinweg durchgeführten kinderpsychiatrischen Begutachtung von insgesamt 30 minderjährigen Probanden vorgenommen. Vgl. hierzu die Darstellung bei *Dauner*, Brandstiftung durch Kinder, S. 110 ff.

schaubaren und daher verstehbarem Zusammenhang." Demgegenüber sei mit Blick auf die Steuerungsfähigkeit der minderjährigen Brandstifter davon auszugehen, „[...] dass die Kinder zwar ihr Spiel unterbrochen haben, aber dennoch in einer kontinuierlichen Spielwelt weiter agierten, und dass bei dem Entfachen des zweiten Feuers, wodurch wahrscheinlich der immense Sachschaden erst entstanden ist, der momentane kindliche Spieltrieb alle vernünftigen Erwägungen überflutete und ein einsichtsvolles und intelligenzmäßiges Verhalten verhinderte." Es könne somit zwar insgesamt angenommen werden, dass L. „[...] prinzipiell über die zur Erkenntnis der Verantwortlichkeit erforderliche Einsicht gemäß § 828 BGB verfügte. Diese wird jedoch aus kinderpsychiatrischer und -psychologischer Sicht [...] so erheblich durch den kinderspezifischen Spieltrieb eingeengt, dass [...] von Seiten unseres Fachgebietes die Deliktsfähigkeit des damals 7 1/2jährigen Buben verneint werden muss."[230] Entgegen psychiatrischer Überzeugung war im genannten Beispiel somit, infolge der gemäß § 828 Abs. 2 BGB a.F. mangelnden Berücksichtigung fehlender individueller Steuerungsfähigkeit, die Deliktsfähigkeit des begutachteten Minderjährigen zu bejahen.[231]

bb) Mangelnde dogmatische Trennschärfe

Zudem resultieren aus der ausschließlich unter dem Gesichtspunkt des Verschuldens erfolgenden Berücksichtigung eventuell vorhandener Steuerungsdefizite des Minderjährigen nicht allein dogmatische Schwierigkeiten bei der Abgrenzung von Einsichtsfähigkeit einerseits und Verschulden andererseits.[232] So sieht sich die Rechtsprechung bei vorsätzlich begangenen Hand-

---

230 *Dauner*, Brandstiftung durch Kinder, S. 112.

231 Vgl. daneben auch die Darstellung einer in gerichtlichem Auftrag erstellten psychiatrischen Stellungnahme zur Deliktsfähigkeit zweier Minderjähriger bei *Munkwitz*, ZBlJR 1960, 129, 131. Die beiden altersentsprechend entwickelten Zehnjährigen hatten einen Schulkameraden auf dem Schulhof beim Üben von „Catchergriffen" derart zu Fall gebracht, dass dieser eine schwere Hirnschädigung davontrug. Das Üben entsprechender Griffe war den Jungen vom Lehrpersonal der Schule unter Verweis auf die möglichen schädlichen Folgen zuvor verboten worden. Die Begutachtung führte zu dem Ergebnis, dass sich hinsichtlich der Fähigkeit der beiden Minderjährigen, das Unrecht ihrer Handlungen zu erkennen und die Verpflichtung zu fühlen, in irgendeiner Weise für die Folgen ihres Tuns einzustehen, keine Zweifel ergaben. Gleichzeitig betonten die Gutachter jedoch, dass beide Minderjährige die konkrete ebenso wie die potentielle Gefährlichkeit ihres Verhaltens zur Zeit der schädigenden Handlung nicht erkennen konnten. Ihre Handlung sei „[...] aus einer sportlichen Bewegungsbereitschaft entsprungen, die einen imperativen Drangcharakter besaß und nach einem Ventil trachtete. Aus diesem Grund sind beide Beklagte, trotz der vorhandenen Einsicht, daß sie etwas Unrechtes begingen (nämlich ein Lehrerverbot übertraten), letztlich von Impulsen geleitet worden, die der vernunftmäßigen Steuerung weitgehend entzogen waren."

232 Vgl. *Teichmann*, JZ 1970, 617, der darauf hinweist, dass Einsichtsfähigkeit einerseits

lungen in einzelnen Fällen genötigt, anstelle eines zumindest bedingten Vorsatzes systemwidrig Fahrlässigkeit anzunehmen, um die mangelnde individuelle Einsicht des jeweiligen Minderjährigen in die konkreten Auswirkungen seines Verhaltens wenigstens im Rahmen von § 276 Abs. 2 BGB berücksichtigen zu können.[233] Überdies wird die schon zur Feststellung der Einsichtsfähigkeit notwendige Abgrenzung zwischen objektiven und subjektiven Betrachtungskriterien in der gerichtlichen Praxis nicht immer trennscharf gehandhabt. Dies führt dazu, dass in manchen Fällen unzulässiger Weise zur Feststellung der Deliktsfähigkeit auf das von einem Kind der jeweiligen Altersgruppe allgemein zu erwartende Gefahrenbewusstsein abgestellt wird.[234]

cc) Validität des Kriteriums der „Gruppenfahrlässigkeit"

Schließlich knüpfen die Gerichte im Rahmen der Prüfung des Verschuldens und dort anlässlich der Feststellung eines fahrlässigen Verhaltens im Sinne von § 276 Abs. 2 BGB nicht an die individuellen Eigenschaften des jeweiligen Minderjährigen, sondern allein an dasjenige Verhalten an, das von Minderjährigen der entsprechenden Altersklasse erwartet werden kann.[235] Eine entsprechende „kollektive Reifungsnorm" könne aus entwicklungspsychologischer Perspektive allerdings nicht mit der notwendigen Präzision festgestellt werden.[236] Vielmehr ließen sich in Bezug auf die Haftungsvoraussetzungen abstrahierend allenfalls „Alterskorridore" bestimmen, innerhalb derer ein signifikantes Ansteigen der intellektuellen und voluntativen Grundbedingungen deliktischer Haftung nachgewiesen werden könne.[237]

---

und Verschulden andererseits entwicklungspsychologisch auf eine „gemeinsame Wurzel" zurückzuführen seien, nämlich auf die für die deliktsrechtliche Haftung erforderliche Reife des jeweiligen Minderjährigen. Im Rahmen von Anwendung und Auslegung des „schwierigen und wenig geglückten" § 828 Abs. 2 BGB a.F. in der Praxis sei das innere Verhältnis der beiden Elemente zueinander gleichwohl unklar. Im Hinblick auf die Trennung zwischen kognitivem und voluntativem Element ähnlich *Geilen*, FamRZ 1965, 401: „Wie kommt es überhaupt zu dieser juristischen Aufspaltung eines psychologisch einheitlichen Reifeproblems?".

[233] Vgl. *Geilen*, JZ 1964, 6, 10, der unter Heranziehung von Belegen aus der Rechtsprechung in diesem Vorgehen der Justiz eine „geheimnisvolle juristische Metamorphose" erblickt; *Loheit*, Die Deliktsfähigkeit Minderjähriger, S. 25, 134 ff.; *Teichmann*, JZ 1970, 617, 619; *Waibel*, Die Verschuldensfähigkeit des Minderjährigen, S. 65 f., S. 73 f.

[234] Vgl. MüKoBGB/*Wagner*, BGB, § 828 Rn. 13, mit Beispielen aus der obergerichtlichen Rechtsprechung.

[235] Vgl. insoweit erneut die Darstellung unter E. IV. 4. b).

[236] So *Loheit*, Die Deliktsfähigkeit Minderjähriger, S. 116; *Schneider/Frister/Olzen*, Begutachtung psychischer Störungen, S. 173.

[237] *Loheit*, Die Deliktsfähigkeit Minderjähriger, S. 131.

Aus medizinisch-psychologischer Sicht sei das Außerachtlassen der individuellen Steuerungsfähigkeit und der für diese entscheidenden individuellen Eigenschaften des jeweiligen Minderjährigen daher zu bedauern.[238] Entwicklungspsychologische Studien zur mentalen Steuerungsfähigkeit legten insbesondere nahe, dass die Entwicklung der Steuerungsfähigkeit eines Minderjährigen erst zu Beginn des deliktsfähigen Alters einsetzt. Sowohl die Konzentrationsfähigkeit als auch die motorische Steuerungsfähigkeit Minderjähriger seien demzufolge erst mit Vollendung des zehnten Lebensjahres hinreichend ausgeprägt, um das eigene Verhalten kontrollieren und auf alltägliche Gefahren reagieren zu können.[239]

Überdies wird auch kritisiert, dass selbst bei Zugrundelegung eines Sorgfaltsmaßstabs, der die in einer bestimmten Altersklasse typischerweise bestehenden Schwierigkeiten bei der Verhaltenssteuerung berücksichtigt, den gegenüber Erwachsenen verminderten Fähigkeiten Minderjähriger nicht ausreichend Rechnung getragen werden könne. Ein fahrlässiges Verhalten des Minderjährigen könne nach den Maßgaben der Rechtsprechung nur dann verneint werden, wenn das schädigende Ereignis unter Berücksichtigung dieser alterstypischen Schwierigkeiten nicht vermeidbar war, der typische Minderjährige im jeweiligen Einzelfall also völlig unfähig zur Gefahrerkenntnis oder einem daran angepassten Verhalten gewesen wäre. Bei Zugrundelegung eines solchen Maßstabs werde jedoch gerade bei unterdurchschnittlich begabten Minderjährigen eine Berücksichtigung der gegenüber Erwachsenen verminderten Fähigkeit zur Gefahrerkenntnis und daran angepasstem richtigen Verhalten nicht ermöglicht.[240]

---

[238] Vgl. *Schneider/Frister/Olzen*, Begutachtung psychischer Störungen, S. 173. Dies muss umso mehr gelten, als vor allem die eigene Lebenserfahrung dem erkennenden Gericht das vermeintlich selbstverständliche Wissen darüber vermitteln können soll, was ein Minderjähriger einer bestimmten Altersstufe zu leisten imstande ist oder nicht, und somit das richterliche Wissen über altersspezifische Fähigkeiten und Grenzen regelmäßig höchst subjektiver Natur ist. Diesbezüglich kritisch *Haberstroh*, VersR 2000, 806, 807. Vgl. auch beispielhaft die insoweit relevanten Ausführungen der Entscheidungsgründe bei LG Wuppertal, Urt. v. 1.10.2015 – 9 S 114/15, juris (Rn. 12): „Die Kammer hat sich insoweit in der Lage gesehen, die Einsichtsfähigkeit von Kindern der betroffenen Altersstufe aus eigener Sachkenntnis zu beurteilen, da sämtliche Kammermitglieder Kinder haben, die sich zur Zeit etwa im Alter der Beklagten zum Zeitpunkt des Unfallereignisses befinden bzw. noch vor wenigen Jahren in diesem Alter waren."

[239] Vgl. hierzu die umfangreiche Auswertung psychologischer Studien bei *Busch*, Der Reifegrad Minderjähriger, S. 102 ff.

[240] Vgl. OLG Celle, Vorlagebeschl. v. 26.5.1989 – 4 U 53/88, VersR 1989, 709, 711 m. Anm. *Lorenz; Goecke*, Unbegrenzte Haftung Minderjähriger, S. 66. Kritisch auch *Haberstroh*, VersR 2000, 806, 809.

c) Stellungnahme

Der Umstand, dass einerseits nach Vollendung des siebten Lebensjahres eines Minderjährigen regelmäßig die gesetzliche Vermutung des § 828 Abs. 3 BGB eingreift, andererseits das Fehlen ausreichender individueller Steuerungsfähigkeit bei Zugrundelegung eines objektivierten Haftungsmaßstabs unberücksichtigt bleiben muss, bewirkt zwar eine den Geschädigten nach den geltenden Wertungen des Haftungsrechts begünstigende und auch effektiv handhabbare Risikoverlagerung auf den minderjährigen Schädiger. Zugleich resultiert hieraus jedoch eine den Schädiger im Zweifel über Gebühr belastende Haftungsverschärfung, die im praktischen Anwendungsfall zu unangemessenen Ergebnissen führen kann.[241] Gerade der im Bereich des Verschuldens maßgebliche, sich in der Rechtsfigur der „Gruppenfahrlässigkeit" manifestierende typisierte Maßstab des § 276 Abs. 2 BGB führt dazu, dass der im Einzelfall in besonderem Maße schutzbedürftige, weil gegenüber relevanten Gleichaltrigen noch nicht hinreichend entwickelte Minderjährige in verstärktem Maße haften muss.[242]

Den Kritikern einer Einbeziehung der Steuerungsfähigkeit als Bedingung deliktischer Verantwortlichkeit ist zunächst dahingehend zuzustimmen, dass der Schuldvorwurf des Zivilrechts im Gegensatz zu demjenigen des Strafrechts kein Vorwurf im Sinne einer „moralischen" Schuld ist.[243] Folglich ist der Zweck einer schadensrechtlichen Inanspruchnahme im Zivilrecht nicht wie im Strafrecht die Sanktion individuellen Unrechts, sondern vielmehr die Zuweisung einer dem Schädiger aufgrund der von ihm schuldhaft nicht beachteten Sorgfaltspflichten aufzuerlegenden, dem Wiedergutmachungsinteresse des Opfers entsprechenden Ausgleichsverpflichtung. Die ebenfalls und gegenüber der Situation im Vertragsrecht noch verstärkt schützenswerten Interessen des Rechtsverkehrs im Allgemeinen und des Opferschutzes im Speziellen können folglich nicht gänzlich hinter den Individualinteressen des betroffenen Minderjährigen zurücktreten. Vor diesem Hintergrund fördert eine weitreichende Typisierung der im Rechtsverkehr geltenden Sorgfaltsanforderungen zweifelsohne die haftungsrechtliche Zielsetzung, eine möglichst ausgewogene Risiko- und Schadensverteilung zu erreichen. Sowohl das Interesse der Allgemeinheit an objektiv geltenden Sorgfaltsmaßstäben als auch des individuell betroffenen Opfers an umfassender Kompensation machen eine Grenzziehung zwischen dem notwendigen Bewegungsfreiraum des Einzelnen und dem Schutz des redlichen Verkehrs, der sich bei der Begegnung mit einem Schädiger auf dessen typischerweise vorhandene Fähigkeiten einstellen können soll, notwendig.

---

[241] Ebenso *Busch*, Der Reifegrad Minderjähriger, S. 58, 105; *Loheit*, Die Deliktsfähigkeit Minderjähriger, S. 102.

[242] *Loheit*, Die Deliktsfähigkeit Minderjähriger, S. 130.

[243] So *Goecke*, Unbegrenzte Haftung Minderjähriger, S. 49.

Gleichwohl erscheint es fragwürdig, für solche Teilnehmer am Rechtsverkehr, die sich infolge ihres Alters in einer keineswegs für alle Repräsentanten der jeweiligen Altersklasse uniform verlaufenden physischen und psychischen Entwicklung befinden, Maßstäbe anzusetzen, die allein auf eine von durchschnittlichen Mitgliedern der interessierenden Altersstufe zu fordernde Sorgfalt rekurrieren und nachweislich vorhandene individuelle Mängel zugunsten des Rechtsverkehrs außer Acht lassen.[244] An Minderjährige typisierte Anforderungen zu richten, die diese im Einzelfall infolge ihrer individuellen Entwicklung selbst bei vorhandener Einsicht in die Gefährlichkeit ihres in Rede stehenden Verhaltens tatsächlich nicht erfüllen können, lässt nicht nur die spezifische Schutzbedürftigkeit minderjähriger Personen außer Acht. Vielmehr wird hierdurch auch die gesellschaftliche Verantwortung missachtet, heranwachsenden Mitgliedern der Gesellschaft einen erweiterten Freiraum für die eigene Entwicklung zu bieten.

Allein der teilweise vorgebrachte Umstand, wonach den erkennenden Gerichten selbst die Beurteilung der individuellen Direktions- oder Steuerungsfähigkeit oftmals nicht möglich sei und eine individuelle Begutachtung überdies einen hohen Verfahrensaufwand bedeuten müsste, vermag in diesem Zusammenhang einen gänzlichen Verzicht auf das Element der Steuerungsfähigkeit kaum zu begründen. Vielmehr könnte angesichts bestehender Erfahrungen zu § 3 JGG schon die dem erkennenden Gericht eigene Sachkompetenz in einigen Praxisfällen eine auf sämtliche Einlassungen des jeweils beweisbelasteten Minderjährigen sowie bereits entschiedene typische Fallkonstellationen gestützte Einschätzung des Grades der Steuerungsfähigkeit erlauben. Hilfreich könnte insoweit insbesondere ein Vergleich des betroffenen Minderjährigen mit Minderjährigen gleichen Alters in ähnlichen Lebensumständen sein. Zeigt ein entsprechender Vergleich ein erhebliches Defizit des einzelnen Minderjährigen in seinen individuellen sozialen oder intellektuellen Fähigkeiten auf, so kann diese Abweichung den Schluss auf eine mangelnde Steuerungsfähigkeit zulassen.[245]

Sollte sich auf Basis richterlicher Würdigung allein keine hinreichend sichere Einschätzung der Steuerungsfähigkeit treffen lassen, so bestünde überdies die Möglichkeit, in zweifelhaften Fällen ein Sachverständigengutachten einzuholen. Wie sich aus den bereits dargestellten Ergebnissen der Begutachtung eines minderjährigen Brandstifters erkennen lässt, ist es einem hinzugezogenen psychiatrischen oder psychologischen Sachverständigen entgegen teilweise anderslautender Behauptungen durchaus möglich, anhand des in-

---

[244] Vgl. hierzu *Haberstroh*, VersR 2000, 806, 809: „[…] Dem Kind vorzuwerfen, es habe sich nicht dem gewachsen gezeigt, was andere Kinder seines Alters bereits beherrschen, heißt, rückblickend offen Unerfüllbares zu verlangen. Unerfüllbares aber steht nicht in der persönlichen Verantwortung des jungen Menschen."

[245] Vgl. *Schaffstein*, ZStW 77 (1965), 191, 203; MüKoStGB/*Laue*, JGG, § 3 Rn. 18.

dividuellen Entwicklungsstandes eines begutachteten Minderjährigen valide Feststellungen über das Vorliegen oder Nichtvorliegen seiner Direktionsfähigkeit zu treffen. Eine solche auf die Feststellung der Deliktsfähigkeit gerichtete sachverständige Individualexploration erscheint aus entwicklungspsychologischer Perspektive angesichts der auch nach Vollendung des siebten Lebensjahres nicht uniform verlaufenden intellektuellen Entwicklung Minderjähriger in einer Vielzahl von Fällen ohnehin empfehlenswert.[246] Ließe sich im Ergebnis, etwa infolge des zeitlichen Abstands zwischen dem Zeitpunkt des deliktisch relevanten Verhaltens und dem Zeitpunkt der Begutachtung, kein eindeutiges Urteil über die Steuerungsfähigkeit treffen, so wäre bei Festhalten an der bisherigen, auf einer gesetzlichen Vermutung beruhenden Beweislastverteilung des § 828 Abs. 3 BGB gleichwohl im Zweifel von der Zurechnungsfähigkeit des Minderjährigen auszugehen.

5. *Totalreparation und Minderjährigenschutz*

Die bereits aufgezeigten Schwächen des § 828 BGB und dessen Anwendung in der Rechtspraxis führen nicht nur mit Blick auf die Haftungsbegründung potentiell zu einer nicht ausreichenden Berücksichtigung individueller Entwicklungsdefizite des Minderjährigen. Überdies stellt sich die in § 828 Abs. 3 BGB enthaltene Annahme, dass ein Minderjähriger ab Vollendung des siebten Lebensjahres bei ausreichender Einsichtsfähigkeit grundsätzlich als deliktisch verantwortlich anzusehen ist, auch vor dem Hintergrund des Nichtbestehens einer gesetzlichen Haftungsbegrenzung als problematisch dar.

a) Prinzip der Totalreparation

Nach dem im deutschen Schadensersatzrecht geltenden, im Wortlaut von § 249 Abs. 1 BGB zum Ausdruck kommenden Grundsatz der Totalreparation, auch als „Alles-oder-Nichts-Prinzip" bezeichnet, gilt für die Höhe eines im Fall von Sach- oder Personenschäden zu leistenden Schadensersatzes, dass der Verpflichtete alle Schäden, auch außergewöhnlich hohe, ohne Abstufung etwa nach dem Grad des Verschuldens oder nach den Vermögensverhältnissen der Beteiligten zu ersetzen hat.[247] Dies dient der dem Schadens-

[246] Vgl. *Birr*, Die Haftung Minderjähriger, S. 43; *Loheit*, Die Deliktsfähigkeit Minderjähriger, S. 96. Für den das Vorliegen von Steuerungsfähigkeit voraussetzenden § 3 JGG bestehen insoweit aus psychowissenschaftlicher Perspektive verschiedene Kriterien, bei deren Vorliegen im Einzelfall eine sachverständige Exploration geboten erscheinen soll, so etwa eine vom Äußeren des Jugendlichen her vorliegende Retardierung oder ein Alter knapp über der Strafmündigkeitsgrenze. Vgl. MüKoStGB/*Laue*, JGG, § 3 Rn. 19.

[247] BeckOK BGB/*Flume*, BGB, § 249 Rn. 43; Jauernig/*Teichmann*, BGB, Vorbemerkungen zu den §§ 249–253 Rn. 2. Anders gestaltet sich die Situation hingegen bei der Bemessung der Höhe eines Schmerzensgeldes nach § 253 Abs. 2 BGB. Insoweit kann die indivi-

ersatzrecht primär zugrundeliegenden Ausgleichsfunktion, wonach der Ersatz des Schadens zur Wiedergutmachung erlittener Schäden führen soll.[248] Ist auf Ebene des Haftungsrechts, mithin nach Maßgabe der haftungsbegründenden Normkomplexe, eine Schadensersatzverpflichtung festgestellt, so ist nach dem Prinzip der Totalreparation folglich Ersatz in voller Höhe des jeweils vorliegenden Schadens zu leisten, soweit nicht eine anspruchsmindernde Berücksichtigung eines Mitverschuldens des Geschädigten nach § 254 BGB in Betracht zu ziehen ist.[249]

Schon früh gegen diesen im BGB verankerten Grundsatz der Totalreparation vorgebrachte, vor allem auf Billigkeits- und Gerechtigkeitserwägungen gründende Bedenken[250] konnten sich nicht durchsetzen. Ebenso wenig wurde bis dato seitens des Gesetzgebers der langanhaltend geäußerten Forderung nach Aufnahme einer allgemeinen Haftungsreduktionsklausel entsprochen.[251]

---

duelle Situation des Schädigers, insbesondere bezüglich Verschuldensgrad und wirtschaftlicher Lage, angesichts des unbestimmten Rechtsbegriffs „billige Entschädigung" Berücksichtigung finden. Vgl. nur BGH, Urt. v. 16.2.1993 – VI ZR 29/92, NJW 1993, 1531, 1532.

[248] Jauernig/*Teichmann*, BGB, Vorbemerkungen zu den §§ 249–253 Rn. 1.

[249] BeckOK BGB/*Flume*, BGB, § 249 Rn. 43.

[250] Zu nennen sind insoweit bereits die einschlägigen Ausführungen zum Entwurf eines Bürgerlichen Gesetzbuchs der Ersten Kommission aus dem Jahr 1888 bei *Gierke*, Der Entwurf eines Bürgerlichen Gesetzbuchs und das Deutsche Recht, S. 266: „Bei der Festsetzung des Umfanges der Ersatzverbindlichkeiten aus Delikten kennt der Entwurf keinerlei Abstufung nach Art und Größe des Verschuldens [...] und erklärt es auch stets für unerheblich, ob der Umfang des Schadens vorauszusehen war [...]. Es ist [...] mit einem gesunden Rechtsgefühl kaum vereinbar, daß wegen einer aus Unachtsamkeit begangenen Sachbeschädigung, aus welcher statt eines nach menschlicher Voraussicht allein zu erwartenden unbedeutenden Verlustes ein unermeßlicher Schaden entsteht, eine ganze Familie an den Bettelstab gebracht werden soll." Näher zu diesen im 19. Jahrhundert vorhandenen Tendenzen zu einer Verknüpfung von Haftungsumfang und Verschuldensgrad des Schädigers *Ebert*, Pönale Elemente im deutschen Privatrecht, S. 240 ff. Vgl. auch die bei *Lange*, Verhandlungen des 43. Deutschen Juristentages Band I, S. 26 enthaltene Betonung der „Anforderungen materialer Gerechtigkeit".

[251] Vgl. bereits die Vorarbeiten des Unterausschusses für Schadensrecht der Akademie für Deutsches Recht und die insoweit vorgeschlagene Haftungsreduktionsklausel in der Fassung vom November 1942, abgedruckt bei *Schubert/Schmid/Regge*, Akademie für Deutsches Recht Band III/5, S. 331; siehe auch die Empfehlung des Deutschen Juristentages 1960 für die Einführung einer Schadensreduktion bei *Ständige Deputation des Deutschen Juristentages*, Verhandlungen des 43. Deutschen Juristentages Band II, C 121, sowie den Referentenentwurf des Bundesministers der Justiz aus dem Jahr 1967 mit dem Vorschlag für die Einführung einer Reduktionsklausel in einem neu zu schaffenden § 255a Abs. 1 BGB, abgedruckt bei *Hohloch*, Gutachten und Vorschläge zur Überarbeitung des Schuldrechts, S. 375, 460.

b) Anwendung auf Minderjährige

Unter Beachtung dieser Grundsätze werden Minderjährige nach Überschreiten der maßgeblichen Altersgrenze von sieben Jahren hinsichtlich des Haftungsumfangs wie ein Volljähriger für jegliche schadensbegründende Unaufmerksamkeit in vollem Umfang zur Ersatzleistung verpflichtet. Angesichts der im Fall von Verletzungen des Körpers und der Gesundheit oder des Eigentums eines Geschädigten regelmäßig sehr hohen Haftungssummen[252] kann dieser Umstand, vorbehaltlich des etwaigen Eingreifens einer Haftpflichtversicherung auf Seiten des Schädigers, zu erdrückenden finanziellen Belastungen von „exorbitantem“[253] Ausmaß führen.

Eine besonders drastische Darstellung der möglichen Auswirkungen einer entsprechend unbeschränkten Haftung findet sich in der Entscheidungsbegründung eines Urteils des LG Bremen aus dem Jahr 1991: „[...] Insgesamt wird es in etwa dabei bleiben, daß ein Minderjähriger, der mit zehn Jahren einen Schaden von 100.000 DM anrichtet, von seinem 18. Lebensjahr an für etwa 16 Jahre nur sein unpfändbares Einkommen zur Verfügung hat. [...] Im Kreis von nicht derart finanziell vorgeschädigten Freunden und Bekannten wird er sich ständig zurückgesetzt fühlen. Die Partnersuche ist für ihn als ‚finanziellen Krüppel‘ erheblich erschwert, die Gründung einer Familie mit Kindern so gut wie ausgeschlossen [...]. Die Entwicklung seiner noch unfertigen Persönlichkeit wird durch die auf längere Sicht äußerst beengten finanziellen Verhältnisse nachhaltig gestört, weil der allgemeine Erfahrungshorizont verengt, die sozialen Kontakte beeinträchtigt und das Selbstwertgefühl untergraben sind.“[254]

Die möglichen Konsequenzen einer Anwendung des Prinzips der Totalreparation stehen insbesondere mit der bereits eingehend dargestellten Erkenntnis, dass Minderjährige gewisser Altersstufen aufgrund ihrer noch nicht abgeschlossenen Entwicklung nicht fähig sind, sich in jeglicher Situation verkehrsadäquat zu verhalten, in erkennbarem Widerspruch. Die im Deliktsrecht ebenso wie im Vertragsrecht notwendige Abwägung zwischen den kollidierenden Interessen der Teilnehmer des Rechtsverkehrs einerseits und dem Schutzbedürfnis des Minderjährigen andererseits wird unter Geltung des Grundsatzes der Totalreparation im Bereich deliktischer Haftung de lege lata weitestgehend zugunsten des Opferschutzes entschieden.[255] Eine

---

[252] Vgl. beispielsweise OLG Celle, Urt. v. 17.10.2001 – 9 U 159/01, VersR 2002, 241 bezüglich der Verurteilung eines Minderjährigen zur Zahlung eines Schmerzensgeldes in Höhe von 75.000 DM wegen einer im Zuge des spielerischen Umgangs mit einer Schreckschusspistole fahrlässig begangenen Körperverletzung, in deren Konsequenz das ebenfalls minderjährige Opfer das linke Auge verlor.

[253] So eindrücklich MüKoBGB/*Wagner*, BGB, § 828 Rn. 16.

[254] LG Bremen, Urt. v. 15.2.1991 – 6 O 2866/89 u. 1218/90, NJW-RR 1991, 1432, 433.

[255] Ebenso *Goecke*, Unbegrenzte Haftung Minderjähriger, S. 62.

Rechtfertigung dieser durchaus als einseitig zu bezeichnenden Vernachlässigung des Minderjährigenschutzes ist nicht ersichtlich und lässt sich insbesondere nicht allein mit dem besonderen Zweck des Deliktsrechts begründen, dem Opfer der deliktischen Handlung eine weitreichende Kompensation zu gewähren.[256]

c) Verfassungsrechtliche Kontroverse um unbegrenzte Deliktshaftung Minderjähriger

Mit Blick auf das Prinzip der Totalreparation und die damit einhergehende Möglichkeit erheblicher finanzieller Belastungen Minderjähriger wird die Vorschrift des §828 Abs. 3 BGB bzw. §828 Abs. 2 BGB a.F. nicht zuletzt auch vor dem Hintergrund verfassungsrechtlicher Gewährleistungen kontrovers und anhaltend diskutiert.[257]

aa) Hintergrund und Entwicklung des Streitstands

Als maßgeblicher „Motor" der diesbezüglichen wissenschaftlichen Auseinandersetzung fungierten die Entscheidungen des OLG Celle vom 26.5.1989, des LG Bremen vom 15.2.1991 sowie des LG Dessau vom 25.9.1996, welche die Verfassungsmäßigkeit der Vorschrift des §828 Abs. 2 BGB a.F. mit Blick auf solche Lebenssachverhalte hinterfragten, in denen ein von nur leichter Fahrlässigkeit geprägtes Verhalten in Form einer „typischen Jugendverfehlung" oder eines teilweise so bezeichneten „Dumme-Jungen-Streichs"[258] zu

---

[256] Vgl. hierzu die Erwägungen bei *Goecke*, Unbegrenzte Haftung Minderjähriger, S. 74 ff., welcher darauf hinweist, dass eine allgemeine Bevorzugung allein des Geschädigten gleichsam „um jeden Preis" gerade angesichts des dem Deliktsrecht immanenten Verschuldensprinzips den Wertungen des geltenden Rechts zuwiderlaufe.

[257] Siehe hierzu BeckOK BGB/*Spindler*, BGB, §828 Rn. 2: „Ob die Vorschrift den verfassungsrechtlichen Vorgaben zum Schutze Minderjähriger entspricht, bleibt nach wie vor streitig." Vgl. auch die Einschätzung bei Staudinger/*Oechsler*, BGB, §828 Rn. 2, wonach „fraglich und noch nicht entschieden ist, ob diese historische Zwecksetzung [des §828 BGB, Anm. d. Verf.] um den vermeintlichen Verfassungsauftrag ergänzt werden muss, Kinder und Jugendliche vor einer unverhältnismäßigen Vorbelastung ihrer Existenz und insbesondere davor zu schützen, dass sie bei Eintritt der Volljährigkeit aufgrund bereits entstandener Schulden faktisch nicht mehr zu einer selbstbestimmten Lebensführung in der Lage sind […]." In diese Richtung auch Jauernig/*Teichmann*, BGB, §828 Rn. 3: „Zum Umfang des Ersatzanspruchs ist noch offen, ob es verfassungsrechtlich geboten ist, die Haftungssumme zum Erhalt einer Lebensperspektive zu begrenzen […]." Vgl. aus dem Schrifttum im Übrigen näher *Borgelt,* Kind im Deliktsrecht, S. 52 ff.; *Canaris*, JZ 1990, 679; *Coester*, FS Lorenz, S. 113, 129 f.; *Goecke*, Unbegrenzte Haftung Minderjähriger, S. 100; *Kilian*, ZGS 2003, 168, 172; *Krause*, JR 1994, 494, 496; *Looschelders*, VersR 1999, 141, 148 f.; *Rolfs*, JZ 1999, 236, 241; *Zech*, Beschränkung der Haftung Minderjähriger, S. 35 f., 100, 105.

[258] So etwa LG Bremen, Urt. v. 15.2.1991 – 6 O 2866/89 u. 1218/90, NJW-RR 1991,

einer finanziell erdrückenden Haftung des jeweils betroffenen minderjährigen Schädigers führen kann.[259]

Gestützt auch auf die im Zusammenhang mit dem elterlichen Vertretungsrecht ergangene Entscheidung des BVerfG vom 13.5.1986[260] sahen das OLG Celle und das LG Dessau in der bei entsprechenden Fallgestaltungen bestehenden unbegrenzten deliktischen Haftung Minderjähriger insbesondere eine Verletzung von Art. 2 Abs. 1 GG i.V.m. Art. 1 Abs. 1 GG gegeben.[261] Die auf Art. 100 Abs. 1 GG gestützten, die Vereinbarkeit von § 828 Abs. 2 BGB a.F. mit dem GG betreffenden Vorlagebeschlüsse des OLG Celle und des LG Dessau führten in der weiteren Folge allerdings zu keiner Entscheidung des BVerfG in der Sache. Während es im Fall des OLG Celle zu einem Vergleich der Parteien kam und infolgedessen eine verfassungsrechtliche Entscheidung entbehrlich wurde,[262] stufte das BVerfG den Vorlagebeschluss des LG Dessau in seinem Beschluss vom 13.8.1998 bereits als unzulässig ein, da es sich nach Auffassung des Gerichts bei § 828 Abs. 2 BGB a.F. um vorkonstitutionelles Recht handelte.[263] Auch habe der Bundesgesetzgeber § 828 Abs. 2 BGB a.F.

1432, 1435; OLG Celle, Vorlagebeschl. v. 26.5.1989 – 4 U 53/88, VersR 1989, 709 m. Anm. *Lorenz*.

[259] Vgl. LG Bremen, Urt. v. 15.2.1991 – 6 O 2866/89 u. 1218/90, NJW-RR 1991, 1432; OLG Celle, Vorlagebeschl. v. 26.5.1989 – 4 U 53/88, VersR 1989, 709 m. Anm. *Lorenz*; LG Dessau, Vorlagebeschl. v. 25.9.1996 – (6) 8 O 853/96, VersR 1997, 242. In der dem Urteil des LG Bremen zugrundeliegenden Fallkonstellation wurden zwei minderjährige Brandstifter von der Kaskoversicherung des Geschädigten wegen Zahlung von 31.322,46 DM in Anspruch genommen, wobei die beiden Minderjährigen im Rahmen vorangegangener Verfahren wegen weiterer infolge des Brandes entstandener Schäden bereits jeweils zu Zahlungen von 91.946,66 DM nebst Zinsen bzw. 62.724 DM nebst Zinsen verurteilt worden waren. Im Fall des OLG Celle hatten zwei 15 und 16 Jahre alte Beklagte fahrlässig einen Brand verursacht, in dessen Folge die Versicherung des Geschädigten auf Zahlung von 330.000 DM nebst Zinsen klagte. In der dem Vorlagebeschluss des LG Dessau zugrundeliegenden Fallkonstellation schließlich verunfallte der 16 Jahre alte, nicht haftpflichtversicherte Beklagte mit einem nicht versicherten Moped, wobei seine 13-jährige Beifahrerin schwere Schädelfrakturen mit nachfolgenden Gehirnfunktionsstörungen erlitt. Die klagende Krankenversicherung der Beifahrerin verlangte von dem Beklagten die Zahlung von insgesamt 153.276,30 DM nebst Zinsen und beantragte darüber hinaus auch die Feststellung der Verpflichtung des Beklagten zum Ersatz eventuell noch anfallender weiterer Kosten.

[260] BVerfG, Beschl. v. 13.5.1986 – 1 BvR 1542/84, NJW 1986, 1859. Vgl. insoweit die Ausführungen unter E. III. 1.

[261] OLG Celle, Vorlagebeschl. v. 26.5.1989 – 4 U 53/88, VersR 1989, 709, 710 m. Anm. *Lorenz*; LG Dessau, Vorlagebeschl. v. 25.9.1996 – (6) 8 O 853/96, VersR 1997, 242, 244, wonach § 828 Abs. 2 BGB a.F. im Übrigen auch nicht mit Art. 1 GG, Art. 2 GG und Art. 6 Abs. 2 S. 2 GG vereinbar sei; offengelassen von LG Bremen, Urt. v. 15.2.1991 – 6 O 2866/89 u. 1218/90, NJW-RR 1991, 1432, 1433.

[262] *Simon*, AcP 204 (2004), 264, 267.

[263] Vgl. BVerfG, Beschl. v. 13.8.1998 – 1 BvL 25–96, NJW 1998, 3557.

nicht mittels Bestätigung in Form eines Gesetzgebungsakts in seinen Willen aufgenommen.[264] Damit stehe der vorkonstitutionelle Charakter der Vorschrift einer Entscheidung nach Art. 100 Abs. 1 GG entgegen.[265]

Nichtsdestotrotz entfaltete der besagte Beschluss des BVerfG für die weitere Diskussion um die Verfassungswidrigkeit von § 828 Abs. 2 BGB a.F. erhebliche Bedeutung. Denn ungeachtet der vom BVerfG angenommenen Unzulässigkeit des Vorlagebeschlusses stellte das Gericht im Rahmen seiner Ausführungen zu den nach § 80 Abs. 2 BVerfGG einzuhaltenden Begründungsanforderungen gleichwohl fest, das LG Dessau habe „[...] die Entscheidungserheblichkeit des § 828 II 1 BGB hinreichend begründet und auch plausibel ausgeführt, daß die unbegrenzte Haftung Minderjähriger im Hinblick auf Art. 1 I i.V. mit Art. 2 I GG verfassungsrechtlichen Bedenken begegnet."[266] Zugleich wies es jedoch darauf hin, dass sich das LG Dessau nicht ausreichend mit den einfachrechtlich bestehenden Möglichkeiten einer Korrektur der Haftung Minderjähriger befasst habe. Insbesondere stünden einer Einschränkung der Minderjährigenhaftung unter Heranziehung von § 242 BGB keine verfassungsrechtlichen Bedenken entgegen.[267] Im Übrigen ver-

---

[264] Insbesondere stellte nach den Ausführungen des BVerfG auch das Schweigen des Gesetzgebers zur bisherigen Rechtsprechung der Zivilgerichte ungeachtet des Umstands, dass die strenge Haftung nach § 828 Abs. 2 BGB a.F. außerhalb des parlamentarischen Gesetzgebungsverfahrens immer wieder kritisiert worden sei und entsprechende Reformvorschläge bestünden, keinen ausreichenden objektiven Anhaltspunkt für einen Bestätigungswillen dar. Siehe BVerfG, Beschl. v. 13.8.1998 – 1 BvL 25–96, NJW 1998, 3557, 3557 f.

[265] Anderer Auffassung war insoweit ausdrücklich das OLG Celle, welches in den zahlreichen legislativen Modifikationen des BGB seit Inkrafttreten des GG unter gleichzeitiger unveränderter Beibehaltung des § 828 BGB trotz entsprechender Reformbestrebungen in der Literatur eine Aufnahme der Vorschrift in den gesetzgeberischen Willen erkannte. Vgl. OLG Celle, Vorlagebeschl. v. 26.5.1989 – 4 U 53/88, VersR 1989, 709, 711 m. Anm. *Lorenz*. Mit ähnlicher Argumentation auch LG Dessau, Vorlagebeschl. v. 25.9.1996 – (6) 8 O 853/96, VersR 1997, 242, 245. Für eine Einstufung von § 828 Abs. 2 BGB a.F. als nachkonstitutionell auch *Goecke*, Unbegrenzte Haftung Minderjähriger, S. 99; zweifelnd *Canaris*, JZ 1990, 679, 680. Zweifel an der Einschätzung des BVerfG äußert schließlich auch *Rolfs*, JZ 1999, 233, 235. Danach sei angesichts der mit Art. 8 des Einigungsvertrags vom 3. Oktober 1990 erfolgten vollständigen Erstreckung des bürgerlichen Deliktsrechts auf das Gebiet der ehemaligen DDR und den Ostteil Berlins von einer ausdrücklichen Bestätigung des § 828 Abs. 2 BGB a.F. durch die Legislative und mithin seine Aufnahme in den gesetzgeberischen Willen erfolgt.

[266] BVerfG, Beschl. v. 13.8.1998 – 1 BvL 25–96, NJW 1998, 3557, 3558.

[267] BVerfG, Beschl. v. 13.8.1998 – 1 BvL 25–96, NJW 1998, 3557, 3558. Eine solche einzelfallorientierte Korrektur mittels § 242 BGB hatte zuvor schon das LG Bremen in seiner Entscheidung vom 15. Februar 1991 vorgenommen und infolgedessen die gegen zwei minderjährige Beklagte gerichtete Zahlungsklage einer Feuerversicherung als „derzeit unbegründet" abgewiesen. Vgl. LG Bremen, Urt. v. 15.2.1991 – 6 O 2866/89 u. 1218/90, NJW-RR 1991, 1432, 1435. Zuvor war bereits durch *Canaris* die Möglichkeit einer ent-

wies das BVerfG auch auf die Notwendigkeit der Prüfung eines Forderungserlasses nach § 76 Abs. 2 S. 1 Nr. 3 SGB IV; zudem sei zu erwägen, ob nicht durch die Schaffung der zum damaligen Zeitpunkt neuen insolvenzrechtlichen Regelungen zum Verfahren der Verbraucherinsolvenz die Gefahr einer lebenslangen Überschuldung Minderjähriger ausgeschaltet oder eingeschränkt worden sei.[268]

Speziell die seitens des BVerfG angedeutete Möglichkeit einer mittels § 242 BGB aus Billigkeitsgründen vorzunehmenden Beschränkung der unbegrenzten Haftung Minderjähriger wurde in der weiteren Folge intensiv in der Literatur diskutiert. Dabei wurde mangels weiterführender Hinweise im Beschluss des BVerfG vor allem versucht, praxistaugliche Kriterien für eine Anwendung der Haftungsbeschränkung zu entwickeln.[269] Größere praktische Bedeutung entfaltete die Möglichkeit einer Haftungsreduktion nach § 242 BGB bis dato jedoch soweit ersichtlich nicht.[270] Auch nahm der Gesetzgeber die entsprechende Diskussion nicht zum Anlass, im Zuge des Erlasses des SchadÄndG eine Haftungsobergrenze für Minderjährige einzuführen. Überdies stellt sich nach Erlass des SchadÄndG und der damit einhergehenden Novellierung von § 828 BGB die Frage, ob es sich bei der betreffenden Vorschrift nunmehr nicht um nachkonstitutionelles Recht handelt, was eine rechtsfortbildende Beschränkung der Haftung vereiteln und auch eine er-

---

sprechenden Haftungsreduktion wegen Verstoßes gegen das verfassungsrechtlich begründete Übermaßverbot und ohne Beschränkung lediglich auf die Fälle einer Minderjährigenhaftung diskutiert worden. Siehe hierzu *Canaris*, JZ 1987, 993, 1002; *ders.*, JZ 1988, 494, 497. Insoweit kritisch *Krause*, JR 1994, 494, 499; *Ramm*, JZ 1988, 489, 492; *Simon*, AcP 204 (2004), 264, 275. Vgl. auch *Ahrens*, VersR 1997, 1064, 1066. Eine summenmäßige Haftungsbegrenzung mittels § 242 BGB findet sich, allerdings ohne Minderjährigenbezug, schließlich für die Haftung eines Schwarzarbeiters gegenüber seinem Auftraggeber bei OLG Celle, Urt. v. 18.10.1972 – 9 U 76/70, OLGZ 1973, 197, 203 f.

[268] BVerfG, Beschl. v. 13.8.1998 – 1 BvL 25–96, NJW 1998, 3557, 3558.

[269] Vgl. hierzu etwa *Goecke*, NJW 1999, 2305, 2310; *Looschelders*, VersR 1999, 141, 151; *Rolfs*, JZ 1999, 233, 240 f.; *Zech*, Beschränkung der Haftung Minderjähriger, S. 128 ff.

[270] Vgl. neben der Entscheidung LG Bremen, Urt. v. 15.2.1991 – 6 O 2866/89 u. 1218/90, NJW-RR 1991, 1432 auch OLG Saarbrücken, Beschl. v. 13.12.1999 – 4 W 372/99, juris, dort Rn. 10, wo die Möglichkeit einer auf § 242 BGB gründenden Haftungsreduktion in jüngerer Zeit angedeutet wird. Auch bei OLG Celle, Urt. v. 17.10.2001 – 9 U 159/01, VersR 2002, 241 werden die gegen eine uneingeschränkte deliktische Haftung Minderjähriger bestehenden verfassungsrechtlichen Bedenken erwähnt, eine Haftungsreduktion über § 242 BGB aber mangels Vorliegens der in der Literatur diskutierten Voraussetzungen für den konkret entschiedenen Sachverhalt abgelehnt. Im Rahmen der Entscheidung BerlVerfGH, Beschl. v. 14.12.2009 – VerfGH 31/09, NJW-RR 2010, 1141 schließlich stellt der BerlVerfGH fest, dass die sich aus dem Grundsatz der Totalreparation für einen minderjährigen Schädiger ergebenden Härten mittels eines Rückgriffs auf § 242 BGB abgemildert werden könnten, was durch das zuständige Gericht zu berücksichtigen sei.

neute Prüfung der Verfassungsmäßigkeit von § 828 BGB durch das BVerfG notwendig machen könnte.[271]

bb) Stellenwert von Art. 2 Abs. 1 GG i. V.m. Art. 1 Abs. 1 GG

Maßgeblicher Anknüpfungspunkt der gegen eine unbegrenzte deliktische Haftung Minderjähriger gerichteten Bedenken ist neben Art. 6 Abs. 2 S. 2 GG und Art. 1 Abs. 1 GG insbesondere Art. 2 Abs. 1 GG i.V.m. Art. 1 Abs. 1 GG. Insoweit bedeutete der Beschluss des BVerfG vom 13.5.1986, wonach das Recht des Minderjährigen auf eine freie Entfaltung und Entwicklung der eigenen Persönlichkeit als integraler Bestandteil seines Allgemeinen Persönlichkeitsrechts anzusehen sei, jedenfalls für den Bereich des Vertragsrechts zweifelsohne eine deutliche Verschiebung des auch dort zwischen Verkehrsschutz und Minderjährigenschutz existierenden Spannungsverhältnisses zugunsten des Letzteren.

Darüber hinaus stellte sich die durch das LG Dessau und das OLG Celle aufgeworfene Frage, ob der vom BVerfG in besagter Entscheidung aus Art. 2 Abs. 1 GG i.V.m. Art. 1 Abs. 1 GG abgeleitete Gedanke eines notwendigen Schutzes Minderjähriger vor einer über den Eintritt der Volljährigkeit hinausreichenden übermäßigen Verschuldung auch auf die deliktische Haftung Minderjähriger Anwendung finden muss. Dies bejahten das OLG Celle und das LG Dessau.[272] Die Vorschrift des § 828 Abs. 3 BGB bzw. § 828 Abs. 2 BGB a.F. sei mit Blick auf Art. 2 Abs. 1 GG i.V.m. Art. 1 Abs. 1 GG jedenfalls dann als verfassungswidrig einzustufen, wenn der minderjährige Schädiger nur leicht fahrlässig gehandelt habe, seine uneingeschränkte Haftung zu einer wirtschaftlichen Existenzvernichtung führen würde und das Opfer von dritter Seite, etwa durch eine Versicherung, befriedigt sei.[273] Besonders zu berücksichtigen sei in diesem Zusammenhang der Umstand, dass im Bereich der fahrlässigen Schadensverursachung der individuelle Schuldvorwurf bei Minderjährigen regelmäßig geringer als bei einem Erwachsenen sei und sich das Ausmaß der Haftung stärker auf die noch nicht entwickelte Persönlichkeit und die noch zu gründende Existenz auswirken müsse.[274] Anders als ein

---

[271] Zur Frage, ob § 828 BGB nachkonstitutionelles Recht darstellt, vgl. PWW/*Schaub*, BGB, § 828 Rn. 12; *Finke*, Minderung der Schadensersatzpflicht in Europa, S. 179; *Kilian*, ZGS 2003, 168, 172; *Leipold*, NJW 2003, 2657, 2658; MüKoBGB/*Wagner*, BGB, § 828 Rn. 16; *Simon*, AcP 204 (2004), 264, 280 f.; Staudinger/*Oechsler*, BGB, § 828 Rn. 2.

[272] Vgl. OLG Celle, Vorlagebeschl. v. 26.5.1989 – 4 U 53/88, VersR 1989, 709, 710 m. Anm. *Lorenz*; LG Dessau, Vorlagebeschl. v. 25.9.1996 – (6) 8 O 853/96, VersR 1997, 242, 244. Ebenso *Canaris*, JZ 1987, 993, 994; *Hertwig*, FamRZ 1987, 124, 126; *Looschelders*, VersR 1999, 141, 148.

[273] OLG Celle, Vorlagebeschl. v. 26.5.1989 – 4 U 53/88, VersR 1989, 709 m. Anm. *Lorenz*.

[274] LG Dessau, Vorlagebeschl. v. 25.9.1996 – (6) 8 O 853/96, VersR 1997, 242, 244.

volljähriger Schädiger könne sich der einer unbegrenzten Haftung unterliegende, nicht unbeschränkt geschäftsfähige Minderjährige auch nicht mittels des Abschlusses einer Privathaftpflichtversicherung eigeninitiativ gegen potentiell existenzvernichtende Schadensersatzansprüche absichern.[275] Der durch das OLG Celle und das LG Dessau anhand der vorgenannten Erwägungen begründeten Einschätzung der zumindest teilweisen Unvereinbarkeit von § 828 Abs. 2 BGB a.F. mit grundrechtlichen Gewährleistungen folgten einige Stimmen in der Literatur.[276]

Nach anderer Ansicht hingegen soll sich der im Jahr 1986 ergangenen Entscheidung des BVerfG gerade nicht entnehmen lassen können, dass eine Belastung des Minderjährigen mit hohen Verbindlichkeiten auch außerhalb des Bereichs gesetzlicher Vertretung generell unzulässig sei. Vielmehr betreffe der Beschluss des BVerfG allein den Schutz Minderjähriger vor fremdbestimmter finanzieller Belastung, welche für die weitere Lebensgestaltung eine unzumutbare Belastung bedeuten könne, während die Situation im Deliktsrecht damit nicht vergleichbar sei, da dort ein eigenverantwortliches Verhalten des Minderjährigen die Haftung auslöse.[277]

Schließlich stellte in jüngerer Zeit auch der BerlVerfGH in einem Beschluss vom 14.12.2009 fest, dass der aus Art. 2 Abs. 1 GG i.V.m. Art. 1 Abs. 1 GG resultierenden Schutzpflicht auch die ordentlichen Gerichte dahingehend Rechnung zu tragen hätten, als „[…] eine unbegrenzte Haftung Minderjähriger verfassungsrechtlichen Bedenken begegnet, weil durch die Auferlegung finanzieller Verpflichtungen in erheblichem Maße die Grundbedingungen freier Entfaltung und Entwicklung und damit nicht nur einzelne Ausformungen allgemeiner Handlungsfreiheit, sondern die engere persönliche Lebenssphäre junger Menschen betroffen werden. […] Die (volle) zivilrechtliche Haftung eines Kindes ist, auch wenn sie noch nicht existenz-

---

275 OLG Celle, Vorlagebeschl. v. 26.5.1989 – 4 U 53/88, VersR 1989, 709, 709 f. m. Anm. *Lorenz*; LG Dessau, Vorlagebeschl. v. 25.9.1996 – (6) 8 O 853/96, VersR 1997, 242, 244.

276 Vgl. *Borgelt*, Kind im Deliktsrecht, S. 52 ff.; *Goecke*, Unbegrenzte Haftung Minderjähriger, S. 100; *Rolfs*, JZ 1999, 236, 241; *Zech*, Beschränkung der Haftung Minderjähriger, S. 35 f., 100, 105. Vgl. auch *Coester*, FS Lorenz, S. 113, 129, wonach „[…] die Deliktsvorschriften, insbesondere § 828 Abs. 2 [BGB a.F., Anm. d. Verf.] keine angemessene und grundrechtskonforme Lösung des Minderjährigenproblems vorsehen."

277 *Müller*, KTS 2000, 57, 63; *Müller*, Tradition und Fortschritt im Recht, S. 211, 216 f. Die Verfassungswidrigkeit der Vorschrift insgesamt ablehnend *Kilian*, ZGS 2003, 168 sowie *Müller*, Tradition und Fortschritt im Recht, S. 211, 218; zweifelnd Staudinger/*Oechsler*, BGB, § 828 Rn. 2 ff. Differenzierend im Übrigen *Singer*, FS Prölss, S. 191, 202 ff., der eventuell bestehende verfassungsrechtliche Beschränkungen der Minderjährigenhaftung einerseits mit Blick auf die Möglichkeit einer ruinösen Haftung diskutiert sowie andererseits erwägt, ob sich etwaige verfassungsrechtliche Grenzen daraus ergeben könnten, dass das deutsche Deliktsrecht in §§ 828 Abs. 3, 276 BGB unzumutbare Verhaltensanforderungen an junge Minderjährige stelle.

vernichtende Wirkung hat, geeignet, zu einer solchen grundrechtsrelevanten Einschränkung seiner freien Entfaltung und Entwicklung zu führen."[278]

cc) Stellungnahme

Nach den primär das gesetzliche Stellvertretungsrecht betreffenden Feststellungen des BVerfG im Beschluss vom Mai 1986 stellt es sich als mit Art. 2 Abs. 1 GG i.V.m. Art. 1 Abs. 1 GG unvereinbar dar, wenn Eltern ihre minderjährigen Kinder kraft ihrer gesetzlichen Vertretungsmacht in einem solchen Umfang finanziell verpflichten können, dass diese mit erheblichen, ihre weitere Entwicklung unzumutbar belastenden Schulden in die Volljährigkeit entlassen werden. Vorrangige Intention des BVerfG war es demnach, den angesichts der Gewährleistungen des Allgemeinen Persönlichkeitsrechts notwendigen, durch den Gesetzgeber zu realisierenden Schutz Minderjähriger vor den finanziellen Risiken einer weitreichenden Fremdbestimmung zu verdeutlichen.

Hieraus allerdings im Wege eines Umkehrschlusses zu folgern, dass Art. 2 Abs. 1 GG i.V.m. Art. 1 Abs. 1 GG Schutz nur vor fremdverantwortlich eingegangenen Schulden des minderjährigen Grundrechtsträgers erfordere, wird dem durch das BVerfG betonten Stellenwert eines ausreichenden Freiraums zur selbstbestimmten, ohne überbordende wirtschaftliche Belastung möglichen Persönlichkeitsentwicklung und -entfaltung nicht ausreichend gerecht. Zwar ist den insoweit kritischen Stimmen zuzugeben, dass ein Minderjähriger naturgemäß lediglich die infolge einer gesetzlichen Vertretung entstandenen finanziellen Belastungen nicht selbst zu verantworten hat, da diese aus dem Verantwortungsbereich seiner gesetzlichen Vertreter entspringen, während im Deliktsrecht eine vergleichbare Fremdbestimmungsgefahr nicht gegeben ist. Zudem ist der jeweils betroffene Vertragspartner bewusst eine vertragliche Beziehung eingegangen, während er im Falle der Zufügung deliktischer Schäden, ungeachtet eines möglicherweise zu berücksichtigenden Mitverschuldens, unfreiwillig betroffen wird.[279] Schließlich liegt der Konzeption des Prinzips der Totalreparation die gesetzgeberische Entscheidung zugrunde, das Ausgleichsinteresse des Geschädigten höher zu bewerten als das Interesse des Schädigers, vor den Folgen einer ruinösen Haftung geschützt zu werden; diese Wertung kann zutreffender Weise verfassungsrechtlich nicht allein deshalb kritisiert werden, weil anstelle eines volljährigen Erwachsenen ein einsichtsfähig und schuldhaft handelnder Minderjähriger als Schädiger tritt.[280]

---

[278] BerlVerfGH, Beschl. v. 14.12.2009 – VerfGH 31/09, NJW-RR 2010, 1141.
[279] *Müller*, KTS 2000, 57, 63.
[280] Vgl. *Müller*, KTS 2000, 57, 63.

Gleichwohl spricht für eine Erstreckung des Schutzbereichs von Art. 2 Abs. 1 GG i.V.m. Art. 1 Abs. 1 GG auch auf die Situation der deliktischen Haftung Minderjähriger, dass die finanziellen Folgen deliktischer Verantwortlichkeit häufig finanziell besonders belastend ausfallen, während der zugunsten des Minderjährigen nach dem geltenden Zivilrecht in § 828 BGB bestehende Schutz vor einer entsprechenden Haftung deutlich niedriger als im Vertragsrecht ist. Gerade in solchen Fällen, in denen es vor allem jüngeren Minderjährigen aufgrund ihres altersbedingten Entwicklungsstandes und damit einhergehender Verhaltensdefizite häufig nicht im gebotenen Maße möglich ist, die an sie zum Schutz der Rechtsgüter Dritter gestellten Sorgfaltsanforderungen einzuhalten, kann es infolge fahrlässig verursachter Rechtsgutsverletzungen zu massiven finanziellen Verpflichtungen kommen, während im Bereich des Vertragsrechts eine selbstbestimmte erdrückende Schuldenaufnahme durch §§ 104 ff. BGB verhindert wird. Monierte das BVerfG in seiner Entscheidung vom 13.5.1986 die Möglichkeit einer infolge gesetzlicher Vertretung entstehenden lebenslangen finanziellen Belastung Minderjähriger, so müssen die durch das BVerfG mit Blick auf Art. 2 Abs. 1 GG i.V.m. Art. 1 Abs. 1 GG getätigten Erwägungen nach alledem erst recht für finanziell erdrückende deliktische Verpflichtungen Minderjähriger gelten.[281]

Eine infolge §§ 828, 249 ff. BGB nach der geltenden Rechtslage zulässige vollumfängliche, persönliche Haftung eines als deliktsfähig eingestuften Minderjährigen müsste sich demnach im Hinblick auf die Gewährleistungen des Allgemeinen Persönlichkeitsrechts im Einzelfall jedenfalls dann als unverhältnismäßig darstellen, wenn infolge der hiervon ausgelösten existenziellen Verschuldung langfristig über den Eintritt der Volljährigkeit hinaus jegliche Zukunftsperspektive des heranwachsenden Schädigers vereitelt würde.[282] Die nach derzeitiger Gesetzeslage mögliche Verpflichtung eines mindestens sieben Jahre alten Minderjährigen zur Leistung solcher Zahlungen, die langfristig den Aufbau einer eigenen Existenz oberhalb des Existenz-

[281] Vgl. auch *Looschelders*, VersR 1999, 141, 148.

[282] Ebenso *Zech*, Beschränkung der Haftung Minderjähriger, S. 100. Noch weitergehend, da auf das Element einer drohenden langfristigen Vernichtung jeglicher Zukunftsperspektive verzichtend, zuletzt BerlVerfGH, Beschl. v. 14.12.2009 – VerfGH 31/09, NJW-RR 2010, 1141, wonach „[…] eine unbegrenzte Haftung Minderjähriger verfassungsrechtlichen Bedenken begegnet, weil durch die Auferlegung finanzieller Verpflichtungen in erheblichem Maße die Grundbedingungen freier Entfaltung und Entwicklung und damit nicht nur einzelne Ausformungen allgemeiner Handlungsfreiheit, sondern die engere persönliche Lebenssphäre junger Menschen betroffen werden. […] Die (volle) zivilrechtliche Haftung eines Kindes ist, auch wenn sie noch nicht existenzvernichtende Wirkung hat, geeignet, zu einer solchen grundrechtsrelevanten Einschränkung seiner freien Entfaltung und Entwicklung zu führen." Insoweit kritisch *Fischinger*, Haftungsbeschränkung im Bürgerlichen Recht, S. 611.

minimums belasten oder verhindern können, ist somit auch an den Gewährleistungen des Allgemeinen Persönlichkeitsrechts zu messen. Hierbei sind allerdings, wie durch das BVerfG in seinem Beschluss vom 13.8.1998 angedeutet, auch die sich dem minderjährigen oder volljährig gewordenen Schuldner anderweitig eröffnenden Möglichkeiten zur Vermeidung einer existenziellen Ver- und Überschuldung, insbesondere also auch die Möglichkeiten des noch näher zu beleuchtenden Verbraucherinsolvenzverfahrens mit der Chance einer anschließenden Restschuldbefreiung, zu berücksichtigen.[283]

Potentielle verfassungsrechtliche Grenzen einer deliktischen Haftung Minderjähriger bestehen im Übrigen nicht allein mit Blick auf die in Rechtsprechung und Literatur vordergründig diskutierte Möglichkeit einer langanhaltend existenzbelastenden Überschuldung. Vielmehr müssen die verfassungsrechtlichen Gewährleistungen insbesondere aus Art. 2 Abs. 1 GG i.V.m. Art. 1 Abs. 1 GG sowie Art. 6 Abs. 2 S. 2 GG auch dahingehend beachtet werden, als das deutsche Deliktsrecht in §§ 828 Abs. 3, 276 BGB typisierende, die entwicklungsbedingten individuellen Mängel konkret betroffener Minderjähriger nicht ausreichend berücksichtigende Verhaltensanforderungen statuiert.[284] Ist ein Minderjähriger gem. Art. 2 Abs. 1 GG i.V.m. Art. 1 Abs. 1 GG davor zu schützen, mit Eintritt der Volljährigkeit unverschuldet eine nur scheinbare Freiheit zu erlangen, so muss er folglich gerade dann, wenn er entgegen einer altersbedingt vermuteten Typizität tatsächlich keine Einsichtsfähigkeit aufweist, vor erheblichen finanziellen Verpflichtungen bewahrt werden.[285] Entsprechendes muss auch dann gelten, wenn dem Minderjährigen zwar eine entsprechende Einsichtsfähigkeit in die Gefährlichkeit seines deliktsrechtlich relevanten Verhaltens zu eigen ist, er jedoch aufgrund individueller Mängel bei der Willensbildung nicht in der Lage ist, sich im konkreten Fall entsprechend seiner gebildeten Einsicht zu verhalten. Somit entfalten die dargestellten verfassungsrechtlichen Wertungen nicht erst mit Blick auf eine eventuelle notwendige Begrenzung des Haftungsumfangs Bedeutung, sondern sind überdies auch für die Frage nach etwaigen Reformmöglichkeiten auf haftungsbegründender Ebene von Relevanz.

6. Wertungswiderspruch zwischen §§ 104 ff. BGB und § 828 BGB

Im Deliktsrecht ist wie dargestellt nach derzeitiger Gesetzeslage und Rechtsprechungspraxis des BGH eine am Prinzip der Totalreparation ausgerichtete vollumfängliche Haftung Minderjähriger für von ihnen verursachte

[283] Interessant erscheint vor diesem Hintergrund die bereits erwähnte Entscheidung des BerlVerfGH vom 14.12.2009, welche auf die Option einer Restschuldbefreiung im Rahmen der Entscheidungsbegründung nicht eingeht.

[284] Ebenso *Singer*, FS Prölss, S. 191, 202 ff.

[285] Vgl. *Hertwig*, FamRZ 1987, 124, 125 f.

Schäden ab sieben Jahren möglich. Individuelle Mängel eines Minderjährigen spielen dabei in der spruchrichterlichen Praxis angesichts der gesetzlichen Beweislastverteilung in § 828 Abs. 3 BGB, der mangelnden Berücksichtigung der individuellen Steuerungsfähigkeit des Schädigers und der Zugrundelegung einer alterstypischen Gruppenfahrlässigkeit im Rahmen der Feststellung des Verschuldens nur eine untergeordnete Rolle. Ob und wie konkret eine summenmäßige Begrenzung der Haftung Minderjähriger in Einklang mit den Vorschlägen des BVerfG über § 242 BGB möglich sein kann, wurde bis dato nicht hinreichend verbindlich geklärt.

Demgegenüber gestaltet sich die Situation Minderjähriger im Vertragsrecht nach §§ 104 ff. BGB deutlich „komfortabler". Vollendet ein Minderjähriger das siebte Lebensjahr und erlangt er somit nach § 106 BGB die beschränkte Geschäftsfähigkeit, ist ihm eine selbständige Teilnahme am rechtsgeschäftlichen Verkehr nach §§ 106 ff. BGB nur in äußerst eingeschränktem Umfang möglich. Im Zuge der Rückabwicklung eines ohne Zustimmung des gesetzlichen Vertreters und außerhalb des Anwendungsbereichs der §§ 110, 112, 113 BGB geschlossenen Rechtsgeschäfts ist der Minderjährige auch infolge der Besonderheiten der Saldotheorie regelmäßig gegenüber volljährigen Vertragspartnern privilegiert.[286] Schließlich hat der deutsche Gesetzgeber durch die Schaffung der Vorschrift des § 1629a BGB das Schutzniveau im Vertragsrecht noch einmal deutlich erhöht.

Nach alledem lässt sich ein nicht unerheblicher Gegensatz zwischen der im Vertragsrecht des BGB bestehenden Schutzkonzeption einerseits und den Bedingungen einer deliktischen Haftung Minderjähriger andererseits konstatieren.[287] Der Umstand, dass Minderjährige nach Vollendung des siebten Lebensjahres gem. § 828 Abs. 3 BGB außerhalb des Straßenverkehrs prinzipiell vollumfänglich haften, aus Rechtsgeschäften nach § 108 Abs. 1 BGB im Fall mangelnder Zustimmung der gesetzlichen Vertreter hingegen grundsätzlich nicht, lässt sich auch kaum damit begründen, dass sich Minderjährige gerade im deliktischen Bereich sorgfältiger, besonnener und umsichtiger verhielten und daher nur eingeschränkt schutzwürdig wären.[288] Vielmehr ist insoweit von einer vergleichbaren Schutzwürdigkeit Minderjähriger auszugehen.

---

[286] Vgl. *Staudinger/Steinrötter*, JuS 2012, 97, 105.

[287] Ebenso *Busch*, Der Reifegrad Minderjähriger, S. 20; *Glöckner*, FamRZ 2000, 1397, 1405; *Goecke*, Unbegrenzte Haftung Minderjähriger, S. 59; *Looschelders*, VersR 1999, 141, 148. In diese Richtung auch *Stürner*, GS Lüderitz, S. 789, 797.

[288] Vgl. *Goecke*, Unbegrenzte Haftung Minderjähriger, S. 62.

7. Fazit

Sowohl die bis dato durch § 828 BGB auf sieben Jahre festgelegte Altersgrenze der Deliktsfähigkeit als auch die mangelnde Berücksichtigung der individuellen Steuerungsfähigkeit Minderjähriger sind seit langer Zeit umstritten. Nichtsdestotrotz hat der deutsche Gesetzgeber entgegen diesbezüglich langanhaltend geäußerter Forderungen bis dato nur für den Bereich des motorisierten Straßenverkehrs legislative Anpassungen vorgenommen. Diese erscheinen jedoch nicht geeignet, die aus entwicklungspsychologischer sowie verfassungsrechtlicher Perspektive geäußerte Kritik an der bestehenden Gesetzeslage und der darauf gründenden Rechtsprechungspraxis zu beseitigen. Die insoweit auf haftungsbegründender Ebene vorhandenen Defizite der geltenden Rechtslage erscheinen insbesondere vor dem Hintergrund des Grundsatzes der Totalreparation und der die konkreten Voraussetzungen einer Haftungsreduktion betreffenden Unsicherheiten auch aus verfassungsrechtlicher Perspektive problematisch.

V. Haftpflichtschutz nach §§ 100 ff. VVG

Eng verknüpft mit dem Problemkomplex einer deliktischen Haftung Minderjähriger ist in der Praxis die Frage nach Vorhandensein und Eingreifen eines privat abgeschlossenen Haftpflichtschutzes. Besteht ein solcher und liegen die Voraussetzungen einer Haftungsfreistellung durch den jeweiligen Versicherer vor, so wird hierdurch das Vermögen des deliktisch verantwortlichen Minderjährigen in besonderem Maße geschützt. Nachfolgend werden die gesetzlichen Eckpfeiler des nach §§ 100 ff. VVG vermittelten Schutzsystems überblicksweise dargestellt.[289]

1. Voraussetzungen und Freistellungsumfang

Haftpflichtversicherungsschutz zugunsten eines Minderjährigen kommt in zwei Konstellationen in Betracht. Zum einen können Minderjährige selbst Versicherungsnehmer sein, sofern ihre Eltern oder sonstige gesetzliche Ver-

[289] Nur ergänzend sei an dieser Stelle auf die für die Rechtswirklichkeit hochrelevante, gleichwohl im Rahmen der vorliegenden Arbeit nicht näher zu untersuchende Frage nach dem grundsätzlichen Verhältnis zwischen Delikts- und Versicherungsrecht hingewiesen. Hier ist in der Praxis mit Blick auf die Schadenskompensation eine weitreichende Überlagerung des Deliktsrechts durch die private und soziale Versicherungswirtschaft zu beobachten. Siehe hierzu beispielsweise MüKoBGB/*Wagner*, BGB, Vorbemerkung vor § 823, Rn. 30 ff. sowie *Hohloch*, Gutachten und Vorschläge zur Überarbeitung des Schuldrechts, S. 375, 393.

treter für diese eine Versicherung abgeschlossen haben. Zum anderen können minderjährige Kinder im Rahmen einer Haftpflichtversicherung der Eltern mitversichert sein. Gesetzliche Grundlage einer privaten Haftpflichtversicherung sind die §§ 100 ff. VVG.[290] Private Haftpflichtversicherungen sind weit verbreitet, gleichwohl nicht flächendeckend vorhanden. Nach einer im Jahr 2013 im Auftrag des Gesamtverbands der Deutschen Versicherungswirtschaft durchgeführten Auswertung des Statistischen Bundesamts wiesen immerhin rund 15 % aller Haushalte in Deutschland keine private Haftpflichtversicherung auf.[291] Die Vorteile eines Haftpflichtschutzes können zugunsten Minderjähriger in der Praxis somit regelmäßig nur eingreifen, sofern deren Eltern zuvor zu ihren Gunsten eine Versicherung abgeschlossen haben.

Ist eine Versicherung im Einzelfall vorhanden und verursachen entsprechend versicherte bzw. mitversicherte Minderjährige einen Schaden an Rechtsgütern Dritter, so besteht gem. § 100 VVG grundsätzlich eine Einstandspflicht der Haftpflichtversicherung in Gestalt eines Befreiungsanspruchs, sofern dahingehende Schadensersatz- oder Schmerzensgeldansprüche geltend gemacht werden.[292] Nach § 101 VVG werden zudem Kosten des gerichtlichen und außergerichtlichen Rechtschutzes ersetzt. Vom Versicherungsschutz nicht umfasst sind hingegen insbesondere Schäden aus Verletzungen des Allgemeinen Persönlichkeitsrechts oder des Namensrechts, falls nicht im Rahmen des zugrundeliegenden Versicherungsvertrags ausdrücklich etwas anderes vereinbart ist.[293]

Soweit ein Minderjähriger wegen einer Verletzung des Allgemeinen Persönlichkeitsrechts zur Zahlung von Schadensersatz oder einer Geldentschädigung nach § 823 Abs. 1 BGB i.V.m. Art. 2 Abs. 1 GG und Art. 1 Abs. 1 GG verpflichtet ist, kommt eine Haftungsfreistellung selbst bei bestehendem Haftpflichtschutz folglich nicht in Betracht. In praktischer Hinsicht kann dieser Ausschluss von Haftpflichtansprüchen insbesondere die in Kapitel F. noch näher zu untersuchenden Fälle des sogenannten „Cyber-Mobbing" be-

[290] Des Weiteren sind auch die jeweiligen AGB der Versicherungsanbieter zu berücksichtigen. Viele Versicherer orientieren sich dabei an den als Musterbedingungen dienenden „Allgemeinen Versicherungsbedingungen für die Privathaftpflichtversicherung" (AHB PHV) des Gesamtverbands der Deutschen Versicherungswirtschaft e.V. (GdV) mit derzeitigem Stand vom Mai 2020. Diese sind abrufbar unter https://www.gdv.de/resource/blob/6242/730997c7b9a47a870be42ce584343bb2/09-avb-fuer-dieprivathaftpflichtversicherung-avb-phv-gdv-2016-data.pdf (Abrufdatum 27.4.2021) und setzen in Ziffer A1–2 auch die Möglichkeit einer Mitversicherung dritter Personen voraus.

[291] Vgl.https://www.gdv.de/de/themen/news/15-prozent-aller-haushalte-verzichten-auf-die-privathaftpflichtversicherung-16912 (Abrufdatum 27.4.2021).

[292] Vgl. Prölss/Martin/*Lücke*, VVG, § 100 Rn. 2.

[293] Vgl. Langheid/Wandt/*Littbarski*, VVG, § 100 Rn. 133 f. Siehe auch Ziffer A1–7.9 AHB PHV 2020: „Ausgeschlossen sind Ansprüche wegen Schäden aus Persönlichkeits- oder Namensrechtsverletzungen."

treffen, die zunehmend auch durch Minderjährige verübt werden und bei denen regelmäßig auch Verurteilungen zur Leistung von Geldentschädigungen oder Schmerzensgeld in nicht unerheblicher Höhe im Raum stehen.

2. Vorsätzliche Schadensherbeiführung

Überdies kann die Einstandspflicht des jeweiligen Versicherers nach Maßgabe von § 103 VVG auch dann entfallen, wenn der beim Dritten eingetretene Schaden vorsätzlich und widerrechtlich durch den Versicherungsnehmer herbeigeführt wurde.[294] Demgegenüber haftet der Haftpflichtversicherer grundsätzlich für jede, auch grobe Fahrlässigkeit sowie für Vorsatz ohne Widerrechtlichkeit, etwa bei Eingreifen der Rechtfertigungsgründe aus §§ 228, 229, 904 BGB.[295] Vorsatz im Sinne von § 103 VVG meint Wissen und Wollen nicht allein der schädigenden Handlung, sondern auch des rechtswidrigen Erfolges, wobei bedingter Vorsatz ausreichend ist.[296] Der Versicherungsnehmer muss demnach den Erfolg des deliktischen Verhaltens, wenn auch nicht in allen Einzelheiten, als möglich vorausgesehen und für den Fall seines Eintritts gebilligt haben. Diesbezüglich ist der jeweilige Versicherer beweispflichtig.[297]

Bei deliktsfähigen Minderjährigen stellt sich somit in jedem Einzelfall die Frage, ob sich bei ihnen ein wenigstens bedingter Vorsatz zur Herbeiführung der aus der vorgenommenen Handlung resultierenden Schadens- oder Verletzungsfolgen feststellen lässt, der eine Einstandspflicht der Haftpflichtversicherung entfallen ließe. Hierbei ist zur Feststellung der auch im Rahmen des Vorsatzes notwendigen Einsichtsfähigkeit auf die Maßstäbe des § 828 Abs. 3 BGB zurückzugreifen.[298] Insoweit vorhandene gerichtliche Entscheidungen zur Einstandspflicht bei Schadensverursachung durch Minderjäh-

---

[294] § 103 VVG entspricht inhaltlich § 152 VVG a.F. und lautet wie folgt: „Der Versicherer ist nicht zur Leistung verpflichtet, wenn der Versicherungsnehmer vorsätzlich und widerrechtlich den bei dem Dritten eingetretenen Schaden herbeigeführt hat.“ Eine entsprechende Haftungsfreistellung des Versicherers sieht im Übrigen auch Ziffer A1–7.1 AHB PHV 2020 vor.

[295] Vgl. Prölss/Martin/*Lücke*, VVG, § 103 Rn. 1. Allerdings soll § 103 VVG nach allgemeiner Auffassung sowohl zu Gunsten als auch zu Lasten des Versicherungsnehmers dispositiv sein, so dass bei einer entsprechenden vertraglichen Vereinbarung zwischen Versicherer und Versicherungsnehmer ein Ausschluss der Einstandspflicht bereits bei Vorliegen grober Fahrlässigkeit möglich wäre. Vgl. nur Langheid/Wandt/*Littbarski*, VVG, § 103 Rn. 16 m.w.N.

[296] Prölss/Martin/*Lücke*, VVG, § 103 Rn. 5.

[297] OLG Karlsruhe, Hinweisbeschl. v. 13.12.2013 – 9 U 27/13, NJW-RR 2014, 1125, 1126.

[298] Vgl. Langheid/Wandt/*Littbarski*, VVG, § 103 Rn. 40 mit weiteren Verweisen auf diesbezüglich maßgebliche Entscheidungen des BGH.

rige konzentrieren sich zumeist maßgeblich auf diese Frage.[299] So lehnte beispielsweise das OLG Düsseldorf die Einstandspflicht einer beklagten Haftpflichtversicherung für den von einem 12 Jahre alten Realschüler und einem Mitschüler in einer Schule unter anderem durch Überschwemmungen herbeigeführten Schaden in Höhe von rund 125.000 DM ab.[300] Das OLG Düsseldorf nahm in der entschiedenen Konstellation eine bewusste und gewollte Schadensherbeiführung durch die Minderjährigen an. Insbesondere war nach dem Verhalten der beiden Schüler „[...] alles auch für den Kläger unverkennbar auf die Verursachung eines ganz erheblichen Schadens angelegt. Der Vorsatz des Klägers richtete sich daher auch auf das Ausmaß der eingetretenen Schäden (‚Schadenfolge'), wobei die Auswirkungen nicht im Einzelnen, sondern nur im Großen und Ganzen vorhergesehen und gewollt sein müssen."[301]

Auch soweit Minderjährige infolge eines vorausschauenden Vertragsabschlusses durch ihre gesetzlichen Vertreter über einen adäquaten privaten Haftpflichtschutz verfügen, kann folglich eine daraus resultierende Einstandspflicht des Versicherers im Einzelfall bei Vorliegen einer zumindest bedingt vorsätzlichen Schadensherbeiführung durch den Minderjährigen ausgeschlossen sein. Diesbezüglich kommt es maßgeblich auf die Einschätzung des erkennenden Gerichts an, wobei sich die vorhandene Kasuistik in diesem Bereich in hohem Maße einzelfallorientiert darstellt.[302] Insgesamt ist dabei eine restriktive Auslegung von § 103 VVG durch die Rechtsprechung zu beobachten.[303]

---

[299] Ein Überblick über ausgewählte Entscheidungen findet sich bei Langheid/Wandt/*Littbarski*, VVG, § 103 Rn. 41 ff.

[300] OLG Düsseldorf, Urt. v. 12.12.2000 – 4 U 46/00, NVersZ 2001, 572.

[301] OLG Düsseldorf, Urt. v. 12.12.2000 – 4 U 46/00, NVersZ 2001, 572.

[302] Langheid/Wandt/*Littbarski*, VVG, § 103 Rn. 36.

[303] Vgl. etwa OLG Düsseldorf, Urt. v. 17.12.2002 – 4 U 107/02, NJOZ 2004, 1983, 1984: „Sofern zielgerichtetes Handeln nicht eingeräumt wird, kann der Vorsatznachweis vielmehr nur indiziell aufgrund objektiver Tatumstände geführt werden. [...] Handlungsweisen, die bei Erwachsenen im Allgemeinen auf einen Schädigungswillen hinweisen, können bei Kindern auf spielerischem Übermut beruhen, der, sofern er überhaupt für eine Vorstellung möglicher Schadensfolgen Raum lässt, diese in Folge überstarken Spieltriebes regelmäßig verdrängt und dadurch den Schädigungsvorsatz ausschließt [...]. Dementsprechend ist bei der Bejahung eines schadensstiftenden Vorsatzes, sei es auch nur in Form eines Eventualvorsatzes, bei Kindern regelmäßig größte Zurückhaltung geboten [...]." Vgl. auch LG Karlsruhe, Urt. v. 28.7.2006 – 7 O 180/06, BeckRS 2009, 18305.

VI. Forderungserlass nach § 76 Abs. 2 S. 1 Nr. 3 Hs. 1 SGB IV

Mit Blick auf die potentiell uneingeschränkte Deliktshaftung Minderjähriger und die seitens des LG Dessau in seinem Vorlagebeschluss aufgeworfene Frage nach der Verfassungsmäßigkeit von § 828 Abs. 2 BGB a.F. hatte das BVerfG in seinem Beschluss vom 13.8.1998 unter anderem auf die eventuell bestehende Möglichkeit einer einfachrechtlichen Beschränkung der Minderjährigenhaftung mittels der Vorschrift des § 76 Abs. 2 S. 1 Nr. 3 Hs. 1 SGB IV hingewiesen.[304] Nach Auffassung des BVerfG hätte das LG Dessau demnach prüfen müssen, ob der im Ausgangssachverhalt beklagte Minderjährige nicht nach Abschluss des zivilgerichtlichen Verfahrens von dem Träger der klagenden Krankenversicherung einen Forderungserlass hätte erreichen können. Diese seitens des BVerfG aufgeworfene Überlegung wurde in der weiteren Folge auch in der einschlägigen Literatur diskutiert, wobei unter anderem kritisch hinterfragt wurde, ob die Feststellung der Voraussetzungen eines entsprechenden Forderungserlasses in die genuine Zuständigkeit der Zivilgerichte fallen könne oder dies nicht vielmehr eine ausschließlich seitens der Sozialgerichte zu beurteilende Frage darstelle.[305]

1. Zur Regelung des § 76 Abs. 2 S. 1 Nr. 3 Hs. 1 SGB IV

Die Vorschrift des § 76 Abs. 2 S. 1 Nr. 3 Hs. 1 SGB IV gewährt dem Schuldner einer sozialrechtlichen Forderung gegenüber dem jeweiligen Sozialversicherungsträger einen öffentlich-rechtlichen Anspruch auf ermessensfehlerfreie Entscheidung über den Erlass der in Rede stehenden Forderung, der grundsätzlich durch die Sozialgerichte überprüft wird.[306] Obgleich Sozialversicherungsträger fällige Einnahmen gem. § 76 Abs. 1 SGB IV in der Regel rechtzeitig und vollständig zu erheben haben, ist es diesen gem. § 76 Abs. 2 S. 1 Nr. 3 Hs. 1 SGB IV gleichwohl möglich, bestehende Ansprüche zu erlassen, sofern deren Einziehung nach Lage des einzelnen Falles unbillig wäre.

---

[304] BVerfG, Beschl. v. 13.8.1998 – 1 BvL 25–96, NJW 1998, 3557, 3558. Die seitens des BVerfG im genannten Beschluss erwähnte Vorschrift des § 76 Abs. 2 Nr. 3 SGB IV in der Fassung vom 24.3.1997 entspricht inhaltlich vollumfänglich § 76 Abs. 2 S. 1 Nr. 3 Hs. 1 SGB IV in der aktuellen Fassung vom 12.11.2009.

[305] Zu § 76 Abs. 2 S. 1 Nr. 3 Hs. 1 SGB IV und dessen Anwendung auf minderjährige Schuldner vgl. näher *Finke*, Minderung der Schadensersatzpflicht in Europa, S. 180 ff.; *Looschelders*, VersR 1999, 141, 146 f.; *Zech*, Beschränkung der Haftung Minderjähriger, S. 81 ff. m.w.N.

[306] BVerfG, Beschl. v. 13.8.1998 – 1 BvL 25–96, NJW 1998, 3557, 3558; Krauskopf/*Baier*, SGB IV, § 76 Rn. 6. Hinsichtlich der tatsächlichen praktischen Umsetzung der aus § 76 Abs. 2 S. 1 Nr. 3 Hs. 1 SGB IV resultierenden Prüfpflichten durch die Sozialversicherungsträger vgl. die kritische Einschätzung bei *Ahrens*, VersR 1997, 1064.

Dies betrifft in praktischer Hinsicht insbesondere gesetzliche Krankenversicherungen, die etwaige auf sie gem. § 116 SGB X im Wege der Legalzession übergegangene deliktische Schadensersatzansprüche ihrer Versicherten wegen Personenschäden geltend machen.[307] Diese grundrechtsgebundenen Sozialversicherungsträger dürfen entsprechende Ersatzansprüche gegen den Schädiger dabei nur insoweit geltend machen, als die Einziehung der Forderung ein geeignetes, erforderliches und angemessenes Mittel ist, um die durch § 116 SGB X geschützten öffentlichen Belange zu wahren. In diesem Zusammenhang sind auch die Leistungsfähigkeit des Schädigers und das Maß seines Verschuldens zu berücksichtigen.[308] Hierbei vermittelt § 76 Abs. 2 S. 1 Nr. 3 Hs. 1 SGB IV dem jeweiligen Antragsteller einen öffentlich-rechtlichen Anspruch auf ermessensfehlerfreie Entscheidung über den Forderungserlass.[309] Grundlegende Voraussetzung dafür ist nach § 76 Abs. 2 S. 1 Nr. 3 Hs. 1 SGB IV, dass sich die Einziehung der Forderung nach Lage des Einzelfalls als unbillig darstellen würde.

Eine entsprechende Unbilligkeit der Einziehung kann sich aus sachlichen oder persönlichen Gründen ergeben, wobei die Sozialversicherungsträger auch die Grundrechte des Betroffenen zu berücksichtigen haben.[310] In persönlicher Hinsicht wird eine Unbilligkeit der Einziehung insbesondere dann anzunehmen sein, wenn sich der Anspruchsschuldner in einer unverschuldeten wirtschaftlichen Notlage befindet und zu erwarten ist, dass die Weiterverfolgung des Anspruchs zu einer Existenzgefährdung führen würde.[311] Die Einziehung der Forderung muss dabei geeignet sein, den notwendigen Lebensunterhalt oder die berufliche Existenz des Schuldners dauerhaft zu gefährden.[312]

2. *Korrekturpotential hinsichtlich unbeschränkter Deliktshaftung Minderjähriger*

Eine entsprechende Unbilligkeit der Forderungseinziehung wird im Fall eines Minderjährigen, welcher einer in Relation zu seinen wirtschaftlichen Ver-

---

[307] Vgl. BVerfG, Beschl. v. 13.8.1998 – 1 BvL 25–96, NJW 1998, 3557, 3558; *Looschelders*, VersR 1999, 141, 147; *Zech*, Beschränkung der Haftung Minderjähriger, S. 76.

[308] *Looschelders*, VersR 1999, 141, 146.

[309] Nach *Finke*, Minderung der Schadensersatzpflicht in Europa, S. 180 soll sich dieser im Fall einer Ermessensreduzierung auf Null in einen Rechtsanspruch auf Erlass der Forderung wandeln. Anderer Ansicht ist insoweit Krauskopf/*Baier*, SGB IV, § 76 Rn. 6, wonach der Schuldner auch bei Vorliegen der Voraussetzungen eines Forderungserlasses keinen klagbaren Anspruch auf eine für ihn positive Entscheidung erhalten soll.

[310] BVerfG, Beschl. v. 13.8.1998 – 1 BvL 25–96, NJW 1998, 3557, 3558; *Simon*, AcP 204 (2004), 264, 284.

[311] Kreikebohm/*Brandt*, SGB IV, § 76 Rn. 21.

[312] Krauskopf/*Baier*, SGB IV, § 76 Rn. 14.

hältnissen existenzbedrohend hohen Forderung eines Sozialversicherungsträgers ausgesetzt ist, häufig bejaht werden können. Dieser Umstand gründet auf der im Fall der Anspruchseinziehung stark eingeschränkten Zukunftsperspektive des Minderjährigen sowie der zumeist ohnehin kaum vorhandenen wirtschaftlichen Realisierbarkeit der Forderung.[313] Unabhängig von der Frage, wie ein im Einzelfall wegen Unbilligkeit der Einziehung zulässiger Forderungserlass im Rahmen eines laufenden zivilrechtlichen Verfahrens in concreto zu berücksichtigen wäre,[314] ist dieser Umstand und der damit faktisch verbundene notwendige Forderungserlass seitens des Sozialversicherungsträgers im Rahmen eines Zivilprozesses dahingehend zu beachten, als eine Korrektur des Grundsatzes der unbeschränkten Minderjährigenhaftung in Fällen der Anwendbarkeit von § 76 Abs. 2 S. 1 Nr. 3 Hs. 1 SGB IV jedenfalls aus verfassungsrechtlichen Gründen nicht vonnöten wäre.[315]

Nichtsdestotrotz bleibt der daraus resultierende Schutz eines minderjährigen Schuldners gegenständlich beschränkt. Grundsätzlich bietet § 76 Abs. 2 S. 1 Nr. 3 Hs. 1 SGB IV diesem nur in solchen Fällen Schutz vor finanziell erdrückenden deliktischen Forderungen, in denen er sich den Ansprüchen eines Sozialversicherungsträgers ausgesetzt sieht, was vor allem Regressforderungen gesetzlicher Krankenversicherungen im Fall von Personenschäden betreffen dürfte. Unanwendbar ist § 76 Abs. 2 S. 1 Nr. 3 Hs. 1 SGB IV hingegen in solchen Konstellationen, in denen private Gläubiger, zu welchen neben dem konkret Geschädigten vor allem auch Privatversicherer zählen, Ansprüche gegenüber minderjährigen Schädigern geltend machen.[316] Praxis-

[313] Vgl. *Zech*, Beschränkung der Haftung Minderjähriger, S. 79 f.

[314] Nach vorherrschender Meinung in Rechtsprechung und Schrifttum kann sich der Schädiger nicht schon während des zivilrechtlichen Prozesses, sondern erst nach dort erfolgter Titulierung der Regressforderung im sozialrechtlichen Verfahren auf den aus § 76 Abs. 2 S. 2 Nr. 3 SGB IV resultierenden Anspruch auf Erlass der Forderung berufen. Hiervon ging auch das BVerfG in seinem auf den Vorlagebeschluss des LG Dessau ergangenen Beschluss aus, vgl. BVerfG, Beschl. v. 13.8.1998 – 1 BvL 25–96, NJW 1998, 3557, 3558. Vgl. im Übrigen nur Krauskopf/*Baier*, SGB IV, § 76 Rn. 6 m.w.N. Während *Zech*, Beschränkung der Haftung Minderjähriger, S. 90 demgegenüber für eine Aussetzung des Zivilverfahrens bis zu einer Entscheidung des Sozialgerichts nach § 148 ZPO plädiert, um dergestalt eine Rechtswegspaltung zu vermeiden, sieht *Looschelders* aus verfahrensökonomischen Gründen die Möglichkeit einer Kürzung des Anspruchs durch den Zivilrichter in der Höhe, in welcher der Sozialversicherungsträger selbst zum Erlass des Anspruchs verpflichtet wäre. Vgl. *Looschelders*, VersR 1999, 141, 147 m.w.N.

[315] Ebenso *Finke*, Minderung der Schadensersatzpflicht in Europa, S. 181; *Simon*, AcP 204 (2004), 264, 283 f.

[316] Vgl. *Fischinger*, Haftungsbeschränkung im Bürgerlichen Recht, S. 631 (Fn. 157) mit Rechtsprechungsbeispielen zum Fall des Regresses eines privaten Versicherers. *Finke*, Minderung der Schadensersatzpflicht in Europa, S. 181 weist darauf hin, dass die seitens des BVerfG angeregte Lösung über § 76 Abs. 2 S. 1 Nr. 3 Hs. 1 SGB IV im dem Vorlagebeschluss des OLG Celle vom 26.5.1989 zugrundeliegenden Sachverhalt bereits nicht hätte

relevant sind zudem auch etwaige Ansprüche auf Zahlung von Schmerzensgeld, das im Leistungskatalog sämtlicher Sozialversicherungsträger nicht enthalten ist und daher von den betroffenen Geschädigten selbst gerichtlich geltend gemacht werden muss.[317] Schließlich bleiben Konstellationen zu berücksichtigen, in denen solche Personen als Geschädigte von einer deliktischen Handlung Minderjähriger betroffen werden, die keinerlei Krankenversicherungsschutz aufweisen.[318] Eine umfassende Lösung des Problems erdrückender deliktischer Verpflichtungen Minderjähriger lässt sich mittels § 76 Abs. 2 S. 1 Nr. 3 SGB IV angesichts des begrenzten Anwendungsbereichs der Vorschrift nach alledem nicht realisieren.

VII. Vollstreckungsschutz im Zwangsvollstreckungsrecht

Hat der Gläubiger eines minderjährigen Schuldners über die ihm zustehende Forderung bereits einen rechtskräftigen Titel erlangt, kann er auf dieser Grundlage gegen den Minderjährigen die Vollstreckung betreiben, sofern die notwendigen weiteren Verfahrensvoraussetzungen vorliegen.[319] Vor diesem

zur Anwendung gelangen können. Vgl. allerdings die Überlegungen von *Canaris*, JZ 1987, 993, 1003 f. hinsichtlich der Möglichkeit einer verfassungskonformen Einschränkung der Leistungsbefreiung des Versicherers nach §§ 61, 152 VVG a.F. mit Hilfe von § 242 BGB. Zur Überlegung einer teleologischen Reduktion des Wortlauts von § 67 VVG a.F. bzw. § 86 VVG vgl. *Simon*, AcP 204 (2004), 264, 285 ff. Siehe auch die Erwägungen bzgl. einer analogen Anwendung von § 76 Abs. 2 S. 1 Nr. 3 Hs. 1 SGB IV auf Privatversicherer bei *Finke*, Minderung der Schadensersatzpflicht in Europa, S. 181 f., der die mit Blick auf eine eventuell fehlende vergleichbare Interessenlage und die Gefahr einer Rechtswegspaltung bestehenden Schwierigkeiten einer analogen Anwendung hervorhebt und zudem betont, dass eine entsprechende Lösung jedenfalls dann keine Abhilfe böte, wenn der Geschädigte selbst Regress beim Schädiger nehmen möchte.

[317] MüKoBGB/*Wagner*, BGB, Vorbemerkung vor § 823 Rn. 31. Näher hierzu *Fischinger*, Haftungsbeschränkung im Bürgerlichen Recht, S. 435 ff.

[318] Trotz der in Deutschland bestehenden gesetzlichen Krankenversicherungspflicht lebten in Deutschland im Jahr 2018 Schätzungen zufolge 80.000 Menschen ohne Krankenversicherungsschutz, wobei von einer höheren Dunkelziffer ausgegangen werden müsse. Vgl. hierzu den unter https://www.stern.de/gesundheit/menschen-ohne-krankenversicherung--die-schwere-strafe-der-gesellschaft-8509090.html abrufbaren Bericht von *Matthias Bolsinger* vom 29.12.2018 (Abrufdatum 27.4.2021). Dabei ist ein kontinuierlicher Anstieg der Zahlen zu verzeichnen; so lebten laut einem Spiegel Online-Artikel vom 14.8.2020 (abrufbar unter https://www.spiegel.de/wirtschaft/immer-mehr-menschen-in-deutschland-leben-ohne-krankenversicherung-a-d4c73f96-265e-43d2-b2df-a90baa2bb2fc, Abrufdatum 3.5.2021) im Jahr 2019 bereits 143.000 Menschen in Deutschland ohne Krankenversicherung.

[319] Zu den Voraussetzungen und potentiellen Schwierigkeiten einer Vollstreckung titulierter Forderungen gegen minderjährige Schuldner vgl. erneut die Darstellung unter D. VIII. 2.

Hintergrund gewinnt die Frage an Bedeutung, ob der aus dem Zwangsvollstreckungsrecht resultierende allgemeine Pfändungs- und Vollstreckungsschutz bei Anwendung auf minderjährige Schuldner als Korrektiv insbesondere einer potentiell unbeschränkten, finanziell langfristig erdrückenden und von § 1629a BGB nicht erfassten deliktischen Haftung dienen kann.[320]

1. Relevante Vollstreckungsschutzvorschriften der ZPO

Im Rahmen des in §§ 704 ff. ZPO geregelten Zwangsvollstreckungsverfahrens ergibt sich zugunsten des Vollstreckungsschuldners ein gewisser Schutz unter anderem in Gestalt von Pfändungsverboten und -beschränkungen.[321] So können im Fall einer Zwangsvollstreckung in körperliche Sachen die in den §§ 811 Abs. 1, 811c, 812 ZPO konkret bezeichneten Gegenstände einem Pfändungsverbot unterfallen. Zudem unterliegt bei Zwangsvollstreckungen in Forderungen und sonstige Vermögensrechte der nach §§ 850 ff. ZPO unpfändbare Teil des Arbeitseinkommens oder sonstiger Bezüge nicht dem Zugriff des Vollstreckungsgläubigers. Von besonderer Relevanz ist in diesem Zusammenhang insbesondere 850c Abs. 1 S. 1 ZPO, der bei Arbeitseinkommen mit Stand April 2021 einen Pfändungsfreibetrag von 1.178,59 Euro monatlich vorschreibt.[322]

Zweck der genannten Vollstreckungsvorschriften ist eine auch im öffentlichen Interesse liegende Sicherung derjenigen Mittel, welche der Aufrechterhaltung einer mindestens dem Sozialhilfeniveau entsprechenden Existenz dienen.[323] Der speziell mit Blick auf verfassungsrechtliche Schutzvorgaben im Zusammenhang mit einer überbordenden deliktischen Haftung Minderjäh-

---

[320] So verweist etwa *Medicus*, AcP 192 (1992), 35, 66 mit Blick auf die Frage nach einer durch die Verfassung gebotenen Einschränkung des Prinzips der Totalreparation über § 242 BGB, wie von *Canaris* für Fälle einer entsprechend langfristigen Schuldenlast erwogen, darauf hin, dass die „[...] verfassungskräftige Forderung nach der Gewährleistung eines der Menschenwürde entsprechenden Lebens mit den gebotenen Entfaltungsmöglichkeiten [...] in erster Linie an das Vollstreckungsrecht zu richten" sei. Ähnlich *Goecke*, NJW 1999, 2305, 2307, wonach aus einer Existenzgefährdung des minderjährigen Schädigers nicht ohne Weiteres die Notwendigkeit einer Anwendung von § 242 BGB resultiere. Für die Ermittlung und Berücksichtigung der Leistungsfähigkeit oder -unfähigkeit des Schuldners seien vielmehr die Pfändungsschutz- und Vollstreckungsschutzvorschriften geschaffen. Ebenso *Fleischer*, ZIP 2014, 1305, 1307.

[321] Ein Verweis auf weitere denkbare, nachfolgend nicht explizit genannte Schuldnerschutzvorschriften findet sich bei MüKoZPO/*Gruber*, ZPO, § 811 Rn. 1.

[322] Vgl. § 850c Abs. 1 S. 1, Abs. 2a ZPO i.V.m. der Pfändungsfreigrenzenbekanntmachung 2019 vom 4.4.2019. Ist der Schuldner einem oder mehreren Dritten gesetzlich zu Gewährung von Unterhalt verpflichtet, so erhöht sich der maßgebliche monatliche Freibetrag gem. § 850c Abs. 1 S. 2 ZPO stufenweise auf bis zu 2.610,63 Euro.

[323] Vgl. MüKoZPO/*Smid*, ZPO, § 850c Rn. 3 und MüKoZPO/*Gruber*, ZPO, § 811 Rn. 2.

riger häufig genutzte Terminus einer „existenzvernichtenden" oder „existenzbedrohenden" Schuldenlast[324] ist vor diesem Hintergrund in seiner schlagwortartigen Verkürzung zwar griffig, letztlich jedoch nicht korrekt.[325]

Neben §§ 811 ff., 850 ff. ZPO dient auch die auf alle Arten der Zwangsvollstreckung anwendbare allgemeine Härteklausel des § 765a ZPO dem Schutz des Vollstreckungsschuldners. Gemäß § 765a Abs. 1 S. 1 ZPO kann das zuständige Vollstreckungsgericht auf Antrag des Schuldners eine konkrete Zwangsvollstreckungsmaßnahme ganz oder teilweise aufheben, untersagen oder einstweilen einstellen, wenn die Maßnahme auch bei Würdigung der Gläubigerinteressen wegen ganz besonderer Umstände eine mit den guten Sitten nicht vereinbare Härte bedeuten würde. Eine solche sittenwidrige Härte soll vor allem dann anzunehmen sein, wenn die Zwangsvollstreckung das Leben oder die Gesundheit des Schuldners ernstlich gefährden würde.[326] Als Ausnahme- und Auffangvorschrift ist sie eng auszulegen und im Sinne einer ultima ratio nur in individuell gelagerten und besonders außergewöhnlichen Fällen heranzuziehen.[327] Im Zusammenhang mit der Auslegung des Begriffs „sittenwidrige Härte" ermöglicht die Vorschrift als „auffangende Generalklausel des Schuldnerschutzes" eine Berücksichtigung verfassungsrechtlicher Prinzipien, insbesondere also der Grundrechte des Schuldners.[328]

2. *Anwendung auf minderjährige Vollstreckungsschuldner*

Auch auf minderjährige Schuldner finden die Vorschriften der §§ 811 ff., 850 ff. ZPO sowie des § 765a ZPO grundsätzlich ohne Weiteres Anwendung. Gleichwohl wird speziell den §§ 811 ff., 850 ff. ZPO mit Blick auf die Situation eines mit erheblichen Forderungen belasteten minderjährigen Vollstre-

---

[324] So stufte das OLG Celle § 828 Abs. 2 BGB a.F. insoweit als nicht mit der Verfassung vereinbar ein, als Minderjährige „[...] zwischen sieben und siebzehn Jahren in existenzvernichtender Weise auf Schadensersatz in Anspruch genommen werden [...]" könnten, siehe OLG Celle, Vorlagebeschl. v. 26.5.1989 – 4 U 53/88, VersR 1989, 709 m. Anm. *Lorenz*. Auch das LG Dessau befand, dass § 828 Abs. 2 BGB a.F. die Möglichkeit biete, „[...] Jugendliche einer existenzgefährdenden Ersatzverpflichtung zu unterwerfen", vgl. LG Dessau, Vorlagebeschl. v. 25.9.1996 – (6) 8 O 853/96, VersR 1997, 242.

[325] So auch *Kuhlen*, JZ 1990, 273.

[326] MüKoZPO/*Heßler*, ZPO, § 765a Rn. 27 mit Verweis unter anderem auf OLG Frankfurt am Main, Beschl. v. 18.8.1980 – 20 W 484/80, Rpfleger 1981, 24, das den Versuch einer Räumungsvollstreckung trotz unmittelbar bevorstehender Niederkunft der schwangeren Schuldnerin und der vorhandenen Gefahr einer Fehlgeburt im Fall eines Umzugs als sittenwidrig einstufte. Weitere Rechtsprechungsbeispiele zur Anwendung bzw. Nichtanwendung von § 765a ZPO finden sich bei *Rhein*, NJW-Spezial 2019, 213, 213 f.

[327] MüKoZPO/*Heßler*, ZPO, § 765a Rn. 6 f.; Schuschke/Walker/Kessen/Thole/*Walker*, ZPO, § 765a Rn. 16.

[328] Musielak/Voit/*Lackmann*, ZPO, § 765a Rn. 1.

ckungsschuldners oftmals keine oder nur eine geringe Bedeutung beizumessen sein. Denn häufig werden minderjährige Schuldner nicht über ein eigenes laufendes Einkommen verfügen.[329] Somit dürften die Pfändungsschutzvorschriften der ZPO in vielen Fällen erst mit Eintritt der Volljährigkeit des Schuldners und der Aufnahme einer Erwerbstätigkeit durch diesen in den Fokus geraten.

a) Denkbare Anwendungsfälle der §§ 811 ff., 850 ff. ZPO

Bezieht allerdings ein Minderjähriger als Auszubildender bereits eine Ausbildungsvergütung, ist ein Arbeitseinkommen im Sinne von § 850 Abs. 1 ZPO vorhanden.[330] Folglich könnten die §§ 850 Abs. 1, 850c Abs. 1 S. 1 ZPO zur Anwendung gelangen und eine Pfändung der laufenden Ausbildungsvergütung bis zur Grenze des Pfändungsfreibetrags verhindern.[331] Überdies kann in entsprechenden Fällen ein aus § 811 Abs. 1 Nr. 5 ZPO resultierendes Pfändungsverbot eingreifen. Danach sind diejenigen Gegenstände einer Pfändung nicht unterworfen, welche für Personen, die ihren Erwerb aus persönlichen Leistungen ziehen, zur Fortsetzung der jeweiligen Erwerbstätigkeit erforderlich sind. Von diesem Pfändungsverbot erfasst sind dabei auch schon die für die Aufnahme einer Erwerbstätigkeit erforderlichen Gegenstände, sofern der Beginn der Tätigkeit mit einiger Sicherheit bevorsteht.

Denkbare Konstellationen eines Pfändungsverbots können sich zudem mit Blick auf § 811 Abs. 1 Nr. 6 ZPO ergeben, der das aus § 811 Abs. 1 Nr. 5 ZPO resultierende Verbot der Pfändung solcher Gegenstände, die zur Fortsetzung einer Erwerbstätigkeit erforderlich sind, auf die minderjährigen Erben einer erwerbstätigen Person erstreckt. Soweit diese die betreffende Erwerbstätigkeit des Erblassers auf ihre Rechnung durch einen Stellvertreter fortführen lassen, wären beispielsweise dafür benötigte Maschinen, Kommunikationsgeräte und unter Umständen auch ein zur Fortsetzung der Tätigkeit erforderlicher PKW unpfändbar.[332] In entsprechenden Fällen wären dem Zugriff des Gläubigers somit potentiell erhebliche Vermögenswerte entzogen.

---

[329] *Tilsen*, Die beschränkte Haftung Minderjähriger im Deliktsrecht, S. 288.

[330] Kindl/Meller-Hannich/*Kindl*, ZPO, § 811 Rn. 19; Saenger/*Kemper*, ZPO, § 811 Rn. 21.

[331] Zu beachten ist in diesem Zusammenhang gleichwohl, dass die in § 850c ZPO enthaltenen Pfändungsfreigrenzen im Fall bestehender Unterhaltsverpflichtungen, insbesondere nach § 1615l BGB, nicht zur Anwendung gelangen, vgl. § 850d Abs. 1 S. 1 ZPO. Soweit minderjährige Väter nach § 1615l Abs. 1, Abs. 2 BGB bzw. minderjährige Mütter nach § 1615l Abs. 4 BGB i.V.m. § 1615l Abs. 2 S. 2 BGB unterhaltsverpflichtet sind, ist ihnen gem. § 850d Abs. 1 S. 2 Hs. 1 ZPO allerdings so viel zu belassen, als sie für ihren eigenen notwendigen Unterhalt sowie zur Erfüllung ihrer laufenden gesetzlichen Unterhaltspflichten vorrangig Berechtigten gegenüber bedürfen.

[332] Vgl. Saenger/*Kemper*, ZPO, § 811 Rn. 24.

Sollte ein Gläubiger im Übrigen erwägen, wegen seiner titulierten Forderung die Zwangsvollstreckung in einen dem Minderjährigen zustehenden Unterhaltsanspruch zu betreiben, so resultierte eine bedeutende Absicherung des Minderjährigen aus § 850b Abs. 1 Nr. 2 ZPO. Danach werden die auf einer gesetzlichen Vorschrift beruhenden Unterhaltsrenten als bedingt unpfändbare Bezüge eingeordnet, worunter insbesondere die zwischen Verwandten in gerader Linie nach § 1601 BGB geschuldeten Unterhaltszahlungen fallen.[333] Auch der Unterhaltsanspruch des Minderjährigen gegen die mit ihm gemäß § 1589 S. 1 BGB in gerader Linie verwandten Eltern oder einen Elternteil nach §§ 1601 ff. BGB ist somit grundsätzlich unpfändbar.[334] Ebenso wäre ein Unterhaltsanspruch des Minderjährigen aus § 1615l BGB von einer Pfändung ausgenommen.[335]

Anderes gälte zwar grundsätzlich dann, wenn der Zugriff auf anderes Vermögen des minderjährigen Schuldners zu keiner vollständigen Befriedigung des Gläubigers führte und die Pfändung der Billigkeit entspräche, da in diesem Fall die Pfändung auch eines Unterhaltsanspruchs gem. § 850b Abs. 2 ZPO nach den für das Arbeitseinkommen geltenden Vorschriften zulässig wäre. Allerdings sind für die notwendige Billigkeit der Vollstreckung neben der Höhe der Bezüge und des dem Schuldner im Falle der Pfändung verbleibenden Betrages vor allem Art und Umstände der Entstehung der beizutreibenden Forderung sowie die wirtschaftliche Situation und der Lebensstil des Schuldners von Bedeutung.[336] Daher wäre eine Pfändung des zur Sicherung der Existenz notwendigen Unterhaltsanspruchs eines im Übrigen zumeist vermögenslosen Minderjährigen in der Regel als unbillig zu bewerten. Überdies gelänge aufgrund der in § 850b Abs. 2 ZPO enthaltenen Verweisung auf die für Arbeitseinkommen geltenden Vorschriften der in § 850c Abs. 1 S. 1 ZPO enthaltene Pfändungsfreibetrag zur Anwendung. Der dem Minderjährigen zustehende Unterhaltsanspruch müsste folglich den Betrag von derzeit 1.133,80 Euro überschreiten, damit eine zumindest teilweise Pfändung vorgenommen werden könnte.

b) Allgemeine Härteklausel nach § 765a ZPO

Soweit Vollstreckungsmaßnahmen einen Minderjährigen langfristig und erdrückend belasten würden, könnte erwogen werden, auf entsprechende Fälle die allgemeine Härteklausel des § 765a ZPO anzuwenden, um dergestalt die Folgen des Prinzips der Totalreparation verfassungskonform abzumildern. Auch unter Berücksichtigung der Gewährleistungen des Allgemeinen Per-

333 BeckOK ZPO/*Riedel*, ZPO, § 850b Rn. 19.

334 *Tilsen*, Die beschränkte Haftung Minderjähriger im Deliktsrecht, S. 288.

335 Vgl. Schuschke/Walker/Kessen/Thole/*Kessal-Wulf/Lorenz*, ZPO, § 850b Rn. 10.

336 Vgl. BeckOK ZPO/*Riedel*, ZPO, § 850b Rn. 13 f. m.w.N.

sönlichkeitsrechts stellt eine Zwangsvollstreckung gegen Minderjährige allerdings für sich genommen keine sittenwidrige Härte im Sinne der betreffenden Vorschrift dar.[337] Allein die Inanspruchnahme eines dem Gläubiger von Gesetzes wegen eingeräumten Verfahrens, nämlich der Zwangsvollstreckung, und damit das Vorgehen aus einem zuvor rechtmäßig erworbenen Titel als solches kann keinesfalls sittenwidrig sein.[338] Zudem müsste der aus § 765a ZPO resultierende Rechtsschutz gegen jede den minderjährigen Schuldner belastende Einzelmaßnahme gerichtet werden; ein allgemeiner Schutz resultiert aus § 765a ZPO somit auch in verfahrenstechnischer Hinsicht nicht.[339]

3. Kein Schutz vor langfristig existenzbelastender Überschuldung

Nach alledem sind die dargestellten Schutzwirkungen des Zwangsvollstreckungsrechts nicht geeignet, das insbesondere im Bereich deliktischer Verantwortlichkeit bestehende Problem einer nach dem Grundsatz der Totalreparation zulässigen, den Aufbau einer eigenen wirtschaftlichen Existenz langfristig zumindest deutlich erschwerenden finanziellen Haftung Minderjähriger verfassungskonform aufzulösen. Zwar sind die relevanten Vollstreckungsschutzvorschriften der ZPO ohne Weiteres auf minderjährige Schuldner anwendbar und überdies in singulären Fallkonstellationen auch geeignet, den Zugriff eines Gläubigers auf bestimmte Vermögenswerte zu verhindern. In der Breite jedoch stellen diese Vorschriften kein adäquates Mittel dar, um eine finanzielle Überforderung des Minderjährigen vor allem aufgrund deliktischer Haftung zu verhindern.

Auch nach dessen Eintritt in die Volljährigkeit und Aufnahme einer Erwerbstätigkeit garantieren die hier dargestellten Vollstreckungsschutzvorschriften zwar die Sicherung einer dem Sozialstaatsprinzip entsprechenden, menschenwürdigen Existenz. Eine über diese Minimalgarantie hinausgehende Befreiung des vormalig minderjährigen Schuldners von langfristig belastenden Verpflichtungen hingegen ist mittels des Vollstreckungsschutzes der ZPO nicht möglich und im Übrigen auch nicht Sinn und Zweck desselben. Somit kann ein Minderjähriger insbesondere im Fall rechtskräftig festgestellter deliktischer Forderungen aufgrund der nach § 197 Abs. 1 Nr. 3 BGB geltenden Verjährungsfrist von 30 Jahren und des von § 212 Abs. 1 Nr. 2 BGB angeordneten Neubeginns der Verjährungsfrist nach jeder durchgeführten oder beantragten Vollstreckungsmaßnahme faktisch unbegrenzt lange Zeit Vollstreckungsversuchen seines Gläubigers ausgesetzt sein.

---

[337] Ebenso *Tilsen*, Die beschränkte Haftung Minderjähriger im Deliktsrecht, S. 288.

[338] MüKoZPO/*Heßler*, ZPO, § 765a Rn. 26; *Tilsen*, Die beschränkte Haftung Minderjähriger im Deliktsrecht, S. 288.

[339] *Tilsen*, Die beschränkte Haftung Minderjähriger im Deliktsrecht, S. 288.

Allein der Hinweis auf die vorhandenen Schutzgewährleistungen des bestehenden Vollstreckungsrechts ist nach alledem zur Verneinung etwaiger das Deliktsrecht betreffender gesetzgeberischer Reformen nicht zielführend, da gerade die mit Art. 2 Abs. 1 GG i.V.m. Art. 1 Abs. 1 GG kollidierende langfristige Vereitelung einer persönlichen und wirtschaftlichen Perspektive des Minderjährigen ein Begründungsansatz für die Notwendigkeit eines entsprechenden Korrektivs ist.[340] Das Zwangsvollstreckungsrecht bietet somit keinen ausreichenden Schutz vor einer lebenslangen Überschuldung. Gerade aber die Aussicht auf ein Leben, dass sich in wirtschaftlicher Hinsicht nur knapp oberhalb des Sozialhilfeniveaus bewegt, und eine daraus potentiell resultierende persönliche Perspektivlosigkeit stellen sich mit Blick auf die durch Art. 2 Abs. 1 GG i.V.m. Art. 1 Abs. 1 GG garantierte freie Persönlichkeitsentfaltung und das Recht auf den Aufbau einer eigenen Existenz als bedenklich dar.[341]

VIII. Verbraucherinsolvenzverfahren und Restschuldbefreiung

Seit Inkrafttreten der InsO am 1.1.1999 steht Privatpersonen das Verbraucherinsolvenz- und Restschuldbefreiungsverfahren offen. Dieses eröffnet ihnen die Möglichkeit, nach Beendigung des Verfahrens und Ablauf der anschließenden Wohlverhaltens- oder Treuhandphase[342] eine endgültige Befreiung von ihren zum Zeitpunkt der Eröffnung des Insolvenzverfahrens bestehenden und in diesem Verfahren nicht restlos erfüllten Verbindlichkeiten zu erlangen.[343] Angesichts dessen wird speziell mit Blick auf Verbindlichkeiten deliktischen Ursprungs teilweise vorgebracht, dass auch minderjährigen Schuldnern das Durchlaufen eines solchen vereinfachten Insolvenzverfahrens nach §§ 304 ff. InsO und die anschließende Erlangung der Restschuldbefreiung nach Maßgabe der §§ 286 ff. InsO möglich und daher eine Reform der aktuellen Haftungssituation Minderjähriger im Deliktsrecht nicht notwendig sei.[344] Diese These soll nachfolgend unter Darstellung der wesentli-

[340] *Simon*, AcP 204 (2004), 264, 278.

[341] Vgl. *Zech*, Beschränkung der Haftung Minderjähriger, S. 41.

[342] Zum Begriff vgl. MüKoInsO/*Stephan*, InsO, § 300 Rn. 21.

[343] Das Verbraucherinsolvenzverfahren ist vom sogenannten Regelinsolvenzverfahren abzugrenzen, welches insbesondere für solche Schuldner gilt, die zum Zeitpunkt der Antragstellung eine selbstständige wirtschaftliche Tätigkeit ausüben. Vgl. näher *Schmidt*, Privatinsolvenz, § 4 Rn. 1; *Vallender*, ZAP 2016, 463.

[344] Vgl. *Fleischer*, ZIP 2014, 1305, 1307; *Kilian*, ZGS 2003, 168, 172; *Müller*, KTS 2000, 57, 66 f.; *Müller*, Tradition und Fortschritt im Recht, S. 211, 218; *Scheffen*/*Parday*, Unfälle mit Minderjährigen, S. 13; Staudinger/*Oechsler*, BGB, § 828 Rn. 2; *Tilsen*, Die beschränkte

chen insolvenzrechtlichen Verfahrensvoraussetzungen und -abläufe näher beleuchtet werden.

1. Grundzüge des Verbraucherinsolvenz- und Restschuldbefreiungsverfahrens

Das Verbraucherinsolvenzverfahren steht gem. § 304 Abs. 1 InsO natürlichen Personen offen, die keine selbständige wirtschaftliche Tätigkeit ausüben oder ausgeübt haben oder Kleinunternehmer im Sinne von § 304 Abs. 1 S. 2 InsO sind.[345] Allgemeiner Eröffnungsgrund eines Insolvenzverfahrens ist gem. §§ 16, 17 Abs. 1, 18 Abs. 1 InsO die bestehende oder drohende Zahlungsunfähigkeit des Schuldners.[346] Bevor der Schuldner die Einleitung eines Verbraucherinsolvenzverfahrens beantragen kann, hat er gem. § 305 Abs. 1 Nr. 1 InsO unter Mitwirkung einer geeigneten Stelle oder Person, in der Praxis insbesondere einer Schuldnerberatungsstelle, zunächst den Versuch einer außergerichtlichen Einigung mit seinen Gläubigern zu unternehmen. Erst nach dessen Scheitern kann beim zuständigen Insolvenzgericht die Eröffnung eines Insolvenzverfahrens beantragt werden. Scheitert auch ein fakultativer gerichtlicher Schuldenbereinigungsplan oder sieht das Gericht von einem solchen ab, wird das eigentliche Verbraucherinsolvenzverfahren gem. §§ 306 Abs. 1 S. 3, 311 InsO von Amts wegen eingeleitet. Dieses ist auf die Verwertung des zur Insolvenzmasse gehörenden Vermögens des Schuldners und die Verteilung der Insolvenzmasse an diejenigen Gläubiger, welche ihre Forderungen gem. § 174 Abs. 1 InsO beim gerichtlich bestellten Insolvenzverwalter zur Insolvenztabelle angemeldet haben, gerichtet.[347]

Nach Verteilung der Insolvenzmasse an die Gläubiger wird das Insolvenzverfahren gem. § 200 Abs. 1 InsO mittels gerichtlichen Beschlusses aufgeho-

---

Haftung Minderjähriger im Deliktsrecht, S. 344; *Wagner*, NJW 2002, 2049, 2061. Vgl. demgegenüber allerdings die Darstellung bei Palandt/*Sprau*, BGB, § 828 Rn. 8, wonach mit Blick auf verfassungsrechtliche Bedenken im Einzelfall trotz Möglichkeit einer Erlangung der Restschuldbefreiung dennoch eine Einschränkung der Haftung nach § 242 BGB in Erwägung zu ziehen sein könne.

[345] Zu den Voraussetzungen einer Behandlung als Kleinunternehmer vgl. Andres/Leithaus/*Andres*, InsO, § 304 Rn. 8 f. Zur Qualifikation einer Nebentätigkeit als selbständige wirtschaftliche Tätigkeit vgl. BGH, Beschl. v. 24.3.2011 – IX UB 80/11, NZI 2011, 410, 411 (Rn. 7).

[346] Nach § 17 Abs. 2 S. 1 InsO ist ein Schuldner zahlungsunfähig, wenn er nicht in der Lage ist, seine fälligen Zahlungspflichten zu erfüllen. Eine drohende Zahlungsunfähigkeit hingegen ist nach § 18 Abs. 2 InsO dann anzunehmen, wenn der Schuldner unter prognostischer Berücksichtigung seiner gesamten Finanzlage bis zur Eintritt der Fälligkeit voraussichtlich nicht in der Lage sein wird, alle seine bestehenden Zahlungspflichten im Zeitpunkt ihrer Fälligkeit zu erfüllen, vgl. K. Schmidt InsO/*Schmidt*, InsO, § 18 Rn. 11.

[347] Vgl. zum Ganzen *Vallender*, ZAP 2016, 463.

ben. Bei Vorliegen eines nach § 287 Abs. 1 InsO erforderlichen Antrags des Schuldners wird sodann im Anschluss das Restschuldbefreiungsverfahren nach §§ 286 ff. InsO durchgeführt. Dieses beinhaltet für den Schuldner eine mehrjährige Wohlverhaltensphase, in der dem Schuldner unter anderem nach § 295 Abs. 1 Nr. 1 InsO die Ausübung einer angemessenen Erwerbstätigkeit bzw. Bemühungen um eine solche obliegen. Mit der nach § 300 Abs. 1 InsO möglichen Erteilung der Restschuldbefreiung schließlich ist das nach § 201 Abs. 1 InsO bestehende Nachforderungsrecht der im Insolvenzverfahren nicht vollständig befriedigten Gläubiger gem. §§ 201 Abs. 3, 286 InsO nicht mehr durchsetzbar, sofern einzelne Forderungen nicht nach § 302 InsO von der Wirkung der Restschuldbefreiung ausgenommen sind.

2. *Auswirkungen auf Haftung Minderjähriger*

In seiner auf den Vorlagebeschluss des LG Dessau hin ergangenen Entscheidung aus dem Jahr 1998 wies das BVerfG angesichts einer potentiellen verfassungsrechtlichen Bedenklichkeit des § 828 Abs. 2 BGB a.F. darauf hin, dass neben der Möglichkeit einer auf § 242 BGB basierenden Haftungsreduktion auch erwogen werden müsse, ob nicht durch die Schaffung des Verbraucherinsolvenzverfahrens zum 1.1.1999 die Gefahr einer lebenslangen Überschuldung Minderjähriger ausgeschaltet oder eingeschränkt worden sein könnte.[348] Angesichts dessen wurde in der Folge kontrovers diskutiert, ob die Möglichkeit der Durchführung eines Verbraucherinsolvenz- und Restschuldbefreiungsverfahrens eine ausreichende Einschränkung der grundsätzlich unbeschränkten Haftung deliktisch verantwortlicher Minderjähriger darstellt.[349]

---

[348] BVerfG, Beschl. v. 13.8.1998 – 1 BvL 25–96, NJW 1998, 3557, 3558.

[349] Von der Möglichkeit, die Einleitung eines Verbraucherinsolvenzverfahrens zu beantragen, bleibt die einem volljährigen Schuldner ebenfalls mögliche Haftungsbeschränkung nach § 1629a BGB unberührt. Die daraus resultierende Doppelung der Überschuldungsschutzinstrumente ist insoweit von Interesse, als § 1629a Abs. 1 BGB im Hinblick auf solche Forderungen, die dem Anwendungsbereich beider Rechtsinstitute unterfallen, eine deutlich schnellere und unkompliziertere Lösung für den Schuldner darstellt, vgl. Staudinger/*Coester*, BGB, § 1629a Rn. 2. So stünde dem Schuldner zwar auch für Verbindlichkeiten nicht-deliktischen Ursprungs grundsätzlich ein Antrag auf Einleitung eines Verbraucherinsolvenzverfahrens mit anschließender Restschuldbefreiung offen. Allerdings beinhaltet § 1629a Abs. 1 BGB insbesondere durch den Verzicht auf eine mehrjährige Wohlverhaltensphase vergleichsweise deutlich geringere Verfahrensanforderungen und dürfte somit zur Erlangung einer Enthaftung seitens eines volljährigen Schuldners nach Möglichkeit vorrangig gewählt werden.

a) Wirksames Korrektiv gegen grundsätzlich unbeschränkte Deliktshaftung

Mit Blick auf die nach dem Prinzip der Totalreparation grundsätzlich unbegrenzte deliktische Haftung Minderjähriger ist eine Anwendung insolvenzrechtlicher Regelungen von besonderem Interesse, da dem Verbraucherinsolvenz- und Restschuldbefreiungsverfahren konzeptionell ein vergleichbarer Konflikt zugrunde liegt: Dem Schuldner soll im Rahmen eines geregelten, mit der Einhaltung spezifischer Obliegenheiten verbundenen Verfahrens eine umfassende Schuldenbefreiung zuteilwerden können, wodurch eine im Extremfall lebenslange „Schuldknechtschaft“ und Verweisung auf das vollstreckungsrechtlich garantierte Existenzminimum vermieden werden soll.[350] Praktisch vorstellbar erschiene insoweit zunächst, dass ein volljähriger Schuldner, motiviert beispielsweise durch den Besuch einer Schuldnerberatung, eigeninitiativ die Einleitung eines entsprechenden Verfahrens wegen solcher Verbindlichkeiten beantragt, die bereits aus dem Zeitpunkt der Minderjährigkeit stammen. Nach Beendigung des Verbraucherinsolvenzverfahrens und erfolgreicher Durchführung des Restschuldbefreiungsverfahrens kann der Schuldner durch die Erteilung der Restschuldbefreiung sodann eine endgültige Befreiung von den davon erfassten Verbindlichkeiten und somit einen schuldenfreien „Neustart“ erlangen.

Von der Wirkung der Restschuldbefreiung ausgenommen wären dabei gem. § 302 Nr. 1 Hs. 1 Alt. 1 InsO nur jene deliktischen Verbindlichkeiten des vormals Minderjährigen, die aus einer vorsätzlich begangenen unerlaubten Handlung resultieren, sofern diese gem. § 174 Abs. 2 InsO seitens des Gläubigers als solche unter Angabe des Rechtsgrunds schriftlich beim Insolvenzverwalter angemeldet wurden.[351] Belasten den Schuldner hingegen hohe Schadensersatz- oder Schmerzensgeldverpflichtungen infolge einer während der Minderjährigkeit fahrlässig begangenen unerlaubten Handlung, so stellt die erfolgreiche Durchführung eines Verbraucherinsolvenz- und Restschuldbefreiungsverfahrens ein wirksames, den Gewährleistungen von Art. 2 Abs. 1 GG i.V.m. Art. 1 Abs. 1 GG entsprechendes Korrektiv der grundsätzlich unbegrenzten Deliktshaftung Minderjähriger dar. Dies dürfte in der Praxis bereits viele in Rede stehende Haftungskonstellationen mit gravierenden Schadensfolgen, wie beispielsweise im Rahmen von Spielunfällen fahrlässig verursachte Körperverletzungen, erfassen.

Diese Wirkung der §§ 304 ff., 286 ff. InsO wird nicht durch die zeitliche Dauer des Verfahrens beeinträchtigt, das sich in der Regel über sechs Jahre erstreckt.[352] Nach Maßgabe von Art. 2 Abs. 1 GG i.V.m. Art. 1 Abs. 1 GG

---

[350] *Simon*, AcP 204 (2004), 264, 278.

[351] Zu den Voraussetzungen einer wirksamen Forderungsanmeldung vgl. BeckOK InsO/*Riedel*, InsO, § 302 Rn. 8.

[352] Ebenso *Müller*, KTS 2000, 57, 67.

muss auch im Fall deliktischer Haftung eines Minderjährigen grundlegend sichergestellt sein, dass diesem trotz des Vorhandenseins finanziell erdrückender Schulden die Aussicht auf eine selbstbestimmte Lebensperspektive verbleibt. Dies kann die am Ende eines Verbraucherinsolvenz- und Restschuldbefreiungsverfahrens mögliche Erteilung der Restschuldbefreiung gewährleisten. Angesichts des eigenverantwortlichen Charakters deliktischer Haftung und der notwendig zu berücksichtigenden Gläubigerinteressen ist es einem Schuldner gleichwohl zumutbar, sich diese Entschuldung durch eigene Anstrengungen, insbesondere die ihm gem. §§ 287b, 295 Abs. 1 Nr. 1 InsO obliegende Aufnahme einer zumutbaren Beschäftigung, über einen längeren Zeitraum hinweg zu verdienen.

b) Verbindlichkeiten aus vorsätzlich begangenen unerlaubten Handlungen, § 302 Nr. 1 Hs. 1 Alt. 1 InsO

Unter Zugrundelegung der Situation eines deliktisch haftenden Minderjährigen stellt sich allerdings der von § 302 Nr. 1 Hs. 1 Alt. 1 InsO angeordnete Ausschluss von der Restschuldbefreiung für solche Verbindlichkeiten, die aus einer vorsätzlich begangenen unerlaubten Handlung insbesondere nach den §§ 823 ff. BGB[353] resultieren, als problematisch dar.

aa) Vorsatzverständnis in § 302 Nr. 1 Hs. 1 Alt. 1 InsO

Der in § 302 Nr. 1 Hs. 1 Alt. 1 InsO genutzte Vorsatzbegriff wird verbreitet im allgemeinen haftungsrechtlichen Sinne verstanden, wodurch ein den Eingriff in das geschützte Rechtsgut umfassender Vorsatz ausreichend zur Bejahung vorsätzlichen Verhaltens ist, der eingetretene Handlungserfolg hingegen nicht von diesem umfasst sein muss.[354] Gerade solche deliktischen Verbind-

---

[353] Mit Blick auf § 302 Nr. 1 InsO besteht Einigkeit, dass der dort enthaltene Begriff „unerlaubte Handlung" jedenfalls auf die deliktsrechtlichen Vorschriften der §§ 823 ff. BGB bezogen ist, während bis dato noch ungeklärt erscheint, ob darunter auch spezialgesetzlich geregelte Vorschriften des außervertraglichen Schadensersatzrechts wie beispielsweise nach dem UWG fallen sollen. Vgl. nur BGH, Urt. v. 21.7.2011 – IX ZR 151/10, NJW 2011, 2966, 2967 m.w.N. in Rn. 6 der Entscheidungsgründe.

[354] So etwa MüKoInsO/*Stephan,* InsO, § 302 Rn. 8a; Uhlenbruck/*Sternal*, InsO, § 302 Rn. 6. Danach muss bei einem von § 823 Abs. 1 BGB erfassten Verhalten der Vorsatz allein auf die Verletzung des absolut geschützten Rechtsguts gerichtet sein. Für eine Erstreckung des Vorsatzes auch auf die Schadensfolge hingegen A/G/R/*Weinland*, InsO, § 302 Rn. 7; FK-InsO/*Ahrens*, 9. Auflage 2018, InsO, § 302 Rn. 18, unter Abweichung von FK-InsO/*Ahrens*, 8. Auflage 2015, InsO, § 302 Rn. 24; Graf-Schlicker/*Kexel*, InsO, § 302 Rn. 5. Im Fall von § 823 Abs. 2 BGB sowie § 826 BGB hingegen soll neben der Verletzung des Schutzgesetzes zwingend auch die Schadensfolge Teil des Vorsatzes sein müssen, vgl. Andres/Leithaus/*Andres*, InsO, § 302 Rn. 6; BeckOK InsO/*Riedel*, InsO, § 302 Rn. 3; FK-InsO/*Ahrens*, InsO, § 302 Rn. 18; *Geißler*, ZInsO 2018, 1701, 1705; Uhlenbruck/*Sternal*,

lichkeiten, die auf einem „typischen Minderjährigenverhalten“ in der Art eines „Dumme-Jungen-Streichs“[355] beruhen, bei welchen der haftungsbegründende Tatbestand mit Eventualvorsatz begangen wird, der eingetretene Schaden oder der Umfang der eingetretenen Verletzungen aber vom Minderjährigen weder gewollt noch vorhergesehen wurde, wären demnach regelmäßig von einer Restschuldbefreiung ausgeschlossen.[356] Hiervon wären auch viele der in der Rechtsprechung häufig anzutreffenden Brandstiftungen in Gestalt von „Zündeleien“ betroffen.[357]

Diesbezüglich wird vereinzelt vorgebracht, dass bei Minderjährigen wegen ihrer alterstypischen Eigenheiten von einem vorhandenen Tatbestandsvorsatz nicht zwingend auch auf einen Schädigungswillen geschlossen werden könne. Eine Exklusion nach § 302 Nr. 1 Hs. 1 Alt. 1 InsO sei bei fehlendem Wissen und Wollen des haftungsausfüllenden Tatbestandes daher nicht sachgerecht, sofern nach den Gesamtumständen der Tat oder dem Verhalten des Täters nicht eine spezifisch „sozialfeindliche“ Einstellung des Täters erkennbar werde.[358] Im Sinne einer Berücksichtigung entsprechender altersbedingter Schwächen Minderjähriger und zur Vermeidung von Härtefällen wird daher eine dem Vorsatzbegriff in § 103 VVG entsprechende Auslegung von § 302 Nr. 1 Hs. 1 Alt. 1 InsO vorgeschlagen.[359] Demnach müsste sich der

InsO, § 302 Rn. 7, jeweils unter Bezugnahme auf BGH, Urt. v. 21.6.2007 – IX ZR 29/06, NZI 2007, 532. Vgl. insoweit jedoch *Kolbe*, Deliktische Forderungen und Restschuldbefreiung, S. 39, der die genannte Entscheidung nicht dahingehend verstanden wissen will, dass der BGH im Fall einer Schutzgesetzverletzung eine Erstreckung des Vorsatzes auf den gesamten Schadensverlauf verlange. Erforderlich sei vielmehr allein Vorsatz bezüglich des Verletzungseingriffs.

[355] LG Bremen, Urt. v. 15.2.1991 – 6 O 2866/89 u. 1218/90, NJW-RR 1991, 1432, 1435; OLG Celle, Vorlagebeschl. v. 26.5.1989 – 4 U 53/88, 1989, 709 m. Anm. *Lorenz; Müller*, zfs 2003, 433, 435.

[356] Vgl. *Finke,* Minderung der Schadensersatzpflicht in Europa, S. 185 sowie die Beispiele aus der Rechtsprechung bei *Tilsen*, Die beschränkte Haftung Minderjähriger im Deliktsrecht, S. 318.

[357] Ebenso *Zech*, Beschränkung der Haftung Minderjähriger, S. 43, mit beispielhaftem Verweis auf Fälle zündelnder Kinder, die einen Großbrand auslösen.

[358] *Tilsen*, Die beschränkte Haftung Minderjähriger im Deliktsrecht, S. 323, 328. Eine sozialfeindliche Gesinnung soll insbesondere in solchen Fällen anzunehmen sein, in denen ein Minderjähriger zwar den Eintritt schwerer Verletzungen nicht bezwecke, aber billigend in Kauf nehme. Bei *Tilsen*, Die beschränkte Haftung Minderjähriger im Deliktsrecht, S. 332 werden hierfür beispielhaft gezielte Schläge oder Tritte in Gesicht oder Genitalbereich und ebenso der Einsatz von Waffen jeglicher Art genannt. Denn diese Konstellationen beruhten gerade nicht lediglich auf einem altersbedingten Spieltrieb und einem insgesamt minderjährigentypischen Verhalten.

[359] Vgl. *Finke*, Minderung der Schadensersatzpflicht in Europa, S. 185; *Kolbe*, Deliktische Forderungen und Restschuldbefreiung, S. 246; MüKoBGB/*Wagner*, BGB, § 828 Rn. 19; *Tilsen*, Die beschränkte Haftung Minderjähriger im Deliktsrecht, S. 335 f. Ebenso,

Vorsatz des deliktisch handelnden Minderjährigen auch auf die Schadensverursachung beziehen.[360] Ein alternativer Vorschlag besteht in der Idee einer teleologischen Reduktion des Wortlauts von § 302 Nr. 1 Hs. 1 Alt. 1 InsO, um dergestalt den Anwendungsbereich der Vorschrift allein auf Volljährige zu erstrecken.[361] Auch eine dahingehende Abänderung von § 302 Nr. 1 Hs. 1 Alt. 1 InsO de lege ferenda wird vereinzelt erwogen.[362]

Schließlich existieren auch Überlegungen, wonach minderjährigen Schuldnern unter Abwägung von Gläubigerinteressen einerseits und Lebensaussichten des Minderjährigen andererseits im Fall vorsätzlich begangener unerlaubter Handlungen im Einzelfall ein vollstreckungsrechtlicher Schutz zu gewähren sein könne. Danach solle § 302 Nr. 1 Hs. 1 Alt. 1 InsO gegenüber Minderjährigen nach erteilter Restschuldbefreiung im Rahmen der Zwangsvollstreckung nicht zur Anwendung gelangen, was in Anlehnung an § 765a ZPO erreicht werden könne.[363]

bb) Stellungnahme

Das verbreitet vertretene Verständnis des § 302 Nr. 1 Hs. 1 Alt. 1 InsO, wonach es zur Bejahung des Vorsatzes genügen soll, wenn beim Handelnden Wissen und Wollen bezüglich der Rechtsgutsverletzung vorliege, während der eingetretene Schaden nicht vom Vorsatz umfasst sein muss, stellt sich im Zusammenhang mit solchen Verhaltensweisen, die von jugendtypischem Leichtsinn und geringer persönlicher Vorwerfbarkeit geprägt sind, als nur schwer vereinbar mit den zwingenden Gewährleistungen des Allgemeinen

---

jedoch nicht auf unerlaubte Handlungen Minderjähriger beschränkt *Fischinger*, Haftungsbeschränkung im Bürgerlichen Recht, S. 623.

[360] Zum Vorsatzbegriff bei § 103 VVG vgl. bereits die Ausführungen unter E. V. 2.

[361] Siehe *Müller*, Tradition und Fortschritt im Recht, S. 211, 222, der jedoch zugleich darauf hinweist, dass hierdurch wohl die Grenzen zulässiger Rechtsfortbildung überschritten würden, weshalb eine solche Entscheidung de lege ferenda durch den Gesetzgeber getroffen werden müsse. Angedeutet auch bei FK-InsO/*Ahrens*, InsO, § 302 Rn. 24. Eine entsprechende Auslegung ablehnend LG Köln, Urt. v. 10.2.2005 – 2 O 651/03, NZI 2005, 406, 407; K. Schmidt InsO/*Henning*, InsO, § 302 Rn. 5; Uhlenbruck/*Sternal*, InsO, § 302 Rn. 8.

[362] Vgl. den Vorschlag zur Schaffung eines neuen § 302 Abs. 2 InsO nachfolgenden Inhalts bei *Müller*, Tradition und Fortschritt im Recht, S. 211, 224: „Abs. 1 Nr. 1 gilt nicht, wenn der Schuldner bei Begehung der unerlaubten Handlung das achtzehnte Lebensjahr noch nicht vollendet hatte, es sei denn, der Schuldner hatte das vierzehnte Lebensjahr schon vollendet und den Schaden vorsätzlich herbeigeführt." Vgl. auch *Müller*, zfs 2003, 433, 435, wonach Minderjährige vor Vollendung des 14. Lebensjahres auch bei Vorsatzdelikten die Restschuldbefreiung erlangen können sollten, was entsprechende gesetzgeberische Anpassungen notwendig mache.

[363] Vgl. FK-InsO/*Ahrens*, InsO, § 302 Rn. 25; *Kolbe*, Deliktische Forderungen und Restschuldbefreiung, S. 247 ff.

Persönlichkeitsrechts Minderjähriger dar. Zwar ließe sich insoweit grundsätzlich anführen, dass das BVerfG in seinem diesbezüglich maßgeblichen Beschluss aus dem Jahr 1998 allein auf mögliche Einschränkungen der Minderjährigenhaftung im Fall leicht fahrlässiger Verhaltensweisen hinwies.[364] Mit Blick auf die gravierenden Auswirkungen einer nach dem Grundsatz der Totalreparation unbeschränkten Deliktshaftung auf die weitere Lebensperspektive Minderjähriger ist es gleichwohl überzeugender, den Vorsatzbegriff des § 302 Nr. 1 Hs. 1 Alt. 1 InsO ebenso wie denjenigen des § 103 VVG zu verstehen. Erforderlich ist demnach das Vorliegen eines zumindest bedingten Vorsatzes des Minderjährigen nicht nur bezüglich der schädigenden Handlung an sich, sondern auch hinsichtlich der eingetretenen Handlungsfolgen.[365] Ein solcher Vorsatz wäre etwa im Fall einer Körperverletzung dann abzulehnen, wenn diese nach ihrer tatsächlichen Art und Schwere von den vorgestellten Verletzungen wesentlich abweicht.[366] In Zweifelsfällen kann dabei auch die Einholung eines Sachverständigengutachtens erforderlich sein.[367]

Mittels einer entsprechenden Auslegung von § 302 Nr. 1 Hs. 1 Alt. 1 InsO kann ein voll- oder minderjähriger Schuldner im Wege der Restschuldbefreiung auch von solchen während der Minderjährigkeit entstandenen Verbindlichkeiten befreit werden, die auf einem „typischen Minderjährigenverhalten" beruhen und Vorsatz allein bezüglich der haftungsbegründenden Umstände, nicht jedoch der eingetretenen Schadensfolgen aufweisen. Angesichts der vorhandenen restriktiven Rechtsprechung zu § 103 VVG ließe sich solchermaßen die Mehrzahl der im Alltag auftretenden Praxisfälle einer insolvenzrechtlichen Lösung zuführen.[368] Handelt ein Minderjähriger hingegen

---

[364] Hierauf verweist etwa LG Köln, Urt. v. 10.2.2005 – 2 O 651/03, NZI 2005, 406, 407. Danach bedürfe die Auslegung des § 302 Nr. 1 InsO, wonach bei Schadensersatzansprüchen aus vorsätzlicher unerlaubter Handlung eine Restschuldbefreiung nicht in Betracht kommt, auch für den Fall der Minderjährigenhaftung keiner Korrektur in Gestalt einer verfassungskonformen Auslegung. Ebenso Uhlenbruck/*Sternal*, InsO, § 302 Rn. 8.

[365] OLG Koblenz, Urt. v. 6.7.2007 – 10 U 1748/06, VuR 2007, 388, 389.

[366] OLG Koblenz, Urt. v. 6.7.2007 – 10 U 1748/06, VuR 2007, 388, 389.

[367] Vgl. BGH, Urt. v. 23.2.1983 – IV a ZR 130/81, NJW 1983, 1739, 1740.

[368] Die bestehende Rechtsprechung zu § 103 VVG lässt sich als durchaus großzügig im Sinne eines effektiven Minderjährigenschutzes bewerten. So nahm beispielsweise das OLG Koblenz an, dass sich bei einem 13 Jahre alten Schüler, der einen Feuerlöscher in einer Kirche betätigt und dadurch weite Bereiche des Innenraums einschließlich Teile der Orgel verunreinigt hatte, kein Vorsatz hinsichtlich der konkreten Schadensfolgen, nämlich der durch die ätzende Wirkung des Löschschaums hervorgerufenen Schäden in Höhe von knapp 28.000 Euro, nachweisen ließ. Folglich kam ein Haftungsausschluss zugunsten des Versicherers nach § 152 VVG a.F. nicht in Betracht. Vgl. OLG Koblenz, Urt. v. 6.7.2007 – 10 U 1748/06, VuR 2007, 388. In einer seitens des OLG Düsseldorf entschiedenen Konstellation lehnte auch dieses eine im Sinne von § 152 VVG a.F. vorsätzliche Verursachung eines Brandschadens durch einen 12-jährigen ab. Dieser hatte in einem hölzernen Carport dort vorgefundenes Benzin verschüttet und angezündet, wodurch neben dem Carport auch

mit zumindest bedingtem Schädigungsvorsatz, so kommt eine Restschuldbefreiung nicht in Betracht. Auch in Fällen einer „sozialfeindlichen Prägung" des Täterverhaltens eine Entschuldung zuzulassen, wäre weder mit den berechtigten Interessen des Geschädigten noch mit rechtspolitischen Wertungen, insbesondere der Verhaltenssteuerungs- und Präventivfunktion einer deliktischen Haftung, zu vereinbaren. Eine solche Auslegung von § 302 Nr. 1 Hs. 1 Alt. 1 InsO stellt sich auch vorzugswürdig gegenüber einer teilweise vorgeschlagenen, de lege lata oder de lege ferenda zu verwirklichenden pauschalen Ausnahme Minderjähriger vom Anwendungsbereich der Vorschrift dar.[369]

c) Zwischenergebnis

Mittels der Durchführung eines Verbraucherinsolvenzverfahrens und einer Erlangung der Restschuldbefreiung könnte somit dem grundrechtlich abgesicherten Interesse eines vormals minderjährigen Deliktsschuldners an der Vermeidung einer langfristigen, jegliche Lebensperspektive faktisch vernichtenden Überschuldung Rechnung getragen werden. Der Vorzug einer Lösung mittels der Instrumente der InsO bestünde dabei insbesondere gegenüber einer vom BVerfG gleichfalls vorgeschlagenen und in weiten Teilen der Literatur favorisierten richterlichen Haftungsreduktion darin, dass die nach §§ 304 ff., 286 ff. InsO zulässige Entlastung des Schädigers von klaren, gesetzlich eindeutig definierten Voraussetzungen abhängt und überdies keine Einschränkungen des Prinzips der Totalreparation erfordern würde.

---

ein PKW und eine angrenzende Garage in Brand gerieten und ein Sachschaden in Höhe von knapp 36.000 Euro entstand. Vgl. OLG Düsseldorf, Urt. v. 17.12.2002 – 4 U 107/02, NJOZ 2004, 1983. Ähnlich gelagert erscheint auch der Sachverhalt der Entscheidung OLG Karlsruhe, Hinweisbeschl. v. 13.12.2013 – 9 U 27/13, NJW-RR 2014, 1125, wo gleichfalls ein vorsätzliches Handeln eines zündelnden Kindes abgelehnt wurde. Nur in Ausnahmefällen scheint die Rechtsprechung demgegenüber das Vorliegen von Vorsatz im Sinne von § 103 VVG anzunehmen. Vgl. hierzu etwa die Entscheidung OLG Düsseldorf, Urt. v. 12.12.2000 – 4 U 46/00, NVersZ 2001, 572, in der ein entsprechender Vorsatz eines 12 Jahre alten Schülers angenommen wurde, der gemeinsam mit einem Freund unter anderem durch Überschwemmungen in einer Schule einen Schaden in Höhe von 125.000 DM verursacht hatte. Vgl. hierzu bereits die Ausführungen unter E. V. 2. Auch *Tilsen*, Die beschränkte Haftung Minderjähriger im Deliktsrecht, S. 327, weist unter Nennung einschlägiger Entscheidungen auf die Zurückhaltung der Rechtsprechung bei der Annahme eines auf die Schadensfolgen bezogenen Vorsatzes Minderjähriger hin.

[369] Vgl. erneut *Müller*, Tradition und Fortschritt im Recht, S. 211, 222 ff., sowie *ders.*, zfs 2003, 433, 435.

3. Minderjährige als Beteiligte eines Verbraucherinsolvenz- und Restschuldbefreiungsverfahrens

Wird ein Verbraucherinsolvenz- und Restschuldbefreiungsverfahren erst nach Eintritt der Volljährigkeit eingeleitet, so resultiert für den vormals minderjährigen Schuldner daraus gleichwohl eine nicht unerhebliche Einschränkung seiner persönlichen und beruflichen Entwicklungsperspektiven weit über den Zeitpunkt der Vollendung des 18. Lebensjahres hinaus. Besonders nachdrücklich zeigt sich dies in solchen Lebenssachverhalten, in denen sich Minderjährige deutlich vor ihrem Eintritt in die Volljährigkeit, beispielsweise in einem Alter zwischen acht und zehn Jahren, einer deliktischen Haftung mit gravierenden finanziellen Folgen ausgesetzt sehen und bei ihnen die Absolvierung der Wohlverhaltensphase bei zeitnaher Einleitung des Insolvenzverfahrens noch vor Eintritt der Volljährigkeit denkbar sein könnte. Angesichts dessen wurde im Anschluss an die Entscheidung des BVerfG aus dem Jahr 1998 kontrovers diskutiert, ob und unter welchen Voraussetzungen minderjährige Schuldner im Sinne eines finanziell möglichst unbelasteten Starts in die Volljährigkeit ein Verbraucherinsolvenz- und Restschuldbefreiungsverfahren noch während ihrer Minderjährigkeit durchlaufen können.[370]

a) Zulässigkeit der Verfahrenseinleitung während Minderjährigkeit

Grundsätzlich kann ein Verbraucherinsolvenz- und Restschuldbefreiungsverfahren ohne Weiteres auch über das Vermögen eines Minderjährigen eröffnet werden, da dieser als eine natürliche Person nach Maßgabe von § 11 Abs. 1 S. 1 InsO insolvenzfähig ist.[371] Zudem ist bei minderjährigen Schuld-

---

[370] In welchem Umfang Minderjährige seit Inkrafttreten der InsO im Rahmen von Verbraucherinsolvenz- und Restschuldbefreiungsverfahren tatsächlich in Erscheinung getreten sind, lässt sich im Übrigen soweit ersichtlich nicht mit validem empirischen Zahlenmaterial belegen, da vorhandene Statistiken zu Verbraucherinsolvenzen nicht nach dem Alter der Antragstellenden differenzieren. Vgl. beispielsweise die unter https://www.destatis.de/DE/Themen/Gesellschaft-Umwelt/Einkommen-Konsum-Lebensbedingungen/Vermoegen-Schulden/Tabellen/verbraucherinsolvenzen-jahren.html (Abrufdatum 27.4.2021) abrufbare, durch das Statistische Bundesamt zur Verfügung gestellte Übersicht zu den zwischen 1999 und 2020 erfassten Verbraucherinsolvenzen in Deutschland. Zur identischen Erkenntnis, allerdings speziell mit Blick auf deliktsrechtliche Verbindlichkeiten, gelangt auch *Tilsen*, Die beschränkte Haftung Minderjähriger im Deliktsrecht, S. 336. Vgl. allerdings auch die Entscheidung LG Köln, Urt. v. 10.2.2005 – 2 O 651/03, NZI 2005, 406. Im zugrundeliegenden Sachverhalt hatte das erstinstanzlich mit der Sache befasste AG Köln mit Beschluss vom 15.8.2003 ein Insolvenzverfahren über das Vermögen des Beklagten eröffnet, wobei dieser zu jenem Zeitpunkt das 18. Lebensjahr ausweislich der im Urteil des LG Köln enthaltenen Entscheidungsgründe augenscheinlich noch nicht vollendet hatte.

[371] Vgl. BeckOK BGB/*Spindler*, BGB, § 828 Rn. 2; Gottwald/Haas/*Ahrens*, InsO, § 75

nern gem. § 17 Abs. 2 S. 1 InsO jedenfalls dann ein Grund für die Eröffnung eines Insolvenzverfahrens gegeben, wenn diese einen wesentlichen Teil ihrer fälligen und vom Gläubiger eingeforderten Zahlungsverpflichtungen dauerhaft nicht erfüllen können, was in der Praxis infolge Vermögenslosigkeit regelmäßig der Fall sein dürfte.[372] Die Einleitung eines Insolvenzverfahrens hinge dabei allerdings von einem Antrag des gesetzlichen Vertreters des nach §§ 4 InsO, 51 ZPO prozessunfähigen minderjährigen Schuldners ab.[373]

b) Kritik

Aus verschiedenen Gründen soll sich das Verbraucherinsolvenz- und Restschuldbefreiungsverfahren nach einzelnen Stimmen in der Literatur allerdings konzeptionell nicht zur Vermeidung einer finanziell überfordernden Haftung Minderjähriger eignen oder diesen aufgrund seiner konkreten Verfahrensanforderungen verwehrt bleiben müssen.

aa) Gesetzeszweck und Verfahrenskonzeption

Gegen eine Anwendung des Verbraucherinsolvenz- und Restschuldbefreiungsverfahrens auf minderjährige Schuldner wurde schon früh vorgebracht, dass insbesondere die dem Verfahren der Restschuldbefreiung zugrundeliegenden Vorschriften der §§ 286 ff. InsO auf die Situation eines volljährigen und berufstätigen, um die weitgehende Befriedigung seiner Gläubiger bemühten Schuldners zugeschnitten seien. Auf einen regelmäßig mittellosen und nicht erwerbstätigen minderjährigen Schuldner passe das Verfahren der Restschuldbefreiung somit konzeptionell nicht.[374] Zudem wird vereinzelt darauf hingewiesen, dass ein minderjähriger Schuldner zumeist auf die Hilfe seiner Eltern oder fachkundiger Dritter angewiesen sei, um die ihn treffenden Obliegenheiten insbesondere nach §§ 290, 295 InsO hinreichend zu erfüllen. Dies sei unvereinbar mit der verfassungsrechtlich gebotenen Prämisse, min-

---

Rn. 7; *Jaquemoth*, ZVI 2011, 141; Kayser/Thole/*Sternal*, InsO, § 11 Rn. 6; *Kilian*, ZGS 2003, 168, 173; *Müller*, KTS 2000, 57, 66; *Piekenbrock*, KTS 2008, 307, 331; *Schmidt*, FS Derleder, S. 601, 607; Staudinger/*Coester*, BGB, § 1629a Rn. 73; *Tilsen*, Die beschränkte Haftung Minderjähriger im Deliktsrecht, S. 292.

[372] *Piekenbrock*, KTS 2008, 307, 312; *Tilsen*, Die beschränkte Haftung Minderjähriger im Deliktsrecht, S. 292.

[373] Vgl. *Piekenbrock*, KTS 2008, 307, 335 m.w.N. Zu Einzelheiten der im Rahmen der Antragstellung und des weiteren Verfahrens notwendigen Vertretung Minderjähriger durch ihre gesetzlichen Vertreter vgl. *Tilsen*, Die beschränkte Haftung Minderjähriger im Deliktsrecht, S. 339 ff.

[374] Vgl. *Goecke*, Unbegrenzte Haftung Minderjähriger, S. 73 f.; *Looschelders*, VersR 1999, 141, 149; *Müller*, zfs 2003, 433, 435; *Rolfs*, JZ 1999, 233, 237; *Stürner*, GS Lüderitz, S. 789, 790 f.; *Zech*, Beschränkung der Haftung Minderjähriger, S. 59 f.

derjährigen Schuldnern ungeachtet eines Verhaltens Dritter einen schuldenfreien Eintritt in die Volljährigkeit zu ermöglichen.[375]

Ebenfalls aus verfassungsrechtlichen Gründen wird es vereinzelt problematisch gesehen, dass ein Antrag auf Erteilung der Restschuldbefreiung nach § 287a Abs. 2 S. 1 Nr. 1 Alt. 1 InsO unzulässig ist, wenn dem Schuldner in den letzten zehn Jahren vor dem Antrag auf Eröffnung des Insolvenzverfahrens oder nach diesem Antrag bereits Restschuldbefreiung erteilt worden ist.[376] Dies lasse das Insolvenzverfahren als nicht hinreichend geeignet erscheinen, den verfassungsrechtlich gebotenen Schutz Minderjähriger vor langfristig erdrückenden finanziellen Belastungen zu gewährleisten.[377] Schließlich resultiere aus der im Vergleich zu § 1629a BGB langen Dauer des Insolvenzverfahrens eine mit Blick auf Art. 3 Abs. 1 GG problematische Differenzierung zwischen vertraglich und deliktisch haftenden Minderjährigen.[378]

bb) Erwerbsobliegenheit, § § 287b, 295 Abs. 1 Nr. 1 InsO

Mit Blick auf die konkreten Verfahrensanforderungen wird als zentrales Problem vor allem die Erwerbsobliegenheit nach §§ 287b, 295 Abs. 1 Nr. 1 InsO gesehen, die den Schuldner durchgehend ab dem Zeitpunkt der Eröffnung des Insolvenzverfahrens trifft.[379] Dieser Obliegenheit kommt ein beschäftigungsloser Schuldner dann nach, wenn er aktiv nach einer angemessenen oder zumindest zumutbaren Beschäftigung sucht und dabei hinreichende

---

[375] *Finke*, Minderung der Schadensersatzpflicht in Europa, S. 188.

[376] Vgl. *Finke*, Minderung der Schadensersatzpflicht in Europa, S. 187 und die dort enthaltenen Ausführungen zu § 290 Abs. 1 Nr. 3 Alt. 1 InsO a.F. Die betreffende Norm, welche bei Vorliegen der genannten Voraussetzungen und eines Gläubigerantrags einen Versagungsgrund regelte, ist zum 1.7.2014 weggefallen. Nach dem gleichzeitig in Kraft getretenen § 287a Abs. 2 S. 1 Nr. 1 Alt. 1 InsO ist nunmehr bereits der erneute Antrag auf Erteilung der Restschuldbefreiung innerhalb des fraglichen Zeitraums unzulässig. Vgl. hierzu Uhlenbruck/*Sternal*, InsO, § 287a Rn. 2 f.

[377] *Finke*, Minderung der Schadensersatzpflicht in Europa, S. 187.

[378] *Finke*, Minderung der Schadensersatzpflicht in Europa, S. 189.

[379] Dies gilt nach Einführung von § 287b InsO infolge des Gesetzes zur Verkürzung des Restschuldbefreiungsverfahrens und zur Stärkung der Gläubigerrechte vom 15.7.2013 für solche Verfahren, die ab dem 1.7.2014 beantragt worden sind. Zuvor bestand eine Erwerbsobliegenheit zwar erst mit Einstellung oder Aufhebung des Insolvenzverfahrens, vgl. Uhlenbruck/*Sternal*, InsO, § 287b Rn. 1; gleichwohl konnte das Gericht nach § 4c Nr. 4 InsO auch zuvor schon eine bewilligte Stundung der Verfahrenskosten aufheben, wenn der Schuldner schuldhaft keine angemessene Erwerbstätigkeit ausübte oder sich nicht um die Aufnahme einer solchen bemühte. Da eine solche Stundungsaufhebung in vielen Fällen gem. § 207 InsO zur Einstellung des eröffneten Insolvenzverfahrens bzw. gem. § 26 InsO zur Nichteröffnung eines Insolvenzverfahrens mangels Masse führt, resultierte aus § 4c Nr. 4 InsO eine zumindest mittelbare Erwerbspflicht des auf eine Stundung der Verfahrenskosten angewiesenen Schuldners.

eigene Anstrengungen unternimmt. Angemessen ist eine Erwerbstätigkeit dann, wenn sie dem bisherigen Lebenszuschnitt des Schuldners entspricht, wobei unter anderem auf die berufliche Ausbildung und das Lebensalter des Schuldners sowie auf die sich diesem noch bietende berufliche Perspektive abzustellen ist.[380] Auch eine Aushilfs- oder Gelegenheitstätigkeit kann zumutbar im Sinne der §§ 287b, 295 Abs. 1 Nr. 1 InsO sein.[381]

Im Fall unzureichender Bemühungen, insbesondere des Verzichts auf die aktive Suche nach geeigneten Arbeitsstellen und Bewerbungen auf diese, kann dem beschäftigungslosen Schuldner gem. § 290 Abs. 1 Nr. 7 Hs. 1 InsO bzw. § 296 Abs. 1 S. 1 Hs. 1 InsO die Restschuldbefreiung wegen Verletzung der Erwerbsobliegenheit zu versagen sein.[382] Stellt das Verhalten des Schuldners hingegen insgesamt ein ausreichendes, jedoch erfolgloses Bemühen um eine angemessene Erwerbstätigkeit dar, so liegt kein Verstoß gegen §§ 287b, 295 Abs. 1 Nr. 1 InsO vor, wenn er wegen seiner Arbeitslosigkeit keine pfändbaren und an die Insolvenzgläubiger zu verteilenden Einkünfte erzielt.[383]

Für minderjährige Schuldner besteht dabei bereits insoweit ein Problem, als sie diese Erwerbsobliegenheit sowohl aufgrund der allgemeinen Schulpflicht als auch aus Gründen des Jugendschutzes in bestimmten Altersbereichen generell nicht erfüllen können. Nach teilweise vertretener Ansicht widerspricht § 5 Abs. 1 JArbSchG i.V.m. § 2 Abs. 1 JArbSchG[384] für den Zeitraum vor Vollendung des 15. Lebensjahres generell einer Erwerbstätigkeit Minderjähriger und somit der Einhaltung der Wohlverhaltensphase.[385] Nach Vollendung des 15. Lebensjahres hingegen kollidiere die nach §§ 287b, 295 Abs. 1 Nr. 1 InsO bestehende Erwerbsobliegenheit mit der dem Minderjährigen einzuräumenden Möglichkeit, eine Ausbildung abzuschließen und seinen Beruf frei zu wählen. Dabei könne es dem Minderjährigen allerdings zur Vermeidung einer rechtsmissbräuchlichen Inanspruchnahme der Restschuldbefreiung und zum Schutz des Gläubigers nicht gestattet werden, die Wohlverhaltensphase zu durchlaufen, ohne seinen Erwerbsobliegenheiten nachzukommen.[386] Insgesamt spreche somit vieles dafür, dass Minderjährige

[380] FK-InsO/*Ahrens*, InsO, § 295 Rn. 26; K. Schmidt/*Henning*, InsO, § 295 Rn. 7.

[381] Nerlich/Römermann/*Römermann*, InsO, § 295 Rn. 9; Uhlenbruck/*Sternal*, InsO, § 287b Rn. 26.

[382] BeckOK Inso/*Riedel*, InsO, § 295 Rn. 10.1, mit näheren Hinweisen zu den seitens des Schuldners konkret zu leistenden Bemühungen.

[383] FK-InsO/Ahrens, InsO, § 295 Rn. 23; MüKoInsO/*Ehricke*, InsO, § 295 Rn. 14.

[384] Gem. § 5 Abs. 1 JArbSchG ist die Beschäftigung von Kindern, von einzelnen Ausnahmen in § 5 Abs. 2, Abs. 3, Abs. 4 JArbSchG abgesehen, grundsätzlich verboten, wobei unter den Begriff des Kindes nach § 2 Abs. 1 JArbSchG Personen fallen, die das 15. Lebensjahr noch nicht vollendet haben. Kindern in diesem Sinne gleichgestellt sind dabei gem. § 2 Abs. 3 JArbSchG Minderjährige, die der vom jeweiligen Landesrecht geregelten Vollschulzeitpflicht unterliegen.

[385] Vgl. *Looschelders*, VersR 1999, 141, 149; *Rolfs*, JZ 1999, 233, 236 f.

[386] *Müller*, KTS 2000, 57, 67; *Zech*, Beschränkung der Haftung Minderjähriger, S. 52, 59. Offengelassen bei *Jaquemoth*, ZVI 2011, 141.

sich erst nach Eintritt ins Berufsleben um eine Restschuldbefreiung bemühen könnten, weshalb sie gezwungen wären, nach Abschluss ihrer Ausbildung oder eines Studiums geraume Zeit mit dem pfändungsfreien Teil ihres Einkommens zu leben. Hierdurch könnten eine normale Existenzgründung und Persönlichkeitsentfaltung gravierend beeinträchtigt werden.[387]

Nach anderer Auffassung sollen Sinn und Zweck der Erwerbsobliegenheit nicht dagegen sprechen, dem Minderjährigen die Restschuldbefreiung vor Eintritt ins Berufsleben zu gestatten.[388] Auch eine Anrechnung von Ausbildungszeiten auf die Wohlverhaltensphase sei jedenfalls dann möglich, wenn die betreffende Ausbildung in der hierfür geltenden Regelzeit vorgenommen werde; der Gefahr eines Rechtsmissbrauchs durch „künstliche“ Verlängerung der Ausbildungszeiten könne solchermaßen entgegen gewirkt werden.[389] Somit obliege es dem Minderjährigen erst nach Beendigung oder Abbruch von Schule, Ausbildung oder Studium wie jedem anderen Schuldner auch, sich um eine angemessene Erwerbstätigkeit zu bemühen.[390]

cc) Beeinträchtigung der Gläubigerbefriedigung, § 290 Abs. 1 Nr. 4 Alt. 1 InsO

Im Übrigen wird die Annahme, das Verbraucherinsolvenz- und Restschuldbefreiungsverfahren ermögliche einen nur unzureichenden Schutz minderjähriger Deliktsschuldner vor einer langfristigen Überschuldung, vereinzelt auch auf die Regelung des § 290 Abs. 1 Nr. 4 Alt. 1 InsO gestützt. Danach ist auf Gläubigerantrag hin die Restschuldbefreiung seitens des Insolvenzgerichts zu versagen, wenn der Schuldner in den letzten drei Jahren vor oder nach dem Antrag auf Eröffnung des Insolvenzverfahrens vorsätzlich oder grob fahrlässig die Befriedigung der Insolvenzgläubiger dadurch beeinträchtigt hat, dass er unangemessene Verbindlichkeiten begründet hat. Eine solche Beeinträchtigung der Insolvenzgläubiger kann auch auf der Begründung ei-

---

[387] *Looschelders*, VersR 1999, 141, 149. *Schwartze*, FS Pieper, S. 527, 547 f. schlägt angesichts dieser unter Umständen über den Eintritt der Volljährigkeit hinausreichenden Belastungen der persönlichen und wirtschaftlichen Entfaltungsmöglichkeiten des Schuldners die Schaffung eines Gesamtvollstreckungsverfahrens in Gestalt einer „Minderjährigen-Insolvenz“ vor, bei welchem die Erteilung der Restschuldbefreiung ohne mehrjährige Bindung an insolvenzrechtliche Obliegenheiten zulässig sein soll.

[388] *Müller*, KTS 2008, 307, 334; *Piekenbrock*, KTS 2008, 307, 334; *Tilsen*, Die beschränkte Haftung Minderjähriger im Deliktsrecht, S. 308, 316 f.

[389] *Tilsen*, Die beschränkte Haftung Minderjähriger im Deliktsrecht, S. 309. Danach soll es demjenigen Minderjährigen, welcher sich für eine berufsqualifizierende Ausbildung anstelle eines Studiums entschieden habe, nicht gestattet sein, anschließend anstelle der Aufnahme einer Arbeitstätigkeit noch innerhalb der Wohlverhaltensphase ein Studium zu beginnen. In diesem Falle müsste dem Schuldner die Erteilung der Restschuldbefreiung versagt werden.

[390] *Tilsen*, Die beschränkte Haftung Minderjähriger im Deliktsrecht, S. 317.

ner Schadensersatzforderung durch vorsätzliche unerlaubte Handlungen beruhen.[391] Erforderlich sei insoweit eine die Interessen Minderjähriger berücksichtigende Auslegung des Begriffes „grobe Fahrlässigkeit“, wonach in den Fällen einer auf einem Augenblicksversagen beruhenden, typischen Jugendverfehlung keine grobe Fahrlässigkeit angenommen werden könne und eine Restschuldbefreiung nur in gravierenden Ausnahmefällen zu versagen sei.[392]

4. Stellungnahme

Die zuvor dargestellten Kritikpunkte stehen der Einleitung eines Verbraucherinsolvenz- und Restschuldbefreiungsverfahrens sowie der daran anschließenden Erlangung der Restschuldbefreiung durch noch minderjährige Schuldner im Ergebnis nicht entgegen. Vielmehr stellt sich die Durchführung eines solchen Verfahrens als gut geeignet dar, um Minderjährigen bei deliktischen Verbindlichkeiten auch in solchen Fällen einen Ausweg aus einer potentiell langanhaltenden Überschuldung zu eröffnen, in denen für diese kein Haftpflichtversicherungsschutz besteht.

a) Gesetzeszweck

Zunächst ist nicht ersichtlich, dass der dem Verbraucher- und Restschuldbefreiungsverfahren zugrundeliegende Gesetzeszweck einer Teilnahme zumeist vermögens- und erwerbsloser Minderjähriger an diesem entgegenstünde. Denn gerade die sich an das Verbraucherinsolvenzverfahren anschließende Restschuldbefreiung verfolgt neben der Wahrung von Gläubigerinteressen vor allem den Zweck, einem redlichen Schuldner zum Aufbau einer neuen Existenz einen wirtschaftlichen Neubeginn zu ermöglichen und ihn als Marktteilnehmer zu reintegrieren.[393] Jeder natürlichen Person muss angesichts dieser Zielsetzung unabhängig von Einkommen oder Vermögen die Möglichkeit einer Erlangung der Restschuldbefreiung grundsätzlich offenstehen; dies gilt auch für vermögenslose Personen.[394]

---

[391] Vgl. bereits die Gesetzesbegründung zur InsO unter BT-Drs. 12/2443, S. 190. Vgl. auch Braun/*Pehl*, InsO, § 290 Rn. 24.

[392] Vgl. *Finke*, Minderung der Schadensersatzpflicht in Europa, S. 186 und *Fischinger*, Haftungsbeschränkung im Bürgerlichen Recht, S. 624 f.

[393] FK-InsO/*Ahrens*, InsO, § 286 Rn. 4 f.; *Tilsen*, Die beschränkte Haftung Minderjähriger im Deliktsrecht, S. 306.

[394] Vgl. Gottwald/Haas/*Ahrens*, InsO, § 75 Rn. 7. Dies gilt umso mehr, als in der Praxis tatsächlich nur in wenigen Insolvenzverfahren überhaupt nennenswerte Zahlungen an die Gläubiger erfolgen. Vgl. *Meyer*, APuZ 2016, 42, 43, wonach dies nur etwa 20 % der Verfahren betreffe, während der Großteil der Verfahren Nullinsolvenzen mit rein pädagogischer Zielsetzung darstelle.

Vor diesem Hintergrund ist insbesondere die seit dem Jahr 2001 bestehende Möglichkeit, die anfallenden Verfahrenskosten gem. §§4a ff. InsO bis zur Erteilung der Restschuldbefreiung zu stunden, zu berücksichtigen.[395] Danach ist ein Antrag auf Eröffnung eines Insolvenzverfahrens oder auf Erteilung der Restschuldbefreiung nicht gem. §304 Abs. 1 S. 1 InsO i.V.m. §26 Abs. 1 S. 1 InsO bzw. §298 Abs. 1 S. 1 InsO allein deshalb abzuweisen, weil das Vermögen des Schuldners voraussichtlich nicht ausreicht, um die anfallenden Verfahrenskosten zu decken. Infolgedessen besteht auch für einen völlig mittellosen minderjährigen Schuldner grundsätzlich die Chance, ein Verbraucherinsolvenz- und Restschuldbefreiungsverfahren zu durchlaufen.[396] Im Übrigen erscheint es nicht undenkbar, dass ein Minderjähriger in der Praxis über einzelne Vermögenswerte verfügt. Diese wären zu verwerten und der Erlös an die Gläubiger zu verteilen.

b) Notwendige Mitwirkung Dritter

Notwendigerweise bedürfen minderjährige Schuldner im Rahmen eines Verbraucherinsolvenz- und Restschuldbefreiungsverfahrens angesichts ihrer persönlichen und rechtlichen Situation nicht allein bei der verfahrenseinleitenden Antragsstellung der Unterstützung ihrer gesetzlichen Vertreter. Auch zur Erfüllung sie betreffender insolvenzrechtlicher Obliegenheiten sind sie faktisch auf die Hilfe ihrer mit der Personen- und Vermögenssorge beauftragten gesetzlichen Vertreter angewiesen. Konkret kann dies beispielsweise die nach §295 Abs. 1 Nr. 2 InsO vorgeschriebene hälftige Herausgabe eines während der Wohlverhaltensphase von Todes wegen erworbenen Vermögens oder die nach §295 Abs. 1 Nr. 3 InsO notwendige Anzeige eines Wohnsitzwechsels gegenüber Insolvenzgericht und Treuhänder betreffen.

Dieser Umstand begründet allerdings für sich genommen kein zwingendes Argument gegen die grundsätzliche Tauglichkeit des Verbraucherinsolvenz- und Restschuldbefreiungsverfahrens als Instrument des Überschuldungsschutzes. Denn sowohl in anderweitigen Verfahrenskonstellationen als auch

---

[395] Eingefügt durch das Gesetz zur Änderung der Insolvenzordnung und anderer Gesetze v. 26.10.2001, BGBl. I 2001, S. 2710. Zu den rechtspolitischen Hintergründen der Einführung einer Stundungsmöglichkeit vgl. näher Uhlenbruck/*Mock*, InsO, §4a Rn. 3ff.

[396] Vgl. *Kolbe*, Deliktische Forderungen und Restschuldbefreiung, S. 247; *Müller*, zfs 2003, 433, 435; *Piekenbrock*, KTS 2008, 307, 334; *Simon*, AcP 204 (2004), 264, 278; *Tilsen*, Die beschränkte Haftung Minderjähriger im Deliktsrecht, S. 294. Überdies muss ein mittelloser Schuldner im Rahmen des von §305 Abs. 1 Nr. 1 InsO vorgeschriebenen außergerichtlichen Einigungsversuchs zwar zwingend den Versuch einer außergerichtlichen Einigung mit den Gläubigern unternehmen, allerdings ist dies auch auf Basis eines sogenannten „Nullplans" oder eines „flexiblen Nullplans" möglich. Vgl. dazu *Tilsen*, Die beschränkte Haftung Minderjähriger im Deliktsrecht, S. 296ff. m.w.N. aus Rechtsprechung und Literatur zur Zulässigkeit von Nullplänen.

im allgemeinen Rechtsverkehr bedürfen Minderjährige zur Wahrnehmung ihrer Rechte und Pflichten mangels eigener Erfahrung und rechtlicher Handlungsspielräume nahezu immer der Mitwirkung ihrer gesetzlichen Vertreter. Eine solchermaßen notwendige Unterstützung durch Dritte erscheint entgegen anderslautender Kritik auch aus verfassungsrechtlicher Perspektive unbedenklich. Danach muss einem minderjährigen Schuldner aufgrund seines durch Art. 2 Abs. 1 GG i.V.m. Art. 1 Abs. 1 GG vermittelten Rechts auf ungehinderte Entfaltung seiner Persönlichkeit allein die Möglichkeit offenstehen, nicht gleichsam bis an sein Lebensende von deliktischen Forderungen belastet zu werden, ohne eine realistische Perspektive auf eine selbstbestimmte Zukunft zu erlangen. Diese Zielsetzung wird durch die Teilnahme an einem Verbraucherinsolvenzverfahren und die anschließende Möglichkeit einer Erteilung der Restschuldbefreiung prinzipiell auch dann gewährleistet, wenn der betroffene Minderjährige aufgrund seiner persönlichen Fähigkeiten und seines rechtlichen Status faktisch der Unterstützung Dritter bedarf.

c) Verfahrensdauer

Als unbedenklich stellt es sich auch dar, dass die Durchführung eines Verbraucherinsolvenzverfahrens und die Erlangung der erst nach Einhaltung einer mehrjährigen Wohlverhaltensphase zu erteilenden Restschuldbefreiung eine deutlich längere und von höheren Anforderungen geprägte Verfahrensdauer als die Haftungsbeschränkungsmöglichkeit nach § 1629a BGB voraussetzen. Eine verfassungsrechtlich nicht hinnehmbare Ungleichbehandlung im Sinne von Art. 3 Abs. 1 GG wäre darin nur zu erkennen, wenn der Gesetzgeber angesichts der unterschiedlichen Verfahrensgestaltung zwei im Wesentlichen gleiche Sachverhalte ungleich behandelte, ohne dass sich ein vernünftiger Grund für die gesetzliche Differenzierung erkennen ließe.[397] Mag auch das Interesse eines Minderjährigen an einem von erheblichen Schulden unbelasteten Start in die Volljährigkeit in Fällen vertraglicher und deliktischer Haftung identisch sein, so erscheinen die diesbezüglich zugrundeliegenden Konstellationen gleichwohl in so hohem Maße verschieden, dass ihre unterschiedliche Behandlung durch den Gesetzgeber gerechtfertigt ist.

Zu berücksichtigen ist insoweit vor allem, dass sich eine vertragliche Haftung Minderjähriger, von einzelnen Ausnamefällen nach §§ 107 ff. BGB abgesehen, regelmäßig als fremdverantwortet darstellt. Sofern der jeweilige gesetzliche Vertreter nicht selbst im Namen des Minderjährigen rechtsgeschäftlich tätig wird, bedarf die rechtsgeschäftliche Betätigung eines beschränkt geschäftsfähigen Minderjährigen zumindest seiner Zustimmung. Kommt es in der Folge zu einer vertraglichen Haftung in größerem Umfang, so liegt diese im Verantwortungsbereich des zuständigen gesetzlichen Vertreters be-

---

[397] Vgl. nur Maunz/Dürig/*Kirchhoff*, GG, Art. 3 Abs. 1 Rn. 432 f.

gründet. Demgegenüber stellt sich die deliktische Haftung eines im Sinne der §§ 828, 276 BGB verantwortlichen Minderjährigen nicht als fremdverschuldet dar, sondern entspringt vielmehr unmittelbar dessen eigener Risikosphäre. Dem minderjährigen Deliktsschädiger höhere Anforderungen zur Erlangung der Befreiung von seiner Schuldenlast aufzuerlegen, erscheint angesichts dessen sachgerecht.

Zudem würde eine § 1629a BGB vergleichbare, sofortige und voraussetzungslose Restschuldbefreiung bei Eintritt der Volljährigkeit die dem Deliktsrecht neben der Ausgleichsfunktion ebenfalls innewohnende Verhaltenssteuerungs- und Präventionsfunktion völlig vernachlässigen.[398] Hierdurch könnten dem Minderjährigen falsche Anreize vermittelt und eine weitgehende Verantwortungslosigkeit für das eigene Handeln suggeriert werden.[399] Dem Minderjährigen soll die Restschuldbefreiung in Fällen deliktischer Haftung keinesfalls „geschenkt" werden, vielmehr soll er durch eigene Anstrengungen und sein Verhalten während des Verfahrens die finanzielle Entlastung rechtfertigen.[400]

Diese Erwägungen müssen auch hinsichtlich der denkbaren Unzulässigkeit des Antrags auf Erteilung der Restschuldbefreiung nach § 287a Abs. 2 S. 1 Nr. 1 Alt. 1 InsO sowie der Möglichkeit einer Versagung der Restschuldbefreiung nach § 290 Abs. 1 Nr. 4 Alt. 1 InsO Geltung beanspruchen. Soweit ein mehrfaches Durchlaufen des Verbraucherinsolvenz- und Restschuldbefreiungsverfahrens noch vor Eintritt der Volljährigkeit praktisch überhaupt denkbar sein kann, wäre es dem betroffenen Minderjährigen jedenfalls zumutbar, die Sperrfrist von zehn Jahren bis zur erneut möglichen Antragstellung abzuwarten. Durch § 287a Abs. 2 S. 1 Nr. 1 Alt. 1 InsO soll ein Missbrauch des Insolvenzverfahrens vermieden werden.[401] Aus präventiven Erwägungen muss dies im Interesse des Rechtsverkehrs gleichermaßen für einen minderjährigen Schuldner gelten.

Auch die nach § 290 Abs. 1 Nr. 4 Alt. 1 InsO vorgesehene Versagung der Restschuldbefreiung benachteiligt den Minderjährigen angesichts des von ihm gerade während der Wohlverhaltensphase erwarteten Verhaltens nicht unverhältnismäßig, da im Rahmen des Verbraucherinsolvenz- und Rest-

---

[398] Der wegen eines missbilligten Verhaltens eingreifenden Schadensersatzverpflichtung kommt eine Präventiv- und Verhaltenssteuerungsfunktion insoweit zu, als das Risiko zukünftiger Schadensersatzleistungen den Einzelnen zu einem schadensvermeidenden Verhalten veranlassen kann. Vgl. zum Ganzen *Deutsch*, FS Medicus, S. 55, 61 f.; *Fischinger*, Haftungsbeschränkung im Bürgerlichen Recht, S. 1; *Lange/Schiemann*, Schadensersatz, S. 9 ff.; *Müller*, VersR 2006, 1289, 1294.

[399] Vgl. *Coester*, FS Lorenz, S. 113, 130; Staudinger/*Coester*, BGB, § 1629a Rn. 10; *Piekenbrock*, KTS 2008, 307, 335.

[400] Vgl. *Müller*, zfs 2003, 433, 435.

[401] Uhlenbruck/*Sternal*, InsO, § 287a Rn. 3.

schuldbefreiungsverfahrens auch die Gläubigerinteressen angemessen zu berücksichtigen sind. Allerdings sollte § 290 Abs. 1 Nr. 4 Alt. 1 InsO wie vorgeschlagen restriktiv ausgelegt und die Restschuldbefreiung nur in Ausnahmefällen versagt werden.[402]

d) Erwerbsobliegenheit

Auch mit Blick auf die während des Verbraucherinsolvenz- und Restschuldbefreiungsverfahrens bestehenden Obliegenheiten müssen die spezifischen Besonderheiten der Situation eines minderjährigen Schuldners angemessen berücksichtigt werden. Dies gilt im Speziellen für die den Gläubigerinteressen dienende Erwerbsobliegenheit nach §§ 287b, 295 Abs. 1 Nr. 1 InsO. Auch unter Berücksichtigung derselben steht es bei Schuldnern vor Vollendung des 15. Lebensjahres einer Erlangung der Restschuldbefreiung nicht entgegen, wenn diese keiner Erwerbstätigkeit nachgehen, da für sie aufgrund von § 5 Abs. 1 JArbSchG i.V.m. § 2 Abs. 1 JArbSchG ein grundsätzliches Beschäftigungsverbot besteht. Die Aufnahme einer beruflichen Tätigkeit müsste sich daher mit Blick auf die Person des minderjährigen Schuldners zwingend als unangemessen im Sinne von §§ 287b, 295 Abs. 1 Nr. 1 InsO darstellen.

Insoweit lassen sich Parallelen zu anderen Personengruppen ziehen, denen aus tatsächlichen oder rechtlichen Gründen keine Erwerbsmöglichkeit offensteht.[403] So ist beispielsweise ein Schuldner, der die Regelaltersgrenze im Sinne von § 35 S. 2 SGB VI bzw. § 51 Abs. 1 S. 2 BBG erreicht hat, nach überzeugender Ansicht grundsätzlich nicht verpflichtet, sich um eine Erwerbstätigkeit zu bemühen und diesem die Restschuldbefreiung folglich nicht allein aufgrund einer Nichterfüllung seiner Erwerbsobliegenheit zu versagen.[404] Auch die sorgeberechtigten Eltern eines mit hohen finanziellen Verbindlichkeiten belasteten achtjährigen Deliktsschuldners können somit die Durchführung eines Verbraucherinsolvenzverfahrens in dessen Namen beantragen und dieser kann nach Ablauf der Wohlverhaltensphase und noch vor der Möglichkeit eines Eintritts ins Berufsleben die Restschuldbefreiung erlangen.[405]

---

[402] Vgl. hierzu erneut *Finke*, Minderung der Schadensersatzpflicht in Europa, S. 186, sowie *Fischinger*, Haftungsbeschränkung im Bürgerlichen Recht, S. 624 f.

[403] Ebenso *Tilsen*, Die beschränkte Haftung Minderjähriger im Deliktsrecht, S. 307.

[404] A/G/R/*Weinland*, InsO, § 295 a.F. Rn. 22; BeckOK InsO/*Riedel*, InsO, § 295 Rn. 7; FK-InsO/*Ahrens*, InsO, § 295 Rn. 44, 82; *Piekenbrock*, KTS 2008, 307, 334; Uhlenbruck/*Sternal*, InsO, § 287b Rn. 28.

[405] Für die Praxisrelevanz entsprechender Überlegungen vgl. exemplarisch den unter E. IV. 4. B) aa) dargestellten Fall eines sieben Jahre alten Brandstifters, der gemeinsam mit einem Freund durch einen Scheunenbrand einen Schaden von mehr als 230.000 DM verursacht hatte.

Von älteren Minderjährigen oder jungen Volljährigen hingegen könnte nach Abschluss ihrer Schulausbildung grundsätzlich erwartet werden, dass sie eine altersangemessene unselbständige Tätigkeit aufnehmen, um dadurch ihrer Erwerbsobliegenheit nach §§ 287b, 295 Abs. 1 Nr. 1 InsO nachzukommen.[406] Auch könnte noch zu Zeiten des Schulbesuchs grundsätzlich eine vergütete Nebentätigkeit aufgenommen werden. Diesbezüglich müsste sich allerdings bereits die Frage stellen, in welchem Umfang ein solchermaßen erlangter Arbeitslohn überhaupt zur Verteilung an die Insolvenzgläubiger zur Verfügung stünde. Angesichts des aus Tätigkeiten als ungelernte Arbeitskraft oder Aushilfe in der Regel erzielbaren monatlichen Nettoeinkommens wird dem Schuldner eine messbare Schuldentilgung regelmäßig kaum möglich sein. Dies gilt umso mehr, als etwaig erzielte Einkünfte oberhalb der Pfändungsfreigrenze gem. § 292 Abs. 1 S. 2 InsO zunächst auf die Kosten des Verfahrens angerechnet werden, bevor der Gläubiger seitens des Insolvenzverwalters bzw. Treuhänders befriedigt wird.[407]

Überdies stünde die Aufnahme einer Arbeitstätigkeit auch in Konflikt mit dem legitimen Interesse des Minderjährigen oder jungen Volljährigen, eine berufsqualifizierende Ausbildung zu erlangen. Auch insoweit ist darauf abzustellen, ob sich eine dem Schuldner grundsätzlich offenstehende Tätigkeit unter Berücksichtigung seiner Interessen und derjenigen der Gläubiger als angemessen im Sinne von §§ 287b, 295 Abs. 1 Nr. 1 InsO darstellt. Hier können die für Volljährige geltenden Grundsätze zum Bemühen des Schuldners um eine angemessene Arbeitstätigkeit herangezogen werden. Ist dieser etwa aufgrund seines Lebensalters oder seines Gesundheitszustandes nicht in der Lage, eine mit einem angemessenen Verdienst oberhalb der Pfändungsfreigrenze vergütete Tätigkeit zu finden, und die Befriedigung der Gläubiger somit nicht beeinträchtigt, so kann er nicht auf die bloß theoretisch bestehende Möglichkeit, einen angemessenen Arbeitsplatz zu finden, verwiesen werden.[408]

Im Übrigen muss mit Blick auf minderjährige Schuldner die grundlegende Prämisse des BVerfG, wonach dem Volljährigen angesichts verfassungsrechtlicher Gewährleistungen die Möglichkeit eröffnet bleiben muss, sein Leben selbst und ohne unzumutbare Belastungen zu gestalten, auch in diesem Zu-

[406] Keinesfalls vertretbar erschiene es mit Blick auf Art. 2 Abs. 1 GG i.V.m. Art. 1 Abs. 1 GG allerdings, einem minderjährigen Schuldner entgegen seiner Neigungen und Fähigkeiten den Besuch einer weiterführenden Schule nach Wegfall der allgemeinen Schulpflicht zugunsten der Aufnahme einer berufsqualifizierenden Ausbildung oder einer ungelernten Tätigkeit zu versagen.

[407] Vgl. *Tilsen*, Die beschränkte Haftung Minderjähriger im Deliktsrecht, S. 313 f. mit Berechnungsbeispielen.

[408] BGH, Beschl. v. 22.4.2010 – IX ZB 253/07, VuR 2011, 101, 102; Graf-Schlicker/*Kexel*, InsO, § 287b Rn. 6; *Jaquemoth*, ZVI 2011, 141.

sammenhang Geltung beanspruchen. Die Gewährleistung einer möglichst freien Berufswahl muss demnach im Einklang mit der durch § 1 S. 2 InsO anerkannten sozialpolitischen und volkswirtschaftlichen Zielsetzung der gesetzlichen Schuldbefreiung dazu führen, einem volljährig gewordenen Schuldner die Aufnahme oder Fortführung einer ersten Berufsausbildung zu gewähren.[409] Dies muss erst recht für noch minderjährige Schuldner gelten.[410]

Folglich kann einem minderjährigen Schuldner zu Beginn oder während der Wohlverhaltensphase die Aufnahme oder Fortführung einer Ausbildung unter Anrechnung auf die Wohlverhaltensphase jedenfalls dann gestattet werden, sofern sich hierdurch die Chance des Gläubigers auf eine zumindest anteilige Kompensation seiner erlittenen Schäden durch eine an diese Ausbildung anknüpfende Berufsausübung gegenüber der Aufnahme einer ungelernten Tätigkeit signifikant erhöht. Hierdurch kann auch dem Zweck der Restschuldbefreiung, eine Integration des Schuldners in das Wirtschaftsleben mittels Gewährung eines „wirtschaftlichen Neustarts" zu gewährleisten, entsprochen werden.[411] Der Gefahr einer künstlichen und somit missbräuchlichen Ausdehnung der Ausbildungszeit ließe sich dadurch begegnen, dass nur eine in der Regelzeit absolvierte Ausbildung auf die Wohlverhaltensphase angerechnet wird.[412] Auch kann im Sinne einer bestmöglichen Gläubigerbefriedigung keine Aufnahme eines Studiums im Anschluss an eine Ausbildung gewährt werden, sofern Letztere noch während der Wohlverhaltensphase beendet wird.[413] Dies muss jedenfalls gelten, soweit es dem Schuldner möglich ist, auf Grundlage des zuvor erlernten Berufs zu arbeiten und über die Deckung seines Lebensunterhalts hinaus Beiträge zur Gläubigerbefriedigung zu leisten.[414]

Soweit ein minderjähriger Schuldner infolgedessen nach Abschluss einer ersten berufsqualifizierenden Ausbildung innerhalb der Wohlverhaltensphase gezwungen wäre, sich zum Erhalt der Restschuldbefreiung zunächst um eine zumutbare Arbeitstätigkeit zu bemühen, und ein Studium oder eine sonstige weitere Ausbildung erst nach Erteilung der Restschuldbefreiung aufnehmen könnte, stünde dies mit den in Rede stehenden verfassungsrechtlichen Rahmenbedingungen und den Gläubigerinteressen in Einklang. Dies muss im Übrigen unabhängig davon gelten, ob Ausbildung und daran anknüpfendes Studium aus unterhaltsrechtlicher Perspektive einen einheitli-

---

[409] FK-InsO/*Ahrens*, InsO, § 295 Rn. 73.

[410] Ebenso *Tilsen*, Die beschränkte Haftung Minderjähriger im Deliktsrecht, S. 311.

[411] *Tilsen,* Die beschränkte Haftung Minderjähriger im Deliktsrecht, S. 306.

[412] Für ein Studium FK-InsO/*Ahrens*, InsO, § 295 Rn. 74; *Tilsen,* Die beschränkte Haftung Minderjähriger im Deliktsrecht, S. 309.

[413] Ebenso *Tilsen,* Die beschränkte Haftung Minderjähriger im Deliktsrecht, S. 309.

[414] FK-InsO/*Ahrens*, InsO, § 295 Rn. 76.

chen Ausbildungsgang und somit eine Weiterbildung oder vielmehr eine Zweitausbildung darstellen würden.[415]

Nach alledem kann ein Minderjähriger nach Vollendung des 15. Lebensjahres eine erste Berufsausbildung in Form von Ausbildung oder Studium während der Wohlverhaltensphase und unter Anrechnung auf diese beginnen oder fortsetzen, ohne hierdurch seine Erwerbsobliegenheit nach § 295 Abs. 1 Nr. 1 InsO zu verletzen, sofern dies im Hinblick auf eine bestmögliche Gläubigerbefriedigung sinnvoll erscheint. Beendet er eine berufsqualifizierende Ausbildung oder ein Studium noch vor Ablauf der Abtretungsfrist, hat er sich jedoch grundsätzlich um die Aufnahme einer angemessenen Tätigkeit zu bemühen und darf daher eine mögliche Zweitausbildung wie beispielsweise ein an die Ausbildung anschließendes Studium erst nach Abschluss der Wohlverhaltensphase anstreben.

5. Fortbestehende Schwächen auf haftungsbegründender Ebene

Im Ergebnis verkörpert die einem minderjährigen Schuldner bereits während der Minderjährigkeit offenstehende Möglichkeit der Durchführung eines Verbraucherinsolvenz- und Restschuldbefreiungsverfahrens jedenfalls in solchen Konstellationen ein taugliches Korrektiv für die Gefahr einer finanziell langfristig belastenden Deliktshaftung, in denen der Vorsatz des Minderjährigen nicht ausnahmsweise auch die später eingetretenen Schadensfolgen umfasst. Das seitens des LG Bremen im Jahr 1991 gezeichnete Schreckensszenario eines auch nach Eintritt in die Volljährigkeit zum „finanziellen Krüppel“ verdammten Schuldners, dem der Aufbau einer beruflichen Karriere und einer eigenen Familie verwehrt bleiben muss,[416] könnte somit in den allermeisten Fällen vermieden werden, ohne dass eine verbreitet vorgeschlagene nachträgliche richterliche Reduktion des Schadensumfangs vonnöten wäre.[417]

---

[415] Vgl. FK-InsO/*Ahrens*, InsO, § 295 Rn. 76. Zu den unterhaltsrechtlich relevanten „Abitur-Lehre-Studium“-Fällen vgl. nur MüKoBGB/*Langeheine*, BGB, § 1610 Rn. 207 ff. Die Teilnahme des Schuldners an einer beruflichen Fort- bzw. Weiterbildungsmaßnahme wäre allerdings dann nicht von vorneherein durch seine Erwerbsobliegenheit ausgeschlossen, wenn dadurch die Chancen des Schuldners, eine qualifizierte Arbeitsstelle zu erlangen, steigen und Aussicht auf bessere Einkünfte besteht; der Schuldner kann vielmehr sogar zur Annahme einer Weiterbildungsgelegenheit verpflichtet sein, wenn er nur auf diese Weise für eine zumutbare Arbeitsstelle geeignet erscheint. Siehe Nerlich/Römermann/*Römermann*, InsO, § 295 Rn. 10.

[416] Vgl. hierzu erneut LG Bremen, Urt. v. 15.2.1991 – 6 O 2866/89 u. 1218/90, NJW-RR 1991, 1432, 1433.

[417] Ebenso *Müller*, zfs 2003, 433, 435. Nach *Taupitz/Pfeiffer*, JBl 2010, 88, 100 allerdings soll die Notwendigkeit einer Haftungsreduktionsklausel grundsätzlich nicht durch die Möglichkeiten des Verbraucherinsolvenzrechts entfallen, da beide Institute eine andere

Keine Lösung bietet das Insolvenzrecht hingegen insoweit, als die §§ 828 Abs. 3, 276 BGB auf haftungsbegründender Ebene lediglich typisierende, die entwicklungsbedingten individuellen Mängel konkret betroffener Minderjähriger nicht ausreichend berücksichtigende Verhaltensanforderungen aufstellen.[418] Soweit sich bereits die tatbestandliche Begründung der Deliktshaftung eines Minderjährigen wie dargestellt in Einzelfällen aus entwicklungspsychologischer und auch verfassungsrechtlicher Sicht zweifelhaft darstellen muss, kann dieser Umstand nicht mittels der Durchführung eines Verbraucherinsolvenz- und Restschuldbefreiungsverfahrens kompensiert werden.[419] Vielmehr muss eine dahingehende Lösung bereits im materiellen Recht gefunden werden. Soweit Korrekturen bereits auf haftungsbegründender Ebene und insbesondere im Hinblick auf die mangelnde Einsichts- oder Steuerungsfähigkeit Minderjähriger notwendig sind, ist der durch das Verbraucherinsolvenz- und Restschuldbefreiungsverfahren gewährleistete Schutz folglich kein Argumentationsmittel, um weiterreichende Reformen abzulehnen.[420]

Intention und Wirkungsweise aufwiesen. Während die Restschuldbefreiung im Rahmen der Verbraucherinsolvenz darauf abziele, einer hoffnungslos überschuldeten Person nachträglich mittels eines langwierigen Verfahrens zu einer finanziellen Befreiung zu verhelfen, wolle eine richterliche Haftungsreduktion unmittelbar jene unbilligen Ergebnisse korrigieren, die dadurch entstünden, dass der Schaden auf den Schädiger übergeleitet werde, obwohl die Umstände des Einzelfalls die Haftung verfassungsrechtlich nicht zu rechtfertigen vermögen.

[418] Vgl. insoweit die Ausführungen unter E. IV. 4. b).

[419] In dieser Hinsicht ebenso *Taupitz/Pfeiffer*, JBl 2010, 88, 100.

[420] Ebenso FK-InsO/*Ahrens*, InsO, § 286 Rn. 82: „Das materielle Recht ist und bleibt der Ort, an dem Verpflichtungsgrenzen zu bestimmen und der Schuldnerschutz zu verwirklichen ist […].“ Vgl. auch *Tilsen*, Die beschränkte Haftung Minderjähriger im Deliktsrecht, S. 345 f.

F. Rechtliche Analyse ausgewählter praktischer Fallgestaltungen

Im Rahmen der vorangegangenen Kapitel ließ sich aufzeigen, dass Minderjährige trotz der zu ihren Gunsten bestehenden gesetzlichen Schutzmechanismen infolge rechtswirksamer Verpflichtung durchaus Schuldner eines gegen sie gerichteten Zahlungsanspruchs in nicht unerheblicher Höhe sein und Vollstreckungsmaßnahmen unterliegen können. Nunmehr soll anhand praktischer Fallbeispiele überprüft werden, inwiefern in der alltäglichen Rechtswirklichkeit tatsächlich problematische Verschuldungs- und Überschuldungskonstellationen im Bereich vor allem rechtsgeschäftlichen und deliktischen Eigen- oder Dritthandelns auftreten und eine finanzielle Überforderung Minderjähriger begründen können.

I. Auswahlkriterien und Methodik

Eine praxisorientierte Untersuchung relevanter Verschuldungs- und Überschuldungssituationen kann naturgemäß nicht den Anspruch erheben, jegliche praktisch denkbare Konstellation zu erfassen, die ein zuungunsten Minderjähriger bestehendes finanzielles Gefährdungspotential aufweist. Die Vielgestaltigkeit der rechtlichen und tatsächlichen Interaktion junger Menschen mit ihrer Umwelt zwingt vielmehr dazu, eine Auswahl prägnanter und möglichst alltäglich erscheinender Sachverhalte aus unterschiedlichsten Lebensbereichen zu treffen, anhand derer real bestehende Risiken aufgezeigt und die Gewährleistungen bestehender Schutzvorschriften überprüft werden können. Dies führt im Umkehrschluss notwendigerweise zu einer Exklusion anderer in der Praxis anzutreffender Fallgestaltungen, die zwar ebenfalls Schulden zu Lasten Minderjähriger in teils erheblicher Höhe hervorrufen können, jedoch nicht vergleichbar alltäglich und frequent erscheinen oder bereits Gegenstand nachhaltig intensiver wissenschaftlicher Auseinandersetzung sind.[1]

[1] Über die nachfolgend untersuchten Beispielskonstellationen hinaus können sich finanzielle Risiken beispielsweise für solche Minderjährige ergeben, die mit Zustimmung ihres gesetzlichen Vertreters und einer nach § 1822 Nr. 3 BGB eventuell erforderlichen

Die im Rahmen der vorliegenden Untersuchung nachfolgend vorgenommene Analyse von insgesamt 14 ausgewählten Sachverhaltskonstellationen basiert sowohl auf den Erkenntnissen der in Kapitel B. dargestellten Gespräche mit Schuldnerberatern und anderen Berufsträgern sowie der anschließend durchgeführten fragebogenbasierten Umfrage als auch auf vorhandenen Gerichtsentscheidungen und Darstellungen in der einschlägigen Literatur. Nach einer kurzen Illustration der jeweiligen Fallgestaltung wird genauer aufgezeigt, inwieweit eine in der Praxis versuchte Inanspruchnahme Minderjähriger materiell-rechtlich begründet wäre, um feststellen zu können, inwieweit sich trotz der vorhandenen Schutzmechanismen tatsächlich erhöhte finanzielle Risiken für einen Minderjährigen ergeben können.

Der Breite der im realen Leben anzutreffenden Lebenssachverhalte mit Beteiligung Minderjähriger entsprechend umfasst die Analyse dabei sowohl „klassische" Fallkonstellationen, wie beispielsweise Schwarzfahrten Minderjähriger, als auch erst in jüngerer Zeit durch die weitreichende Digitalisierung des Alltags und zwischenmenschlicher Kommunikation entstandene Problemfälle, darunter das sogenannte Cyber-Mobbing und die mit der Nutzung von Online-Spielen und illegalen Software-Downloads zusammenhängenden Rechtsfragen. Weder an bereits vorhandene Rechtsprechung noch an

familiengerichtlichen Genehmigung als Gesellschafter einer auf den Betrieb eines Erwerbsgeschäfts gerichteten Gesellschaft tätig sind. So haften minderjährige Gesellschafter einer oHG nach § 128 HGB vor Eintritt der Volljährigkeit grundsätzlich unbeschränkt für Verbindlichkeiten der Gesellschaft, während sich nach Erlangung der Volljährigkeit die Frage nach einer Kündigung des Gesellschaftsverhältnisses gem. § 723 Abs. 1 S. 3 Nr. 2 BGB sowie der Anwendbarkeit des § 1629a BGB stellt. Vgl. hierzu *Grunewald*, ZIP 1999, 597, 598 ff. sowie Henssler/Strohn/*Steitz*, HGB, § 128 Rn. 53 ff. Im Zusammenhang mit einer gesellschaftsrechtlichen Beteiligung Minderjähriger kommt insbesondere der vorausschauenden kautelarjuristischen Ausgestaltung zugrundeliegender gesellschaftsrechtlicher Vereinbarungen eine besondere Bedeutung zu. Zur Unternehmensnachfolge mit Minderjährigen und insoweit zu beachtenden Voraussetzungen und Einschränkungen vgl. umfassend *Pauli*, ZErb 2016, 131 ff. Mit Blick auf eine mögliche Anwendbarkeit von § 1629a BGB vgl. zudem erneut die Ausführungen unter D. VI. und E. III. 3. a) aa) sowie die eingehende Darstellung bei *Rust*, DStR 2005, 1992, 1994 ff. Zur in der Praxis im Hinblick auf § 1629a BGB relevanten Bestellung von Sicherheiten zugunsten von Gläubigern und Mitgesellschaftern vgl. *Behnke*, NZG 1999, 244, 245 f. Ein praxisrelevantes Problem stellen vor dem Hintergrund potentiell anfallender öffentlich-rechtlicher Lasten und einer denkbaren Haftung des Minderjährigen als Zustandsstörer überdies auch unentgeltliche Grundstücksschenkungen an minderjährige Kinder im Wege einer vorweggenommenen Erbfolge dar. Diskutabel ist dabei insbesondere, ob sich die Übertragung des Grundstücks mit Blick sowohl auf das Verpflichtungs- als auch das Verfügungsgeschäft als lediglich rechtlich vorteilhaft darstellt. Vgl. hierzu umfassend *Kölmel*, RNotZ 2010, 618, 632 f. Schließlich kann sich in der Praxis eine Haftung nebst damit einhergehender Verschuldung Minderjähriger als Wohnungseigentümer nach §§ 10 Abs. 8, 16 Abs. 2 WEG ergeben, soweit etwa durch Eltern oder Großeltern Wohnungseigentum auf diese übertragen wird.

konkrete praktische Erfahrungsberichte angelehnt, gleichwohl aber aufgrund der in jüngster Zeit rasant angestiegenen Praxisbedeutung von hohem Interesse, ist die ebenfalls vorgenommene Analyse möglicher rechtlicher Fallstricke für minderjährige Influencer.

II. Elterliche Warenbestellungen auf den Kindesnamen

Das aus §§ 1626, 1629 BGB resultierende Recht der Eltern, ihre geschäftsunfähigen und beschränkt geschäftsfähigen Kinder im Bereich der Personen- und Vermögenssorge umfassend zu vertreten, muss sich für Letztere nicht zwingend als vorteilhaft erweisen. Besonders deutlich tritt dieser Umstand in Konstellationen zutage, in denen Eltern oder Elternteile als gesetzliche Vertreter ihrer Kinder Warenbestellungen im Versandhandel oder online per E-Mail oder Webshop vornehmen und dabei statt des eigenen Vornamens den ihres Kindes zu Vertragsabschlusszwecken angeben.[2]

Zwar beschränkt sich die Aufnahme von Verbindlichkeiten durch Eltern unter Angabe des Kindesnamens nicht allein auf entsprechende Fallgestaltungen. Vielmehr wurden dem Verfasser aus der Schuldnerberatungspraxis auch Fälle berichtet, in denen etwa die Kfz-Versicherung eines alleinerziehenden Elternteils auf den Namen des minderjährigen Kindes abgeschlossen wurde oder dieses als Rundfunkbeitragsschuldner gemeldet wurde. Im Zuge der nachfolgenden rechtlichen Analyse soll gleichwohl ein besonderes Augenmerk auf die zuerst genannten Konstellationen von online oder im Versandhandel getätigten Bestellungen auf den Kindesnamen gerichtet sein.

---

[2] Mit Blick speziell auf Versandhandelskäufe existieren in der Praxis darüber hinaus auch Konstellationen mit missbräuchlichem Charakter ohne elterliche Beteiligung. Exemplarisch genannt sei ein dem Verfasser durch eine Schuldnerberatung mitgeteilter Fall, in denen ein Bruder auf den Namen seiner minderjährigen Schwester Bestellungen tätigte und nachfolgend sämtliche an die Schwester adressierte Rechnungsschreiben abfing. Es ergingen sodann mangels Zahlung mehrere Vollstreckungsbescheide gegen die Minderjährige, deren Existenz erst zu Tage trat, als der Bruder eine Haftstrafe antreten musste. Ähnlich gelagert war ein aus der Schuldnerberatungspraxis berichteter Fall, wonach eine Großmutter im Versandhandel eine Küche auf den Namen ihrer Enkelin bestellte, wobei sich die anschließend seitens des Versandunternehmens zunächst gegenüber der Minderjährigen geltend gemachten Forderungen nebst Zinsen auf etwa 7.000 Euro beliefen.

1. Situation

Das geschilderte Phänomen ist in der alltäglichen Praxis zu beobachten und wird auch in der Literatur vereinzelt thematisiert.[3]

Fallbeispiel[4]

F ist alleinige Inhaberin des gesetzlichen Sorgerechts für ihre minderjährige Tochter. Sie bestellt regelmäßig Konsumgüter im Versandhandel. Hierbei gibt sie in dem von ihr genutzten Bestellformular anstelle ihres eigenen Vornamens jeweils einen der verschiedenen Vornamen ihrer Tochter an. Auf Zahlungsaufforderungen der Gläubiger sowie ihr zugehende, gegen die Tochter gerichtete Mahn- und Vollstreckungsbescheide reagiert sie nicht. Im Rahmen einer Schuldnerberatung der Mutter werden diese Bestellungen schließlich aufgedeckt.

Die Motivation der im jeweiligen Einzelfall handelnden Elternteile für solch ein Verhalten ergibt sich nach Einschätzung der befragten Schuldnerberatungsstellen und Gerichtsvollzieher oftmals aus der Unmöglichkeit, vor dem Hintergrund zahlreicher bereits bestehender Einträge bei Auskunfteien oder Eintragungen im Schuldverzeichnis unter dem eigenen Namen Kredite zu erhalten oder Anschaffungen auf Raten zu tätigen bzw. mangels ausreichender Bonität überhaupt einen Kaufvertrag abzuschließen. Durch die Verwendung des Vornamens des Kindes, unter welchem noch keine Einträge registriert wurden, soll dieses Hindernis bei der Warenbestellung umgangen wer-

---

[3] Vgl. hierzu etwa *Bork*, Kind im Recht, S. 85, 88; *Steenbuck*, FamRZ 2007, 1064; *Giers*, DGVZ 2008, 145. Vgl. auch *DIJuF*, Rechtsgutachten vom 25.4.2008 – ES 4.100 An, JAmt 2009, 33 sowie *DIJuF*, Rechtsgutachten vom 29.1.2007 – ES 4.100 An, JAmt 2007, 81.

[4] Häufige Fallgestaltung in der Schuldnerberater- und Gerichtsvollzieherpraxis. Vgl. hierzu insbesondere die als Tabelle 1 im Anhang abgedruckte Fragebogenauswertung und dort Frage 5a). Danach sind 50 von 57 Befragungsteilnehmerinnen und -teilnehmern aus ihrer Beratungspraxis Fälle bekannt, in denen eine Online- oder Versandhandelsbestellung von Eltern auf den Kindesnamen zu einer Inanspruchnahme minderjähriger oder volljährig gewordener Personen geführt hat. Vgl. auch *DIJuF*, Rechtsgutachten vom 29.1.2007 – ES 4.100 An, JAmt 2007, 81, 82, wonach sich aus diversen Anfragen von zum Amtsvormund bestellten Jugendämtern ergeben habe, dass „[…] Eltern nicht ganz so selten in dieser missbräuchlichen Weise auf ‚Einkaufstour' […]" gingen, wobei die Nichtzahlung der anfallenden Rechnungen für Versandartikel von den Eltern auch bewusst in Kauf genommen werde. Ein entsprechender Sachverhalt liegt überdies auch einer Entscheidung des AG Würzburg zugrunde, vgl. AG Würzburg, Beschl. v. 18.12.2007 – 1 M 6969/07, DGVZ 2008, 160. Ein entsprechendes Phänomen berichtet im Übrigen der Tagesanzeiger im Rahmen eines Artikels vom 9.4.2017 unter Berufung auf die Schuldenprävention Zürich auch für die Schweiz: „Doch nicht nur die Teenager zeigen Kreativität, was das Umgehen von Rechnungen betrifft. Es gibt bereits einzelne Fälle, in denen die Eltern erfolglos versucht haben, mit falschen Accounts im Namen ihrer Babys eine Bezahlung zu umgehen. So gebe es bereits Betreibungen gegen ein- bis zweijährige Kleinkinder […]." Artikel abrufbar unter https://www.tagesanzeiger.ch/wirtschaft/geld/schweizer-teenager-verschulden-sich-mit-onlineshopping/story/30530835 (Abrufdatum 27.4.2021).

den. In der Praxis liefern viele Online-Shops Ware zudem auf Rechnung und verlangen hierfür lediglich die Angabe von Vor- und Nachnamen, E-Mail-Adresse sowie der Liefer- und Rechnungsadresse; ein wirksames System zur Altersverifikation ist, sofern keine potentiell jugendgefährdenden Waren in Rede stehen, häufig nicht eingerichtet. Dies ermöglicht in der Praxis auch entsprechende Bestellungen durch die Eltern.

Ausweislich der in Gesprächen mit Schuldnerberatern erhaltenen subjektiven Erfahrungsberichte werden durch die Eltern oder Elternteile im Zuge solcher Bestellvorgänge regelmäßig Waren auf sämtliche Vornamen der Kinder geordert, was das Missbrauchspotential deutlich erhöht. Nach Versand der Ware ergehende Zahlungsaufforderungen der jeweiligen Gläubiger blieben von den Eltern zumeist unbeantwortet. Ebenso erfolge keine Reaktion im Hinblick auf etwaige in der Folge an die Wohnadresse des Kindes zugestellte Mahn- und Vollstreckungsbescheide. Dass das Kind als in Anspruch genommener Schuldner noch minderjährig ist, werde zumeist entweder wie vorbeschrieben im Rahmen einer Schuldnerberatung der Eltern bzw. des unterdessen volljährig gewordenen Kindes oder durch den Gerichtsvollzieher im Vollstreckungsverfahren aufgedeckt.

Neben der im Folgenden genauer zu erörternden Frage, ob ein entsprechendes Verhalten der Eltern eine wirksame schuldrechtliche Verpflichtung ihres minderjährigen Kindes nach sich zieht, stellt sich dabei in der Praxis ein weiteres, das Kind potentiell erheblich belastendes Problem. Erfolgt trotz etwaiger Mahnungen keine Zahlung der Eltern an den jeweiligen Verkäufer, stellt sich für diesen der unerkannt minderjährige Vertragspartner als unzuverlässiger Schuldner dar. Dies kann auf Veranlassung der Verkäuferseite zu Eintragungen in entsprechenden Auskunfteien wie etwa der SCHUFA führen, wodurch der Minderjährige zunächst objektiv als nicht kreditwürdig ausgezeichnet wird. Dies kann dann problematisch werden, wenn der Minderjährige nach Erreichen der Volljährigkeit selbständig Geschäftsabschlüsse tätigen möchte und entsprechende Eintragungen zu diesem Zeitpunkt noch bestehen, da sich diese maßgeblich auf die Bonitätseinstufung des volljährig gewordenen Minderjährigen auswirken. Insoweit wäre eine Berichtigung der Angaben hinsichtlich des vermeintlich vom Minderjährigen verursachten Zahlungsausfalls erforderlich, wobei erschwerend hinzutreten kann, dass ohne Mitwirkung des Gläubigers kaum absehbar ist, an welche Institutionen dieser die entsprechenden Angaben übermittelt hat.[5]

---

[5] Vgl. *DIJuF*, Rechtsgutachten vom 29.1.2007 – ES 4.100 An, JAmt 2007, 81, 84.

2. Rechtliche Bewertung

Zivilrechtlich ist in einschlägigen Fällen zunächst zu prüfen, ob das Kind aufgrund des rechtsgeschäftlichen Gebarens seiner Eltern überhaupt verpflichtet wird und daher aus einem durch diese abgeschlossenen Kaufvertrag haften muss.[6] Dies ist nur dann der Fall, wenn die Eltern zulässigerweise gem. § 1629 Abs. 1 BGB als Stellvertreter ihres Kindes gehandelt haben.[7]

a) Voraussetzungen einer Verpflichtung des minderjährigen Kindes

Gemäß § 164 BGB müssten die Eltern eine eigene, auf den Abschluss des Kaufvertrages über ein Konsumgut gerichtete Willenserklärung im Namen des Kindes und innerhalb der ihnen zustehenden Vertretungsmacht abgegeben haben. Insoweit wird sich die Sachlage aufgrund der vorbeschriebenen Motivation der Eltern naturgemäß so darstellen, dass die Eltern oder einzelne Elternteile bei einer entsprechenden Bestellung im Versandhandel oder im Internet ohne Offenlegung der eigenen Identität Bestellungen auf den Namen des Kindes tätigen.

Ob in solchen Fällen ein Eigengeschäft der Eltern oder ein Geschäft des Kindes zustande kommt, richtet sich maßgeblich nach dem objektiven Empfängerhorizont.[8] Danach liegt ein Eigengeschäft des Vertreters und somit der Eltern dann vor, wenn der Geschäftspartner trotz der Verwendung des Namens des Kindes keinem Identitätsirrtum in der Person des Handelnden un-

---

[6] Im Rahmen der vorliegenden Untersuchung nicht näher zu thematisieren ist dagegen eine mögliche Strafbarkeit der Eltern nach §§ 263, 269 StGB. Vgl. hierzu *DIJuF*, Rechtsgutachten vom 29.1.2007 – ES 4.100 An, JAmt 2007, 81, 82. In der alltäglichen Beratungspraxis hingegen sind entsprechende Komplikationen nach Auskunft der befragten Schuldnerberatungsstellen stets mit zu berücksichtigen. Dies führe aufgrund daraus resultierender mangelnder Kooperationsbereitschaft betroffener Eltern oftmals auch zu Schwierigkeiten bei der praktischen Handhabung solcher Fälle. So vermeiden Eltern die Aufdeckung ihres Handelns unter dem Namen des Kindes gegenüber dem Gläubiger in vielen Fällen auch aus Angst vor einer strafrechtlichen Anzeige. Eine solche könnte nämlich, neben eventuellen strafrechtlichen Konsequenzen, im Hinblick auf § 1666 BGB durchaus auch Einfluss auf das elterliche Sorgerecht haben. In Betracht käme unter Umständen ein teilweiser oder vollständiger Entzug der Vermögenssorge für das Kind durch das Familiengericht und ihre Übertragung auf einen Ergänzungspfleger bzw. Vormund gem. § 1666 Abs. 1, Abs. 3 Nr. 6 BGB i.V.m. §§ 1909 Abs. 1, 1773 Abs. 1 BGB, vgl. MüKoBGB/*Lugani*, BGB, § 1666 Rn. 196 ff. Eine solche gerichtliche Maßnahme infolge mehrfacher missbräuchlicher Versandhandelsbestellungen durch eine Mutter findet sich im Ausgangssachverhalt des DIJuF-Rechtsgutachtens vom 25.4.2008 – ES 4.100 An, JAmt 2009, 33.

[7] Die nachfolgende Darstellung gilt, obgleich an dieser Stelle nicht gesondert erörtert, aufgrund der weitgehend identischen Befugnisse naturgemäß auch für eine Vertretung durch einen Vormund gem. § 1793 Abs. 1 S. 1 BGB bzw. einen Ergänzungspfleger nach § 1915 Abs. 1 S. 1 BGB i.V.m. § 1793 Abs. 1 S. 1 BGB.

[8] *Steenbuck*, FamRZ 2007, 1064.

terliegt.[9] Dem Vertragspartner kommt es vielmehr darauf an, genau mit der Person seines Gegenübers zu kontrahieren, weshalb dessen Name und Identität unerheblich sind. Dies ist beispielsweise dann der Fall, wenn der Handelnde unter Verwendung eines Phantasienamens oder eines falschen Namens ein Hotelzimmer bucht.[10] In Betracht kommt auch eine online getätigte Warenbestellung unter Angabe des Namens eines Verstorbenen.[11] Eine solche bloße Namenstäuschung führt somit zu einer Eigenhaftung des Handelnden.

Weist das Auftreten des Handelnden hingegen aus Sicht des objektiven Betrachters auf eine bestimmte Person hin und will der Geschäftsgegner das Rechtsgeschäft den Umständen des Einzelfalls nach gerade mit dem wahren Namensträger abschließen, so unterliegt Letzterer einer Identitätstäuschung. In diesem Fall handelt es sich um ein sogenanntes Handeln unter fremden Namen, auf das die Stellvertretungsregelungen der §§ 164 ff. BGB entsprechend anzuwenden sind.[12] Die wahre Identität des Namensträgers ist für den Geschäftsgegner dabei im Zweifel bei schriftlichen oder telefonischen Geschäftsabschlüssen entscheidend, so auch bei Internet-Verkäufen unter Verwendung eines eBay-Mitgliedskontos durch Dritte.[13] Denn im Fall von eBay-Versteigerungen stellen die Bewertungen des Mitglieds durch Vertragspartner vorheriger Verkäufe ein wesentliches Kriterium für die Entscheidung des eBay-Nutzers dar, mit diesem spezifischen Warenanbieter zu kontrahieren.

Eine entsprechende Situation wird im auch Fall einer kreditbasierten Warenbestellung im Online- oder Versandhandel durch Eltern unter Verwendung des Namens eines Kindes regelmäßig vorliegen. Liefern Versandhäuser oder Online-Shops Waren auf Kredit, so kommt es diesen objektiv betrachtet auf die wahre Identität des Erwerbers an. Einerseits geraten sie als potentielle Gläubiger einer Zahlungsforderung oder, im Falle eines Rücktritts bei unter Eigentumsvorbehalt gelieferten Waren, einer Herausgabeforderung in eine rechtlich nachteilige Stellung, wenn sie diesbezüglich die falsche Person gerichtlich in Anspruch nehmen.[14] Andererseits spielt im Versandhandel insbesondere die Kreditwürdigkeit eines potentiellen Geschäftspartners eine besondere Rolle, weshalb regelmäßig Bonitätsprüfungen etwa mittels einer SCHUFA-Abfrage vorgenommen werden. Diese Abfrage kann ihren Sinn und Zweck nur erfüllen, wenn der Träger des bei der Bestellung angegebenen Namens auch der spätere Vertragspartner ist. Die Identität des Namensträgers ist somit für den Vertragsabschluss entscheidend.[15]

---

[9] Vgl. BeckOK BGB/*Schäfer*, BGB, § 164 Rn. 33.
[10] Vgl. Hoeren/Sieber/Holznagel/*Kitz*, Teil 13.1 Rn. 156.
[11] Spindler/Schuster/*Spindler*, BGB, § 164 Rn. 5.
[12] Vgl. BeckOK BGB/*Schäfer*, BGB, § 164 Rn. 34.
[13] Vgl. *Köhler*, BGB AT, § 11 Rn. 23.
[14] *Steenbuck*, FamRZ 2007, 1064.
[15] Ebenso *Bork*, Kind im Recht, S. 85, 88.

Im beschriebenen Fall liegt daher aus Sicht des objektiven Empfängerhorizonts ein beachtlicher Identitätsirrtum auf Seiten des Händlers vor, der ein Eigengeschäft der Eltern ausschließt. Vielmehr ist insofern ein Handeln unter fremden Namen gegeben, auf das die §§ 164 ff. BGB entsprechende Anwendung finden. Den Eltern kommt dabei im Hinblick auf §§ 1626, 1629 BGB auch die nach § 164 Abs. 1 S. 1 BGB erforderliche Vertretungsmacht zu. Steht nicht einem Elternteil die Alleinsorge für das Kind zu, sondern sind beide Elternteile nach § 1629 Abs. 1 S. 1 Hs. 2 BGB zu dessen gemeinschaftlicher Vertretung berechtigt, so kommt eine Verpflichtung des Kindes allerdings nur bei Einigkeit der Eltern in Betracht.[16] Dies setzt voraus, dass das Handeln eines Elternteils vom jeweils anderen Elternteil gebilligt wird.[17] Dies erfordert gleichwohl nicht zwingend, dass beide Elternteile gemeinsam im Namen des Kindes ein entsprechendes Rechtsgeschäft tätigen; ausreichend ist vielmehr, dass ein Elternteil allein mit zumindest konkludenter Zustimmung des anderen Elternteils handelt.[18]

Zwar müssen die Eltern bei Ausübung ihres gesetzlichen Vertretungsrechts im Innenverhältnis zum Kind dessen schutzwürdige Belange und Interessen wahren, was sich aus dem Leitbild des Kindeswohls sowie gesetzlich reglementiert unter anderem aus §§ 1640, 1641, 1642, 1649 BGB ergibt.[19] Diese im Innenverhältnis bestehenden Restriktionen des Vertretungsrechts beschneiden allerdings das rechtliche Können der Eltern im Außenverhältnis angesichts der Abstraktheit der Vertretungsmacht nicht.[20] Lediglich wenn der

---

[16] *Steenbuck*, FamRZ 2007, 1063, 1065. Dies gilt grundsätzlich auch im Fall eines nicht nur vorübergehenden Getrenntlebens beider Elternteile, da die gemeinsame elterliche Sorge von diesem grundsätzlich unberührt bleibt. Auch ein Fall des § 1687 Abs. 1 S. 2 BGB, wonach derjenige Elternteil, bei dem sich das Kind getrenntlebender Eltern gewöhnlich aufhält, die Befugnis zur alleinigen Entscheidung in Angelegenheiten des täglichen Lebens hat, wird in den hier interessierenden Konstellationen regelmäßig nicht einschlägig sein. Im Bereich der Vermögenssorge soll § 1687 Abs. 1 S. 2 BGB beispielsweise die Verwaltung kleinerer Geldgeschenke oder die Zustimmung nach § 110 BGB erfassen, vgl. MüKoBGB/*Hennemann*, BGB, § 1687 Rn. 18; ähnlich Jauernig/*Budzikiewicz*, BGB, § 1687 Rn. 4: „Regelung von Vermögensangelegenheiten geringerer Bedeutung". Die Anschaffung von Konsumgütern unter dem Namen des Kindes stellt in diesem Zusammenhang, insbesondere bei Luxus- oder hochpreisigen Konsumgütern, keine Vermögensangelegenheit in diesem Sinne dar.

[17] MüKoBGB/*Huber*, BGB, § 1629 Rn. 12.

[18] BeckOGK/*Amend-Traut*, BGB, § 1629 Rn. 10; MüKoBGB/*Huber*, BGB, § 1629 Rn. 12.

[19] *Steenbuck*, FamRZ 2007, 1064. Jede nicht den Interessen des Kindes entsprechende Handlung gegenüber Dritten stellt im Innenverhältnis zum Kind einen Eingriff in dessen Handlungsfreiheit dar, vgl. schon *Kuhn*, Grundrechte und Minderjährigkeit, S. 58.

[20] Vgl. MüKoBGB/*Schubert*, BGB, § 164 Rn. 206; Soergel/*Löhnig*/*Preisner*, BGB, § 1629 Rn. 19; *Gernhuber*/*Coester-Waltjen*, Familienrecht, § 58 Rn. 61. Teilweise wurde allerdings im Hinblick auf einen etwaigen Missbrauch der Vertretungsmacht von der Not-

Tatbestand eines Missbrauchs der Vertretungsmacht[21] in Gestalt einer Evidenz oder einer Kollusion vorliegt, kann eine Unwirksamkeit des Vertretergeschäfts in Betracht kommen.[22]

Beide Konstellationen sind in den hier in Rede stehenden Fällen regelmäßig nicht anzunehmen. Insbesondere wird für den Vertragspartner bereits nicht erkennbar sein, dass tatsächlich die Eltern eine Bestellung im Namen des Kindes getätigt haben und nicht das Kind als wahrer Namensträger persönlich. Selbst wenn dieser Umstand erkennbar sein sollte, besteht für den Verkäufer gleichwohl keine generelle Nachforschungspflicht dahingehend, ob das Vertreterhandeln der Eltern im Einklang mit den Interessen des Kin-

---

wendigkeit einer unterschiedlichen Behandlung von Fällen gewillkürter Vertretung einerseits und gesetzlicher Vertretung andererseits ausgegangen. Demnach soll dem Vertragspartner im Falle einer gesetzlichen Vertretung durch die Eltern eine erhöhte Pflicht, sich hinsichtlich der korrekten Ausübung des Vertretungsrechts zu vergewissern, auferlegt werden können. In diesem Sinne *Müller-Freienfels*, Die Vertretung beim Rechtsgeschäft, S. 368 f. Insoweit kritisch *Behnke*, NJW 1998, 3078, 3082.

[21] Soweit im weiteren Fortgang dieser Untersuchung der Begriff „Missbrauch der Vertretungsmacht" genutzt wird, ist hierunter zunächst ein pflichtwidriges Überschreiten der im Innenverhältnis zwischen Vertretenem und Vertreter bestehenden Beschränkungen zu verstehen, das jedoch gegenüber Dritten aufgrund der Abstraktion zwischen Innen- und Außenverhältnis regelmäßig keine Auswirkung auf die Vertretungsmacht beinhaltet. Vgl. zu diesem allgemeinen Verständnis nur MüKoBGB/*Schubert*, BGB, § 164 Rn. 210. Nicht verkannt werden darf insoweit jedoch, dass der oft plakativ genutzte, nicht im Gesetz geregelte Terminus des „Missbrauchs" in Rechtsprechung und Literatur seit jeher eine durchaus mehrdeutige Verwendung erfährt. Dies gilt beispielsweise im Hinblick auf die Frage, ob die missbräuchliche Ausnutzung des Vertretungsrechts tatbestandlich auf Seiten des Vertreters etwaige verwerfliche subjektive Merkmale erfordert oder welche Anforderungen an das Kennenmüssen des Geschäftspartners zu stellen sind. Vgl. hierzu etwa *Frotz*, Verkehrsschutz im Vertretungsrecht, S. 596 ff.; *Schott*, AcP 171 (1971), 385, 396 f.; *Vedder*, Missbrauch der Vertretungsmacht, S. 36. Ähnliche definitorische Probleme stellen sich überdies nicht nur im deutschen Zivilrecht, sondern auch in anderen Rechtsordnungen. Vgl. etwa für das österreichische Zivilrecht *Bydlinski*, FS Bydlinski, S. 19, 28 f.

[22] Im Falle einer nach § 138 Abs. 1 BGB zu behandelnden Kollusion wirken die Eltern als Vertreter und der Dritte als Vertragspartner einvernehmlich zu Lasten des Kindes beim Vertragsschluss zusammen, vgl. MüKoBGB/*Schubert*, BGB, § 164 Rn. 212. Dagegen ist vom Vorliegen einer Evidenz auszugehen, sofern sich dem Dritten die im Innenverhältnis zum Kind missbräuchliche Ausübung der Vertretungsmacht durch die Eltern aufgrund schwerwiegender Indizien objektiv gesehen aufdrängen musste, vgl. *Leipold*, BGB I, § 24 Rn. 21. Ein Missbrauch der Vertretungsmacht allein ist somit nach vorherrschender Auffassung nicht ausreichend, um zu einem Verlust der Schutzwürdigkeit des Geschäftspartners zu führen, vgl. BeckOK BGB/*Schäfer*, BGB, § 167 Rn. 48 m.w.N. Hinzutreten muss vielmehr noch ein Kennenmüssen in dessen Person. Umstritten ist schließlich die Rechtsfolge einer Evidenz. Während die Rechtsprechung das Rechtsgeschäft unter Heranziehung des § 242 BGB als für den Vertretenen unverbindlich ansieht, sollen nach der Literatur überwiegend die §§ 177 ff. BGB entsprechend heranzuziehen sein. Vgl. hierzu MüKoBGB/*Schubert*, BGB, § 164 Rn. 224 f. m.w.N.

des steht.[23] In den geschilderten Situationen einer entsprechenden betrügerischen Bestellung besteht somit häufig die Gefahr einer rechtsgeschäftlichen Verpflichtung des minderjährigen Kindes durch seine Eltern, die auch unter Beachtung der relevanten Pfändungsfreigrenzen zu einer potentiellen Beeinträchtigung seines bereits vorhandenen oder zukünftig noch erworbenen Vermögens führen kann. Dies läuft der gesetzlichen Ratio des Instituts der elterlichen Vertretungsmacht vollkommen zuwider.

Im Einzelfall kann der für den Minderjährigen durch dessen gesetzliche Vertreter abgeschlossene Kaufvertrag allerdings zu seiner Wirksamkeit einer Genehmigung durch das Familiengericht bedürfen. Diese Genehmigungspflicht ergibt sich etwa bei Ratenzahlungskäufen aus § 1822 Nr. 5 BGB i.V.m. § 1643 Abs. 1 BGB. Unter den dortigen Begriff der „Verpflichtung zu wiederkehrenden Leistungen" werden nach vorherrschender Auffassung auch wiederkehrende Raten aus einem Abzahlungsgeschäft subsumiert.[24] Eine Genehmigungspflicht besteht jedoch nur in solchen Fällen, in denen das Vertragsverhältnis länger als ein Jahr nach dem Eintritt der Volljährigkeit des Minderjährigen fortdauern soll, was die Anwendung der Norm in der Praxis stark einschränken dürfte. Eine solche zeitliche Bindung sieht der über § 1643 Abs. 1 BGB ebenfalls eröffnete § 1822 Nr. 8 BGB zwar nicht vor, gleichwohl soll dieser tatbestandlich nicht auf Ratenzahlungskäufe Anwendung finden, sofern diese keine Drittfinanzierung vorsehen. Wird der Kaufpreis durch den Verkäufer gestundet, liegt folglich keine „Aufnahme von Geld auf den Kredit des Mündels" vor.[25] Bestellen Eltern somit auf den Namen ihrer deutlich minderjährigen Kinder, ohne zugleich zum Zwecke einer Drittfinanzierung einen von § 1822 Nr. 8 BGB erfassten Darlehensvertrag abzuschließen, besteht keine Genehmigungspflicht.

b) Freistellungs- oder Schadensersatzanspruch des Kindes gegen seine Eltern

Wird ein Minderjähriger infolge einer entsprechenden missbräuchlichen Verpflichtung durch seine Eltern von Gläubigern in Anspruch genommen, so kann ihm unter Umständen ein Anspruch auf Freistellung von der Verbindlichkeit bzw. nach Erfüllung derselben auf Schadensersatz gegen seine Eltern zustehen. Dieser Anspruch könnte auch durch die Gläubiger des Minderjährigen nach §§ 829, 835 ZPO gepfändet werden, da er einen Bestandteil seines

---

[23] Anders dürfte es ausnahmsweise zu bewerten sein, wenn sich aus den bei der Bestellung angegebenen Personalien eindeutig ergeben sollte, dass ein Säugling ein Fernsehgerät kaufen oder einen Mobilfunkvertrag abschließen will. Vgl. *Steenbuck*, FamRZ 2007, 1064, 1065. In solchen Einzelfällen müsse sich dem Verkäufer demnach ein Missbrauch der Vertretungsmacht durch die Eltern evident aufdrängen.

[24] Vgl. Jauernig/*Budzikiewicz*, BGB, § 1822 Rn. 10.

[25] Vgl. hierzu MüKoBGB/*Kroll-Ludwigs*, BGB, § 1822 Rn. 54.

Vermögens darstellt.[26] Tatbestandliche Grundlage eines solchen Ersatzanspruchs soll nach einer insbesondere in der Rechtsprechung vertretenen Auffassung § 1664 Abs. 1 BGB sein, während der Anspruch des Kindes in jüngerer Zeit zunehmend auf § 280 Abs. 1 BGB i.V.m. §§ 1623 ff. BGB gestützt wird.[27] Letztgenannter Auffassung ist zuzustimmen, da bereits der Wortlaut von § 1664 Abs. 1, Abs. 2 BGB eine Haftung der Eltern zwar voraussetzt, jedoch keine eigenständigen, eine Anspruchsgrundlage etablierenden Tatbestandsmerkmale enthält. Eine gegenüber § 1359 BGB abweichende Behandlung des § 1664 BGB als Anspruchsgrundlage ist folglich nicht geboten.[28]

Unabhängig von der zugrunde gelegten Anspruchsgrundlage ist Voraussetzung eines entsprechenden Schadensersatzanspruchs jedenfalls eine Pflichtverletzung im Rahmen der elterlichen Sorge, wozu im Bereich der Vermögenssorge Abschlüsse unvorteilhafter Verträge für das vertretene Kind ohne Weiteres zählen.[29] Soweit § 1664 Abs. 1 BGB im Hinblick auf den Haftungsmaßstab ein Vertretenmüssen der Eltern nur für die eigenübliche Sorgfalt anordnet, sind diese gem. § 277 BGB gleichwohl nicht von der Haftung wegen grober Fahrlässigkeit und Vorsatz befreit. In den hier untersuchten Fällen einer Bestellung auf den Kindesnamen wird zumeist bedingter Vorsatz, zumindest aber grobe Fahrlässigkeit der Eltern oder des einzelnen Elternteils hinsichtlich der Schädigung des eigenen Kindes anzunehmen sein.

---

[26] Vgl. *Behnke*, NJW 1998, 3078, 3082. Läge eine Pflichtverletzung des Vormunds vor, so käme eine Haftung desselben nach § 1833 Abs. 1 BGB in Betracht. Diese erstreckt sich gem. § 1915 Abs. 1 S. 1 BGB auch auf den Ergänzungspfleger. Im Gegensatz zu § 1664 Abs. 1 BGB findet dabei § 277 BGB keine Anwendung.

[27] Für § 1664 Abs. 1 BGB als eigenständige Anspruchsgrundlage vgl. etwa BGH, Beschl. v. 17.7.2019 – XII ZB 425/18, NJW 2019, 3075 m. Anm. *Roßmann*; BGH, Urt. v. 10.2.1988 – IVb ZR 111/86, BeckRS 1988, 31073146; OLG Frankfurt am Main, Beschl. v. 29.8.2018 – 2 UF 66/18, FamRZ 2019, 457, 458; *Dölle*, Familienrecht Band II, S. 164; *Muscheler*, Familienrecht, § 36 Rn. 608; MüKoBGB/*Huber*, BGB, § 1664 Rn. 6; Palandt/*Götz*, BGB, § 1664 Rn. 1; *Schwab*, Familienrecht, § 73 Rn. 873; Soergel/*Hilbig-Lugani*, BGB, § 1664 Rn. 1. Nach anderweitiger Auffassung soll § 1664 Abs. 1 BGB lediglich den Haftungsmaßstab regeln, während als Anspruchsgrundlage im Fall elterlicher Pflichtverletzungen § 280 Abs. 1 BGB in Verbindung mit dem zwischen Eltern und Kind bestehenden treuhänderischen gesetzlichen Sorgeverhältnis heranzuziehen sei, vgl. BeckOGK/*Amend-Traut*, BGB, § 1626 Rn. 167; Soergel/*Preisner*, BGB, § 1626 Rn. 87; *Dethloff*, Familienrecht, § 13 Rn. 7; *Gernhuber/Coester-Waltjen*, Familienrecht, § 58 Rn. 65; *Petersen*, Jura 1998, 399.

[28] Vgl. BeckOGK/*Amend-Traut*, BGB, § 1626 Rn. 167; BeckOGK/*Becker*, BGB, § 1664 Rn. 3.1. Im Ergebnis führen allerdings beide Auffassungen aufgrund jeweils notwendiger Anwendung der Haftungserleichterung nach § 1664 Abs. 1 BGB letztlich zu identischen Lösungen, vgl. *Petersen*, Jura 1998, 399, 400.

[29] Vgl. Soergel/*Hilbig-Lugani*, BGB, § 1664 Rn. 6; MüKoBGB/*Huber*, BGB, § 1664 Rn. 6.

Daneben käme überdies grundsätzlich auch eine Haftung der Eltern gegenüber dem Kind aus § 823 Abs. 2 BGB i.V.m. § 263 StGB sowie aus § 826 BGB in Betracht.[30] Liegt ein vorwerfbares Verhalten beider Elternteile vor, so haften diese überdies gemäß § 1664 Abs. 2 BGB als Gesamtschuldner.

Ungeachtet der emotionalen und auch praktischen[31] Schwierigkeiten einer Geltendmachung des entsprechenden Anspruchs durch den Minderjährigen wird eine hierauf gestützte Inanspruchnahme der Eltern allerdings in der Rechtswirklichkeit mangels vorhandenen Vermögens der Eltern naturgemäß selten erfolgversprechend sein. Dies gilt gleichermaßen für solche Fälle, in denen Gläubiger des Minderjährigen versuchen sollten, den Anspruch des Minderjährigen nach §§ 829, 835 ZPO pfänden zu lassen.

Im Übrigen ist im Fall fraudulöser Bestellungen eine persönliche Haftung der Eltern zumindest auf einen entstandenen Vertrauensschaden nach §§ 280 Abs. 1, 241 Abs. 2, 311 Abs. 2, Abs. 3 BGB sowie § 823 Abs. 2 BGB i.V.m. § 263 StGB auch dem Gläubiger gegenüber denkbar.[32] Diese lässt die gleichfalls bestehende Schuldnerstellung des Kindes jedoch unberührt, was den Gläubiger im Fall mangelnder Solvenz der Eltern wiederum dazu motivieren kann, das minderjährige oder volljährig gewordene Kind in Anspruch zu nehmen. Überdies wäre ein entsprechender Anspruch des Gläubigers jeweils nicht auf das positive Erfüllungsinteresse, sondern allein auf Ersatz eines entstandenen Vertrauensschadens gerichtet.

3. Praktische Konsequenzen

Eine missbräuchliche Vertretung Minderjähriger durch ihre Eltern zugunsten eines wirtschaftlichen Vorteils derselben kann zu einer erheblichen Gefährdung eines bereits vorhandenen Vermögens des Minderjährigen führen, wie sich an obiger Beispielskonstellation nachweisen ließ. Kommt es unter den hier dargestellten Voraussetzungen zu rechtswirksamen Verbindlichkeiten des minderjährigen Kindes und werden diese nicht durch die Eltern oder sonstige Dritte beglichen, sind in der Praxis verschiedene Handlungsoptionen denkbar, die insbesondere im Fall der Inanspruchnahme einer professionellen Schuldnerberatung sowie bei einer unterdessen eingerichteten Amtspflegschaft in Betracht gezogen werden könnten.

Zunächst sollte möglichst die Löschung bereits bestehender Eintragungen über vermeintlich vom Minderjährigen verursachte Zahlungsausfälle durch

---

[30] Vgl. *Steenbuck*, FamRZ 2007, 1064, 1066.

[31] Will das minderjährige Kind einen Schadensersatzanspruch gegen seine Eltern gerichtlich geltend machen, so wäre gem. §§ 1629 Abs. 2 S. 1, 1795 Abs. 1 Nr. 3, 1909 BGB grundsätzlich ein Ergänzungspfleger zu bestellen, solange dieses unter elterlicher Sorge steht, vgl. Soergel/*Hilbig-Lugani*, BGB, § 1664 Rn. 22.

[32] Vgl. näher *Steenbuck*, FamRZ 2007, 1064, 1066.

Mitteilung an die relevanten Auskunfteien erreicht werden, um negative Auswirkungen auf die zukünftige Kreditwürdigkeit des Minderjährigen zu vermeiden.[33] Des Weiteren könnte versucht werden, eine Schuldübernahme im Sinne von §§ 414, 415 BGB durch die Eltern zu erreichen, um das Kind dergestalt aus der rechtlichen Stellung als Schuldner der Vertragsverbindlichkeit zu entlassen. Dies setzt jedoch sowohl die Mitwirkungsbereitschaft der Eltern als auch des jeweiligen Gläubigers voraus.[34]

Während die Eltern des Kindes unter Hinweis auf eine mit Blick auf § 263 StGB denkbare Einleitung strafrechtlicher Schritte eventuell zur Mitwirkung an einer entsprechenden Schuldübernahme bewogen werden können, kann dem Gläubiger gegenüber lediglich mit dem gedachten Zweck einer Schuldübernahme durch die Eltern, nämlich der Verschaffung eines potenten Schuldners, argumentiert werden.[35] Dies erscheint allerdings vor dem Hintergrund, dass Eltern zu der in den missbräuchlichen Warenbestellungen zum Ausdruck kommenden Vernachlässigung ihrer elterlichen Fürsorgepflicht maßgeblich durch ihre persönliche, zumeist langanhaltende Mittellosigkeit verleitet wurden, nicht zwingend erfolgversprechend.

In Fällen einer erheblichen finanziellen Belastung könnte allerdings die Beantragung der Durchführung eines Verbraucherinsolvenz- und Restschuldbefreiungsverfahrens erwogen werden, um dem Minderjährigen hierdurch, unter Umständen sogar noch vor Eintritt der Volljährigkeit, zu einer umfassenden Entschuldung zu verhelfen. Ein eventuell vorhandenes Vermögen des Minderjährigen würde in diesem Fall zugunsten der Gläubiger verwertet. Nach Erreichen der Volljährigkeit eröffnet sich dem vormals Minderjährigen zudem die Möglichkeit, seine Haftung für die von seinen Eltern eingegangenen Verbindlichkeiten mittels der Einrede aus § 1629a BGB zu beschränken. Das rechtsgeschäftliche Handeln der Eltern unterfällt dabei ohne Weiteres § 1629a Abs. 1 S. 1 Alt. 1 BGB, da diese wie dargestellt auch bei einem Handeln unter fremdem Namen im Rahmen der ihnen von Gesetzes wegen eingeräumten Vertretungsmacht agieren.

Der Ausschlusstatbestand nach § 1629a Abs. 2 Alt. 2 BGB wird in entsprechenden Fällen im Übrigen regelmäßig keine Rolle spielen. Voraussetzung hierfür wäre nämlich nicht nur, dass es sich um ein alterstypisches Rechtsgeschäft handelt, sondern vor allem auch, dass dieses tatsächlich allein der Befriedigung der persönlichen Bedürfnisse des minderjährigen Kindes dient. Selbst in solchen Fällen, in denen beispielsweise die Nutzung eines bestellten Haushaltsgegenstands wie etwa einer Waschmaschine oder ähnlicher Geräte auch dem mit im Haushalt lebenden Kind zugutekommen sollte,

---

[33] Vgl. *DIJuF*, Rechtsgutachten vom 29.1.2007 – ES 4.100 An, JAmt 2007, 81, 84.

[34] Vgl. genauer die „Handlungsempfehlungen" im DIJuF-Rechtsgutachten vom 29.1.2007 – ES 4.100 An, JAmt 2007, 81, 82 f.

[35] So explizit *DIJuF*, Rechtsgutachten vom 29.1.2007 – ES 4.100 An, JAmt 2007, 81, 83.

dient das Rechtsgeschäft nicht allein der Befriedigung seiner persönlichen Bedürfnisse.[36]

Somit wäre § 1629a BGB in Fällen einer missbräuchlichen Bestellung auf den Kindesnamen tatbestandlich einschlägig und eine Geltendmachung der Einrede durch das volljährig gewordene Kind regelmäßig erfolgversprechend. Sollte durch den Gläubiger noch während der Minderjährigkeit des Kindes ein rechtskräftiger Titel erlangt worden sein, wäre die Einrede im Vollstreckungsverfahren mittels einer Vollstreckungsabwehrklage geltend zu machen. Ein solches Vorgehen über § 1629a Abs. 1 BGB setzt allerdings naturgemäß Kenntnis von der betreffenden Einrede auf Seiten des vormals Minderjährigen oder einer dessen Interessen vertretenden Person voraus, die in der Praxis nicht selbstverständlich vorausgesetzt werden kann. Zudem wird hierdurch ein vor Eintritt der Volljährigkeit unternommener Zugriff des Gläubigers auf bestehende Vermögenswerte des Minderjährigen nicht verhindert.

III. Vertragsschlüsse Minderjähriger im Internet

Neben den zuvor untersuchten Bestellungen auf den Namen eines Minderjährigen durch dessen Eltern kommt es in der Praxis bisweilen auch zu Konstellationen, in denen ein Minderjähriger selbständig und ohne Wissen und Wollen seiner gesetzlichen Vertreter Verträge abschließt.[37] Besonders diffizil erscheinen entsprechende Vertragsschlüsse dann, wenn sie unter Zuhilfenahme des Internets durchgeführt werden.

---

[36] Ebenso *Steenbuck*, FamRZ 2007, 1063, 1065.

[37] Gemäß der im Anhang in Tabelle 1 enthaltenen Auswertung zu Frage 5b) des Fragebogens waren entsprechende Konstellationen insgesamt 19 von 57 Befragten aus ihrer eigenen Beratungspraxis bekannt. Vgl. hierzu auch einen Artikel der Verbraucherzentralen vom 16.3.2007, abrufbar unter https://www.verbraucherzentrale.de/wissen/digitale-welt/onlinehandel/geschaeftsfaehigkeit-was-duerfen-kinder-im-internet-einkaufen-8377 (Abrufdatum 27.4.2021): „Auch Kinder und Jugendliche haben heute regelmäßig Zugriff auf das Internet. Da Online-Händler das Alter Ihrer [sic!] Kunden für gewöhnlich nicht überprüfen, können diese leicht auch ohne Erlaubnis der Eltern online einkaufen." Ungeachtet der nach Schweizer Recht geltenden Voraussetzungen weist auch ein Artikel der NZZ am Sonntag vom 8.4.2017 mit dem Titel „Online-Shops werden für Jugendliche zur Schuldenfalle" auf zunehmende Bestellungen Minderjähriger im Internet hin: „Teenager kaufen zunehmend im Internet ein, ohne bezahlen zu können. Das hat hohe Betreibungen für die Minderjährigen zur Folge." Artikel abrufbar unter https://nzzas.nzz.ch/notizen/online-shops-werden-zur-schuldenfalle-fuer-jugendliche-ld.1085202 (Abrufdatum 27.4.2021).

1. Situation

Dies betrifft häufig Bestellungen in Online-Shops, aber auch sämtliche sonstigen Erscheinungsformen des E-Commerce. Minderjährige Jugendliche stellen mittlerweile eine besonders relevante Zielgruppe für moderne Werbe- und Vertriebskanäle dar. Hierzu zählen maßgeblich sogenannte „Social-Shopping-Plattformen", die neben Marken- und Produktpräsentationen sowie der Interaktion mit anderen Nutzern auch die Möglichkeit zum Kauf und Verkauf von Waren bieten.[38]

Während bei Vertragsverhandlungen unter persönlich Anwesenden die Minderjährigkeit des Vertragspartners je nach Einzelfall anhand des konkreten Erscheinungsbildes durchaus erkannt und überprüft werden kann, bietet die Anonymität einer Internetbestellung zunächst keine entsprechenden Anhaltspunkte. Hat der Betreiber eines Online-Warenshops kein technisches System zur Altersverifikation auf seiner Website eingerichtet, so ist er bei Vertragsschlüssen auf die Angaben seines ihm gegenüber nicht in persona auftretenden Verhandlungspartners angewiesen.[39] Dies ermöglicht es Minderjährigen, quasi „aus dem Kinderzimmer" mittels des heimischen PC oder auch des Smartphones Warenbestellungen oder sonstige Käufe online zu tätigen.

---

[38] Zur 2017 lancierten deutschen Plattform „Yeay" vgl. die Presseberichte in Focus 30/2017, S. 66 und https://www.gruenderszene.de/allgemein/yeay-sammelt-44-millionen-ein (Abrufdatum 27.4.2021).

[39] Für Rundfunk und Telemedien sind entsprechende wirksame Altersverifikationssysteme gem. § 16 JuSchG i.V.m. § 4 Abs. 2, 5 Abs. 1, Abs. 3 S. 1 Nr. 1 JMStV im Bereich sogenannter entwicklungsbeeinträchtigender, insbesondere dem Jugendschutzgesetz unterfallender Angebote vorgeschrieben. In der Praxis betrifft dies vor allem Anbieter von Websites mit pornografischen Inhalten. Auch der Vertrieb von Alkohol und Tabak sowie jugendgefährdender Medien in Online-Shops bedarf vor dem Hintergrund der §§ 9, 10 JuSchG einer wirksamen Altersverifikation. Möglich ist eine solche beispielsweise mittels Webcam, eines elektronischen Identitätsnachweises gem. § 18 PAuswG oder der ganz überwiegend praktizierten Zugangserteilung nach Identifizierung im Postident-Verfahren und nachfolgender Authentifizierung des Nutzers, vgl. *Schülke*, JMS-Report 5/2015, 2, 4. Keine effektive Zugangsbarriere und daher unzureichend ist hingegen eine bloße anonyme Schlüssigkeitsprüfung der eingegebenen Personal- oder Kreditkartennummer. Vgl. zum Ganzen Hoeren/Sieber/Holznagel/*Altenhain*, Teil 20 Rn. 96 ff. sowie Spindler/Schuster/*Erdemir*, JMStV, § 4 Rn. 148 ff. Eine allgemeine Pflicht zur Einrichtung eines Altersverifikationssystems auch bei nicht jugendgefährdenden Produkten besteht für Betreiber von Online-Shops allerdings nicht, obgleich eine solche Verpflichtung zur Altersprüfung bei Online-Käufen im Sinne des Minderjährigenschutzes sinnvoll erschiene. Insoweit wäre ein gesetzgeberisches Tätigwerden notwendig.

2. Rechtliche Bewertung

Dabei schützen den minderjährigen Besteller, ebenso wie bei Vertragsschlüssen zwischen persönlich Anwesenden, im Grundsatz die §§ 107 ff. BGB, welche auf die im Rahmen von Onlinebestellungen getätigten Willenserklärungen im Sinne der §§ 145, 147 BGB uneingeschränkt Anwendung finden. Ein guter Glaube des Geschäftspartners an die Volljährigkeit des Bestellers wird nicht geschützt.[40] Mangels Vorliegens einer nach § 107 BGB erforderlichen Einwilligung des gesetzlichen Vertreters in die seitens des Minderjährigen online abgegebene Willenserklärung ist der mit dem Online-Händler geschlossene Vertrag regelmäßig nach § 108 Abs. 1 BGB schwebend unwirksam. Sofern nicht ausnahmsweise dessen nachträgliche Genehmigung durch den oder die gesetzlichen Vertreter erteilt wird, kommt folglich ein wirksamer Vertragsschluss und damit ein vertraglicher Leistungsanspruch gegen den Minderjährigen nicht in Betracht.[41]

Hat der Minderjährige infolge des unwirksamen Vertrags bereits einen Gebrauchsvorteil, eine Dienstleistung oder ähnliche Vorteile erlangt, können sich Ansprüche des vermeintlichen Vertragspartners gegen diesen zwar grundsätzlich aus §§ 683 S. 1, 670 BGB sowie aus § 812 Abs. 1 S. 1 Alt. 1 BGB ergeben. Da eine Herausgabe in natura in diesen Fällen per se unmöglich ist und eine Verpflichtung zur Leistung von Wertersatz de facto zur Erfüllung des unwirksamen Vertrages führen würde, gebietet es allerdings der Schutzzweck der §§ 104 ff. BGB, dass der Minderjährige in entsprechenden Fällen nur ersatzpflichtig ist, soweit er durch das Erlangte Kosten erspart hat, deren Entstehung dem Willen seines gesetzlichen Vertreters entsprach.[42]

Eine Haftung des Minderjährigen kommt in den hier interessierenden Konstellationen allerdings dann in Betracht, wenn er im Zuge der Online-Bestellung wahrheitswidrig ein falsches Alter angibt und dadurch behauptet, bereits volljährig zu sein. Denkbar ist dies im Fall einer Bestellung in einem Webshop etwa dann, wenn während des Bestellvorgangs vom Käufer ein Kontrollhaken in einem Kästchen des Inhalts „Hiermit versichere ich, dass ich mindestens 18 Jahre alt bin" oder vergleichbarer Bezeichnung gesetzt werden muss. Grundlage einer an dieser Falschangabe anknüpfenden Haf-

---

[40] MüKoBGB/*Schmitt*, BGB, § 106 Rn. 15.

[41] Zu beachten bleibt jedoch, dass Eltern die erforderliche Genehmigung im Sinne der §§ 108, 184 BGB im Einzelfall theoretisch auch dergestalt gegenüber ihrem Kind erteilen können, dass sie die infolge der Bestellung bereits angelieferte Ware schlichtweg nicht zurückschicken, vgl. *Bork*, Kind im Recht, S. 85, 87. In einem solchen Fall wäre der Minderjährige aufgrund Wirksamkeit des Kaufvertrags zur Zahlung des Kaufpreises verpflichtet.

[42] Vgl. BGH, Urt. v. 21.4.2015 – XI ZR 234/14, MDR 2015, 896; BeckOK BGB/*Wendtland*, BGB, § 108 Rn. 14.

tung des Minderjährigen ist ein Schadensersatzanspruch nach § 823 Abs. 2 BGB i.V.m. § 263 StGB.[43] In der wahrheitswidrigen Selbstbezeichnung als volljährig liegt eine für den Betrugstatbestand nach § 263 Abs. 1 StGB erforderliche Vorspiegelung falscher äußerer Tatsachen.[44] Durch diese wird ein Irrtum beim Geschäftsgegner hervorgerufen, welcher diesen letztlich auch zu einer nach § 263 StGB erforderlichen Vermögensverfügung in Form des Abschlusses eines wie dargestellt schwebend unwirksamen Vertrages bestimmt.[45]

Ist der Minderjährige einsichtsfähig im Sinne von § 828 Abs. 3 BGB, kommt infolge der Falschangabe ein Anspruch des Geschäftsgegners auf Schadensersatz in Betracht, sofern diesem ein kausal auf der unerlaubten Handlung des Minderjährigen beruhender Vermögensschaden entstanden ist.[46] Ein solcher wäre in Fällen denkbar, in denen ein beschränkt geschäftsfähiger Minderjähriger die ihm aufgrund eines ohne Zustimmung seines gesetzlichen Vertreters geschlossenen und daher unwirksamen Kaufvertrags gelieferte Ware verbraucht oder verloren hat. Ist ihm eine im Zuge der Rückabwicklung des Vertrages erforderliche Rückgabe der Ware dadurch unmöglich geworden, hat er den Verkäufer gem. § 251 Abs. 1 BGB in Geld zu entschädigen. Allerdings kommt ein Anspruch aus § 823 Abs. 2 BGB i.V.m. § 263 StGB dann nicht in Betracht, wenn es der Minderjährige lediglich unterlässt, seine Minderjährigkeit gegenüber dem Vertragspartner offenzulegen. Eine entsprechende Aufklärungspflicht des Minderjährigen besteht im Hinblick auf den Schutzgedanken der §§ 106 ff. BGB gerade nicht.[47]

Steht dem Betreiber eines Online-Shops oder einem sonstigen Dritten allerdings wegen einer vorsätzlichen Falschangabe ein Anspruch aus § 823

---

[43] Vgl. MüKoBGB/*Schmitt*, BGB, § 106 Rn. 17 sowie *Schülke*, JMS-Report 5/2015, 2, 3. Konstellationen einer fälschlichen Behauptung der Volljährigkeit im Geschäftsverkehr hatte bereits der historische Gesetzgeber des BGB vor Augen. Dieser verzichtete allerdings unter Verweis auf die Grundsätze der unerlaubten Handlungen auf die Schaffung eines speziellen Haftungstatbestandes. Vgl. hierzu die Motive der 1. Kommission bei *Mugdan*, Materialien, Band 1, S. 429. Ansprüche aus § 313 BGB oder § 122 BGB analog scheiden im Übrigen aufgrund der Nachrangigkeit des Vertrauensschutzes des Vertragspartners gegenüber dem Schutz des beschränkt Geschäftsfähigen aus, vgl. PWW/*Völzmann-Stickelbrock*, BGB, § 106 Rn. 2. Auch ein Anspruch aus culpa in contrahendo gem. §§ 280 Abs. 1, 311 Abs. 2, 241 Abs. 2 BGB, welcher auf das negative Interesse des Vertragspartners gerichtet wäre, scheidet angesichts der den §§ 104 ff. BGB zu entnehmenden Wirkungen aus, vgl. *Quitzau*, Haftungsbeschränkung, S. 204.

[44] Zum Begriff der „Tatsache" in § 263 StGB vgl. Schönke/Schröder/*Perron*, StGB, § 263 Rn. 8.

[45] Schönke/Schröder/*Perron*, StGB, § 263 Rn. 56.

[46] PWW/*Völzmann-Stickelbrock*, BGB, § 106 Rn. 2. Daneben käme auch ein Anspruch aus § 823 Abs. 2 BGB i.V.m. § 263a StGB sowie aus § 826 BGB in Betracht, vgl. MüKoBGB/*Schmitt*, BGB, § 106 Rn. 19.

[47] MüKoBGB/*Schmitt*, BGB, § 106 Rn. 18; PWW/*Völzmann-Stickelbrock*, § 106, Rn. 2.

Abs. 2 BGB i.V.m. § 263 StGB zu, kann sich der Minderjährige gegenüber einer Inanspruchnahme durch seinen Gläubiger nach Vollendung des 18. Lebensjahres nicht auf § 1629a Abs. 1 BGB berufen, da diese Haftungsbeschränkung auf deliktische Verbindlichkeiten keine Anwendung findet. Soweit die Einleitung eines Verbraucherinsolvenz- und Restschuldbefreiungsverfahrens mit den damit einhergehenden Restriktionen aus ökonomischer Perspektive sinnvoll erschiene, wäre zudem jeweils zu prüfen, ob sich das Verhalten des Minderjährigen als vorsätzlich im Sinne von § 302 Nr. 1 InsO darstellt. Demnach wäre die entsprechende Verbindlichkeit von der Erteilung der Restschuldbefreiung ausgeschlossen, sofern sich nachweisen ließe, dass der Vorsatz des Minderjährigen neben der Täuschung des Geschäftsgegners über sein wahres Alter auch den diesem entstandenen Vermögensschaden umfasste. Dies könnte in solchen Fällen zu bejahen sein, in denen ein hinreichend einsichtsfähiger Minderjähriger ohne ausreichende finanzielle Eigenmittel eine Bestellung über eine zu verbrauchende Sache in dem Wissen tätigt, dass er den dafür grundsätzlich anfallenden Kaufpreis keinesfalls zahlen wird.

IV. Warenkäufe Minderjähriger mittels eigener Girocard

Um ihren Kindern eine Teilnahme am modernen Zahlungsverkehr zu ermöglichen, eröffnen manche Eltern für diese ein sogenanntes Taschengeld- oder Jugendkonto mit dazugehöriger Girocard.[48] Bei deren Einsatz durch das minderjährige Kind können sich in der Praxis allerdings verschiedene problematische Fragen ergeben.

[48] Sogenannte Taschengeldkonten bzw. Kinder- oder Jugendkonten werden von einzelnen Bankinstituten bereits ab dem vollendeten siebten Lebensjahr angeboten. Vgl. hierzu etwa den Kontenvergleich bei https://www.taschengeldkonto.org/minderjaehrigenkonto.html (Abrufdatum 27.4.2021). Mit diesen können neben der Abhebung von Bargeld auch Überweisungen getätigt werden, ein Dispokredit wird jedoch nicht eingeräumt. Eine Kontoeröffnung auf Grundlage eines Girovertrags als Zahlungsdienstrahmenvertrag im Sinne von § 675f Abs. 2 BGB kann durch die gesetzlichen Vertreter oder den bevollmächtigten Minderjährigen im Internet unter Zuhilfenahme des Postident-Verfahrens oder in einer Filiale der gewählten Bank vorgenommen werden. Im Anschluss daran erhält der Minderjährige eine Girocard sowie teilweise auch sogenannte Prepaid-Kreditkarten und Geldkarten. Auf die beiden letztgenannten Kartensysteme soll hier der Übersichtlichkeit halber nicht weiter eingegangen werden.

1. Situation

Praktische und rechtliche Probleme können im Rahmen des Einsatzes einer Girocard dann auftreten, wenn das Taschengeldkonto des Minderjährigen keine ausreichende Deckung aufweist, um eine vermeintlich entstandene Verpflichtung zur Kaufpreiszahlung zu erfüllen.

Fallbeispiel[49]

Ein Minderjähriger erwirbt ohne Wissen seiner Eltern in einem Technikgeschäft eine Spielekonsole des Typs „Playstation 4“ zu einem Kaufpreis von mehreren hundert Euro. Diesen möchte er unter Einsatz seiner Girocard bezahlen, wobei das dazugehörige Taschengeldkonto allerdings keine ausreichende Deckung aufweist. Dies fällt im Rahmen des vom Händler genutzten Lastschriftverfahrens auf, woraufhin einige Tage nach dem Kauf eine Rücklastschrift erfolgt. Gegenüber den Eltern besteht der Verkäufer unter Berufung auf § 110 BGB auf einer Wirksamkeit des abgeschlossenen Kaufvertrages. Die Eltern verweigern eine Zahlung des Kaufpreises.

Sind Minderjährige als Schüler oder Auszubildende Inhaber eines eigenen Girokontos, kann der dadurch ermöglichte bargeldlose Zahlungsverkehr durchaus dazu verleiten, über die Deckung des Taschengeldkontos hinaus Waren zu erwerben. Dadurch entstehende Uneinigkeiten zwischen dem Minderjährigen, seinen Eltern und dem jeweils betroffenen Händler können als unangenehm empfunden werden und dergestalt einen gewissen emotionalen oder moralischen Druck aufbauen, die geltend gemachten Forderungen der Verkäuferseite zu erfüllen.

Setzt ein Minderjähriger beim Bezahlvorgang eine Girocard ein, kommen insoweit zwei grundlegende technische Zahlungsverfahren in Betracht, deren Einsatz im Einzelfall von der Präferenz des jeweiligen Händlers abhängt. Einerseits ist denkbar, dass der Karteninhaber die Zahlung mittels Eingabe einer persönlichen PIN an einem vom Verkäufer verwendeten elektronischen Kartenterminal autorisiert. Bei diesem sogenannten POS-System erfolgt über die Datenleitung des Serviceproviders eine Deckungsabfrage beim kartenausstellenden Institut. Fällt diese negativ aus, wird der Zahlvorgang abgebrochen und die Zahlung abgewiesen. Bei ausreichender Deckung hingegen erfolgt eine unmittelbare Abbuchung des betreffenden Betrags vom Girokonto des Karteninhabers.

Andererseits kann das elektronische Lastschriftverfahren auf SEPA-Basis[50] zum Einsatz kommen. Bei diesem erfolgt keine unmittelbare De-

---

[49] Fallgestaltung aus der Schuldnerberatungspraxis.

[50] Handelt es sich bei dem Zahlungsdienstnutzer, also dem Konto- und Karteninhaber, wie im Folgenden unterstellt, um einen Verbraucher, so greift das sogenannte SEPA-Basis-Lastschriftverfahren ein. Dieses unterlegt einer Vielzahl verbraucherschützender, gegenüber dem SEPA-Firmen-Lastschriftverfahren im Sinne von § 675e BGB nicht dispositiver gesetzlicher Regelungen insbesondere im Hinblick auf die Unterrichtung und etwaige Rückbelastungsrechte des Zahlungsdienstnutzers.

ckungsabfrage, vielmehr wird zum Zweck einer sogenannten „rückläufigen Überweisung“ lediglich eine Lastschrift mit Einzugsermächtigung generiert, die der Kunde mittels Unterschrift auf dem Kaufbeleg erteilt. Das Konto des Karteninhabers wird in diesem Fall erst nachträglich mit dem zu zahlenden Betrag belastet, während er die Ware im Regelfall unmittelbar erhält. Kann die Lastschrift allerdings mangels Deckung des Kontos nicht eingelöst werden, kommt es in der Folge zu einer sogenannten Rücklastschrift, die Lastschrift wird folglich abgewiesen.[51] In diesem Fall wird der Händler, entsprechend dem dargestellten Fall aus der Praxis, seine behauptete Forderung regelmäßig unmittelbar gegenüber dem Kontoinhaber geltend machen.

2. Rechtliche Bewertung

Mit Blick auf die vorbeschriebenen Konstellationen ist zwischen einer möglichen Verpflichtung des Minderjährigen zur Zahlung des vereinbarten Kaufpreises einerseits und einem denkbaren Anspruch des jeweiligen Bankinstituts auf Bearbeitungsgebühren wegen der Rücklastschrift andererseits zu differenzieren.

a) Verpflichtung des Minderjährigen aus § 433 Abs. 2 BGB

Eine rechtliche Verpflichtung des Minderjährigen oder seiner Eltern als gesetzlicher Vertreter zur Zahlung des Kaufpreises kann in Praxisfällen wie dem dargestellten nicht entstehen. Eine solche könnte sich nur aus einem wirksam zwischen Minderjährigem und Händler zustande gekommenen Kaufvertrag im Sinne von § 433 BGB ergeben. Wegen der nach § 433 Abs. 2 BGB eintretenden Verpflichtung des Minderjährigen zur Kaufpreiszahlung bedarf es insoweit nach § 107 BGB einer Einwilligung der Eltern als gesetzliche Vertreter. Fehlt es an einer solchen, käme eine Wirksamkeit des Vertrags nur nach § 110 BGB in Betracht.

Unabhängig vom jeweils einschlägigen Zahlungsverfahren ist jedoch lediglich in solchen Fällen Raum für eine Anwendung des § 110 BGB, in denen es aufgrund ausreichender Deckung des Taschengeldkontos zu einer vollständigen Bewirkung der geschuldeten Kaufpreisforderung kommt. Dies schließt neben Barzahlungen auch Überweisungen, Kartenzahlungen und

---

[51] Da sowohl nach dem POS-System als auch im SEPA-Verfahren bei unzureichender Deckung des Kontos ein Abbruch des Zahlvorgangs bzw. eine Abweisung der Lastschrift vorgenommen wird, kommt es systembedingt zu keiner Überziehung des Kontos, sofern seitens des gesetzlichen Vertreters nicht ein Überziehungskredit mit der das Girokonto führenden Bank vereinbart wurde. Eine solche Vereinbarung wäre nicht nur nach § 107 BGB nicht lediglich rechtlich vorteilhaft, sondern bedürfte gem. § 1822 Nr. 8 BGB überdies der familiengerichtlichen Genehmigung, vgl. *Kunkel*, Rpfleger 1997, 1, 2.

Lastschrifteinzüge ein.[52] Im Fall einer elektronischen Zahlung im POS-System tritt Erfüllungswirkung ein, sobald eine vorbehaltlose Gutschrift des Zahlungsbetrags auf dem Gläubigerkonto erfolgt ist und diesem somit eine uneingeschränkte Zahlungsbefugnis über den betreffenden Betrag zukommt.[53] Dies gilt überzeugenderweise auch für das SEPA-Basis-Lastschriftverfahren.[54]

Wird nach alledem eine Zahlung aufgrund einer im POS-System während des Bezahlvorgangs erfolgten Deckungsprüfung sofort abgewiesen oder kommt es im Rahmen eines elektronischen Lastschriftverfahrens zu einer nachträglichen Rücklastschrift, fehlt es an dem Erfordernis einer vollständigen Bewirkung der vertraglich geschuldeten Leistung. Ein Anspruch des Händlers auf Zahlung des Kaufpreises besteht in diesen Fällen folglich nicht, sofern nicht die Eltern das Geschäft gem. § 108 Abs. 1 BGB noch nachträglich genehmigen. Eine Berufung des Verkäufers auf § 110 BGB ist folglich ohne rechtliche Konsequenz. Vielmehr hat in diesem Fall eine Rückabwicklung des Kaufs nach bereicherungsrechtlichen Grundsätzen stattzufinden, so dass die ohne Rechtsgrund erlangte Ware gem. §§ 812 Abs. 1 S. 1 Alt. 1, 818 Abs. 1 BGB an den Händler herauszugeben ist.

Ist dem Minderjährigen eine Herausgabe beispielsweise aufgrund Zerstörung oder Verlusts der Ware nicht möglich, kann er sich grundsätzlich gem. § 818 Abs. 3 BGB auf Entreicherung berufen, sofern er nicht gem. § 819 BGB verschärft haften muss. Dabei führt im Fall der hier einschlägigen Leistungskondiktion nach überzeugender Auffassung nur die Kenntnis des gesetzlichen Vertreters vom Mangel des rechtlichen Grundes zur verschärften Haftung. Anderenfalls würde der Minderjährige entgegen dem Schutzzweck der §§ 106 ff. BGB über die Anwendung von § 819 BGB im Ergebnis an dem

---

[52] Vgl. MüKoBGB/*Schmitt*, BGB, § 110 Rn. 11. Zudem müsste sich die Anschaffung der jeweiligen Ware im Rahmen der zwischen dem Minderjährigen und dessen gesetzlichen Vertretern bestehenden Zweckabrede halten, sofern dem Minderjährigen die Mittel nicht tatsächlich zur freien Verfügung überlassen wurden und sich eine entsprechende Anschaffung im Rahmen des allgemein Üblichen hält.

[53] MüKoBGB/*Fetzer*, BGB, § 362 Rn. 21 f.

[54] MüKoBGB/*Fetzer*, BGB, § 362 Rn. 30. Nach abweichender Auffassung soll allerdings im Hinblick auf das sich unter Umständen aus § 675x BGB ergebende Rückbelastungsrecht des minderjährigen Schuldners von einer endgültigen Erfüllungswirkung erst nach Ablauf der dort vorgesehenen Achtwochenfrist auszugehen sein, vgl. BeckOK BGB/*Dennhardt*, BGB, § 362 Rn. 37. Dies überzeugt schon aus Gründen des Verkehrsschutzes und der Rechtssicherheit nicht. Die sich aus einer möglichen Rückbelastung ergebenden Probleme löst der BGH mittels Annahme einer durch die Parteien des Valutaverhältnisses getroffenen, auflösend auf den Eintritt des Erstattungsverlangens des Schuldners bedingten Erfüllungsvereinbarung auf, vgl. BGH, Urt. v. 20.7.2010 – XI ZR 236/08, NJW 2010, 3510, 3513. Im Hinblick auf diese Auslegung ablehnend MüKoBGB/*Fetzer*, BGB, § 362 Rn. 30.

unwirksamen Vertrag festgehalten.[55] Von einer entsprechenden Kenntnis insbesondere der Eltern als gesetzlicher Vertreter wird in den hier geschilderten Fällen in der Praxis regelmäßig nicht auszugehen sein. Ein Anspruch des Verkäufers auf Ersatz des ihm in entsprechenden Konstellationen entstandenen Vermögensschadens wäre allerdings gem. § 823 Abs. 2 BGB i.V.m. § 263 BGB unter der Voraussetzung denkbar, dass der Minderjährige diesem bewusst seine tatsächlich nicht bestehende Volljährigkeit vorspiegelt.[56]

b) Ansprüche des Bankinstituts infolge Rücklastschrift

Daneben stellt sich allerdings weiterführend die Frage, ob dem Minderjährigen als Kontoinhaber im Fall eines mangels Kontodeckung nicht durchgeführten Bezahlvorgangs unter Umständen seitens des Bankinstituts Gebühren auferlegt werden können. Eine entsprechende Gebührenerhebung ist grundsätzlich gem. § 675o Abs. 1 S. 4 BGB i.V.m. § 675f Abs. 4 S. 2 BGB zulässig. Danach kann die Bank als Zahlungsdienstleister den Zahlungsdienstnutzer von der berechtigten Ablehnung des Zahlungsauftrags unterrichten und hierfür ein Entgelt verlangen, sofern im Zahlungsdienstrahmenvertrag eine solche Entgeltpflicht vereinbart wurde.[57] Diese notwendige Vereinbarung kann sowohl individualvertraglich als auch, wie regelmäßig üblich, im Wege von AGB getroffen werden, solange sich die Höhe der Gebühren an den tatsächlich anfallenden Bearbeitungskosten orientiert.[58]

Im Anwendungsbereich jedenfalls des elektronischen Lastschriftverfahrens ist eine Erhebung entsprechender Bearbeitungsgebühren für den Fall einer Rücklastschrift mangels Kontodeckung verbreitet.[59] Kommt es nach Einsatz einer Zahlkarte im Lastschriftverfahren durch den Minderjährigen mangels ausreichender Deckung des Taschengeldkontos zu einer Rücklast-

---

[55] Vgl. BeckOK BGB/*Wendtland*, BGB, § 108 Rn. 15; MüKoBGB/*Schwab*, BGB, § 819 Rn. 9 m.w.N.

[56] Vgl. hierzu erneut die Ausführungen unter F. III. 2. Realiter dürfte der Anwendungsbereich einer solchen Haftung gegenüber anonym und ausschließlich online getätigter Bestellungen gleichwohl deutlich geringer sein.

[57] Eine solche Entgeltpflicht besteht nur für das SEPA-Lastschriftmandat, nicht jedoch für das noch vor Umsetzung der EU-Zahlungsdienstrichtlinie verbreitete Verfahren der Einzugsermächtigungslastschrift. Auf dieses findet § 675o BGB keine Anwendung. Vgl. BGH, Urt. v. 22.5.2012 – XI ZR 290/11, NJW 2012, 2571, 2572.

[58] Vgl. den Wortlaut des § 675f Abs. 4 S. 2 Hs. 2 BGB, wonach das Entgelt angemessen und an den tatsächlichen Kosten des Zahlungsdienstleisters ausgerichtet sein muss.

[59] Vgl. beispielsweise das „Preis- und Leistungsverzeichnis“ der HypoVereinsbank, Stand 15.1.2021, abrufbar unter https://www.hypovereinsbank.de/content/dam/hypovereinsbank/footer/Geschaeftsbedingungen/HVB-Aktuelles-Preis-Leistungs-Verzeichnis.pdf (Abrufdatum 27.4.2021), dort Abschnitt B, S. 7. Danach beträgt das Benachrichtigungsentgelt für die Rückgabe von SEPA-Lastschriften mangels Deckung 2,00 Euro inklusive Porto.

schrift, können entsprechende Forderungen seitens des Bankinstituts auf Grundlage des durch die Eltern unter Einbeziehung der fraglichen AGB wirksam abgeschlossenen Zahlungsdienstrahmenvertrags entstehen. Dabei handelt es sich im Einzelfall allerdings um sehr überschaubare Summen, so dass allenfalls ein hochfrequenter Einsatz der Karte durch den Minderjährigen im Falle mangelnder Deckung zu einer Verschuldung in gewisser Höhe führen könnte.

Sofern insoweit in der Praxis im Fall einer Geltendmachung der Bearbeitungsgebühren nicht bereits die Eltern die entsprechenden Beträge leisten sollten, wäre auf diese aus einer Vertragsverletzung resultierenden und somit ebenfalls dem elterlichen Verantwortungsbereich zuzurechnenden Verbindlichkeiten überdies § 1629a Abs. 1 BGB anwendbar. Folglich könnte der minderjährige Schuldner seine Haftung für diese Verbindlichkeiten nach Eintritt der Volljährigkeit auf sein Altvermögen beschränken. Ein ernsthaftes Risiko einer finanziellen Überforderung besteht somit im Ergebnis nicht.

V. Minderjährige als Partei eines Mietverhältnisses über Wohn- oder Geschäftsräume

Minderjährige leben in der Regel bei ihren Eltern oder anderen Verwandten. Gleichwohl sind auch Situationen denkbar, in denen eine minderjährige Person alleine in einer eigenen Wohnung oder in einer Wohngemeinschaft mit Dritten lebt. Dabei stellt sich in entsprechenden Konstellationen die Frage, ob der in Rede stehende Minderjährige Partei des Mietverhältnisses und damit einhergehend auch Schuldner insbesondere des aus § 535 Abs. 2 BGB resultierenden Anspruchs des Vermieters auf Mietzahlung sein kann.[60]

1. Situation

Minderjährige können in unterschiedlichen Konstellationen Partei eines Mietverhältnisses sein. Denkbar ist einerseits, dass Eltern den Mietvertrag über den von ihnen und ihren Kindern genutzten Wohnraum eigeninitiativ oder auf Druck des Vermieters nicht nur im eigenen Namen, sondern zusätzlich auch im Namen ihrer Kinder unterzeichnen.

---

[60] Im Übrigen käme auch der nachfolgend nicht eigenständig untersuchte Fall in Betracht, dass ein Minderjähriger als Vermieter von Wohn- oder Geschäftsräumen fungiert. Dies ist insbesondere in solchen Fällen denkbar, in denen einem Minderjährigen wirksam das Eigentum an einem mit einem vermieteten Wohnhaus bebauten Grundstück übertragen wird, wobei der Minderjährige gem. § 566 Abs. 1 BGB als Folge des Eigentumserwerbs auf Vermieterseite in den Mietvertrag eintritt. Vgl. etwa die Sachverhaltskonstellation der Entscheidung BGH, Urt. v. 27.10.1982 – V ZR 177/81, NJW 1983, 178.

Fallbeispiel[61]

Die 17 Jahre alte M lebt allein in einer Wohnung, die ihre kürzlich verstorbene Mutter als deren gesetzliche Vertreterin einige Jahre zuvor angemietet hatte. Diese hatte den zugrundeliegenden Mietvertrag wirksam sowohl im eigenen Namen als auch im Namen ihrer Tochter abgeschlossen. Während des Mietverhältnisses sind erhebliche und noch nicht beglichene Mietschulden aufgelaufen, überdies wurde gegen M zuletzt seitens des Vermieters eine Räumungsklage erhoben.

Daneben mieten Minderjährige in der Praxis gelegentlich auch selbständig Wohnraum an, wobei sie den Mietvertrag selbst unterzeichnen oder bei Vertragsschluss durch ihre Eltern vertreten werden. Beispiele hierfür wäre die Anmietung eines Zimmers in einer studentischen Wohngemeinschaft oder der Bezug einer eigenen Wohnung am Ausbildungsort.[62] Nicht selten schließen zudem gesetzlich bestellte Vormünder, insbesondere das Jugendamt als Amtsvormund nach § 1791b BGB, für das minderjährige Mündel Mietverträge über Wohnraum ab.[63] Ebenfalls denkbar ist ein Eintritt minderjähriger Personen nach § 563 Abs. 2 BGB in ein Mietverhältnis im Fall des Todes eines nicht verheirateten oder verpartnerten Mieters, wenn dieser mit seinem Kind in einem gemeinsamen Haushalt lebt.

Schließlich kommt in Einzelfällen auch eine Anmietung von Geschäftsräumen durch einen Minderjährigen zum Betrieb eines Erwerbsgeschäfts oder zur Erfüllung eines Arbeits- oder Dienstverhältnisses im Sinne von §§ 112, 113 BGB in Betracht, insbesondere, wenn sich die Arbeitsstätte an einem weiter entfernten Ort befindet. Neben der Frage, wer in entsprechenden Fällen Schuldner der vertraglich vereinbarten Miete ist, stellen sich in der Praxis häufig Folgefragen vor allem im Bereich der Haftung für durch den Minderjährigen in der Wohnung verursachte Schäden.[64]

---

[61] Eine entsprechende Konstellation liegt dem bei *DIJuF*, Rechtsgutachten vom 1.1.2016 – V 2.400/V 2.500 Ho, JAmt 2016, 209 geschilderten Beratungsfall zugrunde.

[62] In der Praxis wird ein Vermieter in entsprechenden Fällen allerdings zwecks Absicherung des Risikos eines Mietausfalls regelmäßig zusätzlich einen Bürgschaftsvertrag mit den Eltern des minderjährigen Mieters schließen.

[63] Vgl. die Fallgestaltung bei *DIJuF*, Rechtsgutachten vom 20.5.2015 – V 2.400/V 2.500 Ho, JAmt 2015, 262.

[64] Vgl. *DIJuF*, Rechtsgutachten vom 20.5.2015 – V 2.400/V 2.500 Ho, JAmt 2015, 262.

2. Rechtliche Bewertung

Unterzeichnen die gesetzlichen Vertreter des Minderjährigen einen Mietvertrag in dessen Namen, so tritt dieser grundsätzlich allein oder neben einer anderen Person in das Mietverhältnis ein. Für die Eltern des Minderjährigen besteht insoweit regelmäßig gesetzliche Vertretungsmacht nach §§ 1626 Abs. 1, 1629 Abs. 1 BGB, für einen bestellten Vormund wie beispielsweise das Jugendamt nach § 1793 Abs. 1 S. 1 BGB. Eine Einschränkung kann sich insoweit lediglich aus § 1822 Nr. 5 BGB ergeben, der für die Eltern als gesetzliche Vertreter über § 1643 Abs. 1 BGB zu beachten wäre. Danach bedürfen Mietverträge, welche die Eltern bzw. der Vormund für den Minderjährigen als Mieter oder Vermieter abschließen, der Genehmigung durch das Familiengericht, wenn das Vertragsverhältnis länger als ein Jahr nach dem Eintritt der Volljährigkeit des Vertretenen dauern soll.[65]

Der Anwendungsbereich des § 1822 Nr. 5 BGB ist jedoch nur eröffnet, wenn ein Mietvertrag nicht „frei“ oder nur mit Nachteilen verbunden mit Wirkung zu einem Zeitpunkt vor Vollendung des 19. Lebensjahrs gekündigt werden kann.[66] Unter „Nachteilen“ sollen jedenfalls erhebliche Vermögenseinbußen sowie eine Einschränkung der Kündigungsmöglichkeit durch mietrechtliche Sozialklauseln zu sehen sein.[67] Steht der Minderjährige auf Mieterseite und handelt es sich um einen unbefristeten Vertrag, so gelangt § 1822 Nr. 5 BGB dann nicht zur Anwendung, wenn der Minderjährige alleinige Mietpartei ist. In diesem Fall kann er den Mietvertrag nach Erreichen der Volljährigkeit gem. § 542 Abs. 1 BGB ohne Weiteres ordentlich kündigen. Dies gilt für Wohn- und Geschäftsräume auch unter Berücksichtigung der Kündigungsfristen aus §§ 573c, 580a Abs. 2 BGB. Eine Genehmigungspflicht kann jedoch aufgrund der gem. § 542 Abs. 2 BGB eingeschränkten Kündigungsmöglichkeiten dann vorliegen, wenn es sich um ein nach § 575 BGB in zulässiger Weise befristetes Mietverhältnis handelt, dessen Dauer über die Vollendung des 19. Lebensjahres hinausreicht.[68]

Problematisch gestalten sich zudem die bereits erwähnten Konstellationen, in denen der Minderjährige neben einer anderen Person wie etwa seinen Eltern Partei eines unbefristeten Mietvertrags werden soll. Bei Personenmehrheit auf Mieterseite bedarf es zu einer wirksamen Kündigung zwingend

---

[65] Ein Sonderproblem stellt in diesem Zusammenhang die Frage dar, ob der Vertrag bei Fehlen der Genehmigung zumindest mit genehmigungsfreier Dauer aufrechterhalten werden kann, was sich nach § 139 BGB bemisst. Vgl. hierzu Erman/*Schulte-Bunert*, BGB, § 1822 Rn. 25.

[66] Vgl. MüKoBGB/*Kroll-Ludwigs*, BGB, § 1822 Rn. 43.

[67] Vgl. jurisPK-BGB/*Lafontaine*, BGB, § 1822 Rn. 106.

[68] Ebenso *DIJuF*, Rechtsgutachten vom 20.5.2015 – V 2.400/V 2.500 Ho, JAmt 2015, 262.

des Ausspruchs derselben durch alle Parteien des Mietvertrages.[69] Verweigert ein Mieter die Mitwirkung an der Kündigung, so besteht allerdings zugunsten des kündigungswilligen Mieters eventuell ein darauf gerichteter, durchsetzbarer Anspruch gegen seinen Mitmieter. Dieser ergibt sich aus dem zwischen den mehreren Mietern im jeweiligen Einzelfall bestehenden Innenverhältnis.[70]

Verweigern die Eltern gegenüber ihrem volljährig gewordenen Kind die Mitwirkung an der Kündigung, so müsste dieses folglich im Zweifelsfall klageweise gegen die eigenen Eltern vorgehen, um sich von dem Mietvertrag lösen zu können, da ihm dessen eigenständige Kündigung nicht möglich ist. Eine obergerichtliche Einschätzung liegt diesbezüglich, soweit ersichtlich, nicht vor. Es spricht gleichwohl vieles dafür, aus Gründen des Minderjährigenschutzes auch ohne die zwingende Annahme wirtschaftlicher Nachteile in diesem Fall eines Mietverhältnisses mit mehreren Parteien auf Mieterseite von einer Genehmigungspflicht nach § 1822 Nr. 5 BGB auszugehen, da dem Minderjährigen eine „freie" Kündigung des Mietverhältnisses ohne Mitwirkung der Mitmieter per se nicht eröffnet sein kann.

Unterzeichnet ein nach § 106 BGB beschränkt geschäftsfähiger Minderjähriger einen Mietvertrag selbst, bedarf er hierfür gem. § 107 BGB der Einwilligung seines gesetzlichen Vertreters. Auch insoweit wäre eine eventuell bestehende Genehmigungspflicht nach § 1822 Nr. 5 BGB i.V.m. § 1643 Abs. 1 BGB zu beachten. Entbehrlich kann eine Einwilligung des gesetzlichen Vertreters allerdings im Fall einer Anmietung von Geschäftsräumen sein, sofern der Minderjährige gem. § 112 Abs. 1 BGB zum selbständigen Betrieb eines Erwerbsgeschäfts ermächtigt ist und eine Genehmigungsbedürftigkeit mit Blick auf den in Rede stehenden Mietvertrag nicht besteht.[71] Gleiches gilt, sofern ihm die Anmietung von Wohnraum dazu dient, die Pflichten aus seinem Arbeitsverhältnis zu erfüllen, wenn sich die Arbeitsstätte an einem weiter entfernten Ort befindet und der Minderjährige nicht nur zur Aufnahme einer Arbeit am Wohnort des gesetzlichen Vertreters ermächtigt ist.[72]

Ein Eintritt minderjähriger Personen in ein Mietverhältnis ist schließlich auch denkbar im Fall des Todes eines nicht verheirateten oder verpartnerten Mieters, wenn dieser mit seinem Kind in einem gemeinsamen Haushalt lebt. Unter dieser Voraussetzung tritt das Kind gem. § 563 Abs. 2 S. 1 BGB in das bestehende Mietverhältnis ein, sofern nicht eine abweichende Erklärung

---

[69] Blank/Börstinghaus/*Blank*/*Börstinghaus*, BGB, § 542 Rn. 45.

[70] Blank/Börstinghaus/*Blank*/*Börstinghaus*, BGB, § 542 Rn. 47.

[71] Die Anmietung von Geschäftsräumen stellt ein § 112 Abs. 1 S. 1 BGB potentiell unterfallendes Rechtsgeschäft dar, sofern diese im konkreten Einzelfall unter Berücksichtigung der Verkehrsanschauung erforderlich erscheint. Vgl. MüKoBGB/*Schmitt*, BGB, § 112 Rn. 16; *Weimar*, ZMR 1957, 145, 146.

[72] MüKoBGB/*Spickhoff*, BGB, § 113 Rn. 30.

nach § 563 Abs. 3 S. 1 BGB durch den zuvor bestimmten gesetzlichen Vertreter innerhalb der von § 563 Abs. 3 S. 1, S. 2 BGB i.V.m. § 210 BGB vorgesehenen Frist erfolgt.

Kommt es zu einem rechtsverbindlichen Eintritt eines Minderjährigen in ein Mietverhältnis, so haftet dieser in der Folge allein oder, im Fall mehrerer Mietparteien, gem. §§ 421, 427 BGB gesamtschuldnerisch für die gem. § 535 Abs. 2 BGB anfallenden Mietzinsforderungen. Der Minderjährige haftet zudem als Mieter potentiell auch für durch ihn zumindest fahrlässig herbeigeführte Schäden an der Mietsache gem. § 280 Abs. 1 BGB i.V.m. § 535 BGB bzw. aus § 823 BGB.[73] Denkbar wäre auch eine Haftung nach § 536c Abs. 2 Nr. 1 BGB für solche Schäden, die dem Vermieter infolge einer nicht unverzüglichen Anzeige eines Mangels der Mietsache oder einer dieser drohenden Gefahr durch den Mieter entstehen. Insbesondere stellt die nach § 536c Abs. 1 BGB erforderliche Anzeige keine Willenserklärung, sondern eine bloße Tatsachenmitteilung dar und kann somit auch durch einen nicht voll geschäftsfähigen minderjährigen Mieter erfolgen.[74]

3. *Anwendbarkeit von § 1629a BGB*

Im Fall der Entstehung von Mietschulden zu Lasten der minderjährigen Mietpartei stellt sich insbesondere die Frage nach einer Anwendung von § 1629a BGB nach Eintritt der Volljährigkeit.

a) Eröffnung des Anwendungsbereichs von § 1629a Abs. 1 BGB

Auf die aus § 535 Abs. 2 BGB resultierende Verpflichtung des minderjährigen Mieters zur Zahlung der vereinbarten Miete findet § 1629a Abs. 1 BGB ohne Weiteres Anwendung. Schließt der gesetzliche Vertreter des Minderjährigen in dessen Namen einen Mietvertrag, so ist § 1629a Abs. 1 S. 1 Hs. 1 Alt. 1 BGB einschlägig. Sollte insoweit hingegen ein Eigengeschäft des beschränkt geschäftsfähigen Minderjährigen vorliegen, das dieser mit Zustimmung seines gesetzlichen Vertreters abgeschlossen hat, unterfällt die daraus resultierende Mietzahlungspflicht § 1629a Abs. 1 S. 1 Hs. 2 Alt. 1 BGB. Tritt schließ-

---

[73] Hier kann sich die weiterführende Frage stellen, ob der gesetzliche Vertreter verpflichtet sein könnte, den Minderjährigen von entsprechenden Forderungen des Mieters frei zu stellen. Dies wird für den Fall diskutiert, dass ein gesetzlicher Vertreter für den Minderjährigen keine private Haftpflichtversicherung abschließt, welche für diesen den Ersatz von nicht durch schuldhaftes oder grob fahrlässiges Verhalten verursachte Schäden übernehmen könnte. Vgl. hierzu die Ausführungen bei *DIJuF*, Rechtsgutachten vom 20.5.2015 – V 2.400/V 2.500 Ho, JAmt 2015, 262, 264. Dies setzt jedoch die noch näher zu untersuchende Annahme einer Pflicht des gesetzlichen Vertreters oder Vormunds zum Abschluss einer Haftpflichtversicherung voraus.

[74] MüKoBGB/*Häublein*, BGB, § 536c Rn. 9; Palandt/*Weidenkaff*, BGB, § 536c Rn. 6.

lich der Minderjährige nach dem Tod seines Elternteils gem. § 563 Abs. 1 S. 1 BGB in ein bestehendes Mietverhältnis ein, so stellt dies keine Verbindlichkeit infolge eines Erwerbs von Todes wegen nach § 1629a Abs. 1 S. 1 Hs. 1 Alt. 2 BGB dar. Vielmehr gelangt § 1629a Abs. 1 S. 1 Hs. 1 Alt. 1 BGB auch in diesem Fall zur Anwendung, da der Eintritt in das Mietverhältnis abhängig vom Nichtvorliegen einer abweichenden Erklärung des zuständigen gesetzlichen Vertreters ist.

In zeitlicher Hinsicht unterfällt auch derjenige Mietzins, der erst nach Eintritt der Volljährigkeit fällig wird, im Fall einer während der Minderjährigkeit des Mieters erfolgten Begründung des Mietverhältnisses als sogenannte Altverbindlichkeit dem Anwendungsbereich von § 1629a Abs. 1 BGB. Entgegen einer vereinzelt vorgetragenen Auffassung wandeln sich entsprechende Altverbindlichkeiten auch dann nicht in § 1629a Abs. 1 BGB nicht unterfallende Neuverbindlichkeiten, wenn der volljährig Gewordene nach Eintritt der Volljährigkeit das Mietverhältnis nicht zum nächstmöglichen Zeitpunkt kündigt.[75] Daraus resultierende Unsicherheiten des Vermieters, hinsichtlich welcher seiner Mietforderungen er noch mit einer Haftungsbeschränkung rechnen muss, wären nur durch die Kündigung des Mietverhältnisses oder einen Einredeverzicht des volljährig gewordenen Mieters zu vermeiden.

Etwaige aus dem Mietverhältnis resultierende Schadensersatzpflichten des Minderjährigen nach § 280 Abs. 1 BGB i.V.m. § 535 BGB oder aus § 536c Abs. 2 BGB werden als im Kern gleichfalls fremdverantwortete Sekundärverpflichtungen ebenfalls von der Haftungsbeschränkung umfasst. Dies gilt allerdings nicht für eine solche Haftung des Minderjährigen, die auf einem deliktischen Verhalten im Sinne der §§ 823 ff. BGB beruht.

b) Kein Ausschluss nach § 1629a Abs. 2 BGB

Ausgeschlossen wäre eine Geltendmachung der Einrede aus § 1629a Abs. 1 BGB durch einen minderjährigen Mieter gem. § 1629a Abs. 2 Alt. 1 BGB allerdings dann, wenn die ihn belastenden Verbindlichkeiten aus einem Mietvertrag stammen, welchen er im Zusammenhang mit dem selbständigen Betrieb eines Erwerbsgeschäfts zulässigerweise nach § 112 Abs. 1 S. 1 BGB ohne Genehmigung des Familiengerichts schließen konnte.

Ebenfalls von der Haftungsbeschränkung ausgenommen wären gem. § 1629a Abs. 2 Alt. 2 BGB Verbindlichkeiten aus einem Mietvertrag, der allein der Befriedigung der persönlichen Bedürfnisse des Minderjährigen diente. Insoweit muss gelten, dass das Vorhandensein eines angemessenen Wohnraums grundsätzlich allein der Befriedigung der Bedürfnisse eines ty-

---

[75] So aber *Thiel*, Das Gesetz zur Beschränkung der Haftung Minderjähriger, S. 30 ff. Vgl. hierzu erneut die Darstellung in Kapitel E. Fn. 59.

pischen Minderjährigen dient; ein atypisches Luxusgut ist hierunter nicht zu verstehen.[76] Atypisch könnte es sich dabei unter Zugrundelegung der im Allgemeinen geltenden Verkehrsanschauung allenfalls darstellen, dass der Minderjährige seinen notwendigen Wohnbedarf nicht durch Zusammenleben mit seinen Eltern oder anderen Angehörigen decken kann, sondern auf die Anmietung eigenen Wohnraums, aus welchen Gründen auch immer, angewiesen ist.[77] In der Folge haftet ein vormals Minderjähriger für während der Minderjährigkeit entstandene Mietschulden nicht beschränkt nach § 1629a Abs. 1 BGB, sondern gem. § 1629a Abs. 2 Alt. 2 BGB unbeschränkt.[78]

Dies kann jedoch dem Gesetzeszweck von § 1629a BGB entsprechend nur dann gelten, wenn das Vertragsverhältnis ausschließlich der Deckung der persönlichen Bedürfnisse des Minderjährigen dient und dieser alleiniger Vertragspartner ist, insbesondere also kein Gesamtschuldverhältnis beispielsweise mit einem Elternteil als weiterer Mieterpartei vorliegt.[79] Wird das Mietverhältnis nach Wegfall eines weiteren Mieters mit dem Minderjährigen allein fortgesetzt, kann im Übrigen seine Haftung wegen § 1629a Abs. 2 BGB nur insoweit denkbar sein, als die Wohnung nicht zu groß für eine Einzelperson ist, da ansonsten der Mietvertrag nicht allein der Deckung der persönlichen Bedürfnisse dient.[80] Dies gebietet die notwendige restriktive Interpretation der Vorschrift des § 1629a Abs. 2 Alt. 2 BGB.

VI. Smartphone-Nutzung, Apps und Mehrwertdienste

Mit der zunehmenden Verbreitung von Handys bzw. Smartphones[81] und damit einhergehender Zusatzprodukte auch unter Personen im Kinder- und Jugendalter ergaben und ergeben sich aus praktischer wie rechtlicher Sicht zahlreiche Problemfelder. Dementsprechend wurde die intensive Handy-

---

[76] Ebenso *DIJuF*, Rechtsgutachten vom 18.1.2016 – V 2.400/V 2.500 Ho, JAmt 2016, 209; *DIJuF*, Rechtsgutachten vom 20.5.2015 – V 2.400/V 2.500 Ho, JAmt 2015, 262, 263.

[77] *DIJuF*, Rechtsgutachten vom 20.5.2015 – V 2.400/V 2.500 Ho, JAmt 2015, 262, 263.

[78] Ebenso *DIJuF*, Rechtsgutachten vom 18.1.2016 – V 2.400/V 2.500 Ho, JAmt 2016, 209; *DIJuF*, Rechtsgutachten vom 20.5.2015 – V 2.400/V 2.500 Ho, JAmt 2015, 262, 263.

[79] *DIJuF*, Rechtsgutachten vom 18.1.2016 – V 2.400/V 2.500 Ho, JAmt 2016, 209.

[80] So *DIJuF*, Rechtsgutachten vom 18.1.2016 – V 2.400/V 2.500 Ho, JAmt 2016, 209 für den eingangs geschilderten Fall einer Minderjährigen, welche ein Mietverhältnis nach dem Tod ihrer Mutter als vormaliger Mitmieterin nach § 563a Abs. 1 BGB allein fortgesetzt hatte.

[81] Ungeachtet der Tatsache, dass die unter die Begriffe „Smartphone“ und „Handy“ zu fassenden Geräte technisch betrachtet durchaus Unterschiede hinsichtlich ihrer Spezifika und Anwendungsmöglichkeiten aufweisen, hat die nachfolgende, auch der Nutzung in vorhandener Literatur und Studien geschuldete weitgehend synonyme Verwendung beider Termini aus rechtlicher Perspektive keine Relevanz. Zur Unterscheidung vgl. beispiels-

Nutzung durch Minderjährige geraume Zeit nicht nur in den Medien, sondern auch in der rechtswissenschaftlichen Literatur eingehend diskutiert.[82] Die rasante Verbreitung insbesondere von kostenpflichtigen Klingelton-Abonnements und ähnlichen Mehrwertdiensten[83] spiegelte sich zudem auch in der instanzgerichtlichen Rechtsprechung wider.[84] Auch in jüngerer Zeit wird die Nutzung von Mobiltelefonen vereinzelt noch als „Schuldenfalle" angeführt.[85] Nachfolgend wird daher untersucht, inwieweit eine Nutzung von Mobiltelefonen und der damit korrespondierenden Mehrwertdienstleistungen aus tatsächlicher und rechtlicher Perspektive eine Schuldenaufnahme durch Minderjährige in erhöhtem Umfang befürchten lässt.

1. Situation

Ein Großteil aller Minderjährigen in Deutschland kann aktuell auf ein eigenes Mobiltelefon zurückgreifen, was sich an verschiedenen repräsentativen

---

weise die Darstellung unter https://praxistipps.chip.de/was-ist-ein-smartphone-einfach-erklaert_41244 (Abrufdatum 27.4.2021).

[82] Vgl. die Darstellungen bei *Derleder/Thielbar*, NJW 2006, 3233 ff.; *Klees*, CR 2005, 626 ff.; *Mankowski/Schreier*, VuR 2006, 209, 214 f.; *dies.*, VuR 2007, 1 ff.; *Nolte*, ZVI 2012, 324 ff.

[83] Der Begriff „Mehrwertdienst" bezeichnet das Angebot einer beliebigen Dienstleistung, deren Erwerb sich über die telefonische Anwahl einer spezifischen Rufnummer vollzieht. Das dafür anfallende Entgelt wird über die Telefonrechnung des Anschlussinhabers abgerechnet.

[84] Vgl. etwa zur Haftung eines Mobilfunkkarteninhabers für durch dessen Enkelin verursachte Mobilfunkgebühren in Höhe von insgesamt 2.954,35 Euro AG Krefeld, Urt. v. 26.8.2004 – 70 C 595/03, BeckRS 2006, 15024; zur Nutzung eines Flirt-SMS-Dienstes durch einen Minderjährigen vgl. AG Dieburg, Urt. v. 31.1.2006 – 20 C 303/05, MMR 2006, 343; zur Wirksamkeit eines Klingeltonvertrages mit einem minderjährigen Handynutzer siehe AG Düsseldorf, Urt. v. 2.8.2006 – 52 C 17756/05, MMR 2007, 404; zur Haftung auf Abonnementgebühren für Klingeltöne siehe AG Düsseldorf, Urt. v. 23.3.2006 – 232 C 13967, BeckRS 2006, 05604, sowie AG Mitte, Urt. v. 28.7.2008 – 12 C 52/08, MMR 2008, 696 und AG Mitte, Urt. v. 7.8.2009 – 15 C 423/08, MMR 2009, 783; ebenso AG Mitte, Urt. v. 8.7.2010 – 106 C 26/10, MMR 2010, 817; zur Haftung des Anschlussinhabers bei Nutzung von Mehrwertdiensten siehe AG Bocholt, Urt. v. 13.11.2014 – 4 C 26/14, MMR 2015, 612.

[85] Vgl. MAH IT-Recht/*Glossner*, Teil 2 Rn. 109: „Hohe bis existenzbedrohende Handyschulden bei Jugendlichen sind inzwischen keine Seltenheit mehr." Ähnlich Staudinger/*Coester*, BGB, § 1629a Rn. 25 im Hinblick auf Einwilligungen der Eltern in Verträge Minderjähriger über Mobilfunkleistungen, deren Folge eine „massive Minderjährigenverschuldung in Deutschland" sei. Hingewiesen sei im Übrigen auch auf die in Tabelle 1 im Anhang abgedruckte Fragebogenauswertung. Gemäß der zu Frage 5c) und 5d) vorhandenen Antworten sind 27 Befragten Fälle von Schulden bei Mobilfunkanbietern bekannt, während immerhin 16 von 57 Befragten aus ihrer Beratungspraxis Kenntnis von Verschuldungskonstellationen im Zusammenhang mit Mehrwertdiensten haben.

Studien ablesen lässt. Nach einer Studie des Medienpädagogischen Forschungsverbunds Südwest aus dem Jahr 2018 steht 95 % aller jungen Menschen zwischen 12 und 19 Jahren in Deutschland ein Smartphone zur eigenen Nutzung zur Verfügung.[86] Ähnliche Ergebnisse vermittelt eine Bitkom-Studie aus dem Jahr 2019; danach besaßen insgesamt 75 % der Kinder ab zehn Jahren ein eigenes Smartphone.[87] Viele Mobilfunkbetreiber richten ihre Angebote dementsprechend ausdrücklich an Kunden unter 18 Jahren.[88]

Oft stellen Eltern ihren Kindern schon früh entsprechende Geräte zur Verfügung, um insbesondere deren telefonische Erreichbarkeit zu gewährleisten. Dabei kommt eine Gerätenutzung sowohl mittels eines laufzeitgebundenen Mobilfunkvertrags als auch über ein Prepaid-Konto in Betracht.[89] Neben der Möglichkeit, Telefongespräche zu führen und Kurznachrichten zu versenden, lassen sich modernere Smartphones auch zum „Surfen" im Internet sowie zum Erwerb und Gebrauch verschiedenster Apps[90] nutzen. Auch können zusätzliche Produkte wie zum Beispiel Klingeltöne oder Hintergrundbilder von Drittanbietern erworben werden. Während ein Erwerb speziell von Klingeltönen in der Vergangenheit vielfach in Gestalt von kündbaren Abonnements mittels Nutzung kostenpflichtiger Rufnummern getä-

---

[86] Siehe hierzu die auf einer Befragung von 1.200 Personen zwischen 12 und 19 Jahren beruhende „JIM-Studie 2018. Jugend, Information, Medien", abrufbar unter https://www.mpfs.de/fileadmin/files/Studien/JIM/2018/Studie/JIM2018_Gesamt.pdf (Abrufdatum 27.4.2021), dort S. 8. Unter näherer altersbasierter Differenzierung besitzen gemäß der genannten Studie in der Altersstufe von 12 und 13 Jahren 95 %, von 14 und 15 Jahren 97 % sowie von 16 und 17 Jahren gleichfalls 97 % ein eigenes Smartphone, vgl. S. 10 der Studie.

[87] Vgl. die Presseinformation zur Studie des IT-Branchenverbandes Bitkom vom 28.5.2019, abrufbar unter https://www.bitkom.org/Presse/Presseinformation/Mit-10-Jahren-haben-die-meisten-Kinder-ein-eigenes-Smartphone (Abrufdatum 27.4.2021). Nach einer von *Lange* und *Fries* bereits im Jahr 2005 durchgeführten Studie besaßen 70 % der befragten Minderjährigen zwischen zehn und 17 Jahren ein eigenes Handy, 4 % sogar zwei. Vgl. *Lange/Fries*, Jugend und Geld, S. 52.

[88] Vgl. beispielsweise die sog. „Young-Tarife" von Vodafone für Personen unter 28 Jahren unter https://www.vodafone.de/privat/handys-tablets-tarife/junge-leute.html (Abrufdatum 27.4.2021). Vertragspartner des Netzbetreibers sind in dieser Konstellation gleichwohl die Eltern des Minderjährigen. Vgl. zur jugendspezifischen Werbung vieler Anbieter und dem daraus unter Umständen resultierenden sozialen Druck durch einflussreiche „peer groups" auch die Darstellung bei *Derleder/Thielbar*, NJW 2006, 3233.

[89] Während Vertragshandys zumeist mit Flatrates zum unbegrenzten Telefonieren und SMS-Versand mit monatlicher Abrechnung genutzt werden können, erlauben Guthaben-Handys auf Basis eines Prepaid-Vertrages nur den Verbrauch eines auf der SIM-Karte befindlichen limitierten, jedoch jederzeit wieder aufladbaren Geldbetrages.

[90] Unter einer sogenannten „Application", kurz App, sind kostenlose oder kostenpflichtige Programme zu verstehen, mittels derer Anwendungssoftware verschiedensten Inhalts auf mobilen Endgeräten wie Smartphones und Tablets genutzt werden kann. Hierzu zählen insbesondere Spieleprogramme und sonstige Unterhaltungsdienste.

tigt wurde,[91] werden kostenpflichtige Apps heutzutage in der Regel über ein Online-Shop-System erworben.[92]

In der Praxis kann die Nutzung von Mobiltelefonen grundsätzlich aus mehreren Gründen zu einer nicht unerheblichen wirtschaftlichen Belastung führen. Bereits die Anschaffung der teils hochpreisigen, oft mittels Ratenkäufen erworbenen Geräte stellt eine größere finanzielle Belastung dar. Zudem ist im Fall von vertragsgebundenen Mobiltelefonen und Tablets zur Unterhaltung eines Mobilfunkvertrages ein monatlicher Geldbetrag nebst meist notwendigen einmaligen Anschlusskosten erforderlich.[93] Schließlich können sich auch die Kosten für Apps und Mehrwertdienstleistungen bei entsprechender Nutzung schnell summieren.

Fallbeispiel[94]

Ein 15 Jahre alter Minderjähriger lädt mittels eines ihm zur Verfügung stehenden Smartphones mehrere kostenpflichtige Spiele aus einem App-Store herunter. Als seine Eltern hiervon erfahren, verweigern sie ihre Genehmigung zu diesen Geschäften ihres Kindes.

---

[91] Besonders bekannt ist in diesem Zusammenhang die noch existierende Marke „Jamba", über die durch den jeweils aktuellen Markeninhaber ab dem Jahr 2000 überwiegend mittels Werbung auf Musikkanälen und dem eigenen Fernsehsender „Jamba TV" Klingeltöne und anderweitige Personalisierungsprodukte für das eigene Handy angeboten wurden und werden. Mittels Versand eines speziellen Codewortes per SMS an eine Mehrwertnummer können Einzelprodukte oder monatlich kostenpflichtige Abonnements über Mehrwertdienste erworben werden. Ihre Abrechnung erfolgt über die Telefonrechnung oder durch Abbuchung vom Prepaid-Guthaben. Die von allen Klingeltonanbietern auf dem deutschen Markt erzielten Umsätze beliefen sich im Jahr 2007 auf 346 Millionen Euro, vgl. *Mankowski/Schreier*, VuR 2007, 1. In den vergangenen Jahren nahm die Bedeutung des Klingeltonmarkts allerdings kontinuierlich ab. Vgl. hierzu bereits einen Bericht des SPIEGEL aus dem Jahr 2015 unter http://www.spiegel.de/netzwelt/games/jamba-sparabo-was-wurde-aus-dem-klingelton-abo-a-1020681.html (Abrufdatum 27.4.2021).

[92] Apps von Drittanbietern können auf Online-Handelsplattformen verschiedener Unternehmen erworben werden. Die Auswahl und der Kauf des jeweiligen Produkts erfolgen unmittelbar über das mobile Endgerät, etwa das Mobiltelefon. Die Abrechnung der im jeweiligen Online-Shop erworbenen Apps kann u.a. auch über die Handyrechnung erfolgen. Vgl. hierzu etwa für den sogenannten „App Store" des Anbieters Apple https://support.apple.com/de-de/HT205102 (Abrufdatum 27.4.2021).

[93] Auch die vom Statistischen Bundesamt publizierte „Statistik zur Überschuldung privater Personen 2018" zeigt auf Grundlage der mittels Daten von Schuldnerberatungen durchgeführten Erhebung auf, dass in der relevanten Altersgruppe „unter 20 Jahre" Schulden bei Telekommunikationsunternehmen insgesamt 46,1 % der Gesamtschulden ausmachen. Vgl. *Destatis*, Überschuldungsstatistik 2018, S. 12, Tabelle 5.1. Im Rahmen der Nutzung von Mobiltelefonen bestehen Schulden minderjähriger Personen zudem erfahrungsgemäß v. a. im privaten Bereich in Form von Rückzahlungsverpflichtungen, welche die von den eigenen Eltern übernommenen Handygebühren betreffen. Vgl. *Pfeffer*, ZVI 2012, 288.

[94] Fiktives Fallbeispiel.

Maßgeblich zu hinterfragen ist, ob Minderjährige für die Kosten eines Handykaufs oder dessen Nutzung rechtswirksam haften müssen.

2. Rechtliche Bewertung

Im Rahmen einer rechtlichen Bewertung der Vorgänge bei einer Nutzung von Mobiltelefonen und dem Erwerb von Zusatzprodukten muss zwischen drei relevanten Vertragskonstellationen differenziert werden.

a) Kaufvertrag zwecks Erwerb des Mobilgerätes

Zunächst ist ein zur Anschaffung des Gerätes dienender Kaufvertrag im Sinne von § 433 BGB zu schließen. Einen solchen kann ein geschäftsunfähiger Minderjähriger unter sieben Jahren gem. §§ 104 Nr. 1, 105 Abs. 1 BGB nicht rechtswirksam eingehen. Auch ein gem. § 106 BGB beschränkt geschäftsfähiger Minderjähriger bedarf zum Abschluss des Kaufvertrages gem. §§ 107, 108 BGB der Einwilligung oder Genehmigung seiner Eltern als gesetzlicher Vertreter, sofern diese nicht ein entsprechendes Gerät im eigenen Namen erwerben und dem Minderjährigen zur Nutzung überlassen.[95] Handelt es sich bei dem betreffenden Kaufvertrag um einen Ratenkauf, kann überdies im Einzelfall abhängig vom Alter des Minderjährigen, der konkreten Laufzeit des Vertrages und dem eventuellen Vorliegen einer Drittfinanzierung auch eine Genehmigungspflicht nach § 1822 Nr. 5, Nr. 8 BGB i.V.m. § 1643 Abs. 1 BGB bestehen.

Schließt ein beschränkt geschäftsfähiger Minderjähriger selbst einen entsprechenden Kaufvertrag und fehlt es an einer notwendigen Einwilligung seines gesetzlichen Vertreters, käme zwar eine Wirksamkeit des gem. § 108 Abs. 1 BGB schwebend unwirksamen Kaufvertrages durch ein Bewirken der vertragsmäßigen Leistung mit eigenen Mitteln gem. § 110 BGB in Betracht. Dies setzt jedoch voraus, dass die Eltern als gesetzliche Vertreter die Anschaffung eines Mobiltelefons etwa aus dem Taschengeld nicht explizit untersagt haben. Eine Eingehung unüberschaubarer Verbindlichkeiten durch den Minderjährigen steht hierbei nicht zu befürchten, da Voraussetzung einer Wirksamkeit ex tunc die vollständige Erfüllung der vertragsgemäßen Leistung gem. § 362 Abs. 1 BGB durch den Minderjährigen ist. Eine Teilerfüllung durch den Minderjährigen hingegen kann nur in solchen Fällen genügen, in denen Leistung und Gegenleistung teilbar sind.[96] Im Fall der Vereinbarung

---

[95] Insoweit gelten die zur missbräuchlichen Eigenbestellung von Waren durch Eltern auf den Namen ihrer minderjährigen Kinder getätigten Ausführungen unter F. II. naturgemäß ebenfalls uneingeschränkt. Hier besteht ein gewisses Missbrauchsrisiko, welches zur rechtswirksamen Belastung eines vorhandenen Vermögens des Minderjährigen führen kann.

[96] Vgl. BeckOK BGB/*Wendtland*, BGB, § 110 Rn. 5.

eines Ratenzahlungskaufs führt eine Teilleistung des Minderjährigen daher nicht zur Teilwirksamkeit des Kaufvertrags in Höhe der geleisteten Rate. Erst die vollständige Erfüllung auch der letzten Rate mit eigenen Mitteln führt bei entsprechenden Kreditgeschäften des Minderjährigen zu einer Wirksamkeit des gesamten Vertrages.[97]

Ist der Minderjährige gemäß den Vorgaben des § 112 Abs. 1 S. 1 BGB zum selbständigen Betrieb eines Erwerbsgeschäfts ermächtigt und somit partiell unbeschränkt geschäftsfähig, kann er auch ohne Einwilligung seines gesetzlichen Vertreters Vertragsschlüsse über Rechtsgeschäfte tätigen, die der Geschäftsbetrieb mit sich bringt. Ob ein Rechtsgeschäft dieser Art vorliegt, richtet sich nach den Umständen des konkreten Geschäftsbetriebs unter Berücksichtigung der Verkehrsanschauung.[98] Der Erwerb eines Mobiltelefons sichert die Erreichbarkeit und ermöglicht eine geschäftliche Kommunikation und ist somit zum Einsatz im Geschäftsbetrieb geeignet. Sofern die Anschaffung des betreffenden Geräts nicht ausschließlich dem Privatbereich des Minderjährigen zuzuordnen ist, kann eine Wirksamkeit des Kaufvertrages gem. § 112 Abs. 1 S. 1 BGB folglich in Betracht kommen, soweit nicht eine Genehmigungsbedürftigkeit nach § 1822 Nr. 5, Nr. 8 BGB besteht, vgl. § 112 Abs. 1 S. 2 BGB.

Tritt der Minderjährige nach Ermächtigung durch den gesetzlichen Vertreter alternativ in ein Dienst- oder Arbeitsverhältnis ein, ist er gem. § 113 Abs. 1 S. 1 BGB auch für solche Rechtsgeschäfte unbeschränkt geschäftsfähig, welche die Erfüllung der sich aus einem solchen Rechtsverhältnis ergebenden Verpflichtungen betreffen. Dies umfasst auch Rechtsgeschäfte mit Dritten und insbesondere Kaufverträge über Arbeitsmaterial und Berufskleidung.[99] Mag ein durch den Arbeitnehmer oder Dienstleistenden erworbenes Mobiltelefon auch grundsätzlich zum Einsatz als Arbeitsmittel geeignet sein, bedürfte es insoweit gleichwohl einer konkreten Betrachtung im Einzelfall sowie einer trennscharfen Abgrenzung vom nicht erfassten Privatgebrauch, die praktisch nur schwer durchzuführen sein dürfte.

---

[97] Vgl. MüKoBGB/*Spickhoff*, BGB, § 110 Rn. 15. Ein Rückgriff auf § 110 BGB verbietet sich allerdings generell, sofern der Kaufvertrag gem. § 1822 Nr. 5, Nr. 8 BGB i.V.m. § 1643 Abs. 1 BGB genehmigungspflichtig sein sollte, vgl. MüKoBGB/*Kroll-Ludwigs*, BGB, § 1822 Rn. 42. Da § 110 BGB nach überwiegender Auffassung einen Unterfall des § 107 BGB darstellt, entfällt durch eine Überlassung der Mittel zur freien Verfügung die Genehmigungspflicht nicht. Anderenfalls würde der in § 1822 Nr. 5 BGB zum Ausdruck kommende, eine Bindung für die Zeit nach Eintritt der Volljährigkeit ausschließende Schutz umgangen.

[98] Erman/*Müller*, BGB, § 112 Rn. 6.

[99] Erman/*Müller*, BGB, § 113 Rn. 11.

b) Mobilfunkvertrag

Des Weiteren ist sowohl bei laufzeitgebundenen Verträgen als auch bei Prepaid-Systemen ein Mobilfunkvertrag mit einem Teilnehmernetzbetreiber abzuschließen. Rechtlich gesehen ist dieser Vertrag nach überwiegender Auffassung als Dienstleistungsvertrag zu qualifizieren.[100] Während ein laufzeitgebundener Mobilfunkvertrag in der Praxis grundsätzlich von den Eltern des jeweiligen Minderjährigen im eigenen Namen abgeschlossen wird,[101] ist ein Vertragsschluss durch beschränkt geschäftsfähige Minderjährige im Fall eines Prepaid-Systems – abhängig von den AGB des jeweiligen Netzbetreibers – schon ab einem Mindestalter von 16 Jahren denkbar.[102] Schließt ein gem. § 106 BGB beschränkt geschäftsfähiger Minderjähriger persönlich einen entsprechenden Prepaidvertrag, bedarf er aufgrund der Eingehung für ihn nachteiliger Zahlungsverpflichtungen hierzu wiederum einer Einwilligung der Eltern als gesetzlicher Vertreter nach § 107 BGB. Eine solche kann gleichwohl entsprechend der bereits angeführten Erwägungen nach §§ 112, 113 BGB entbehrlich sein, sofern ein ausschließlich geschäftlich genutzter Mobilfunkanschluss in Rede steht.[103]

Fehlt es an einer erforderlichen Einwilligung, käme wiederum ein Wirksamwerden des Vertrages gem. 110 BGB in Betracht. Ein laufzeitgebundener Vertrag, soweit dieser praktisch nach den AGB des Netzbetreibers überhaupt durch einen Minderjährigen abgeschlossen werden könnte, wäre danach nur insoweit wirksam, als die monatlich geschuldeten Entgelte durch Erfüllung, etwa durch Bankeinzug vom Taschengeldkonto des Minderjährigen, bereits erloschen sind. Bei den monatlichen Nutzungsentgelten handelt es sich um teilbare, jeweils selbständige Leistungseinheiten, auf die § 110 BGB Anwendung finden kann.[104] Im Hinblick auf die in der Zukunft liegenden, nicht

---

[100] Zur Qualifikation als Dienstleistungsvertrag vgl. *Klees*, CR 2005, 626, 628. Zu abweichenden Auffassungen bezüglich der vertragstypologischen Einordnung, insbesondere zur Kategorisierung als Vertrag sui generis, vgl. *Schuster*, CR 2006, 444, 450.

[101] Vgl. schon *Mankowski/Schreier*, VuR 2007, 1, 2. Dies gründet auf dem Umstand, dass nach den Geschäftsbedingungen der Netzbetreiber zum Abschluss eines Mobilfunkvertrags in der Regel ein Mindestalter von 18 Jahren vorausgesetzt wird.

[102] Vgl. die Angaben bei https://www.mobilcom-debitel.de/digitalrepublic/smartphones/prepaid-karte-nur-mit-ausweis (Abrufdatum 27.4.2021).

[103] Diesbezüglich können die für den Abschluss eines Telefonanschlussvertrages für ein Geschäftslokal oder Büroräume geltenden Grundsätze herangezogen werden. Vgl. dazu jurisPK-BGB/*Hansen*, BGB, § 112 Rn. 26.

[104] Ebenso *Nolte*, ZVI 2012, 324, 327. Eine summenmäßige Beschränkung oder Obergrenze der Gebühren, wie sie *Derleder/Thielbar*, NJW 2006, 3233, 3236 fordern, besteht dabei nach allgemeiner Meinung nicht. Vgl. nur MüKoBGB/*Spickhoff*, BGB, § 110 Rn. 21. Zu beachten ist gleichwohl wiederum, dass eine Anwendung des § 110 BGB dann nicht in Betracht kommt, wenn der Mobilfunkvertrag gem. § 1822 Nr. 5 BGB i.V.m. § 1643 Abs. 1 BGB genehmigungspflichtig ist.

erfüllten Leistungszeiträume hingegen wäre der Vertrag gem. § 108 Abs. 1 BGB schwebend unwirksam, weshalb der Netzanbieter insoweit keine Leistung verlangen könnte. Wiederum kommt es bei der Anwendung des § 110 BGB im Übrigen entscheidend auf die im Innenverhältnis zwischen dem Minderjährigen und seinen gesetzlichen Vertretern bestehende Zweckbestimmung an.[105] Im praktisch vorrangig vorstellbaren Fall des Abschlusses eines Prepaid-Vertrages, der regelmäßig mit dem Erwerb einer Guthaben-Karte durch Einmalzahlung einhergeht, wäre eine vollständige Erfüllung des geschuldeten Kaufpreises durch den Minderjährigen mit dessen eigenen Mitteln und damit ein Wirksamwerden sowohl des Prepaidvertrages als auch des dem Kartenerwerb zugrundliegenden Kaufvertrages realiter denkbar.

c) Vertrag über Mehrwertdienstleistung oder App

Schließlich kommt es auch im Falle der Inanspruchnahme von Mehrwertdiensten wie z.B. eines Klingeltons oder des Erwerbs einer kostenpflichtigen Spiele-App zu einem Vertragsschluss mit dem Anbieter des jeweiligen Produkts. Auf den betreffenden Vertrag finden kaufrechtliche Vorschriften über § 453 Abs. 1 BGB jedenfalls entsprechende Anwendung.[106] Ein Vertragsschluss ist dabei auf unterschiedliche Arten denkbar. In der Vergangenheit kam der Abschluss etwa eines Klingeltonvertrages in vielen Fällen zustande, indem der Nutzer an die Kurzwahlnummer des Anbieters eine Bestell-SMS versandte und dieser daraufhin das jeweilige Produkt zur Verfügung stellte.[107] Heutzutage ist ein Produkterwerb in praktischer Hinsicht vor allem über die Nutzung von Online-Stores vorstellbar, wobei die notwendige Willenserklärung des Nutzers eines solchen Stores in der Betätigung einer Bestellfläche verkörpert ist. Eine Annahme des Dienstanbieters ist wiederum durch eine ausdrückliche Erklärung oder aber konkludent durch Zurverfügungstellung des jeweiligen Produkts zum Download möglich.

Nimmt ein mindestens 16 Jahre alter und somit beschränkt geschäftsfähiger Minderjähriger als Inhaber eines persönlichen Prepaid-Mobilfunkanschlusses durch Versand einer Bestell-SMS einen kostenpflichtigen Mehrwertdienst in Anspruch, so bedarf er für seine in der SMS verkörperte Willenserklärung gem. §§ 107, 108 BGB grundsätzlich der Einwilligung oder Genehmigung seines gesetzlichen Vertreters. Eine Einwilligung in den Erwerb der Mehrwertdienstleistung kann dabei aufgrund der Wesensverschiedenheit der betreffenden Rechtsgeschäfte nicht bereits in der Zustimmung der Eltern zum Abschluss des Mobilfunkvertrages gesehen werden.[108] Diese

---

[105] *Klees*, CR 2005, 626, 629.

[106] Vgl. *Klees*, CR 2005, 626, 629 m.w.N. Zur Diskussion der Rechtsnatur von Mehrwertdienstverträgen vgl. im Übrigen *Zagouras*, MMR 2006, 511, 513.

[107] *Mankowski/Schreier*, VuR 2007, 1.

[108] Vgl. BeckOGK/*Duden*, BGB, § 107 Rn. 151.2; *Derleder/Thielbar*, NJW 2006, 3233,

muss sich vielmehr auf den konkreten Vertrag über eine Mehrwertleistung mit einem bestimmten Vertragspartner beziehen.[109] Auch die Annahme einer beschränkten Generaleinwilligung der Eltern in alle Rechtsgeschäfte des Kindes, die mit einem Smartphone potentiell vorgenommen werden können, wäre aufgrund der Vielzahl der existierenden, teils sehr teuren Zusatzangebote nicht mit dem Gedanken eines effektiven Minderjährigenschutzes vereinbar.[110] Eine Entbehrlichkeit der Einwilligung nach §§ 112, 113 BGB lässt sich jedenfalls dann nicht bejahen, wenn es sich um eine Mehrwertdienstleistung handelt, die nach der Verkehrsanschauung ganz überwiegend dem privaten Bereich zuzuordnen ist. Dies wird bei einer Vielzahl der verfügbaren Zusatzprodukte wie beispielsweise Klingeltönen regelmäßig der Fall sein, bedürfte jedoch einer genauen Betrachtung im konkreten Einzelfall.

Gleichwohl könnte das jeweils in Rede stehende Rechtsgeschäft auch bei fehlender Einwilligung des gesetzlichen Vertreters nach § 110 BGB wirksam werden. Von einer insoweit notwendigen vollständigen Bewirkung der vertragsmäßigen Leistung ist auszugehen, wenn der Minderjährige die gegen ihn gerichtete Kaufpreisforderung des Mehrwertdienstanbieters gem. § 362 Abs. 1 BGB vollständig erfüllt und eine unter Umständen bestehende Zweckbindung der überlassenen Mittel das in Rede stehende Geschäft umfasst. Bei Vorliegen eines Einzelkaufs kann von vollständiger Erfüllung der geschuldeten Leistung im Sinne von §§ 110, 362 Abs. 1 BGB ausgegangen werden, wenn der angefallene Betrag vom Prepaid-Konto abgezogen wird oder der Minderjährige die auf der jeweiligen Monatsrechnung ausgewiesenen Forderungen des Drittanbieters vollständig begleicht. Bei Abschluss eines Abonnements hingegen liegt ein Dauerschuldverhältnis vor, das im Hinblick auf § 110 BGB in einzelne Leistungsperioden unterteilt werden kann. Erfüllt der Minderjährige eine monatliche Rate vollständig mit den ihm zu diesem Zweck oder zur freien Verwendung überlassenen Mitteln, kann insoweit Wirksamkeit des Vertrages eintreten.

Eine Anwendung von § 110 BGB wird bei entsprechenden Abonnements auch nicht durch eine nach § 1822 Nr. 5 BGB i.V.m. § 1643 Abs. 1 BGB bestehende Genehmigungspflicht verhindert, da diese häufig wöchentlich oder monatlich sowie ohne rechtliche bzw. wirtschaftliche Nachteile kündbar sind, eine feste Bindung an das Vertragsverhältnis länger als ein Jahr nach Eintritt der Volljährigkeit des Minderjährigen mithin praktisch ausscheidet.[111] Im Hinblick auf die in der Zukunft liegenden Leistungsperioden aller-

---

3238; jurisPK-BGB/*Hansen*, BGB, § 107 Rn. 34; MüKoBGB/*Spickhoff*, BGB, § 107 Rn. 27.

[109] MAH IT-Recht/*Glossner*, Teil 2 Rn. 113.

[110] Vgl. *Mankowski*/*Schreier*, VuR 2007, 1, 7.

[111] Zur Anwendung von § 1822 Nr. 5 BGB im Fall einer Kündigungsmöglichkeit vgl. näher MüKoBGB/*Kroll-Ludwigs*, BGB, § 1822 Rn. 43.

dings ist der Vertrag schwebend unwirksam.[112] Eine in der Vergangenheit teilweise behauptete extreme Steigerung der Gefahr einer Verschuldung Minderjähriger durch den mehrfachen Abschluss von Abonnementverträgen besteht daher auch bei Anwendung von § 110 BGB faktisch nicht.[113]

Der heutzutage praktisch besonders verbreitete Erwerb von kostenpflichtigen Apps über einen Online-Store setzt zunächst die Einrichtung eines persönlichen Benutzeraccounts voraus, zu welcher der Minderjährige nach § 107 BGB insbesondere angesichts der damit verbundenen Preisgabe persönlicher Daten bereits der Einwilligung seines gesetzlichen Vertreters bedarf. Darüber hinaus bedarf der beschränkt geschäftsfähige Minderjährige auch für seine auf den Abschluss eines zahlungspflichtigen Kaufvertrages über das jeweilige Produkt gerichtete Willenserklärung der Einwilligung nach § 107 BGB. Entsprechend der für Mehrwertdienstleistungen geltenden Grundsätze beinhaltet die Einwilligung der Eltern in die Nutzung eines App-Stores wiederum grundsätzlich keine konkludent erklärte Einwilligung in alle nachfolgenden App-Käufe.[114] Insoweit sind nicht nur das teils deutlich unterschiedliche Preisniveau einzelner Apps, sondern auch deren weitreichende inhaltliche Unterschiede zu beachten, die unter Umständen dem elterlichen Einverständnis nicht unterfallen. Im Übrigen gelten grundsätzlich die obigen Ausführungen zu § 110 BGB sowie zu den §§ 112, 113 BGB. Allerdings ist insoweit mit Blick auf § 110 BGB in der Praxis zu berücksichtigen, dass eine vollständige Erfüllung der geschuldeten Leistung durch den Minderjährigen nur in Betracht kommen kann, wenn die im Nutzeraccount registrierte, zwecks Begleichung von App-Käufen im Online-Store hinterlegte Zahlungsmethode auf solche Mittel zurückgreift, die dem Minderjährigen zu diesem Zweck oder zur freien Verfügung überlassen wurden.[115]

Zuletzt ist schließlich vorstellbar, dass der Minderjährige Mehrwertdienstleistungen nicht über seinen eigenen Mobilfunkanschluss, sondern über denjenigen eines Dritten wie etwa seiner Eltern abruft oder Apps über einen fremden Nutzeraccount in einem Online-Store erwirbt. Hier ist im Einzelfall schon umstritten, ob aus Sicht eines objektiven Dritten gem. §§ 133, 157 BGB der Minderjährige selbst oder vielmehr der Anschluss- bzw. Accountinhaber als Vertragspartner des Mehrwertdienstanbieters in Betracht kommt.[116] Für die Frage, ob in entsprechenden Fällen eine rechtsgeschäftli-

---

[112] Vgl. zum Ganzen näher *Mankowski/Schreier*, VuR 2007, 1, 5.

[113] Vgl. demgegenüber aber die abweichende Einschätzung bei *Derleder/Thielbar*, NJW 2006, 3233, 3237.

[114] BeckOGK/*Duden*, BGB, § 107 Rn. 151.2.

[115] Dies wäre etwa denkbar, wenn bei App-Käufen eine Abbuchung vom Taschengeldkonto des Minderjährigen erfolgt. Anders stellte sich der Fall insbesondere dann dar, wenn im Online-Store die Kreditkarte eines Elternteils als Zahlungsmittel hinterlegt wäre.

[116] Bei der Nutzung von Mehrwertdienstrufnummern sollen grundsätzlich alle von ei-

che Verpflichtung des Minderjährigen entstehen kann, entfaltet diese Kontroverse allerdings keine Relevanz.

Ist der Minderjährige selbst als potentieller Vertragspartner anzusehen, ist seine Willenserklärung entweder bereits nach §§ 104 Abs. 1 Nr. 1, 105 Abs. 1 BGB nichtig oder bedarf gem. §§ 107, 108 Abs. 1 BGB der Einwilligung bzw. Genehmigung seines gesetzlichen Vertreters. Eine verbindliche Einwilligung kann dabei nicht allein in der bloßen Zurverfügungstellung des Smartphones an den Minderjährigen gesehen werden. Überlassen Eltern ihren minderjährigen Kindern ihr persönliches Smartphone, um Telefonate durchzuführen oder ein installiertes Spiel zu nutzen, kann darin objektiv betrachtet nicht ohne Weiteres eine gem. § 107 BGB erforderliche, konkludent geäußerte Einwilligung zur Anwahl von Mehrwertrufnummern oder zum selbstverantwortlichen Download einer potentiell unüberschaubaren Vielzahl kostenpflichtiger virtueller Zusatzprodukte gesehen werden.[117] Liegt hingegen ein Handeln des Minderjährigen unter fremdem Namen vor, kommt selbst bei Bejahung einer Anscheins- oder Duldungsvollmacht lediglich eine persönliche Haftung des Anschlussinhabers in Betracht.[118] Sofern der Minderjährige hingegen mangels Vorliegens von Vertretungsmacht als falsus procurator im Sinne des § 179 Abs. 1 BGB gehandelt haben sollte, ist er dem Anbieter des Mehrwertdienstes gem. § 179 Abs. 3 S. 2 BGB gleichwohl nicht zum Schadensersatz verpflichtet.

3. *Praktische Konsequenzen*

Der Gebrauch von Mobiltelefonen und damit einhergehender Zusatzprodukte begründet mit Blick auf die aus §§ 104 ff. BGB resultierenden Gewährleistungen grundsätzlich kein erhöhtes Verschuldungsrisiko für minderjährige Nutzer. Die verbreitete Nutzung von Mobiltelefonen durch Minderjäh-

---

nem Anschluss gewählten Telefonverbindungen dem Anschlussinhaber, aus dessen Sphäre die abgegebene Vertragserklärung stammt, zugerechnet werden. Anderes soll hingegen gelten, wenn sich das Angebot eines Mehrwertdienstanbieters gezielt an junge Menschen richtet, etwa im Fall von Klingeltönen oder Handyspielen. Vgl. AG Düsseldorf, Urt. v. 2.8.2006 – 52 C 17756/05, MMR 2007, 404, 405; MAH IT-Recht/*Glossner*, Teil 2 Rn. 112; *Mankowski*/*Schreier*, VuR 2007, 1, 2. Mit Blick auf die Nutzung eines App-Stores über einen fremden Account ebenso *Bisges*, NJW 2014, 183, 185. Anderer Ansicht ist insoweit unter anderem *Buchwitz*, VuR 2010, 378 m.w.N., der in Fällen der Anwahl von Mehrwertdienstnummern vom elterlichen Telefonanschluss ein Handeln des Minderjährigen unter fremdem Namen annimmt, auf welches die §§ 164 ff. BGB entsprechend anzuwenden seien.

[117] Vgl. *Mankowski*/*Schreier*, VuR 2006, 209, 214.

[118] Vgl. *Meyer*, NJW 2015, 3686, 3688. Zur Möglichkeit einer auf § 45i Abs. 4 S. 1 TKG beruhenden Zurechnung im Fall der Anwahl von 0900er-Nummern durch den beschränkt Geschäftsfähigen vgl. die überblicksweise Darstellung bei *Nolte*, ZVI 2012, 324, 328 sowie BGH, Urt. v. 6.4.2017 – III ZR 368/16, NJW 2017, 2273, 2276.

rige kann daher insgesamt nicht als „Schuldenfalle“ klassifiziert werden. Eine unkontrollierte Aufnahme rechtswirksamer Verbindlichkeiten durch beschränkt geschäftsfähige Minderjährige wird in diesem Zusammenhang durch die Vorschrift des § 107 BGB verhindert. Nur bei vorheriger Einwilligung des gesetzlichen Vertreters in die auf den Abschluss eines Kaufvertrags über ein Mobiltelefon oder den Abschluss eines Mobilfunkvertrags gerichtete Willenserklärung bzw. im Fall einer nachträglichen Genehmigung dieser Rechtsgeschäfte wird der Minderjährige Partner eines entsprechenden Vertragsverhältnisses. Zudem umfasst eine solche Einwilligung nicht automatisch alle denkbaren Folgegeschäfte wie insbesondere Mehrwertdienstleistungen oder App-Käufe in einem Online-Store. Soweit im Einzelfall § 110 BGB zur Anwendung gelangt, tritt eine Wirksamkeit des jeweils in Rede stehenden Vertragsverhältnisses nur nach vollständiger Erfüllung durch den Minderjährigen ein. Lediglich im Anwendungsbereich der §§ 112, 113 BGB steht es dem Minderjährigen frei, eigenverantwortlich Vertragsverhältnisse einzugehen, wobei dies ersichtlich nur eine begrenzte Anzahl von Praxisfällen betreffen kann.

Insgesamt haben es die gesetzlichen Vertreter des Minderjährigen und damit regelmäßig dessen Eltern somit in der Hand, mittels einer verantwortungsbewussten Zweckbestimmung hinsichtlich überlassener Mittel oder einer Verweigerung ihrer Zustimmung zu Verträgen eine Eingehung von Verbindlichkeiten durch den Minderjährigen zu verhindern. In praktischer Hinsicht sind Minderjährige als persönliche Vertragspartner zudem in der Regel auf die Nutzung eines Prepaid-Systems beschränkt, was eine effektive Kostenkontrolle und -begrenzung ermöglichen kann.

Entstehen allerdings infolge der Zustimmung des gesetzlichen Vertreters rechtswirksame Verbindlichkeiten des Minderjährigen, ist nach Eintritt der Volljährigkeit an die Geltendmachung der Einrede aus § 1629a Abs. 1 BGB zu denken. Diese findet Anwendung sowohl auf die aus einem Kaufvertrag resultierende Zahlungsverpflichtung als auch, sofern in der Praxis denkbar, auf die Verbindlichkeiten aus einem laufzeitgebundenen Mobilfunkvertrag, der durch Eltern im Namen des Kindes abgeschlossen wurde. Dies gilt auch für Verbindlichkeiten aus einem mit Zustimmung des gesetzlichen Vertreters geschlossenen Rechtsgeschäft über Mehrwertprodukte oder einen App-Erwerb über einen Online-Store. Dabei greift die Haftungsbeschränkung auch für solche Verbindlichkeiten ein, die aus während der Minderjährigkeit begründeten Dauerschuldverhältnissen wie einem Mobilfunkvertrag oder einem Abonnement über Zusatzdienste stammen und erst nach Eintritt der Volljährigkeit fällig werden.

Von der Haftungsbeschränkung nicht erfasst sind hingegen nicht nur Verbindlichkeiten aus solchen Rechtsgeschäften, die der Minderjährige nach §§ 112, 113 BGB zulässigerweise selbständig tätigen darf. Insbesondere kann auch ein Ausschluss der Einredeerhebung nach § 1629a Abs. 2 Alt. 2 BGB in

Betracht kommen, sofern die jeweilige Verbindlichkeit aus einem Rechtsgeschäft entspringt, das allein der Befriedigung der persönlichen Bedürfnisse dient. Die Anschaffung selbst eines unter Umständen äußerst hochpreisigen Mobiltelefons kommt zumeist exklusiv dem minderjährigen Nutzer zugute und dürfte angesichts des bereits aufgezeigten Verbreitungsgrads entsprechender Geräte in den relevanten Altersgruppen ein typisches und keinesfalls außergewöhnliches Geschäft darstellen. Bedeutsam erscheint insoweit insbesondere, dass die Bundesregierung im Rahmen der Gesetzesbegründung zum MHbeG bereits im Jahr 1996 davon ausging, dass die Anschaffung eines Computers ein alterstypisches Geschäft darstellen könne.[119] Auch nicht übermäßig belastende Zahlungspflichten aus einem Mobilfunkvertrag und einem Rechtsgeschäft über Mehrwertdienstleistungen können demnach je nach Alter des betroffenen Minderjährigen im Einzelfall § 1629a Abs. 2 Alt. 2 BGB unterfallen, da auch solche Rechtsgeschäfte nach aktueller Verkehrsanschauung regelmäßig nicht mehr als untypisch zu bewerten sind.[120]

VII. Online-Spiele und In-App-Käufe

Computerspiele stellen in der heutigen Zeit ein populäres Alltagsphänomen und einen wichtigen Faktor im Bereich der Freizeitgestaltung dar.[121] Insbesondere Online-Spiele und Spiele-Apps für Mobilgeräte wie Smartphone und Tablet erfreuen sich enormer Beliebtheit und weisen überdies ein erhebliches wirtschaftliches Potential auf.[122] Da auch viele junge Menschen zu den Konsumenten entsprechender Angebote zählen,[123] soll in der Folge die auch me-

---

[119] Vgl. erneut BT-Drs. 13/5624, S. 13.

[120] Mit Blick auf einen Mobilfunkvertrag ebenso BeckOK BGB/*Veit,* BGB, § 1629a Rn. 17.4; NK-BGB/*Kaiser*, BGB, § 1629a Rn. 25.

[121] Laut Jahresreport des deutschen Branchenverbands „game – Verband der deutschen Games-Branche e.V.“ für das Jahr 2019 nutzten insgesamt 34,3 Millionen Menschen in Deutschland gelegentlich oder häufiger Computer- und Videospiele. Siehe hierzu https://www.game.de/wp-content/uploads/2018/08/game-Jahresreport-2019_web.pdf, dort S. 6 (Abrufdatum 27.4.2021).

[122] Nach Angaben des Statistik-Portals Statista (https://de.statista.com/themen/1095/gaming/, Abrufdatum 27.4.2021) lagen beispielsweise die Umsätze mit Videospielen in Deutschland im Jahr 2018 bei rund 3,5 Milliarden Euro, während sich der Umsatz allein mit In-Game-Käufen für Videospiele in Deutschland in diesem Zeitraum auf 1,9 Milliarden Euro belief.

[123] Laut des in Fn. 121 genannten Jahresreports des Branchenverbands „game – Verband der deutschen Games-Branche e.V.“ sind im Jahr 2019 insgesamt 25 % der Nutzer von Online-Spielen zwischen 0 und 19 Jahren alt, siehe S. 8 des Jahresreports. Nach Erkenntnissen des 15. Kinder- und Jugendberichts vom 1.2.2017 spielen im Übrigen sieben von zehn Jugendlichen täglich oder mehrmals pro Woche digitale Spiele, siehe BT-Drs. 18/11050, S. 283.

dial häufig thematisierte Gefahr einer finanziellen Verpflichtung minderjähriger Spieler aus rechtlicher Perspektive untersucht werden.[124] Ausgeklammert bleiben an dieser Stelle daten- sowie jugendschutzrechtliche Fragen, die sich im Zusammenhang mit der Nutzung von Online-Spielen durch Minderjährige ebenfalls als problematisch darstellen können.[125]

1. Situation

Im Bereich der PC-Spiele existieren mittlerweile vielfältige Varianten im Internet spielbarer sogenannter Online- und Browsergames.[126] Neben kostenpflichtigen Spieleangeboten, die neben der Einrichtung eines Nutzerkontos auch den Abschluss eines zahlungspflichtigen Abonnementvertrages voraussetzen, gewinnen dabei zunehmend sogenannte „free to play"-Spiele an Popularität. Diese können zunächst gratis online am PC oder im Rahmen einer zuvor auf das Smartphone oder Tablet aufgespielten App genutzt werden, bieten dem Spieler aber auch die Möglichkeit, kostenpflichtige zusätzliche Spieleinhalte oder entgeltliche Verbesserungen der gewählten Spielfigur zu erwerben. Solche Zusatzangebote können beim Nutzer in der Summe zu durchaus beachtlichen Kosten führen.

---

[124] Vgl. etwa den Untertitel eines Artikels von *Denis Gießler* vom 25.7.2019 unter https://www.zeit.de/digital/games/2019-07/in-game-kaeufe-gluecksspiel-sucht-werbung(Abrufdatum 27.4.2021) zu In-Game-Käufen in Gestalt des Öffnens sogenannter „Lootboxen": „[…] Schon Kinder kaufen die Extras in Games und häufen massiv Schulden an." Des Weiteren titelte ein Bericht aus der Schweiz im August 2018 mit Blick auf das global populäre Online-Game „Fortnite" wie folgt: „Dieses Game zieht den Teenies das Geld aus der Tasche." Vgl. https://www.beobachter.ch/digital/multimedia/fortnite-dieses-game-zieht-den-teenies-das-geld-aus-der-tasche (Abrufdatum 27.4.2021). Vgl. zudem auch die in Tabelle 1 im Anhang abgedruckte Fragebogenauswertung und dort Frage 5e). Insgesamt 14 von 57 Befragten gaben an, aus ihrer Beratungspraxis Kenntnis von Fällen zu haben, in denen finanzielle Forderungen gegen Minderjährige infolge der Nutzung von Online-Spielen im Raum standen.

[125] Vgl. hierzu etwa *Erkeling*, Smart World – Smart Law?, S. 785, 791 ff.

[126] Unter den Begriff „Online-Spiel" fallen solche Computerspiele, welche zeitgleich mit einer Vielzahl von Mitspielern spielbar sind und bei denen der Spieler zumeist die Spielesoftware auf seinem lokalen Rechner speichert, um nach Einrichtung eines Online-Benutzerkontos über ein „Client"-Programm am virtuellen Spielgeschehen teilnehmen zu können, vgl. *Diegmann/Kuntz*, NJW 2010, 561.

Fallbeispiel[127]

Der 13 Jahre alte M spielt intensiv eine kostenfreie Spiele-App auf seinem mobilen Endgerät. Um im Spielverlauf weitere, in der Gratis-Version des betreffenden Spiels nicht enthaltene Zusatzfunktionen freischalten zu können, möchte er mittels mehrerer In-App-Käufe verschiedene kostenpflichtige Spielinhalte und virtuelle Gegenstände erwerben.

Entsprechende Geschäftsmodelle unterliegen angesichts des eventuell entstehenden Kaufanreizes und des mitunter unübersichtlichen Kostenrisikos teils harscher Kritik insbesondere seitens Verbraucherschutzverbänden.[128]

Die durch den Spieler angeforderten Zusatzprodukte oder Erweiterungen können je nach Spiel beispielsweise mittels des Einsatzes einer Kreditkarte, im Rahmen eines Prepaid-Verfahren oder über Online-Bezahldienste wie etwa PayPal bezahlt werden. Bei Nutzung einer Spiele-App auf Smartphone oder Tablet können solche Zusatzfunktionen über den zuvor eingerichteten Account im Wege eines In-App-Kaufs durch den Spieler einfach und schnell aus der App heraus getätigt werden, ohne dass zuvor in einen separaten Online-Store gewechselt werden müsste. Abhängig vom verwendeten Betriebssystem erfolgt eine Abrechnung der entstandenen Kosten teilweise unmittelbar über den Mobilfunkanschluss des mobilen Endgeräts.[129]

2. Rechtliche Bewertung

Im Rahmen einer rechtlichen Einschätzung muss zwischen den unterschiedlichen Spieleangeboten differenziert werden. Dabei beschränken sich die nachfolgenden Ausführungen auf zwei häufig auftretende Oberkategorien

---

[127] Fiktives Fallbeispiel in Anlehnung an eine bei *Bisges* dargestellte Fallkonstellation aus der Praxis. Danach tätigte ein Minderjähriger mehrere In-App-Käufe in Höhe von 3.000 Euro in nur einer Spielsitzung, um solchermaßen Spieleerweiterungen in Gestalt sogenannter „Schlumpfbeeren" zu erhalten, vgl. *Bisges*, NJW 2014, 183.

[128] Vgl. etwa die unter http://www.verbraucherzentrale.nrw/freetoplay (Abrufdatum 27.4.2021) abrufbare Stellungnahme der Verbraucherzentrale Nordrhein-Westfalen zu kostenlosen Spiele-Apps. Im Oktober 2018 mahnte zudem die Verbraucherzentrale Rheinland-Pfalz zwei Anbieter von inhaltlich und grafisch maßgeblich auf kindliche Konsumenten ausgerichteten Spiele-Apps ab und forderte diese zur Unterlassung ihrer aus Sicht der Verbraucherschützer unlauteren Geschäftspraktiken auf. Im Rahmen beider, grundsätzlich kostenloser Spiele-Apps könnten Nutzer zwecks beschleunigten Fortkommens in der virtuellen Welt reale Finanzmittel zum Erwerb virtueller Gegenstände einsetzen, wobei durch nur einen Schaltflächenklick teils bis zu 109,99 Euro ausgegeben werden könnten. Vgl. hierzu die Mitteilung der Verbraucherzentrale Rheinland-Pfalz vom 8.10.2018, abrufbar unter https://www.verbraucherzentrale-rlp.de/aktuelle-meldungen/digitale-welt/my-talking-angela-und-dog-run-spieleapps-fuer-kinder-abgemahnt-30543 (Abrufdatum 27.4.2021).

[129] Zum technischen Ablauf eines In-App-Kaufs vgl. näher die Darstellung bei *Bisges*, NJW 2014, 183 sowie bei Bräutigam/Rücker/*Zdanowiecki*, 11. Teil D. Rn. 2 ff.

von Online-Spielen, nämlich auf Online-Spiele mit kostenpflichtigen Abonnementverträgen einerseits und die bereits erwähnten „free to play"-Spiele andererseits.

a) Online-Spiele mit Abonnement-Abschluss

Spielen minderjährige Personen Online-Games, müssen sie regelmäßig zunächst die jeweils benötigte Spieleanwendung bzw. -software auf dem von ihnen genutzten mobilen Endgerät installieren.[130] Um als Spieler am Online-Netzwerk des Spieleanbieters teilnehmen zu können, ist darüber hinaus eine Registrierung in Form der Erstellung eines Benutzerkontos bzw. -accounts mit den persönlichen Daten und der Angabe der gewählten Zahlungsweise auf der Website des Spieleanbieters notwendig. Im Gegensatz zu „free to play"-Spielen hat der Nutzer bei Online-Spielen auf Grundlage eines Abonnement-Modells neben der Anschaffung des eigentlichen Spiels zumeist zusätzlich monatliche Nutzungsgebühren über seinen Account zu entrichten. Insgesamt lassen sich im Rahmen solcher Konstellationen daher verschiedene Vertragsverhältnisse differenzieren.[131] Grundlegende Voraussetzung für die Teilnahme an einem Online-Spiel ist zunächst das Bestehen einer Internetverbindung.[132] Zudem muss der Nutzer nicht allein die benötigte Spielesoftware erwerben, darüber hinaus bedarf es auch der Einrichtung eines Online-Nutzeraccounts im Netzwerk des jeweiligen Spieleanbieters.

Im Hinblick auf den notwendigen Erwerb der zumeist kostenpflichtigen und auf Dauer überlassenen Spielesoftware handelt es sich um einen Kaufvertrag gem. §433 BGB, sofern eine Version des Spieleprogramms auf einem physischen Datenträger wie beispielsweise einer CD oder DVD erworben wird.[133] Lädt der Minderjährige hingegen eine im Internet angebotene In-

[130] Alternativ wäre grundsätzlich auch eine unmittelbare Spielteilnahme im Netzwerk ohne vorherige Installation der Spielesoftware auf dem eigenen Endgerät denkbar. Dabei handelt es sich allerdings zumeist um kostenlos spielbare „Browsergames", auf welche hier nicht näher eingegangen werden soll.

[131] Für die rechtliche Bewertung soll in der weiteren Folge grundsätzlich unterstellt werden, dass deutsches Recht Anwendung findet. Dies kann im Einzelfall vor dem Hintergrund, dass Spieleanbieter die Server, auf welchen die Spielprogramme ablaufen, zumeist gleichzeitig in mehreren Ländern betreiben, durchaus zweifelhaft sein. Vgl. die detaillierte Darstellung bei *Krasemann*, MMR 2006, 351, 352.

[132] Lebt der Minderjährige noch im elterlichen Haushalt, wird er sich in aller Regel des Internetanschlusses seiner Eltern bedienen; diese Situation soll im weiteren Verlauf vorausgesetzt werden. Für den jedenfalls theoretisch gleichfalls denkbaren Abschluss eines eigenen Mobilfunkvertrages bedürfte der Minderjährige gem. § 107 BGB grundsätzlich der Zustimmung seiner Eltern als seiner gesetzlichen Vertreter. Vgl. hierzu die Darstellung unter F. VI. 2. b). Überdies kann ein Online-Zugang auch über öffentliche W-Lan-Netze hergestellt werden.

[133] Zu den Pflichten des Verkäufers zählt in diesem Fall sowohl die Übertragung des

stallationsdatei herunter, finden zwar im Ergebnis ebenfalls die §§433 ff. BGB Anwendung. Allerdings ist insoweit nicht unumstritten, ob es sich diesbezüglich um einen Sachkauf im Sinne des §433 BGB oder vielmehr einen Rechtskauf im Sinne des §453 Abs. 1 BGB handelt.[134] In beiden Fällen ist ein selbständiges rechtsgeschäftliches Handeln eines geschäftsunfähigen Minderjährigen gem. §§104 Nr. 1, 105 Abs. 1 BGB keinesfalls möglich, sodass kein wirksamer Vertrag zustande kommt.

Ein beschränkt geschäftsfähiger Minderjähriger hingegen bedürfte zu einem eigenständigen Vertragsschluss aufgrund der damit verbundenen Eingehung einer Zahlungsverpflichtung gem. §107 BGB der Zustimmung seiner Eltern. Sind dem beschränkt geschäftsfähigen Minderjährigen allerdings eigene finanzielle Mittel etwa in Form eines Taschengeldes überlassen, kann eine Wirksamkeit der Willenserklärung gem. §110 BGB in Betracht kommen. Erforderlich ist insoweit, dass der Minderjährige die vertragsmäßige Leistung, hier die Bezahlung des Kaufpreises für die Spielesoftware, mit den ihm überlassenen Mitteln vollständig bewirkt, sofern ihm die Mittel zur Anschaffung der Software überlassen wurden bzw. eine solche dem im Innenverhältnis bestehenden Willen seiner gesetzlichen Vertreter nicht widerspricht.[135]

Zur Einrichtung des benötigten Nutzeraccounts bedarf es ebenfalls eines Vertragsschlusses zwischen Spieler und Spieleanbieter, der sich als Dauerschuldverhältnis in Form eines gemischten Vertragstyps mit je nach Einzelfall werkvertraglichen, dienstvertraglichen und mietvertraglichen Elementen qualifizieren lässt.[136] Auch für die auf diesen Vertragsschluss gerichtete Wil-

---

Eigentums an dem Datenträger, der eine Sache im Sinne des §90 BGB darstellt, als auch die Einräumung eines Nutzungsrechts an der darauf enthaltenen Software auf Dauer. Vgl. *Redeker*, IT-Recht, Rn. 281, 566. Nach *Oehler/von Ribbeck*, Recht der Computerspiele, Kapitel 6 Rn. 3 soll beim Erwerb einer auf Datenträgern manifestierten Spielesoftware hingegen ein Kaufvertrag über einen sonstigen Gegenstand im Sinne von §§453 Abs. 1, 433 BGB vorliegen.

[134] Den Erwerb von Standardsoftware auf unbegrenzte Zeit sieht der BGH auch dann als Sachkauf an, wenn die Software nicht auf einem Datenträger verkörpert ist. Vgl. hierzu bereits BGH, Urt. v. 18.10.1989 – VIII ZR 325/88, NJW 1990, 320, 321. Im Übrigen qualifiziert die überwiegende Meinung Software als Sache im Sinne des §90 BGB, vgl. *Diegmann/Kuntz*, NJW 2010, 561. Hingegen verneint beispielsweise *Redeker* zwar die Sachqualität der Standardsoftware an sich, geht jedoch, unter Verweis auch auf §453 BGB, mit der überwiegenden Meinung gleichwohl von einem Kaufvertrag aus. Vgl. zu den Einzelheiten *Redeker*, IT-Recht, Rn. 283 ff., 545 ff. Ebenfalls unter Verweis auf §453 BGB erklärt *Psczolla* die Frage, ob die Software auf einem verkörperten Datenträger oder via Download aus dem Internet bezogen wird, sogar rundweg als „unbeachtlich". Vgl. *Psczolla*, Onlinespielrecht, S. 85.

[135] Vgl. MüKoBGB/*Spickhoff*, BGB, §110 Rn. 30.

[136] Bräutigam/Rücker/*Schapiro*, 6. Teil F. Rn. 15; *Erkeling*, Smart World – Smart Law?, S. 785, 788 m.w.N; *Krasemann*, MMR 2006, 351, 352. Vgl. zu den aus solchen Verträgen

lenserklärung benötigt der beschränkt geschäftsfähige Minderjährige gem. § 107 BGB die Einwilligung seines gesetzlichen Vertreters, da sich diese Willenserklärung ebenfalls nicht als lediglich rechtlich vorteilhaft darstellt. Zum einen verpflichtet sich jeder Teilnehmer des Online-Spiels zu einer meist monatlichen Zahlung für die Nutzung des Angebotes, was landläufig als Abonnement bezeichnet wird. Zum anderen unterliegt der Nutzer im Einzelfall auch einer Vielzahl von vertraglichen Nebenpflichten, die sich nach den jeweiligen AGB des Spieleanbieters richten und teilweise auch Schadensersatzpflichten auslösen können.[137] Dabei liegt die Beweislast für das Vorhandensein einer Einwilligung bzw. nachträglichen Genehmigung beim Betreiber des Online-Games.[138]

Auch im Hinblick auf den Abschluss des für die Einrichtung einer Nutzeraccounts notwendigen Dauerschuldverhältnisses kommt im Fall eines beschränkt geschäftsfähigen Minderjährigen wiederum eine zumindest teilweise Wirksamkeit des Vertrages nach § 110 BGB in Betracht. Hierfür wäre jedoch Voraussetzung, dass der Abonnement-Vertrag faktisch teilbar ist und eine vollständige Bezahlung der zumeist monatlich zu leistenden Einzelrate erfolgt.[139] Anderenfalls stellt sich der Vertrag gem. § 108 Abs. 1 BGB als schwebend unwirksam dar. Nach alledem ist eine unkontrollierte vertragliche Verpflichtung Minderjähriger in diesem Bereich ausgeschlossen.

b) „Free to play"-Spielsysteme

Auch bei „free to play"-Spielen, die keine periodisch zu entrichtenden Nutzungsgebühren als Teilnahmevoraussetzung verlangen, ist neben der meist erforderlichen Installation der Spieleanwendung an sich zusätzlich eine Registrierung im Netzwerk des Spieleanbieters erforderlich. Für die Einrichtung des Nutzeraccounts, der einen Zugang zu dem kostenfrei spielbaren Online-Angebot eröffnet, gelten die vorstehenden Ausführungen im Hinblick auf die bereits erwähnten vertraglichen Nebenpflichten uneingeschränkt. Aufgrund des auch bei „free to play"-Spielen bestehenden Risikos des Spielers, sich bei einem Fehlverhalten Schadensersatzpflichten auszusetzen, ist die auf den Abschluss eines Nutzungsvertrages gerichtete Willenserklärung nicht lediglich rechtlich vorteilhaft und daher gem. § 107 BGB zustimmungsbedürftig.[140]

---

typischerweise resultierenden Pflichten des Spieleanbieters im Einzelnen *Psczolla*, Onlinespielrecht, S. 88.

[137] Vgl. *Meyer*, NJW 2015, 3686, 3687.

[138] *Erkeling*, Smart World – Smart Law?, S. 785, 791 ff.

[139] Vgl. *Erkeling*, Smart World – Smart Law?, S. 785, 790.

[140] Vgl. erneut *Meyer*, NJW 2015, 3686, 3687.

Überdies kann der minderjährige Spieler im Rahmen eines „free to play"-Spiels kostenpflichtige Zusatzprodukte wie beispielsweise virtuelle Finanzmittel oder „magische Artefakte" erwerben. Aus rechtlicher Sicht liegt bei solchen Erwerbsvorgängen regelmäßig ein Kaufvertrag nach §§453 Abs. 1 Alt. 2, 433 BGB vor, sofern das jeweilige Produkt dem Spieler gegen Übertragung eines Entgelts in Form eines gesetzlichen Zahlungsmittels überlassen wird.[141] Tätigt der Minderjährige einen solchen Kauf über seinen auf ihn registrierten persönlichen Account, ist seine online abgegebene Willenserklärung ohne Weiteres darauf gerichtet, den avisierten Kaufvertrag im eigenen Namen zu schließen. Vertragspartner wäre insoweit der Spiele- bzw. App-Anbieter.[142] Wiederum bedarf ein Minderjähriger für eine solche Willenserklärung aufgrund der durch den Kaufvertrag entstehenden Zahlungsverpflichtung gem. § 107 BGB der Einwilligung seines gesetzlichen Vertreters. Eine solche Einwilligung in den Abschluss entsprechender Kaufverträge ist mangels ausreichender Konkretisierung nicht bereits in der Erlaubnis enthalten, einen Nutzeraccount einzurichten.[143] Auch insoweit kann der Kaufvertrag im Einzelfall gem. § 110 BGB wirksam sein, sofern der Minderjährige die vertragsmäßige Leistung mittels ihm zu diesem Zweck oder zur freien Verfügung überlassener Mittel, beispielsweise im Rahmen eines Prepaid-Systems, vollständig und sofort bewirkt.[144]

Loggt sich der Minderjährige zum Spielen hingegen nicht über seinen persönlichen, sondern über einen fremden Account eines Dritten ein, und tätigt er im Rahmen dessen Käufe der vorbeschriebenen Art, ist bereits fraglich, ob er selbst oder vielmehr der Inhaber des Accounts als Vertragspartner in Betracht kommt.[145] Ist der Minderjährige im Einzelfall selbst als potenti-

---

[141] Vgl. *Bisges*, NJW 2014, 183; Bräutigam/Rücker/*Schapiro*, 6. Teil F. Rn. 22; *Diegmann/Kuntz*, NJW 2010, 561, 562; Staudinger/*Klumpp*, BGB, § 107 Rn. 112. Gleiches gilt für den Fall, dass Teilnehmer an Online-Spielen untereinander Handel mit entsprechenden virtuellen Gegenständen oder ganzen Spielfiguren betreiben, was im Rahmen mancher Online-Spiele durch die Spieleanbieter zugelassen wird. Vgl. hierzu *Lutzi*, NJW 2012, 2070 f.

[142] *Bisges*, NJW 2014, 183, 184.

[143] Ebenso BeckOGK/*Duden*, BGB, § 107 Rn. 151.2; *Bisges*, NJW 2014, 183, 185; *Meyer*, NJW 2015, 3686, 3687; MüKoBGB/*Spickhoff*, BGB, § 107 Rn. 27; Staudinger/*Klumpp*, BGB, § 107 Rn. 112.

[144] Vgl. *Bisges*, NJW 2014, 183, 185.

[145] Umstritten ist insoweit, ob die auf den Abschluss des Kaufvertrages gerichtete Willenserklärung des Minderjährigen im Fall solcher Spiele-Apps, die sich in ihrer visuellen und inhaltlichen Gestaltung gezielt an Kinder richten, aus Sicht eines objektiven Dritten gem. §§ 133, 157 BGB als eine Willenserklärung im eigenen Namen zu verstehen ist. Dies bejaht beispielsweise *Bisges*, NJW 2014, 183, 185, der auf die vergleichbare Situation bei Telefonmehrwertdiensten rekurriert. Unter Zugrundelegung der bei *Buchwitz*, VuR 2010, 378 dargestellten Auffassung wäre hingegen ein von §§ 164 ff. BGB analog erfasstes Handeln des Minderjährigen unter fremdem Namen anzunehmen.

eller Vertragspartner anzusehen, ist seine Willenserklärung entweder nach §§ 104 Abs. 1 Nr. 1, 105 Abs. 1 BGB nichtig oder bedarf gem. §§ 107, 108 Abs. 1 BGB der Einwilligung bzw. Genehmigung seines gesetzlichen Vertreters. Liegt eine Einwilligung nicht vor und verweigert der gesetzliche Vertreter die Genehmigung des Vertrages, ist der geschlossene Kaufvertrag endgültig unwirksam. Liegt hingegen ein Handeln des Minderjährigen unter fremdem Namen vor, kommt bei Annahme einer Anscheins- oder Duldungsvollmacht lediglich eine persönliche Haftung des Accountinhabers in Betracht.[146] Eine Haftung des Minderjährigen als falsus procurator nach § 179 Abs. 1 BGB ist hingegen gem. § 179 Abs. 3 S. 2 BGB nicht möglich.

Eine in den vergangenen Jahren in der Rechtsprechung vereinzelt aufgekommene Problemkonstellation stellt schließlich die Bezahlung des für Online-Käufe anfallenden Kaufpreises durch den Minderjährigen im Wege des sog. „pay by call"-Verfahrens über den elterlichen Telefonanschluss dar.[147] Bei Nutzung eines solchen Zahlungssystems wäre jedenfalls eine wirksame rechtsgeschäftliche Verpflichtung des Minderjährigen nach den obigen Darstellungen mangels Zustimmung der gesetzlichen Vertreter regelmäßig ebenso wenig denkbar wie eine Haftung als falsus procurator.[148]

c) *Rechtsfolgen bei Unwirksamkeit des Vertrags über ein Zusatzprodukt*

Handelt ein beschränkt geschäftsfähiger Minderjähriger bei In-App-Käufen oder beim Erwerb von virtuellen Gegenständen im Online-Spiel ohne die erforderliche Zustimmung seiner gesetzlichen Vertreter, sind die gleichwohl erbrachten wechselseitigen Leistungen gem. § 812 Abs. 1 S. 1 Alt. 1 BGB rückabzuwickeln. Während der Minderjährige dieser Verpflichtung nachkommt, indem er die erhaltenen Daten vollständig löscht,[149] hat der Anbieter

[146] Vgl. *Meyer*, NJW 2015, 3686, 3688.

[147] Vgl. BGH, Urt. v. 6.4.2017 – III ZR 368/16, NJW 2017, 2273. Im zugrundeliegenden Sachverhalt tätigte der Sohn der Inhaberin eines Festnetzanschlusses im Rahmen eines zunächst kostenfreien Online-Spiels insgesamt 21 Anrufe bei einer 0900-Premiumdienstenummer, um Zusatzfunktionen im Spiel zu erwerben. Hierdurch entstanden Kosten in Höhe von 1.253,93 Euro, die klageweise gegenüber der Anschlussinhaberin geltend gemacht wurden. Zur Funktionsweise eines „pay by call"-Verfahrens vgl. im Übrigen ausführlich *Zimmermann*, MMR 2011, 516.

[148] Vgl. *Nolte*, ZVI 2012, 324, 328. Fraglich ist allerdings, ob eine Haftung des Anschlussinhabers, zumeist also der Eltern, im Hinblick auf die infolge einer nicht autorisierten Nutzung des Telefonanschlusses durch das minderjährige Kind entstandenen Kosten in Betracht kommen kann. Diskutiert wird insbesondere eine Zurechnung des Handelns des Kindes gegenüber dem Anschlussinhaber nach § 45i Abs. 4 S. 1 TKG, vgl. etwa Bräutigam/Rücker/*Schapiro*, 6. Teil F. Rn. 18. Dies lehnte der BGH mangels Anwendbarkeit der Norm im „pay by call"-Verfahren in einer Entscheidung aus dem Jahr 2017 ab, vgl. BGH, Urt. v. 6.4.2017 – III ZR 368/16, NJW 2017, 2273, 2276 f.

[149] Vgl. *Meyer*, NJW 2015, 3686, 3690.

seinerseits einen bereits erhaltenen Kaufpreis zu erstatten. Weiterführende Sekundäransprüche sind hingegen nicht denkbar. Ein für den Fall, dass der Minderjährige den Anbieter des Spiels oder der App trotz vorhandener Einsicht aktiv über den Umstand seiner Minderjährigkeit täuscht, grundsätzlich vorstellbarer Anspruch gem. § 823 Abs. 2 BGB i.V.m. § 263 StGB[150] wird in der Praxis regelmäßig am Nichtvorliegen eines notwendigen Vermögensschadens scheitern. Denn das Vermögen des die Software anbietenden Unternehmens vermindert sich bei einem Download nicht, da ihm die Stammdaten verbleiben.[151]

Auch Schadensersatzansprüche der Eltern gegenüber ihrem minderjährigen Kind in solchen Fällen, in denen aufgrund der Annahme einer Anscheins- oder Duldungsvollmacht eine Haftung der Eltern als Anschlussinhaber etwa im Rahmen eines „pay by call"-Verfahrens in Betracht kommen kann, scheiden regelmäßig aus. Denkbar wäre insoweit allenfalls ein deliktischer Anspruch aus § 823 Abs. 2 BGB i.V.m. § 266 Abs. 1 StGB, wobei allerdings eine strafrechtlich relevante Vermögensbetreuungspflicht des Minderjährigen gegenüber seinen Eltern im Hinblick auf die Nutzung des Telefonanschlusses im Regelfall nicht anzunehmen sein dürfte.[152]

3. *Anwendbarkeit von § 1629a BGB*

Der Nutzung von Online-Spielen haftet in der Praxis nach alledem kein Risikopotential für eine erhebliche Verschuldung und damit einhergehende langfristige finanzielle Überforderung Minderjähriger an. Eine eigenständige rechtsgeschäftliche Verpflichtung des Minderjährigen in unkontrollierter Höhe ist nach den vorstehenden Ausführungen mit Blick auf die §§ 107, 110 BGB ebenso ausgeschlossen wie eine Haftung auf Schadensersatz. Soweit ein Minderjähriger allerdings beim Abschluss eines Kaufvertrages über eine Spielesoftware bzw. ein Zusatzprodukt oder eines Abonnement-Vertrages mit Zustimmung seiner gesetzlichen Vertreter handeln sollte, käme hinsichtlich dieser Verbindlichkeiten zwar nach Eintritt der Volljährigkeit die Erhebung der Einrede aus § 1629a Abs. 1 BGB in Betracht. Gleichwohl dürfte ihre Geltendmachung regelmäßig nach § 1629a Abs. 2 Alt. 2 BGB ausgeschlossen sein, da das jeweils in Rede stehende Rechtsgeschäft allein der Befriedigung

---

[150] Vgl. hierzu erneut die Ausführungen unter F. III. 2.

[151] Vgl. hierzu und weiterführend zu weiteren, ebenfalls nicht einschlägigen Sekundäransprüchen *Meyer*, NJW 2015, 3686, 3690.

[152] Ebenso *Malcher/Paterna*, MMR 2013, 275, 277. Insbesondere wird insoweit weder eine nach § 266 Abs. 1 Alt. 1 StGB vorausgesetzte rechtsgeschäftliche Befugnis des Minderjährigen, über das Vermögen der Eltern zu verfügen oder diese zu verpflichten, noch eine ihm zukommende tatsächliche Pflicht zur Wahrnehmung der elterlichen Vermögensinteressen bestehen.

der persönlichen Bedürfnisse des vormals Minderjährigen im Bereich der Freizeitgestaltung gedient haben wird. Soweit entsprechende Rechtsgeschäfte im Übrigen nicht bereits als „Kleingeschäfte des täglichen Lebens" anzusehen wären, handelte es sich dabei jedenfalls um solche Rechtsgeschäfte, die nach der aktuellen Verkehrsanschauung als nicht untypisch für Minderjährige bestimmter Altersstufen anzusehen sind.

VIII. Minderjährige Sportler, Künstler und „TV-Stars"

Viele Berufssportler sowie Musiker und sonstige Künstler werden bereits als minderjährige Talente „gescoutet". In der Folge kommt es häufig zu Vertragsschlüssen unterschiedlichster Natur zwischen den betreffenden Minderjährigen und Privatpersonen, Vereinen oder Agenturen. Aufgrund dieser Praxis stellt sich die Frage, ob und inwieweit dieses Vorgehen aus Gründen des Minderjährigenschutzes zulässig sein kann.

1. Situation

Im Sportsektor, insbesondere im Bereich des Profifußballs, existieren vielfältige Fördermöglichkeiten für besonders talentierte junge Nachwuchssportler. Diese werden oftmals noch als Minderjährige aus der eigenen Jugendabteilung des Vereins heraus zum professionellen Spieler „befördert" und mit einem langfristigen Arbeitsvertrag ausgestattet.[153] Vereinzelt investieren darüber hinaus auch Privatpersonen oder Unternehmen im Wege einer Darlehensgewährung oder mittels einer Gewinnabführungsvereinbarung in die Ausbildung minderjähriger Sportler, um finanziell an deren zu erwartender Karriereentwicklung partizipieren zu können.

Fallbeispiel[154]

Ein späterer Weltklasse-Tennisspieler ist bereits im Alter von 12 Jahren Gesellschafter einer „Tennisausbildungs-GmbH". Diese erhält seitens mehrerer in einer „Tennistalent-

[153] Vgl. *Redell*, CAS 2015, 28 unter Bezugnahme auf in der Bundesligasaison 2013/2014 bzw. 2014/2015 vorgefallene Vertragsstreitigkeiten zwischen den zu diesem Zeitpunkt noch minderjährigen Bundesligaprofis Jonathan Tah und Sinan Kurt sowie deren jeweiligen Vereinen. Vgl. auch die Streitigkeiten um den mit einem minderjährigen Fußballer geschlossenen Vertragsspielervertrag betreffende Entscheidung BAG, Urt. v. 25.4.2013 – 8 AZR 453/12, NZA 2013, 1206.

[154] Vereinfachter Sachverhalt der Entscheidung OLG München, Urt. v. 7.11.2002 – 19 U 3238/02, SpuRt 2003, 29. Das betreffende Verfahren hatte eine Zahlungsklage der „Tennistalentförderung GmbH & Co. KG" gegen den zu diesem Zeitpunkt mittlerweile volljährigen professionellen Tennisspieler Tommy Haas zum Gegenstand. Vgl. auch die deutlich an den betreffenden Sachverhalt angelehnten Fallbeispiele bei *Muscheler*, WM 1998, 2271, 2277 und *Thiel*, SpuRt 2002, 1, 2.

förderung GmbH & Co. KG" organisierter Finanziers einen über einen längeren Zeitraum gezahlten pauschalen Ausbildungsbeitrag von 150.000 DM jährlich. Im Gegenzug ist die Tennisausbildungs-GmbH vertraglich verpflichtet, für einen Zeitraum von 15 Jahren ab Vertragsschluss von sämtlichen Einnahmen und Umsätzen aus den zu erwartenden künftigen Erfolgen des geförderten Tennisspielers einen festen Prozentsatz zu zahlen. Der spätere Tennisprofi hat zudem vertraglich sämtliche Verwertungsrechte aus seiner zukünftigen Tennisprofitätigkeit auf die Ausbildungsgesellschaft übertragen.

Ein vergleichsweise modernes Phänomen stellt in diesem Zusammenhang die Möglichkeit einer Karriere als professioneller E-Sportler dar. Im Rahmen des E-Sports nehmen Individual- oder Mannschaftssportler an mit Hilfe von Computerspielen wie beispielsweise virtueller Fußballsimulationen ausgetragenen Wettkämpfen teil und können dafür Vergütungen sowohl in Gestalt von Preisgeldern als auch in Form von Lohnzahlungen seitens mit einer E-Sport-Abteilung ausgestatteter Vereine als Arbeitgeber erhalten.[155] Auch ein Sponsoring einzelner E-Sportler durch Unternehmen ist verbreitet. Professionelle E-Sportler üben ihre Spieltätigkeit zudem nicht lediglich als Hobby, sondern vielmehr als Arbeitnehmer oder Selbständige zur Sicherung ihres Lebensunterhalts aus.[156] Angesichts des hohen Stellenwerts junger Menschen als Konsumenten von Computerspielen ist insgesamt davon auszugehen, dass auch viele Minderjährige bei ausreichender Befähigung eine Karriere als E-Sportler anstreben.[157]

Neben der Förderung und Beschäftigung minderjähriger Sporttalente existiert eine intensive, häufig medial vermarktete Talentsuche auch im musikalischen Bereich.[158] Hier ist vor allem an bundesweit ausgestrahlte TV-Formate wie beispielsweise „Deutschland sucht den Superstar" oder „The Voice of Germany" bzw. „The Voice Kids" zu denken, in denen eine aus prominenten Personen zusammengesetzte Jury oftmals minderjährige Kandidaten einem „Casting" unterzieht, wobei das Ziel der Gewinn des jeweiligen Staffelfinales ist. In diesem Zusammenhang fungieren die betreffenden

---

[155] So gewann beispielsweise im Juli 2019 ein erst 16 Jahre alter US-Amerikaner den mit einem Preisgeld von drei Millionen Dollar dotierten Einzelwettbewerb der ersten „Fortnite"-Weltmeisterschaft. Vgl. hierzu einen Spiegel Online-Artikel vom 29.7.2019, abrufbar unter https://www.spiegel.de/sport/sonst/fortnite-wm-kyle-bugha-giersdorf-ist-erster-weltmeister-a-1279411.html (Abrufdatum 27.4.2021).

[156] Vgl. *Hilgert/Eickhoff*, MMR 2016, 16, 19.

[157] Zu damit einhergehenden Fragen des Jugendarbeitsschutzes, des Abschlusses von Arbeitsverträgen und der Vermittlung minderjähriger Spieler an Vereine vgl. *Hilgert/Eickhoff*, MMR 2016, 16, 19 f.

[158] Ebenfalls minderjährig waren zeitweise einzelne Mitglieder der Musikgruppe „The Kelly Family". Vgl. hierzu die Entscheidung OLG Köln, Urt. v. 22.9.2000 – 6 U 19/96, ZUM 2001, 166 zu einem Rechtsstreit, der unter anderem die Wirksamkeit zweier auch mit den minderjährigen Mitgliedern der Musikgruppe geschlossener „Künstlerverträge" betraf.

Kandidaten oft auch als Werbeträger der jeweiligen Sendung oder für Produkte Dritter. Ähnliche TV-Formate existieren auch mit Blick auf die Förderung von professionellen Fotomodellen und Mannequins, so etwa die TV-Sendung „Germany's next Topmodel".

In allen vorgenannten Fällen stellt sich aus rechtlicher Sicht insbesondere die Frage, inwieweit die betreffenden minderjährigen Sportler, Musiker oder Models zur Eingehung von Arbeits- oder Dienstverhältnissen sowie zum Abschluss von Werbe- und Sponsoring-Verträgen berechtigt sind. Dies gilt umso mehr, als sich aus entsprechenden Verträgen, beispielsweise infolge von vereinbarten Strafklauseln für erhebliches Fehlverhalten oder aus Schadensersatzansprüchen des Vertragspartners im Fall einer Nichterbringung der diesem vertraglich geschuldeten Leistung, auch finanzielle Risiken für den betroffenen Minderjährigen ergeben können. So konnte beispielsweise nach einer Entscheidung des BAG im Rahmen einer Aufhebungsvereinbarung zwischen einem Fußballverein und einem minderjährigen Fußballer zulässigerweise eine „Transferentschädigung" in Höhe von 40.000 Euro vereinbart werden.[159] Daneben kann sich auch die Frage stellen, ob und inwieweit minderjährige Sportler oder Künstler durch Verträge gebunden werden, die ihre Eltern in ihrem Namen schließen, um eine Ausbildungsförderung zu erhalten.[160]

2. Rechtliche Bewertung

Stellen minderjährige Sportler ihre Dienste gegen Entgelt und über einen langfristigen Zeitraum hinweg einem Verein zur Verfügung, handelt es sich dabei regelmäßig um ein von §§ 611 ff. BGB erfasstes, durch einen Arbeitsvertrag näher ausgestaltetes Arbeitsverhältnis.[161] Daneben bestehen zumeist noch weitere Vertragsverhältnisse mit Dritten wie etwa Management-, Sponsoring- oder Werbeverträge.[162] Handelt es sich bei den betreffenden Minder-

---

[159] Vgl. BAG, Urt. v. 25.4.2013 – 8 AZR 453/12, NZA 2013, 1206.

[160] Denkbar wäre hier eine Darlehensaufnahme im Namen des Kindes sowie der Abschluss eines Gewinnabführungsvertrages bereits dargestellter Art, um z.B. dessen sportliches Talent oder seine Gesangskünste zu fördern, vgl. *Thiel*, SpuRt 2002, 1, 2.

[161] Vgl. *Redell*, CAS 2015, 28, 28 f.; *Schlachter*, FamRZ 2006, 155. Insbesondere verrichtet der betreffende Sportler persönliche Dienste für den Verein, wobei er aufgrund einer festen Eingliederung in bestimmte Arbeitsorganisationen wie etwa den Trainingsplan oder den Ligaspielbetrieb auch in persönlicher Abhängigkeit beschäftigt und somit nicht selbständig tätig ist. Für eine nähere Unterscheidung zwischen Einzel- und Mannschaftssportlern vgl. *Meier*, SpuRt 2012, 229, 230. Im Fall eines Einzelsportlers, der auch für die Bewertung und die Erreichung von Rang und Preis tatsächlich unabhängig von anderen Athleten sowie unabhängig von zeitlichen und organisatorischen Vorgaben agiert, soll demnach kein Arbeitsverhältnis anzunehmen sein, sondern vielmehr eine Behandlung des jeweiligen Sportlers als selbständig agierender Unternehmer gerechtfertigt sein.

[162] Bei sogenannten Sponsoring-Verträgen handelt es sich um atypische gegenseitige

jährigen um Teilnehmer einer „Casting-Show“, kommt auch der Abschluss eines sogenannten „Künstlervertrages“ in Betracht, welcher neben der Verpflichtung zur Teilnahme an den einzelnen Sendungen der Show auch eine dauerhafte Bindung an den Produzenten derselben und die Verpflichtung zu weiteren Auftritten beinhalten kann.[163]

Im Falle eines professionellen Musikers oder Models hingegen werden zwischen diesen und den sie repräsentierenden Musik- oder Modelagenturen oftmals sogenannte Agenturverträge sowie Managementverträge vereinbart. Während zentrales Element des Agenturvertrages die Vermittlung eines Arbeitsvertrages zwischen Musiker bzw. Model und Dritten ist, soll ein Managementvertrag die umfassende Beratung zur Karriereförderung im weiteren Sinne gewährleisten.[164] Kommt es zu einem in der Regel vergüteten Engagement bei einem Kunden, erfolgt dieses wiederum auf vertraglicher Basis, wobei sich im Einzelfall die Frage stellen kann, ob ein Arbeitsverhältnis oder vielmehr eine selbständige Tätigkeit vorliegt.[165] Zudem kommen auch bei Musikern, Fotomodellen und Mannequins wiederum langfristige Werbeverträge mit Markenunternehmen in Betracht.

Verträge, welche einerseits eine Verpflichtung des Sponsors zur finanziellen Förderung der sportlichen Aktivitäten des Gesponserten begründen sowie andererseits die Pflicht des Gesponserten beinhalten, dem Sponsor mit seiner sportlichen Tätigkeit in kommunikativer Hinsicht wie etwa bei Autogrammstunden zu dienen sowie diesem festgelegte Rechte zur Nutzung zu überlassen. Vgl. *Dehesselles/Hertl*, Sportmanagement, S. 481, 485 f.

[163] *Fomferek*, NJW 2004, 410.

[164] LG Düsseldorf, Urt. v. 30.10.2008 – 8 O 126/08, ZUM 2009, 660, 661. Auf Agenturverträge in diesem Sinne sollen danach die für eine Arbeitsvermittlung durch die Bundesagentur für Arbeit geltenden §§ 35, 396 SGB III gleichermaßen Anwendung finden, weshalb diese insbesondere schriftlich abzuschließen sind. Zudem findet auf die in entsprechenden Verträgen enthaltenen Provisionsvereinbarungen § 2 VermittVergV Anwendung, wodurch sich Beschränkungen der Höhe nach ergeben. Dies gilt im Übrigen auch im Bereich der professionellen Vermittlung von Fußballspielern an Vereine, vgl. *Parensen*, Sportmanagement, S. 653, 664.

[165] Diese Unterscheidung ist anhand der Gesamtumstände des jeweiligen Einzelfalls zu treffen und maßgeblich von der Frage abhängig, inwieweit die betroffenen Personen in eine übergeordnete Arbeitsorganisation eingegliedert sind und in fachlicher, zeitlicher und örtlicher Sicht den Weisungen des Kunden oder dessen Repräsentanten unterliegen. Vgl. schon BSG, Urt. v. 12.12.1990 – 11 Rar 73/90, NZA 1991, 907, 908. Im Bereich der Vermittlung von Fotomodellen an Kunden wie beispielsweise Werbeagenturen, Fotografen oder Versandhäuser geht die einschlägige Rechtsprechung regelmäßig von einem Arbeitsverhältnis im Sinne von § 611 BGB aus, da das Schwergewicht des Interesses an der Art der Ausführung beim jeweiligen Auftraggeber liege, dieser Ort und Zeit der Dienstleistung festlege und die betreffenden Modelle bei ihrer Arbeit auf die technischen Einrichtungen und Fotostudios des Fotografen angewiesen seien. Vgl. BSG, Urt. v. 12.12.1990 – 11 Rar 73/90, NZA 1991, 907, 908 sowie LG Düsseldorf, Urt. v. 30.10.2008 – 8 O 126/08, ZUM 2009, 660, 661.

Nach alledem beruht die Tätigkeit eines professionellen Sportlers, Berufsmusikers oder Models auf einem oder mehreren die Dienstleistung sowie die Vergütung regelnden Verträgen, auf welche die §§ 104 ff. BGB uneingeschränkt Anwendung finden. Im Fall eines minderjährigen Vertragsschließenden bedarf der zumeist beschränkt Geschäftsfähige folglich für den Abschluss des Vertrages gem. § 107 BGB der Einwilligung seines gesetzlichen Vertreters, sofern der betreffende Vertrag kein für ihn lediglich rechtlich vorteilhaftes Geschäft im Sinne von § 107 BGB darstellt. Von einem lediglich rechtlich vorteilhaften Rechtsgeschäft ist bei den hier genannten Vertragstypen, die sämtlich Verpflichtungen des Minderjährigen wie etwa die Zurverfügungstellung seiner Arbeitskraft in Form der Teilnahme am Trainingsbetrieb oder an Fotoshootings oder die Leistung einer Vergütung für Vermittlungstätigkeiten sowie mögliche Vertragsstrafen beinhalten, grundsätzlich nicht auszugehen.[166] Somit werden entsprechende Verträge in der Regel durch die im Namen ihrer minderjährigen Kinder als gesetzliche Vertreter handelnden Eltern abgeschlossen.[167]

Nach § 1822 Nr. 7 BGB bedarf ein Vormund für den wirksamen Abschluss eines Vertrages, der auf die Eingehung eines Dienst- oder Arbeitsverhältnisses gerichtet ist und durch welchen der Minderjährige zu persönlichen Leistungen für längere Zeit als ein Jahr verpflichtet wird, einer familiengerichtlichen Genehmigung. Mangels einer in § 1643 Abs. 1 BGB enthaltenen Verweisung auch auf § 1822 Nr. 7 BGB gilt diese Genehmigungspflicht allerdings nicht für den besonders praxisrelevanten Fall eines Vertragsschlusses durch die Eltern. Umstritten ist daher, ob im Fall des Abschlusses eines Dienst- oder Arbeitsvertrages durch die Eltern, welcher den Minderjährigen länger als ein Jahr nach Eintritt der Volljährigkeit binden soll, § 1822 Nr. 5 BGB trotz fehlender Verweisung in § 1822 Nr. 7 BGB zur Anwendung gelangen kann. Nach der Rechtsprechung und der insoweit zustimmenden Auffassung in der Literatur soll allerdings § 1822 Nr. 7 BGB für Arbeits- und Dienstverhältnisse als lex specialis § 1822 Nr. 5 BGB vorgehen.[168] Danach sind zwischen den Eltern Minderjähriger und Dritten geschlossene Arbeits- und Dienstverträge in der Praxis nicht genehmigungsbedürftig.

[166] Vgl. *Redell*, CAS 2015, 28, 29; *Schlachter*, FamRZ 2006, 155.

[167] Vgl. *Redell*, CAS 2015, 28, 29.

[168] Vgl. BAG, Urt. v. 25.4.2013 – 8 AZR 453/12, NZA 2013, 1206, 1210 (Rn. 49); OLG Köln, Urt. v. 22.9.2000 – 6 U 19/96, ZUM 2001, 166, 177; LG Essen, Beschl. v. 18.3.1965 – 11 T 633/64, NJW 1965, 2302, 2303; MüKoBGB/*Kroll-Ludwigs*, BGB, § 1822 Rn. 41 m.w.N.; Palandt/*Götz*, BGB, § 1822 Rn. 14; *Schlachter*, FamRZ 2006, 155, 157. Diese Annahme der Spezialität von § 1822 Nr. 7 BGB gegenüber § 1822 Nr. 5 BGB wird allerdings in der Literatur teilweise bestritten und eine Genehmigung durch das Familiengericht nach § 1822 Nr. 5 BGB analog oder jedenfalls ein Sonderkündigungsrecht des Minderjährigen nach § 626 BGB gefordert. Vgl. hierzu *Fomferek*, NJW 2004, 410, 412 unter argumentativer Heranziehung der Entscheidung BVerfG, Beschl. v. 13.5.1986 – 1 BvR 1542/84, NJW 1986, 1859; *Redell*, CAS 2015, 28, 31 f.; *Veit*, FS Birk, S. 877, 896.

Schließlich kann sowohl für Arbeits- oder Dienstverhältnisse als auch bei Tätigkeiten auf werkvertraglicher Basis die Sondervorschrift des § 113 BGB zur Anwendung gelangen.[169] Im Einzelfall, beispielsweise im Bereich der selbständigen künstlerischen Betätigung als Musiker oder Schauspieler, kann überdies auch die Vorschrift des § 112 BGB einschlägig sein.[170] Liegt danach eine Ermächtigung des Minderjährigen zur Aufnahme eines Dienst- oder Arbeitsverhältnisses oder zum Betrieb eines selbständigen Erwerbsgeschäfts durch den gesetzlichen Vertreter vor, im Anwendungsbereich von § 112 Abs. 1 S. 1 BGB ergänzt um eine Genehmigung des Familiengerichts, ist der Minderjährige für eine Vielzahl von Folgegeschäften partiell unbeschränkt geschäftsfähig, soweit diese verkehrsüblich und nicht durch das Familiengericht zu genehmigen sind, vgl. §§ 112 Abs. 1 S. 2, 113 Abs. 1 S. 2 BGB.

Insgesamt bleibt festzuhalten, dass im Fall minderjähriger Berufssportler, Musiker oder Fotomodelle zwar langfristig angelegte Vertragsbindungen möglich sind, aus denen neben Vergütungsansprüchen durchaus auch finanzielle Risiken für den betreffenden Minderjährigen erwachsen können. Gleichwohl unterliegt die Eingehung der relevanten rechtsgeschäftlichen Beziehungen gem. § 107 BGB regelmäßig der elterlichen Kontrolle.

3. Anwendbarkeit von § 1629a BGB

Wird der minderjährige Sportler oder Künstler volljährig, stellt sich im Fall einer ihn aus den vorbeschriebenen Vertragsmodellen belastenden Verbindlichkeit die Frage, ob er seinen Gläubigern gegenüber die Einrede der Haftungsbeschränkung aus § 1629a Abs. 1 BGB geltend machen kann. Wird der Minderjährige selbst und nach § 113 BGB in zulässiger Weise rechtsgeschäftlich tätig, etwa durch den rechtswirksamen Abschluss eines Vergleichs mit seinem Arbeitgeber, kann er sich bezüglich daraus resultierender Verpflichtungen nach überwiegender Auffassung gleichfalls auf § 1629a Abs. 1 BGB berufen.[171] Der Ausschluss nach § 1629a Abs. 2 Alt. 1 BGB hindert den volljährig Gewordenen dabei nach geltender Rechtslage nicht an der Geltendmachung der Einrede.[172]

Besondere Bedeutung kann § 1629a Abs. 1 BGB zudem in den dargestellten Konstellationen einer Sport- oder Kunstförderung zukommen, sofern hierzu ein Darlehen aufgenommen oder ein Gewinnabführungsvertrag abgeschlossen wird. Durch entsprechende Vertragsmodelle kann der Minder-

---

[169] Vgl. MüKoBGB/*Spickhoff*, BGB, § 113 Rn. 6

[170] Vgl. HK-BGB/*Dörner*, BGB, § 112 Rn. 2.

[171] Vgl. BeckOGK/*Amend*-Traut, BGB, § 1629a Rn. 55; Staudinger/*Coester*, BGB, § 1629a Rn. 33.

[172] Zur Kritik an der unterschiedlichen Behandlung von §§ 112, 113 BGB in § 1629a Abs. 2 BGB vgl. erneut die diesbezügliche Darstellung unter E. III. 3. c) aa).

jährige über den Eintritt der Volljährigkeit hinaus mit erheblichen und regelmäßigen Verbindlichkeiten belastet werden, die unmittelbar aus der rechtsgeschäftlichen Tätigkeit seiner gesetzlichen Vertreter während der Minderjährigkeit resultieren. Dies gilt auch für durch die Eltern vereinbarte Entschädigungszahlungen, die etwa im Fall des Vereinswechsels eines minderjährigen Fußballers oder der Nichtwahrnehmung von Auftritten durch einen minderjährigen Künstler anfallen sollen.[173] Der tatbestandliche Anwendungsbereich von § 1629a Abs. 1 S. 1 Hs. 1 Alt. 1 BGB ist in entsprechenden Fällen somit eröffnet.[174]

Die Erhebung der Einrede durch den volljährig Gewordenen ist in entsprechenden Fällen zudem auch nicht durch § 1629a Abs. 2 Alt. 2 BGB ausgeschlossen. So stellt insbesondere der Abschluss eines Darlehensvertrages oder einer Gewinnabführungsabrede zwecks Finanzierung einer teuren künstlerischen oder sportlichen Ausbildung bei Zugrundelegung einer typisierend-generellen Auslegung des Begriffs „persönliche Bedürfnisse" bereits kein gewöhnliches Rechtsgeschäft eines typischen Minderjährigen dar.[175] Auch dürfte im Fall der Vereinbarung einer prozentualen Gewinnabführung oder eines verzinslichen Darlehens das zugrundeliegende Rechtsgeschäft nicht allein der Befriedigung der Bedürfnisse des Minderjährigen dienen, sondern daneben auch der Befriedigung der finanziellen Interessen des jeweiligen Sponsors.[176] Beide Erwägungen gelten auch für den Abschluss eines Dienst- oder Arbeitsverhältnisses mit einem Sportverein oder einer Künstleragentur.

Trotz Vorliegens der notwendigen tatbestandlichen Voraussetzungen hängt die Möglichkeit der erfolgreichen Erhebung der Einrede im Einzelfall allerdings vom weiteren Verhalten des volljährig Gewordenen ab. Erklärt dieser gegenüber dem betroffenen Sponsor den Verzicht auf die Geltendmachung der Einrede aus § 1629a Abs. 1 BGB, haftet er diesem gegenüber uneingeschränkt auch mit seinem Neuvermögen.[177] Insoweit wäre insbeson-

---

[173] Zur möglichen Anwendung von § 1629a Abs. 1 BGB auf Sekundärverbindlichkeiten eines minderjährigen Vertragspartners vgl. erneut die Darstellung unter E. III. 3. b) cc).

[174] Vgl. *Thiel*, SpuRt 2002, 1, 2, die allerdings eine eigene Verantwortlichkeit des volljährig Gewordenen für Verbindlichkeiten aus einem während seiner Minderjährigkeit begründeten Gewinnabführungsvertrag annimmt und somit § 1629a Abs. 1 BGB nicht zur Anwendung gelangen lässt, sofern der volljährig Gewordene eine zu seinen Gunsten bestehende Kündigungsmöglichkeit des Dauerschuldverhältnisses nicht wahrgenommen hat. Dagegen zurecht Staudinger/*Coester*, BGB, § 1629a Rn. 70.

[175] Ebenso *Thiel*, SpuRt 2002, 1, 3. Anders *Christmann*, ZEV 2000, 45, 49, die in der Aufnahme eines Darlehens jedenfalls dann keine unzumutbare finanzielle Belastung des Minderjährigen erkennen will, wenn dieser nachweislich ein hinreichendes künstlerisches oder sportliches Talent aufweise.

[176] Vgl. *Christmann*, ZEV 2000, 45, 49; *Muscheler*, WM 1998, 2271, 2277; *Thiel*, SpuRt 2002, 1, 3.

[177] Vgl. *Thiel*, SpuRt 2002, 1, 4. Danach soll sich ein Einredeverzicht des Volljährigen zu

dere eine ausdrückliche Bestätigung des Rechtsgeschäfts durch den vormals Minderjährigen denkbar.[178]

IX. Minderjährige Influencer

Das sogenannte Influencer Marketing, bei dem Unternehmen zur Bewerbung ihrer Produkte nicht auf „klassische" Werbemaßnahmen in TV oder Radio, sondern auf die Dienste von Influencern vertrauen, erfreut sich als Mittel der Online-Produktvermarktung zunehmender Popularität. Die gestiegene wirtschaftliche und gesellschaftliche Bedeutung dieses Phänomens korreliert dabei mit einem ansteigenden Interesse in der rechtswissenschaftlichen Forschungsliteratur.[179] Auch haben damit einhergehende lauterkeitsrechtliche Fragestellungen die deutsche Rechtsprechung in jüngster Zeit gehäuft beschäftigt, wobei einzelne Gerichtsverfahren angesichts der teils prominenten Prozessbeteiligten auch in der Medienlandschaft breit rezipiert wurden.[180]

Gunsten des Finanziers auch kautelarjuristisch vermeiden lassen können, indem die Rückzahlung eines gewährten Darlehens zunächst mittels einer Bürgschaft der Eltern abgesichert werde. Auf Grundlage derselben könnten die Sicherheitsleistenden im Fall der Einredeerhebung durch den Volljährigen in Anspruch genommen werden. Zugleich solle eine Vereinbarung getroffen werden, wonach die Rückzahlung des Darlehens erlassen werde, sofern der volljährig Gewordene eine Verpflichtung zur Abführung zukünftiger Gewinne gegenüber dem Sponsor eingehe. So könne dem zumeist bestehenden eigentlichen Interesse des Sponsors an einer langfristigen finanziellen Partizipation an den Gewinnen des vormals Minderjährigen entsprochen werden.

[178] Vgl. Staudinger/*Coester*, BGB, § 1629a Rn. 50; *Thiel*, SpuRt 2002, 1, 4.

[179] Vgl. beispielsweise zu wettbewerbs- sowie medienrechtlichen Fragestellungen *Gerecke*, GRUR 2018, 153 ff.; *Henning-Bodewig*, WRP 2017, 1415 ff.; *Leeb/Maisch*, ZUM 2019, 29 ff.; *Scherer*, WRP 2019, 277 ff. Markenrechtliche Fragestellungen mit Bezug auf ein „angemaßtes Influencing" diskutiert *Borsch*, MMR 2018, 127 ff.

[180] Vgl. aus der Rechtsprechung OLG Celle, Urt. v. 8.6.2017 – 13 U 53/17, MMR 2017, 769 m. Anm. *Sobottka/Czernik*; LG Itzehoe, Urt. v. 23.11.2018 – 3 O 151/18, MMR 2019, 186; LG Hagen, Urt. v. 13.9.2017 – 23 O 30/17, MMR 2018, 106; KG, Beschl. v. 11.10.2017 – 5 W 221/17, MMR 2018, 98. Ein am 21.3.2019 ergangenes Urteil des LG Karlsruhe betraf die in einschlägigen Kreisen bekannte Influencerin Pamela Reif, die vom klagenden „Verband Sozialer Wettbewerb" wegen eines behaupteten Verstoßes gegen § 5a Abs. 6 UWG auf Unterlassung in Anspruch genommen wurde. Das LG Karlsruhe gab dem klägerischen Begehren statt, da es die betroffene Influencerin unterlassen habe, ihre in Rede stehenden Posts auf Instagram ausreichend als Werbung zu kennzeichnen. Vgl. LG Karlsruhe, Urt. v. 21.3.2019 – 13 O 38/18 KfH, juris. Ein weiteres kürzlich entschiedenes Verfahren betraf die ebenfalls bekannte Influencerin Cathy Hummels, die gleichfalls, im Ergebnis jedoch erfolglos, vom „Verband Sozialer Wettbewerb" wegen vermeintlicher Schleichwerbung vor dem LG München I auf Unterlassung verklagt worden war. Vgl. hierzu LG München I, Urt. v. 29.4.2019 – 4 HK O 14312/18, juris sowie einen korrespondierenden Bericht vom

Fallbeispiel[181]

Der 17 Jahre alte Instagram-Blogger M schließt jeweils mit Einwilligung seiner Eltern mehrere Verträge mit verschiedenen Unternehmen, in denen er sich verpflichtet, deren Produkte im Rahmen seines Instagram-Profils während eines festgelegten Berichtszeitraums positiv zu bewerben. In einem Fall unterlässt er die von ihm zugesicherte Produktwerbung während des vereinbarten Berichtszeitraums vollständig, in einem anderen kennzeichnet er die von ihm präsentierten Inhalte nicht als Werbung, woraufhin er von einem Verbraucherverband abgemahnt und zur Abgabe einer strafbewehrten Unterlassungserklärung aufgefordert wird.

Da sich auch viele junge Menschen mittels eigener YouTube-„Channels" und Postings bei Instagram oder anderweitigen sozialen Netzwerken als Influencer versuchen, sollen die nachfolgenden Ausführungen – nach einer Darstellung zu Funktionsweise und rechtlichen Rahmenbedingungen des Influencer Marketing im Allgemeinen – insbesondere auf die für Minderjährige bestehenden Besonderheiten und potentiellen Haftungsrisiken eingehen.

1. Situation

Online-Blogs und soziale Netzwerke wie beispielsweise YouTube, Snapchat, Instagram oder Facebook ermöglichen es ihren Nutzern, mit selbst angefertigten Videos, Bildern oder Texten eine Vielzahl von Rezipienten entsprechender digitaler Medien zu erreichen und sich dergestalt im Rahmen ihrer jeweiligen Zielgruppe Popularität und eine große Anzahl von „Followern" zu erarbeiten. Durch Anleitungen, Erfahrungsberichte oder Bewertungen zu „Lifestyle"-Themen wie beispielsweise Mode, Kosmetik, Fitness oder Unterhaltungselektronik kann solchermaßen effiziente Meinungsbildung betrieben werden. Als Influencer bezeichnet man vor diesem Hintergrund solche Akteure in sozialen Netzwerken, die dank einer hohen Anzahl von Followern eine große Reichweite besitzen und aufgrund ihrer Glaubwürdigkeit und ihres zielgenauen Einflusses auch für Werbetreibende von Interesse sind.[182]

29.4.2019 unter https://www.sueddeutsche.de/muenchen/cathy-hummels-prozess-schleichwerbung-1.4426365 (Abrufdatum 27.4.2021).

[181] Fiktives, in Anlehnung an die in Fn. 180 genannten Gerichtsentscheidungen gebildetes Fallbeispiel.

[182] Vgl. die entsprechende Definition bei *Troge*, GRUR-Prax 2018, 87. Dabei durchläuft eine Vielzahl späterer Influencer zunächst eine Entwicklung von einer „normalen" Social-Media-Nutzung als Blogger oder YouTuber hin zu einer stetig zunehmenden und zeitintensiven Professionalisierung. Vgl. hierzu *Suwelack*, MMR 2017, 661 sowie *Peifer*, GRUR 2018, 1218, der diesbezüglich von „einflussreich gewordenen Normalmenschen", die erst über ihre soziale Kommunikation Bekanntheit und soziale Reputation unter ihren Followern erlangt haben, spricht.

Ab einem gewissen Bekanntheitsgrad können diese „Meinungsmacher" zu Marketingzwecken für Unternehmen oder Agenturen interessant werden, welche die betreffenden Personen unter Umständen zwecks Eingehung einer Kooperation kontaktieren.[183] Ebenso können sich Influencer eigeninitiativ an potentielle Werbepartner oder Vermittlungsagenturen wenden.[184] Im Übrigen sind Marketing-Kooperationen zwischen Influencern und Unternehmen nicht zwingend von einer besonders hohen Follower-Zahl im Millionen-Bereich abhängig. Im Sinne einer größeren Glaubwürdigkeit und eines vermeintlichen Vertrauensverhältnisses zwischen Influencer und Rezipient werden vielmehr zunehmend sogenannte Micro-Influencer ab 500 Followern für das Influencer Marketing interessant.[185]

Durch eine Einbindung von Produkten in Blogeinträgen oder Postings, insbesondere durch eine hervorgehobene Präsentation von Schmuck oder Kleidungsstücken spezieller Marken in hochgeladenen Bildern, können Influencer sodann offene oder versteckte Werbebotschaften an ihre Follower senden.[186] Entsprechende Produktempfehlungen bekannter Influencer sind dabei unter Umständen geeignet, das Kaufverhalten der jeweiligen Zielgruppe erheblich zu beeinflussen.[187] Für eine Werbemaßnahme in Gestalt eines Bilder-Postings, eines Textbeitrags oder eines Videos kann der Influencer bei Vorliegen einer entsprechenden Vereinbarung seitens des beauftragenden Unternehmens oder einer vermittelnden Agentur eine Vergütung in Form einer Geldzahlung oder kostenlos überlassener Produkte erhalten.[188]

Setzt der Influencer, etwa bei einem auf Instagram eingestellten Bild, zusätzlich einen sogenannten Affiliate-Link mit der Unternehmens- oder Produktseite, über die potentielle Kunden das in Rede stehende Produkt online bestellen können, kann der Influencer im Fall eines Aufrufs des Links oder einer entsprechenden Bestellung über den betreffenden Link durch einen Follower eine zusätzliche Provision erhalten.[189]

---

[183] Vgl. *Henning-Bodewig*, WRP 2017, 1415; *Lettmann*, GRUR 2018, 1206, 1210; *Peifer*, GRUR 2018, 1218, 1220.

[184] Vgl. *Peifer*, GRUR 2018, 1218, 1219.

[185] *Ahrens*, GRUR 2018, 1211, 1212; *Lettmann*, GRUR 2018, 1206, 1211.

[186] *Lichtnecker*, MMR 2018, 512, 515; *Troge*, GRUR-Prax 2018, 87.

[187] Vgl. *Götz*, FamRZ 2019, 573, 574; *Henning-Bodewig*, WRP 2017, 1415; *Lichtnecker*, MMR 2018, 512, 515; *Peifer*, GRUR 2018, 1218, 1220.

[188] Vgl. beispielsweise Ziffer 3.5 der AGB der inpromo GmbH, abrufbar unter https://www.hashtaglove.de/terms (Abrufdatum 27.4.2021), wonach bei bestimmten „Prämien-Kampagnen" nach erfolgter Berichterstattung durch den Influencer an diesen eine Prämie in Euro gezahlt wird.

[189] Vgl. *Sekara*, Influencer Marketing, S. 177, 188; *Troge*, GRUR-Prax 2018, 87, 89; *Zurth/Pless*, ZUM 2019, 414, 415. Zur Möglichkeit der Implementierung von Werbung in Beiträgen und Videos von Bloggern und YouTubern mittels Google AdSense sowie des YouTube-Partnerprogramms vgl. *Brunckhorst/Sterzinger*, DStR 2018, 1689, 1691.

In der Praxis sind viele Blogger oder YouTuber, ebenso wie weite Teile der durch Social-Media-Aktivitäten erreichten Zielgruppe, noch minderjährig.[190] Diese werden besonders häufig in die Kategorie der Micro-Influencer fallen. Mitunter unterstützen auch Eltern entsprechende Aktivitäten ihrer minderjährigen Kinder oder befördern und steuern diese sogar maßgeblich, um dergestalt gegen Entgelt Produktwerbung quasi „aus dem Kinderzimmer heraus" betreiben zu können.[191]

2. Rechtliche Bewertung

Aus juristischer Perspektive sind neben den im Fall kommerzieller Werbepostings unter Umständen bestehenden Kennzeichnungspflichten, welche auch die Rechtsprechung in jüngster Vergangenheit intensiv beschäftigt haben, im Zusammenhang mit minderjährigen Influencern vor allem die vertragsrechtlichen Beziehungen zwischen diesen und beworbenen Unternehmen bzw. Agenturen und die daraus resultierenden Primär- und Sekundärpflichten von Interesse.

a) Wettbewerbs- und medienrechtliche Rahmenbedingungen

Eine vieldiskutierte und auch für die Betätigung minderjähriger Influencer relevante Problemkonstellation beruht auf dem Umstand, dass Influencer ihre Postings auf Social-Media-Plattformen oder in Blogs häufig nicht als Werbung kennzeichnen, obgleich dies nach Maßgabe verschiedener Vorschriften unter Umständen erforderlich wäre. Neben Normen des UWG können im Hinblick auf entsprechende Kennzeichnungspflichten auch Re-

---

[190] Weitreichende Bekanntheit haben in einschlägigen Kreisen beispielsweise die erst im Jahr 2017 volljährig gewordenen und mittlerweile auch als Musiker und Schauspieler tätigen YouTuber Roman und Heiko Lochmann als „DieLochis" erlangt, die nach eigenen Angaben ab dem Jahr 2011 Videos etwa von Songparodien und Sketchen bei YouTube einstellten. Siehe hierzu die Homepage der „Lochis" unter https://dielochis.de/bio (Abrufdatum 27.4.2021). Weitere Beispiele bekannter minderjähriger Influencer nennt *Willems*, MMR 2018, 707. Vgl. auch einen unter https://www.derstandard.de/story/2000089645234/neuer-trend-minderjaehrige-als-influencer (Abrufdatum 27.4.2021) abrufbaren Beitrag, wonach die Betätigung als minderjähriger Influencer als zunehmender „Trend" eingeschätzt wird. Zur Situation minderjähriger Social-Media-Follower vgl. zudem die grundlegende Untersuchung bei *Scherer*, WRP 2019, 277 ff.

[191] Diesbezüglich verweisen *Zurth/Pless*, ZUM 2019, 414 auf einen erst sieben Jahre alten YouTube-Star, welcher im Zusammenhang mit dem YouTube-Kanal „Ryan ToysReview" im Jahr 2018 ein Jahreseinkommen von 22 Millionen Dollar generiert haben soll. Zu den diese „Kinder-Influencer" betreffenden familienrechtlichen Problemstellungen, insbesondere hinsichtlich der elterlichen Sorge und des Schutzes des Persönlichkeitsrechts des betroffenen Kindes, vgl. *Götz*, FamRZ 2019, 573, 574 f.

gelungen des TMG sowie des RStV zu berücksichtigen sein, welche nebeneinander zur Anwendung gelangen.[192]

Erhält ein Influencer für ein positives, unter Umständen sogar inhaltlich durch das ihn beauftragende Unternehmen beeinflusstes oder erstelltes Posting[193] ein Entgelt in Gestalt einer Vergütung oder der Überlassung eines kostenlosen Produkts, liegt in dem betreffenden auftragsgemäßen Posting in der Regel eine geschäftliche Handlung nach § 2 Abs. 1 Nr. 1 UWG begründet, da hierdurch der Absatz eines Unternehmens gefördert wird.[194] Lässt sich der Werbecharakter eines solchen Postings nicht unmissverständlich aus der Gestaltung des jeweiligen Beitrags erkennen, müsste dieses als Werbung gekennzeichnet sein, da anderenfalls ein Verstoß insbesondere gegen § 5a Abs. 6 UWG vorliegen kann.[195] Eine Kennzeichnungspflicht kann sich daneben auch aus § 6 Abs. 1 Nr. 1, Nr. 2 TMG sowie § 58 Abs. 1 S. 1 RStV ergeben.[196] Ob bezüglich des fraglichen Beitrags eine entsprechende Kennzeichnungspflicht insbesondere nach dem UWG besteht oder sich der Werbecharakter unmissverständlich auch ohne entsprechende Kennzeichnung ergibt, ist unter Berücksichtigung der Ausgestaltung des jeweiligen Einzelfalls zu beantworten.[197]

Verstöße gegen eine im Einzelfall bestehende Kennzeichnungspflicht können sowohl für das beworbene Unternehmen oder eine beteiligte Vermittlungs- oder Werbeagentur[198] als auch für den im Sinne von § 2 Abs. 1 Nr. 1

[192] Vgl. *Sekara*, Influencer Marketing, S. 177, 194. Zu den im deutschen Recht im RStV und im TMG umgesetzten unionsrechtlichen Vorgaben der Richtlinie über audiovisuelle Mediendienste (AVMD-RL) vgl. eingehend *Zurth/Pless*, ZUM 2019, 414, 416 ff.

[193] Praktische Beispiele entsprechender Kampagnen eines solchen „Native Advertising" nennt *Peifer*, GRUR 2018, 1218, 1219.

[194] Vgl. Köhler/Bornkamm/Feddersen/*Köhler*, UWG § 5a Rn. 7.71; *Gerecke*, GRUR 2018, 153, 157; *Henning-Bodewig*, WRP 2017, 1415, 1417; *Lichtnecker*, MMR 2018, 512, 516; *Scherer*, WRP 2019, 277, 279.

[195] Köhler/Bornkamm/Feddersen/*Köhler*, UWG § 5a Rn. 7.80a; *Lichtnecker*, MMR 2018, 512, 516. Zu weiteren im Zusammenhang mit Influencer-Marketing unter Umständen anwendbaren Vorschriften des UWG vgl. näher die Darstellung bei *Ahrens*, GRUR 2018, 1211, 1213 f. sowie *Scherer*, WRP 2019, 277, 279 ff. Zu denkbaren Möglichkeiten einer Kenntlichmachung des kommerziellen Zwecks eines Postings vgl. *Gerecke*, GRUR 2018, 153, 158 f.

[196] Vgl. näher *Gerecke*, GRUR 2018, 153, 154 f. sowie *Suwelack*, MMR 2017, 661, 662 f.

[197] Vgl. *Henning-Bodewig*, WRP 2017, 1418 f. und *Leeb/Maisch*, ZUM 2019, 29, 32. Eine Darstellung verschiedener Praxisfälle, in denen eine Kennzeichnung als Werbung erforderlich oder nicht vonnöten ist, findet sich bei *Gerecke*, GRUR 2018, 153, 156 ff. *Leeb/Maisch*, ZUM 2019, 29, 30 weisen in diesem Zusammenhang darauf hin, dass viele Influencer dazu übergegangen seien, jeden ihrer Beiträge als Werbung oder Anzeige zu kennzeichnen, wobei dies den Marktwert eines Influencer-Profils schmälern könne.

[198] Zu einer insbesondere nach § 8 Abs. 2 UWG denkbaren wettbewerbsrechtlichen Inanspruchnahme eines beworbenen Unternehmens sowie einer im Rahmen des Marketings

UWG geschäftlich handelnden Influencer selbst Sanktionen nach dem UWG begründen. Ist eine fehlende Kennzeichnung als Werbung geeignet, die Kaufentscheidung von Verbrauchern zu beeinflussen, kann der verantwortliche Influencer wegen „Schleichwerbung" gem. §§ 8 Abs. 1, 3 Abs. 1 UWG i.V.m. § 5a Abs. 6 UWG auf Beseitigung sowie Unterlassung in Anspruch genommen werden.[199] Ein Verschulden setzen diese Ansprüche nach § 8 Abs. 1 UWG, im Gegensatz zu einem Anspruch auf Schadensersatz nach § 9 UWG, nicht voraus.[200] Von besonderer Praxisrelevanz ist in diesem Zusammenhang die Aktivlegitimation der in § 8 Abs. 3 UWG genannten Verbände.[201] Die Geltendmachung eines Schadensersatzanspruches nach § 9 UWG durch Mitbewerber kommt neben § 8 UWG zwar ebenfalls in Betracht, allerdings kann sich der Nachweis eines notwendigen Schadens in der Praxis schwierig gestalten.[202] Anspruchsschuldner der genannten Ansprüche ist der jeweils betroffene Influencer als für den Inhalt seines Kanals verantwortlicher Accountinhaber.[203]

Vor einer Inanspruchnahme nach § 8 Abs. 1 UWG wird der betreffende Influencer vom jeweils Anspruchsberechtigten zudem regelmäßig zunächst gem. § 12 Abs. 1 S. 1 UWG abgemahnt und zur Abgabe einer strafbewehrten Unterlassungsverpflichtung aufgefordert werden. Im Fall einer berechtigten Abmahnung steht dem Abmahnenden sodann ein Abmahnkostenerstattungsanspruch nach § 12 Abs. 1 S. 2 UWG gegen den verantwortlichen Influencer zu. Schließlich sind bei Nichtkennzeichnung entgegen § 6 Abs. 1 Nr. 1, Nr. 2 TMG und § 58 Abs. 1 S. 1 RStV sowie, abhängig vom gewählten Werbemedium, auch verschiedene öffentlich-rechtliche Sanktionen, bei Verstoß gegen § 58 Abs. 3 RStV insbesondere die Verhängung eines Bußgelds nach § 49 RStV, denkbar.[204] Eine Verantwortlichkeit nach dem TMG sowie

---

beteiligten Agentur vgl. näher *Leeb/Maisch*, ZUM 2019, 29, 31 f. Vgl. auch die Entscheidung OLG Celle, Urt. v. 8.6.2017 – 13 U 53/17, MMR 2017, 769 m. Anm. *Sobottka/Czernik*, in der das OLG Celle wegen Verstoßes eines Influencer-Beitrags gegen § 5a Abs. 6 UWG einen Unterlassungsanspruch nach § 8 Abs. 1 UWG gegen das Unternehmen bejahte, das den Influencer mit der Werbemaßnahme beauftragt hatte, ohne diesbezüglich auf eine Zurechnung nach § 8 Abs. 2 UWG zu rekurrieren. Insoweit kritisch *Zurth/Pless*, ZUM 2019, 414, 423.

[199] Vgl. *Leeb/Maisch*, ZUM 2019, 29, 31. Zu den näheren Voraussetzungen des gem. § 8 Abs. 1 S. 2 UWG auch vorbeugend möglichen Unterlassungsanspruchs vgl. näher Ohly/Sosnitza/*Ohly*, UWG, § 8 Rn. 7 ff., 25 ff.

[200] MüKoUWG/*Fritzsche*, UWG, § 8 Rn. 27.

[201] Vgl. *Gerecke*, GRUR 2018, 153, 159; *Peifer*, GRUR 2018, 1218, 1224.

[202] Vgl. *Gerecke*, GRUR 2018, 153, 159.

[203] Vgl. *Leeb/Maisch*, ZUM 2019, 29, 31, die den „unmittelbar kommunizierenden Accountinhaber" in der Pflicht sehen; *Troge*, GRUR-Prax 2018, 87, 89.

[204] Vgl. näher *Gerecke*, GRUR 2018, 153, 159; *Henning-Bodewig*, WRP 2017, 1415, 1416 (Fn. 15); *Leeb/Maisch*, ZUM 2019, 29, 31 m.w.N.; *Peifer*, GRUR 2018, 1218, 1222;

RStV ergibt sich für Influencer als Anbieter von Telemedien im Sinne von § 2 Abs. 1 S. 3 RStV bzw. § 1 Abs. 1 S. 1 TMG, unter welche auch Social-Media-Angebote wie YouTube und Facebook gefasst werden.[205]

Soweit sich Minderjährige als Influencer betätigen, stellt sich die Frage, ob auch diese persönlich von entsprechenden Kennzeichnungspflichten und damit korrespondierenden Sanktionen betroffen sein können. Insoweit sind in praktischer Hinsicht verschiedene Sachverhaltskonstellationen zu differenzieren. Zum einen fungieren vor allem sehr junge Minderjährige in sozialen Kanälen häufig als „Testpersonen" z.B. von Spielzeug, wobei Inhalt und Produktion der jeweiligen Videos maßgeblich auf deren Eltern zurückzuführen sind und diese auch Inhaber des jeweiligen Social-Media-Accounts sind. Zum anderen ist vorstellbar, dass zwar die Eltern eines Minderjährigen selbst einen Account bei einem sozialen Netzwerk oder einen Webblog einrichten, diesen jedoch ihrem minderjährigen Kind überlassen, das darüber Inhalte online stellt. Denkbar wäre dieses Vorgehen etwa im Fall der Anmeldung eines kostenpflichtigen Webblogs über einen professionellen Anbieter, den die Eltern zunächst erstellen und auch fortlaufend die dafür anfallenden Kosten übernehmen, die inhaltliche Gestaltung desselben jedoch ausschließlich ihrem minderjährigen Kind überlassen. Schließlich sind auch solche Konstellationen zu berücksichtigen, in denen beschränkt geschäftsfähige Minderjährige mit Einwilligung ihrer Eltern oder eines sonstigen gesetzlichen Vertreters ein Benutzerkonto z.B. bei Instagram erstellen[206] und sodann eigenverantwortlich Postings veröffentlichen; dies dürfte allerdings zumeist Minderjährige höherer Altersstufen betreffen.[207]

Sulewack, MMR 2017, 661, 664. So wurde gegen den Blogger „Flying Uwe" wegen anhaltend unzureichender Werbekennzeichnung seitens der Medienanstalt Hamburg/Schleswig-Holstein im Jahr 2016 ein Bußgeld in Höhe von 10.500 Euro verhängt, vgl. *Troge*, GRUR-Prax 2018, 87.

[205] Vgl. *Fuchs/Hahn*, Influencer Marketing, S. 161, 164.

[206] Zur nach § 107 BGB bestehenden Zustimmungspflichtigkeit des Beitritts zu einem entsprechenden sozialen Netzwerk vgl. nur BeckOGK/*Duden*, BGB, § 107 Rn. 121.

[207] Insbesondere definieren soziale Netzwerke, unabhängig von der für beschränkt geschäftsfähige Minderjährige nach § 107 BGB erforderlichen Einwilligung ihrer gesetzlichen Vertreter, grundsätzlich ein Mindestalter für die Erstellung eines Benutzerkontos. So liegt etwa das Mindestalter zur Einrichtung und Verwaltung eines Google-Kontos, welches Voraussetzung für die Erstellung eines eigenen YouTube-Kontos ist, gemäß der für Deutschland geltenden Google-Richtlinien bei 16 Jahren, vgl. die Informationen unter https://support.google.com/accounts/answer/1350409 (Abrufdatum 27.4.2021). Die Erstellung eines eigenen Instagram-Accounts hingegen setzt ein Mindestalter von derzeit 13 Jahren voraus, siehe die Angaben unter https://help.instagram.com/154475974694511/?helpref=hc_fnav&bc[0]=Instagram-Hilfebereich&bc[1]=Privatsph%C3%A4re%20und%20Sicherheit (Abrufdatum 27.4.2021).

In den erstgenannten beiden Konstellationen ist der Minderjährige selbst nicht von einer Kennzeichnungspflicht und damit einhergehenden rechtlichen Konsequenzen betroffen. Während im ersten Fall der Minderjährige selbst lediglich als Bestandteil der von seinen Eltern zu verantwortenden Werbemaßnahme anzusehen ist, muss auch im zweiten Fall gelten, dass die Eltern als Inhaber des jeweiligen Social-Media-Accounts oder Blogs für dessen inhaltliche Ausgestaltung verantwortlich sind und diese auch effektiv beeinflussen können. Abmahnungen sowie Beseitigungs- und Unterlassungsansprüche sowie etwaige öffentlich-rechtliche Sanktionen sind im Fall des Unterlassens einer erforderlichen Kennzeichnung als Werbung somit an die Eltern oder sonstige gesetzlichen Vertreter zu richten.

In der letztgenannten Konstellation hingegen, in welcher der Minderjährige sowohl Inhaber des jeweiligen Nutzerkontos oder angemeldeter Betreiber eines Webblogs ist als auch für die Inhalte seiner Postings unmittelbar verantwortlich zeichnet, wird er selbst von einer entsprechenden Kennzeichnungspflicht betroffen. Schuldner des infolge einer begründeten Abmahnung entstandenen Abmahnkostenerstattungsanspruchs nach § 12 Abs. 1 S. 2 UWG sowie eines Beseitigungs- oder Unterlassungsanspruchs nach § 8 Abs. 1 UWG wäre folglich der betreffende Minderjährige;[208] auch öffentlich-rechtliche Sanktionen wie insbesondere ein Bußgeld nach § 49 RStV träfen ihn als verantwortlichen Anbieter von Telemedien.

b) *Vertragsschlüsse minderjähriger Influencer*

Neben diesen lauterkeits- und medienrechtlichen Erwägungen steht gerade mit Blick auf die Situation Minderjähriger vor allem auch die im Influencer Marketing relevante vertragsrechtliche Situation im Fokus. Dabei ist zwischen verschiedenen Akteuren zu unterscheiden: dem – mitunter von einem Management vertretenen – Influencer selbst, dem Unternehmen, für das er zu Werbezwecken tätig wird, und schließlich unter Umständen auch Vermittlungs- und Werbeagenturen unterschiedlichster Ausgestaltung.[209] Eine wesentliche und wohl im Besonderen für noch wenig renommierte Influencer

---

[208] Dies setzt allerdings voraus, dass die Abmahnung dem Minderjährigen überhaupt wirksam zugegangen ist. Insoweit ist problematisch, ob ein Zugang der Abmahnung an diesen ausreichend oder ein solcher vielmehr beim gesetzlichen Vertreter vonnöten ist. Nach einer in der Rechtsprechung vertretenen Auffassung soll die gegenüber einem Minderjährigen ausgesprochene Abmahnung ohne Adressierung bzw. Zugang an den gesetzlichen Vertreter keine Wirkung entfalten. Vgl. OLG München, Beschl. v. 28.9.2001 – 29 W 2398/01, ZUM-RD 2001, 561, 564, sowie im Anschluss daran LG Bonn, Urt. v. 26.5.2008 – 6 S 278/07, NJW-RR 2008, 1576, 1577 und LG Düsseldorf, Urt. v. 9.9.2009 – 12 O 470/07, BeckRS 2011, 5024; mangels Entscheidungserheblichkeit offengelassen bei BGH, Beschl. v. 3.2.2011 – I ZA 17/10, ZUM 2011, 493, 494.

[209] *Leeb/Maisch*, ZUM 2019, 29, 31; *Sekara*, Influencer Marketing, S. 177, 201.

interessante Funktion nehmen in diesem Zusammenhang solche Online-Plattformen ein, die den bei ihnen registrierten Nutzern die auf ihrer Plattform ausgeschriebenen Werbekampagnen verschiedener Unternehmen vermitteln.[210] Zwischen dem Auftraggeber der jeweiligen Produktkampagne und dem seitens der Vermittlungsplattform ausgewählten Influencer kommt sodann ein als Werkvertrag im Sinne von § 631 Abs. 1 BGB zu qualifizierender Anzeigenwerbevertrag zustande, der bestenfalls Regelungen insbesondere zur Art der Werbung, dem maßgeblichen Berichtszeitraum sowie zum Entgelt beinhaltet.[211]

Die genannten vertragsrechtlichen Prämissen gelten auch im Fall eines Minderjährigen, der gegen Entgelt für einen Werbepartner als Influencer tätig sein möchte. Allerdings ist auch insoweit zu beachten, dass eigene Vertragsschlüsse des Minderjährigen praktisch nur dann in Betracht kommen, wenn nicht seine Eltern die treibende Kraft hinter der in Rede stehenden Influencer-Tätigkeit sind, während ihr Kind lediglich als „Tester" oder in ähnlicher Funktion in Erscheinung tritt. In solchen Konstellationen dürften regelmäßig die Eltern als verantwortliche Vertragspartner im eigenen Namen mit den jeweiligen Unternehmen oder Agenturen kontrahieren. Anderenfalls können grundsätzlich auch beschränkt geschäftsfähige Social-Media-Nutzer, soweit sie nicht den Versuch einer unmittelbaren Kontaktaufnahme mit potentiellen Werbepartnern unternehmen sollten, persönlich die Dienste von Vermittlungsplattformen in Anspruch nehmen. So richtet sich beispielsweise das Angebot der Marketing-Plattform „HashtagLove" grundsätzlich auch an solche als Influencer handelnden Personen, die noch nicht volljährig sind, das 16. Lebensjahr jedoch bereits vollendet haben.[212]

Sowohl für den Abschluss eines Nutzungsvertrags mit einer Marketing-Plattform als auch für die werkvertragliche Verpflichtung zur Durchführung

[210] *Sekara*, Influencer Marketing, S. 177, 202. Ein Beispiel für eine solche Vermittlungsplattform stellt die von der inpromo GmbH betriebene „Full-Service Influencer Marketing Plattform" HashtagLove dar. Diese bietet Influencern die Möglichkeit, sich nach einer Registrierung für die auf dem „Markplatz" der Website von HashtagLove inserierten Werbekampagnen oder Produkte zu bewerben, um über diese auf den eigenen Social-Media-Kanälen berichten zu können. Vgl. Ziffer 1.4 der AGB der inpromoGmbH, abrufbar unter https://www.hashtaglove.de/terms (Abrufdatum 27.4.2021).

[211] *Sekara*, Influencer Marketing, S. 177, 203. Vertragsrechtlich denkbar ist alternativ auch, dass der jeweilige Werbeanzeigenvertrag unmittelbar mit der jeweiligen Plattform als Vertragspartnerin zustande kommt; diese Situation trifft ausweislich der AGB von HashtagLove augenscheinlich auf die von dieser Online-Plattform vermittelten Prämienkampagnen zu, da gem. Ziffer 3.3 HashtagLove die Bewerbung eines bei ihr registrierten Influencers auf Übernahme einer Werbekampagne und damit dessen Angebot auf Abschluss eines Werkvertrages annimmt und für die Durchführung der Kampagne unter Umständen gem. Ziffer 3.5 auch eine Prämie auslobt.

[212] Vgl. Ziffer 1.3 der AGB der Plattform HashtagLove.

einer einzelnen Werbemaßnahme gegenüber einem Unternehmen bedarf ein beschränkt geschäftsfähiger Minderjähriger nach § 107 BGB im Regelfall der vorherigen Einwilligung seines gesetzlichen Vertreters.[213] Bereits der Nutzungsvertrag stellt sich angesichts der in diesem regelmäßig vorgesehenen Einwilligung des Nutzers in die Verarbeitung personenbezogener Daten sowie der darin vereinbarten Übertragung etwaiger Nutzungsrechte an immaterialgüterrechtlich geschützten Postings als rechtlich nachteilhaft dar.[214] Der einem Werbeauftrag zugrundeliegende Werkvertrag hingegen ist mit Blick auf die daraus resultierende Leistungsverpflichtung des Minderjährigen nicht als lediglich rechtlich vorteilhaft anzusehen. Zudem sind im Rahmen eines solchen Werbeanzeigenvertrags auch Pflichtverletzungen des minderjährigen Influencers, insbesondere im Hinblick auf die Nichterfüllung vereinbarter Werbeaufträge im Berichtszeitraum, denkbar, die zu Schadensersatz- oder Vertragsstrafenansprüchen des jeweiligen Vertragspartners führen können.[215] Sind dem minderjährigen Influencer zu Bewertungszwecken Testprodukte überlassen worden, sind diese von ihm im Fall der Nichterfüllung einer Bewertung regelmäßig herauszugeben; ist ihm dies nicht möglich, kann er zum Wertersatz verpflichtet sein.[216]

In der Summe ist der einer Influencer-Marketing-Maßnahme zugrundeliegende Vertrag für den minderjährigen Influencer als nicht lediglich rechtlich vorteilhaft einzuordnen, was zwingend eine Zustimmung seiner gesetzlichen Vertreter zu der auf den Vertragsschluss gerichteten Willenserklärung des Minderjährigen erfordert. Angesichts der mit entsprechenden Vereinbarungen einhergehenden potentiellen Haftungsrisiken empfiehlt sich dabei

---

[213] Vgl. insoweit beispielhaft die AGB der Plattform HashtagLove unter Ziffer 2.7: „[…] Als minderjährigen Influencer fordern wir Dich nach der Registrierung [bei hashtaglove.de, Anm. d. Verf.] auf, die schriftliche Einwilligung Deiner gesetzlichen Vertreter (z.B. Eltern) vorzulegen. Das gleiche gilt für Deine Bewerbung [für eine Kampagne oder Produktwerbung, Anm. d. Verf.]; diese können wir nur berücksichtigen, wenn Du uns eine wirksame schriftliche Einwilligung Deiner gesetzlichen Vertreter vorlegst."

[214] Zu Verträgen über den Beitritt zu einem sozialen Netzwerk vgl. BeckOGK/*Duden*, BGB, § 107 Rn. 121. Die Situation erscheint insoweit bei Abschluss eines unentgeltlichen Nutzungsvertrags mit einer Vermittlungsplattform vergleichbar und die genannten Kriterien folglich übertragbar.

[215] Vgl. auch diesbezüglich exemplarisch die AGB von HashtagLove unter Ziffer 3.6: „Für den Fall der vertragswidrigen Nichtleistung des Beitrags zur Kampagne im vereinbarten Berichtszeitraum steht HashtagLove eine Vertragsstrafe in Höhe von 0,5 % pro Tag, höchstens aber 10 % vom Netto-Wert der ausgelobten Produktbemusterung oder, bei Prämien-Kampagnen, der vereinbarten Prämien-Vergütung zu. […] Die Vertragsstrafe fällt nicht an, wenn die ausgelobte Produktbemusterung oder die ausgelobte Prämie einen Wert von weniger als 250 Euro hat oder der Berichtszeitraum trotz Versäumung der Anfangsfrist eingehalten wird."

[216] Auch diesen Fall sehen die AGB von HashtagLove für verderbliche Produkte oder Hygieneartikel vor, vgl. Ziffer 3.4.

eine sorgfältige, am jeweiligen Einzelfall orientierte Risikoabwägung des gesetzlichen Vertreters, insbesondere also der Eltern des minderjährigen Influencers.

Vor diesem Hintergrund verdienen zwei mit der beschränkten Geschäftsfähigkeit des Minderjährigen nach §§ 106 ff. BGB einhergehende Aspekte besondere Beachtung. Zunächst könnten Eltern oder sonstige gesetzliche Vertreter erwägen, ihre Zustimmung zu zukünftigen Werbeanzeigenverträgen in Gestalt einer beschränkten Generaleinwilligung zu erteilen, um dem von ihnen vertretenen Minderjährigen eine größere rechtsgeschäftliche Handlungsfreiheit zu ermöglichen. Denkbar wäre insoweit beispielsweise, dass Eltern ihrem minderjährigen Kind im Zusammenhang mit dessen Registrierung bei einer Vermittlungsplattform eine schriftliche Einwilligungserklärung überlassen, in der sie ausdrücklich ihre Zustimmung zu allen zukünftigen, über diese Vermittlungsplattform auf Grundlage deren AGB mit Drittunternehmen geschlossenen Werbeanzeigenverträge ihres Kindes erklären. Ob ein beschränkter Generalkonsens in dieser Form zulässig sein könnte, wurde für den Fall der Nutzung einer Online-Vermittlungsplattform durch Minderjährige soweit ersichtlich in Rechtsprechung und Literatur bis dato nicht erörtert. Dieser Frage ist somit unter Heranziehung der für vergleichbare Vertragsverhältnisse geltenden Kriterien nachzugehen.

Grundsätzlich kann eine beschränkte Generaleinwilligung zur Wahrung des Schutzzwecks der §§ 107 ff. BGB nur insoweit zulässig sein, als sich diese auf eine beschränkte und abgrenzbare Gruppe von Rechtsgeschäften bezieht.[217] Überdies darf sie keine partiell unbeschränkte Geschäftsfähigkeit wie nach §§ 112, 113 BGB begründen und muss daher auf die üblicherweise mit einem Vorhaben des Minderjährigen in Zusammenhang stehenden Rechtsgeschäfte beschränkt bleiben.[218] Als unzulässig müsste nach diesen Maßstäben jedenfalls eine – ausdrücklich oder konkludent erklärte – beschränkte Generaleinwilligung angesehen werden, die es dem Minderjährigen gestatten soll, zukünftig ohne Bindung an eine konkrete Vermittlungsplattform Werbeverträge mit sämtlichen potentiellen Werbekunden einzugehen. Im Fall eines solchen Generalkonsenses wären die konkreten Inhalte und rechtlichen wie wirtschaftlichen Folgen entsprechender Vertragsschlüsse einer Kontrolle durch den gesetzlichen Vertreter vollständig entzogen, wodurch im Ergebnis eine partiell unbeschränkte Geschäftsfähigkeit des entgeltlich tätigen minderjährigen Influencers im Sinne von § 112 BGB begründet würde.

---

[217] BeckOGK/*Duden*, BGB, § 107 Rn. 142. Für im Zusammenhang mit einem Girokonto stehende Bankgeschäfte eines Minderjährigen vgl. *Kunkel*, Rpfleger 1997, 1, 6.

[218] BGH, Urt. v. 12.10.1976 – VI ZR 172/75, NJW 1977, 622; MüKoBGB/*Spickhoff*, BGB, § 107 Rn. 23; Staudinger/*Klumpp*, BGB, § 107 Rn. 104.

Aber auch in solchen Konstellationen, in denen ein gesetzlicher Vertreter seine Einwilligung nur für solche zukünftigen entgeltlichen Werbeverträge erteilen wollte, die über eine bestimmte Vermittlungsplattform und auf Grundlage deren AGB abgeschlossen werden, handelt es sich nach hiesigem Dafürhalten um keine beschränkte und abgrenzbare Gruppe von Rechtsgeschäften. Vielmehr stünde es dem Minderjährigen grundsätzlich frei, sich für eine ex ante nicht überschaubare Vielzahl von Werbekampagnen zu bewerben, für die abhängig vom jeweiligen Produkt und der damit einhergehenden Anzeigenkampagne unterschiedlich hohe Vergütungen sowie Sanktionen bei Nichterfüllung der Vertragspflichten gälten. Auch in einem solchen Fall ist es folglich im Sinne der Wahrung des elterlichen Entscheidungsspielraums und zum Schutz des Minderjährigen sowie zur effektiven Abgrenzung zum Anwendungsbereich der §§ 112, 113 BGB vorzugswürdig, eine entsprechende beschränkte Generaleinwilligung nicht zuzulassen. Allenfalls zulässig erschiene es mit Blick auf den notwendigen Schutz des minderjährigen Influencers, wenn der gesetzliche Vertreter eine Konkretisierung der beschränkten Generaleinwilligung dahingehend vornimmt, dass sich der Minderjährige nur bei einer bestimmten Vermittlungsplattform auf Kampagnentypen feststehender Kategorien mit begrenzter Vertragsstrafenandrohung bewerben darf, während andere Vertragsschlüsse der ausdrücklichen Einzelzustimmung bedürfen.[219] Insoweit wären die Grundsätze zur beschränkten Generaleinwilligung somit einzelfallorientiert und äußerst zurückhaltend zur Anwendung zu bringen.

Allerdings wäre es im Einzelfall denkbar, eine auf die Erzielung regelmäßiger finanzieller Einnahmen ausgerichtete Influencer-Tätigkeit eines Minderjährigen als „Erwerbsgeschäft“ im Sinne von § 112 BGB zu qualifizieren.[220] Dergestalt könnte der betreffende Minderjährige durch eine Ermächtigung seines gesetzlichen Vertreters und deren familiengerichtliche Genehmigung eine partiell unbeschränkte Geschäftsfähigkeit für solche Rechtsgeschäfte erlangen, die der Betrieb dieses Erwerbsgeschäfts mit sich bringt. In einem solchen Fall wäre dem minderjährigen Influencer ein selbständiger Abschluss von Werbeanzeigenverträgen mit Unternehmen möglich, da es sich insoweit um solche Rechtsgeschäfte handelt, welche der Geschäftsbetrieb eines Influencers mit sich bringt. Ebenso wäre es ihm möglich, für die Erstellung seiner Videos u.a. eine professionelle Webcam zu erwerben.[221] Von der partiell unbeschränkten Geschäftsfähigkeit ausgenommen wären gem. § 112 Abs. 1 S. 2 BGB lediglich solche Rechtsgeschäfte, für die der gesetzliche Vertreter selbst der Genehmigung des Familiengerichts bedürfte, wie etwa

[219] Vgl. für Bankgeschäfte eines Minderjährigen im Zusammenhang mit einem Girovertrag die gleichlautenden Kriterien bei *Kunkel*, Rpfleger 1997, 1, 6.

[220] Vgl. näher *Willems*, MMR 2018, 707, 710.

[221] *Willems*, MMR 2018, 707, 711.

eine nach § 1822 Nr. 3 Alt. 3 BGB genehmigungspflichtige Gesellschaftsgründung durch mehrere beschränkt geschäftsfähige Influencer zur Förderung eines gemeinsamen Zwecks.[222] Durch § 112 BGB würde der rechtliche Handlungsspielraum eines minderjährigen Influencers folglich erheblich erweitert.

3. Praktische Konsequenzen

Insgesamt zeigt sich, dass ein Minderjähriger für die eigenverantwortliche und vergütete Betätigung als „professioneller" Influencer grundsätzlich in vielerlei Hinsicht der Zustimmung seines gesetzlichen Vertreters bedarf. Nicht nur ist bereits die Einrichtung eines Profils im Rahmen eines sozialen Netzwerks oder die Erstellung eines eigenen YouTube-Kanals von einer entsprechenden Zustimmung abhängig, auch der Abschluss sowohl eines Nutzungsvertrags mit einer Online-Vermittlungsplattform als auch von Werbeanzeigenverträgen mit Werbekunden setzen rechtlich und auch praktisch eine Einwilligung des gesetzlichen Vertreters voraus. Dieser ist insoweit dazu angehalten, vor Erteilung einer entsprechenden Einwilligung die möglichen vertrags-, wettbewerbs- und medienrechtlichen Risiken zu bedenken und in seine Entscheidung einfließen zu lassen. Dies setzt allerdings eine nicht unerhebliche eigene Medienkompetenz des gesetzlichen Vertreters voraus, die in der Praxis nicht stets ohne Weiteres angenommen werden kann.

Eine beschränkte Generaleinwilligung in sämtliche mit der Tätigkeit als Influencer einhergehende oder über eine bestimmte Vermittlungsplattform zu schließende Rechtsgeschäfte bleibt dem gesetzlichen Vertreter dabei angesichts des Schutzzwecks der §§ 107 ff. BGB verwehrt. Will dieser dem Minderjährigen für dessen Betätigung im Bereich des Influencer Marketing eine größere unternehmerische Freiheit einräumen, bliebe allerdings unter Umständen die Möglichkeit, diesem über § 112 BGB zu einer partiell unbeschränkten Geschäftsfähigkeit zu verhelfen. Ein solches Vorgehen könnte sich für den Minderjährigen allerdings nicht nur deshalb als nachteilhaft erweisen, weil nicht jeder getätigte Vertragsschluss zuvor durch seinen gesetzlichen Vertreter überprüft werden müsste und der Minderjährige dergestalt unter Umständen nicht vor Übereilung geschützt würde. Vielmehr hätte die Erlangung partieller Geschäftsfähigkeit auch erhebliche Auswirkungen auf die Möglichkeit einer Haftungsbeschränkung nach § 1629a BGB. Grundsätzlich bestünde für einen Minderjährigen, der sich infolge der Nichterfüllung eines mit Einwilligung seines gesetzlichen Vertreters geschlossenen Werbeanzeigenvertrags Vertragsstrafen- oder Wertersatzansprüchen seines jeweiligen Vertragspartners ausgesetzt sieht, die Möglichkeit, sich nach Eintritt

---

[222] *Willems*, MMR 2018, 707, 711.

der Volljährigkeit auf § 1629a Abs. 1 BGB zu berufen.[223] Handelt es sich hingegen um Verbindlichkeiten aus dem selbständigen Betrieb eines Erwerbsgeschäfts, zu dem der vormals Minderjährige nach § 112 BGB ermächtigt war, so ist diesem gem. § 1629a Abs. 2 Alt. 2 BGB die Geltendmachung der Einrede der Haftungsbeschränkung verwehrt. Ihm bliebe folglich zur Befreiung von entsprechenden belastenden, nicht getilgten Verbindlichkeiten nur die mit höheren Anforderungen verbundene Einleitung eines Verbraucherinsolvenz- und Restschuldbefreiungsverfahrens.

Dies gilt ebenso für Verbindlichkeiten in Gestalt eines aus § 12 Abs. 1 S. 2 UWG resultierenden Abmahnkostenerstattungsanspruchs sowie für durch eine Landesmedienanstalt nach dem RStV verhängte Bußgelder, auf die § 1629a Abs. 1 BGB gleichfalls keine Anwendung finden kann. Nach dem Wortlaut von § 1629a Abs. 1 S. 1 Hs. 2 Alt. 1 BGB unterfallen der Haftungsbeschränkung Verbindlichkeiten aus solchen Rechtsgeschäften, die der Minderjährige gem. §§ 107, 108, 111 BGB mit Zustimmung seiner Eltern vorgenommen hat. Ein auf § 12 Abs. 1 S. 2 UWG beruhender Erstattungsanspruch ist jedoch keine Verbindlichkeit in diesem Sinne; vielmehr resultiert dieser aus einem gesetzlich begründeten Schuldverhältnis zwischen dem zur Abmahnung Berechtigten und dem Abgemahnten.[224] Auch die Verhängung eines Bußgeldes nach dem RStV beruht nicht unmittelbar auf der Verletzung vertraglicher Nebenpflichten, sondern auf einer im Zusammenhang mit der Durchführung eines Anzeigenwerbevertrages stehenden Missachtung gesetzlicher Vorschriften.

Eine Anwendung von § 1629a Abs. 1 BGB könnte in diesen Fällen angesichts des Schutzzwecks von § 1629a Abs. 1 BGB nur dann in Betracht kommen, wenn sich für das Fehlverhalten des Minderjährigen ein wesentlicher Verantwortungsbeitrag des gesetzlichen Vertreters feststellen ließe.[225] Eine solche Fremdverantwortlichkeit ist mit Blick auf die genannten Verbindlichkeiten allerdings nicht anzunehmen. Der Umstand, dass der Minderjährige seine gesetzlich bestehenden Kennzeichnungspflichten allein deshalb verletzen kann, weil ihm seitens der Eltern der Abschluss eines Anzeigenwerbevertrages ermöglicht wurde, erscheint nicht hinreichend schwerwiegend, um die Eigenverantwortlichkeit des Minderjährigen abzulehnen. Insoweit bestehen aus Wertungsgesichtspunkten Parallelen zu solchen deliktischen Pflichtverletzungen, die zwar im Rahmen eines Vertragsverhältnisses begangen werden, gleichwohl aber von § 1629a Abs. 1 BGB nicht erfasst werden.

---

[223] Zur Erfassung von durch eigene Pflichtverletzungen begründeten Sekundärpflichten eines minderjährigen Vertragspartners vgl. erneut die Ausführungen unter E. III. 3. b) cc).

[224] Ohly/Sosnitza/*Sosnitza*, UWG, § 12 Rn. 20.

[225] Vgl. Staudinger/*Coester*, BGB, § 1629a Rn. 43.

X. Cyber-Mobbing und sonstige Persönlichkeitsrechtsverletzungen im Rahmen der Nutzung sozialer Medien

Cyber-Mobbing mittels Internet- und Mobiltelefondiensten, auch „Cyberbullying“ genannt, stellt ein alltägliches Phänomen mit potentiell dramatischen Folgen dar.[226] Auch und im Besonderen minderjährige Internet-Nutzer sind gleichermaßen Täter wie Opfer entsprechender medialer Belästigungen und Diffamierungen. Nachfolgend sollen Situation, Erscheinungsformen und rechtliche Konsequenzen solcher Persönlichkeitsrechtsverletzungen aufgezeigt werden.

1. Situation

Die als Social Media bezeichneten Kommunikationskanäle dienen primär der Übermittlung und dem Austausch von Informationen sowie der Erstellung und Weitergabe von medialen Inhalten. Hierzu gehören E-Mails und die vielfältigen am Markt befindlichen Kommunikationsdienste wie etwa WhatsApp oder Twitter ebenso wie soziale Netzwerke und sogenannte „content communities“. Zu Letzteren zählen beispielsweise Facebook, Instagram, Xing und YouTube. Gerade Minderjährige, die heutzutage im privaten wie auch schulischen Umfeld frühzeitig mit den vielfältigen Möglichkeiten der digitalen Welt sozialisiert werden, greifen täglich und in erheblichem Umfang auf die verschiedenen Formen der sozialen Medien zurück. So nutzen laut einer JIM-Studie aus dem Jahr 2018 allein WhatsApp insgesamt 82 % aller 12 bis 19 Jahre alten Personen täglich, 95 % mindestens mehrmals pro Woche.[227]

Eine Schattenseite dieser weitläufigen Verbreitung moderner Kommunikationsmittel und -kanäle stellt die zumeist anonym oder mittels Nutzung

---

[226] In den Medien werden immer wieder auf Cyber-Mobbing zurückzuführende Fälle von seelisch-psychischen Erkrankungen und sogar Suizidversuchen präsentiert. Siehe hierzu beispielsweise einen Spiegel Online-Artikel vom 30.9.2018, abrufbar unter http://www.spiegel.de/lebenundlernen/schule/sexuelle-gewalt-an-schulen-marie-bekommt-bei-whatsapp-vergewaltigungsdrohungen-a-1230413.html (Abrufdatum 27.4.2021), über die Situation unter anderem einer Schülerin der 6. Klasse, der über WhatsApp sexistische Beschimpfungen und Vergewaltigungsdrohungen zweier Mitschülerinnen zugingen. Vgl. auch einen bereits aus dem Jahr 2006 stammenden Beitrag, abrufbar unter http://www.spiegel.de/netzwelt/web/cyber-mobbing-tod-eines-teenagers-a-518042.html (Abrufdatum 27.4.2021), der einen Bericht über den Suizid einer 13-jährigen US-Amerikanerin nach Cyber-Mobbing über ein MySpace-Profil beinhaltet.

[227] Vgl. die Angaben auf S. 38 der „JIM-Studie 2018. Jugend, Information, Medien“, abrufbar unter https://www.mpfs.de/fileadmin/files/Studien/JIM/2018/Studie/JIM2018_Gesamt.pdf (Abrufdatum 27.4.2021).

von Pseudonymen verwirklichte Begehung straf- und zivilrechtlich relevanter Delikte dar. Insbesondere das sogenannte Cyber-Mobbing, also das Beleidigen, Diffamieren oder Belästigen anderer Personen unter Zuhilfenahme elektronischer oder digitaler Kommunikationsmittel wie Facebook, SMS oder WhatsApp,[228] ist unter jungen Menschen und insbesondere im Zusammenhang mit schulischen Kontakten zunehmend verbreitet.[229]

Fallbeispiel[230]

Ein zum Tatzeitpunkt 12 Jahre alter Minderjähriger wird aufgrund seines überdurchschnittlichen Körpergewichts Ziel eines „Internet-Mobbings" durch einen ebenfalls 12-jährigen Mitschüler. Dieser legt zunächst unter Verwendung des Namens und eines Fotos des betroffenen Schülers auf Facebook das Profil „… Fat-Opfer" an, das etwa eine

[228] Nach verbreiteter Definition soll unter Cyber-Mobbing jedes Verhalten einer Person oder Gruppe zu fassen sein, das mittels elektronischer oder digitaler Medien geäußerte, feindselige oder aggressive Mitteilungen umfasst und darauf gerichtet ist, Schaden zuzufügen. Vgl. etwa *Petermann/Koglin*, Aggression und Gewalt von Kindern und Jugendlichen, S. 68, sowie die vergleichbare Definition des 15. Kinder- und Jugendberichts vom 1.2.2017, BT-Drs. 18/11050, S. 280. Verschiedene Methoden des Cyber-Mobbings speziell im schulischen Kontext differenziert *Jülicher*, NJW 2019, 2801, 2802. Aus kommunikationswissenschaftlicher Perspektive wird Cyber-Mobbing präzisierend noch in verschiedene Erscheinungsformen und Kategorien unterteilt. So wird verbal oder nonverbal geäußertes direktes Mobbing, z.B. in Gestalt des Versendens obszöner Bilder, von indirektem Mobbing abgegrenzt, das sich etwa durch das Verbreiten von Gerüchten auf sozialen Netzwerken äußern kann. Vgl. hierzu die Darstellung und Übersichten bei *Festl*, Täter im Internet, S. 28 ff. Überdies werden gerade junge Menschen häufig auch Opfer des sogenannten „Cyber-Groomings", also einer Form der sexuellen Belästigung im Internet; verbreitet ist auch das als „Sexting" bezeichnete Versenden erotischer Selbstaufnahmen zwischen einzelnen Nutzern. Auf entsprechende Situationen wird hier nicht näher eingegangen, obgleich die Übergänge speziell zwischen Cyber-Grooming und Cyber-Mobbing je nach Einzelfall mitunter fließend verlaufen können.

[229] Ausweislich einer durch das „Bündnis gegen Cybermobbing e.V." durchgeführten empirischen Studie zu Cyber-Mobbing unter Schülerinnen und Schülern aus dem Jahr 2013 (abrufbar unter https://www.buendnis-gegen-cybermobbing.de/fileadmin/pdf/studien/cybermobbingstudie_2013.pdf, Abrufdatum 27.4.2021) wurden etwa 17 % aller befragten Schülerinnen und Schüler bereits Opfer von Cyber-Mobbing-Attacken, vgl. S. 93 der Studie. Ähnliche Ergebnisse erbrachte eine weitere von dem genannten Bündnis veranlasste empirische Studie aus dem Jahr 2017, wonach knapp 13 % der befragten Schülerinnen und Schüler schon von Cyber-Mobbing betroffen waren, vgl. S. 81 der Studie (abrufbar unter https://www.buendnis-gegen-cybermobbing.de/fileadmin/pdf/studien/2016_05_02_Cybermobbing_2017End.pdf, Abrufdatum 27.4.2021). Nach einer durch die Universitäten Münster und Hohenheim an 33 süddeutschen Schulen durchgeführten Erhebung (Ergebnisse abrufbar unter http://www.uni-muenster.de/news/view.php?&cmdid=3400, Abrufdatum 27.4.2021) war sogar ein Drittel der insgesamt 5.656 befragten Schüler bereits von Cyber-Mobbing betroffen.

[230] Sachverhalt nach LG Memmingen, Urt. v. 3.2.2015 – 21 O 1761/13, BeckRS 2016, 02120.

Woche lang abrufbar bleibt. Hiervon erhalten Klassenkameraden und weitere Freunde Kenntnis. Laut der Postings des Mitschülers auf Facebook habe der betroffene Schüler unter anderem den „Idioten-Kindergarten" und die „Opfer-Grundschule" besucht, überdies habe er „irgendwelche homosexuellen Orientierungen", „vergewaltige kleine Kinder" und „zeige seine Exkremente auf Facebook". Darüber hinaus wird der Betroffene von seinem Mitschüler zusätzlich über den Facebook-Account einer dritten Person mittels mehrerer versendeter Nachrichten massiv beleidigt. Der betroffene Schüler ist angesichts dieser Attacken auf Facebook in der Folge gezwungen, sich einer auch stationär durchgeführten psychotherapeutischen Behandlung zu unterziehen.

Über die pädagogische Forschung und Präventionsansätze sowie den strafrechtlichen Kontext[231] hinaus kommt es in jüngerer Zeit auch zu einer Beschäftigung der Zivilgerichte[232] mit den einschlägigen Erscheinungsformen deliktischer Handlungen Minderjähriger. Für den vorliegenden Untersuchungsgegenstand relevante Entscheidungen aus jüngerer Zeit betreffen das bereits dargestellte massive Beleidigen und Diffamieren eines Klassenkameraden über einen eigens angelegten, öffentlich zugänglichen Facebook-Account[233] sowie das Verbreiten intimer Aufnahmen einer Mitschülerin.[234] In dem der letztgenannten Entscheidung zugrundeliegenden Sachverhalt hatte die Beklagte, eine minderjährige Schülerin, an zwei weitere Personen jeweils vier Nacktbilder der zum Zeitpunkt der Aufnahmen ebenfalls noch minderjährigen Klägerin per WhatsApp versendet. Die Beklagte war zuvor ohne

---

[231] In Betracht käme vor allem eine Strafbarkeit nach §§ 185 ff. StGB, im Bereich des sogenannten „Cyber-Stalkings" auch eine Strafbarkeit gem. § 238 StGB. Vgl. überblicksweise jurisPK-Internetrecht/*Heckmann*, Kapitel 8 Rn. 343 ff. Im Fall der unerwünschten Verbreitung erlangter Nacktaufnahmen einer Person durch Einstellen auf Facebook oder Weiterleitung per WhatsApp kommt eine Strafbarkeit nach §§ 184b, 184c StGB sowie § 22 KunstUrhG in Betracht, vgl. *Döll*, FamRZ 2017, 1728. Ein eigenständiger Cyber-Mobbing-Straftatbestand existiert im deutschen Strafrecht, anders als in einzelnen anderen Rechtsordnungen, nicht, vgl. *Jülicher*, NJW 2019, 2801, 2802. Zum wissenschaftlichen Entwurf eines Persönlichkeitsrechtsschutzgesetzes, der die Schaffung eines speziellen Cyber-Mobbing-Straftatbestands umfasst, vgl. *Heckmann/Paschke*, DRiZ 2018, 144, 145 ff. Vgl. im Übrigen die Meldung der beck-aktuell-Redaktion vom 8.6.2016, becklink 2003505, zu einer Entscheidung des AG Düsseldorf, im Rahmen derer eine 14-jährige Schülerin zu 20 Stunden gemeinnütziger Arbeit verurteilt wurde. Die betreffende Schülerin hatte ihren Lehrer heimlich im Klassenraum fotografiert, das Bild auf ihrem Facebook-Profil veröffentlicht und mit dem Zusatz „Behinderter Lehrer ever" versehen.

[232] Daneben existieren auch Entscheidungen von Verwaltungsgerichten, die sich mit schulischen Sanktionsmaßnahmen nach Fällen von Cyber-Mobbing unter minderjährigen Schülern beschäftigen. Zur Zulässigkeit der Überweisung von Schülern in eine Parallelklasse infolge von Mobbing und schwerwiegenden Beleidigungen von Mitschülern in sozialen Netzwerken und Chatforen vgl. etwa VG Gelsenkirchen, Urt. v. 20.10.2010 – 4 K 2662/08, BeckRS 2011, 45106 sowie VG Köln, Beschl. v. 19.4.2011 – 10 L 488/11, MMR 2012, 275.

[233] LG Memmingen, Urt. v. 3.2.2015 – 21 O 1761/13, BeckRS 2016, 02120.

[234] LG Frankfurt am Main, Urt. v. 20.5.2014 – 2–03 O 189/13, GRUR-RS 2014, 19319.

Wissen und Wollen der Klägerin in den Besitz der betreffenden Aufnahmen gelangt.[235]

Insbesondere in Fällen diffamierender oder beleidigender Nutzung öffentlich zugänglicher sozialer Netzwerke entsteht gerade für jüngere Menschen eine auf viraler Verbreitungsreichweite und Persistenz beruhende, hochgradig belastende „Prangerwirkung“, welche die Interaktion der Betroffenen mit ihrem sozialen Umfeld gravierend schädigen und einschränken kann.[236] Im Zusammenhang mit diesen schädlichen Folgen für minderjährige und noch in ihrer Persönlichkeitsentwicklung begriffene Menschen stellt sich aus familienrechtlicher Sicht unter Umständen die Frage, ob und wie Eltern das digitale Kommunikationsverhalten ihrer minderjährigen Kinder kontrollieren dürfen und können, und welche außergerichtlichen und gerichtlichen Handlungsspielräume ihnen dabei sowohl ihren Kindern als auch Dritten gegenüber zustehen.[237]

2. Rechtliche Bewertung

Im Falle eines Fehlverhaltens der vorbeschriebenen Art kommt ohne Weiteres eine deliktische Haftung minderjähriger Täter auf Schadensersatz sowie Geldentschädigung oder Schmerzensgeld in Betracht.[238] Denn die Regelungen der §§ 823 ff. BGB finden grundsätzlich auch im Kontext virtueller Kommunikation uneingeschränkte Anwendung. Zwingende praktische Voraussetzung ist dabei allerdings stets, dass der jeweilige Täter zweifelsfrei identifiziert werden kann.[239] Dies kann sich vor dem Hintergrund, dass insbesondere Accounts bei sozialen Netzwerken wie Facebook häufig unter einem

[235] Vgl. *Döll*, FamRZ 2017, 1728, der auf die mit einer solchen Weiterverbreitung oft einhergehende massive psychische Belastung betroffener junger Menschen hinweist.

[236] 15. Kinder- und Jugendbericht vom 1.2.2017, BT-Drs. 18/11050, S. 280. Vgl. auch *Paschke/Halder*, MMR 2016, 723.

[237] Insoweit steht der Schutz minderjähriger Kinder vor den Risiken digitaler Kommunikation im Vordergrund. Zur Möglichkeit, potentiell schädliche digitale Kontaktaufnahmen Dritter zum eigenen Kind mittels des Umgangsbestimmungsrechts nach § 1632 Abs. 2 BGB zu unterbinden, vgl. *Döll*, FamRZ 2017, 1728, 1729 f. sowie *Rake*, FamRZ 2017, 1733, 1733 f.; zu den Voraussetzungen gerichtlicher Maßnahmen nach § 1666 BGB bei einer Kindeswohlgefährdung infolge unkontrollierter und exzessiver Nutzung eines Smartphones vgl. *Götz*, FamRZ 2017, 1725, 1727.

[238] Zudem können dem von Cyber-Mobbing-Handlungen Betroffenen nach § 1004 BGB analog i.V.m. § 823 BGB auch Beseitigungs- und Unterlassungsansprüche gegen den unmittelbar Handelnden bzw. den jeweiligen Plattformbetreiber zustehen; überdies kann der Schädiger zur Veröffentlichung von Rubrum und Unterlassungstenor im jeweiligen sozialen Netzwerk verpflichtet werden. Vgl. *Giebel*, NJW 2017, 977, 981.

[239] Zu insoweit bestehenden Beweisanforderungen vgl. näher *Giebel*, NJW 2017, 977, 977 f.

falschen „Namen“ anstelle des Klarnamens genutzt werden, als problematisch darstellen.[240]

a) Tatbestandliche Voraussetzungen einer deliktischen Haftung Minderjähriger

Tatbestandlich kommt in den einschlägigen Sachverhaltskonstellationen regelmäßig eine von § 823 Abs. 1 BGB erfasste Verletzung des aus Art. 2 Abs. 1 GG i.V.m. Art. 1 Abs. 1 GG resultierenden Allgemeinen Persönlichkeitsrechts in Betracht. Betroffener Rechtsträger ist diejenige Person, die Ziel einer im Einzelfall in Rede stehenden Diffamierung, Beleidigung oder ähnlicher Angriffe ist. So stellt beispielsweise die unerlaubte Versendung intimer, ohne Wissen und Wollen des jeweils Abgebildeten erlangter Aktaufnahmen an Dritte via WhatsApp einen nicht zu rechtfertigenden Eingriff in die Intimsphäre des Betroffenen dar, der eine Verletzung des Selbstbestimmungsrechts als Teilbereich des Allgemeinen Persönlichkeitsrechts begründet.[241]

Auch das Betreiben eines diffamierenden, ehrverletzenden und öffentlich gestellten Facebook-Profils unter Verwendung von Klarnamen und Originalfoto des jeweils Betroffenen beinhaltet aufgrund der damit verbundenen sozialen Herabsetzung des Opfers eine Verletzung seines Allgemeinen Persönlichkeitsrechts, das maßgeblich das Recht des Einzelnen auf Achtung seiner personalen und sozialen Identität schützt.[242] Täter muss dabei im Üb-

[240] Nach gefestigter Rechtsprechung des BGH soll gegenüber dem Betreiber der jeweiligen Plattform kein Auskunftsanspruch nach § 242 BGB bezüglich der Bestands- und Nutzungsdaten der handelnden Person bestehen, da es für eine solche Datenübermittlung an einer hinreichenden gesetzlichen Grundlage im Sinne von § 12 Abs. 2 TMG fehlt. Vgl. hierzu die ein Ärztebewertungsportal betreffende Entscheidung BGH, Urt. v. 1.7.2014 – VI ZR 345/13, NJW 2014, 2651, 2652; *Giebel*, NJW 2017, 977. Zu den daraus für den von einer Persönlichkeitsrechtsverletzung Betroffenen resultierenden praktischen Schwierigkeiten und Rechtsverfolgungsmöglichkeiten vgl. näher *Paschke/Halder*, MMR 2016, 723, 724 ff. Nach der mit Erlass des Netzwerkdurchsetzungsgesetzes (NetzDG) vom 1.9.2017, BGBl. I 2017, S. 3352 verbundenen Novellierung von § 14 TMG kann nunmehr allerdings ein entsprechender Auskunftsanspruch des Betroffenen nach einer Persönlichkeitsrechtsverletzung gegenüber dem Betreiber eines sozialen Netzwerks gem. § 14 Abs. 3 TMG zur Durchsetzung zivilrechtlicher Ansprüche in Betracht kommen. Vgl. hierzu näher *Jülicher*, NJW 2019, 2801, 2803. Voraussetzung ist insoweit allerdings, dass es sich bei den die Persönlichkeitsrechtsverletzung begründenden Inhalten um strafbare Inhalte im Sinne von § 1 Abs. 3 NetzDG handelt, wozu unter anderem solche Inhalte zählen, die von §§ 185 ff. StGB tatbestandlich erfasst werden. Vgl. näher Spindler/Schmitz/Liesching/*Schmitz*, TMG, § 14 Rn. 57 ff.

[241] LG Frankfurt am Main, Urt. v. 20.5.2014 – 2–03 O 189/13, GRUR-RS 2014, 19319. Zum Bedeutungsgehalt der Sphärentheorie speziell im Bereich der Internetnutzung vgl. *Koch*, ITRB 2011, 128, 129.

[242] LG Memmingen, Urt. v. 3.2.2015 – 21 O 1761/13, BeckRS 2016, 02120.

rigen nicht notwendigerweise allein der Inhaber des betreffenden Social-Media-Accounts sein. Auch derjenige, der sich lediglich als Kommentator eines auf einem Account befindlichen Posts in haftungsrelevanter Weise äußert oder fremde rechtswidrige Inhalte in einer solchen Art und Weise verbreitet, dass er sich diese zu eigen macht, kann unter Umständen als unmittelbarer Täter in Anspruch genommen werden.[243] Gleichwohl ist zu beachten, dass Verletzungen des Persönlichkeitsrechts unter Minderjährigen nicht unterschiedslos nach den für Volljährige geltenden Maßstäben beurteilt werden können. Denn der Gebrauch von Schimpfwörtern oder strafrechtlich relevanten, beleidigenden Äußerungen ist in breiten Gesellschaftsschichten und Altersstufen durchaus Teil der jugendlichen Alltagssprache.[244]

Eine dem Abgebildeten unbekannte und unerwünschte Versendung intimer Aufnahmen begründet überdies eine Haftung des Handelnden auf eventuell eingetretene materielle Schäden aus § 823 Abs. 2 BGB i.V.m. §§ 22, 23 KUG.[245] Im Falle der Diffamierung einer Person gegenüber Dritten mittels eines „Fake-Profils", der Versendung von Nachrichten beleidigenden und herabsetzenden Inhalts in einer WhatsApp-Gruppe oder ähnlichen Verhaltensweisen kann ein Schadensersatzanspruch des Geschädigten aus § 823 Abs. 2 BGB i.V.m. §§ 185, 186 StGB wegen einer Ehrverletzung in Betracht kommen.[246] Führt eine andauernde Anfeindung und Belästigung beim Opfer sogar zu gesundheitlichen Beeinträchtigungen wie Schlafstörungen, Verfolgungsängsten oder Depressionen, so liegt zudem eine nach § 823 Abs. 1 BGB haftungsbegründende Gesundheitsverletzung vor.[247]

In der Praxis bedarf es neben der Feststellung der Tatbestandsmäßigkeit sowie einer unter Umständen möglichen Rechtfertigung[248] im Einzelfall über-

---

[243] So *Giebel*, NJW 2017, 977, 978, der als Beispiel für eine haftungsbegründende Weiterverbreitung die Nutzung der „Teilen"-Funktion bei Facebook anführt.

[244] Vgl. LG Memmingen, Urt. v. 3.2.2015 – 21 O 1761/13, BeckRS 2016, 02120. In der betreffenden Entscheidung hatten die Äußerungen des Beklagten, insbesondere vor dem Hintergrund der im Fall gegebenen Funktion des Internets als „öffentlicher Pranger" und der bestehenden massiven Verbalinjurien, nach Einschätzung der befassten Kammer die Qualität einer kindes- bzw. jugendtypischen Äußerung allerdings deutlich überschritten.

[245] Wandtke/Bullinger/*Fricke*, KunstUrhG, § 22 Rn. 28.

[246] Vgl. MüKoBGB/*Rixecker*, BGB, § 12 Anh. Rn. 5.

[247] MüKoBGB/*Wagner*, BGB, § 823 Rn. 213.

[248] Grundsätzlich können ehrverletzende Äußerungen im Internet angesichts der nach Art. 5 Abs. 1 GG grundrechtlich verbürgten Meinungs- oder Kunstfreiheit im Einzelfall gerechtfertigt sein, vgl. nur Hoeren/Sieber/Holznagel/*Seitz*, Teil 8 Rn. 28 ff. Eine Rechtfertigung ist jedoch nicht möglich, sofern im Fall einer Tatsachenbehauptung deren Unwahrheit feststeht oder eine Meinungsäußerung eine bloße Formalbeleidigung im Sinne von § 185 StGB oder Schmähkritik darstellt, vgl. BGH, Urt. v. 3.2.2009 – VI ZR 36/07, NJW 2009, 1872, 1874 (Rn. 17); OLG Dresden, Urt. v. 5.9.2017 – 4 U 682/17, NJW-RR 2018, 44, 45 (Rn. 10). Vom Vorliegen einer Formalbeleidigung oder einer unwahren Tatsachenbehauptung dürfte in den hier interessierenden Fällen eines von Minderjährigen

dies auch einer sorgfältigen Prüfung der nach Maßgabe von § 828 BGB zu bestimmenden deliktischen Verantwortlichkeit des minderjährigen Täters für sein Verhalten. Neben dem Alter des Minderjährigen können dabei in diesem Zusammenhang auch seine Schulbildung und seine Erfahrung im Umgang mit sozialen Medien Erkenntnisse bieten. So stellte das LG Memmingen in seiner bereits genannten Entscheidung fest, dass insbesondere aufgrund einer im Schulunterricht nachweislich erfolgten Sensibilisierung der Schüler zum Thema Cyber-Mobbing von einer erforderlichen Einsichtsfähigkeit des zum Tatzeitpunkt 12 Jahre alten Beklagten ausgegangen werden könne.[249] Eine deliktische Haftung Minderjähriger, welche das siebte Lebensjahr nicht vollendet haben, ist im Übrigen gem. § 828 Abs. 1 BGB notwendigerweise von vorneherein ausgeschlossen. Je nach Einzelfall käme allerdings eventuell eine Haftung der aufsichtspflichtigen Personen, regelmäßig also der Eltern, aus § 832 BGB in Betracht.[250]

b) Rechtsfolgen

Folge einer deliktischen Haftung des Minderjährigen wegen Cyber-Mobbings oder ähnlicher Beeinträchtigungen des Allgemeinen Persönlichkeitsrechts kann neben Unterlassungs- und Beseitigungsansprüchen des Opfers insbesondere ein Anspruch desselben auf Geldentschädigung wegen der Verletzung ideeller Interessen sein, sofern eine hinreichende Schwere der Beeinträchtigung vorliegt und anderweitige Genugtuungsmöglichkeiten nicht in Betracht kommen.[251] Die Höhe der Geldentschädigung bemisst sich im Rahmen der im Einzelfall notwendigen Gesamtabwägung nach neuerer Rechtsprechung des BGH unter anderem auch nach der Klickzahl und somit nach der Reichweite einer Online-Veröffentlichung.[252] Beispielsweise beinhaltete

---

begangenen Cyber-Mobbings regelmäßig auszugehen sein. Für die Veröffentlichung von Bildern einer Person gilt im Übrigen §§ 22 S. 1, 23 KUG, wonach eine Verbreitung oder öffentliche Zurschaustellung von privaten Nacktaufnahmen in den hier in Rede stehenden Fällen stets nur mit Einwilligung des Abgebildeten zulässig sein kann.

[249] Vgl. LG Memmingen, Urt. v. 3.2.2015 – 21 O 1761/13, BeckRS 2016, 02120.

[250] Zur Ausübung der elterlichen Aufsichtspflicht bei Zurverfügungstellung eines Internetanschlusses an ein minderjähriges Kind vgl. BeckOGK/*Kerscher*, § 1631, Rn. 54 f.

[251] Vgl. BGH, Urt. v. 4.11.2004 – III ZR 361/03, BGHZ 161, 33 Rn. 14. Bei diesem immateriellen Entschädigungsanspruch handelt es sich nach ständiger Rechtsprechung des BGH nicht um ein Schmerzensgeld im Sinne von § 253 Abs. 2 BGB, sondern um „[…] einen Rechtsbehelf, der auf den Schutzauftrag aus Art. 1 Abs. 1 und 2 Abs. 1 GG zurückgeht" und dem Gedanken Rechnung trage, dass „[…] ohne einen solchen Anspruch Verletzungen der Würde und Ehre des Menschen häufig ohne Sanktion blieben mit der Folge, dass der Rechtsschutz der Persönlichkeit verkümmern würde […]", vgl. BGH, Urt. v. 17.12.2013 – VI ZR 211/12, NJW 2014, 2029 Rn. 40 m.w.N.

[252] Vgl. BGH, Urt. v. 17.12.2013 – VI ZR 211/12, NJW 2014, 2029 (Rn. 48). Zustimmend *Gounalakis*, NJW 2014, 2000.

die erwähnte Entscheidung des LG Frankfurt am Main eine Verurteilung des minderjährigen Täters zur Zahlung einer Geldentschädigung in Höhe von 1.000 Euro nebst Zinsen.[253]

Führen langanhaltende Anfeindungen auch zu gesundheitlichen Beschwerden des Geschädigten, kann der Täter daneben gem. §§ 823 Abs. 1, 253 Abs. 2 BGB auch zur Zahlung von Schmerzensgeld verpflichtet sein.[254] Im eingangs geschilderten Fall des LG Memmingen etwa wurde der minderjährige Beklagte zur Zahlung eines Schmerzensgeldes in Höhe von 1.500 Euro verurteilt; hinsichtlich der bemessenen Höhe des Schmerzensgeldes berücksichtigte das LG Memmingen allerdings zu Gunsten des Beklagten sowohl dessen kindliche Unerfahrenheit als auch den Umstand, dass der Beklagte als Schüler Schwierigkeiten bei der Aufbringung des Schmerzensgeldes haben werde.[255] Dementsprechende Erwägungen können im Einzelfall auch bei der Bemessung einer Geldentschädigung berücksichtigt werden.

Auch die Pflicht zur Freistellung von eventuell angefallenen materiellen Schadenspositionen, etwa vorgerichtlichen Rechtsverfolgungskosten, kann im Einzelfall in Betracht kommen.[256] Dabei können neben denjenigen Rechtsverfolgungskosten, welche der durch ein haftungsbegründendes Cyber-Mobbing Verletzte gegenüber dem eigentlichen Schädiger aufgewendet hat, auch Kosten eines Vorgehens gegen andere Anspruchsgegner zählen. Folglich kann der minderjährige Schädiger im Einzelfall zur Erstattung derjenigen Anwaltskosten verpflichtet sein, welche der Geschädigte aufgewendet hat, um einen Suchmaschinenbetreiber oder ein soziales Netzwerk zur Löschung der vom originären Schädiger dort eingestellten oder verursachten Inhalte zu bewegen.[257]

3. *Praktische Konsequenzen*

Nach alledem kann ein Fehlverhalten Minderjähriger im Zusammenhang mit der Nutzung sozialer Medien in gravierenden Fällen eine Haftung auf Geldentschädigung oder Schmerzensgeld sowie Schadensersatz in nicht unerheblicher Höhe begründen. Gerade vor dem Hintergrund der alltäglichen Nutzung sozialer Medien und moderner Kommunikationsmittel sowie einer oft vorhandenen Leichtfertigkeit der minderjährigen Nutzer im gegenseitigen Umgang mit anderen Nutzern weisen die vorbeschriebenen Haftungskonstellationen somit ein nicht zu unterschätzendes Verschuldungspotential auf.

---

[253] Vgl. LG Frankfurt am Main, Urt. v. 20.5.2014 – 2–03 O 189/13, GRUR-RS 2014, 19319.

[254] Vgl. Jauernig/*Teichmann*, BGB, § 253 Rn. 2.

[255] Vgl. LG Memmingen, Urt. v. 3.2.2015 – 21 O 1761/13, BeckRS 2016, 02120.

[256] HK-BGB/*Schulze*, BGB, § 249 Rn. 6; *Jülicher*, NJW 2019, 2801, 2803.

[257] Vgl. *Giebel*, NJW 2017, 977, 980.

Entsprechende Verbindlichkeiten können den minderjährigen Schuldner im Fall der Nichterfüllung zudem auch über den Eintritt der Volljährigkeit hinaus langfristig belasten. Die Geltendmachung der Einrede aus § 1629a Abs. 1 BGB ist insoweit infolge des Vorliegens deliktischer Ansprüche nicht denkbar. Besteht zugunsten des Minderjährigen im Einzelfall Schutz aus einer privaten Haftpflichtversicherung, ist die Einstandspflicht des Versicherers nach §§ 100 ff. VVG im Fall der Verletzung des Allgemeinen Persönlichkeitsrechts und daraus resultierender Geldentschädigungs- oder Schadensersatzansprüche eines Mobbing-Opfers gleichwohl davon abhängig, ob der jeweilige Versicherungsvertrag entgegen Ziffer A1–7.9 AHB PV 2020 ausdrücklich eine Einstandspflicht für Schäden aus solchen Verletzungshandlungen vorsieht.

Überdies wäre im Einzelfall zu prüfen, ob sich der zumindest bedingte Vorsatz des minderjährigen Täters in seinen Grundzügen auch auf die eingetretenen Handlungsfolgen richtete, ihm somit beispielsweise die gravierenden Folgen seiner Handlung für die ideellen Interessen seines Opfers bewusst waren und er diese billigend in Kauf nahm. In diesem Fall entfiele die Einstandspflicht des Versicherers bereits nach § 103 VVG. Zudem wäre in diesem Fall die Durchführung eines Verbraucherinsolvenz- und Restschuldbefreiungsverfahrens nicht zielführend, da die in Rede stehenden Ansprüche gem. § 302 Nr. 1 InsO bei entsprechender Gläubigeranmeldung von der Restschuldbefreiung ausgenommen wären. Problematische Auswirkungen zeitigt insoweit das verbreitet vertretene Verständnis des Vorsatzbegriffs in § 302 Nr. 1 InsO, das bedingten Vorsatz hinsichtlich der Verletzungshandlung ausreichen lässt. Dieser wird in den hier in Rede stehenden Konstellationen stets vorliegen, da ein Cyber-Mobbing auch unter Minderjährigen im Besonderen auf die Erniedrigung oder Diffamierung der Person eines anderen und somit auf eine Beeinträchtigung der vom Allgemeinen Persönlichkeitsrecht geschützten Interessen abzielt.

XI. Downloads und Filesharing: Urheberrechtsverletzungen im Internet

Eine weitere haftungsträchtige und alltagsrelevante Fallgestaltung im Zusammenhang mit der Nutzung des Internets ist die Begehung von Urheberrechtsverletzungen durch das Anbieten sowie den illegalen Up- oder Download bzw. Austausch von Filmen, Musiktiteln oder sonstigen urheberrechtlich geschützten Werken. Speziell Minderjährigen als relevanter Zielgruppe entsprechender Medieninhalte droht in diesem Zusammenhang die Entstehung erheblicher finanzieller Verpflichtungen.

1. Situation

Eine häufig auftretende Konstellation ist dabei das „Herunterladen" zahlreicher Film-, Spiele- oder Audiotitel auf Internet-Tauschbörsen sowie das eigenständige Einstellen solcher Titel auf entsprechenden Webseiten.[258]

Fallbeispiel[259]

Der 13 Jahre alte M lädt über den Internetanschluss seiner Eltern mittels eines Filesharing-Programms eine Datei ins Internet hoch, die ein Computerspiel enthält. M wird daraufhin von der späteren Klägerin, die ausschließliche Inhaberin der Produktions-, Vervielfältigungs-, Bewerbungs- und Vertriebsrechte für das in Rede stehende Spiel ist, abgemahnt und gerichtlich auf Unterlassung, Schadensersatz und Freistellung von vorgerichtlichen Anwaltskosten in Anspruch genommen.

Gegen ein „Filesharing" der beschriebenen Art durch oftmals minderjährige Nutzer von Tauschbörsen gehen die Urheber der betroffenen Werke sowie diejenigen Unternehmen, denen die Verwertungsrechte an den entsprechenden Werken zustehen, regelmäßig zunächst mit anwaltlichen Abmahnschreiben vor. Im Anschluss an diese erfolgt zudem regelmäßig eine Geltendmachung von Schadensersatzforderungen sowohl wegen der Urheberrechtsverletzung als auch wegen der entstandenen Abmahnkosten, wobei im Einzelfall durchaus beträchtliche Summen geltend gemacht werden. So forderten die Kläger in dem einer Entscheidung des BGH zugrundeliegenden Sachverhalt insgesamt über 9.000 Euro Schadensersatz von einem Minderjährigen, der das Musikwerk der Kläger unbefugt auf einer Internetseite zum Herunterladen angeboten hatte.[260]

Auch die unbefugte Verwendung urheberrechtlich geschützter Lichtbilder oder Texte zur Bewerbung des eigenen Internetauftritts, etwa bei eBay-Auktionen, führt in der Praxis zur Geltendmachung von Schadensersatzansprüchen gegenüber Minderjährigen.[261] Unter Umständen werden daneben

---

[258] Zum exakten technischen Ablauf eines sogenannten Filesharing im Rahmen einer Internet-Tauschbörse vgl. BeckOK UrhR/*Reber*, UrhG, § 97 Rn. 70.

[259] Verkürzter Sachverhalt der Entscheidungen LG Bielefeld, Urt. v. 4.3.2015 – 4 O 211/14, ZUM-RD 2016, 144 sowie OLG Hamm, Urt. v. 28.1.2016 – I-4 U 75/15, MMR 2016, 547. Vgl. auch BGH, Beschl. v. 3.2.2011 – I ZA 17/10, MMR 2011, 390 sowie die Vorinstanzen LG Düsseldorf, Urt. v. 9.9.2009 – 12 O 470/07, BeckRS 2011, 05024 und OLG Düsseldorf, Urt. v. 13.7.2010 – 20 U 171/09, BeckRS 2011, 05023 zur Verurteilung eines Minderjährigen auf Schadensersatz wegen Anbietens eines fremden Musiktitels im Internet in Höhe von etwa 9.000 Euro. Vgl. zuletzt AG Berlin-Charlottenburg, Urt. v. 19.11.2019 – 203 C 438/17, MMR 2020, 133 zur Verurteilung eines 15 Jahre alten Minderjährigen auf Schadensersatz wegen Urheberrechtsverletzung durch Filesharing. Siehe zudem die in Tabelle 1 im Anhang enthaltene Auswertung zu Frage 5f) des Fragebogens, wonach 21 von 57 befragten Berufsträgern Fälle von finanziellen Forderungen gegen Minderjährige infolge einer Haftung für illegale Downloads bekannt sind.

[260] Vgl. BGH, Beschl. v. 3.2.2011 – I ZA 17/10, MMR 2011, 390.

[261] Vgl. AG Hannover, Urt. v. 3.6.2008 – 439 C 2674/08, GRUR-RR 2009, 94; vgl. auch

auch die Eltern der noch minderjährigen Internet-Nutzer als zumeist solventere Schuldner wegen einer möglichen Verletzung ihrer Aufsichtspflichten in Anspruch genommen, wobei allerdings die insoweit bestehenden Rechtsfragen im Hinblick auf die hier gewählte Fragestellung nicht näher erörtert werden.[262]

2. Rechtliche Bewertung

Das Hoch- oder Herunterladen eines urheberrechtlich geschützten Werks, beispielsweise eines einzelnen Liedes oder eines PC-Spiels, im Rahmen der Nutzung einer Internet-Tauschbörse, stellt einen Eingriff des Nutzers der Tauschbörse in die Verwertungsrechte des Urhebers dar.[263] Im Speziellen be-

---

LG München I, Urt. v. 25.9.2003 – 7 O 5013/03, ZUM 2004, 150 zur Veröffentlichung übersetzter Texte aus einem lateinischen Lehrbuch im Internet durch einen Schüler; LG München I, Teilurt. v. 19.6.2008 – 7 O 16402/07, MMR 2008, 619 zur Haftung einer Minderjährigen und ihrer Eltern auf Schadensersatz wegen der unzulässigen öffentlichen Zugänglichmachung urheberrechtlich geschützter Bildcollagen im Internet. Den in der Praxis allgemein unbedarften Umgang mit urheberrechtlich geschützten Lichtbildern illustriert aus jüngster Zeit auch das die Auslegung der europäischen Urheberrechtsrichtlinie berührende EuGH-Urteil in der Rechtssache C-161/17 – Land Nordrhein-Westfalen/Dirk Renckhoff. Im zugrundeliegenden Sachverhalt hatte eine Schülerin in Nordrhein-Westfalen eine online frei abrufbare Fotografie heruntergeladen, um mit dieser ein von ihr gehaltenes Schülerreferat zu bebildern. Das Referat wurde im Anschluss auf der Schulwebsite veröffentlicht, woraufhin der Urheber der Fotografie Klage gegen das Land Nordrhein-Westfalen auf Unterlassung der Vervielfältigung und Schadensersatz erhob.

[262] Zu den Voraussetzungen einer Elternhaftung in entsprechenden Fällen vgl. etwa BGH, Urt. v. 15.11.2012 – I ZR 74/12, MMR 2013, 388 – Morpheus; BGH, Urt. v. 11.6.2015 – I ZR 7/14, NJW 2016, 950 – Tauschbörse II; LG Köln, Urt. v. 17.5.2018 – 14 S 34/16, GRUR-RR 2018, 505; LG München I, Urt. v. 19.6.2008 – 7 O 16402/07, MMR 2008, 619, 621 ff. Vgl. auch *Bernau*, FamRZ 2017, 166, 168 zur Haftung der Eltern nach § 832 BGB und ihren insoweit bestehenden Belehrungspflichten gegenüber ihren Kindern. Nach neuester Rechtsprechung des BGH sollen die Eltern als Inhaber eines Familien-Internetanschlusses im Falle einer über diesen mittels Filesharing begangenen Urheberrechtsverletzung dazu verpflichtet sein, bei Kenntnis darüber, welches ihrer Kinder die Rechtsverletzung begangen hat, dessen Namen zu offenbaren. Nur dergestalt könne die grundsätzlich bestehende tatsächliche Vermutung einer Täterschaft der Eltern als Anschlussinhaber im Rahmen ihrer bestehenden sekundären Darlegungslast widerlegt und deren Haftung abgewendet werden. Vgl. dazu BGH, Urt. v. 30.3.2017 – I ZR 19/16, BeckRS 2017, 108569 sowie EuGH, Urt. v. 18.10.2018 – C-149/17, NJW 2019, 33 m. Anm. *Sesing*. Zur Auswirkung der im Jahr 2017 erfolgten Novellierung der §§ 7, 8 TMG auf die durch den BGH entwickelte Störerhaftung vgl. *Spindler*, GRUR 2018, 16, 19 f.

[263] Grundlegende Voraussetzung für ein Eingreifen urheberrechtlichen Schutzes ist dabei jeweils das Vorliegen von Werkqualität im Sinne von § 2 Abs. 2 UrhG, die in den nachfolgend interessierenden Fällen unterstellt wird. Vgl. zur insoweit erforderlichen individuellen Gestaltungs- oder Schöpfungshöhe nur Spindler/Schuster/*Wiebe*, UrhG, § 2 Rn. 2.

trifft dies das Vervielfältigungsrecht aus §§ 15 Abs. 1 Nr. 1, 16 UrhG sowie das Recht der öffentlichen Zugänglichmachung aus § 19a UrhG, im Falle eines PC-Spiels i.V.m. § 69c Nr. 1, Nr. 4 UrhG.[264] Die unbefugte Verwendung fremder Lichtbilder bzw. Texte im Rahmen des eigenen Internetauftritts beinhaltet gem. §§ 72 Abs. 1, Abs. 2, 15 Abs. 1 Nr. 1, 16, 17, 19a UrhG ebenfalls einen Eingriff in verschiedene Verwertungsrechte des Lichtbildners bzw. des Urhebers.[265]

Aufgrund des Charakters der bezeichneten Verwertungsrechte als absolute Rechte im Sinne des § 97 Abs. 1 UrhG resultiert aus der jeweiligen Rechtsverletzung folglich neben einem Anspruch auf Unterlassung der beeinträchtigenden Handlung gem. § 97 Abs. 1 UrhG auch ein Schadensersatzanspruch nach § 97 Abs. 2 UrhG.[266] Dieser steht dem Urheber selbst bzw. dem Inhaber eines etwaigen ausschließlichen Nutzungsrechts nach § 31 Abs. 1 S. 2 Alt. 2, Abs. 3 UrhG zu. Daneben kommt auch ein Anspruch auf Ersatz der für eine ordnungsgemäße Abmahnung notwendigen Aufwendungen gem. § 97a Abs. 3 UrhG in Betracht.[267]

Ein Anspruch auf Schadensersatz aus § 97 Abs. 2 UrhG setzt sowohl Deliktsfähigkeit des Minderjährigen gem. § 828 BGB als auch sein Verschulden in Form von Vorsatz oder Fahrlässigkeit voraus. Der Begriff der Fahrlässigkeit bemisst sich nach § 276 Abs. 2 BGB, wobei es bei einem Minderjährigen im Falle einer Urheberrechtsverletzung darauf ankommt, ob ein normal entwickelter Minderjähriger dieses Alters die Gefährlichkeit seines Tuns hätte voraussehen können und es diesem bei Erkenntnis der Gefährlichkeit seines Handelns in der konkreten Situation möglich und zumutbar gewesen wäre, sich dieser Erkenntnis gemäß zu verhalten.[268] Zur Bejahung dieser Voraus-

---

[264] BeckOK-UrhR/*Reber*, UrhG, § 97 Rn. 71.

[265] Vgl. Dreier/Schulze/*Dreier*, UrhG, § 72 Rn. 17 sowie LG München I, Urt. v. 25.9.2003 – 7 O 5013/03, ZUM 2004, 150, 151.

[266] Vgl. Dreier/Schulze/*Dreier*, UrhG, § 97 Rn. 5.

[267] Dies setzt allerdings voraus, dass die Abmahnung dem abgemahnten Minderjährigen überhaupt zugegangen ist, was nach der Rechtsprechung einen Zugang der Abmahnung beim gesetzlichen Vertreter des Minderjährigen voraussetzen soll. Vgl. hierzu bereits die an dieser Stelle entsprechend geltenden Ausführungen zu § 12 UWG in Fn. 208 sowie ergänzend Dreier/Schulze/*Specht*, UrhG, § 97a Rn. 3.

[268] Vgl. OLG Hamm, Urt. v. 28.1.2016 – I-4 U 75/15, MMR 2016, 547, 548. Dabei sollen nach Auffassung des befassten Senats des OLG Hamm „[...] Kinder, die kurz vor der Vollendung des dreizehnten Lebensjahrs stehen, wissen, dass insb. im Internet ‚Raubkopien' von Softwareprodukten, insb. von Spielesoftware kursieren und dass sie aus dem Internet keine ‚Raubkopien' herunterladen dürfen und – erst recht – keine ‚Raubkopien' weiterverbreiten dürfen." Die seitens des OLG Hamm genannten Kriterien legte auch das AG Berlin-Charlottenburg im Hinblick auf die Haftung eines 15-jährigen wegen Filesharings seiner Entscheidung zugrunde, vgl. AG Berlin-Charlottenburg, Urt. v. 19.11.2019 – 203 C 438/17, MMR 2020, 133, 134. Vgl. auch die Einschätzung bei OLG Hamburg, Beschl. v. 13.9.2006 – 5 U 161/05, NJOZ 2007, 5761, 5763: „Auch unabhängig von den

setzungen sind in der richterlichen Praxis somit neben der Festlegung eines gruppenbezogenen Sorgfaltsmaßstabs auch die jeweiligen Gegebenheiten des Einzelfalls zu berücksichtigen.

Im Hinblick auf die ab Vollendung des siebten Lebensjahres nach § 828 Abs. 3 BGB notwendige Einsichtsfähigkeit und den nach § 97 Abs. 2 UrhG i.V.m. § 276 Abs. 2 BGB erforderlichen Fahrlässigkeitsvorwurf entschied etwa das LG München I, dass einen Minderjährigen jedenfalls ab dem 15. Lebensjahr regelmäßig die Verpflichtung treffe, sich bei Nutzung fremder Bilder im Internet über sein Recht zur Nutzung zu vergewissern.[269] Diese Grundsätze sollen sich prinzipiell auf weitere urheberrechtlich geschützte Werke im Internet wie Filme übertragen lassen können.[270] Dabei spreche die Teilnahme an einem IT-Kurs in der Schule gegen das Fehlen der Einsicht, dass fremde Werke nicht einfach heruntergeladen und anderweitig online gestellt werden dürfen.[271] Von Interesse kann auch sein, ob die Eltern ihrem minderjährigen Kind den Download bestimmter oder jeglicher Werke über das Internet ausdrücklich und ausnahmslos verboten haben.[272]

Überdies kam das LG München I bereits im Jahr 2003 zu der Auffassung, dass Jugendliche im Altersbereich zwischen 14 und 16 Jahren sehr häufig mit sozialen Medien in Kontakt kämen und bereits dieser Umstand für die Einsichtsfähigkeit Minderjähriger im Falle deliktischer Rechtsverletzungen im Internet spreche.[273] Dies stellt im Hinblick auf die aktuell weitverbreitete sowie oft bereits im Kindesalter einsetzende Nutzung von IT-Systemen einen besonders wesentlichen Punkt im Zusammenhang mit der Begehung von Delikten durch Minderjährige bei Nutzung des Internets dar.[274] Beachtenswert erscheint insoweit die Entscheidung des LG Frankfurt am Main vom

---

Besonderheiten des vorliegenden Falls entspricht es allgemeiner Erkenntnis, dass gerade und insbesondere der ‚Tausch' urheberrechtlich geschützter Werke über das Internet unzulässig ist. Hierfür ist die von praktisch allen relevanten Nutzerkreisen – insbesondere auch Jugendlichen – zur Kenntnis genommene Diskussion über die Frage der rechtlichen Zulässigkeit der Musiktauschbörse ‚Napster' nur ein Beispiel."

[269] LG München I, Teilurt. v. 19.6.2008 – 7 O 16402/07, MMR 2008, 619, 620.

[270] Vgl. etwa MAH IT-Recht/*Glossner*, Teil 2 Rn. 119.

[271] Vgl. LG München I, Teilurt. v. 19.6.2008 – 7 O 16402/07, MMR 2008, 619, 620.

[272] So in dem der Entscheidung des OLG Hamm zugrundeliegenden Sachverhalt, vgl. OLG Hamm, Urt. v. 28.1.2016 – I-4 U 75/15, MMR 2016, 547, 548.

[273] LG München I, Urt. v. 25.9.2003 – 7 O 5013/03, ZUM 2004, 150, 153. Ähnlich argumentiert das OLG Hamburg, das im Rahmen einer Entscheidung darlegte, es entspreche „[…] allgemeiner Erkenntnis, dass gerade und insbesondere der ‚Tausch' urheberrechtlich geschützter Werke über das Internet unzulässig ist." Vgl. OLG Hamburg, Beschl. v. 13.9.2006 – 5 U 161/05, NJOZ 2007, 5761, 5763.

[274] Ebenso LG Bielefeld, Urt. v. 4.3.2015 – 4 O 211/14, ZUM-RD 2016, 144, 147 im Fall eines 12 Jahre alten Beklagten, der seinen Computer wöchentlich mehrmals für Schulaufgaben nutzte.

29.10.2020, wonach einem – auch überdurchschnittlich intelligenten – 11-Jährigen regelmäßig noch das Verständnis für die Rechtswidrigkeit des Downloads eines Computerspiels im Internet fehlen soll. Da es sich bei der insoweit in Rede stehenden Art von Rechtsverletzung um „[…] eine der abstraktesten Verletzungen, die im Rechtsverkehr überhaupt denkbar sind" handele, könne selbst dann, wenn die Eltern einem Kind die Nutzung einer Internettauschbörse untersagt haben, nicht ohne Weiteres von der Einsichtsfähigkeit des gegen dieses Verbot verstoßenden Minderjährigen ausgegangen werden.[275]

3. Praktische Konsequenzen

Der konkrete Umfang eines tatbestandlich feststehenden Schadensersatzanspruchs bemisst sich nach drei unterschiedlichen Berechnungsarten, die dem Verletzten zur Wahl stehen und in §97 Abs. 2 S. 2, S. 3 UrhG teilweise normiert sind. Danach steht es dem Verletzten frei, den Schaden in Form des konkret entstandenen Schadens, im Wege einer Lizenzanalogie gem. §97 Abs. 2 S. 3 UrhG oder in Form der Herausgabe des Verletzergewinns nach §97 Abs. 2 S. 2 UrhG geltend zu machen.[276]

Ein trotz weitgehend vorhandenen Wissens um die Risiken von Internetdownloads oftmals unbedachtes Verhalten minderjähriger Internetnutzer und die Alltäglichkeit entsprechender Verhaltensweisen bedingen nach alledem ein ernstzunehmendes Verschuldungsrisiko für Minderjährige im Kontext von online begangenen Urheberrechtsverletzungen. Vor dem Hintergrund der betroffenen wirtschaftlichen Interessen und der vorhandenen technischen Möglichkeiten zur Aufdeckung von Rechtsverletzungen kommt es in der Praxis überdies auch zu einer konsequenten Geltendmachung entstandener Ansprüche, was die Vielzahl ergangener Gerichtsentscheidungen in diesem Kontext belegt.

Wird der minderjährige Schuldner volljährig, ist eine Geltendmachung der Einrede aus §1629a Abs. 1 BGB mit Blick auf die ihn belastenden Verbindlichkeiten angesichts deren deliktischen Charakters nicht möglich. Im Hinblick auf das Eingreifen eines unter Umständen bestehenden Haftpflichtschutzes bezüglich eines geltend gemachten Schadensersatzes stellt sich zudem auch in diesen Konstellationen in jedem Einzelfall die Frage, ob die Einstandspflicht des Versicherers wegen vorsätzlicher Schadensherbeiführung durch den Minderjährigen entfallen könnte. Folglich müsste sich nachweisen lassen, dass dem minderjährigen Täter die dem Rechteinhaber infolge seiner Handlung eingetretenen Schäden jedenfalls in Grundzügen erkennbar

---

[275] LG Frankfurt am Main, Urt. v. 29.10.2020 – 2–03 O 15/19, ZUM-RD 2021, 161, 164.
[276] Vgl. nur Dreier/Schulze/*Dreier*, UrhG, §97 Rn. 54.

waren und er diese dennoch zumindest billigend in Kauf nahm. Dies obläge einer insbesondere auch vom Alter des Minderjährigen abhängigen Bewertung im Einzelfall, wobei die Beweislast den Versicherer träfe.

Besteht im Einzelfall kein Haftpflichtschutz, könnte gleichwohl erwogen werden, noch während der Minderjährigkeit des Deliktsschuldners oder spätestens nach dessen Eintritt in die Volljährigkeit die Einleitung eines Verbraucherinsolvenz- oder Restschuldbefreiungsverfahrens zu beantragen. Allerdings kann dabei § 302 Nr. 1 Hs. 1 Alt. 1 InsO im Einzelfall einer Entschuldung des Minderjährigen entgegenstehen.[277] Nach verbreitet vertretenem Verständnis wäre ein zumindest bedingter Vorsatz des Minderjährigen hinsichtlich der von ihm verwirklichten Verletzungshandlung sowie der dadurch eingetretenen Rechtsgutsverletzung ausreichend, um eine vorsätzliche unerlaubte Handlung im Sinne von § 302 Nr. 1 Hs. 1 Alt. 1 InsO anzunehmen.

Dass Minderjährigen ab einem gewissen Alter bewusst ist, dass sie beim Hoch- oder Herunterladen beispielsweise von Musiktiteln oder Filmen urheberrechtlich geschützte Rechtspositionen verletzen, sie dies aber zugunsten einer Kostenersparnis jedenfalls billigend in Kauf nehmen, dürfte sich dabei im Einzelfall durchaus nachweisen lassen. Obgleich nach hier vertretener Auffassung zur Bejahung von § 302 Nr. 1 InsO erforderlich ist, dass sich der zumindest bedingte Vorsatz des Schädigers auch auf die dem Rechteinhaber entstehenden Schadensfolgen erstreckt, wird dies in entsprechenden Konstellationen unter Umständen nicht zu abweichenden Ergebnissen führen. Die Erkenntnis, dass einem Rechteinhaber etwa im Fall eines allgemein als illegal bekannten Filesharing durchaus erhebliche finanzielle Schäden entstehen können, wird einem Minderjährigen ab einer gewissen Altersstufe regelmäßig bewusst sein und von diesem in Kauf genommen werden. Dies gilt umso mehr, als Filesharing gerade deshalb genutzt wird, um ohne eigene Zahlungen an Software zu gelangen.

---

[277] Dies gilt allerdings nur dann, wenn man einen Schadensersatzanspruch des Gläubigers aus § 97 Abs. 2 UrhG als Verbindlichkeit aus einer „unerlaubten Handlung“ im Sinne von § 302 Nr. 1 Hs. 1 Alt. 1 InsO begreift. Mit Blick auf die notwendige Auslegung von § 302 Nr. 1 Hs. 1 Alt. 1 InsO besteht soweit ersichtlich Einigkeit, dass der genannten Vorschrift jedenfalls unerlaubte Handlungen nach §§ 823 ff. BGB unterfallen. Vgl. hierzu FK-Inso/*Ahrens*, InsO, § 302 Rn. 18; MüKoInso/*Stephan*, InsO, § 302 Rn. 7a; Uhlenbruck/*Sternal*, InsO, § 302 Rn. 6. Darüber hinaus erscheint allerdings bis dato ungeklärt, ob auch spezialgesetzlich geregelte Vorschriften des außervertraglichen Schadensersatzrechts, wie beispielsweise der hier in Rede stehende § 97 Abs. 2 UrhG, unter § 302 Nr. 1 Hs. 1 Alt. 1 InsO fallen sollen. Vgl. hierzu nur BGH, Urt. v. 21.7.2011 – IX ZR 151/10, NJW 2011, 2966, 2967 m.w.N. in Rn. 6 der Entscheidungsgründe.

XII. Schwarzfahrten

„Schwarzfahren", also die Nutzung öffentlicher Verkehrsmittel ohne gültigen Fahrschein, lässt sich in allen Altersschichten beobachten und führt in der Praxis zu hohen wirtschaftlichen Schäden.[278] Aus diesem Grund verlangen die jeweiligen Verkehrsbetriebe von ertappten Schwarzfahrern regelmäßig ein sogenanntes erhöhtes Beförderungsentgelt, das etwa bei der Beförderung durch Züge der Deutschen Bahn derzeit mindestens 60 Euro beträgt.[279]

1. Situation

Auch Minderjährige werden häufig als Schwarzfahrer entdeckt und infolgedessen, neben eventuellen strafrechtlichen Sanktionen,[280] regelmäßig mit einem Anspruch auf Zahlung des erhöhten Beförderungsentgelts konfrontiert, soweit nicht im Einzelfall das nachträgliche Lösen einer Fahrkarte im jeweiligen Verkehrsmittel möglich sein sollte.

Fallbeispiel[281]

Ein Minderjähriger fährt über einen längeren Zeitraum regelmäßig ohne gültigen Fahrschein mit der Straßenbahn und wird dabei im Rahmen von stichprobenartigen Fahrkartenkontrollen häufig erfasst. In der Folge sieht er sich geltend gemachten Forderungen der betroffenen Verkehrsbetriebe in Höhe von insgesamt rund 1.000 Euro ausgesetzt.

Gleichwohl ist die Rechtslage in entsprechenden Konstellationen unübersichtlich und nicht abschließend geklärt. Nicht nur liegen den bislang zu

---

[278] Laut eines Berichts von n-tv wurden allein im Jahr 2014 in ganz Deutschland 271.119 Schwarzfahrer gestellt. Durch nicht erworbene Tickets entgingen den Verkehrsbetrieben dabei 250 Millionen Euro. Siehe hierzu http://www.n-tv.de/panorama/Schwarzfahren-ist-eine-Rechenaufgabe-article15407141.html (Abrufdatum 27.4.2021).

[279] Dies ergibt sich aus den Beförderungsbedingungen der Deutschen Bahn AG vom 19.8.2019 anhand der unter Ziffer A.3.8.1 enthaltenen Inbezugnahme von § 5 EVO. § 5 Abs. 2 S. 1 EVO i.d.F. vom 1.8.2019 lautet wie folgt: „Das erhöhte Beförderungsentgelt nach Absatz 1 beträgt das Doppelte des gewöhnlichen Fahrpreises für die vom Reisenden zurückgelegte Strecke, mindestens jedoch 60 Euro." Nach Ziffer A.3.8.2 der Beförderungsbedingungen kann allerdings in der Praxis alternativ zur Erhebung eines erhöhten Beförderungsentgelts unter gewissen Voraussetzungen auch ein nachträglicher Fahrkartenerwerb durch den Reisenden in Betracht kommen.

[280] In Betracht käme im Fall einer Schwarzfahrt im öffentlichen Personenverkehr vor allem eine Strafbarkeit wegen Beförderungserschleichung gem. § 265a StGB. Vgl. hierzu Lackner/Kühl/*Heger*, StGB, § 265a Rn. 6a.

[281] Fall aus der Schuldnerberatungspraxis. Vgl. hierzu die als Tabelle 1 im Anhang abgedruckte Fragebogenauswertung und dort Frage 5g). Danach sind 30 von 57 Befragten Fälle einer Inanspruchnahme Minderjähriger bzw. volljährig gewordener Personen wegen Schwarzfahrten während der Minderjährigkeit bekannt.

dieser Thematik ergangenen instanzgerichtlichen Entscheidungen mehr oder weniger unterschiedliche Konstellationen zugrunde; überdies divergieren diese im Hinblick auf ihren Entscheidungsgehalt teilweise deutlich.[282] Auch in der einschlägigen Literatur ist die Frage, ob den Verkehrsbetrieben gegen minderjährige Schwarzfahrer ein Anspruch auf das erhöhte Beförderungsentgelt zustehen kann, lebhaft umstritten.[283]

2. *Meinungsstand*

Im Bereich der zivilrechtlichen Beschäftigung mit Schwarzfahrten existiert eine Vielzahl umstrittener Einzelfragen, die sich auch auf die Bewertung von Schwarzfahrten Minderjähriger auswirken. Im Zusammenhang mit der Erhebung eines sogenannten erhöhten Beförderungsentgelts ist bereits die materiell-rechtliche Grundlage eines solchen Anspruchs fraglich. Vereinzelte Stimmen in der Literatur sahen diesbezüglich in der für Eisenbahnen relevanten Vorschrift des § 12 Abs. 1 EVO a.F., dem der nunmehr seit 1.8.2019 geltende § 5 Abs. 1 EVO n.F. weitestgehend entspricht,[284] sowie dem für den Straßenbahn- und Omnibusverkehr geltenden § 9 BefBedV[285] eine vom Vor-

---

[282] Eine Haftung des Minderjährigen auf das erhöhte Beförderungsentgelt im Ergebnis bejahend: LG Bremen, Urt. v. 17.8.1966 – 8 O 512/66, NJW 1966, 2360; AG Köln, Urt. v. 9.7.1986 – 119 C 68/86, NJW 1987, 447; AG Duisburg, Urt. v. 3.5.1996 – 2 C 721/95, juris; AG Siegburg, Urt. v. 31.5.2001 – 6 C 132/01, BeckRS 2013, 12057. Einen Anspruch gegen den Minderjährigen verneinend: AG Hamburg, Urt. v. 24.4.1986 – 22b C 708/85, NJW 1987, 448; AG Mülheim a. d. Ruhr, Urt. v. 14.10.1998 – 12 C 17/88, NJW-RR 1989, 175; AG Wolfsburg, Urt. v. 9.5.1990 – 12 C 30/90, NJW-RR 1990, 1142; AG Bergheim, Urt. v. 15.10.1998 – 23 C 166/98, NJW-RR 2000, 202; AG Jena, Urt. v. 5.7.2001 – 22 C 21/01, NJW-RR 2001, 1468; AG Bonn, Urt. v. 14.10.2009 – 4 C 521/08, NJW-RR 2010, 417.

[283] *Dieckmann/Schneider*, ZfJ 2002, 161 konstatieren diesbezüglich einen Zustand der „Rechtszersplitterung". Einen entsprechenden Anspruch der Verkehrsbetriebe dem Grunde nach bejahen beispielsweise NK-BGB/*Kunz/Baldus*, BGB, § 107 Rn. 130; *Fischer*, TranspR 1992, 7, 8; *Stacke*, NJW 1991, 875, 877; *Fielenbach*, NZV 2000, 358, 361. Ablehnend hingegen MüKoBGB/*Gottwald*, BGB, § 339 Rn. 11; *Dieckmann/Schneider*, ZfJ 2002, 161, 167; *Harder*, NJW 1990, 857, 860.

[284] § 5 EVO Abs. 1 i.d.F. vom 1.8.2019 lautet auszugsweise wie folgt:

„(1) Der Reisende ist zur Zahlung eines erhöhten Beförderungsentgeltes verpflichtet, wenn er

a) bei Antritt der Reise nicht mit einem gültigen Fahrausweis versehen ist,

b) sich einen gültigen Fahrausweis beschafft hat, ihn jedoch bei einer Prüfung der Fahrausweise nicht vorzeigen kann, oder nicht aushändigt […]."

[285] § 9 BefBedV i.d.F. vom 1.7.2015, erlassen auf Grundlage von § 57 Abs. 1 Nr. 5 PBefG, lautet auszugsweise wie folgt:

„(1) Ein Fahrgast ist zur Zahlung eines erhöhten Beförderungsentgelts verpflichtet, wenn er liegen eines Vertragsschlusses unabhängige gesetzliche Anspruchsgrundlage der Verkehrsbetriebe, die eine Haftung sowohl eines voll- als auch eines minderjährigen Schwarzfahrers begründe.[286]

Ein solches Verständnis wird jedoch überwiegend abgelehnt.[287] Soweit jedenfalls § 12 EVO a.F. vereinzelt nicht bereits für verfassungswidrig erachtet und ein daran anknüpfender Anspruch schon aus diesem Grund abgelehnt wurde,[288] soll ein Anspruch der Verkehrsbetriebe auf ein erhöhtes Beförderungsentgelt im Übrigen nur bei Vorliegen eines wirksamen Beförderungsvertrages als Anknüpfungspunkt der jeweiligen Rechtsverordnung bestehen.[289] Allein von der Ausgestaltung im jeweiligen Einzelfall wäre es danach abhängig, ob die Verpflichtung zur Entrichtung des erhöhten Beförderungsentgelts eine tatsächlich und individuell vereinbarte Vertragsstrafe im Sinne des § 339 BGB darstellt,[290] ob sie sich allein aus den AGB oder den Tarifbedingungen der jeweiligen Verkehrsbetriebe ergibt[291] oder ob § 9 BefBedV bzw. § 5 EVO als materielle Gesetze unmittelbar Einfluss auf den Inhalt des Beförderungsvertrages nehmen.[292]

Gleichfalls umstritten ist schließlich speziell im Zusammenhang mit der Fahrzeugnutzung durch minderjährige Schwarzfahrer die entscheidende Frage, ob zwischen dem in Rede stehenden Minderjährigen und dem jeweiligen Verkehrsbetrieb angesichts der nach § 107 BGB bestehenden Notwendigkeit einer Einwilligung des gesetzlichen Vertreters überhaupt ein wirksamer Beförderungsvertrag zustande kommen kann.[293]

---

1. sich keinen gültigen Fahrausweis beschafft hat,
2. sich einen gültigen Fahrausweis beschafft hat, diesen jedoch bei einer Überprüfung nicht vorzeigen kann, […].“

[286] In diesem Sinne grundsätzlich AG Mülheim a. d. Ruhr, Urt. v. 14.10.1998 – 12 C 17/88, NJW-RR 1989, 175; *Trittel*, BB 1980, 497, 502; *Lattka*, Fahren ohne Fahrausweis, S. 65 ff., 134 ff.

[287] Vgl. u.a. AG Bonn, Urt. v. 14.10.2009 – 4 C 521/08, NJW-RR 2010, 417; *Harder*, NJW 1990, 857, 861; *Stacke*, NJW 1991, 875; *Weth*, JuS 1998, 795, 799.

[288] Zu einer solchen Einschätzung vgl. AG Aachen, Urt. v. 2.7.1992, Az. 80 C 6/92, juris. Ablehnend *Weth*, JuS 1998, 795, 801.

[289] Vgl. MüKoBGB/*Gottwald*, BGB, § 339 Rn. 11. Zur Vereinbarkeit der Erhebung eines erhöhten Beförderungsentgelts mit § 312a Abs. 3 S. 1 BGB vgl. die Darstellung bei *Rodi*, VuR 2015, 14, 19.

[290] So etwa AG Wuppertal, Urt. v. 8.4.2009 – 35 C 376/08, BeckRS 2009, 22667; *Bork*, Allgemeiner Teil des BGB, § 18 Rn. 744; jurisPK-BGB/*Hansen*, BGB, § 107 Rn. 33; *Rodi*, VuR 2015, 14, 17; Staudinger/*Klumpp*, BGB, § 107 Rn. 106; Staudinger/*Rieble*, BGB, § 339 Rn. 34.

[291] Vgl. *Fielenbach*, NZV 2000, 358, 359.

[292] In diese Richtung MüKoBGB/*Gottwald*, BGB, § 339 Rn. 11, wonach eine vertraglich vereinbarte Vertragsstrafe „durch eine gesetzliche Anordnung, etwa in Rechtsverordnungen, ersetzt werden“ könne. Ebenso AG Siegburg, Urt. v. 31.5.2001 – 6 C 132/01, BeckRS 2013, 12057 sowie *Pohar*, NZV 2003, 257, 258.

[293] Ablehnend *Dieckmann*/*Schneider*, ZfJ 2002, 161, 163; *Harder*, NJW 1990, 857, 858.

3. Stellungnahme

a) Anspruchsgrundlage für erhöhtes Beförderungsentgelt

Allein aus § 9 BefBedV oder § 5 EVO kann sich kein unabhängig von einem Beförderungsvertrag bestehender Anspruch der Verkehrsbetriebe auf ein erhöhtes Beförderungsentgelt ergeben. Anderenfalls bestünde ein Anspruch des jeweiligen Verkehrsunternehmens ohne Rücksicht auf die Geschäftsfähigkeit des Fahrgastes, da Anknüpfungspunkt einer Haftung die bloße Nutzung des Verkehrsmittels ohne Erwerb oder Mitführen eines Fahrausweises wäre. Diese Haftungsvoraussetzungen könnte auch ein geschäftsunfähiger Minderjähriger unter sieben Jahren, der beispielsweise seinen Aufsichtspersonen am Bahnhof „entwischt" und aus Neugierde in einen abfahrenden Zug einsteigt, ohne Weiteres erfüllen. Ein solches Verständnis wäre mit dem aus §§ 104 ff. BGB sowie § 828 Abs. 3 BGB resultierenden Gedanken eines umfassenden Minderjährigenschutzes kaum vereinbar.[294] Die Erhebung eines erhöhten Beförderungsentgelts setzt somit zwingend einen rechtswirksamen Beförderungsvertrag voraus.[295]

b) Allgemeine Voraussetzungen eines Beförderungsvertrages

Wie ein solcher Beförderungsvertrag, der typologisch grundsätzlich einen Werkvertrag nach § 631 BGB darstellt,[296] bei Nutzung eines Verkehrsmittels ohne gültigen Fahrschein zustande kommt, hängt entscheidend vom jeweiligen Einzelfall ab. Insoweit lassen sich zwei für die nachfolgende Darstellung maßgebliche Konstellationen unterscheiden. Denkbar sind einerseits Fälle, in denen eine Person mit Benutzungsabsicht wissentlich in ein öffentliches Verkehrsmittel einsteigt, ohne zuvor einen Fahrschein erworben zu haben. Diese sind von solchen Situationen abzugrenzen, in welchen der Nutzer des Verkehrsmittels zwar eine gültige Einzelfahrkarte oder Zeitkarte erworben

---

Die Möglichkeit einer Einwilligung bejahend hingegen AG Duisburg, Urt. v. 3.5.1996 – 2 C 721/95, juris; *Stacke*, NJW 1991, 875, 877; *Weth*, JuS 1998, 795, 798.

[294] Ebenso *Weth*, JuS 1998, 795, 799.

[295] Ebenso Staudinger/*Klumpp*, BGB, § 107 Rn. 106. Nur vereinzelt wird darüber hinaus vertreten, dass ein Anspruch auf das erhöhte Beförderungsentgelt auch nach § 823 Abs. 2 BGB i.V.m. § 265a StGB bestehen könne. Vgl. hierzu *Fischer*, TranspR 1992, 7, 9. Die insoweit vertretene Annahme einer an § 12 Abs. 2 EVO orientierten normativen Schadensbemessung überzeugt allerdings nicht, vielmehr ist ein über den entgangenen Fahrpreis hinausgehender, konkreter Schaden des Verkehrsunternehmens im Sinne von § 249 BGB durch Beförderung des Minderjährigen ohne Fahrschein regelmäßig nicht gegeben. Vgl. AG Regensburg, Urt. v. 3.3.2014 – 10 C 1949/13, VuR 2015, 314; AG Köln, Beschl. v. 7.4.2017 – 71 IK 175/15, NZI 2017, 449, 450. Zur Möglichkeit einer Anwendung von § 812 Abs. 1 S. 1 Alt. 2 BGB vgl. *Fielenbach*, NZV 2000, 358, 361.

[296] Vgl. nur MüKoBGB/*Busche*, BGB, § 631 Rn. 136.

hat, diese jedoch bei Fahrtantritt wissentlich oder unwissentlich nicht mit sich führt.[297]

In der erstgenannten Fallgestaltung, in der ein vorheriger Fahrkartenerwerb unterbleibt, kommt es erst beim Einsteigen in das jeweilige Verkehrsmittel unter Zugrundelegung der §§ 145, 147 BGB zu einem Vertragsschluss durch schlüssiges Verhalten, da die Durchführung einer Beförderungsleistung ohne Vertragsschluss objektiv betrachtet nicht angenommen werden kann und ein Beförderungsvertrag Grundlage insbesondere der Erhebung eines erhöhten Beförderungsentgelts ist.[298] Das für den Abschluss eines Beförderungsvertrages notwendige Angebot auf die Beförderungsleistung besteht dabei auf Seiten des Verkehrsunternehmens als Realofferte ad incertas personas in der Bereitstellung des jeweiligen Verkehrsmittels.[299] Inhaltlicher Bestandteil dieses Angebotes sind dabei auch die AGB des Verkehrsunternehmens, unter deren Geltung eine Beförderung durchgeführt werden soll.[300] Der Fahrgast nimmt dieses Angebot durch schlüssiges Verhalten in Form des Einsteigens an, wobei ein Zugang der Annahmeerklärung bei Verkehrsmitteln ohne Einstiegskontrolle nach § 151 BGB entbehrlich ist.[301] Für die Wirk-

---

[297] Über die umschriebenen Konstellationen hinaus wäre zudem auch eine Beförderung quasi „aus Versehen" denkbar, sofern Personen andere Fahrgäste ohne eigene Nutzungsabsicht in das Verkehrsmittel begleiten, etwa um beim Tragen des Gepäcks zu unterstützen, und dieses nicht rechtzeitig vor Abfahrt verlassen. Unwissentliches Schwarzfahren erfolgt zudem auch schon bei Nutzung des Verkehrsmittels in dem Glauben, einen gültigen Fahrschein zu besitzen oder bei nicht erfolgter Entwertung einer Mehrfachfahrkarte. Dies gilt ebenso in Fällen eines Verbleibs im Zug über den angegebenen Zielbahnhof hinaus, vgl. *Böhm*, Haftung von Eisenbahnunternehmen, S. 74 f.

[298] Vgl. BeckOGK/*Ballhausen*, HPflG, § 12 Rn. 131, 137; Filthaut/*Kayser*, HPflG, § 12 Rn. 129; MüKoBGB/*Busche*, BGB, § 631 Rn. 50. Nicht mehr vertreten wird insoweit die Lehre vom faktischen, nicht vom Parteiwillen abhängigen Vertragsschluss durch sozialtypisches Verhalten bei tatsächlicher Inanspruchnahme von Beförderungs- oder Versorgungsleistungen. Zu dieser überholten Rechtsfigur vgl. *Bork*, Allgemeiner Teil des BGB, § 18 Rn. 744. So aber noch LG Bremen, Urt. v. 17.8.1966 – 8 O 512/66, NJW 1966, 2360, 2361. In der betreffenden Entscheidung wurde die Haftung eines acht Jahre alten Minderjährigen auf das erhöhte Beförderungsentgelt unabhängig vom Bestehen eines Beförderungsvertrages allein auf eine durch die tatsächliche Inanspruchnahme einer Straßenbahnbeförderung entstandene Rechtspflicht sui generis gestützt. Einer entsprechenden Verpflichtung aus sozialtypischem Verhalten stünden die §§ 107 ff. BGB danach nicht entgegen.

[299] Vgl. AG Wuppertal, Urt. v. 8.4.2009 – 35 C 376/08, BeckRS 2009, 22667. Ablehnend hingegen *Lattka*, Fahren ohne Fahrausweis, S. 62, wonach das Bereitstellen des Verkehrsmittels kein konkludentes Angebot des Verkehrsunternehmens auf Abschluss eines Beförderungsvertrages, sondern nur ein „Benutzungsangebot" an Passagiere mit einem gültigen Fahrausweis darstellen soll.

[300] BeckOGK/*Ballhausen*, HPflG, § 12 Rn. 137. Ausreichend hierfür ist deren Aushang an Haltestellen oder die Möglichkeit eines Abrufs im Internet. Vgl. auch *Stefula*, ÖJZ 2002, 826, 832.

[301] OLG Nürnberg, Urt. v. 9.5.2012 – 12 U 1247/11, BeckRS 2012, 10956; AG Wuppertal, Urt. v. 8.4.2009 – 35 C 376/08, BeckRS 2009, 22667.

samkeit der konkludent geäußerten Willenserklärung des Fahrgastes kommt es auf das Vorliegen von Geschäftswillens mit dem Inhalt, einen entgeltlichen Beförderungsvertrag zu schließen, nicht an.[302]

Unterschiedlich bewertet wird die rechtliche Situation demgegenüber in denjenigen Fällen, in denen zwar noch vor Fahrtantritt ein Einzel-, Zeit- oder Monatsticket am Schalter, am Automaten oder auch per SMS oder App erworben, jedoch bei Fahrtantritt nicht mitgeführt wird. Entgegen einer anderslautenden Meinung im Schrifttum ist allerdings auch in solchen Konstellationen erst bei Betreten des Verkehrsmittels ein Vertragsschluss durch schlüssiges Verhalten anzunehmen. Der zuvor abgeschlossene Kaufvertrag über ein Ticket hingegen dient nur dem Erwerb einer Fahrkarte, die ein Legitimationspapier zum Nachweis des bereits entrichteten Beförderungsentgelts und damit der Erfüllung der nach Abschluss des Beförderungsvertrags aus § 631 Abs. 1 BGB resultierenden Zahlungspflicht darstellt.[303]

c) Abschluss eines Beförderungsvertrages mit minderjährigen Fahrgästen

Auch ein minderjähriger Fahrgast gibt durch Einsteigen in das jeweilige Verkehrsmittel ohne Beisichführen eines Fahrscheins eine Willenserklärung in Form einer Annahme des Antrags auf Abschluss eines Beförderungsvertrages ab. Hat der Minderjährige das siebte Lebensjahr noch nicht vollendet, ist

---

[302] Vgl. *Harder*, NJW 1990, 857, 858. Ein innerer Vorbehalt gegen die Eingehung einer Zahlungsverpflichtung wäre im Übrigen gem. § 116 S. 1 BGB unbeachtlich. Auch ein nach außen erkennbar geäußerter Vorbehalt gegen die Verpflichtung zu einer Gegenleistung wäre nach überwiegender Auffassung bei einer an Treu und Glauben orientierten Auslegung dieser Erklärung als sog. protestatio facto contraria für einen Vertragsschluss unschädlich, vgl. *Bork*, Allgemeiner Teil des BGB, § 18 Rn. 744.

[303] Vgl. AG Wolfsburg, Urt. v. 9.5.1990 – 12 C 30/90, NJW-RR 1990, 1142; AG Duisburg, Urt. v. 3.5.1996 – 2 C 721/95, juris; AG Bergheim, Urt. v. 15.10.1998 – 23 C 166/98, NJW-RR 2000, 202, 203; AG Bonn, Urt. v. 14.10.2009 – 4 C 521/08 = NJW-RR 2010, 417; *Harder*, NJW 1990, 857, 858. Hierfür spricht, dass ein Verkehrsunternehmen ein erhöhtes Beförderungsentgelt, welches wie dargestellt einen wirksamen Beförderungsvertrag voraussetzt, auch in dem praktisch häufigen Fall verlangen kann, dass der Schwarzfahrer die Fahrt ohne gelösten Fahrschein antritt. Im Gegenzug stehen einem Fahrgast nach Fahrtantritt im Fall einer Beeinträchtigung seiner Rechtsgüter gegebenenfalls vertragliche Ansprüche gegen das Verkehrsunternehmen zu. Diese können sich gegenüber deliktischen Schadensersatzansprüchen – insbesondere im Hinblick auf die nicht vorhandene Exkulpationsmöglichkeit im Fall des Einsatzes von Erfüllungsgehilfen – als günstiger erweisen. Nach anderer Auffassung soll der Beförderungsvertrag schon im Zeitpunkt der Übergabe des Fahrscheins bzw. des Erhalts des Tickets auf elektronischem Wege zustande kommen, da hierin eine konkludent geäußerte Annahme des vom Kunden getätigten Antrags seitens des Verkehrsunternehmens zu erkennen sei. Vgl. *Böhm*, Haftung von Eisenbahnunternehmen, S. 66; *Lattka*, Fahren ohne Fahrausweis, S. 48, 51; *Pohar*, NZV 2003, 257, 258. Im Grundsatz ebenso, jedoch nach der Art des Verkehrsmittels differenzierend *Filthaut*, Haftpflichtgesetz, § 12 Rn. 121 f.

seine dahingehende Willenserklärung bereits nach §§ 104 Nr. 1, 105 Abs. 1 BGB nichtig, was den Abschluss eines Beförderungsvertrages verhindert. Der nach § 106 BGB beschränkt Geschäftsfähige hingegen bedarf aufgrund der mit einem Beförderungsvertrag einhergehenden Werklohnzahlungspflicht des Fahrgastes zur Wirksamkeit seiner Willenserklärung gem. § 107 BGB grundsätzlich der Einwilligung des gesetzlichen Vertreters.

Ist der Minderjährige allerdings nach §§ 112, 113 BGB partiell unbeschränkt geschäftsfähig, kann eine Einwilligung im Einzelfall entbehrlich sein. Praktisch vorstellbar ist dies insbesondere in solchen Fällen, in denen ein Minderjähriger mit Ermächtigung des gesetzlichen Vertreters in ein Dienst- oder Arbeitsverhältnis eintritt und keine gegenständliche Begrenzung der diesbezüglich erteilten Ermächtigung vorliegt. In diesem Fall ist er gem. § 113 Abs. 1 S. 1 BGB für solche verkehrsüblichen Rechtsgeschäfte mit Dritten unbeschränkt geschäftsfähig, welche die Erfüllung der sich aus einem Dienst- oder Arbeitsverhältnis ergebenden Verpflichtungen erst ermöglichen.[304] Dies umfasst auch solche Beförderungsverträge, die der Minderjährige abschließen muss, um zu seiner Arbeitsstelle zu gelangen.[305] Nutzt der Minderjährige ein Verkehrsmittel, um damit seinen Arbeitsort zu erreichen, ohne zuvor eine Fahrkarte zu erwerben, so kommt es infolge seiner konkludent durch Einsteigen geäußerten Willenserklärung zum wirksamen Abschluss eines Beförderungsvertrages. Dieser kann sodann als Grundlage eines auf die Zahlung des erhöhten Beförderungsentgelts gerichteten Leistungsverlangens des jeweiligen Verkehrsbetriebes dienen, sofern dem Minderjährigen ein nachträgliches Lösen eines Fahrscheins in der konkreten Situation nicht möglich ist.[306]

Bedarf der Minderjährige außerhalb des Anwendungsbereichs der §§ 112, 113 BGB zum Abschluss eines Beförderungsvertrages der Einwilligung seines gesetzlichen Vertreters, ist von entscheidendem Interesse, in welcher Form eine solche überhaupt vorliegen kann und ob sie auch die Benutzung des Verkehrsmittels ohne Erwerb einer Fahrkarte umfasst. Insoweit lassen sich verschiedene typische Konstellationen unterscheiden. Denkbar sind zunächst Fälle, in denen Minderjährige ohne Wissen und Wollen ihrer Eltern als gesetzliche Vertreter und ohne vorherige Überlassung finanzieller Mittel

---

304 ErfK/*Preis*, BGB, § 113 Rn. 9.

305 BeckOK BGB/*Wendtland*, BGB, § 113 Rn. 13; MüKoBGB/*Spickhoff*, BGB, § 113 Rn. 30; Soergel/*Hefermehl*, BGB, § 113 Rn. 4; Staudinger/*Klumpp*, BGB, § 113 Rn. 31.

306 Ein anderes Ergebnis wäre allerdings denkbar, soweit infolge einer Auslegung der Ermächtigung eine entsprechende Beschränkung derselben auf „rechtskonforme" Vertragsschlüsse mit hinreichender Sicherheit angenommen werden müsste. Insbesondere sollen die Erziehungsziele und Wertvorstellungen der Eltern eines Minderjährigen nach *Veit*, FS Birk, S. 877, 888 in die Auslegung der Ermächtigung einfließen, sofern sie dem Minderjährigen bekannt waren oder hätten sein müssen.

oder einer Fahrkarte Verkehrsmittel nutzen. In diesen Fällen liegt eine vorherige Einwilligung der Eltern in den Abschluss eines Beförderungsvertrages keinesfalls vor. Erfolgt keine nachträgliche Genehmigung des nach § 108 BGB schwebend unwirksamen Vertrags, so ist dieser unwirksam und ein Anspruch des Verkehrsunternehmens auf ein erhöhtes Beförderungsentgelt nicht gegeben.[307]

Ebenfalls eindeutig zu bewerten sind Fälle, in denen Eltern ihrem minderjährigen Kind gegenüber ausdrücklich in die Benutzung etwaiger Verkehrsmittel und damit in den Abschluss eines Beförderungsvertrages auch ohne Beisichführen eines gültigen Fahrscheins einwilligen.[308] Abhängig von der jeweiligen familiären Situation und dem Erziehungskonzept der Eltern mag eine solche ausdrückliche Einwilligung zwar denkbar sein; gleichwohl wird sich diese nur schwer nachweisen lassen. Praktisch vorstellbar erscheinen allerdings Fälle wie derjenige, der einer Entscheidung des AG Köln[309] zugrunde lag. Im zugrundeliegenden Sachverhalt hatte eine minderjährige Schülerin mit Einverständnis der Eltern ihren mit der Straßenbahn durchzuführenden Schulweg angetreten, ohne von ihren Eltern einen Fahrausweis oder Fahrgeld erhalten zu haben. In entsprechenden Fällen erklären Eltern objektiv betrachtet gerade durch das Nichtzurückhalten des Kindes schlüssig ihr Einverständnis mit einer etwaigen erforderlichen Benutzung öffentlicher Verkehrsmittel auch ohne Bezahlung des Fahrpreises.[310] Identisch zu bewerten wären Fälle, in denen Eltern gemeinsam mit ihren minderjährigen Kindern einen Zug oder eine Straßenbahn besteigen, ohne zuvor ein Ticket für das Kind erworben zu haben. Eine konkludente Einwilligung in den Abschluss eines Beförderungsvertrages liegt in vergleichbaren Konstellationen somit vor, weshalb ein gegen den Minderjährigen gerichteter Anspruch auf das erhöhte Beförderungsentgelt gegeben wäre.

Bei den in der Rechtsprechung bis dato überwiegend entschiedenen Fällen handelte es sich im Übrigen zumeist um Fahrten Minderjähriger zu schulischen Zwecken ohne Mitführen einer Monatsfahrkarte, obgleich ihnen diese zuvor von ihren Eltern zur Nutzung des Schulbusses oder der Straßenbahn im jeweiligen Zeitraum überlassen worden war.[311] Alternativ ist zudem eine

[307] Staudinger/*Klumpp*, BGB, § 107 Rn. 106.

[308] *Dieckmann/Schneider*, ZfJ 2002, 161, 162.

[309] AG Köln, Urt. v. 9.7.1986 – 119 C 68/86, NJW 1987, 447.

[310] *Winkler von Mohrenfels*, JuS 1987, 692, 694.

[311] AG Wolfsburg, Urt. v. 9.5.1990 – 12 C 30/90, NJW-RR 1990, 1142; AG Duisburg, Urt. v. 3.5.1996 – 2 C 721/95, juris; AG Bergheim, Urt. v. 15.10.1998 – 23 C 166/98, NJW-RR 2000, 202, 203; AG Bonn, Urt. v. 14.10.2009 – 4 C 521/08, NJW-RR 2010, 417. Auch ein mangelndes Beisichführen der Fahrkarte im Zeitpunkt der Kontrolle löst grundsätzlich eine Pflicht zur Zahlung des erhöhten Beförderungsentgelts aus, vgl. § 5 Abs. 1 b) EVO bzw. § 9 Abs. 1 Nr. 2 BefBedV. Dieses ermäßigt sich jedoch nach § 5 Abs. 3 EVO bzw. § 9 Abs. 3 BefBedV auf 7 Euro, sofern der Reisende nachträglich nachweist, dass er zum Zeitpunkt der Kontrolle Inhaber einer gültigen Fahrkarte war.

Überlassung von Geldmitteln vor Fahrtantritt zum Kauf jeweils einer Fahrkarte oder aber am Anfang des Monats zum Erwerb beispielsweise einer Monatsfahrkarte denkbar.[312] Händigen Eltern ihrem minderjährigen Kind Geldmittel zum Kauf einer Einzel- oder Zeitfahrkarte aus, ist § 110 BGB als Unterfall und Auslegungsregel zu § 107 BGB zu beachten. Danach beinhaltet die Mittelüberlassung an den Minderjährigen lediglich die Einwilligung seiner Eltern, Bargeschäfte zu tätigen oder zuvor von ihm ohne ausdrückliche Einwilligung eingegangene, schwebend unwirksame Verpflichtungsgeschäfte zu erfüllen und dadurch deren Wirksamkeit herbeizuführen. Folglich ist die Wirksamkeit des konkludent durch Einsteigen geschlossenen Beförderungsvertrages nach dem Willen der Eltern durch Erfüllung der vertraglich geschuldeten Leistungspflicht, also der Zahlung des Fahrpreises, bedingt.[313]

Demnach kann ein gültiger Beförderungsvertrag zustandekommen, sofern der Minderjährige vor oder, beispielsweise an einem Fahrkartenautomaten in einer Straßenbahn oder mittels einer App, nach Fahrtantritt eine Fahrkarte erwirbt und damit die ihm vertraglich aus dem Beförderungsvertrag obliegende Leistungspflicht bewirkt. Ein Fahrtantritt ohne rechtzeitigen Fahrscheinkauf hingegen führt in diesen Fällen mit Blick auf § 110 BGB nicht zum Abschluss eines wirksamen Beförderungsvertrags.[314] Verbraucht der minderjährige Schwarzfahrer die ihm überlassenen Mittel hingegen anderweitig, bleibt der konkludent geschlossene Beförderungsvertrag schwebend unwirksam und hängt somit von der Genehmigung der gesetzlichen Vertreter ab.[315]

Händigen Eltern ihrem Kind hingegen z.B. zum Monatsbeginn eine Fahrkarte zur Nutzung eines Bahnbusses oder einer Straßenbahn aus, stellt die Überlassung der Fahrkarte eine formfreie, konkludente Einwilligung zur Benutzung der notwendigen Verkehrsmittel und damit zum schlüssigen Abschluss eines Beförderungsvertrages dar, sofern seitens der Eltern nicht sogar ausnahmsweise eine ausdrückliche Einwilligung mit der Überlassung verbunden wird. Dabei handelt es sich um einen nach § 107 BGB zulässigen beschränkten Generalkonsens, da mit der Fahrkartenüberlassung in eine Vielzahl von noch nicht näher konkretisierten und individualisierten Fahrten eingewilligt wird, ohne dass dies faktisch zu einer partiell unbeschränkten Geschäftsfähigkeit des Minderjährigen führt.[316] Ein solches Verständnis der elterlichen Einwilligung ist auch mit den Grundsätzen des Minderjährigenschutzes vereinbar, da es keinen Unterschied machen kann, ob der gesetzli-

---

[312] So im Fall des AG Hamburg, Urt. v. 24.4.1986 – 22b C 708/85, NJW 1987, 448.

[313] *Harder*, NJW 1990, 857, 859.

[314] Vgl. *Harder*, NJW 1990, 857, 860; jurisPK-BGB/*Hansen*, BGB, § 107 Rn. 33; Staudinger/*Klumpp*, BGB, § 107 Rn. 107.

[315] *Harder*, NJW 1990, 857, 859.

[316] AG Duisburg, Urt. v. 3.5.1996 – 2 C 721/95, juris; *Fielenbach*, NZV 2000, 358, 359.

che Vertreter dem Minderjährigen die Einwilligung zur Fahrt etwa mit einem Schulbus von Fall zu Fall erteilt oder ob er generell die Zustimmung zu einer Vielzahl solcher Schulfahrten erklärt.[317]

Entscheidend ist in den hier interessierenden Fällen eines Fahrtantritts ohne Mitführen einer zuvor überlassenen Monats- oder Quartalskarte sodann, ob die Einwilligung der Eltern in Form eines beschränkten Generalkonsenses im Einzelfall auch die Nutzung von Verkehrsmitteln durch das minderjährige Kind ohne Mitführen eines Fahrscheines mitumfassen kann. Dies ist durch eine normative Auslegung des zuvor beschriebenen schlüssigen elterlichen Erklärungsverhaltens gem. §§ 133, 157 BGB zu ermitteln.[318] Insoweit wird teilweise vertreten, dass grundsätzlich nicht von einer Einwilligung der Eltern in eine rechtswidrige Schwarzfahrt ihrer Kinder ausgegangen werden könne. Eine solche Einwilligung würde eine § 1627 BGB zuwiderlaufende Fürsorgepflichtverletzung der Eltern darstellen, weshalb eine Auslegung nach Treu und Glauben nicht zu diesem Ergebnis gelangen könne.[319] Nach anderer Auffassung stehe die in Form eines beschränkten Generalkonsenses geäußerte Einwilligung zum Abschluss des Beförderungsvertrages gem. § 158 BGB unter der Bedingung, dass das jeweilige Verkehrsmittel nicht ohne den vorherigen Erwerb der entsprechenden Fahrkarte oder Mitführen derselben genutzt werde.[320]

Im Ergebnis kann die elterliche beschränkte Generaleinwilligung im Fall der Überlassung einer Fahrkarte an den Minderjährigen aus Sicht eines objektiven Dritten nach Treu und Glauben und unter Berücksichtigung der Verkehrssitte nur dahingehend verstanden werden, dass der konkludente Abschluss eines Beförderungsvertrages durch Einsteigen in das Verkehrsmittel das Beisichführen der überlassenen Fahrkarte durch den Minderjährigen voraussetzt, um dergestalt die Vorab-Erfüllung der vertraglich geschuldeten Pflicht zur Bezahlung des Fahrpreises nachweisen zu können. Übergeben Eltern ihren minderjährigen Kindern eine zuvor in dessen Namen erworbene Fahrkarte, kann dieses Verhalten objektiv nur so verstanden wer-

---

[317] Vgl. *Harder*, NJW 1990, 857, 858.

[318] *Dieckmann/Schneider* ZfJ 2002, 161, 163. Wegen § 182 Abs. 1 BGB kann im Rahmen dieser Auslegung einerseits auf den Minderjährigen, andererseits auf das Verkehrsunternehmen abgestellt werden.

[319] *Dieckmann/Schneider*, ZfJ 2002, 161, 163; jurisPK-BGB/*Hansen*, BGB, § 107 Rn. 33.

[320] So etwa *Harder*, NJW 1990, 857, 858 f.; *Fielenbach*, NZV 2000, 358, 359. Das Vorliegen einer Bedingung hingegen ablehnend *Stacke*, NJW 1991, 875, 877; NK-BGB/*Kunz/Baldus*, BGB, § 107 Rn. 133 f.; jurisPK-BGB/*Hansen*, BGB, § 107 Rn. 33. Ob im Fall der Bejahung einer Bedingung eine aufschiebende gem. § 158 Abs. 1 BGB oder vielmehr eine auflösende im Sinne des § 158 Abs. 2 BGB zu verstehen sei, wird unterschiedlich bewertet. Für eine aufschiebende Bedingung *Fielenbach*, NZV 2000, 358, 360. Eine genauere Analyse der Rechtsfolgen der jeweiligen Bedingungstypen im Falle einer Schwarzfahrt findet sich bei *Weth*, JuS 1998, 795, 797.

den, dass zwar in die zukünftige Benutzung eines Verkehrsmittels eingewilligt wird, dies jedoch nur unter der Bedingung, dass das erhaltene Ticket mitgeführt wird.[321] Jedes andere Verständnis würde das beschriebene Verhalten der Eltern überflüssig erscheinen lassen.[322] Der Abschluss eines wirksamen Beförderungsvertrages durch Einsteigen in das jeweilige Verkehrsmittel ist dem Minderjährigen folglich nur im Fall des Beisichführens eines entsprechenden Tickets möglich.[323] Führt der Minderjährige die Fahrkarte nicht bei sich, wäre der konkludent geschlossene Beförderungsvertrag wiederum schwebend unwirksam und von der Genehmigung seines gesetzlichen Vertreters abhängig.

Selbst bei Zugrundelegung dieser Auslegung der elterlichen Einwilligung soll allerdings nach einer teilweise vertretenen Ansicht eine Haftung des minderjährigen Schwarzfahrers auf das erhöhte Beförderungsentgelt möglich sein. Dies gelte jedenfalls dann, wenn die Schwarzfahrt vorsätzlich durch einen hinreichend einsichtigen Minderjährigen verübt werde.[324] Insoweit seien § 162 Abs. 1 BGB bzw. § 162 Abs. 2 BGB[325] zugrunde zu legen: Werde das Beisichführen des Tickets bei Fahrtantritt oder der käufliche Erwerb eines solchen spätestens nach Fahrtantritt vom Minderjährigen wider Treu und Glauben verhindert, so müsse er sich folglich so behandeln lassen, als hätte er ein gültiges Ticket besessen oder erworben. Eine Einwilligung der Eltern in den Abschluss des Beförderungsvertrages läge somit vor.[326] Diesbezüglich ist jedoch zu beachten, dass durch die Zugrundelegung dieser Konstruktion letztlich die Schutzwirkung der §§ 107 ff. BGB im Interesse der Ver-

---

[321] Vgl. die plastische Darstellung bei *Fielenbach*, NZV 2000, 358, 360, wonach ein objektiver Dritter die in der Überlassung einer Fahrkarte an den Minderjährigen enthaltene Erklärung nur wie folgt verstehen könne: „Fahre hiermit schön Bus oder Bahn, mein Kind, aber nur innerhalb der zeitlichen und örtlichen Grenzen dieses Tickets.“

[322] Hierin liegt der maßgebliche Unterschied zu den vorbezeichneten Fällen, in welchen Eltern einer Nutzung von Verkehrsmitteln im Rahmen des Schulwegs zustimmen, ihre Kinder jedoch in Kenntnis der Entgeltlichkeit einer Verkehrsmittelnutzung weder mit Geld noch mit Fahrkarten ausstatten.

[323] Anders allerdings Staudinger/*Klumpp*, BGB, § 107 Rn. 107 sowie Staudinger/*Rieble*, BGB, § 339 Rn. 35, wonach eine solche „Konditionierung“ der elterlichen Einwilligung den protestatio facto contraria-Grundsatz außer Acht lasse.

[324] Vgl. *Weth*, JuS 1998, 795, 798; *Fielenbach*, NZV 2000, 358, 361. Dies wird in der Praxis vor allem Konstellationen betreffen, in denen Minderjährige von ihren Eltern finanzielle Mittel zum Erwerb einer Fahrkarte erhalten, diese jedoch bewusst zu anderweitigen Anschaffungen verwenden und Fahrten sodann ohne vorherigen Kauf eines Tickets antreten.

[325] § 162 Abs. 1 BGB käme zur Anwendung, soweit die von den Eltern gesetzte Bedingung als eine aufschiebende im Sinne des § 158 Abs. 1 BGB verstanden werden müsste. Anderenfalls wäre § 162 Abs. 2 BGB einschlägig.

[326] *Fielenbach*, NZV 2000, 358, 361; NK-BGB/*Kunz*/*Baldus*, BGB, § 107 Rn. 132; *Weth*, JuS 1998, 795, 798.

kehrsunternehmen entwertet würde. Denn selbst besonders umsichtige Eltern, die ihre Einwilligung zum Abschluss eines Beförderungsvertrages im Interesse ihrer Kinder ausdrücklich mit einer Bedingung verknüpfen, könnten danach das Entstehen eines Beförderungsvertrages bei entsprechender Eigeninitiative ihres einsichtsfähigen Kindes nicht verhindern. Überdies setzte eine Anwendung von § 162 BGB das Vorhandensein einer Bedingung im Sinne von § 158 BGB voraus; eine solche Bedingung im rechtstechnischen Sinn ist in dem Erklärungsverhalten der Eltern in den hier interessierenden Fällen allerdings nicht zu sehen, vielmehr konkretisiert die Voraussetzung des Beisichführens oder Erwerbs eines Tickets allein die Reichweite bzw. den Inhalt der elterlichen Einwilligung.[327]

4. Praktische Konsequenzen

Die Geltendmachung eines erhöhten Beförderungsentgelts gegenüber einem minderjährigen Schwarzfahrer kann praktisch nach alledem lediglich in wenigen Konstellationen begründet sein. Aus diesem Grund ist in der Praxis im Fall der Inanspruchnahme eines Minderjährigen auf ein erhöhtes Beförderungsentgelt anhand der konkreten Umstände des Einzelfalls genau zu prüfen, ob die tatbestandlichen Voraussetzungen eines entsprechenden Anspruchs des Verkehrsunternehmens tatsächlich vorliegen. Eine Haftung kommt dann in Betracht, wenn Eltern ihren Kindern gegenüber ausdrücklich oder konkludent in den Abschluss eines Beförderungsvertrages einwilligen, ohne ihre Einwilligung unter den Vorbehalt des vorherigen Erwerbs und des Beisichführens eines Fahrscheins zu stellen. Überdies ist eine rechtswirksame Verpflichtung des Minderjährigen auf Zahlung des erhöhten Beförderungsentgelts ohne Weiteres möglich, sofern dieser Beförderungsverträge gem. §§ 112 Abs. 1, 113 Abs. 1 BGB ohne Einwilligung seiner gesetzlichen Vertreter abschließen kann.

Sollte eine Haftung des minderjährigen Schwarzfahrers unter Zugrundelegung dieser Prämissen allerdings begründet sein, so bliebe ihm auch die Erhebung der Einrede aus § 1629a Abs. 1 BGB nach Erreichen der Volljährigkeit mit Blick auf die dahingehenden Verbindlichkeiten regelmäßig verwehrt. In solchen Fällen, in denen der Minderjährige wirksam Beförderungsverträge nach § 112, 113 BGB auch ohne eine im Einzelfall notwendige Zustimmung seiner gesetzlichen Vertreter schließen konnte, ist ihm die Geltendmachung der Einrede nach geltender Rechtslage jedenfalls in den Fällen des § 112 BGB bereits nach § 1629a Abs. 2 Alt. 1 BGB unmöglich. Schließt er hingegen wirksam nach § 113 BGB Beförderungsverträge, beispielsweise um zu seiner Arbeitsstelle zu gelangen, wären diese Rechtsgeschäfte nach über-

---

[327] jurisPK-BGB/*Hansen*, BGB, § 107 Rn. 33.

wiegender Meinung vom Ausschluss nach § 1629a Abs. 2 Alt. 1 BGB ausgenommen. Auch soweit eine ausdrückliche oder konkludente Einwilligung der Eltern in den Abschluss eines Beförderungsvertrages im Sinne von § 107 BGB vorliegen sollte, stellten sich die daraus resultierenden Verbindlichkeiten und somit auch das fällig gewordene erhöhte Beförderungsentgelt als fremdverantwortet im Sinne von § 1629a Abs. 1 S. 1 Hs. 1 Alt. 1 BGB dar.

Eine Geltendmachung der Einrede wäre bezüglich dieser § 1629a Abs. 1 BGB unterfallenden Forderungen gleichwohl nach § 1629a Abs. 2 Alt. 2 BGB dann unmöglich, wenn es sich bei den in Rede stehenden Beförderungsverträgen um Rechtsgeschäfte handeln sollte, die allein der Befriedigung der persönlichen Bedürfnisse des Minderjährigen dienten. Neben Kleingeschäften sind davon auch größere, jedoch alterstypische Geschäfte zu fassen, deren Gegenwert dem Minderjährigen unmittelbar zugute kommt und aus denen ihm keine erheblichen finanziellen Belastungen drohen.[328] Auch unter Zugrundelegung einer gebotenen restriktiven sowie objektivierenden Interpretation des Begriffs „persönliche Bedürfnisse" wird es sich bei Fahrten insbesondere mit einem öffentlichen Nahverkehrsmittel, die der Zurücklegung eines Schul- oder Arbeitsweges oder der Freizeitgestaltung dienen, um alterstypische Alltagsgeschäfte handeln, wobei dem minderjährigen Vertragspartner aus dem einzelnen Vertrag auch keine unzumutbaren finanziellen Belastungen entstehen.

Fährt ein Minderjähriger häufiger ohne Fahrschein mit öffentlichen Verkehrsmitteln und kommt dabei, beispielsweise nach § 113 BGB, in allen Fällen ein wirksamer Beförderungsvertrag zustande, können sich in der Summe mit Blick auf den eingangs dargestellten Beispielsfall nicht unerhebliche finanzielle Belastungen für den minderjährigen Schwarzfahrer ergeben. Die Erhebung einer Einrede nach § 1629a Abs. 1 BGB bliebe ihm überdies nach Eintritt in die Volljährigkeit wie dargestellt verwehrt. Mit Blick auf solche Verbindlichkeiten mit Vertragscharakter wäre jedoch grundsätzlich die Durchführung eines Verbraucherinsolvenz- und Restschuldbefreiungsverfahrens denkbar. Insbesondere stünde dabei der Erlangung der Restschuldbefreiung auch nicht § 302 Nr. 1 Alt. 1 InsO entgegen, da der Anspruch des jeweiligen Verkehrsunternehmens auf ein erhöhtes Beförderungsentgelt keine Verbindlichkeit aus unerlaubter Handlung im Sinne von § 302 Nr. 1 Alt. 1 InsO darstellt.[329]

---

[328] Vgl. nur BeckOGK/*Amend-Traut*, BGB, § 1629a Rn. 57.

[329] Vgl. nur FK-InsO/*Ahrens*, InsO, § 302 Rn. 26.

XIII. (Spiel)Unfälle, Brandstiftungen und anderweitige deliktische Verhaltensweisen

Im Bereich der außervertraglichen Haftung Minderjähriger nehmen Konstellationen, welche einen den §§ 823 ff. BGB unterfallenden und somit deliktsrechtlich relevanten Charakter aufweisen, einen hervorgehobenen Stellenwert ein. Dies betrifft neben einem Fehlverhalten im Straßenverkehr beispielsweise auch Unfälle in spielerischen Situationen und durch Brandstiftung hervorgerufene Sachbeschädigungen.

1. Situation

Eine Schadensverursachung an Rechtsgütern Dritter durch Minderjährige mit in der Folge zum Teil beträchtlichen Schadenssummen ist in der Praxis ein alltägliches Phänomen.[330] Oftmals handelt es sich dabei um Situationen, in denen es insbesondere jüngeren Minderjährigen schwerfällt, ihr Verhalten aufgrund von Unerfahrenheit, übermäßigem Spieltrieb, kindlichem Übermut, Selbstüberschätzung der eigenen Fähigkeiten oder mangelnder Kontrolle über diese an die gebotenen Anforderungen der jeweiligen Situation anzupassen.

Fallbeispiel[331]

Die neun Jahre alte spätere Beklagte befindet sich gemeinsam mit ihren Eltern sowie der späteren Klägerin und Geschädigten und deren Ehemann im Ski-Urlaub. Während eines Tagesauflugs legt die Klägerin einen Zwischenhalt am Rande der 20 Meter breiten Piste einer Abfahrtsstrecke ein, als plötzlich die sich nähernde Beklagte infolge ihrer überhöhten Geschwindigkeit die Gewalt über ihre Skier verliert und die Klägerin zu Fall bringt. Dabei erleidet diese einen Bruch des rechten Daumens sowie einen Bänderriss. Die Klägerin verlangt von der Beklagten Ersatz unter anderem ihrer Reisekosten, nutzloser Aufwendungen für mehrere Urlaubstage und Verdienstausfall, insgesamt einen Betrag von etwa 56.000 DM nebst Zinsen.

Ebenso finden sich jedoch auch Fälle, in denen Minderjährige, oftmals motiviert durch Gruppenzwang und damit einhergehenden Geltungsdrang oder aber infolge spielerischer Risikobereitschaft, die Grenzen eines sozialadäquaten Verhaltens überschreiten und dabei Schäden an fremden Rechtsgütern bezwecken oder zumindest bewusst in Kauf nehmen.

---

[330] Vgl. neben den nachfolgend genannten zahlreichen Rechtsprechungsbeispielen auch die in Tabelle 1 im Anhang enthaltene Auswertung zu Frage 5j) des Fragebogens. Von den 57 Befragten waren danach insgesamt 25 Fälle bekannt, in denen eine Verpflichtung Minderjähriger zur Zahlung von Schadensersatz oder Schmerzensgeld infolge eines deliktischen Verhaltens im Raum stand.

[331] Sachverhalt nach BGH, Urt. v. 20.1.1987 – VI ZR 182/85, NJW 1987, 1947.

Fallbeispiel[332]

Ein 12 Jahre alter Minderjähriger steigt mit einem zehnjährigen Freund an einem Samstag durch ein Fenster in die von ihm besuchte Realschule ein. Dort zerschlagen die beiden Gegenstände, verstopfen im ersten und zweiten Stock die Abflüsse mehrerer Waschbecken und öffnen die Wasserhähne. Hierdurch kommt es zu erheblichen Überschwemmungsschäden. Es entstehen Sachschäden in Höhe von circa 125.000 DM.

Besonders gravierende Auswirkungen haben in der Praxis schließlich von Minderjährigen verursachte Brandstiftungen an Kraftfahrzeugen oder Gebäuden, die sowohl in der Rechtsprechung häufigen Niederschlag finden[333] als auch regelmäßig medial thematisiert werden.[334]

Fallbeispiel[335]

Die zur Tatzeit zehn Jahre alten späteren Beklagten zünden beim gemeinsamen Spielen in einer mit Stroh gefüllten Scheune eine Kerze an und lassen diese fallen, woraufhin die Scheune vollständig abbrennt und ein Sachschaden in Höhe von 45.715 DM entsteht. Dieser wird dem Geschädigten durch eine Feuerversicherung ersetzt, welche die beiden Beklagten in der weiteren Folge gerichtlich auf Schadensersatz in Anspruch nimmt. Nach einem im Prozess eingeholten Sachverständigengutachten waren die beiden Beklagten zur Tatzeit zwar deliktsfähig im Sinne von § 828 Abs. 2 BGB a.F., jedoch in ihrer geistigen Entwicklung zurückgeblieben. Insbesondere war einer der beiden Beklagten als lernbehindert einzustufen.

Die im Zusammenhang mit deliktischen Verhaltensweisen Minderjähriger bestehende Kasuistik erscheint nahezu unerschöpflich.[336] Neben einer an die-

---

[332] Sachverhalt nach OLG Düsseldorf, Urt. v. 12.12.2000 – 4 U 46/00, NVersZ 2001, 572. Vgl. auch einen Spiegel Online-Artikel vom 13.8.2019, abrufbar unter https://www.spiegel.de/panorama/kulmbach-ziegelhuetten-kinder-richten-schwere-verwuestung-an-a-1281660.html (Abrufdatum 27.4.2021), über zwei vier und sechs Jahre alte Brüder, die im oberfränkischen Kulmbach durch Zündeleien, Flutungen und Besprühen mit Lack Sachschäden an verschiedenen Objekten in Höhe von ca. 15.000 Euro verursachten.

[333] Speziell zu Brandstiftungen Minderjähriger vgl. etwa OLG Dresden, Urt. v. 5.9.2012 – 7 U 1978/11, juris; OLG Brandenburg, Urt. v. 25.2.2010 – 12 U 123/09, BeckRS 2010, 05265; OLG Düsseldorf, Urt. v. 17.12.2002 – 4 U 107/02, NJOZ 2004, 1983; LG Karlsruhe, Urt. v. 28.7.2006 – 7 O 180/06, BeckRS 2009, 18305; LG Bremen, Urt. v. 15.2.1991 – 6 O 2866/89 und 1218/90, NJW-RR 1991, 1432.

[334] 17 Jahre alt war beispielsweise ein Brandstifter, der im Mai 2015 ein Möbellager in Celle in Brand setzte und hierdurch einen Sachschaden von insgesamt 1,5 Millionen Euro verursachte, vgl. http://www.cellesche-zeitung.de/Celle/Blaulicht/Entstehung-des-Grossbrandes-geklaert-17-Jaehriger-gesteht-die-Tat (Abrufdatum 27.4.2021). Erst 13 Jahre alt war zudem ein Minderjähriger, der eine Brandstiftung an einem Mehrfamilienhaus in Hamburg-Altona mit drei Todesopfern und zahlreichen Verletzten im Jahr 2014 gestand. Siehe hierzu die Meldung unter http://www.taz.de/!5048996/ (Abrufdatum 27.4.2021).

[335] Sachverhalt nach BGH, Urt.v. 28.2.1984 – VI ZR 132/82, VersR 1984, 641.

[336] Ähnliche Fallgestaltungen finden sich beispielsweise bei OLG München, Urt. v. 22.11.2012 – 23 U 3830/12, NJW-RR 2013, 800 – Haftung Minderjähriger für Verletzung bei Stockkampf; BerlVerfGH, Beschl. v. 14.12.2009 – 31/09, NJW-RR 2010, 1141 –

ser Stelle nicht näher zu erörternden potentiellen Haftung aufsichtspflichtiger Personen nach § 832 BGB und einer denkbaren strafrechtlichen Verantwortlichkeit eines bereits strafmündigen Minderjährigen stellt sich in entsprechenden Fällen insbesondere stets die Frage nach einer deliktischen Eigenhaftung des minderjährigen Täters.

2. Rechtliche Bewertung

Zu prüfen ist in deliktsrechtlich relevanten Fallgestaltungen zunächst, ob eine Haftungsnorm tatbestandlich einschlägig und erfüllt ist.[337] In den „typischen" Konstellationen eines Fehlverhaltens Minderjähriger etwa bei Spielunfällen, Raufereien oder Brandstiftung kommen insoweit vor allem § 823 Abs. 1 BGB sowie § 823 Abs. 2 BGB in Verbindung mit einem Schutzgesetz wie beispielsweise §§ 223, 229, 306d StGB in Betracht. Dabei beschränken sich deliktische Verhaltensweisen im heutigen Alltag nicht mehr allein auf das „reale" Umfeld Minderjähriger, vielmehr finden diese mittlerweile auch häufig im Internet oder mittels moderner Kommunikationsmittel statt.[338] Infolgedessen erhöhen sich faktisch auch die Sorgfaltsanforderungen an Minderjährige, da die heutzutage regelmäßig bereits im Kindesalter übliche alltägliche Nutzung moderner technischer Ressourcen zusätzliche Reize und Gefahrenquellen mit sich bringt.

Neben der notwendigen Feststellung der konkreten tatbestandlichen Voraussetzungen kann eine besondere Herausforderung im Bereich der Prüfung

Nichtanleinen eines Pudels; OLG Nürnberg, Urt. v. 28.4.2006 – 5 U 130/06, NJW-RR 2006, 1170 – Augenverletzung durch Fußballspiel von Kindern; OLG Nürnberg, Urt. v. 14.3.2005 – 8 U 3212/04, juris – Haftung eines Minderjährigen wegen Verletzung mittels Feuerwerkskörpers; OLG Celle, Urt. v. 17.10.2001 – 9 U 159/01, VersR 2002, 241 – Haftung eines Minderjährigen wegen spielerischer Nutzung einer Schreckschusspistole. Vgl. auch die Rechtsprechungsübersichten bei Geigel/*Haag*, Kap. 16 Rn. 14 und Staudinger/*Oechsler*, BGB, § 828 Rn. 33 ff.

[337] Auf das speziell für Schulunfälle aus §§ 105 Abs. 1 S. 1 SGB VII i.V.m. §§ 106 Abs. 1 Nr. 1, 2 Abs. 1 Nr. 8b) SGB VII sowie § 106 Abs. 1 Nr. 2 SGB VII i.V.m. § 2 Abs. 1 Nr. 2 SGB VII resultierende Haftungsprivileg minderjähriger Schädiger gegenüber Mitschülern und sonstigen im „Schulbetrieb" tätigen Personen und dessen Voraussetzungen soll an dieser Stelle nicht näher eingegangen werden. Vgl. insoweit die umfassende Darstellung bei *Tilsen*, Die beschränkte Haftung des Minderjährigen im Deliktsrecht, S. 175–220.

[338] Vgl. beispielsweise LG Frankfurt/Oder, Urt. v. 10.1.2005 – 12 O 294/04, BeckRS 2011, 10460 zur deliktischen Haftung eines 17 Jahre alten Minderjährigen, der mittels eines sogenannten Klick-Generators gegenüber einem Vertragspartner und Anbieter von Werbebannern Besuche von echten Nutzern auf verschiedenen Homepages vortäuschte und dadurch Schäden in Höhe von 15.500 Euro verursachte. Zum hier aufgrund seiner praktischen Bedeutung eigenständig behandelten Cyber-Mobbing sowie zu online begangenen Urheberrechtsverletzungen vgl. erneut die Ausführungen unter F. IX. und F. X.

einer deliktischen Verantwortlichkeit Minderjähriger unter Umständen darin liegen, im jeweiligen Einzelfall die Deliktsfähigkeit des betroffenen Minderjährigen im Sinne von § 828 BGB zu erfassen sowie dessen Verschulden zu ermitteln, sofern dieser nicht bereits mangels Vollendung des siebten Lebensjahres gem. § 828 Abs. 1 BGB deliktsunfähig ist.[339] Dabei wird die Einsichtsfähigkeit des Minderjährigen nach § 828 Abs. 3 BGB zunächst widerlegbar vermutet, so dass dieser im Hinblick auf den Vortrag einer nicht vorliegenden Einsichtsfähigkeit beweisbelastet ist. In der Praxis führt dies in der Regel selbst bei gegenteiligem Vorbringen zu einer Bejahung der Einsichtsfähigkeit Minderjähriger durch die Gerichte.[340] Dies beruht auf dem Umstand, dass die von der herrschenden Meinung vorausgesetzte allgemeine Einsichtsfähigkeit, die lediglich die Erkenntnis einer allgemeinen Gefahr und eines allgemeinen Schadens voraussetzt,[341] regelmäßig bei fast jedem normal entwickelten Siebenjährigen vorliegt bzw. seitens des erkennenden Gerichts aufgrund allgemeiner Lebenserfahrung angenommen wird.[342] Der § 828 Abs. 3 BGB theoretisch innewohnenden haftungsbegrenzenden Wirkung kommt somit in der Rechtswirklichkeit keine messbare Bedeutung zu.[343] Die

[339] Zur bestehenden obergerichtlichen Kasuistik die Einsichtsfähigkeit Minderjähriger gem. § 828 BGB betreffend vgl. beispielsweise die Auflistung bei BeckOK BGB/*Spindler*, BGB, § 828 Rn. 10.

[340] So deutlich BeckOGK/*Wellenhofer*, BGB, § 828 Rn. 28; *Birr*, Die Haftung Minderjähriger, S. 29; *Busch*, Der Reifegrad Minderjähriger, S. 54; Staudinger/*Oechsler*, BGB, § 828 Rn. 26; *Zech*, Beschränkung der Haftung Minderjähriger, S. 7. Ebenso *Goecke*, NJW 1999, 2305, 2308, wonach die Rechtsprechung die Einsichtsfähigkeit fast stets bejahe, so dass § 828 Abs. 2 BGB a.F., der mit § 828 Abs. 3 S. 1 BGB n.F. identisch ist, „[...] praktisch bedeutungslos geworden" sei. Hieraus resultiere ganz grundsätzlich eine mangelnde Schutzfunktion des Einwands der Einsichtsunfähigkeit. Eine vergleichbare, ebenfalls die praktische Anwendung von § 828 Abs. 2 BGB a.F. berührende Einschätzung findet sich bereits bei *Waibel*, Die Verschuldensfähigkeit des Minderjährigen, S. 159. Danach werde § 828 Abs. 2 BGB a.F. zwar in gerichtlichen Urteilen pro forma geprüft, faktisch habe dieser jedoch keine Bedeutung mehr, was insbesondere auch auf dem abstrakten Verständnis der „Gefährlichkeit" des Handelns des Minderjährigen durch die Gerichte beruhe. Vgl. auch erneut die Nachweise bei *Goecke*, Unbegrenzte Haftung Minderjähriger, S. 30. Danach ergab eine Auswertung von über 80 zwischen 1964 und 1994 ergangenen Entscheidungen, dass lediglich in zwei Fällen die Deliktsfähigkeit eines Minderjährigen durch das erkennende Gericht verneint wurde. Zu vergleichbaren Ergebnissen gelangt *Tilsen*, Die beschränkte Haftung des Minderjährigen im Deliktsrecht, S. 67 f., deren Untersuchung von insgesamt 40 ab Mitte der neunziger Jahre ergangenen, bei „juris online" abrufbaren gerichtlichen Entscheidungen zu § 828 Abs. 2 S. 1 BGB a.F. bzw. § 828 Abs. 3 BGB n.F. ergab, dass in nur drei dieser Entscheidungen die Deliktsfähigkeit des jeweils betroffenen Minderjährigen verneint wurde.

[341] Vgl. bereits BGH, Urt. v. 23.12.1953 – VI ZR 166/52, JZ 1954, 297 sowie die Ausführungen unter E. III.

[342] Staudinger/*Oechsler*, BGB, § 828 Rn. 26.

[343] *Busch*, Der Reifegrad Minderjähriger, S. 55; *Hommers*, Entwicklungspsychologie,

Rechtsprechung habe es nach diesbezüglich vorgebrachter Kritik vielmehr „[…] verstanden, mit viel juristischem Scharfsinn diese Norm einer Auslegung und Anwendung zuzuführen, die von der Möglichkeit großzügiger Enthaftung und subsidiärer Billigkeitshaftung nicht mehr sehr viel übrig läßt.“[344]

Im Fall der Notwendigkeit einer genaueren Prüfung der Deliktsfähigkeit ist im Anwendungsbereich des § 828 Abs. 3 BGB mit Blick auf die Einsichtsfähigkeit des Minderjährigen seitens des befassten Gerichts prinzipiell ein subjektiver Maßstab anzulegen und zu hinterfragen, ob der konkret betroffene Minderjährige bei Begehung der Handlung die zur Erkenntnis seiner Verantwortlichkeit erforderliche Einsicht aufwies. Erforderlich ist hierzu die Fähigkeit des Minderjährigen, sein Verhalten als Unrecht zu erkennen und abschätzen zu können, dass er für dieses in irgendeiner Weise zur Verantwortung gezogen werden kann.[345] Grundsätzlich erfordert die Beantwortung dieser Fragestellung im Zweifelsfall eine Begutachtung durch einen psychologischen oder psychiatrischen Sachverständigen.[346] Allerdings soll die Einholung eines Gutachtens zur Beurteilung der Einsichtsfähigkeit nach der Rechtsprechung des BGH regelmäßig nur dann erforderlich sein, wenn sich den Darlegungen des beweisbelasteten minderjährigen Schädigers aus gerichtlicher Sicht besondere Anhaltspunkte bezüglich eines Nichtvorliegens der Zurechnungsfähigkeit entnehmen lassen.[347]

S. 56; *Tilsen*, Die beschränkte Haftung des Minderjährigen im Deliktsrecht, S. 70. Vgl. auch BeckOK BGB/*Spindler*, BGB, § 828 Rn. 8, wonach die Praxis aufgrund der äußerst geringen Anforderungen an die Einsichtsfähigkeit dazu tendiere, diese fast ausnahmslos zu bejahen und das solchermaßen eintretende Haftungsrisiko im konkreten Fall auf der Ebene des Verschuldens zu korrigieren.

[344] *Stürner*, GS Lüderitz, S. 789, 791.

[345] Schon *Munkwitz*, ZBIJR 1960, 129, 129 f. verweist allerdings darauf, dass die in der Rechtsprechung mit Blick auf die notwendige Feststellung der Einsichtsfähigkeit vorhandenen Entscheidungsgründe oftmals lediglich allgemeine Erwägungen enthielten, welche sich auf den vom Gericht gewonnenen Eindruck und aus den intellektuellen Leistungen des Minderjährigen ergäben. Demgegenüber sei in vielen Fällen aus psychiatrischer Sicht nicht allein das Kriterium des objektivierten Intelligenzgrades für die Feststellung der Verantwortlichkeitseinsicht entscheidend. Erforderlich sei darüber hinaus eine Berücksichtigung aller sonstigen Struktur- und Integrationszusammenhänge, die an reifungsbiologische Faktoren und die Trieb-Willens-Gefühlssphäre gebunden seien, was insbesondere eine individuelle, bestenfalls spielerisch gestaltete Untersuchungssituation erforderlich erscheinen lasse. Dem werde die Rechtsprechungspraxis kaum gerecht.

[346] Vgl. MüKoBGB/*Wagner*, BGB, § 828 Rn. 13.

[347] Vgl. BGH, Urt. v. 22.11.1966 – VI ZR 58/65, VersR 1967, 158; so auch schon BGH, Urt. v. 20.6.1961 – VI ZR 6/61, VersR 1961, 812. Kritisch zu der daraus folgenden Konsequenz, dass angesichts dieser Voraussetzungen zumeist von dem im Rahmen einer Gerichtsverhandlung gewonnenen äußeren Eindruck eines Minderjährigen auf dessen Einsichtsfähigkeit geschlossen wird, äußerte sich angesichts der rechtlichen Tragweite dieser Feststellung bereits *Politsch*, SuP 1954, 339, 340. Auch MüKoBGB/*Wagner*, BGB, § 828

Im Übrigen kann sich eine solche Begutachtung im Hinblick auf ihre Aussagekraft im Einzelfall durchaus problematisch gestalten. Dies hängt insbesondere mit der oftmals langen Verfahrensdauer bei Zivilprozessen zusammen, bei welchen eine Begutachtung des den Schaden verursachenden Minderjährigen häufig erst mehrere Monate oder sogar Jahre nach dem Schadensereignis erfolgt. Aus psychologischer Sicht wird ein Gutachter die Situation des Minderjährigen im Zeitpunkt der Schädigungshandlung, insbesondere also dessen damaligen Wissensstand, aufgrund seiner Weiterentwicklung und des Zeitablaufs nachträglich regelmäßig nicht hinreichend sicher rekonstruieren und somit Rückschlüsse auf dessen damalige Einsichtsfähigkeit ziehen können.[348] Identische Schwierigkeiten ergeben sich im Übrigen nicht erst im Rahmen einer sachverständigen Begutachtung, sondern auch schon im Zuge einer gerichtlichen Einschätzung der Einsichtsfähigkeit des Minderjährigen.[349]

Auf die sogenannte Steuerungsfähigkeit als individueller Willenskraft unterliegende Fähigkeit des Minderjährigen, sich entsprechend dieser gewonnenen Einsicht zu verhalten, soll es schließlich nach herrschender Auffassung nicht ankommen. Daher ist es erst bei der Feststellung der Fahrlässigkeit im Bereich des Verschuldens von Relevanz, ob ein normal entwickelter Minderjähriger dieses Alters die Gefährlichkeit seines Tuns hätte vorhersehen und dieser Einsicht entsprechend handeln können.[350] Diese Abgrenzung zwischen subjektiven und objektiven Betrachtungskriterien wird gleichwohl in der gerichtlichen Praxis nicht immer trennscharf gehandhabt, so dass teilweise in unzulässiger Weise zur Feststellung der Deliktsfähigkeit auf das von einem Kind der jeweiligen Altersgruppe allgemein zu erwartende Gefahrenbewusstsein abgestellt wird.[351] Dies kann dazu führen, dass auch solche Minderjäh-

---

Rn. 13 weist darauf hin, dass es kritikwürdig sei, wenn in der Rechtsprechung die Einsichtsfähigkeit des Minderjährigen mit „pauschalen und abstrakten Erwägungen" zu dem von einem Kind der jeweiligen Altersgruppe allgemein zu erwartenden Gefahrenbewusstsein bejaht werde. Innerhalb des Anwendungsbereichs von § 828 Abs. 3 BGB sei vielmehr ein subjektiver Maßstab anzulegen und die Einsichtsfähigkeit des konkret zu beurteilenden Minderjährigen zu überprüfen.

[348] Vgl. hierzu *Wille/Bettge*, VersR 1971, 878, 881 m.w.N. Ähnlich für die nach § 3 JGG notwendige jugendpsychiatrische Beurteilung der geistigen und sittlichen Reife *Günter*, Psychiatrische Begutachtung, S. 579, 590.

[349] Vgl. hierzu beispielsweise Ziffer 4 der Entscheidungsgründe bei OLG Brandenburg, Urt. v. 25.2.2010 – 12 U 123/09, BeckRS 2010, 05266: „Soweit es um einen Eindruck von dem persönlichen Entwicklungsstand der Beklagten geht, erscheint ohnehin fraglich, inwieweit sich aus einer persönlichen Anhörung der nunmehr 17-jährigen Beklagten zu dem mittlerweile fast 3 ½ Jahre zurückliegenden Vorfall besondere Erkenntnisse zu ihrem damaligen Entwicklungsstand gewinnen lassen."

[350] Vgl. erneut die Darstellung unter D. II.

[351] Vgl. MüKoBGB/*Wagner*, BGB, § 828 Rn. 13 mit Beispielen aus der obergerichtlichen Rechtsprechung.

rige einer deliktischen Haftung unterliegen, denen es infolge einer Impulssteuerung oder eines Affekts unmöglich ist, ihr Verhalten an den für ihre Altersklasse geltenden Sorgfaltsanforderungen auszurichten.

Dieser Umstand lässt sich anhand der dem Eingangsbeispiel zweier minderjähriger Brandstifter zugrundeliegenden Entscheidung des BGH veranschaulichen. Die im betreffenden Verfahren zuständigen Vorinstanzen hatten die Klage der Versicherung gegen die beklagten Minderjährigen noch abgewiesen, da diese zwar deliktsfähig gewesen seien, jedoch nicht schuldhaft im Sinne der §§ 823 Abs. 1, 276 BGB gehandelt hätten. Denn nach dem für Kinder einer vergleichbaren Entwicklungsstufe anzulegenden Sorgfaltsmaßstab könne nicht davon ausgegangen werden, dass die beiden Minderjährigen hätten voraussehen können, durch das Anzünden einer Kerze einen Brand zu verursachen. Zum Zeitpunkt des Anzündens der Kerze in der Scheune und des Versuchs, diese auf einem Balken zu befestigen, seien die beiden nach Auffassung des Berufungsgerichts nämlich nicht in der Lage gewesen, die Gefährlichkeit ihres Tuns zu erkennen, da sie allein vom Willen zur Beleuchtung der Scheune bestimmt gewesen seien. Das Anzünden der Kerze sei in ihre Vorstellungen von der zukünftigen Spielhandlung einbezogen gewesen, wobei sie derartig von ihrem Spielvorhaben beherrscht worden seien, dass sie die Vorstellung über die Gefährlichkeit ihres Tuns nicht mehr hätten aktualisieren und ihr Verhalten entsprechend anpassen können.[352]

Entgegen der Vorinstanzen nahm der BGH unter Heranziehung eines für § 276 Abs. 2 BGB maßgeblichen alterstypischen Sorgfaltsmaßstabs eine schuldhafte Handlung der beiden Minderjährigen an. Entscheidend für die Feststellung eines fahrlässigen Verhaltens könne demnach nur sein, ob die Beklagten im Rahmen der Planung und Vorbereitung ihres Spiels ihrer alterstypischen Verstandesreife nach noch zu Überlegungen dahingehend fähig waren, die erkannte Gefahr zu vermeiden, insbesondere ihr geplantes Spiel in dieser Form rechtzeitig abzubrechen. Sofern ihnen jedoch nach Beginn des Spiels selbiges außer Kontrolle geraten sei, dann nicht deswegen, weil Kindern in der Altersgruppe der Beklagten typischerweise die dazu erforderliche Sorgfalt nicht zugemutet werden könnte, sondern nur deswegen, weil gerade die Beklagten ihr individuelles Verhalten aufgrund ihres Spieltriebs nicht mehr hätten steuern können. Diese mangelnde individuelle Steuerungsfähigkeit verhindere jedoch nicht die Annahme eines fahrlässigen Verhaltens.[353] Weder im Rahmen der Deliktsfähigkeit nach § 828 Abs. 2 BGB a.F. noch bei der nach § 276 Abs. 2 BGB notwendigen Festlegung des einschlägigen Sorgfaltsmaßstabs waren die individuellen Einschränkungen der Steuerungsun-

---

[352] Vgl. zum Ganzen BGH, Urt.v. 28.2.1984 – VI ZR 132/82, VersR 1984, 641.

[353] Vgl. zum Ganzen BGH, Urt.v. 28.2.1984 – VI ZR 132/82, VersR 1984, 641.

fähigkeit der beiden minderjährigen Beklagten somit von Relevanz und diese folglich deliktsrechtlich als verantwortlich anzusehen.[354]

3. Praktische Konsequenzen

Sind die tatbestandlichen Voraussetzungen der jeweils einschlägigen Haftungsnormen sowie Deliktsfähigkeit und Verschulden des Minderjährigen festgestellt, wird dieser allein oder gesamtschuldnerisch neben dem Aufsichtspflichtigen zu Schadensersatzleistungen und eventuell auch Schmerzensgeldzahlungen an den Geschädigten verurteilt. Dabei kann es je nach Schadenshöhe im Einzelfall zu ganz erheblichen, im Hinblick auf die weitere Zukunft des Minderjährigen stark belastenden finanziellen Verpflichtungen kommen, welche nicht immer durch Haftpflichtversicherungen abgedeckt sind.[355] Überdies beträgt die Verjährungsfrist für Schadensersatzansprüche wegen vorsätzlicher Verletzung des Lebens, des Körpers, der Gesundheit, der Freiheit oder der sexuellen Selbstbestimmung sowie für rechtskräftig festgestellte Ansprüche gem. § 197 Abs. 1 Nr. 1, Nr. 3 BGB 30 Jahre, wobei diese Frist gem. § 212 Abs. 1 Nr. 2 BGB im Falle von vorgenommenen oder beantragten Vollstreckungsmaßnahmen von Neuem beginnt.

Vor diesem Hintergrund kann es ohne Weiteres zu einer nicht von Versicherungen kompensierten deliktischen Haftung Minderjähriger kommen, welche diese auf Jahrzehnte hinaus in einer solchen Höhe finanziell belastet, dass ein selbstbestimmter wirtschaftlicher Start in die Volljährigkeit verhindert oder in hohem Maße belastet wird.[356] Diese Gefahr einer langfristigen und erdrückenden finanziellen Belastung infolge deliktischer Haftung stellt sich angesichts der in der Praxis regelmäßig gegebenen Annahme der Einsichtsfähigkeit im Sinne von § 828 Abs. 3 BGB, der kategorischen Nichtberücksichtigung individueller Steuerungsfähigkeit, der bestehenden entwicklungspsychologischen Zweifel an der in § 828 Abs. 1 BGB gewählten Alters-

---

[354] Vgl. ergänzend das Ergebnis der unter E. IV. 4. b) aa) dargestellten Begutachtung eines minderjährigen Brandstifters, dessen Deliktsfähigkeit aufgrund vorhandener Einsichtsfähigkeit und trotz aus psychiatrischer Sicht fehlender Steuerungsfähigkeit bejaht werden musste.

[355] Vgl. neben den bereits dargestellten Beispielsfällen auch die Entscheidung OLG Celle, Vorlagebeschl. v. 26.5.1989 – 4 U 53/88, VersR 1989, 709 m. Anm. *Lorenz*. Im dortigen Ausgangsverfahren hatten zwei zur Tatzeit 14 und 15 Jahre alte Minderjährige auf einem Firmengelände ein Telefonbuch angezündet, um sich zu wärmen. Das Feuer griff auf eine Fabrikhalle über und zerstörte diese vollständig, wodurch ein Sachschaden in Höhe von etwa 468.000 DM entstand. Die Feuerversicherung der betroffenen Firma forderte von den Minderjährigen als Gesamtschuldner Erstattung der von ihr geleisteten Zahlungen in Höhe von knapp 370.000 DM, wobei einer der minderjährigen Beklagten nicht haftpflichtversichert war.

[356] LG Bremen, Urt. v. 15.2.1991 – 6 O 2866/89 und 1218/90, NJW-RR 1991, 1432, 1433.

grenze von sieben Jahren sowie insbesondere im Hinblick auf das Spannungsverhältnis zwischen dem im Deliktsrecht bestehenden Grundsatz der Totalreparation und dem verfassungsrechtlich abgesicherten Leitprinzip eines umfassenden Minderjährigenschutzes als überaus problematisch dar.

Besteht im Einzelfall ein Haftpflichtschutz zugunsten des Minderjährigen, kann es in Fällen einer vorsätzlichen Schadensherbeiführung gleichwohl zu einer Haftungsfreistellung des Versicherers nach § 103 VVG kommen.[357] Zu denken wäre im Fall einer nicht durch Haftpflichtversicherungen abgedeckten deliktischen Haftung allerdings an die Durchführung eines Verbraucherinsolvenz- und Restschuldbefreiungsverfahrens. Dergestalt könnte jedenfalls ein wegen eines fahrlässigen Verhaltens haftender minderjähriger Deliktsschuldner, wie etwa die im Eingangsbeispiel erwähnte neun Jahre alte Skifahrerin, unter Umständen sogar noch vor Eintritt der Volljährigkeit Restschuldbefreiung erlangen. Beruht die deliktische Verbindlichkeit hingegen auf einem vorsätzlichen Verhalten des zum Zeitpunkt der schädigenden Handlung Minderjährigen, wäre die Erteilung der Restschuldbefreiung nach § 302 Nr. 1 InsO ausgeschlossen. Insoweit muss allerdings nach hier vertretener Auffassung darauf abgestellt werden, ob allein Verletzungshandlung und Rechtsgutsverletzung oder zusätzlich auch die Verletzungs- und Schadensfolgen vom Vorsatz des minderjährigen Täters umfasst waren. Nur im letztgenannten Fall könnte § 302 Nr. 1 InsO zur Anwendung gelangen.

Schließlich wäre in solchen Fällen, in denen ein Sozialversicherungsträger einen Minderjährigen wegen nach § 116 SGB X übergegangener Schadensersatzforderungen in Anspruch nimmt, an einen vollständigen oder teilweisen Forderungserlass nach § 76 Abs. 2 S. 1 Nr. 3 Hs. 1 SGB IV zu denken. Insoweit müsste der Schädiger nach vorherrschender Meinung eine gerichtliche Titulierung der Regressforderung abwarten, um sich sodann im Rahmen eines anschließenden sozialrechtlichen Verfahrens auf den aus § 76 Abs. 2 S. 2 Nr. 3 SGB IV resultierenden Anspruch auf Forderungserlass berufen zu können.[358]

---

[357] So nahm beispielsweise das OLG Düsseldorf im eingangs geschilderten Fall, in dem ein 12-jähriger in einer Schule schwerwiegende Überschwemmungsschäden verursacht hatte, eine Haftungsfreistellung der in Anspruch genommenen Haftpflichtversicherung nach § 152 VVG a.F. an, vgl. OLG Düsseldorf, Urt. v. 12.12.2000 – 4 U 46/00, NVersZ 2001, 572. Ebenso nahm das LG Oldenburg eine Haftungsfreistellung infolge zumindest bedingt vorsätzlicher Schadensherbeiführung nach § 152 VVG a.F. in einem Sachverhalt an, in dem ein neun Jahre alter Minderjähriger an einem PKW erhebliche Lackschäden verursacht hatte, vgl. LG Oldenburg, Urt. v. 1.3.1996 – 2 S 1333/95, NJW-RR 1997, 92, 93.

[358] Zum diesbezüglichen Meinungsstand vgl. erneut die in Kapitel E. in Fn. 314 enthaltenen Nachweise.

XIV. Minderjährige Erben eines überschuldeten Nachlasses

Auch Minderjährige können im Rahmen von Todesfällen zum Kreis der Erben des Verstorbenen gehören. Nicht selten setzen Eltern, Groß- und Urgroßeltern ihre minderjährigen Kinder, Enkel oder Urenkel im Rahmen letztwilliger Verfügungen als Allein- oder Miterben ein.[359] Ebenso kann sich eine Erbenstellung Minderjähriger aus gesetzlicher Erbfolge ergeben.

1. Situation

Ein Haftungsrisiko ergibt sich dabei nicht allein aus dem von §§ 1922, 1967 BGB angeordneten Übergang einzelner Verbindlichkeiten des Erblassers auf den Erben.[360] Ein Erbschaftsanfall an einen Minderjährigen kann sich überdies vor allem dann als problematisch darstellen, wenn der Nachlass des Erblassers überschuldet ist.

Fallbeispiel[361]

Eine verwitwete Erblasserin verstirbt, ohne eine letztwillige Verfügung hinterlassen zu haben. Ihr einziger lebender Verwandter ist die minderjährige Tochter ihres vorverstorbenen Sohns. Die Schwiegertochter der Erblasserin hat Kenntnis von dem Tod der Erblasserin und dem Nichtvorliegen eines Testaments. Eine Ausschlagung der Erbschaft erklärt sie für ihr minderjähriges Kind nicht. Wie sich später herausstellt, ist der Nachlass überschuldet. In der Folge machen die Gläubiger der Erblasserin ihre Forderungen gegenüber der minderjährigen Erbin geltend.

Im Fall einer Überschuldung des in Rede stehenden Nachlasses eröffnen die §§ 1942 Abs. 1, 1944 ff. BGB dem Erben die Möglichkeit, die Erbschaft auszuschlagen, um ihren Anfall gem. § 1953 Abs. 1 BGB zu vermeiden. Für einen minderjährigen Erben hat dessen gesetzlicher Vertreter innerhalb der sechswöchigen Frist nach § 1944 Abs. 1 BGB die Ausschlagung zu erklären.[362] Eine

---

[359] Vgl. in diesem Zusammenhang *Reuter*, AcP 192 (1992), 108, 133, der auf den Umstand hinweist, dass Kinder nicht nur infolge eines Vorversterbens der Elterngeneration in vermehrtem Umfang Erbschaften erhalten, sondern in heutiger Zeit insbesondere aus steuerrechtlichen Motiven heraus eine frühzeitige Aufteilung des Vermögens auf Familienmitglieder und dabei auch auf Kleinkinder erfolgt.

[360] Vgl. beispielsweise LG Saarbrücken, Urt. v. 30.9.2016 – 6 O 53/15, BeckRS 2016, 127559. Im zugrundeliegenden Sachverhalt hatte der später verstorbene Vater des 15 Jahre alten Beklagten zu Lebzeiten einen Leasingvertrag über ein Kfz abgeschlossen. Nach dem Tod des Vaters rückte der Minderjährige in die Stellung als Leasingnehmer ein, aufgrund dessen er durch das Leasingsunternehmen auf Zahlung der monatlichen Leasingraten sowie nach Ausübung eines Sonderkündigungsrechts auf Ersatz des wegen der vorzeitigen Beendigung des Vertragsverhältnisses entstandenen Schadens in Anspruch genommen wurde. Das LG Saarbrücken verurteilte den beklagten minderjährigen Erben infolgedessen antragsgemäß zur Zahlung von insgesamt 7.176,95 Euro nebst Zinsen.

[361] Fiktives Fallbeispiel.

[362] Nach § 1944 Abs. 3 BGB beträgt die Frist sechs Monate, wenn der Erblasser seinen

solche Ausschlagung durch die Eltern als gesetzliche Vertreter bedarf zu ihrer Wirksamkeit grundsätzlich nach § 1643 Abs. 2 S. 1 BGB der Genehmigung durch das Familiengericht, soweit nicht eine nach § 1643 Abs. 2 S. 2 BGB zu behandelnde Fallkonstellation vorliegt.[363] Die Genehmigung der Ausschlagung bedarf einer umfassenden Interessenabwägung unter Berücksichtigung der Interessen des Minderjährigen, wobei eine Überschuldung des Nachlasses einen Genehmigungsgrund darstellen kann.[364]

Für den Beginn der Frist aus § 1944 BGB ist entgegen § 1944 Abs. 2 S. 1 BGB nicht auf die Kenntnis des minderjährigen Erben von Anfall und Grund der Berufung, sondern gem. § 166 BGB auf die dahingehende Kenntnis seines gesetzlichen Vertreters abzustellen.[365] Sind die Eltern nach § 1629 Abs. 1 BGB zur gemeinsamen Vertretung ihres Kindes berechtigt, kommt es nach überwiegender Auffassung auf die Kenntniserlangung durch beide Elternteile an.[366] Erforderlich ist, dass die Eltern Kenntnis vom Tod des Erblassers sowie vom Berufungsgrund haben. Im Fall gesetzlicher Erbfolge kann von Letzterem ausgegangen werden, wenn den Eltern die Familienverhältnisse, die eine Erbberechtigung ihres Kindes begründen, bekannt sind, und diese keine Kenntnis von einer dem Erbrecht ihres Kindes entgegenstehenden letztwilligen Verfügung haben.[367] Bei gewillkürter Erbfolge hingegen müssen sie Kenntnis davon erlangen, dass das Kind durch eine Verfügung von Todes wegen zum Erben berufen ist, wobei insoweit gem. § 1944 Abs. 2 S. 2 BGB die

---

letzten Wohnsitz im Ausland gehabt hat oder wenn sich der Erbe bei Beginn der Frist im Ausland aufhält. Für die Annahme von § 1944 Abs. 3 Alt. 2 BGB ist ein Tagesausflug des minderjährigen Erben in Begleitung eines Elternteils in das unmittelbar benachbarte Ausland allerdings nicht ausreichend, so dass in einem solchen Fall die Ausschlagungsfrist nach § 1944 Abs. 1 BGB zur Anwendung gelangt, vgl. BGH, Beschl. v. 16.1.2019 – IV ZB 20/18, IV ZB 21/18, ZEV 2019, 141, 142 f.

[363] Zu verschiedenen praxisrelevanten Fallgruppen vgl. die Darstellung bei *Fröhler*, BWNotZ 2013, 88, 89. Für die Wirksamkeit einer zur Zeit ihrer Erklärung gegenüber dem Nachlassgericht noch nicht genehmigten Erbausschlagungserklärung ist es im Übrigen nicht ausreichend, dass die Genehmigung innerhalb der Ausschlagungsfrist durch Bekanntmachung der rechtskräftigen Genehmigung an den gesetzlichen Vertreter wirksam erteilt worden ist. Diese muss dem Nachlassgericht zudem noch vor Ablauf der Ausschlagungsfrist durch den gesetzlichen Vertreter des Ausschlagenden nachgewiesen werden, was durch bloße Anzeige gegenüber dem Nachlassgericht geschehen kann. Eine Mitteilung des Familiengerichts an das Nachlassgericht ist hingegen nicht ausreichend. Vgl. hierzu OLG Frankfurt am Main, Beschl. v. 14.9.2018 – 21 w 56/18, ZEV 2019, 21, 22 f.

[364] Vgl. näher OLG Brandenburg, Beschl. v. 23.1.2014 – 9 UF 16/13, BeckRS 2014, 3335.

[365] BGH, Beschl. v. 16.1.2019 – IV ZB 20/18, IV ZB 21/18, ZEV 2019, 141, 142; *Damrau*, Der Minderjährige im Erbrecht, § 5 Rn. 43.

[366] Vgl. zum Meinungsstand die ausführliche Darstellung bei OLG Frankfurt am Main, Beschl. v. 3.7.2012 – 21 W 22/12, MittBayNot 2013, 150, 151 m.w.N.

[367] MüKoBGB/*Leipold*, BGB, § 1944 Rn. 10.

Anfechtungsfrist gleichwohl nicht vor Bekanntgabe der Verfügung von Todes wegen durch das Nachlassgericht beginnt.

Lassen die Eltern als gesetzliche Vertreter die dergestalt in Gang gesetzte Ausschlagungsfrist verstreichen oder nehmen sie die Erbschaft für ihr minderjähriges Kind gem. § 1943 BGB an, erfolgt gem. §§ 1942 Abs. 1, 1943 BGB der Anfall der Erbschaft an dieses. Dabei bedürfen die Eltern für eine Annahme, entgegen der Situation bei einer Ausschlagung, keiner familiengerichtlichen Genehmigung. Eine präventive, externe Kontrolle des Vorgehens der Eltern erfolgt somit nicht. Kommt es zu einem Anfall der Erbschaft, geht das Vermögen des Erblassers gem. § 1922 Abs. 1 BGB als Ganzes oder zu Teilen auf den minderjährigen Erben über, was grundsätzlich eine Haftung für die Nachlassverbindlichkeiten nach § 1967 BGB bedingt und damit zu einer Verschuldung des Minderjährigen führen kann.

2. *Möglichkeit einer Haftungsvermeidung durch Anfechtung*

Liegen aufgrund einer nicht erfolgten Ausschlagung des Nachlasses die tatbestandlichen Voraussetzungen einer Haftung des Minderjährigen vor, existieren gleichwohl verschiedene Möglichkeiten, diese zu vermeiden oder zumindest zu beschränken.[368] Von wesentlicher Bedeutung ist in diesem Zusammenhang die Option einer Anfechtung der Annahme der Erbschaft bzw. der Versäumung der Ausschlagungsfrist.

a) Voraussetzungen

Für die Anfechtung der Annahmeerklärung gelten wie für anderweitige Willenserklärungen die §§ 119 ff. BGB, die nur hinsichtlich Form und Frist um §§ 1954 ff. BGB ergänzt werden.[369] Darüber hinaus gestattet § 1956 BGB zudem ausdrücklich eine Anfechtung auch der Fristversäumung. In beiden Fällen wäre die Anfechtung durch den gesetzlichen Vertreter selbst oder mit dessen Einwilligung durch den anfechtungsberechtigten Minderjährigen zu erklären.[370] Da nach §§ 1956, 1957 BGB eine Anfechtung der Annahme oder der Fristversäumung als Ausschlagung der Erbschaft gilt, ist für eine solche

---

[368] Vgl. zu den verschiedenen Reaktionsmöglichkeiten bei unterlassener Erbausschlagung durch das Jugendamt für den Mündel das DIJuF-Rechtsgutachten DRG-1095 vom 19.2.2013, E 2.000 An in *DIJuF*, Themengutachten, DIJuF-Rechtsgutachten, 1. Auflage, Edition 14 2019.

[369] *Muscheler*, Erbrecht, § 45 Rn. 3034.

[370] Mit Blick auf § 1957 Abs. 1 BGB führt eine erfolgreiche Anfechtung zur Ausschlagung der Erbschaft und somit zum Verlust der Erbenstellung, was sich, unabhängig vom Wegfall der aus § 1967 BGB resultierenden wirtschaftlichen Belastung, für den Minderjährigen als rechtlich nachteilhaft im Sinne von § 107 BGB darstellt. Vgl. MüKoBGB/*Leipold*, BGB, § 1955 Rn. 6.

überdies eine familiengerichtliche Genehmigung nach § 1643 Abs. 2 S. 1 BGB einzuholen.[371]

Erforderlich ist neben der Wahrung der Anfechtungsfrist aus § 1954 BGB und der Form nach § 1955 BGB insbesondere das Vorliegen eines Anfechtungsgrundes im Sinne von § 119 BGB. Im Fall eines überschuldeten Nachlasses ist dabei häufig ein Eigenschaftsirrtum nach § 119 Abs. 2 BGB als ausnahmsweise beachtlicher Motivirrtum gegeben.[372] Dieser müsste gem. § 166 Abs. 1 BGB bei dem gesetzlichen Vertreter vorgelegen haben, der auch die Anfechtung für den Minderjährigen zu erklären hat oder zu der er zumindest seine Einwilligung erteilen müsste. Dies gilt notwendigerweise auch für den Fall, dass ein unterdessen volljährig gewordener Erbe selbst die Anfechtung erklären will. Dabei ist jedoch zwingend zu berücksichtigen, dass nicht der Wert des Nachlasses selbst oder einzelner Nachlassbestandteile, sondern lediglich die wertbildenden Faktoren wie beispielsweise die Lage und etwaige Belastungen eines Grundstücks als „Eigenschaften" desselben im Sinne von § 119 Abs. 2 BGB anzusehen sind.[373]

Mit Blick auf eine Nachlassüberschuldung ist folglich zu differenzieren. Eine fehlerhafte Vorstellung über den Wert des Gesamtnachlasses an sich ohne Irrtum über den Nachlassbestand stellt keinen Anfechtungsgrund dar.[374] Gehen die Eltern als gesetzliche Vertreter im Zuge der Annahme oder der Nichtausschlagung der Erbschaft bei Kenntnis aller Nachlassgegenstände irrigerweise davon aus, dass die Aktiva des Nachlasses die Passiva in der Summe überwiegen, kommt eine Anfechtung nicht in Betracht.[375] Nehmen sie hingegen fälschlicherweise an, dass bestimmte Nachlassverbindlichkeiten nicht bestünden oder verjährt seien, kann ein Eigenschaftsirrtum vorliegen.[376] Entscheidende Voraussetzung einer erfolgreichen Anfechtung ist demnach nicht allein ein Tätigwerden der Eltern an sich.[377] Zudem bedarf es auch einer hinreichend substantiierten Darlegung derjenigen Umstände, die einen Eigenschaftsirrtum im Sinne von § 119 Abs. 2 BGB begründen können. Insoweit obliegt den Eltern als gesetzlichen Vertretern des Minderjährigen im Nachlassverfahren die Beweislast für die eine Anfechtung begründenden Umstände.[378]

---

[371] *Lange*, Erbrecht, § 39 Rn. 62.

[372] Vgl. BGH, Urt. v. 8.2.1989 – IVa ZR 98/87, NJW 1989, 2885.

[373] OLG Stuttgart, Urt. v. 29.1.2009 – 19 U 150/08, RNotZ 2009, 346.

[374] MüKoBGB/*Leipold*, BGB, § 1954 Rn. 12; OLG Düsseldorf, Beschl. v. 5.9.2008 – 3 Wx 123/08, ZEV 2009, 137, 138.

[375] *Muscheler*, Erbrecht, § 45 Rn. 3052.

[376] MüKoBGB/*Leipold*, BGB. § 1954 Rn. 14.

[377] Insoweit wird es schon häufig an einem dahingehenden Interesse der Eltern fehlen, da diese zuvor immerhin die Erbschaft für ihr Kind angenommen bzw. nicht ausgeschlagen hatten.

[378] Vgl. MüKoBGB/*Leipold*, BGB, § 1954 Rn. 24. Mit Blick auf den Inhalt der gem.

Die in diesem Bereich bestehende Judikatur erfasst viele Lebenssachverhalte, in denen spezifische Fehlvorstellungen zur Nichtausschlagung der Erbschaft mit der Folge des Anfalls eines überschuldeten Nachlasses führten, ohne dass ein zur Anfechtung berechtigender Irrtum im Sinne von § 119 Abs. 2 BGB anzunehmen gewesen wäre. Ist dem Erben oder dessen gesetzlichen Vertretern beispielsweise ein zum Nachlass gehörendes Grundstück bekannt und gehen die genannten Personen unzutreffend von einem wesentlich höheren Verkehrswert desselben und deswegen vom Nichtvorliegen einer Überschuldung des Nachlasses aus, berechtigt diese Fehleinschätzung nicht zur Anfechtung der Versäumung der Ausschlagungsfrist nach § 1956 BGB.[379] Eine solchermaßen inkorrekte Verkehrswerterwartung kann etwa vorliegen, wenn der Erbe die lediglich aus Ackerland bestehenden Grundstücke aufgrund von vormaligen Äußerungen des Erblassers als Bauerwartungsland betrachtet.[380] Unbeachtlich ist auch ein bloßer Rechtsirrtum, sodass allein die behauptete Unkenntnis von der bestehenden Möglichkeit einer Ausschlagung der Erbschaft nicht zu einer Anfechtung der ausdrücklichen Annahme derselben berechtigt.[381] Allerdings kann eine Anfechtung der Fristversäumung nach § 1956 BGB im Fall eines Irrtums über Existenz, Beginn oder Dauer der Ausschlagungsfrist in Betracht kommen.[382]

Schließlich kann ein Irrtum hinsichtlich des Umfangs des Nachlasses nur dann auch zu einer Anfechtung berechtigen, wenn dieser für die Entscheidung des Erben bzw. dessen Vertreters für die Annahme oder Ausschlagung von Bedeutung ist. Daher wäre trotz Vorliegens eines tauglichen Eigenschaftsirrtums eine Anfechtung dann nicht erfolgreich, wenn es an einer Ursächlichkeit des Irrtums im Sinne von § 119 Abs. 1 BGB für die erfolgte Annahmeerklärung bzw. die Fristversäumung fehlt. Ist den Eltern der Bestand des Nachlasses erkennbar gleichgültig oder erklären sie die Annahme oder

---

§ 1955 BGB gegenüber dem Nachlassgericht zu erklärenden Anfechtung gelten die für eine Anfechtungserklärung im Sinne von § 143 Abs. 1 BGB maßgeblichen allgemeinen Grundsätze, so dass der relevante Inhalt nötigenfalls gem. § 133 BGB durch Auslegung zu ermitteln sein kann. Vgl. hierzu BayObLG, Beschl. v. 16.3.1995 – 1 Z BR 82/94, NJW-RR 1995, 904, 905. Eine wirksame Anfechtungserklärung bedarf grundsätzlich nur der Kundgabe eines Anfechtungswillens, die Beweggründe für eine solche kann der Anfechtende auch im Nachlassverfahren selbst noch erörtern, vgl. OLG Schleswig, Beschl. v. 31.7.2015 – 3 Wx 120/14, ZEV 2016, 82, 83.

[379] OLG Rostock, Beschl. v. 14.9.2011 – 3 W 118/10, NJW-RR 2012, 1356, 1357; BayObLG, Beschl. v. 16.3.1995 – 1 Z BR 82/94, NJW-RR 1995, 904, 905.

[380] Zu einem Irrtum hinsichtlich der Einschätzung als Acker- bzw. Bauerwartungsland vgl. BayObLG, Beschl. v. 16.3.1995 – 1 Z BR 82/94, NJW-RR 1995, 904, 905.

[381] BayObLG, Beschl. v. 16.3.1995 – 1 Z BR 82/94, NJW-RR 1995, 904, 906; BayObLG, Beschl. v. 29.10.1987 – Breg. 1 Z 2/87, NJW 1988, 1270, 1271.

[382] Vgl. BGH, Beschl. v. 16.1.2019 – IV ZB 20/18, IV ZB 21/18, ZEV 2019, 141, 143; *Muscheler*, Erbrecht, § 45 Rn. 3058 m.w.N.

Ausschlagung offenkundig ohne Rücksicht auf den negativen Wert des Nachlasses, so kommt diesem kein willensbildender Faktor zu, infolgedessen es bereits an der Kausalität der Fehlvorstellung mangelt.[383] Darüber hinaus würden sich Eltern in solchen Fällen in der Praxis wohl auch regelmäßig nicht um eine Anfechtung bemühen.

b) Rechtsfolgen

Im Fall einer erfolgreichen Anfechtung der Annahmeerklärung oder der Fristversäumung gilt die überschuldete Erbschaft gem. § 1957 Abs. 1 BGB als ausgeschlagen. Infolgedessen gilt der Anfall der Erbschaft an den Minderjährigen gem. § 1953 Abs. 1 BGB als nicht erfolgt, die Erbschaft fällt nach § 1953 Abs. 2 BGB vielmehr rückwirkend auf den Zeitpunkt des Erbfalls dem Nächstberufenen an. Eine Haftung des Minderjährigen nach §§ 1922 Abs. 1, 1967 Abs. 1 BGB für bestehende Nachlassverbindlichkeiten kommt folglich nicht in Betracht, da dieser aufgrund der rückwirkenden gesetzlichen Fiktion des § 1953 Abs. 1 BGB rechtlich zu keinem Zeitpunkt Erbe gewesen ist. Gleichwohl können sich auch in diesem Fall aufgrund der zuvor vorhandenen vorläufigen Erbenstellung verschiedene Verpflichtungen für den Minderjährigen ergeben.

Hat der Minderjährige vor erfolgreicher Anfechtung der Erbschaft bereits Besitz in Form tatsächlicher Sachherrschaft im Sinne des § 854 BGB an einzelnen Nachlassgegenständen erlangt, wird diese faktische Rechtsposition nicht durch §§ 1953 Abs. 1, 857 BGB entzogen.[384] Er ist somit dem nächstberufenen Erben nach erfolgter Anfechtung zur Herausgabe der Sache verpflichtet. Da die §§ 2018 ff. BGB auf den vorläufigen Erben infolge der Bestimmung in § 1959 Abs. 1 BGB keine Anwendung finden,[385] ergibt sich ein Anspruch des endgültigen Erben auf Herausgabe der Sache insbesondere aus 985 BGB. Ist der Minderjährige der Sache verlustig gegangen und ihm deren Herausgabe somit unmöglich oder ist der Erbschaftsgegenstand beschädigt, haftet er dem endgültigen Erben für den Zeitraum vor der mit Ausschlagungswirkung vorgenommenen Anfechtung gem. § 1959 Abs. 1 BGB i.V.m. §§ 677, 280 Abs. 1, 249 Abs. 1, Abs. 2 BGB auf Schadensersatz.[386] Tätigt er in

---

[383] MüKoBGB/*Leipold*, BGB, § 1954 Rn. 14; OLG Rostock, Beschl. v. 14.9.2011 – 3 W 118/10, NJW-RR 2012, 1356, 1357.

[384] *Muscheler*, Erbrecht, § 45 Rn. 3002.

[385] Trotz der in §§ 1957 Abs. 1, 1953 BGB zum Ausdruck kommenden Rückwirkung ist der vorläufige Erbe nach § 1959 Abs. 1 BGB im Hinblick auf durch ihn in Besitz genommene Erbschaftsgegenstände nicht als Erbschaftsbesitzer anzusehen, da ihm zum Zeitpunkt der Inbesitznahme ein Erbrecht zukam. Vgl. MüKoBGB/*Leipold*, BGB, § 1959 Rn. 2; *Muscheler*, Erbrecht, § 45 Rn. 3079.

[386] Der in § 682 BGB zum Ausdruck kommende Rechtsfolgenverweis auf §§ 842 ff. BGB hat für den gegen den Minderjährigen gerichteten Schadenersatzanspruch keine relevante

diesem Zeitraum rechtswirksam anderweitige erbschaftliche Geschäfte, so wäre er dem endgültigen Erben gem. § 1959 Abs. 1 BGB ebenfalls wie ein Geschäftsführer ohne Auftrag beispielsweise zur Herausgabe eines erzielten Verkaufserlöses verpflichtet.[387]

Da sich die Anfechtung sowohl der Annahme als auch der Fristversäumung maßgeblich nach den allgemeinen Regeln der §§ 119 ff. BGB richten, kommt zudem eine Haftung des Minderjährigen nach § 122 BGB in Betracht. Danach ist der vorläufige Erbe als Anfechtender denjenigen Personen, die auf die Gültigkeit der Annahme bzw. des Anfalls der Erbschaft infolge Fristablaufs vertraut haben, zum Ersatz des dadurch entstandenen Vertrauensschadens verpflichtet.[388] Dieser kann beispielsweise in Kosten der Rechtsverfolgung bestehen, die ein Nachlassgläubiger in Übereinstimmung mit § 1958 BGB gegen den Minderjährigen als vorläufigen Erben unternommen hat.[389] Da im Fall gesetzlicher Vertretung der Minderjährige selbst, vertreten durch seine Eltern oder andere Personen wie etwa einen Vormund, die Anfechtungserklärung abgibt, ist in diesem Zusammenhang notwendigerweise er persönlich und nicht der jeweilige Vertreter Anspruchsgegner des Regressberechtigten.

3. Anspruch des Minderjährigen gegen seinen gesetzlichen Vertreter im Haftungsfall

In der Gesamtschau kann sich somit trotz erfolgreicher Anfechtung ein nicht unerhebliches Haftungsrisiko zulasten des Minderjährigen ergeben. Gelingt eine Anfechtung mangels tauglichem Anfechtungsgrund oder Versäumung der Anfechtungsfrist hingegen nicht, bleibt es bei einer Haftung des Minderjährigen für etwaige Nachlassverbindlichkeiten nach §§ 1922 Abs. 1, 1967 Abs. 1 BGB. Dem Minderjährigen steht allerdings in entsprechenden Konstellationen eventuell seinerseits ein Anspruch auf Freistellung oder Schadensersatz gegen seinen die Ausschlagung versäumenden gesetzlichen Vertreter zu. Soweit die Eltern gem. §§ 1626 Abs. 1, 1629 Abs. 1 BGB mit der

---

Auswirkung, vgl. ausdrücklich MüKoBGB/*Schäfer*, BGB, § 682 Rn. 7 f. Im Rahmen der grundsätzlich ebenfalls anwendbaren §§ 987 ff. BGB gilt der vorläufige Erbe im Übrigen als berechtigter Besitzer, so dass ein Schadensersatzanspruch nach diesen Vorschriften nur für einen Untergang der Sache im Zeitraum nach der mit Ausschlagungswirkung vorgenommenen Anfechtung in Betracht kommt. Vgl. MüKoBGB/*Leipold*, BGB, § 1959 Rn. 2.

[387] Dabei bemessen sich die Rechtsfolgen eines etwaigen Herausgabeanspruchs des endgültigen Erben aus §§ 681 S. 2, 667 BGB wegen der in § 682 BGB enthaltenen Privilegierung des Minderjährigen nach den bereicherungsrechtlichen Grundsätzen der §§ 818 ff. BGB, vgl. MüKoBGB/*Schäfer*, BGB, § 682 Rn. 9.

[388] *Muscheler*, Erbrecht, § 45 Rn. 3070; MüKoBGB/*Leipold*, BGB, § 1959 Rn. 4.

[389] Vgl. MüKoBGB/*Leipold*, BGB, § 1959 Rn. 4.

Vermögenssorge ihres minderjährigen Kindes betraut sind und folglich eine Ausschlagung für dieses vorzunehmen hätten, kann sich ein solcher Anspruch aus § 280 Abs. 1 BGB unter Berücksichtigung des Haftungsmaßstabes aus § 1664 BGB ergeben.[390]

Insoweit stellt sich in praktischer Hinsicht nicht allein die durchaus zweifelhafte Frage, ob ein Minderjähriger, vertreten durch einen Ergänzungspfleger, den ihm zustehenden Anspruch in der Praxis tatsächlich geltend machen und notfalls auch gerichtlich gegen seine Eltern verfolgen wird. Vielmehr muss bereits tatbestandlich die Versäumung der Anfechtungsfrist oder eine eventuell erfolgte Annahme der Erbschaft nicht nur eine Verletzung der Vermögenssorgepflicht darstellen. Überdies müssen die Eltern diese auch im Rahmen des Haftungsmaßstabs des § 1664 Abs. 1 BGB zu vertreten haben. Problematisch kann sich in diesem Zusammenhang der Umstand erweisen, dass die Eltern nach §§ 1664 Abs. 1, 277 BGB dann nicht haften, wenn ihr Verhalten von eigenüblicher Sorgfalt geprägt ist. Beruht beispielsweise die Nichtausschlagung der Erbschaft auf einer Fehleinschätzung des Verkehrswerts einzelner Nachlassgegenstände wie etwa einer Immobilie, ist der Minderjährige mangels relevanten Eigenschaftsirrtums seines Vertreters zunächst nicht zur Anfechtung berechtigt. Können die Eltern überdies beweisen, dass sie in eigenen Angelegenheiten hinsichtlich Wertermittlung und Kalkulation ebenfalls nicht sorgfältiger zu verfahren pflegen, käme eine Haftung nur dann in Betracht, wenn sich ein solches Verhalten im jeweiligen Fall als grob fahrlässig darstellen sollte. Nach alledem ist die Geltendmachung eines entsprechenden Schadensersatzanspruchs in der Praxis mit einiger Unsicherheit behaftet.

4. *Haftungsbeschränkungsmöglichkeiten*

Wird ein überschuldeter Nachlass nicht ausgeschlagen und ist eine Anfechtung mangels Irrtums oder infolge Verstreichenlassens der Anfechtungsfrist nicht möglich, bliebe gleichwohl an die Möglichkeit einer Beschränkung der nach § 1967 Abs. 1 BGB grundsätzlich unbeschränkten Haftung des minderjährigen Erben zu denken. Nach § 1975 BGB beschränkt sich die Haftung des Erben für Nachlassverbindlichkeiten dann allein auf den Nachlass, wenn auf Antrag des Erben oder eines Nachlassgläubigers eine Nachlassverwaltung angeordnet oder ein Nachlassinsolvenzverfahren eröffnet wurde. Zudem kommt bei mangelnder Nachlassmasse auch die Erhebung der Dürftigkeitseinrede nach § 1990 Abs. 1 BGB in Betracht.

---

[390] Vgl. insoweit erneut die Darstellung unter F. II. 2. b). Obliegt die Vermögenssorge für den Minderjährigen nicht den Eltern, sondern einem Vormund, kann ein Anspruch des minderjährigen Mündels aus § 1833 Abs. 1 S. 1 BGB bestehen. Im Fall einer Ergänzungspflegschaft gelangt der Anspruch aus § 1833 Abs. 1 S. 1 BGB über § 1915 Abs. 1 S. 1 BGB gleichfalls zur Anwendung.

Auch wenn der gesetzliche Vertreter des minderjährigen Erben eines überschuldeten Nachlasses in dessen Namen entsprechende Anträge gestellt haben sollte, kann es dennoch zu einer erbrechtlich unbeschränkten Haftung des Minderjährigen kommen. Diese droht dann, wenn der gesetzliche Vertreter eine dem minderjährigen Erben durch das Nachlassgericht gem. § 1994 Abs. 1 S. 1, 1995 BGB gesetzte Frist zur Errichtung eines Inventars verstreichen lässt. In diesem Fall haftet der minderjährige Erbe nach §§ 1994 Abs. 1 S. 2, 2013 Abs. 1 BGB unbeschränkt und unbeschränkbar für die Nachlassverbindlichkeiten.[391] Dasselbe gälte gem. §§ 2005 Abs. 1, 2013 Abs. 1 BGB, wenn der gesetzliche Vertreter absichtlich eine erhebliche Unrichtigkeit des Inventars herbeiführte.

Im Übrigen ist der minderjährige Erbe den Nachlassgläubigern gem. § 1978 Abs. 1 BGB selbst bei Anordnung der Nachlassverwaltung oder Eröffnung des Nachlassinsolvenzverfahrens für die bisherige Nachlassverwaltung von der Annahme der Erbschaft an wie ein Beauftragter und für die Zeit vor ihrer Annahme wie ein Geschäftsführer ohne Auftrag verantwortlich. Dabei handelt es sich um eine das Eigenvermögen betreffende persönliche Erbenhaftung.[392] Eine Schadensersatzpflicht des Erben kann sich zudem aus § 1980 Abs. 1 S. 2 BGB bei nicht unverzüglichem Antrag auf Eröffnung des Nachlassinsolvenzverfahrens ergeben. In beiden Fällen muss sich der minderjährige Erbe das Handeln seines gesetzlichen Vertreters gem. §§ 166 Abs. 1, 278 BGB zurechnen lassen.[393] Ein infolgedessen bestehender Schadensersatz- und Freistellungsanspruch des Minderjährigen gegen seine Eltern als gesetzliche Vertreter wird dabei wegen §§ 1664 Abs. 1, 277 BGB regelmäßig an der eigenüblichen Sorgfalt derselben scheitern, sofern nicht ein zumindest grob fahrlässiges Fehlverhalten der Eltern vorliegt.[394]

Ungeachtet der Möglichkeit einer erbrechtlichen Haftungsbeschränkung kann sich der minderjährige Erbe nach Eintritt der Volljährigkeit schließlich auch auf § 1629a Abs. 1 BGB berufen und dergestalt eine Beschränkung seiner Haftung aus § 1967 Abs. 1 BGB, § 122 BGB sowie §§ 1980 Abs. 1 S. 2, 1978, 662 ff., 280 BGB erreichen.[395] Eine Berufung auf § 1629a Abs. 1 BGB ist

---

[391] Vgl. *Klüsener*, Rpfleger 1999, 55, 56; *Piekenbrock*, KTS 2008, 307, 310.

[392] MüKoBGB/*Küpper*, BGB, § 1978 Rn. 2.

[393] Vgl. *Binninger*, Minderjährigenhaftungsbeschränkung und erbrechtliche Haftungsbeschränkung, S. 283 f.; *Damrau*, Der Minderjährige im Erbrecht, § 58 Rn. 438. Eine Wissens- und Verschuldenszurechnung bei § 1980 BGB nimmt auch *Piekenbrock*, KTS 2008, 307, 310, an.

[394] Zur Entstehung eines entsprechenden Schadensersatzanspruchs vgl. *Damrau*, Der Minderjährige im Erbrecht, § 58 Rn. 440.

[395] Vgl. *Binninger*, Minderjährigenhaftungsbeschränkung und erbrechtliche Haftungsbeschränkung, S. 121 f., 131; *Roth*, NJW-Spezial 2019, 615. Ein entsprechender Praxishinweis findet sich auch im DIJuF-Rechtsgutachten DRG-1095 vom 19.2.2013, E 2.000 An, abgedruckt in *DIJuF*, Themengutachten, DIJuF-Rechtsgutachten, 1. Auflage, Edition 14 2019.

dem Erben jedoch nur dann möglich, wenn die Überschuldung des Nachlasses schon zum Zeitpunkt des Erbfalls vorlag. Tritt diese hingegen erst nach dem Zeitpunkt der Volljährigkeit des Erben ein, muss der vormals minderjährige Erbe ein Nachlassinsolvenzverfahren anstreben.[396]

Die erfolgreiche Erhebung der Einrede aus § 1629a Abs. 1 BGB verhindert im Übrigen zwar nicht den Verlust des gesamten Altvermögens des volljährig Gewordenen, befreit ihn jedoch von den finanziellen Konsequenzen einer unbeschränkten Erbenhaftung. Dies gilt auch für die neben § 1629a BGB ebenfalls mögliche Einleitung eines Verbraucherinsolvenz- und Restschuldbefreiungsverfahrens.[397] Insgesamt besteht somit ein vielschichtiges und hohes Schutzniveau zugunsten minderjähriger Erben, das bei sinnvoller Ausnutzung des vorhandenen Instrumentariums verhindert, dass Minderjährige über den Eintritt der Volljährigkeit hinaus langfristig mit den Folgen des Anfalls einer überschuldeten Erbschaft belastet werden.

XV. Haftung für Rückforderungen von Sozialleistungen als Mitglied einer Bedarfsgemeinschaft

In vielen Lebenssachverhalten beziehen Eltern minderjähriger Kinder staatliche Unterstützungsleistungen nach dem SGB II. Leben davon betroffene Familien in einem gemeinsamen Haushalt, sehen sich die minderjährigen Kinder als gleichfalls bezugsberechtigte Mitglieder einer sogenannten Bedarfsgemeinschaft häufig Zahlungsforderungen des jeweiligen Sozialleistungsträgers ausgesetzt, die infolge einer rückwirkenden Aufhebung von Bewilligungsbescheiden geltend gemacht werden.

[396] Vgl. *Damrau*, Der Minderjährige im Erbrecht, § 58 Rn. 442 f. mit Beispiel für eine entsprechende Konstellation. Ist der Minderjährige als Erbe Mitglied einer Erbengemeinschaft, ist überdies § 1629a Abs. 4 S. 1 Hs. 1 BGB zu beachten. Danach hat das volljährig gewordene Mitglied einer Erbengemeinschaft binnen drei Monaten nach Eintritt der Volljährigkeit die Auseinandersetzung des Nachlasses zu verlangen; anderenfalls wird zugunsten der Gläubiger vermutet, dass die Verbindlichkeit nach Eintritt der Volljährigkeit entstanden ist. Der volljährig gewordene Erbe haftet für diese Verbindlichkeit sodann auch mit seinem Neuvermögen, sofern er diese Vermutung nicht widerlegen kann, vgl. BeckOGK/*Amend-Traut*, BGB, § 1629a Rn. 79.

[397] Vgl. FK-InsO/*Ahrens*, InsO, § 286 Rn. 91.

Fallbeispiel[398]

Eine alleinerziehende Mutter lebt mit ihren beiden minderjährigen Kindern in einem gemeinsamen Hausstand. Alle drei Personen beziehen Leistungen zur Sicherung des Lebensunterhalts nach dem SGB II. Da die Mutter eine zwischenzeitlich aufgenommene, entlohnte und auf den Leistungsbezug anrechenbare Beschäftigung nicht rechtzeitig gegenüber dem betroffenen Sozialträger angegeben hat, werden die bewilligten Zahlungen mittels eines Aufhebungsbescheides nachträglich gekürzt. Die überschüssigen Zahlungen werden durch das zuständige Jobcenter mittels eines Rückforderungsbescheides anteilig sowohl von der Mutter als auch von beiden Kindern zurückgefordert.

1. Haftung Minderjähriger auf Erstattung

In entsprechenden Konstellationen werden Rückforderungen durch den Sozialleistungsträger gegenüber Minderjährigen nur selten deshalb geltend gemacht, weil diese als Hauptleistungsberechtigte im Sinne von § 7 Abs. 1 SGB II Leistungen beziehen, obgleich auch dies im Einzelfall vorstellbar sein kann.[399] Vielmehr ergibt sich ein Leistungsbezug Minderjähriger zumeist akzessorisch im Rahmen einer Bedarfsgemeinschaft nach § 7 Abs. 2 SGB II.

[398] Häufige Fallgestaltung aus der Schuldnerberatungspraxis. Vgl. hierzu die Einschätzung des Infodiensts Schuldnerberatung vom 11.7.2012 unter https://www.infodienst-schuldnerberatung.de/minderjaehrigenhaftung-bei-rueckforderungen-des-jobcenters/ (Abrufdatum 27.4.2021), wonach es „gängige Praxis der Jobcenter" sei, Rückforderungsbescheide gegen jedes Mitglied einer Bedarfsgemeinschaft zu erlassen. Ein „in der Beratungspraxis verstärkt auftretendes Problem" sieht mit Blick auf Rückforderungsansprüche für überzahlte öffentliche Leistungen auch *Jaquemoth* ZVI 2011, 141, 144. Laut *Uyanik*, Aufhebungs- und Erstattungsentscheidungen, S. 13, seien „[…] in den überwiegenden Erstattungsfällen, in denen Bedarfsgemeinschaften mit Kindern betroffen sind, auch Minderjährige Adressaten eines Rückzahlungsbescheides […]." Einem Spiegel Online-Artikel vom 15.4.2021 zufolge, abrufbar unter https://www.spiegel.de/wirtschaft/service/sozialleistungen-mehr-als-eine-halbe-million-minderjaehrige-haben-schulden-beim-staat-a-d0733443-d3f0-4b53-a76b-652dfbc1984b (Abrufdatum 27.4.2021), waren mit Stand vom April 2021 mehr als 570.000 Minderjährige von staatlichen Rückzahlungsansprüchen in Höhe von insgesamt 192,1 Millionen Euro betroffen. Zu Rückforderungen überschüssig gezahlter ALG II-Leistungen durch Jobcenter der Bundesagentur für Arbeit vgl. zudem den Beitrag vom 16.1.2018 unter https://jugend.dgb.de/dgb_jugend/material/magazin-soli/soli-archiv-2018/soli-aktuell-1-2018/++co++342e274a-f53e-11e7-8806-525400d8729f (Abrufdatum 27.4.2021). Ähnliche Tendenzen lassen sich schließlich auch anhand der in Tabelle 1 im Anhang enthaltenen Auswertung zu Frage 5h) des im Zuge dieser Untersuchung genutzten Fragebogens ableiten. Danach sind insgesamt 41 von 57 der befragten Beraterinnen und Berater Fälle bekannt, deren Gegenstand eine Haftung Minderjähriger als Mitglied einer sozialrechtlichen Bedarfsgemeinschaft für Rückforderungen von Sozialleistungen war.

[399] Nach § 7 Abs. 1 Nr. 1 SGB II sind hinsichtlich der Grundsicherung für Arbeitssuchende erwerbsfähige Personen ab Vollendung des 15. Lebensjahrs leistungsberechtigt. Für weitere praxisrelevante Konstellationen vgl. *Uyanik*, Aufhebungs- und Erstattungsentscheidungen, S. 14.

Bilden nach § 7 Abs. 1 SGB II leistungsberechtigte Eltern und deren minderjährige Kinder einen gemeinsamen familiären Hausstand, stellt sich dieser regelmäßig als eine solche Bedarfsgemeinschaft im Sinne von § 7 Abs. 3 Nr. 4 SGB II dar.

Liegt Hilfebedürftigkeit der einzelnen Mitglieder der Bedarfsgemeinschaft im Sinne von § 9 SGB II vor, steht den minderjährigen Kindern in solchen Fällen nach § 7 Abs. 2 S. 1 SGB II eine eigene Bezugsberechtigung hinsichtlich etwaiger Sozialleistungen zu. Diese werden sodann regelmäßig durch die Eltern als gesetzliche Vertreter und Vertreter der Bedarfsgemeinschaft gem. § 38 Abs. 1 S. 1 SGB II beantragt und an diese geleistet. Werden nach Bewilligung entsprechender Leistungen anderweitige anrechenbare Einkünfte der Eltern oder eines Kindes, etwa Unterhaltszahlungen eines nicht persönlich betreuenden Elternteils[400] oder Arbeitslohn, dem jeweiligen Sozialleistungsträger nicht angezeigt, so kann es zur vollständigen oder teilweisen Aufhebung der Bewilligung und zur Rückforderung überbezahlter Beträge kommen.

Da minderjährige Bezugsberechtigte als Mitglied einer Bedarfsgemeinschaft nach dem Individualprinzip selbst Anspruchsinhaber sind, haften sie nach geltender Rechtslage gem. § 50 Abs. 1 S. 1 SGB X ebenfalls anteilig für die Forderung des Sozialleistungsträgers, sofern die notwendigen tatbestandlichen Voraussetzungen für eine Aufhebung und Rückforderung nach § 40 Abs. 1 S. 1 SGB II i.V.m. §§ 45 Abs. 1, 48 Abs. 1 SGB X vorliegen. Dass die Eltern als Hauptleistungsberechtigte gem. § 38 Abs. 1 S. 1 SGB II einen Antrag auf Bewilligung entsprechender Leistungen an das Kind gestellt haben, begründet für sie grundsätzlich keine Erstattungspflicht, sodass es bei der persönlichen Haftung des Minderjährigen bleibt.[401]

Zu beachten ist zwar, dass der jeweilige Minderjährige als Verpflichteter gem. § 24 Abs. 1 SGB X persönlich vor einer Aufhebung des Bewilligungsbescheids anzuhören ist. Gleichwohl ist insoweit eine Anhörung der nach § 1629 Abs. 1 BGB gesetzlich vertretungsberechtigten Eltern durch an diese adressierte Anhörungsschreiben ausreichend, sofern dabei zwischen den jeweils anzuhörenden Personen differenziert wird.[402] Im Ergebnis haften Minderjährige folglich in Konstellationen wie der geschilderten persönlich und anteilig für überschüssige Leistungen nach dem SGB II.

---

[400] Zur Behandlung von Unterhaltszahlungen als Einkünfte im sozialrechtlichen Sinn vgl. BSG, Urt. v. 7.7.2011 – B 14 AS 153/10 R, NJOZ 2013, 127 sowie *Eichenhofer*, Sozialrecht, § 21 Rn. 480.

[401] Vgl. hierzu erneut die Ausführungen unter D. VII.

[402] LSG Berlin-Brandenburg, Urt. v. 19.4.2013 – L 26 AS 1379/10, BeckRS 2013, 70569.

2. *Anwendung von § 1629a BGB*

Im Einzelfall kann allerdings die aus § 1629a BGB resultierende Möglichkeit einer Haftungsbeschränkung eingreifen, die nach der Rechtsprechung des BSG auch im Fall einer Rückforderung überschüssiger Sozialleistungen nach § 50 Abs. 1 S. 1 SGB X zur Anwendung zu bringen ist.[403]

a) Voraussetzungen nach § 1629a Abs. 1 BGB

Zwingende Voraussetzung, um die Haftungsbeschränkung auch im Rahmen von sozialrechtlichen Aufhebungs- und Erstattungsbescheiden anwenden zu können, ist, dass der in Rede stehenden Verbindlichkeit des Minderjährigen ein für § 1629a Abs. 1 BGB relevantes Verhalten des gesetzlichen Vertreters zugrunde liegt. Dem Telos der Vorschrift, wonach ausschließlich fremdverantwortete Verbindlichkeiten eine Haftungsbeschränkung zugunsten des volljährig gewordenen Minderjährigen rechtfertigen können, ist folglich auch in öffentlich-rechtlichen Konstellationen Rechnung zu tragen. Entscheidend für die Anwendbarkeit von § 1629a Abs. 1 BGB ist dabei generell, dass die für die Verbindlichkeit kausale Handlung des gesetzlichen Vertreters sowie der Leistungsbezug in den Zeitraum der Minderjährigkeit fallen, während es insbesondere auf die Entstehung der Erstattungsforderung oder die Konkretisierung der diesbezüglichen Verbindlichkeit mittels Verwaltungsakts nicht ankommen kann.[404]

In vielen Fällen beruht die Aufhebung eines auch die minderjährigen Mitglieder einer Bedarfsgemeinschaft begünstigenden Bewilligungsbescheides, an die eine Rückforderung überschüssiger Leistungen durch eine Sozialbehörde anschließt, auf der Nichtangabe einzelner für die Leistungsbemessung relevanter Umstände durch die Eltern oder einen Elternteil.[405] Dabei trifft die

---

[403] Vgl. die Ausführungen unter E. III. 3. b) dd). Zu Beispielen aus der insoweit bestehenden Kasuistik mit SGB II-Bezug vgl. erneut BSG, Urt. v. 7.7.2011 – B 14 AS 153/10 R, NJOZ 2013, 127; BSG, Urt. v. 18.11.2014 – B 4 AS 12/14 R, BeckRS 2015, 67296; LSG Sachsen-Anhalt, Urt. v. 28.9.2017 – L 2 AS 695/16, BeckRS 2017, 138731; LSG Sachsen-Anhalt, Urt. v. 2.3.2017 – L 5 AS 261/15, BeckRS 2017, 118740; LSG Berlin-Brandenburg, Urt. v. 19.4.2013 – L 26 AS 1379/10, BeckRS 2013, 70569; SG Landshut, Urt. v. 5.2.2014 – S 10 AS 390/12, BeckRS 2014, 66784.

[404] BSG, Urt. v. 18.11.2014 – B 4 AS 12/14 R, BeckRS 2015, 67296; *Reinemann*, VR 2017, 23, 26.

[405] Vgl. hierzu den gewählten Beispielsfall. Vgl. zudem auch den Ausgangssachverhalt der Revisionsentscheidung BSG, Urt. v. 18.11.2014 – B 4 AS 12/14 R, BeckRS 2015, 67296. Im zugrundeliegenden Sachverhalt hatten die Mitglieder einer Bedarfsgemeinschaft, zu der neben dem späteren Kläger auch dessen Mutter und Stiefvater sowie eine Halbschwester gehörten, auf Antrag des Stiefvaters hin regelmäßige Grundsicherungsleistungen nach dem SGB II erhalten. Dabei unterließen es der Stiefvater und die Mutter ebenso wie der Kläger in der Folge, den zuständigen Behörden eine vom Kläger im Rahmen einer

Eltern als gesetzliche Vertreter ihrer geschäftsunfähigen oder beschränkt geschäftsfähigen Kinder grundsätzlich die sozialrechtliche Pflicht, Änderungen in den für den Sozialleistungsbezug maßgeblichen Verhältnissen dem zuständigen Sozialträger unverzüglich mitzuteilen.[406] Unterlassen sie die Angabe entsprechender Umstände und führt dies zu einer Erstattungsforderung auch gegenüber dem minderjährigen Mitglied der Bedarfsgemeinschaft, ist in diesem Unterlassen eine „sonstige Handlung" im Sinne von § 1629a Abs. 1 S. 1 BGB zu erkennen.[407] Gleichwohl sind auch Konstellationen denkbar, in denen kein Unterlassen des verantwortlichen gesetzlichen Vertreters zu einer Aufhebung und Erstattungsforderung durch den befassten Sozialleistungsträger geführt hat, sondern vielmehr ein Verhalten des Minderjährigen selbst im Raum steht.[408] In einem solchen Fall wären die durch das BSG entwickelten Grundsätze folglich nicht einschlägig und § 1629a Abs. 1 BGB dementsprechend nicht anwendbar.

Für die praktische Anwendung der Haftungsbeschränkung sind im Übrigen mit Blick auf das aus § 1629a Abs. 1 BGB resultierende Erfordernis des Eintritts der Volljährigkeit zwingend verschiedene Verfahrenskonstellationen zu unterscheiden.[409] Ist der in Anspruch genommene Rückforderungsschuldner im Zeitpunkt des Erlasses eines Erstattungsbescheides noch minderjährig, ist der in Rede stehende Bescheid zunächst rechtmäßig ergangen und § 1629a Abs. 1 BGB nicht anwendbar.[410] Dementsprechend wäre nach

---

berufsvorbereitenden Maßnahme bezogenen Berufsausbildungsbeihilfe mitzuteilen. Nach späterer Kenntniserlangung durch den Sozialträger wurden mittels eines dem unterdessen volljährig gewordenen Kläger gegenüber erlassenen Bescheids die in Rede stehenden Leistungsbewilligungen teilweise rückwirkend aufgehoben und ein Betrag von insgesamt 1.581,87 Euro zurückgefordert.

[406] BSG, Urt. v. 18.11.2014 – B 4 AS 12/14 R, BeckRS 2015, 67296, Rn. 16 f.; *Reinemann*, VR 2017, 23, 25 f.

[407] BSG, Urt. v. 18.11.2014 – B 4 AS 12/14 R, BeckRS 2015, 67296, Rn. 16 f. Dabei ist ein pflichtwidriges Handeln des in Rede stehenden Vertreters keine zwingende Voraussetzung der Anwendung von § 1629a Abs. 1 BGB, vgl. BSG, Urt. v. 28.11.2018 – B 4 AS 43/17 R, NJW 2019, 1701, 1703 (Rn. 20) m. Anm. *Kellner*.

[408] Als Beispiel hierfür nennt *Uyanik*, Aufhebungs- und Erstattungsentscheidungen, S. 217 unter anderem den Fall, dass ein Minderjähriger im Rahmen einer Einpersonenbedarfsgemeinschaft nach § 36 Abs. 1 S. 1 SGB I zulässigerweise selbständig Leistungen beantragt.

[409] Vgl. dazu eingehend *Kellner*, VR 2018, 253, 254 ff. sowie *Uyanik*, Aufhebungs- und Erstattungsentscheidungen, S. 210 ff.

[410] Vgl. LSG Berlin-Brandenburg, Urt. v. 15.2.2017 – L 18 AS 1641/16, BeckRS 2017, 106021. Ebenso denkbar wäre, dass zwar nach Erlass des Erstattungsbescheides die Voraussetzungen des § 1629a Abs. 1 BGB vorliegen, der volljährig Gewordene jedoch keinen Widerspruch einlegt. In diesem Fall wäre der Bescheid zwar aufgrund Verstoßes gegen den aus § 1629a BGB gebotenen Minderjährigenschutz rechtswidrig, könnte aber gleichwohl in Bestandskraft erwachsen, vgl. *Kellner*, VR 2018, 253, 255.

Eintritt der Bestandskraft des Erstattungsbescheids gem. § 77 SGG eine auf diesem gründende Vollstreckung in das Vermögen des Minderjährigen ebenso möglich wie eine Aufrechnung mit laufenden SGB II-Leistungen nach § 43 Abs. 1 Nr. 1 SGB II.[411] Wird der Minderjährige allerdings nach Eintritt der Bestandskraft volljährig und liegen auch die übrigen Voraussetzungen von § 1629a Abs. 1 BGB vor, wäre der Bescheid gemäß der Rechtsprechung des BSG nach § 48 Abs. 1 S. 2 Nr. 1 SGB X aufzuheben, soweit das bei Eintritt der Volljährigkeit vorhandene pfändbare Vermögen hinter der in Rede stehenden Verbindlichkeit zurückbleibt.[412] Gegenüber etwaigen Vollstreckungsmaßnahmen könnte er sich überdies mit einer auf § 1629a Abs. 1 BGB gestützten Vollstreckungsabwehrklage zur Wehr setzen.[413]

Denkbar wäre weiterhin, dass ein minderjähriges Mitglied der betroffenen Bedarfsgemeinschaft bereits vor der Einleitung oder noch während eines laufenden Verwaltungsverfahrens, also vor Erlass eines Erstattungs- oder Widerspruchsbescheides, volljährig wird. In solch einem Fall stünde die aus § 1629a BGB resultierende Haftungsbeschränkung bei Vorliegen ihrer Voraussetzungen im Übrigen dem Erlass eines gegen den vormals minderjährigen Schuldner gerichteten Erstattungsbescheides bereits von Amts wegen entgegen, ohne dass sich der nunmehr Volljährige auf die betreffende Vorschrift berufen müsste.[414] Ein Erstattungsanspruch dürfte demnach nur insoweit geltend gemacht werden, als ein ausreichendes Vermögen bei Eintritt der Volljährigkeit vorhanden ist, wobei auch die Vermögensprüfung seitens des Leistungsträgers von Amts wegen durchzuführen wäre.[415] Ist gleichwohl bereits ein Rückforderungsbescheid nach Eintritt der Volljährigkeit ergangen, ist dieser rechtswidrig. Einem diesbezüglich eingeleiteten Widerspruchsverfahren müsste der befasste Sozialleistungsträger folglich im Sinne des Erstattungsschuldners abhelfen.[416]

Wird der Minderjährige schließlich nach Abschluss des Verwaltungsverfahrens und noch während eines anhängigen sozialgerichtlichen Klagever-

---

[411] *Uyanik*, Aufhebungs- und Erstattungsentscheidungen, S. 141.

[412] BSG, Urt. v. 7.7.2011 – B 14 AS 153/10 R, NJOZ 2013, 127, 130. Dass dem Minderjährigenschutz in einem solchen Fall zur Geltung zu verhelfen ist, ist in Rechtsprechung und Literatur soweit ersichtlich im Ergebnis unstreitig. Allein die methodische Umsetzung unterliegt unterschiedlicher Einschätzung. Vgl. hierzu näher *Kellner*, VR 2018, 253, 255 f. Kritisch hinsichtlich der vom BSG für die Aufhebungsentscheidung herangezogenen Rechtsgrundlage insbesondere auch *Uyanik*, Aufhebungs- und Erstattungsentscheidungen, S. 144 f., der davon abweichend für einen Forderungserlass nach § 44 SGB II votiert.

[413] Eicher/Luik/*Greiser*, SGB II, § 40 Rn. 146; *Uyanik*, Aufhebungs- und Erstattungsentscheidungen, S. 141, 210 f.

[414] Vgl. BSG, Urt. v. 18.11.2014 – B 4 AS 12/14 R, BeckRS 2015, 67296; Eicher/Luik/*Greiser*, SGB II, § 40 Rn. 144; *Kellner*, VR 2018, 253, 255.

[415] *Kellner*, VR 2018, 253, 255.

[416] *Kellner*, VR 2018, 253, 255.

fahrens volljährig, kann das Gericht über das Vorliegen der Voraussetzungen der Haftungsbeschränkung entscheiden und den Rückforderungsbescheid bei Vermögenslosigkeit zum Zeitpunkt des Eintritts der Volljährigkeit aufheben.[417]

b) Anwendbarkeit von § 1629a Abs. 2 Alt. 2 BGB

Schließlich ist die Anwendung von § 1629a Abs. 1 BGB in entsprechenden Konstellationen mit sozialrechtlichem Bezug nach der Rechtsprechung des BSG auch nicht deswegen gem. § 1629a Abs. 2 Alt. 2 BGB ausgeschlossen, weil die gewährten Leistungen naturgemäß auch der persönlichen Existenzsicherung des Minderjährigen dienen. Dem in § 1629a Abs. 2 Alt. 2 BGB genutzten Begriff der „persönlichen Bedürfnisse", der nach dem Willen des Gesetzgebers Kleingeschäfte des täglichen Lebens oder auch größere altersgerechte Anschaffungen erfassen soll, kann nach Ansicht des BSG grundsätzlich nicht das im Wege des SGB II zu sichernde Existenzminimum eines Bezugsberechtigten unterfallen.[418] Auf den Fall, dass mangels Leistungsfähigkeit der unterhaltsverpflichteten Eltern alle persönlichen, der Existenzsicherung dienenden Bedürfnisse eines Kindes durch staatliche Fürsorgeleistungen sichergestellt werden müssen, ziele der Normzweck von § 1629a Abs. 2 Alt. 2 BGB erkennbar nicht ab.[419] Überdies soll es bei der Anwendung von § 1629a Abs. 1 BGB nach der Rechtsprechung des BGH auch nicht auf die Höhe der jeweils einschlägigen Erstattungsforderung ankommen, so dass eine relativ geringe Höhe der Rückforderungssumme nicht zur Bejahung von § 1629a Abs. 2 Alt. 2 BGB führen kann.[420]

---

[417] Vgl. LSG Sachsen-Anhalt, Urt. v. 28.9.2017 – L 2 AS 695/16, BeckRS 2017, 138731 sowie die zustimmende Einschätzung bei *Kellner*, NZS 2018, 684, 685; LSG Sachsen-Anhalt, Urt. v. 2.3.2017 – BeckRS 2017, 118740; Eicher/Luik/*Greiser*, SGB II, § 40 Rn. 145. Vgl. demgegenüber aber die Darstellung bei *Uyanik*, Aufhebungs- und Erstattungsentscheidungen, S. 142 f., wonach im Falle einer gegen den Aufhebungsbescheid gerichteten isolierten Anfechtungsklage die im laufenden gerichtlichen Verfahren eintretende Volljährigkeit die Rechtmäßigkeit des Bescheids unberührt lasse. Eine Anwendung von § 1629a BGB sei daher im Erkenntnisverfahren nicht möglich, vielmehr müsse eine Lösung über § 44 SGB II gesucht werden. Vgl. auch *Kellner*, VR 2018, 253, 256, der bezüglich der methodischen Umsetzung des gebotenen Minderjährigenschutzes angesichts des insgesamt uneinheitlichen Meinungsstandes von einem „rechtlich ungeklärten Terrain" spricht.

[418] BSG, Urt. v. 7.7.2011 – B 14 AS 153/10 R, NJOZ 2013, 127, 130 f. Ebenso BeckOK BGB/*Veit*, BGB, § 1629a Rn. 16.2; Staudinger/*Coester*, BGB, § 1629a Rn. 36. Vgl. demgegenüber aber *Uyanik*, Aufhebungs- und Erstattungsentscheidungen, S. 228 ff., der für eine an den jeweils einschlägigen Bedarfen des Minderjährigen orientierte Differenzierung plädiert.

[419] BSG, Urt. v. 7.7.2011 – B 14 AS 153/10 R, NJOZ 2013, 127, 130 f.

[420] Vgl. BSG, Urt. v. 28.11.2018 – B 4 AS 43/17 R, NJW 2019, 1701, 1703 (Rn. 23). *Kellner*, NJW 2019, 1703, 1704 hingegen plädiert zwecks Vorbeugung einer „Inflation des

In Erstattungskonstellationen nach dem SGB II ist es dem volljährig gewordenen Mitglied einer Bedarfsgemeinschaft somit im Ergebnis auch bei gegen ihn gerichteten Bagatellforderungen möglich, sich gegenüber dem Erstattungsanspruch eines Sozialleistungsträgers aus § 50 Abs. 1 S. 1 SGB X auf die Haftungsbeschränkung nach § 1629a Abs. 1 BGB zu berufen, sofern sich die in Rede stehende Verbindlichkeit als fremdverantwortet darstellt. Damit fungiert § 1629a Abs. 1 BGB in „typischen" Konstellationen der Rückforderung von Grundsicherungsleistungen, die Kenntnis der Existenz der Haftungsbeschränkungseinrede vorausgesetzt, als praktisch wirksames Mittel zum Schutz vormals minderjähriger Mitglieder einer Bedarfsgemeinschaft.

XVI. Fazit

Wie die vorstehend analysierten Beispielsfälle aufzeigen, stellt die Möglichkeit einer Ver- und Überschuldung und damit einhergehender finanzieller Überforderung Minderjähriger ungeachtet der zu ihrem Schutz bestehenden Rechtsvorschriften kein bloß theoretisches Problem dar. Vielmehr unterliegen minderjährige Personen insgesamt einem nicht zu unterschätzenden Verschuldungsrisiko, das in der alltäglichen Praxis oftmals mit einem Beitreibungsinteresse der jeweiligen Gläubiger korreliert. Infolgedessen kann es nach Erlangung eines rechtskräftigen Titels auch zu Vollstreckungshandlungen eines Gläubigers in eventuell vorhandene Vermögenswerte des Minderjährigen kommen.

Bei alledem stellen sich die finanziellen Risiken im Falle eines eigenständigen rechtsgeschäftlichen Handelns des beschränkt geschäftsfähigen Minderjährigen grundsätzlich als niedrig dar. Hier greifen die §§ 106 ff. BGB ein, die durch die weitreichende Zustimmungsbedürftigkeit der Rechtsgeschäfte Minderjähriger vor Eintritt der Volljährigkeit nur wenig Spielraum für eine unkontrollierte Schuldenaufnahme zulassen. Zugleich erlauben sie eine dem gesetzgeberischen Willen und den praktischen Alltagserfordernissen entsprechende, sukzessive Heranführung beschränkt geschäftsfähiger Minderjähriger an eine eigenständige rechtsgeschäftliche Betätigung und Verantwortung.

Entscheidend für den effektiven Schutz eines Minderjährigen stellt sich dabei allerdings die verantwortungsbewusste Ausübung der Zustimmungsbefugnis durch den gesetzlichen Vertreter dar. Stimmt dieser im Rahmen seiner Entscheidungsprärogative einem finanziell riskanten Rechtsgeschäft

---

Grundrechtsschutzes" entgegen der Auffassung des BSG für eine Anwendung der Haftungsbeschränkung nur in Fällen einer erheblichen Schuldenlast, wobei die Schwelle der „Erheblichkeit" eine Verhältnismäßigkeitsprüfung im Einzelfall erforderlich mache.

zu, entspricht die daraus resultierende Haftung des Minderjährigen folglich der gesetzlichen Konzeption. Einer zu extensiven Ausübung dieses Zustimmungsrechts werden insbesondere durch die Unzulässigkeit sogenannter Generaleinwilligungen Grenzen gesetzt. Von immenser Bedeutung erscheint in diesem Zusammenhang gleichwohl das Risiko, dass sich der gesetzliche Vertreter keinen Überblick über die möglichen rechtlichen Konsequenzen eines zu weitreichenden rechtsgeschäftlichen Handelns des Minderjährigen verschafft bzw. wegen unzureichender Kenntnisse nicht verschaffen kann. Dies gilt insbesondere im Hinblick auf moderne Vertragskonstellationen, wie sie beispielsweise im Zusammenhang mit einer Betätigung Minderjähriger im Rahmen eines Influencer Marketing zum Ausdruck kommen.

Insgesamt steht eine unkontrollierte selbstverantwortliche Verschuldung des Minderjährigen durch rechtsgeschäftliches Verhalten trotz der vielen und teils aufsehenerregenden Fälle in den genannten Bereichen nicht zu befürchten.[421] Dieses sehr hohe Schutzniveau mag mit Blick auf die den §§ 106 ff. BGB vom historischen Gesetzgeber zugedachte Erziehungs- und Teilhabefunktion vereinzelt kritisch gesehen werden.[422] Hinsichtlich des gleichfalls intendierten, im Rahmen der vorliegenden Untersuchung vorrangig interessierenden Schutzes vor einer auf mangelnder geschäftlicher Erfahrung beruhenden Selbstverpflichtung des Minderjährigen allerdings besteht kein gesetzgeberischer Anpassungsbedarf.

Existiert jedoch im Einzelfall eine nach §§ 107, 108 BGB erforderliche Einwilligung oder Genehmigung der gesetzlichen Vertreter, ist eine Schuldenaufnahme durch vertragliches Eigenverhalten eines Minderjährigen durchaus denkbar. Dies zeigt sich etwa an der rechtlich umstrittenen Frage der Haftung auf ein erhöhtes Beförderungsentgelt bei Schwarzfahrten. Da sich Schwarzfahrten als ein alltägliches Phänomen darstellen und überdies ein Verfolgungsinteresse der betroffenen Verkehrsbetriebe besteht, kann aus regelmäßigen Schwarzfahrten Minderjähriger angesichts der wie dargestellt uneinheitlichen Rechtsprechung ein durchaus beachtlicher „Schuldenberg“ anwachsen. Des Weiteren liegt eine Gefahr umfangreicher rechtsgeschäftli-

---

421 Ebenso *Nolte*, ZVI 2012, 324, 325.

422 So findet sich beispielsweise der Vorschlag, Rechtsgeschäfte Minderjähriger nach Vollendung des 16. Lebensjahres auch ohne Einwilligung des gesetzlichen Vertreters zuzulassen, sofern diese der Erfüllung der persönlichen Bedürfnisse des Minderjährigen dienen und für Minderjährige dieser Altersstufe als nicht ungewöhnlich anzusehen seien. Vgl. hierzu den Vorschlag für eine Neufassung des § 107 BGB bei *Busch*, Der Reifegrad Minderjähriger, S. 175. Dadurch könne dem Minderjährigen zu einer weitreichenderen, der Förderung geschäftlicher Expertise dienenden Beteiligung am Rechtsverkehr verholfen werden. Vereinzelt wird auch vorgeschlagen, den maßgeblichen Einsatzzeitpunkt für die beschränkte Geschäftsfähigkeit Minderjähriger auf das vollendete sechste Lebensjahr abzusenken. Mit Verweis auf einen dadurch möglichen Gleichlauf mit der allgemeinen Schulpflicht in diesem Sinne *Knothe*, Die Geschäftsfähigkeit der Minderjährigen, S. 459.

cher Verpflichtungen dort begründet, wo §§ 112, 113 BGB dem Minderjährigen eine partielle unbeschränkte Geschäftsfähigkeit ermöglichen. Auch insoweit kommt einer verantwortungsbewussten Ausübung insbesondere des elterlichen Sorgerechts ein bedeutender Stellenwert zu.

Ein praktisches Problem ergibt sich überdies aus der dem gesetzlichen Vertreter eingeräumten Möglichkeit, unter Ausnutzung der ihm gegenüber Dritten zukommenden Vertretungsmacht eine vertragliche Haftung des Minderjährigen herbeizuführen und diesen dadurch mit potentiell hohen Schulden zu belasten. Denn soweit nicht im Einzelfall ein gerichtliches Genehmigungserfordernis nach §§ 1643, 1821, 1822 BGB oder die Mitwirkung eines Ergänzungspflegers für das Handeln der Eltern oder sonstiger gesetzlicher Vertreter erforderlich ist, wird die gesetzliche Vertretungsmacht im Außenverhältnis nach bis dato bestehender allgemeiner Meinung nicht durch die im Innenverhältnis vorliegende Pflicht zur Berücksichtigung des Kindeswohls eingeschränkt. Praxisrelevante Konstellationen eines Missbrauchs der Vertretungsmacht ließen sich anhand des Phänomens einer elterlichen Warenbestellung auf den Kindesnamen aufzeigen.

Eine langfristige, über den Eintritt der Volljährigkeit hinausreichende Verschuldung kann in solchen Fällen zwar durch Erhebung der Einrede aus § 1629a Abs. 1 BGB verhindert werden. Zusätzlich kann zu Gunsten des Minderjährigen grundsätzlich auch ein Anspruch auf Freistellung oder Schadensersatz gegen die eigenen Eltern bestehen. Die Effektivität dieses Anspruchs dürfte sich in der Rechtswirklichkeit gleichwohl mangels vorhandenen Vermögens auf Seiten der Eltern als sehr begrenzt darstellen. Auch setzt eine Ausübung der Einrede der Haftungsbeschränkung notwendigerweise die Kenntnis derselben voraus, welche in der Praxis auch zwei Jahrzehnte nach Inkrafttreten des MHbeG wohl nicht durchweg vorausgesetzt werden kann. Insoweit wäre ein umfassenderer Informationsstand sowohl auf Seiten betroffener Schuldner als auch auf Seiten der mit dieser Thematik einschlägig befassten Berufsträger wie insbesondere Schuldnerberatungen und Vertreter der Rechtsanwaltschaft überaus wünschenswert. Ein etwaiges vor Eintritt der Volljährigkeit vorhandenes Vermögen des Minderjährigen bleibt im Übrigen ungeachtet der Existenz von § 1629a BGB dem Gläubigerzugriff ausgesetzt. Schließlich kommt den tradierten Fällen der Kollusion und Evidenz, welche Ausnahmen vom Prinzip der im Außenverhältnis unbeschränkten Vertretungsmacht des gesetzlichen Vertreters ermöglichen, in der Praxis vor allem im modernen Online- und Versandhandel lediglich ein recht schmaler Anwendungsbereich zu. Obgleich also die elterliche Sorge für ihre Kinder im Hinblick auf Art. 6 Abs. 2 S. 1 GG verfassungsrechtlich verbürgt ist, so erscheint es doch geboten, die Eltern für den Fall eines das Kindeswohl missachtenden, missbräuchlichen Verhaltens auch haftungsrechtlich stärker als bislang in die Pflicht zu nehmen oder zumindest deren Kinder vor den Folgen eines uferlosen Handelns ihrer gesetzlichen Vertreter zu schützen.

Weitere Verschuldungskonstellationen von zunehmender praktischer Bedeutung stellen der unzulässige Download von Software oder sonstigem urheberrechtlich geschütztem Material und das sogenannte Cyber-Mobbing dar. Insoweit besteht für den handelnden Minderjährigen in vielen Fällen das Risiko einer auf Urheberrechts- oder Persönlichkeitsrechtsverletzungen basierenden, in der Höhe nicht unerheblichen deliktischen Haftung. Unverändert haftungsträchtig ist schließlich das weite Feld der Spielunfälle, Sachbeschädigungen und ähnlichen „klassischen“ deliktischen Verhaltensweisen. Infolge der nach § 828 Abs. 3 BGB grundsätzlich ab dem vollendeten siebten Lebensjahr bestehenden Deliktsfähigkeit Minderjähriger besteht daher in vielen Konstellationen das Risiko, dass auch sehr junge Minderjährige die haftungsrechtlichen Konsequenzen der von ihnen verschuldeten Schäden Dritter zu verantworten haben.

Besonders problematisch stellt sich dabei die außerhalb von Straßenverkehrsfällen bestehende gerichtliche Praxis dar, entsprechend der gesetzlichen Vermutung des § 828 Abs. 3 BGB regelmäßig von der Einsichtsfähigkeit und damit der deliktischen Verantwortlichkeit minderjähriger Schädiger auszugehen, ohne dass es insoweit auf ihre individuelle Steuerungsfähigkeit ankäme. Im Ergebnis ist § 828 Abs. 3 BGB in seiner derzeitigen gesetzlichen Ausgestaltung und mit Blick auf die Handhabung der Vorschrift durch die Rechtsprechung mit den Anforderungen eines konsequenten Minderjährigenschutzes nicht ausreichend vereinbar. Ein unter Umständen bestehender Haftpflichtschutz mag dabei in der Praxis die für Minderjährige bestehenden finanziellen Risiken in vielen Fällen kompensieren; dies lässt gleichwohl die mit Blick auf § 828 Abs. 3 BGB zweifelhafte Nichtberücksichtigung individueller Entwicklungsschwächen Minderjähriger nicht obsolet erscheinen. Auch die Möglichkeit der Durchführung eines Verbraucherinsolvenz- und Restschuldbefreiungsverfahrens stellt mit Blick auf die festgestellten tatbestandlichen Mängel des § 828 Abs. 3 BGB kein hinreichendes Korrektiv der nach §§ 828, 249 ff. BGB möglichen unbeschränkten Haftung im Sinne des Prinzips der Totalreparation dar.

G. Reformpotential

In den vorangegangenen Kapiteln ließ sich aufzeigen, dass die bestehenden gesetzlichen Regelungen zum Schutz Minderjähriger vereinzelt Schwächen aufweisen. Dies macht eine Auseinandersetzung mit möglichen Ansätzen zur Beseitigung der dargestellten Mängel notwendig. Dabei sind verschiedene in der wissenschaftlichen Literatur und Rechtsprechung bereits bestehende Reformgedanken ebenso wie rechtsvergleichende Überlegungen einzubeziehen, um auf Grundlage dessen eigenständige Lösungsansätze entwickeln zu können.

I. Thesen

Unter Berücksichtigung der im vorangegangenen Kapitel aufgezeigten Erkenntnisse lassen sich zunächst zwei zentrale Thesen für den weiteren Fortgang der vorliegenden Untersuchung formulieren:

1) Die einem gesetzlichen Vertreter nach aktueller Gesetzeslage offenstehende Möglichkeit einer wirksamen Verpflichtung minderjähriger Personen durch missbräuchliche Ausnutzung seiner gesetzlichen Vertretungsbefugnis ist mit der insbesondere durch Art. 2 Abs. 1 GG i.V.m. Art. 1 Abs. 1 GG verfassungsrechtlich verbürgten Schutzwürdigkeit minderjähriger Personen sowie im Fall eines Elternhandelns mit dem Telos elterlicher Sorge unvereinbar.
2) Die Vorschrift des § 828 BGB berücksichtigt in ihrer derzeitigen Fassung die sich im Alltag auswirkenden Entwicklungsdefizite Minderjähriger sowie die auch verfassungsrechtlich gebotenen Vorgaben eines wirksamen Minderjährigenschutzes nicht ausreichend.

II. Reformpotential im Bereich gesetzlicher Vertretung

Üben Eltern und sonstige gesetzliche Vertreter die ihnen zustehenden Rechte zum Wohl des minderjährigen Kindes aus, stellt sich die daraus resultierende Fremdbestimmung auch mit Blick auf das Allgemeine Persönlichkeitsrecht des Kindes als verfassungsrechtlich unbedenklich dar. Anders verhält es sich mit solchen Fällen gesetzlicher Vertretung, in denen der zur Vertretung Berechtigte die ihm zukommende Vertretungsmacht aus eigennützigen Motiven missbraucht und das Kind infolgedessen mit nicht nur völlig unerheblichen Verbindlichkeiten belastet. Über die seitens des BVerfG in dessen Beschluss vom Mai 1986[1] explizit gestellte Forderung nach einem schuldenfreien Eintritt in die Volljährigkeit hinaus ist bereits dann von einem Eingriff in das Allgemeine Persönlichkeitsrecht des Minderjährigen auszugehen, wenn infolge missbräuchlicher Ausnutzung des Vertretungsrechts belastende Verbindlichkeiten entstehen. Nachfolgend sollen verschiedene bereits bestehende sowie denkbare neue Ansätze zur Auflösung dieser Problematik erörtert werden.

1. Gegenständliche Beschränkung der gesetzlichen Vertretungsmacht

In der Literatur wurde nicht erst infolge des bereits zitierten Beschlusses des BVerfG aus dem Jahr 1986, der die potentiellen Risiken einer von §§ 1626, 1629 BGB ermöglichten gesetzlichen Vertretung durch die Eltern öffentlichkeitswirksam in den wissenschaftlichen Fokus rückte, mit unterschiedlichen inhaltlichen Ausprägungen gefordert, den Umfang der elterlichen Vertretungsmacht einzuschränken.

a) Vorhandene Reformansätze

Grundsätzlicher Ausgangspunkt entsprechender Forderungen war die auch heute noch unverändert gültige Annahme, dass die Vertretungsmacht inhaltlich durch den Umfang des Sorgerechts beschränkt sein müsse. Sie könne daher nur so weit reichen, als das Kindeswohl überhaupt ein Handeln erfordere.[2] Eltern hätten ebenso wie andere gesetzliche Vertreter auch die ihnen zukommende Stellung als „gute Verwalter der Kindesrechte" im wohlverstandenen Interesse ihrer Kinder bestmöglich zu erfüllen.[3] Nach Inkrafttre-

---

[1] BVerfG, Beschl. v. 13.5.1986 – 1 BvR 1542/84, NJW 1986, 1859.

[2] So bereits RG, Urt. v. 14.6.1909 – Rep. VI. 356/08, RGZ 71, 219, 221; *Müller-Freienfels*, Die Vertretung beim Rechtsgeschäft, S. 364; Krüger/Breetzke/Nowack/*Krüger*, BGB, § 1629 Rn. 6; *Gernhuber*, FamRZ 1962, 89, 93.

[3] *Müller-Freienfels*, Die Vertretung beim Rechtsgeschäft, S. 364. Zur Reichweite der gesetzlichen Vertretungsmacht des Vormunds vgl. auch grundlegend RG, Urt. v. 14.6.1909

ten des Grundgesetzes wurden diese Überlegungen unter Heranziehung des Art. 6 Abs. 2 GG auch verfassungsrechtlich abgesichert.[4] Diese immanente Beschränkung des elterlichen Vertretungsrechts soll allerdings nach heute allgemein vertretener Auffassung im Außenverhältnis gegenüber Dritten, von Kollusion und Evidenz als anerkannten Ausprägungen eines Missbrauchs der Vertretungsmacht abgesehen, nicht zu einer Begrenzung der Vertretungsmacht führen.[5]

Demgegenüber wurde in der Vergangenheit insbesondere aus dem Zweck der elterlichen Sorge teilweise gefolgert, dass Eltern, die pflichtwidrig im Namen ihres Kindes handeln, stets als Vertreter ohne Vertretungsmacht agieren.[6] Folglich gelängen in solchen Fällen die §§ 177 ff. BGB zur Anwendung.[7] Die von der Vertretungsmacht der Eltern nicht umfassten Rechtshandlungen, mithin solche, die objektiv betrachtet nicht durch das Kindeswohl gedeckt seien, wären daher ohne Weiteres als schwebend unwirksam anzusehen. Überdies ergebe sich für den Geschäftsgegner in der weiteren Folge gegenüber dem Vertreter ein Anspruch aus § 179 Abs. 1 BGB. Nach dieser Ansicht sollte sich die im Innenverhältnis zwischen Kind und Eltern bestehende Pflichtenbindung entgegen der heute vorherrschenden Auffassung auch im Außenverhältnis gegenüber Dritten auswirken und eine missbräuchliche Ausnutzung der Vertretungsmacht verhindern. Nach dieser Lesart der §§ 1626, 1629 BGB wären überdies gesetzliche Neuregelungen entbehrlich, vielmehr könnte eine entsprechende Beschränkung des elterlichen Vertretungsrechts unmittelbar aus den bestehenden Regelungen entnommen werden.

Auch weniger weitgehenden Auffassungen zufolge sollten der elterlichen Vertretung zwar durchaus inhaltliche Grenzen zu setzen sein. Gleichwohl könne der Maßstab dieser Begrenzung nicht allein in dem unspezifisch an-

– Rep. VI 356/08, RGZ 71, 219, 221: „Die Begrenzung auf das wahrzunehmende Interesse des Mündels ist hier durch Zweck und Rechtsnatur der Vertretungsmacht an sich gegeben […].“

[4] Vgl. Krüger/Breetzke/Nowack/*Krüger*, BGB, § 1629 Rn. 6.

[5] Vgl. nur Soergel/*Löhnig*/*Preisner*, BGB, § 1626 Rn. 2.

[6] Krüger/Breetzke/Nowack/*Krüger*, BGB, § 1629 Rn. 6; *Gernhuber*, FamRZ 1962, 89, 94; so auch noch *Gernhuber*, Familienrecht, 3. Auflage 1980, S. 720, aufgegeben in *Gernhuber*/*Coester-Waltjen*, Familienrecht, 4. Auflage 1994, S. 879. Im Ergebnis ebenfalls für eine Begrenzung der Vertretungsmacht plädierend, jedoch unabhängig von einem Elternhandeln auf die pflichtwidrige gesetzliche Vertretung im Allgemeinen rekurrierend *Frotz*, Verkehrsschutz im Vertretungsrecht, S. 620. Als Möglichkeit einer Haftungsbegrenzung diskutiert auch bei *Wolf*, AcP 187 (1987), 319, 330. Nicht ganz eindeutig insoweit *Müller-Freienfels*, Die Vertretung beim Rechtsgeschäft, S. 364 f., 368 f., der zwar ebenfalls auf eine notwendige inhaltliche Beschränkung des elterlichen Vertretungsrechts hinweist, zugleich jedoch den insoweit gutgläubigen Dritten wohl vorrangig schützen will.

[7] *Gernhuber*, Familienrecht, 3. Auflage 1980, S. 721.

mutenden Begriff der „pflichtwidrigen Ausübung des Vertretungsrechts" gesehen werden. Vielmehr sei unter Einbeziehung der Interessen des Rechtsverkehrs darauf abzustellen, ob dem Minderjährigen eine finanzielle Belastung durch Vertretergeschäfte „zumutbar" sein könne, wobei als zwingende Grenze die Überschuldung des minderjährigen Kindes gezogen werden müsse. Vermögensrechtliche Geschäfte seien daher dann als unwirksam anzusehen, wenn die vertragsmäßige Leistung nicht aus dem Kindesvermögen erbracht werden könne.[8]

Noch zurückhaltender positionierten sich schließlich diejenigen Stimmen in der Literatur, die zwar gleichfalls für eine Beschränkung der elterlichen Vertretungsmacht plädierten und diesbezüglich für die Schaffung eines Genehmigungstatbestandes optierten, diesen jedoch in enger Anlehnung an den vom BVerfG im Jahr 1986 entschiedenen Einzelfall auf solche Konstellationen beschränkt sehen wollten, in denen es um die Entschließung des gesetzlichen Vertreters zur Fortführung eines von einem minderjährigen Allein- oder Miterben erworbenen Handelsgeschäfts gehe.[9]

b) Stellungnahme

Bei isolierter Betrachtung allein der wohlverstandenen Interessen minderjähriger Kinder hinsichtlich der Vermeidung belastender, unter missbräuchlicher Ausnutzung des elterlichen Vertretungsrechts eingegangener Verbindlichkeiten erscheint eine Lesart, die den §§ 1626, 1629 BGB eine auch im Außenverhältnis wirkende immanente Begrenzung zu entnehmen versucht, vordergründig als besonders effektiver Schutzmechanismus. Solchermaßen würde der betroffene Minderjährige bereits nicht als Schuldner verpflichtet. Auch wäre eine solche Lösung für den Vertragspartner nicht nachteilig, da diesem über § 179 Abs. 1 BGB regelmäßig ein Anspruch auf Erfüllung der vertraglich vereinbarten Leistung oder auf Schadensersatz zustehen würde.[10]

---

[8] So *Schmidt*, BB 1986, 1238, 1242, der diese Begrenzung der elterlichen Vertretungsmacht regelungstechnisch über einen neu zu schaffenden Genehmigungstatbestand verwirklicht sehen wollte. Danach sollte § 1822 BGB um folgende Nr. 14 ergänzt werden: „Zu einem Rechtsgeschäft, das aus dem Vermögen des Mündels erfüllt werden soll, aber nicht mit den Mitteln dieses Vermögens erfüllt werden kann", siehe *Schmidt*, BB 1986, 1238, 1245. Ebenfalls für die Überschuldung des Minderjährigen als verfassungsrechtlich gebotene Grenze der elterlichen Sorge *Wolf*, AcP 187 (1987), 319, 327 f.

[9] Vgl. hierzu *Hüffer*, ZGR 1986, 603, 651.

[10] Insbesondere die von § 179 Abs. 2 BGB vorgesehene Begrenzung auf den Vertrauensschaden wäre in den hier interessierenden Fällen eines Missbrauchs der Vertretungsmacht durch die Eltern kaum einschlägig. Zwar setzt eine Haftung auf das positive Erfüllungsinteresse nach § 179 Abs. 1 BGB positive Kenntnis des Vertreters vom Mangel der Vertretungsmacht voraus, vgl. MüKoBGB/*Schubert*, BGB, § 179 Rn. 48. Nutzen jedoch Eltern die ihnen nach §§ 1626, 1629 BGB zustehende Vertretungsbefugnis aus, um aus eigennützigen Motiven Verträge zu Lasten ihrer Kinder zu schließen, dürfte regelmäßig von einer entsprechenden positiven Kenntnis auszugehen sein.

Gleichwohl kann einer solchen Interpretation der im Bereich der elterlichen Sorge de lege lata bestehenden gesetzlichen Regelungen aus mehreren Gründen nicht gefolgt werden.

Zunächst findet ein solches Verständnis der §§ 1626 ff. BGB keinen ausdrücklichen Rückhalt im Gesetzeswortlaut. Nach § 1629 Abs. 1 S. 1 BGB umfasst die elterliche Sorge die Vertretung des Kindes, wobei die elterliche Sorge gem. § 1626 Abs. 1 S. 1 BGB die Pflicht und das Recht der Eltern darstellt, für das minderjährige Kind zu sorgen. Nach § 1627 S. 1 BGB haben die Eltern die elterliche Sorge schließlich in eigener Verantwortung und in gegenseitigem Einvernehmen zum Wohl des Kindes auszuüben. Aus dem Zusammenspiel der Normen wird zwar hinreichend deutlich, dass auch im Rahmen des elterlichen Vertretungsrechts das Kindeswohl als Verhaltensmaßstab zu berücksichtigen ist. Gleichwohl wird danach den Eltern für solche Rechtsgeschäfte, die dem Wohl des Kindes nicht entsprechen, nicht ausdrücklich die Vertretungsmacht entzogen.[11]

Eine entsprechende Auslegung der bestehenden Normen würde überdies nicht dem Willen des historischen Gesetzgebers entsprechen. Ausweislich der Motive zum ersten Entwurf des BGB hatte dieser durchaus die Gefahr erkannt, dass die elterliche Vertretungsmacht in einzelnen Fällen arglistig zum Nachteil des Kindes missbraucht werden könnte. Im Wissen um dieses Risikopotential hat der Gesetzgeber gleichwohl dem Interesse des Rechtsverkehrs und auch des Kindes an einer effektiven Vertretungsbefugnis den Vorrang eingeräumt und auf die Möglichkeit einer Einschränkung der Vertretungsmacht explizit verzichtet.[12] Wollte man unter Berücksichtigung der seit Erlass des BGB veränderten gesellschaftlichen Rahmenbedingungen und Möglichkeiten des Wirtschaftslebens, insbesondere der weitreichenden Anonymität im Online- und Versandhandel, eine Beschränkung der elterlichen Vertretungsmacht auf dem Kindeswohl entsprechende Rechtsgeschäfte erreichen, wäre angesichts der genannten Faktoren eine gesetzgeberische Än-

---

[11] Vgl. *Griem*, Gesetzliche Vertretung und Überschuldungsschutz, S. 146.

[12] Vgl. erneut die Motive bei *Mugdan*, Materialien, Band 4, S. 576: „Gemeinrechtlich sind solche vom Vormunde im Namen des Mündels vorgenommene[n] Rechtsgeschäfte für den Mündel unverbindlich, welche sich als ein arglistiger Eingriff in das Vermögen des Mündels darstellen [...]. Eine derartige Einschränkung der Vertretungsmacht findet sich indessen in den neueren Gesetzen nicht; sie ist auch mit dem Gedanken der Repräsentativgewalt des Vormundes nicht vereinbar. [...] Hier, wie dort ist davon ausgegangen, daß der Nutzen, welcher im Allgemeinen für die Sicherheit des Verkehres und das Interesse des Mündels daraus erwächst, daß das Gesetz für eine sichere, kreditwirkende Vertretung des Mündels sorgt, schwerer wiegt, als die Gefahren, welche in einzelnen Fällen für den Mündel daraus entstehen können, daß der Vormund seine Vertretungsmacht arglistig zum Nachtheile des Mündels mißbraucht. Böser Wille ist es verhältnismäßig am allerwenigsten, woraus dem Mündel Gefahr droht, und gegen Verbrechen kann schließlich kein Gesetz schützen."

derung des § 1629 BGB notwendig. Ein Vorschlag für eine solche Beschränkung im Falle „nachteiliger“ Rechtsgeschäfte findet sich beispielsweise bei *Griem*, wonach § 1629 Abs. 1 BGB um einen weiteren Satz zu ergänzen sein soll: „Die Vertretung des Kindes für nachteilige Geschäfte ist hiervon ausgenommen.“[13]

Allerdings wäre besondere Sorgfalt bezüglich einer entsprechenden tatbestandlichen Neufassung geboten, um eine möglichst rechtssichere Handhabung durch die Rechtspraxis und den Geschäftsverkehr zu gewährleisten, soweit eine solche angesichts der Verwendung unbestimmter Rechtsbegriffe wie etwa „nachteiliges Geschäft“ überhaupt möglich sein kann. Insbesondere der Bedeutungsgehalt des Begriffs „nachteiliges Geschäft“ dürfte sich in der Rechtsanwendung problematisch gestalten. So kann es von der subjektiven Auffassung des Einzelnen abhängen, ob sich ein Rechtsgeschäft tatsächlich als für den Minderjährigen nachteilig erweist. Stellte man insoweit objektiv auf eine im Zeitpunkt des Vertragsschlusses vorhandene, für das Vermögen des Kindes nachteilige Belastung etwa in Gestalt eines das Kindesvermögen übersteigenden Kaufpreises ab, müsste sich zwangsläufig die Frage stellen, wie sich eine nachträglich eintretende deutliche Wertsteigerung des Kaufgegenstandes auf die schwebende Unwirksamkeit des Rechtsgeschäfts auswirkt. Eine solche Situation wäre beispielsweise beim Erwerb von Aktien oder Wertpapieren auf den Namen des Kindes denkbar.

Es müsste folglich hinreichend konkret aufgezeigt werden, unter welchen Voraussetzungen die Vornahme eines Rechtsgeschäfts nicht mehr unter Beachtung der pflichtgemäßen Wahrung der Interessen des Minderjährigen und somit „missbräuchlich“ erfolgt.[14] Überdies wäre in diesem Zusammenhang zu beachten, dass den Eltern im Rahmen der ihnen zustehenden elterlichen Sorge trotz ihrer immanenten Bindung an das Kindeswohl eine substantielle Einschätzungsprärogative verbleiben muss, um eine sinnvolle gesetzliche Vertretung durch diese zu gewährleisten. Es erschiene daher nicht zielführend, jedes Rechtsgeschäft, welches sich zum Zeitpunkt des Vertragsschlusses bei objektiver Betrachtung als rechtlich oder wirtschaftlich nachteilig darstellt, stets als nicht von der elterlichen Vertretungsmacht gedeckt und somit als schwebend unwirksam anzusehen.

Erforderlich erschiene vielmehr das Hinzutreten eines näher zu definierenden subjektiven Elements, das ein Handeln der Eltern in missbräuchlicher oder vorsätzlich schädigender Absicht voraussetzt. Ein bloßes Rekurrieren auf die objektive „Nachteilhaftigkeit“ eines Rechtsgeschäfts hingegen könnte zudem auch die Bereitschaft der Eltern verringern, zugunsten ihres minderjährigen Kindes Rechtsgeschäfte abzuschließen, deren wirtschaftliche

[13] *Griem*, Gesetzliche Vertretung und Überschuldungsschutz, S. 147.
[14] Vgl. *Griem*, Gesetzliche Vertretung und Überschuldungsschutz, S. 155.

Risiken sie bei Vertragsschluss noch nicht vollständig absehen können. Dies nimmt dem Kind wiederum die Möglichkeit am Rechtsverkehr zu partizipieren, was umso schwerwiegender erscheinen muss, als dieses als geschäftsunfähige oder beschränkt geschäftsfähige Person in weiten Bereichen nur über seinen gesetzlichen Vertreter rechtsgeschäftliche Handlungsfähigkeit erreichen kann.[15]

Eine gesetzlich mögliche Begrenzung der elterlichen Vertretungsmacht erwiese sich eventuell auch mit Blick auf den Zweck des gesetzlichen Vertretungsrechts als problematisch, soweit dieses nicht nur dem Schutz des minderjährigen Kindes vor nicht abzusehenden finanziellen Verpflichtungen, sondern auch dessen Beteiligung am Rechts- und Wirtschaftsleben zu dienen bestimmt ist. Ob ein Rechtsgeschäft, an dem die Eltern als gesetzliche Vertreter ihres Kindes beteiligt sind, unter Umgehung im Innenverhältnis bestehender Grenzen des Vertretungsrechts zustande kommt, ist letztlich eine Frage der Umstände des Einzelfalls und für potentielle Geschäftspartner des Minderjährigen kaum erkennbar.[16] Zumindest würden diese mit erheblichen Nachforschungspflichten belastet. Insbesondere dann, wenn dem Dritten die Minderjährigkeit seines Vertragspartners bekannt ist, müsste sich dieser im Einzelfall von der Ordnungsgemäßheit des Vertreterhandelns überzeugen, um nachträgliche Rechtsstreitigkeiten vermeiden und Klarheit über seinen tatsächlichen Vertragspartner erlangen zu können. Dies würde dem vom Gesetzgeber betonten Zweck des elterlichen Vertretungsrechts, eine für den Rechtsverkehr verbindliche und einfach zu handhabende Vertretung des Kindes zu gewährleisten, zuwiderlaufen.[17] Die hierdurch zu erwartende verringerte Bereitschaft Dritter, mit durch ihre Eltern vertretenen Minderjährigen zu kontrahieren, würde dem Kind somit entgegen der gesetzlichen Intention eventuell sogar schaden.

Schlussendlich muss bei jeder angestrebten Lösung stets bedacht werden, dass trotz der besonderen Schutzwürdigkeit Minderjähriger keinesfalls ein grundsätzlicher „Totalvorrang" des Minderjährigenschutzes vor dem allgemeinen Verkehrsschutz besteht.[18] Ein solcher würde sämtliche in Betracht kommenden, ebenfalls grundrechtlich abgesicherten Interessen anderer Teilnehmer des Rechtsverkehrs außer Acht lassen.[19] Vielmehr verpflichtet das

---

[15] Vgl. *Vedder*, Missbrauch der Vertretungsmacht, S. 31.

[16] Vgl. *Müller-Feldhammer*, FamRZ 2002, 13, 16.

[17] Ebenso *Behnke*, NJW 1998, 3078, 3082. Dies gilt umso mehr, als unabhängig von der Vertretung eines Minderjährigen die Erteilung einer trotz eventuell im Innenverhältnis bestehender Bindungen grundsätzlich unbeschränkten Vertretungsmacht generell dazu dient, die Bereitschaft des Geschäftsverkehrs zu Verhandlung und Vertragsschluss mit dem Vertreter zu fördern. So auch ausdrücklich *Vedder*, JZ 2008, 1077.

[18] *Reuter*, AcP 192 (1992), 108, 135; *Schmidt*, JuS 1990, 517.

[19] Zu den rechtlichen Positionen anderer Teilnehmer des Rechtsverkehrs vgl. erneut die Ausführungen unter C. IV.

Gebot des Minderjährigenschutzes den Gesetzgeber lediglich dazu, eine Rechtsordnung zu statuieren, die sowohl die Belange des Minderjährigenschutzes als auch diejenigen des Verkehrsschutzes ausgewogen berücksichtigt.[20] Ein Entfallen des gesetzlichen Vertretungsrechts für solche Rechtsgeschäfte, die im Zeitpunkt ihrer Vornahme rein objektiv betrachtet „dem Kindeswohl nicht entsprechen" oder sich als für das Kind potentiell „nachteilig" darstellen, erschiene vor diesem Hintergrund nicht als eine die Interessen des Rechtsverkehrs angemessen berücksichtigende Lösung.[21]

Soweit der Gedanke einer Beschränkung der Vertretungsmacht von einzelnen Autoren nicht generell an ein pflichtwidriges Verhalten des gesetzlichen Vertreters, sondern an die Frage nach der Zumutbarkeit einer finanziellen Belastung des Minderjährigen angeknüpft wird,[22] ließe sich dergestalt zwar konzeptionell die Gefahr einer Überschuldung des Minderjährigen bereits vor Eintritt der Volljährigkeit und damit noch weitgehender als nach § 1629a BGB vermeiden. Einen generellen Zugriff auf das Vermögen des Minderjährigen im Fall einer missbräuchlichen Ausnutzung des Vertretungsrechts würde dieser Lösungsansatz gleichwohl nicht verhindern. Aufgrund des Umstands, dass eine Einschränkung des gesetzlichen Vertretungsrechts in Form einer gerichtlichen Genehmigungsbedürftigkeit[23] erst dann greifen soll, wenn die Mittel des vertretenen Minderjährigen nicht zur Erfüllung des durch den Vertreter abgeschlossenen Rechtsgeschäfts ausreichen, ergibt sich zudem eine nicht unwesentliche Benachteiligung finanziell gut situierter Minderjähriger. Diese würden im Falle einer solchen Lösung für ein missbräuchliches Verhalten ihres gesetzlichen Vertreters in weit höherem Maße haften als weniger solvente Minderjährige. Eine solche, nicht auf nachvollziehbaren Differenzierungskriterien beruhende sachliche Ungleichbehandlung durch den Gesetzgeber wäre mit den in Art. 3 Abs. 1 GG enthaltenen Maßgaben kaum zu vereinbaren.

Problematisch erschiene schließlich auch die praktische Umsetzung der vereinzelt erwogenen Genehmigungslösung.[24] Insbesondere könnte die danach notwendige und durch das Gericht vorzunehmende Betrachtung der

---

[20] Vgl. *Schmidt*, JuS 1990, 517.

[21] Vgl. insoweit *Allmendinger*, Vertretungsverbot bei Insichgeschäften, S. 149 f., wonach eine „[…] vom Kindeswohl abhängende Vertretungsmacht der Eltern zu erheblichen tatsächlichen Unsicherheiten und nicht hinnehmbaren Beeinträchtigungen des Rechtsverkehrs mit Dritten führen" müsste.

[22] So *Schmidt*, BB 1986, 1238, 1242; *Wolf*, AcP 187 (1987), 319, 327 f.

[23] Vgl. hierzu erneut das Plädoyer für einen zu schaffenden § 1822 Nr. 14 BGB bei *Schmidt*, BB 1986, 1238, 1242.

[24] Vgl. dazu erneut *Schmidt*, BB 1986, 1238, 1242. Eine andere Einschätzung findet sich diesbezüglich bei *Griem*, Gesetzliche Vertretung und Überschuldungsschutz, S. 161, wonach der Vorschlag von *Schmidt* zur Schaffung eines zusätzlichen Genehmigungstatbestandes vor allem durch seine einfache praktische Umsetzung überzeugen soll.

Solvenz des Minderjährigen zum Zeitpunkt der Vornahme des Rechtsgeschäfts die im Alltag notwendige Einschätzungsprärogative des gesetzlichen Vertreters unterlaufen. Denn in diesem Fall wären Rechtsgeschäfte, die zwar im wohlverstandenen Sinne des Minderjährigen getätigt werden sollen, jedoch auch nur minimale finanzielle Risiken für dessen Vermögen aufweisen, ohne Genehmigung nicht zulässig. Möchte ein Dritter mit dem Minderjährigen kontrahieren, müsste er sich als Konsequenz dieses Umstands bei Geschäften, die nicht lediglich völlig unerhebliche finanzielle Verpflichtungen nach sich ziehen, aus Eigeninteresse letztlich stets rückversichern, ob eine familiengerichtliche Genehmigung besteht. Ein solches Verständnis würde wiederum dem gesetzlichen Zweck des Vertretungsrechts, minderjährigen Personen die Chance einer Teilnahme am rechtsgeschäftlichen Alltag zu ermöglichen, zuwiderlaufen. Im Übrigen könnte eine solche Lösung in der Praxis auch nicht hinreichend effektiv vor einer Vorbelastung des Minderjährigen schützen, da eine im Zeitpunkt des Vertragsschlusses vorhandene Deckung der zu erfüllenden rechtsgeschäftlichen Forderung keinen Aussagewert über den Stand des Aktivvermögens des Minderjährigen bei Fälligkeit der Forderung beinhaltet.[25]

2. *Erweiterung der bestehenden Genehmigungstatbestände*

Eine weitere Möglichkeit der Beschränkung elterlicher Vertretungsmacht könnte in einer Erweiterung der in §§ 1821, 1822 BGB enthaltenen, punktuellen Genehmigungstatbestände liegen. Dies hatte auch das BVerfG in seinem Beschluss aus dem Jahr 1986 als für den Gesetzgeber mögliche Alternative zur Einführung einer nachträglichen Haftungsbeschränkung aufgezeigt.[26] In diesem Zusammenhang beschränkte sich das BVerfG anlässlich des von ihm betrachteten Einzelfalls darauf, konkret im Falle der Fortführung eines Handelsgeschäfts durch Minderjährige eine gerichtliche Genehmigung als hinreichende Ausformung des Minderjährigenschutzes aufzufassen. Während einzelne Stimmen in der Literatur diese Erwägungen zur Schaffung eines entsprechend einzelfallbezogenen Genehmigungstatbestandes aufgriffen,[27] sollte nach einem anderen Regelungskonzept die potentielle Über-

---

[25] Ebenso *Reuter*, AcP 192 (1992), 108, 139. Die aus einer entsprechenden wirtschaftlichen Prognose resultierende Unsicherheit für den Rechtsverkehr betont *Schwartze*, FS Pieper, S. 527, 539.

[26] Vgl. BVerfG, Beschl. v. 13.5.1986 – 1 BvR 1542/84, NJW 1986, 1859, 1861.

[27] Vgl. erneut *Hüffer* ZGR 1986, 603, 651. Für eine Erweiterung des Genehmigungskataloges im Allgemeinen *Klüsener*, Rpfleger 1999, 55, 59. Auch Staudinger/*Coester*, BGB, § 1629a Rn. 7 sieht die Möglichkeit einer Fortschreibung des Genehmigungskataloges nicht als alternativen, sondern vielmehr kumulativen Lösungsansatz zu dem in § 1629a BGB verwirklichten Haftungsbeschränkungsmodell.

schuldung des vertretenen Minderjährigen Anlass für die Einholung einer gerichtlichen Genehmigung sein.[28]

Im Hinblick auf das aufgezeigte Schutzbedürfnis des Minderjährigen im Falle missbräuchlicher Ausnutzung des elterlichen Vertretungsrechts könnte daneben erwogen werden, die nach § 1822 BGB bestehende Genehmigungspflicht über die dort enumerativ normierten Situationen hinaus mittels einer Generalklausel auf allgemein nachteilhafte Rechtsgeschäfte zu erstrecken. Ein Beispiel für einen solchen offen formulierten Tatbestand findet sich im österreichischen Zivilrecht. Dort lautet § 167 Abs. 3 ABGB auszugsweise wie folgt:

„Vertretungshandlungen und Einwilligungen eines Elternteils in Vermögensangelegenheiten bedürfen zu ihrer Rechtswirksamkeit der Zustimmung des anderen obsorgebetrauten Elternteils und der Genehmigung des Gerichtes, sofern die Vermögensangelegenheit nicht zum ordentlichen Wirtschaftsbetrieb gehört. Unter dieser Voraussetzung gehören dazu besonders die Veräußerung oder Belastung von Liegenschaften, […].“[29]

Während § 167 Abs. 3 S. 1 ABGB die Genehmigungsbedürftigkeit eines Rechtsgeschäfts davon abhängig macht, ob dieses zum „ordentlichen Wirtschaftsbetrieb“ zählt, enthält § 167 Abs. 3 S. 2 ABGB eine im Gegensatz zu § 1822 BGB nicht abschließende, sondern lediglich exemplarische Aufzählung einzelner in jedem Fall genehmigungspflichtiger, da nicht dem ordentlichen Wirtschaftsbetrieb entsprechender Geschäfte.[30] Zum ordentlichen Wirtschaftsbetrieb im Sinne von § 167 Abs. 3 S. 1 ABGB sollen im Übrigen alle Angelegenheiten zählen, die nach den subjektiven Vermögensverhältnissen des Minderjährigen als üblich anzusehen sind.[31] Nicht zum ordentlichen Geschäftsbetrieb zählen hingegen solche Geschäfte, die „außerhalb normaler Geschäftsgestion“ liegen und denen ein erhebliches Risiko von Belastungen oder Rechtsverlusten für den Minderjährigen anhaftet.[32] Dabei zählen neben Umfang und Zusammensetzung des Kindesvermögens auch die mit der beabsichtigten Vertretungsmaßnahme verbundenen Risiken und Kosten zu den maßgeblichen Kriterien einer Prüfung der Genehmigungspflicht im Einzel-

---

[28] So *Schmidt*, BB 1986, 1238, 1245.

[29] Die nach Maßgabe von § 167 Abs. 3 ABGB neben der gerichtlichen Genehmigung zusätzlich notwendige Einwilligung des anderen Elternteils erklärt sich vor dem Hintergrund, dass gem. § 167 Abs. 3 ABGB im Fall gemeinsamer elterlicher Sorge bzw. „Obsorge“ jeder Elternteil für sich berechtigt und verpflichtet ist, das Kind zu vertreten. Selbst bei mangelnder Zustimmung des anderen Elternteils wäre die Vertretungshandlung demnach grundsätzlich wirksam. Insoweit besteht ein erheblicher Unterschied zur deutschen Rechtslage, nach der gem. § 1629 Abs. 1 S. 2 Hs. 2, S. 3 BGB die Eltern das Kind bei bestehender gemeinsamer Sorge grundsätzlich nur gemeinschaftlich vertreten können.

[30] Vgl. *Barth/Dokalik/Potyka*, ABGB, S. 82.

[31] Schwimann/Neumayer/*Weitzenböck*, ABGB, § 154 Rn. 11.

[32] Vgl. *Barth/Dokalik/Potyka*, ABGB, S. 82.

fall.[33] Durch diese Offenheit des unbestimmten Rechtsbegriffs „ordentlicher Wirtschaftsbetrieb" eröffnet sich den Gerichten im Einzelfall ein durchaus beachtlicher Einschätzungsspielraum.[34]

Zwar ließen sich die Fälle einer vorsätzlich missbräuchlichen Ausnutzung der gesetzlichen Vertretungsmacht ohne Weiteres unter die oben genannte Begriffsbestimmung subsumieren, da ein solches Verhalten der Eltern oder einer sonst zur Vertretung berechtigten Person nicht den allgemein üblichen Geschäftsusancen entspricht. Allerdings würde eine daraus resultierende Erstreckung der Genehmigungspflicht auch auf alltägliche Geschäfte, zu welchen beispielsweise eine Bestellung im Online-Handel zu rechnen wäre, ein hohes Maß an Unsicherheit für den Geschäftspartner des Minderjährigen bedeuten. Diese gründet maßgeblich darauf, dass der Vertragspartner eine missbräuchliche Ausnutzung des Vertretungsrechts insbesondere bei unpersönlich im Internet oder Versandhandel abgeschlossenen Verträgen kaum zu erkennen vermag.[35] Überdies würde bei einer Erstreckung der Genehmigungsbedürftigkeit auch auf „alltägliche" Rechtsgeschäfte angesichts der mit einer familiengerichtlichen Genehmigung verbundenen notwendigen Verfahrensdauer eine weitreichende Behinderung des Rechtsverkehrs begründen.

Soweit einem entsprechenden Genehmigungserfordernis auch eine präventive Schutzfunktion dahingehend zukommt, dass Eltern zur eigenen Absicherung eine Genehmigung einzuholen haben, zöge eine solche Ausweitung der Genehmigungstatbestände überdies weitere negative Aspekte nach sich. Sofern solche Eltern, welche von der Ordnungsmäßigkeit ihres Verhaltens überzeugt sein sollten, im Einzelfall aus Eigeninitiative oder auf Drängen des Geschäftspartners tatsächlich eine gerichtliche Genehmigung einholen wollten, würde dies eine erhebliche Störung der Geschäftstätigkeit für den Minderjährigen bedeuten, da eine Genehmigungserteilung eine nicht unerhebliche Zeit in Anspruch nehmen kann.[36] Eine Ausweitung der Genehmigungstatbestände der §§ 1821, 1822 BGB auf alltägliche Rechtsgeschäfte erscheint somit nach alledem für sich genommen kaum geeignet, das bestehende Niveau des Minderjährigenschutzes mit Blick auf dessen aufgezeigte Schwächen anzuheben.

---

[33] Vgl. Schwimann/Neumayer *Weitzenböck*, ABGB, § 154 Rn. 11.

[34] So wurde in der österreichischen Rechtsprechung bis dato beispielsweise die Anschaffung eines Kfz als genehmigungsbedürftig angesehen, während der Eintritt eines minderjährigen Kindes in das Mietrecht nach § 14 MRG nicht als genehmigungspflichtig bewertet wurde. Vgl. *Barth/Dokalik/Potyka*, ABGB, S. 83.

[35] Wäre der Missbrauch der Vertretungsmacht für den Dritten hingegen erkennbar, so würde dies schon wegen der Evidenz des nicht dem Kindeswohl entsprechenden Verhaltens nicht zu einer wirksamen Verpflichtung des vertretenen Minderjährigen führen.

[36] Vgl. *Habersack/Schneider*, FamRZ 1997, 649, 650.

3. *Anfechtungsrecht des Minderjährigen*

Die bislang dargestellten Lösungsversuche zielten sämtlich darauf ab, durch eine im Außenverhältnis wirksame Beschränkung der gesetzlich grundsätzlich uneingeschränkten elterlichen Vertretungsmacht bereits präventiv eine Vermeidung von belastenden Verbindlichkeiten zu erreichen. Ein konzeptionell abweichender Ansatz bestünde demgegenüber darin, dem Minderjährigen als Vertretenem die Möglichkeit zu eröffnen, sich nachträglich von einer durch den gesetzlichen Vertreter wirksam eingegangenen, objektiv interessenwidrigen Verbindlichkeit zu lösen.

a) Konzept eines Missbrauchseinwands zugunsten des vertretenen Minderjährigen

Dem geltenden deutschen Zivilrecht ist eine solche Möglichkeit zur nachträglichen Beseitigung wirksam zustande gekommener, jedoch im Innenverhältnis interessenwidriger Vertretergeschäfte unbekannt. Rechtsvergleichend hingegen lässt sich ein Beispiel für ein entsprechendes Modell im italienischen Zivilgesetzbuch und dort in Art. 1394 CC finden.

> „Der vom Vertreter im Widerstreit mit Interessen des Vertretenen abgeschlossene Vertrag kann auf Antrag des Vertretenen für nichtig erklärt werden, wenn der Widerstreit dem Dritten bekannt oder erkennbar war.“[37]

Diese Möglichkeit eines Antrags auf Nichtigerklärung des Vertretergeschäfts besteht dabei aufgrund des systematischen Zusammenhangs mit Art. 1387 CC[38] uneingeschränkt sowohl für die Fälle einer rechtsgeschäftlich erteilten Vollmacht als auch einer gesetzlichen Vertretungsbefugnis. Elementare Voraussetzung eines entsprechenden Antrags ist, dass der Inhalt des Rechtsgeschäfts mit den Interessen des Vertretenen kollidiert, wobei dies dem Vertragspartner bekannt oder für diesen zumindest erkennbar sein muss. Ein nach Art. 1394 CC notwendiger Interessenkonflikt soll dann vorliegen, wenn der Vertreter nicht zum Schutz der Interessen des Vertretenen handelt, sondern eigene oder Interessen Dritter verfolgt, die mit den Interessen des Vertretenen unvereinbar sind, wobei die Gefahr bestehen muss, dass die Vorteile für den Vertreter oder den Dritten mit einem Schaden für den Vertretenen einhergehen.[39] Ein danach gerichtlich für nichtig erklärtes Rechtsgeschäft

---

[37] Die hier zitierte deutsche Fassung von Art. 1394 CC ist abrufbar auf der Website der Südtiroler Landesverwaltung unter http://www.provinz.bz.it/politik-recht-aussenbeziehungen/recht/downloads/ZGB_ita_deu_Okt2020.pdf (Stand: Oktober 2020, Abrufdatum 27.4.2021).

[38] Art. 1387 CC lautet wie folgt: „Die Vertretungsmacht wird vom Gesetz oder von demjenigen, der ein Interesse daran hat, erteilt.“

[39] Vgl. Eccher/Schurr/Christandl/*Schurr*, Kapitel 2 Rn. 327.

entfaltet nach den allgemeinen Grundsätzen des italienischen Zivilgesetzbuchs keinerlei Rechtswirkungen. Wurden bereits Leistungen ausgetauscht, kommt ein wechselseitiger Anspruch auf Rückforderung der jeweils rechtsgrundlos erlangten Leistung in Betracht.[40]

Obschon es an einer vergleichbaren Regelung im BGB fehlt, entsprechen die genannten Tatbestandsvoraussetzungen des Art. 1394 CC inhaltlich letztlich der auch im deutschen Zivilrecht anerkannten Rechtsfigur der Evidenz, die eine Fallgestaltung des Missbrauchs der Vertretungsmacht darstellt. Zur Annahme einer solchen ist ebenfalls nicht allein erforderlich, dass sich der Vertreter bei Abschluss des Rechtsgeschäfts, bei dem er sich im Außenverhältnis im Rahmen seiner Zuständigkeit bewegt, subjektiv und objektiv pflichtwidrig über die im Innenverhältnis bestehenden Begrenzungen seiner Vertretungsmacht hinwegsetzt. Darüber hinaus muss diese Missachtung der intern bestehenden Restriktionen für den Vertragspartner auch erkennbar sein.

Nach nahezu einhelliger Auffassung erscheint das Erfordernis der Erkennbarkeit des Missbrauchs der Vertretungsmacht, bei durchaus vorhandener Uneinigkeit im Übrigen,[41] als unverzichtbare Voraussetzung für eine Reduzierung des Verkehrsschutzes zum Nachteil des Geschäftspartners. Der Rechtsmissbrauch des Vertreters allein soll demgegenüber nicht geeignet sein, eine Zurechnung des Vertreterhandelns an den Vertretenen in Abweichung von den Prinzipien der Stellvertretung zu verneinen.[42] Anderenfalls trete eine Umkehr des im Stellvertretungsrecht bestehenden Regel-Ausnahme-Verhältnisses ein, wonach der Missbrauch der Vertretungsmacht regelmäßig zu Lasten des Vertretenen gehe.[43] Das Erfordernis der Erkennbarkeit schränkt die praktische Relevanz der Rechtsfigur der Evidenz durchaus erheblich ein, was sich gerade in den Fällen missbräuchlicher Online-Bestellungen auf den Kindesnamen durch die Eltern als besonders problematisch erweist. Denn ein sich dem Vertragspartner geradezu aufdrängender Missbrauch der Vertretungsmacht wird in entsprechenden Konstellationen aufgrund der Gegebenheiten des onlinebasierten Handels schlechterdings zumeist nicht angenommen werden können.

Ein vor diesem Hintergrund bedenkenswertes Alternativkonzept bietet die nicht auf minderjährige Vertretene beschränkte Überlegung von *Vedder*,

---

[40] Vgl. Eccher/Schurr/Christandl/*Schurr*, Kapitel 2 Rn. 249.

[41] Streit besteht insbesondere hinsichtlich der Frage, ob der Missbrauch der Vertretungsmacht auf einem vorsätzlichen Verhalten des Vertreters beruhen muss oder ob stattdessen auch einfache Fahrlässigkeit ausreichend sein kann. Vgl. hierzu etwa *Vedder*, Missbrauch der Vertretungsmacht, S. 36 m.w.N.

[42] Vgl. BeckOK BGB/*Schäfer*, BGB, § 167 Rn. 50; Erman/*Maier-Reimer*, BGB, § 167, Rn. 74 f.; MüKoBGB/*Schubert*, BGB, § 164 Rn. 221.

[43] BeckOK BGB/*Schäfer*, BGB, § 167 Rn. 50.

wonach einem aufgrund rechtsgeschäftlicher oder gesetzlicher Ermächtigung Vertretenen im Fall eines missbräuchlichen Vertreterverhaltens unter Heranziehung von § 123 Abs. 1 Alt. 1, Abs. 2 BGB im Wege eines Erst-Recht-Schlusses ein Anfechtungsrecht einzuräumen sei. Dieses soll durch analoge Anwendung der §§ 121, 124 BGB den Interessen des Rechtsverkehrs entsprechend befristet gewährt werden.[44] Als methodischer Ansatzpunkt könne insoweit der Umstand dienen, dass ein vorsätzlich interessenwidrig Vertretener verglichen mit einem von dritter Seite Getäuschten gleichermaßen schutzwürdig, aber noch weitaus schutzbedürftiger sei.[45]

In Übereinstimmung mit der überwiegenden Auffassung soll Voraussetzung eines solchen Anfechtungsrechts zunächst eine objektive Pflichtwidrigkeit des Vertretergeschäfts sein, wobei der Vertreter im Hinblick auf die Verletzung der Interessen des Vertretenen subjektiv vorsätzlich handeln müsse.[46] Abweichend von der in Rechtsprechung und Literatur mit Blick auf die Figur der Evidenz vertretenen Einschätzung soll es jedoch auf die Kenntnis oder fahrlässige Unkenntnis des Geschäftspartners von der missbräuchlichen Ausübung des Vertretungsrechts grundsätzlich nicht ankommen. Denn ein solcher Ausschluss des Missbrauchseinwands im Interesse des Vertrauensschutzes erscheine problematisch, wenn man den Grund für die Gewährung des Missbrauchseinwandes in der Verletzung der Selbstbestimmung des Vertretenen durch das vorsätzlich interessenwidrige Handeln des Vertreters sehe. Einem bestehenden schutzwürdigen Vertrauen des Geschäftspartners könne ebenso effektiv mittels eines Anspruchs auf Ersatz des Vertrauensschadens gem. § 122 BGB analog Rechnung getragen werden. Dies entspreche überdies dem Verhältnismäßigkeitsprinzip besser, da der Vertretene durch die Bindung an vorsätzlich interessenwidrige Vertretergeschäfte in der Regel in unverhältnismäßigem Maße belastet werde.[47] Abschließend schlägt *Vedder* die Schaffung eines neuen § 164a BGB vor, da eine Kodifizierung der von ihm erwogenen Missbrauchslösung einer dauerhaften Rechtsfortbildung vorzuziehen sei.[48]

---

[44] Vgl. *Vedder*, Missbrauch der Vertretungsmacht, S. 45 ff. sowie *Vedder*, JZ 2008, 1077, 1082.

[45] Vgl. *Vedder*, JZ 2008, 1077, 1082.

[46] Vgl. *Vedder*, Missbrauch der Vertretungsmacht, S. 129. Dabei lasse sich dieser Vorsatz des Vertreters in der Praxis regelmäßig anhand des planmäßig angestrebten pflichtwidrigen Erfolges, der zumeist eine objektiv erkennbare Selbst- oder Drittbegünstigung darstelle, ablesen. Vgl. *Vedder*, JZ 2008, 1077, 1080.

[47] *Vedder*, JZ 2008, 1077, 1080.

[48] Der betreffende Gesetzesvorschlag findet sich bei *Vedder*, Missbrauch der Vertretungsmacht, S. 152. Dieser lautet wie folgt:

„(1) Gibt ein Vertreter innerhalb der ihm zustehenden Vertretungsmacht im Namen des Vertretenen eine Willenserklärung ab, obwohl er dadurch vorsätzlich und pflichtwidrig die Interessen des Vertretenen verletzt, so kann der Vertretene die Erklärung anfechten.

b) Stellungnahme

Die Gewährung eines Anfechtungsrechts für den Fall missbräuchlicher Vertretung erscheint aus Wertungsgesichtspunkten, insbesondere angesichts der vorerwähnten Schwachpunkte einer alleinigen Lösung über die Grundsätze der Evidenz und Kollusion, grundsätzlich überzeugend. Allerdings ergeben sich auf Grundlage des vorgeschlagenen Anfechtungsmodells speziell im Hinblick auf die interessenwidrige Vertretung eines Minderjährigen durch dessen gesetzlichen Vertreter gravierende Probleme sowohl konzeptioneller als auch praktischer Natur.

aa) Mögliche Vorteile eines Anfechtungskonzepts

Uneingeschränkt zustimmungswürdig ist zunächst die These, wonach sich ein Ausschluss des Missbrauchseinwands allein aufgrund mangelnder Erkennbarkeit für den Geschäftspartner als problematisch darstellt. Es mutet tatsächlich unbillig an, im Interesse des Vertrauensschutzes den wesentlichen Umstand, dass der Vertretene sich das Verhalten seines Vertreters ohne eigene Einflussnahme zurechnen lassen muss, völlig außer Acht zu lassen. Mag im Hinblick auf eine rechtsgeschäftlich erteilte Vollmacht insoweit anzuführen sein, dass bei sorgfältiger Auswahl und Kontrolle des Vertreters ein eventuell vorhandenes Missbrauchspotential reduziert werden könnte, so erscheint diese Argumentation im Fall gesetzlicher Vertretungsmacht und dort insbesondere bei der Vertretung minderjähriger Personen nicht überzeugend.[49]

Speziell Minderjährige, denen zwingend ein gesetzlicher Vertreter zugewiesen ist, können sich diesen weder „aussuchen“, noch ist ihnen die Möglichkeit einer rechtlichen relevanten Einflussnahme auf das Verhalten des Vertreters eröffnet. Ebenso wenig existiert zu ihren Gunsten die Möglichkeit, das ihnen durch die gesetzliche Vertretung zugewiesene Gefahrenpotential im Wege einer Beschränkung der Vertretungsmacht mit Wirkung gegenüber

---

(2) Die Anfechtung ist nur zulässig, wenn die Interessenverletzung für den Vertretenen nicht unerheblich ist. Die Frist des § 121 findet entsprechende Anwendung. Die Sätze 1 und 2 sind nicht anzuwenden, wenn der Anfechtungsgegner die Voraussetzungen des Absatzes 1 kannte oder kennen musste; in diesen Fällen findet die Frist des § 124 entsprechende Anwendung.

(3) Ist eine Willenserklärung aufgrund des Absatzes 2 angefochten, so ist der Vertretene in entsprechender Anwendung des § 122 BGB zum Schadensersatz verpflichtet.“

[49] Insoweit abweichend *Vedder*, JZ 2008, 1077, 1080, der die auf Seiten des Vertretenen bei missbräuchlicher Vertretung bestehende Interessenlage im Fall rechtgeschäftlicher Vertretungsbefugnis einerseits und gesetzlicher Vertretungsmacht andererseits augenscheinlich einheitlich bewerten will. Konsequenterweise soll der von ihm entwickelte Vorschlag eines zu schaffenden § 164a BGB daher Anwendung sowohl auf die rechtsgeschäftliche als auch die organschaftliche und gesetzliche Vertretung finden, vgl. *Vedder*, Missbrauch der Vertretungsmacht, S. 128 f.

Dritten zu minimieren. Dies unterscheidet sie deutlich von einem rechtsgeschäftlichen Vollmachtgeber.[50] Infolgedessen erscheinen sie, insbesondere unter Einbeziehung der zu ihren Gunsten bestehenden und im Rahmen der vorliegenden Arbeit bereits dargestellten rechtlichen Wertungen, in besonderem Maße schutzwürdig und -bedürftig. Dabei gilt es im Blick zu behalten, dass im Fall einer Stellvertretung zwei Interessenlagen potentiell kollidieren: Während auf der einen Seite der Geschäftsgegner daran interessiert sein muss, in den Genuss der Rechtswirkungen einer Vertretung zu gelangen, geht das Interesse des pflichtwidrig Vertretenen dahin, durch das Handeln des Vertreters bestenfalls überhaupt nicht verpflichtet zu werden.[51] Ein möglichst schonender Ausgleich dieser konträren Positionen muss folglich stets Prämisse weiterer Überlegungen bleiben.

Auch vor diesem Hintergrund betrachtet kann der nächsten Annahme *Vedders*, wonach bei mangelnder Evidenz der vorsätzlich missbräuchlichen Ausnutzung des Vertretungsrechts den Interessen des Dritten durch die Gewährung eines das negative Interesse umfassenden Ersatzanspruchs Rechnung getragen werden könnte, ebenfalls zugestimmt werden. Ein völliger Ausschluss des Missbrauchseinwands erscheint demgegenüber wegen der dadurch statuierten einseitigen Benachteiligung des Vertretenen mit Blick auf das Verhältnismäßigkeitsprinzip als nachrangige Lösung. Zwingende Voraussetzung für die Gewährung eines Missbrauchseinwands muss jedoch eine vorsätzliche Verletzung der Interessen des Vertretenen durch den Vertreter sein.[52] Denn einerseits entspricht das Risiko, dass der gesetzliche Vertreter ohne Vorsatz interessenwidrig handelt, letztlich nur dem Risiko, dass der im eigenen Namen Handelnde selbst fahrlässig seine eigenen Interessen verletzt.[53] Andererseits muss dem gesetzlichen Vertreter insbesondere eines Minderjährigen zwecks effektiver Ausübung der Stellvertretung ein ausreichender Einschätzungsspielraum bleiben, infolgedessen sich allerdings jederzeit eine fahrlässige Falschbewertung der geschäftlichen Chancen und Risiken zu Lasten des Minderjährigen ergeben kann. Diese aus der Notwendigkeit einer Einschätzungsprärogative strukturbedingt resultierenden Nachteile sodann

---

[50] Ebenso *Frotz*, Verkehrsschutz im Vertretungsrecht, S. 606, der überdies klarstellt, dass sich durch die Existenz der gem. § 50 Abs. 1 HGB im Außenverhältnis gleichfalls unbeschränkten Prokura kein abweichendes Ergebnis ergeben könne. Denn der Prinzipal stehe jederzeit vor der Wahl, eine entsprechende Prokura oder lediglich eine beschränkbare Handlungsvollmacht im Sinne von § 54 HGB zu erteilen. Dies unterscheide ihn von einem gesetzlich Vertretenen.

[51] *Frotz*, Verkehrsschutz im Vertretungsrecht, S. 614.

[52] Anders *Frotz*, Verkehrsschutz im Vertretungsrecht, S. 620, welcher ausdrücklich allein auf das Vorliegen eines objektiv pflichtwidrigen Vertreterhandeln abstellen möchte, einer Schädigungsabsicht oder auch nur dem Bewusstsein des Vertreters von der Pflichtwidrigkeit hingegen keinerlei Bedeutung beimisst.

[53] *Vedder*, Missbrauch der Vertretungsmacht, S. 121,

stets der Risikosphäre des Geschäftspartners des Minderjährigen zuzuweisen, ließe die wesentlichen Wertungsfaktoren des Rechts der Stellvertretung außer Acht. Ein Schutz des Minderjährigen „um jeden Preis" ist gerade nicht Zweck des Minderjährigenschutzes.

Schließlich stehen der Gewährung eines Missbrauchseinwands im Fall vorsätzlich interessenwidriger Vertretung auch weder die bis dato bestehende Regelungssystematik des BGB noch zwingend ein anders gearteter gesetzgeberischer Wille entgegen. Wie *Vedder* unter Verweis auf die Motive des historischen Gesetzgebers zutreffend darstellt, hatte dieser zwar bei der Regelung der Vormundschaft eine Übernahme der im gemeinen Recht vorgesehenen Unverbindlichkeit eines Rechtsgeschäfts bei arglistigen Eingriffen in das Vermögen des Mündels abgelehnt.[54] Gleichwohl ließe sich die dahinterstehende Überlegung, nämlich der Schutz des Vertrauens des Rechtsverkehrs und die Inkaufnahme etwaiger im Einzelfall bestehender Risiken für den Vertretenen zwecks Erhöhung der Akzeptanz des Instituts der Stellvertretung, auch durch die Gewährung eines Schadensersatzanspruchs absichern.

bb) Problematische Aspekte des Anfechtungskonzepts bei Vertretung eines Minderjährigen

Den vorgenannten begrüßenswerten Überlegungen *Vedders* stehen einige kritisch zu bewertende Aspekte gegenüber. Interessanterweise finden sich zu den nachfolgend genauer erörterten, spezifisch die Situation Minderjähriger betreffenden Problemkomplexen in *Vedders* durchweg generalisierendem Konzept keine näheren Ausführungen oder Lösungsansätze. Dies erstaunt insbesondere vor dem Hintergrund, als die Stellvertretung eines Minderjährigen durch seine Eltern bzw. sonstige gesetzliche Vertreter ausdrücklich als Beispiel der gesetzlichen Vertretung, auf welche das dargestellte Anfechtungsmodell uneingeschränkt Anwendung finden soll, angeführt wird.[55]

Zunächst wirft die aus Gründen der Rechtssicherheit grundsätzlich notwendig erscheinende Fristgebundenheit des Anfechtungsrechts geradezu zwangsläufig kritische Fragen auf. Nach den Überlegungen von *Vedder* soll sich die Frist im Fall der Unkenntnis des Anfechtungsgegners von den zur Anfechtung berechtigenden Umständen nach § 121 Abs. 1, Abs. 2 BGB richten.[56] Gem. § 122 Abs. 1 S. 1 BGB hat eine Anfechtung ohne schuldhaftes Zögern zu erfolgen, nachdem der Anfechtungsberechtigte von dem Anfechtungsgrund Kenntnis erlangt hat.[57] Bei entsprechender Anwendung des § 122

---

[54] Vgl. hierzu *Vedder*, Missbrauch der Vertretungsmacht, S. 123.

[55] Vgl. dazu *Vedder*, Missbrauch der Vertretungsmacht, S. 121 f., 124 f.

[56] Vgl. § 164a Abs. 2 S. 2 BGB in der Fassung des Vorschlags von *Vedder*, Missbrauch der Vertretungsmacht, S. 152.

[57] Voraussetzung ist diesbezüglich die tatsächliche Kenntnis des Anfechtungsberechtig-

Abs. 2 BGB wäre eine Anfechtung zudem ausgeschlossen, wenn seit der Abgabe der Willenserklärung durch den Vertreter zehn Jahre verstrichen sind.

Übertragen auf die Konstellation einer vorsätzlich missbräuchlichen Ausnutzung des Vertretungsrechts müsste der maßgebliche Zeitpunkt für den Fristbeginn somit die Erlangung der Kenntnis von eben jener interessenwidrigen Vertretung durch den Anfechtungsberechtigten sein. Anfechtungsberechtigt kann nur der Vertretene sein, im Fall einer missbräuchlichen Vertretung durch die Eltern oder einen Elternteil also der Minderjährige. Dieser hätte nach den genannten Grundsätzen somit unverzüglich nach Kenntniserlangung die Anfechtung des durch die Eltern vorgenommenen Rechtsgeschäfts zu erklären. Tauglicher Anfechtungsgegner wäre dabei nach der allgemeinen Regelung des § 143 Abs. 1, Abs. 2 Alt. 1 BGB der Vertragspartner des Minderjährigen. Unabhängig von der Kenntniserlangung würde das Anfechtungsrecht im Übrigen zehn Jahre nach Abgabe der maßgeblichen Vertretererklärung erlöschen.

Eine Anwendung dieser Voraussetzungen auf die Anfechtung durch einen Minderjährigen stellt sich allerdings praktisch als diffizil dar. Käme es mit Blick auf den Fristbeginn im Sinne von § 121 Abs. 1 S. 1 BGB auf die positive Kenntnis des Minderjährigen von der Existenz des Rechtsgeschäfts und dessen Zustandekommen unter missbräuchlicher Ausnutzung des Vertretungsrechts an, so bedürfte es der grundlegenden Fähigkeit desselben, Umstände und Inhalt des Rechtsgeschäfts zu überblicken. Ihm müsste somit überhaupt bewusst sein, dass seine gesetzlichen Vertreter aus rein eigennützigen Motiven ein Rechtsgeschäft in seinem Namen abgeschlossen haben und dass dieses seinen eigenen Vermögensinteressen diametral entgegensteht. Eine entsprechende Kenntnis des betreffenden Rechtsgeschäfts sowie die Einsichtsfähigkeit hinsichtlich dessen Folgen werden im Rahmen einer Vertretung nach §§ 1626, 1629 BGB gerade im Fall jüngerer Kinder regelmäßig kaum vorliegen. Deutlich praxisnäher erscheint insoweit die Vorstellung, dass ein infolge gerichtlicher Intervention bestellter Ergänzungspfleger bzw. Vormund das Vorliegen einer vorsätzlich interessenwidrigen Vertretung nachträglich aufdeckt und infolgedessen gegen die in Rede stehende Verbindlichkeit vorzugehen gewillt ist.[58] Allerdings müsste es dafür zwingend zu einer entsprechenden gerichtlichen Bestellung kommen.

---

ten vom Anfechtungsgrund. Irrelevant ist hingegen, ob der Anfechtungsberechtigte vom Bestehen eines Anfechtungsrechts und dem Erfordernis einer Anfechtungserklärung weiß. Vgl. MüKoBGB/*Armbrüster*, BGB, § 121 Rn. 5.

[58] Vgl. dazu erneut *DIJuF*, Rechtsgutachten vom 25.4.2008 – ES 4.100 An, JAmt 2009, 33. In dem diesem Gutachten zugrundeliegenden Ausgangssachverhalt war eine entsprechende Maßnahme nach § 1666 Abs. 1, Abs. 3 Nr. 6 BGB wegen missbräuchlicher Versandhandelsbestellungen durch eine Mutter vorgenommen worden.

Minderjährige, deren Interessen nicht durch einen Ergänzungspfleger oder Vormund gewahrt werden, befänden sich nach alledem somit tendenziell im Nachteil. Insbesondere im Fall sehr junger minderjähriger Vertretener käme es in Verbindung mit dem von § 122 Abs. 2 BGB vorgesehenen Ausschluss des Anfechtungsrechts nach zehn Jahren zu einer deutlichen und nicht zu rechtfertigenden Benachteiligung gegenüber älteren und entsprechend einsichtsfähigen Minderjährigen. Ein völliger Verzicht auf die Fristgebundenheit des Anfechtungsrechts käme im Hinblick auf die Auswirkungen einer erfolgreichen Anfechtung in Gestalt der Nichtigkeit der Willenserklärung ex tunc und des Anspruchs des Geschäftsgegners lediglich auf Ersatz des entstandenen Vertrauensschadens eines zu weitgehenden Schutzes des Minderjährigen gleich. Diesbezüglich bestünde folglich die Notwendigkeit, eine praxisgerechte, die Interessen Minderjähriger aller Altersklassen sowie des Geschäftspartners berücksichtigende Schematisierung vorzunehmen. Eine solche lässt das dargestellte Anfechtungskonzept vermissen.

Ein erhebliches Problem liegt darüber hinaus in dem Umstand begründet, dass der Minderjährige auch im Fall einer Kenntnisnahme vom Anfechtungsgrund nach den allgemeinen Regelungen des BGB überhaupt nicht berechtigt wäre, selbständig eine eigene Anfechtungserklärung abzugeben. Während die Anfechtungserklärung eines nach § 104 Nr. 1 BGB unter sieben Jahre alten und folglich geschäftsunfähigen Minderjährigen, so eine solche praktisch überhaupt denkbar erschiene, bereits gem. § 105 Abs. 1 BGB nichtig wäre, stünde einer entsprechenden Erklärung eines beschränkt geschäftsfähigen Minderjährigen die Vorschrift des § 111 S. 1 BGB entgegen. Danach ist ein einseitiges Rechtsgeschäft des Minderjährigen, das einer Einwilligung des gesetzlichen Vertreters bedarf, unwirksam, sofern es ohne die entsprechende Einwilligung vorgenommen wird. Unter den Begriff des einseitigen Rechtsgeschäfts in § 111 S. 1 BGB fällt insbesondere die Anfechtung, die als nicht lediglich rechtlich vorteilhaft im Sinne von § 107 BGB einzustufen ist und somit der Einwilligung bedarf.[59] Selbst wenn man die Vorteilhaftigkeit einer solchen Anfechtung unterstellte, wäre man gleichwohl erneut mit der Problematik einer Ungleichbehandlung der noch nicht mindestens sieben Jahre alten Minderjährigen einerseits sowie älterer Minderjähriger anderer-

---

[59] Vgl. MüKoBGB/*Spickhoff*, BGB, § 111 Rn. 9. Davon ausgenommen soll allerdings nach teilweise vertretener Auffassung die Anfechtungserklärung nach §§ 2078 ff. BGB sein, da diese für den Minderjährigen lediglich rechtlich vorteilhaft sei, vgl. *Damrau*, Der Minderjährige im Erbrecht, § 13 Rn. 123; *Joussen*, ZEV 2003, 181, 183 f.; MüKoBGB/*Spickhoff*, BGB, § 107 Rn. 76. Dies kann für die Anfechtung der Willenserklärung des gesetzlichen Vertreters, die auf den Abschluss beispielsweise eines Kaufvertrags gerichtet ist, insbesondere vor dem Hintergrund der hierdurch ausgelösten Schadensersatzpflicht des vertretenen Minderjährigen und den Wegfall dessen Anspruchs aus § 433 Abs. 1 BGB nicht angenommen werden.

seits konfrontiert. Ein sachlicher Grund für eine entsprechende Differenzierung zwischen den beiden Gruppen ließe sich dabei aufgrund der in gleichem Maße drohenden Vermögensgefährdung schwerlich finden.

Ist den Eltern das Sorgerecht für ihr Kind nicht bereits anlässlich einer gerichtlichen Maßnahme nach § 1666 BGB teilweise oder sogar vollständig entzogen worden, wären diese folglich nach §§ 107, 111 S. 1 BGB i.V.m. §§ 1626, 1629 BGB für die Erteilung der betreffenden Einwilligung oder die Abgabe einer Anfechtungserklärung im Namen ihres Kindes zuständig. Beträfe die Anfechtung allerdings gerade ein von den gesetzlichen Vertretern unter missbräuchlicher Ausnutzung der ihnen zustehenden Vertretungsmacht eingegangenes Rechtsgeschäft, so erschiene es lebensfern, eine Vornahme der Anfechtungserklärung oder Erteilung der notwendigen Einwilligung durch diese anzunehmen.[60] Dies würde dazu führen, dass die Gewährung eines Anfechtungsrechts in vielen Fällen leerlaufen würde. Denn es bedürfte grundsätzlich in entsprechenden Konstellationen wiederum der vorherigen Bestellung eines Ergänzungspflegers oder Vormunds, welcher nach Aufdeckung der betreffenden rechtsgeschäftlichen Verpflichtungen und der diese begleitenden Umstände die Anfechtungserklärung abgeben könnte. Damit wäre das Anfechtungsrecht des Minderjährigen aus praktischer Sicht lediglich in wenigen, zumeist gravierenden Einzelfällen einschlägig und erfolgversprechend.

Schließlich stellt sich das Problem, dass nach den Vorstellungen *Vedders* die durch eine wirksame Anfechtung ausgelöste Haftung auf den Vertrauensschaden nach § 122 BGB analog den Minderjährigen als den die Anfechtung Erklärenden treffen würde. Das zuvor dargestellte Modell beruht auf der Überlegung, dass demjenigen Geschäftspartner, der mangels Kenntnis oder fahrlässiger Unkenntnis grundsätzlich von der Wirksamkeit des Rechtsgeschäfts ausgehen durfte, der entstandene Vertrauensschaden zu ersetzen ist. Die dahingehende Ersatzpflicht dient somit gleichsam als Legitimation für die Möglichkeit einer Loslösung von der durch den Vertreter eingegangenen Verbindlichkeit. Dies entspräche zwar dem grundsätzlichen Zweck der Förderung einer Akzeptanz der Stellvertretung im Allgemeinen sowie der Bereitschaft des Vertreters, im Namen des Vertretenen im Rechts-

[60] Denkbar wären insoweit eventuell Konstellationen, in denen eine Übertragung des alleinigen Sorgerechts von einem Elternteil auf den anderen erfolgt, etwa gem. § 1671 Abs. 2 BGB im Falle eines dauerhaften Getrenntlebens von der Mutter auf den Vater, sofern der Mutter zuvor die elterliche Sorge nach § 1626a Abs. 3 BGB allein zustand. In einem solchen Fall könnte der sodann allein sorgeberechtigte Elternteil im Rahmen des im zustehenden Vertretungsrechts eine Anfechtung der durch den anderen Elternteil abgegebenen Willenserklärung vornehmen.

verkehr aufzutreten. Speziell im Fall der missbräuchlichen Ausübung des Rechts zur Vertretung eines Minderjährigen ließe sich aus Wertungsgesichtspunkten gleichwohl erwägen, ob nicht eine den Vertragspartner mit gleicher Wirkung schützende Haftung des gesetzlichen Vertreters in Betracht zu ziehen wäre. Dies würde zwar von der bestehenden Regelungssystematik des BGB im Bereich der §§ 119 ff. BGB abweichen, entspräche jedoch weitestgehend der Interessenlage: Während der Minderjährige nicht zur Haftung verpflichtet wäre und insbesondere keinen Schuldnerstatus hätte, könnte sich der Anfechtungsgegner, ungeachtet der wirtschaftlichen Erfolgsaussichten, mit seinen Ansprüchen an den oder die gesetzlichen Vertreter halten. Solche weitreichenden Änderungen verlassen jedoch den Rahmen einer Rechtsfortbildung und müssten daher zwingend in Gestalt einer neuen Norm durch den Gesetzgeber in das BGB implementiert werden.

4. Mithaftung des gesetzlichen Vertreters

Verletzen Eltern durch eine missbräuchliche Ausnutzung des ihnen zustehenden Vertretungsrechts im Einzelfall sowohl die Vermögensinteressen ihres Kindes als auch die ihnen obliegende Pflicht zur sorgfaltsgemäßen Ausübung der elterlichen Sorge, stellt sich die Frage, ob deswegen eine Haftung derselben in Betracht kommen könnte. Bereits eingegangen wurde auf eine im Innenverhältnis gegenüber dem Kind bestehende Haftung, die teilweise auf § 1664 Abs. 1 BGB, teilweise auf § 280 Abs. 1 BGB i.V.m. §§ 1626 ff. BGB gestützt wird.[61] Eine unmittelbare Haftung gegenüber dem Vertragspartner, insbesondere nach § 179 Abs. 1 BGB, kommt hingegen zumeist nicht in Betracht, sofern sich die betroffene Vertretungshandlung im Rahmen der den Eltern oder anderen gesetzlichen Vertretern zustehenden Vertretungsmacht bewegt.[62] Gleichwohl wird in der einschlägigen Literatur erwogen, dem Geschäftsgegner auch im Fall einer missbräuchlichen Vertretung einen eigenständigen Anspruch gegen den gesetzlichen Vertreter einzuräumen. Ein solcher wird teils auf die Idee einer verschärften Haftung des Vertreters aus

---

[61] Vgl. hierzu erneut die Nachweise in Kapitel F. Fn. 27.

[62] Im Fall einer betrügerischen Bestellung im Online- oder Versandhandel unter Angabe des Kindesnamens kann allerdings ein Schadensersatzanspruch des Vertragspartners auf den Vertrauensschaden nach §§ 280 Abs. 1, 241 Abs. 2, 311 Abs. 2, Abs. 3 BGB sowie § 823 Abs. 2 BGB i.V.m. § 263 StGB in Betracht kommen, vgl. *Steenbuck*, FamRZ 2007, 1064, 1066.

culpa in contrahendo,[63] teils auf eine analoge Anwendung von § 179 Abs. 1 BGB[64] gestützt.

Lasse sich ein fälliger Anspruch des Geschäftsgegners gegen das vertretene Kind aufgrund seiner zumeist bestehenden Vermögenslosigkeit nicht realisieren, solle diesem aufgrund dieses Umstands dennoch kein Schaden entstehen und er deshalb den gesetzlichen Vertreter in Anspruch nehmen können. Dies soll nach teils vertretener Ansicht aufgrund analoger Heranziehung von § 179 Abs. 1 BGB[65] selbst im Fall eines für den Geschäftsgegner evidenten Missbrauchs der Vertretungsmacht durch die Eltern gelten, um dergestalt zu vermeiden, dass diese ihr vermögensloses Kind als Vertragspartei vorschieben, um in den Genuss der aus § 1629a Abs. 1 BGB resultierenden Haftungsbeschränkung zu gelangen.[66]

Entsprechende Überlegungen erscheinen vordergründig durchaus geeignet, einen Ausgleich der in entsprechenden Konstellationen vorhandenen widerstreitenden Interessen herbeizuführen. Auch ließe sich die Situation eines entgegen der im Innenverhältnis bestehenden Vorgaben handelnden Vertreters durchaus mit derjenigen eines ohne Vertretungsmacht handelnden Vertreters vergleichen, weshalb eine analoge Heranziehung insbesondere von § 179 Abs. 1 BGB in Betracht zu ziehen sein könnte. Ob sich speziell die für eine analoge Anwendung von § 179 Abs. 1 BGB notwendige und tatsächlich bestehende Regelungslücke auch als planwidrig einstufen ließe, erscheint allerdings zweifelhaft. Dies gilt schon allein angesichts des Umstands, dass der historische Gesetzgeber bei Schaffung des BGB die Gefahr einer arglistigen Ausnutzung der väterlichen Gewalt oder der Vertretungsmacht des Vor-

---

[63] Vgl. *Muscheler*, WM 1998, 2271, 2277. Hierbei soll es sich um eine wohl analoge Anwendung der Vorschriften der §§ 280 Abs. 1, 311 Abs. 2, Abs. 3, 241 Abs. 2 BGB für solche Fälle handeln, in denen eine neue Verbindlichkeit für den Minderjährigen begründet wird, obgleich dessen Kindesvermögen bereits überschuldet ist oder durch die betreffende Verbindlichkeit überschuldet wird und einer vollständigen Befriedigung des Gläubigers voraussichtlich die Einrede aus § 1629a BGB entgegenstehen wird.

[64] Vgl. *Reuter*, AcP 192 (1992), 108, 139, der für eine Vertreterhaftung der Eltern an die Leistungsfähigkeit des Kindes hinsichtlich der entstandenen Verbindlichkeit anknüpfen möchte. Die Begründung von Pflichten, die das Kind definitiv nicht erfüllen könne, stelle stets eine unvertretbare Ausübung der Elternautonomie dar. Glaube der Geschäftspartner in einem solchen Fall ohne Fahrlässigkeit an die Leistungsfähigkeit des vertretenen Kindes, stehe ihm daher ein Anspruch nach § 179 Abs. 1, Abs. 2 BGB analog gegen die Eltern zu, der seinen Interessen eher gerecht werde als eine Eigenhaftung des Kindes.

[65] Eine unmittelbare Anwendung von § 179 Abs. 1 BGB scheitert im Fall eines evidenten Missbrauchs der Vertretungsmacht. Obgleich die Eltern nach teilweise vertretener Ansicht bei Anwendung von §§ 177 ff. BGB zwar tatsächlich als Vertreter ohne Vertretungsmacht im Sinne von § 179 Abs. 1 BGB zu behandeln wären, stünde dem Geschäftsgegner infolge der Evidenz des Missbrauchs gem. § 179 Abs. 3 S. 1 BGB dennoch kein Anspruch gegen diese zu.

[66] Vgl. hierzu die Darstellung bei Staudinger/*Coester*, BGB, § 1629a Rn. 13.

munds zwar erkannte. Allerdings sollte auch in so einem Fall zugunsten des Verkehrsschutzes gerade kein Zweifel an dem Bestehen der Vertretungsmacht aufkommen.[67] Als Konsequenz hieraus sollte allein das Vermögen des vertretenen Kindes oder Mündels durch den Geschäftsgegner in Anspruch genommen werden können. Schon diese nicht erwogene Inanspruchnahme des im Namen des Kindes oder Mündels Handelnden dürfte einer analogen Heranziehung des § 179 Abs. 1 BGB den Boden entziehen.

Überdies befasste sich der deutsche Gesetzgeber später auch im Zusammenhang mit dem Erlass des MHbeG mit der Idee der Schaffung einer elterlichen Ersatzhaftung nach § 179 Abs. 1 BGB analog, verwarf diese in der Gesetzesbegründung jedoch ausdrücklich. Während danach die Fälle eines evidenten Missbrauchs der Vertretungsmacht bereits mittels direkter Anwendung von § 179 Abs. 1 BGB zu einer Haftung der Eltern führen könnten, stünde dem vertretenen Minderjährigen im Übrigen im Fall eines nicht evidenten Missbrauchs ein Anspruch gegen seine Eltern aus § 1664 Abs. 1 BGB zu, welchen der Geschäftsgegner pfänden lassen könne.[68] Allerdings verkennt die Gesetzesbegründung dabei, dass im Fall eines evidenten Missbrauchs der Vertretungsmacht nach Maßgabe des § 179 Abs. 3 S. 1 BGB gerade kein Anspruch des Geschäftsgegners gegen die als Vertreter ohne Vertretungsmacht handelnden Eltern nach § 179 Abs. 1 BGB in Betracht kommen kann.[69] Schließlich sah der Gesetzgeber Befürchtungen, wonach Minderjährige ihren Eltern als „Strohmänner" für deren Geschäfte haften könnten, als in der Praxis „nicht erkennbar" an.[70] Der in der Praxis, wie bereits dargelegt, häufig vorkommende Fall einer Bestellung von Waren auf den Kindesnamen lässt diese damalige Einschätzung des Gesetzgebers jedoch als heute nicht mehr allgemein gültig erscheinen.

Ungeachtet dieser einer Analogie speziell zu § 179 Abs. 1 BGB entgegenstehenden dogmatischen Hindernisse stellen sich die genannten Überlegungen zunächst jedenfalls konzeptionell als geeignet dar, den Gläubiger des Minderjährigen infolge der aus einem entsprechenden Anspruch resultierenden Eigenhaftung zu schützen, da hierdurch letztlich eine Verdoppelung der Schuldner einträte. Nicht nur könnte der Geschäftsgegner in diesem Fall Erfüllung seiner Forderung oder Schadensersatz von seinem minderjährigen Vertragspartner verlangen, dessen grundsätzliche Schuldnerstellung durch

---

[67] Vgl. erneut die Motive bei *Mugdan*, Materialien, Band 4, S. 576.

[68] Vgl. BT-Drs. 13/5624, S. 9.

[69] Siehe hierzu § 179 Abs. 3 S. 1 BGB: „Der Vertreter haftet nicht, wenn der andere Teil den Mangel der Vertretungsmacht kannte oder kennen musste." Diese Fehleinschätzung des Gesetzgebers bemängelt auch *Muscheler*, WM 1998, 2271, 2277 mit deutlichen Worten: „Diese Begründung ist in sich falsch und trifft vor allem nicht das Wesentliche […]." Diesbezüglich ebenfalls kritisch Staudinger/*Coester*, BGB, § 1629a Rn. 14.

[70] BT-Drs. 13/5624, S. 9.

eine eigene Haftung des gesetzlichen Vertreters unberührt bliebe. Darüber hinaus stünde es ihm zudem offen, sich bei mangelnder Solvenz des betreffenden Minderjährigen auch an den potentiell solventeren gesetzlichen Vertreter zu halten.

Gleichwohl weisen die aufgezeigten Lösungsansätze mit Blick auf die Statuierung eines möglichst umfassenden Minderjährigenschutzes zwei durchaus gravierende Schwachstellen auf. Zum einen wäre der fragliche Geschäftsgegner keinesfalls gezwungen, sich mit seinem Anspruch tatsächlich am gesetzlichen Vertreter schadlos zu halten. Häufig wird eine solche Alternative für den Gläubiger in der Praxis schlechterdings nicht interessant sein, da sich der gesetzliche Vertreter, insbesondere die Eltern, ebenfalls als nicht hinreichend solvent herausstellt. Gerade die als exemplarischer Ausgangspunkt der hier getätigten Überlegungen dienenden Fälle missbräuchlicher Online-Bestellungen auf den Kindesnamen entstehen letztlich allein aufgrund der mangelnden finanziellen Solvenz der Eltern, die mittels entsprechender Bestellungen die Zahlungspflichten zumindest bedingt vorsätzlich auf ihre Kinder „abwälzen" wollen. Dass eine Inanspruchnahme der Eltern häufig nicht erfolgversprechend und somit nicht attraktiv sein dürfte, zeigen überdies die Schwierigkeiten der Schuldnerberatungen und Jugendämter, in entsprechenden Fällen zwischen Gläubigern und Eltern Schuldübernahmen zu arrangieren.[71]

Zum anderen würde das betroffene Kind auch durch die Gewährung eines Anspruchs gegen den gesetzlichen Vertreter zunächst nicht von seiner Schuldnerstellung und somit einem wie bereits dargestellt über die eigentliche finanzielle Belastung hinausreichenden Makel befreit. Erst eine tatsächliche Erfüllung der Forderung durch den mithaftenden gesetzlichen Vertreter würde gem. § 362 Abs. 1 BGB zu deren Erlöschen führen. Aufgrund der genannten Kritikpunkte wäre die bloße Gewährung eines Anspruchs auch gegen den missbräuchlich handelnden gesetzlichen Vertreter somit nicht zwingend eine dem vertretenen Minderjährigen zum Vorteil gereichende, sondern vielmehr eine vorrangig den Gläubiger schützende Lösung.

5. Modell einer Haftungsbeschränkung

Denkbar erschiene auch die Schaffung einer Haftungsbeschränkung für den Fall missbräuchlicher Vertretung in Gestalt einer § 1629a BGB vergleichbaren Regelung. Eine entsprechende Lösung würde zwar den im Außenverhältnis bestehenden Umfang des gesetzlichen Vertretungsrechts und damit die Wirksamkeit des durch den Vertreter getätigten Rechtsgeschäfts unberührt lassen, es dem vertretenen Minderjährigen jedoch ermöglichen, seine Haftung für dieses schon vor Eintritt der Volljährigkeit zu beschränken.

[71] Vgl. hierzu erneut die Ausführungen unter F. II. 3.

Dabei stellte sich zuvorderst die Frage, ob eine entsprechende Haftungsbeschränkung im Fall des Vorliegens einer missbräuchlichen Vertretung bereits von Gesetzes wegen oder, vergleichbar der Regelung des § 1629a Abs. 1 BGB, nur im Fall einer einredeweisen Geltendmachung durch den betroffenen Minderjährigen eingreifen sollte. Käme es zu einer Haftungsbeschränkung von Gesetzes wegen, stellte diese trotz der Wirksamkeit des in Rede stehenden Rechtsgeschäfts jedenfalls im Ergebnis eine faktische Einschränkung des gesetzlichen Vertretungsrechts dar. Aufgrund der zugunsten des gesetzlichen Vertreters bestehenden Vertretungsmacht müsste dieser in einer entsprechenden Konstellation dem Geschäftspartner allerdings nicht nach § 179 BGB haften, so dass ein zu schaffendes Haftungsbeschränkungsmodell bestenfalls eine dahingehende Regelung vorsehen müsste. Im Ergebnis entspräche ein solches Regelungsmodell somit einer tatbestandlichen Beschränkung der gesetzlichen Vertretungsmacht mit daran anknüpfender Haftung des falsus procurator aus § 179 BGB.

Auch im Fall einer alternativ denkbaren Ausgestaltung als Einrede müsste sich die Frage nach einer Ersatzhaftung des gesetzlichen Vertreters stellen. Überdies beinhaltete eine solche Konstruktion vergleichbare praktische Probleme wie diejenige, welche sich mit Blick auf die Anwendung von § 1629a BGB beobachten lassen. Nicht allein müsste der minderjährige oder volljährig gewordene Schuldner bzw. dessen jeweiliger Vertreter Kenntnis von der Möglichkeit einer Einredeerhebung besitzen und sich tatsächlich entsprechend auf diese berufen. Auch würde im Fall einer gerichtlichen Inanspruchnahme die Gefahr einer Präklusion nach § 767 Abs. 2 ZPO infolge nicht rechtzeitiger Einredeerhebung drohen.

6. Modell einer Haftungsüberleitung

Zu überdenken bliebe angesichts der Zielsetzung einer Ersatzhaftung gesetzlicher Vertreter in vorbeschriebener Form und der Schwächen des genannten Modells die Frage, ob der Schuldnerstatus des Minderjährigen anderweitig beseitigt werden könnte, ohne dem Geschäftspartner einen im Hinblick auf die Prinzipien der Stellvertretung und den Grundsatz der Verhältnismäßigkeit nicht zu vertretenden Ausfall seiner Forderung zuzumuten. Dies ließe sich konzeptionell mit einer Art Haftungsüberleitung realisieren. Manifestiert sich in der missbräuchlichen, wider die Interessen des Vertretenen gerichteten Ausnutzung der Vertretungsmacht keine nach außen wirkende Beschränkung derselben und lässt man auch keine nachträgliche Beseitigung der infolgedessen wirksam entstandenen Forderung etwa mittels einer Anfechtung zu, könnte eine Haftung des Minderjährigen nur vermieden werden, wenn er bereits nicht Schuldner der betreffenden Forderung würde. Dies ließe sich idealiter dadurch erreichen, dass nicht der vertretene Minderjährige, sondern dessen missbräuchlich handelnder Vertreter in die Stellung als Forderungsschuldner einrückt.

Ein solches theoretisch sowohl den Interessen des Minderjährigen als auch des Geschäftspartners Rechnung tragendes gedankliches Modell wäre gleichwohl dogmatisch nicht umsetzbar, da es mit grundlegenden Axiomen des deutschen Zivilrechts kollidieren würde. Zunächst ließe eine solche „Haftungsüberleitung“ wesentliche Funktionsprinzipien der Stellvertretung außer Acht. Nach §§ 164 ff. BGB soll gerade der Vertretene, nicht jedoch der Vertreter Vertragspartner werden. Eine eigene gesetzliche Haftung des Stellvertreters hingegen ist nur im Fall fehlender Vertretungsmacht nach § 179 BGB denkbar, der eine Vertrauenshaftung des falsus procurator begründet, ohne dass dieser allerdings selbst Vertragspartner wird.[72] Ließe man diesbezüglich Abweichungen zu, würde dies zu einer ernsthaften Erosion des gesamten Instituts der Stellvertretung führen, da der Rechtsverkehr im Fall des Auftretens einer im fremden Namen handelnden Person stets mit erheblicher Unsicherheit bezüglich des tatsächlichen Vertragspartners belastet würde.

Überdies erschiene ein solches Konzept einer Haftungsüberleitung rechtstechnisch allenfalls mit einem gesetzlichen Forderungsübergang vergleichbar, wie er in den Fällen einer cessio legis zum Ausdruck kommt.[73] Grundlegende Voraussetzung einer solchen Anspruchsüberleitung ist nach geltendem Recht stets die Erfüllung einer bestehenden Verpflichtung des Schuldners durch einen Dritten, auf welchen sodann der Anspruch des befriedigten Gläubigers übergeht. Maßgeblicher Regelungszweck der cessio legis ist somit die ihr innewohnende Regressfunktion. Ein automatischer Anspruchsübergang für den Fall eines mit Vertretungsmacht, aber wider die Interessen des vertretenen Minderjährigen handelnden gesetzlichen Vertreters würde entgegen dieser gesetzlichen Wertung jedoch keinen durch die Erfüllung ausgelösten Wechsel in der Person des Gläubigers bewirken, sondern vielmehr zu einem Austausch der Person des Schuldners führen. Dies erscheint infolge des Nichtbestehens vergleichbarer gesetzlicher Konstruktionen und infolge der aufgezeigten Kollision mit den Grundaxiomen des Instituts der Stellvertretung somit insgesamt als nicht vertretbar.

7. Eigener Vorschlag: Beschränkung des gesetzlichen Vertretungsrechts bei vorsätzlich pflichtwidriger Ausübung

Unter Einbeziehung aller bislang in der Literatur im Hinblick auf eine missbräuchliche Ausnutzung gesetzlicher Vertretungsmacht erwogenen Lösungsvorschläge sowie der diesbezüglich voranstehend getätigten eigenen Über-

---

[72] Zum Begriff der Vertrauenshaftung vgl. nur MüKoBGB/*Schubert*, BGB, § 179 Rn. 2 m.w.N.

[73] Beispiele eines gesetzlichen Forderungsübergangs finden sich in §§ 426 Abs. 2 S. 1, 774 Abs. 1 S. 1, 1607 Abs. 3 S. 1 BGB, §§ 86 Abs. 1 S. 1, 117 Abs. 5 VVG, §§ 115 Abs. 1, 116 Abs. 1 S. 1 SGB X.

legungen stellt sich eine präventive Begrenzung des insbesondere zugunsten der Eltern eingeräumten Vertretungsrechts nach §§ 1626, 1629 BGB als dogmatisch vorzugswürdig und überdies in praktischer Hinsicht auch umsetzbar dar. Den Interessen des Minderjährigen würde dadurch besonders effektiv Rechnung getragen, da es bereits zu keiner wirksamen Verpflichtung kommen kann, die nachträglich, etwa durch eine Anfechtungserklärung, beseitigt werden müsste. Ein rechtsgestaltendes Tätigwerden des Minderjährigen oder dessen gesetzlichen Vertreters wäre folglich entbehrlich.

Die Notwendigkeit einer Beschränkung betrifft allerdings nicht nur das in der Praxis besonders bedeutsame Vertretungsrecht der Eltern, sondern auch das nach § 1793 Abs. 1 S. 1 BGB bestehende Vertretungsrecht eines Vormunds, auf welches § 1915 Abs. 1 S. 1 BGB für die Ergänzungspflegschaft verweist. Denn auch Vormund und Ergänzungspfleger sind bei Ausübung des ihnen zustehenden Vertretungsrechts in gleicher Weise an das Kindeswohl gebunden wie die Träger der elterlichen Sorge.

a) Grundlegende Prämissen des Reformansatzes

Eine solche präventive Begrenzung sollte mit Blick auf die notwendige praktische Handhabbarkeit und Generalisierung nicht mittels einer Erweiterung der enumerativen Genehmigungstatbestände in §§ 1821, 1822 BGB verwirklicht werden. Auch die Schaffung einer Generalklausel, ähnlich der im österreichischen Zivilrecht in § 167 Abs. 3 ABGB enthaltenen, erscheint angesichts der daraus resultierenden Erstreckung der Genehmigungsbedürftigkeit auch auf „alltägliche“ Geschäfte als mit zu vielen Unwägbarkeiten insbesondere für den Geschäftsgegner behaftet. Ein Tätigwerden des Gesetzgebers ist gleichwohl zwingend erforderlich, da eine bloße Rechtsfortbildung mittels Auslegung insbesondere der §§ 1626, 1629 BGB an deren Wortlaut und Telos sowie am Willen des historischen Gesetzgebers scheitert.

Anknüpfungspunkt einer vorzunehmenden tatbestandlichen Begrenzung der Vertretungsmacht kann mit Blick auf den einem gesetzlichen Vertreter im Allgemeinen und den Eltern im Besonderen zwingend zu gewährenden Einschätzungsspielraum nicht allein eine dem Rechtsgeschäft potentiell anhaftende „Nachteilhaftigkeit“ rechtlicher oder wirtschaftlicher Art sein. Auch die Orientierung an einer drohenden „Überschuldung“ des vertretenen Minderjährigen erscheint wenig hilfreich. Einerseits würde dergestalt das aufgezeigte Kernproblem unzulässiger, jedoch finanziell nicht erdrückender Eingriffe in das Selbstbestimmungsrecht des Minderjährigen nicht erfasst, andererseits ließe eine im Zeitpunkt des Vertragsschlusses vorhandene Deckung der in Rede stehenden Forderung auch keine Rückschlüsse auf den Stand des Aktivvermögens des Minderjährigen bei Fälligkeit der Forderung zu.

Zwingende Voraussetzung muss im Übrigen eine vorsätzlich missbräuchliche Ausnutzung der Vertretungsmacht sein, die sich in einer objektiv pflichtwidrigen, den Interessen des Vertretenen zuwiderlaufenden Vertretungshandlung manifestiert. In Anlehnung an das Modell *Vedders* ist somit Voraussetzung eines Missbrauchs der Vertretungsmacht, dass der gesetzliche Vertreter eine Willenserklärung im Namen des vertretenen Minderjährigen abgibt, obgleich er dadurch subjektiv jedenfalls bedingt vorsätzlich und objektiv pflichtwidrig dessen Interessen verletzt. Ein solches Verhalten kommt besonders illustrativ in den als Beispiel einer missbräuchlichen Nutzung des Vertretungsrechts gewählten Fällen elterlicher Online-Bestellungen auf den Namen des eigenen Kindes zum Ausdruck.

Die Eingehung einer entsprechenden Verbindlichkeit, die nicht überwiegend den Bedürfnissen des Kindes, sondern ausschließlich dem persönlichen Nutzen des jeweils handelnden Elternteils dienen soll, steht objektiv nicht im Einklang mit den das Vertretungsrecht im Innenverhältnis begrenzenden wohlverstandenen Kindesinteressen. Vielmehr liegt hierin eine Verletzung der Pflicht zur sorgfältigen Wahrung der Vermögensinteressen des Kindes begründet. Auch subjektiv ist in einem solchen Fall von zumindest bedingtem Vorsatz des handelnden Elternteils auszugehen, da eine Bestellung auf den falschen Namen nur dahingehend verstanden werden kann, zu Lasten des Kindes eigene Verpflichtungen zu vermeiden und ungeschmälerte Kreditwürdigkeit zu erlangen. Die objektiv greifbare Selbstbegünstigung könnte schließlich im Fall einer notwendigen gerichtlichen Überprüfung zum Nachweis des benötigten Vorsatzes dienen, da diese im Rahmen freier richterlicher Beweiswürdigung gem. § 286 ZPO als Indiz für einen solchen gewertet werden könnte.[74]

Auf eine diesbezügliche Kenntnis oder ein Kennenmüssen des Geschäftspartners hingegen kommt es, anders als nach der traditionellen Rechtsfigur der Evidenz, nicht an. Dies entspricht den speziell im Fall einer gesetzlichen Vertretung vorliegenden Interessen der Parteien des Rechtsgeschäfts. Hängt im Fall einer gewillkürten sowie einer organschaftlichen Vertretung die Pflichtgemäßheit eines Vertretergeschäfts aufgrund der bestehenden Möglichkeit zur Einflussnahme durch den Vertretenen weitgehend von dessen Willen ab, gilt dies für die gesetzliche Vertretung grundsätzlich nicht. Dementsprechend kann der Geschäftspartner bei Vorliegen einer gesetzlichen Vertretung aus dem Verhalten des Vertretenen keine Rückschlüsse auf die Pflichtgemäßheit des Vertretergeschäfts ziehen.[75] Dieser Umstand kann jedoch nach hiesiger Auffassung aufgrund von Billigkeitserwägungen nicht allein der Risikosphäre des Vertretenen im Allgemeinen und eines vertretenen Minderjährigen im Speziellen zugewiesen werden, wie dies durch einen völligen Ausschluss des Missbrauchseinwands im Falle mangelnder Evidenz geschieht.

---

[74] Hierauf verweist auch *Vedder*, Missbrauch der Vertretungsmacht, S. 55.

[75] Vgl. *Frotz*, Verkehrsschutz im Vertretungsrecht, S. 606.

Dies gilt umso mehr, als schon mittels einer schadensrechtlichen Kompensation dem notwendigen Vertrauensschutz des Geschäftspartners gleichermaßen Rechnung getragen werden kann. Noch weitergehend könnte der Vertragspartner gem. § 179 Abs. 1 BGB sogar regelmäßig Erfüllung seiner Forderung verlangen, sofern der gesetzliche Vertreter infolge Nichtbestehens von Vertretungsmacht bei Vertragsschluss als falsus procurator gehandelt hat. Eine Schlechterstellung erführe der Geschäftsgegner folglich nicht, während dem Schutzbedürfnis des Vertretenen auf diese Weise ein deutlich höheres Gewicht beigemessen werden könnte.

Die signifikanten Unterschiede zwischen rechtsgeschäftlicher und gesetzlicher Vertretungsmacht einerseits und die gegenüber anderen Teilnehmern des Rechtsverkehrs deutlich erhöhte Schutzbedürftigkeit und -würdigkeit Minderjähriger andererseits gestattet es schließlich auch, eine Begrenzung der Vertretungsmacht nur im Fall der gesetzlichen Vertretung eben jener durch Eltern, Vormund oder Ergänzungspfleger vorzunehmen. Eine generalisierende Lösung sowohl im Bereich rechtsgeschäftlicher als auch gesetzlicher Vertretung, wie von *Vedder* oder *Frotz* vorgeschlagen, erscheint demgegenüber, auch mit Blick auf Art. 3 Abs. 1 GG, weder notwendig noch veranlasst. Insoweit kann an den tradierten Lösungsansätzen hinsichtlich des Problems des Missbrauchs der Vertretungsmacht festgehalten werden.

b) Vorschlag einer tatbestandlichen Ergänzung von § 1629 BGB

Eingedenk der vorstehend angeführten Prämissen sollte eine Beschränkung der gesetzlichen elterlichen Vertretung des Kindes nicht mittels einer Auslegung oder durch eine Analogie gewonnen, sondern vielmehr de lege ferenda entwickelt werden. Insoweit empfiehlt es sich, eine entsprechende Regelung in § 1629 BGB aufzunehmen. Zwecks bestmöglicher Wahrung der derzeitigen Regelungsstruktur des § 1629 BGB ist dieser dabei um einen neuen Absatz 1a wie folgt zu ergänzen:

(1a) Eine Vertretung ist ausgeschlossen, wenn durch diese die Interessen des Kindes pflichtwidrig und vorsätzlich in nicht nur unerheblicher Weise verletzt werden. Ein nach den Maßgaben von Satz 1 ohne Vertretungsmacht getätigtes Rechtsgeschäft ist nichtig. In diesem Fall bestimmt sich die Haftung des Vertreters nach § 179 BGB.

aa) Objektive und subjektive Missbrauchskriterien

Infolge einer Neuregelung in der hier vorgeschlagenen Form wären objektiv solche Vertretergeschäfte von der elterlichen Sorge ausgenommen, welche die im Innenverhältnis bestehende Bindung der elterlichen Sorge an das Kindeswohl pflichtwidrig außer Acht lassen und ausschließlich den Interessen des handelnden Elternteils dienen. Dies entspricht einer grundlegenden Prämisse, wonach ein Missbrauch der Vertretungsmacht stets und denknotwendig auf einer zweckwidrigen Verletzung der im Innenverhältnis zwischen Vertreter und Vertretenem bestehenden Beziehung beruht.[76]

Darüber hinaus wird anhand des Tatbestandsmerkmals „vorsätzlich" ersichtlich, dass neben der objektiven Pflichtwidrigkeit zwingend auch ein subjektives Element in der Person des Vertreters vorliegen muss, das die Annahme eines Missbrauchs der Vertretungsmacht auch unter Berücksichtigung der Interessen des Rechtsverkehrs rechtfertigen kann. Entsprechend der im Zivilrecht allgemein gültigen Definition ist Vorsatz auch in dem hier vorgeschlagenen § 1629 Abs. 1a BGB als „Wissen und Wollen der objektiven Tatbestandsmerkmale" zu verstehen.[77] Die handelnden Eltern müssen folglich positiv wissen oder es zumindest für möglich halten und in Kauf nehmen, dass das von ihnen angestrebte Vertretergeschäft nicht den wohlverstandenen Interessen ihres Kindes entspricht, sondern vielmehr eine Verletzung der ihnen obliegenden Fürsorgepflichten darstellt. Mit Blick auf das Wollen der Tatbestandsverwirklichung genügt dabei ein bedingter Vorsatz dergestalt, dass die erkannte Möglichkeit einer Verletzung der Interessen des Kindes zumindest in Kauf genommen wird. Vorsatz bezüglich eines konkreten Schadens hingegen ist angesichts der vorliegend gewählten Tatbestandsformulierung nicht erforderlich. In der Praxis wird sich ein solchermaßen definierter Vorsatz der Eltern in der Regel anhand des planmäßig angestrebten pflichtwidrigen Erfolges, der zumeist eine objektiv erkennbare Selbst- oder Drittbegünstigung darstellt, erkennen lassen.[78]

Nicht von § 1629 Abs. 1a BGB erfasst wären im Übrigen solche Rechtsgeschäfte, die zwar vordergründig den subjektiven Interessen des vertretenen Kindes zuwiderlaufen, sich jedoch bereits in objektiver Hinsicht als nicht pflichtwidrig darstellen, sondern vielmehr dazu dienen sollen, einer gesetzlichen oder rechtsgeschäftlichen Verpflichtung Genüge zu tun. Im Einzelfall denkbar wäre insoweit beispielsweise ein Handeln des Vertreters zur Erfüllung von Unterhaltsverpflichtungen des Minderjährigen.[79]

bb) Maßgebliche „Interessen" des minderjährigen Kindes

Die pflichtwidrige Missachtung der aus der elterlichen Sorge resultierenden Fürsorgepflichten muss eine nicht nur unerhebliche Verletzung der Interessen des Kindes begründen. Anders als insbesondere in den von §§ 1629 Abs. 2, 1795 BGB erfassten Fällen handelt es sich dabei nicht um eine abstrakte oder

[76] So schon *Egger*, Festgabe Carl Wieland, S. 47, 59.

[77] Vgl. zu diesem Vorsatzbegriff nur MüKoBGB/*Grundmann*, BGB, § 276 Rn. 154 m.w.N.

[78] So im Hinblick auf eine Anfechtungslösung wegen vorsätzlich pflichtwidriger Ausübung des Vertretungsrechts zutreffend *Vedder*, JZ 2008, 1077, 1080.

[79] Vgl. *Vedder*, Missbrauch der Vertretungsmacht, S. 6.

typisierte Gefährdungslage.[80] Unter Bezugnahme auf die konkreten Umstände des jeweiligen Einzelfalls ist vielmehr zu überprüfen, ob und inwieweit das Vertreterhandeln der Eltern geeignet ist, die wohlverstandenen Interessen des Kindes potentiell zu beeinträchtigen.

Die im hier gegebenen Vorschlag gewählten unbestimmten und somit ausfüllungsbedürftigen Formulierungen „Interessen“ sowie „in nicht nur unerheblicher Weise“ bieten dabei einerseits im Fall gerichtlicher Prüfung ausreichend Spielraum, um eine dem Interessenausgleich dienende Einzelfallabwägung jenseits rein schematischer Betrachtung zu ermöglichen. Andererseits sind sie dennoch hinreichend konkret gefasst, um einen objektiv verifizierbaren elterlichen Pflichtenkreis zu umschreiben. Insbesondere knüpfen die Begriffe „Interessen“ und „pflichtwidrig“ inhaltlich an den das elterliche Sorgerecht prägenden Leitbegriff des Kindeswohls an, der die elterliche Sorge als treuhänderisches Recht charakterisiert und etwa in den §§ 1626, 1627, 1666, 1697a BGB enthalten ist. Überdies ist in Fällen eines Missbrauchs der Vertretungsmacht in der Regel der Teilbereich der elterlichen Vermögenssorge tangiert. Mit Blick auf diese sind die Eltern anerkanntermaßen unter anderem verpflichtet, Schulden zulasten des Kindes zu vermeiden und dessen vorhandenes Vermögen wirtschaftlich nachhaltig anzulegen und zu verwalten. All diese Faktoren sind im Rahmen einer notwendigen Konkretisierung der Voraussetzungen des § 1629 Abs. 1a BGB einzubeziehen. Das wohlverstandene Interesse des Kindes ist folglich unter Berücksichtigung aller Einzelfallumstände zu ermitteln. Dabei sind im Rahmen der insoweit notwendigen Interessenabwägung die intellektuellen, sozialen und rechtlichen Aspekte der Persönlichkeit des Minderjährigen zu erfassen, wobei dessen wirtschaftlichen Interessen eine gesteigerte Bedeutung zukommt.[81]

Greift man das als Ausgangspunkt gewählte Beispiel einer durch die Eltern online getätigten Warenbestellung auf den Kindesnamen erneut auf, lassen sich an diesem die hier aufgezeigten Erfordernisse stellvertretend illustrieren. Der Abschluss eines Kaufvertrages unter Angabe des Namens des Kindes ist im Fall der Wirksamkeit des Vertrages geeignet, dieses mit einer schuldrechtlichen Verbindlichkeit zu belasten. Auch für juristisch nicht vorgebildete Eltern muss aufgrund einer Parallelwertung in der Laiensphäre regelmäßig ersichtlich sein, dass ihr minderjähriges Kind als für den Dritten allein erkennbarer Vertragspartner von ihm aller Wahrscheinlichkeit nach in Anspruch genommen werden wird. Ein trotz dieser Erwägungen dennoch auf den Abschluss des Vertrages gerichtetes rechtsgeschäftliches Verhalten der Eltern stellt somit eine pflichtwidrige und auch vorsätzliche Missachtung der elterlichen Fürsorgepflichten dar, die geeignet ist, die Interessen des Kindes nicht nur unerheblich zu verletzen.

---

[80] Hierzu Soergel/*Löhnig*/*Preisner*, BGB, § 1629 Rn. 25.

[81] jurisPK-BGB/*Lafontaine*, BGB, § 1793 Rn. 57.

cc) Rechtsfolgen

Liegen die tatbestandlichen Voraussetzungen von § 1629 Abs. 1a S. 1 BGB im Einzelfall vor, so ist eine Vertretung des minderjährigen Kindes entgegen des in § 1629 Abs. 1 S. 1 BGB enthaltenen Grundsatzes ausgeschlossen. Somit stellt § 1629 Abs. 1a BGB eine gegenständliche, am Innenverhältnis zwischen Eltern und Kind orientierte Begrenzung der Vertretungsmacht dar. Treten die Eltern oder ein Elternteil dennoch im Namen des Kindes auf, fehlt es ihnen für ihre diesbezügliche rechtsgeschäftliche Willenserklärung im betreffenden Einzelfall folglich an der für eine wirksame Vertretung notwendigen Vertretungsmacht. Dabei regelt § 1629 Abs. 1a S. 2 BGB eine unmittelbare, von § 177 BGB abweichende Rechtsfolge: Während eine Vertretung durch die Eltern etwa in den von §§ 1629 Abs. 2, 1795 BGB erfassten Fällen zu einem gem. § 177 BGB der nachträglichen Genehmigung grundsätzlich zugänglichen und somit nur schwebend unwirksamen Rechtsgeschäft führt, ordnet der hier vorgeschlagene § 1629 Abs. 1a S. 2 BGB die Nichtigkeit des in Rede stehenden Rechtsgeschäfts an. Eine Anwendung der §§ 177, 178 BGB kommt aufgrund des Wortlauts des Normvorschlags folglich nicht in Betracht.

Die in § 1629 Abs. 1a S. 2 BGB vorgesehene Nichtigkeit des Rechtsgeschäfts ohne Möglichkeit einer nachträglichen Genehmigung der elterlichen Erklärung entspricht somit der Rechtsfolge bei Abgabe einer höchstpersönlichen Willenserklärung im Namen des vertretenen Kindes oder der Vornahme eines Rechtsgeschäfts in Konstellationen, in denen es den Eltern überhaupt an Vertretungsmacht fehlt, etwa in Fällen des Entzugs der elterlichen Sorge nach § 1666 BGB.[82] Zweck des § 1629 Abs. 1a S. 2 BGB ist dabei die Vermeidung eines den Rechtsverkehr beeinträchtigenden Schwebezustandes sowie ein möglichst umfassender Schutz des Minderjährigen. Handelt es sich in Fällen der §§ 1629 Abs. 2, 1795 BGB wie schon aufgezeigt um abstrakte Gefährdungslagen, die ein höheres Kontrollniveau rechtfertigen, jedoch nicht per se geeignet sind, dem minderjährigen Kind zu schaden, liegt in den von § 1629 Abs. 1a S. 1 BGB erfassten Sachverhalten vielmehr eine konkrete Gefährdungslage vor. Bei objektiver Wertung wäre daher nicht nachvollziehbar, warum eine missbräuchliche Ausnutzung gegen die Interessen des Kindes genehmigungsfähig sein sollte.

Überdies würde eine nachträgliche Genehmigung objektiv interessenwidriger Rechtsgeschäfte, etwa durch einen bestellten Ergänzungspfleger, letztlich eine zumindest bedingt vorsätzliche Drittbegünstigung der Eltern und damit einhergehend wiederum eine Verletzung der Interessen des Minderjährigen darstellen. Zwar könnte nach Maßgabe des § 1629 Abs. 1a S. 2 BGB selbst ein nach Abschluss des Rechtsgeschäfts volljährig gewordener Minderjähriger ein ihn belastendes, wenngleich von ihm eventuell als zustim-

[82] Vgl. MüKoBGB/*Huber*, BGB, § 1629 Rn. 41.

mungswürdig empfundenes Rechtsgeschäft entgegen den Grundsätzen der Privatautonomie nicht genehmigen. Dieser Umstand stellt sich gegenüber den vorgenannten Zwecken der Regelung jedoch als zu vernachlässigendes sowie dogmatisch legitimierbares Übel dar. Nach alledem erscheint eine unabhängig von etwaigen Genehmigungserfordernissen eintretende Nichtigkeit des Vertretergeschäfts mit Blick auf die Rechtssicherheit und den Schutz des Minderjährigen insgesamt vorzugswürdig.

Ist das Rechtsgeschäft gem. § 1629 Abs. 1a S. 2 BGB mangels Vertretungsmacht nichtig, steht dem Geschäftsgegner des Minderjährigen ein Anspruch gegen den oder die betreffenden gesetzlichen Vertreter aus § 1629 Abs. 1a S. 3 BGB i.V.m. § 179 Abs. 1 BGB auf Erfüllung oder Schadensersatz zu. Während die in § 179 Abs. 2 BGB vorgesehene Möglichkeit einer Begrenzung der Vertreterhaftung auf den Vertrauensschaden im Fall eines vorsätzlichen, von § 1629 Abs. 1a BGB erfassten Missbrauchs der Vertretungsmacht von den Umständen des Einzelfalls abhängig wäre,[83] stellt § 179 Abs. 3 BGB eine grundsätzlich bedeutsame Einschränkung der Haftung der Eltern dar. Danach haftet der Vertreter nicht, wenn der andere Teil den Mangel der Vertretungsmacht kannte oder kennen musste. Hiervon werden insbesondere diejenigen Fälle eines evidenten Missbrauchs der elterlichen Vertretungsmacht erfasst, die denknotwendig nicht nach dem hier vorgeschlagenen § 1629 Abs. 1a BGB, sondern nach den bereits in Rechtsprechung und Literatur bestehenden Lösungsansätzen zu behandeln sind. Somit realisiert sich in § 179 Abs. 3 BGB augenfällig die notwendige Abgrenzung zwischen den Fällen eines für den Geschäftsgegner gerade nicht erkennbaren Missbrauchs der Vertretungsmacht einerseits sowie Konstellationen eines evidenten Missbrauchs andererseits.

Der in § 1629 Abs. 1a S. 3 BGB enthaltene Verweis auf § 179 BGB schließlich ist nicht konstitutiver, sondern grundsätzlich nur deklaratorischer Natur. Denn die von § 179 Abs. 1 BGB geforderten Voraussetzungen einer Haftung des Vertreters, namentlich ein Vertragsschluss infolge einer Vertretung ohne Vertretungsmacht, liegen in den hier im Fokus stehenden Anwendungsfällen ohnehin vor. Gleichwohl lässt sich mittels dieser Verweisung im Tatbestand von § 1629 Abs. 1a BGB nochmals verdeutlichen, dass in den von § 1629 Abs. 1a BGB erfassten Konstellationen allein § 179 BGB, nicht jedoch §§ 177, 178 BGB zur Anwendung gelangen.

---

[83] Nach vorherrschendem Verständnis des § 179 Abs. 2 BGB haftet der Vertreter nur dann auf das Erfüllungsinteresse, wenn er den Mangel seiner Vertretungsmacht positiv kannte, vgl. nur MüKoBGB/*Schubert*, BGB, § 179 Rn. 51 m.w.N. Der Vertreter ist dabei hinsichtlich einer behaupteten Unkenntnis des Mangels beweisbelastet, vgl. Jauernig/*Mansel*, BGB, § 179 Rn. 5. Im Fall der Anwendbarkeit des neu zu schaffenden § 1629 Abs. 1a BGB müssten die Eltern folglich darlegen und beweisen, dass sie keine Kenntnis davon hatten, dass ihnen im Fall missbräuchlicher Ausnutzung ihres gesetzlichen Vertretungsrechts keine Vertretungsmacht zusteht.

Auch im Fall einer von § 1629 Abs. 1a S. 1 BGB begründeten Beschränkung der elterlichen Vertretungsmacht wäre allerdings im Einzelfall eine Haftung des minderjährigen Kindes auf den einem vermeintlichen Vertragspartner unter Umständen entstandenen Vertrauensschaden aus §§ 280 Abs. 1, 311 Abs. 2, 241 Abs. 2 BGB i.V.m. § 278 S. 1 Alt. 1 BGB denkbar.[84] Nach den für die culpa in contrahendo geltenden Grundsätzen muss sich die Partei eines vorvertraglichen Schuldverhältnisses bei der Aufnahme von Vertragsverhandlungen oder sonstigen geschäftlichen Kontakten gem. § 278 S. 1 Alt. 1 BGB das Verhalten ihres gesetzlichen Vertreters zurechnen lassen. Dies gilt auch dann, wenn dieser im Einzelfall als falsus procurator oder in Überschreitung seiner Vertretungsmacht handelt; in diesem Fall kommt gleichwohl eine Haftung des Vertretenen auf den Vertrauensschaden in Betracht.[85] Dies soll sogar dann gelten, wenn der in Rede stehende Vertreter nur Gesamtvertretungsmacht aufweist, jedoch alleine rechtsgeschäftlich tätig wird.[86] Schließen Eltern oder Elternteile in Vertretung ihrer minderjährigen Kinder in oder unter fremdem Namen einen Kaufvertrag ab und ist dieser gem. § 1629 Abs. 1a S. 2 BGB infolge der vorsätzlich pflichtwidrigen Ausübung des gesetzlichen Vertretungsrechts nichtig, müsste sich das vertretene Kind demnach das entsprechende Fehlverhalten seiner gesetzlichen Vertreter haftungsbegründend zurechnen lassen.

In der Praxis wäre das für ein minderjähriges Kind daraus resultierende Risiko gleichwohl überschaubar. Einerseits bliebe eine Haftung auf das Erfüllungsinteresse gegenüber dem vermeintlichen Vertragspartner ausgeschlossen, Vielmehr müsste unter Umständen der jeweils handelnde gesetzliche Vertreter nach § 179 Abs. 1 BGB haften. Andererseits setzte eine Inanspruchnahme des Minderjährigen grundlegend voraus, dass dem Vertragspartner infolge seines Vertrauens auf das Zustandekommen des letztlich nichtigen Rechtsgeschäfts überhaupt ein Vertrauensschaden in nennenswertem Umfang entstanden ist.[87] Schließlich wird im Zusammenhang mit der Haftung aus culpa in contrahendo vertreten, dem Geschäftsherrn das Han-

---

[84] Auf die Möglichkeit einer solchen Haftung weist *Krauss*, Schuldenhaftung bei gesetzlicher Vertretung, S. 30 f. mit Blick auf die von *Gernhuber* formulierte Auffassung hin, wonach den Eltern von Gesetzes wegen Vertretungsmacht für solche Rechtsgeschäfte fehlen müsse, welche nicht in pflichtgemäßer Wahrnehmung der Interessen des Kindes erfolgten. Vgl. zu dieser Auffassung erneut die Darstellung unter H. I. 1.

[85] BeckOK BGB/*Gehrlein*, BGB, § 311 Rn. 114; BeckOGK/*Herresthal*, BGB, § 311 Rn. 331; MükoBGB/*Emmerich*, BGB, § 311 Rn. 184.

[86] MüKoBGB/*Grundmann*, BGB, § 278 Rn. 49.

[87] Im Hinblick auf das negative Interesse oder Vertrauensinteresse ersatzfähig sind insbesondere solche Aufwendungen, die im Vertrauen auf die Wirksamkeit des Rechtsgeschäfts getätigt wurden, sowie der Nachteil, der dem Geschädigten daraus entsteht, dass er im Vertrauen auf die Wirksamkeit des Rechtsgeschäfts kein mögliches anderes Geschäft abgeschlossen hat, vgl. nur MüKoBGB/*Oetker*, BGB, § 249 Rn. 129.

deln eines im Zuge der Vertragsverhandlungen eingesetzten Verhandlungsgehilfen dann nicht zuzurechnen, wenn sich dessen Verhalten als grober Exzess darstellt.[88] Dieser Gedanke ließe sich gewinnbringend auch für die hier in Rede stehenden Konstellationen eines vorsätzlichen, aus Eigeninteressen motivierten Missbrauchs gesetzlicher Vertretungsmacht durch die Eltern eines minderjährigen Kindes fruchtbar machen und dessen Haftung nach §§ 280 Abs. 1, 311 Abs. 2, 241 Abs. 2 BGB i.V.m. § 278 S. 1 Alt. 1 BGB ablehnen.

dd) Notwendige Auswirkungen auf Vormundschaft und Ergänzungspflegschaft

Die Gefahr einer Verletzung der Interessen eines Minderjährigen durch einen vorsätzlich pflichtwidrigen Missbrauch der gesetzlichen Vertretungsmacht besteht nicht allein im Fall eines Handelns der Eltern. Identische Risiken können sich auch dann ergeben, wenn an deren Stelle eine Vertretung durch einen Vormund gem. § 1793 Abs. 1 S. 1 BGB bzw. einen Ergänzungspfleger gem. § 1915 Abs. 1 S. 1 BGB i.V.m. § 1793 Abs. 1 S. 1 BGB vorliegt. Zwar ist auch die Vertretung durch einen Vormund oder Ergänzungspfleger im Sinne des „Mündelwohls" auszuüben.[89] Soweit nicht gesetzliche Ausnahmen bestehen, wird das durch § 1793 Abs. 1 S. 1 BGB gewährleistete Vertretungsrecht jedoch ebenso wie das elterliche Vertretungsrecht nicht durch im Innenverhältnis bestehende Bindungen beschränkt.[90]

Dient der hier vorgeschlagene § 1629 Abs. 1a BGB maßgeblich dem Schutz Minderjähriger vor einer missbräuchlichen Ausnutzung der vorrangig ihrem Wohl dienenden Vertretungsbefugnisse, erschiene es nach alledem widersinnig, das gesetzliche Vertretungsrecht des Vormunds aus § 1793 Abs. 1 S. 1 BGB nicht gleichfalls einer entsprechenden Beschränkung zu unterwerfen. Dies muss insbesondere dann gelten, wenn nach Entzug der elterlichen Sorge die Vermögenssorge vollständig auf einen Vormund übergegangen ist. Eine solche Erstreckung der Wirkungen des § 1629 Abs. 1a BGB auf das Recht der Vormundschaft ergibt sich dabei aufgrund systematischer Stellung und Wortlaut der betreffenden Norm nicht automatisch, weshalb eine gesetzliche Verweisungsvorschrift erforderlich ist.[91] Insoweit erscheint eine Abänderung von § 1793 Abs. 1 S. 2 BGB in nachfolgender Form ratsam.

---

[88] Vgl. MüKoBGB/*Emmerich*, BGB, § 311 Rn. 184.

[89] Vgl. MüKoBGB/*Spickhoff*, BGB, § 1793 Rn. 2; jurisPK-BGB/*Lafontaine*, BGB, § 1793 Rn. 56.

[90] Einschränkungen des aus § 1793 Abs. 1 S. 1 BGB resultierenden Vertretungsrechts ergeben sich unter anderem im Hinblick auf höchstpersönliche Rechtsgeschäfte des Mündels sowie bei möglichen Interessenkollisionen gem. §§ 1795 Abs. 1, Abs. 2 BGB i.V.m. § 181 BGB.

[91] Insoweit unterscheidet sich § 1629 Abs. 1a BGB maßgeblich von § 1629a BGB, der trotz seiner systematischen Stellung aufgrund seines Wortlauts („[...] die Eltern oder eine

(1) Der Vormund hat das Recht und die Pflicht, für die Person und das Vermögen des Mündels zu sorgen, insbesondere den Mündel zu vertreten. *§§ 1626 Abs. 2, 1629 Abs. 1a gelten entsprechend.* Ist der Mündel auf längere Dauer in den Haushalt des Vormunds aufgenommen, so gelten auch die §§ 1618a, 1619, 1664 entsprechend.

Eine eigenständige Regelung im Bereich der Ergänzungspflegschaft ist demgegenüber nicht vonnöten, da über § 1915 Abs. 1 S. 1 BGB die in § 1793 Abs. 1 S. 2 BGB aufgenommene Verweisung auf § 1629 Abs. 1a BGB unmittelbar in Bezug genommen wird.[92] Auch im Fall der Vertretung eines Minderjährigen durch einen Ergänzungspfleger führt ein vorsätzlicher Missbrauch der Vertretungsmacht folglich zur Nichtigkeit des betreffenden Rechtsgeschäfts.

ee) Verfahrensfragen

Sofern bei Vorliegen eines vorsätzlichen Missbrauchs der gesetzlichen Vertretungsmacht im Einzelfall die Notwendigkeit einer gerichtlichen Klärung bestünde, stellt sich die Frage, wer die Beweislast für welche Umstände zu tragen hätte. Insoweit lässt sich die Rechtslage im Fall des vorgeschlagenen § 1629 Abs. 1a BGB mit derjenigen nach §§ 177 ff. BGB grundsätzlich vergleichen, weshalb die allgemeinen Beweislastgrundsätze eingreifen können. Folglich hätte der Minderjährige, der sich gegenüber der Inanspruchnahme durch seinen vermeintlichen Vertragspartner auf die Nichtigkeit des ihn verpflichtenden Rechtgeschäfts beruft, diejenigen Umstände vorzutragen und zu beweisen, die eine vorsätzlich pflichtwidrige Ausnutzung des Vertretungsrechts durch den in Rede stehenden Vertreter erkennen lassen.

Ist der Minderjährige zum betreffenden Verfahrenszeitpunkt nicht bereits volljährig und somit prozessfähig im Sinne von § 52 ZPO, wäre eine Prozessvertretung durch einen Ergänzungspfleger oder, im Fall eines vollständigen Entzugs der elterlichen Sorge, einen Vormund vorstellbar. Dabei könnte die objektive Pflichtwidrigkeit des Vertreterhandelns in den hier interessierenden

---

andere vertretungsberechtigte Person […]“) ohne Weiteres auf einen Vormund Anwendung findet. Vgl. diesbezüglich die zutreffende Feststellung bei Staudinger/*Coester*, BGB, § 1629a Rn. 19, wonach die in § 1793 Abs. 2 BGB angeordnete entsprechende Anwendung des § 1629a BGB „überflüssig“ ist.

[92] Im Übrigen sind auch im Bereich des von §§ 1896 ff. BGB geregelten Betreuungsrechts keine gesetzlichen Anpassungen notwendig, obgleich nach § 1902 BGB auch für den bestellten Betreuer ein gesetzliches Vertretungsrecht besteht. Dies ergibt sich bereits aus dem Umstand, dass die Anordnung einer Betreuung gem. § 1896 Abs. 1 BGB die Volljährigkeit des von der Betreuung Betroffenen erfordert. Die spezifischen Wertungen des Minderjährigenrechts, welche die hier vorgeschlagene Anpassung der Gesetzeslage in §§ 1629, 1793 BGB notwendig erscheinen lassen, können folglich keine Geltung beanspruchen. Dies gilt auch insoweit, als nach § 1908a BGB eine vorsorgliche Betreuerbestellung bzw. Anordnung des Einwilligungsvorbehalts für Minderjährige zulässig ist, da entsprechende Maßnahmen gem. § 1908a S. 2 BGB erst mit dem Eintritt der Volljährigkeit des Betroffenen Wirksamkeit entfalten.

Fällen mit Blick auf die nach § 286 ZPO zulässige freie gerichtliche Beweiswürdigung durch eine Darstellung der Umstände des Vertragsschlusses dargelegt und bewiesen werden. Der notwendige Vertretervorsatz ließe sich sodann anhand des angestrebten pflichtwidrigen Erfolgs in Gestalt einer objektiv erkennbaren Selbst- oder Drittbegünstigung nachweisen.

Klagt hingegen der Geschäftsgegner des Minderjährigen gegenüber dessem Vertreter auf Erfüllung oder Schadensersatz nach § 179 Abs. 1 BGB, müsste er das Handeln des Beklagten als Vertreter beweisen, nicht jedoch den Mangel an Vertretungsmacht. Gemäß der in § 179 Abs. 1 BGB enthaltenen Beweislastumkehr wäre vielmehr der Vertreter verpflichtet darzulegen, dass § 1629 Abs. 1a S. 1 BGB in dem streitgegenständlichen Fall tatbestandlich nicht einschlägig und folglich von einem Vorliegen der gesetzlichen Vertretungsmacht auszugehen ist.[93] Auch für das Vorliegen der Voraussetzungen einer Haftungsbeschränkung nach § 179 Abs. 2 BGB oder eines Haftungsausschlusses gem. § 179 Abs. 3 BGB wäre der gesetzliche Vertreter nach den insoweit geltenden Grundsätzen darlegungs- und beweispflichtig.[94]

8. Fazit

Eine weitgehende Entschärfung des den §§ 1626, 1629 BGB innewohnenden Missbrauchspotentials mittels Einführung eines § 1629 Abs. 1a BGB in der hier vorgeschlagenen Form wäre geeignet, alle in Betracht kommenden Interessen – die des vertretenen Minderjährigen und des Rechtsverkehrs, aber auch jene des gesetzlichen Vertreters – angemessen zu berücksichtigen.

Für den Minderjährigen entstünde in den hier in Rede stehenden Fällen bereits keine wirksame vertragliche Verpflichtung auf die nach dem Vertrag geschuldete Leistung, die eine Verschuldung seiner Person begründen könnte. Auch die Interessen des Geschäftsgegners des Minderjährigen könnten angemessen gewahrt werden, da dieser infolge des ihm zustehenden Anspruchs aus § 179 Abs. 1 BGB einen Haftungsgegner erhält. Schließlich ist die in § 1629 Abs. 1a BGB gefundene Lösung auch im Interesse der Eltern als gesetzliche Vertreter ihres Kindes, denen zur Erfüllung ihrer Rechte und Pflichten ein notwendiger Ermessensspielraum bei der Vertretung zugestanden werden muss. Da diesen nur für zumindest bedingt vorsätzliches Handeln wider die Interessen des vertretenen Minderjährigen die Vertretungsmacht fehlt, kommt eine Haftung allein bei fahrlässig interessenwidrigen Vertretergeschäften nicht in Betracht. Die vorsatzbegründende Einsicht, dass ein Handeln aus Eigeninteresse, das dem Kind einen erheblichen finanziellen Schaden zuzufügen geeignet ist, nicht der ordnungsgemäßen Wahrung der Kindesinteressen dient, kann hingegen grundsätzlich vorausgesetzt werden.

---

[93] Zur Beweislastumkehr in § 179 BGB vgl. MüKoBGB/*Schubert*, BGB, § 179 Rn. 64.

[94] MüKoBGB/*Schubert*, BGB, § 179 Rn. 64.

III. Reformpotential im Bereich deliktischer Haftung

Für den Untersuchungsgegenstand der außervertraglichen Haftung ließ sich bereits in Kapitel E. aufzeigen, dass die vor allem mit Blick auf § 828 BGB bestehenden Mängel des Schutzes Minderjähriger vor einer unbeschränkten deliktischen Haftung teils seit Jahrzehnten in unterschiedlicher Form und Intensität moniert werden. Umso erstaunlicher mutet es vor diesem Hintergrund an, dass der Gesetzgeber bis zum heutigen Tag lediglich für den zwar im Alltag besonders relevanten, insgesamt jedoch nur einen Ausschnitt des Problemkreises darstellenden Bereich der Haftung Minderjähriger für Schäden im Straßenverkehr eine Neuregelung im heutigen § 828 Abs. 2 BGB vorgenommen hat. Dieser Umstand rechtfertigt es, im weiteren Fortgang der Arbeit die mit Bezug auf die vorstehend erörterten Problemkomplexe bestehenden wesentlichen Lösungsvorschläge knapp zu analysieren und auszuwerten sowie darauf aufbauend eigene Bewertungs- und Reformansätze zu entwickeln.

1. Vorhandene Reformansätze

In weiten Teilen der thematisch einschlägigen Literatur dominieren die Versuche, einzelne Schwachpunkte im Bereich der Deliktshaftung Minderjähriger allein mittels einer interessengerechten Anwendung und Auslegung von § 828 BGB bereits de lege lata zu bereinigen. Nach anderweitigen Stimmen allerdings sollen die derzeitigen Regelungen hierfür nicht ausreichend bzw. einer Auslegung nicht hinreichend zugänglich sein. Dementsprechend werden seit geraumer Zeit alternativ bzw. kumulativ auch Anpassungen im Wege gesetzlicher Reformen gefordert.[95]

a) Korrekturen auf Ebene der Haftungsbegründung

Einige der für den Bereich der Deliktsunfähigkeit Minderjähriger vorhandenen Reformvorschläge knüpfen primär an die tatbestandlichen Voraussetzungen der Vorschrift des § 828 BGB an.

---

[95] Schon allein aufgrund der thematischen Ausrichtung der vorliegenden Untersuchung, die nicht ausschließlich auf den Bereich deliktischer Haftung Minderjähriger beschränkt ist, muss die nachfolgende Übersicht über bestehende Reformvorschläge ein kursorischer Überblick ohne Anspruch auf Vollständigkeit im Detail bleiben. Im Zentrum der nachfolgenden Erörterungen stehen vor allem die maßgeblichen dogmatischen Anknüpfungspunkte der verschiedenen Reformvorschläge sowie deren rechtstechnische Umsetzung. Auf weiterführende Untersuchungen wird an den jeweils relevanten Stellen verwiesen.

aa) Anhebung der in § 828 Abs. 1 BGB fixierten Altersgrenze

Zahlreiche, teilweise auch noch in jüngerer Zeit geäußerte Vorschläge favorisieren eine über die Regelung von § 828 Abs. 2 BGB hinausgehende Erhöhung des in § 828 Abs. 1 BGB gegenwärtig bei sieben Jahren fixierten Mindestalters, ab welchem eine deliktische Verantwortlichkeit und somit Haftung eines Minderjährigen überhaupt in Betracht kommen kann.[96] Danach würde, etwa bei Heraufsetzung des Mindestalters auf zehn Jahre, eine Deliktshaftung Minderjähriger, die das siebte, nicht aber das zehnte Lebensjahr vollendet haben, nicht wie derzeit nach § 828 Abs. 3 BGB vermutet und nur im Ausnahmefall bei mangelnder Einsichtsfähigkeit abzulehnen sein. Vielmehr wäre eine deliktische Verantwortlichkeit minderjähriger Personen der betreffenden Altersstufe unwiderlegbar ausgeschlossen.

Begründet werden entsprechende Vorschläge nicht allein mit der Erkenntnis, dass Minderjährige vor Vollendung des zehnten Lebensjahres entwicklungsbedingt nicht in der Lage sind, sich in allen Lebenssituationen stets situationsadäquat zu verhalten.[97] Vereinzelt werden in wertender Hinsicht auch Parallelen zur erst mit 14 Jahren einsetzenden strafrechtlichen Schuldfähigkeit gezogen.[98] Überdies führen Vertreter der genannten Ansicht oftmals die in anderen europäischen Rechtsordnungen mit Blick auf die Delikts-

---

[96] Für eine Heraufsetzung des Mindestalters in § 828 Abs. 1 BGB auf zehn Jahre *Borgelt*, Kind im Deliktsrecht, S. 132; *Ell*, ZfJ 1992, 632, 636; *Kuhlen*, JZ 1990, 273, 276; *Niboyet*, Haftung Minderjähriger und ihrer Eltern, S. 56; *Politsch*, SuP 1954, 339, 344; *Scheffen*, FS Steffen, S. 387, 388; *dies.*, ZRP 1991, 458, 461; *Wille/Bettge*, VersR 1971, 878, 882. Zur Forderung nach einer Heraufsetzung auf 12 Jahre vgl. *Limbourg*, 36. Deutscher Verkehrsgerichtstag 1998, S. 211, 216. Für eine Grenze von 14 Jahren vgl. *Scheffen*, FuR 1993, 82, 88. Entsprechenden Bestrebungen stehen im Übrigen solche Stimmen in der Literatur entgegen, die sich aufgrund einer vermuteten schnelleren körperlichen Entwicklung Minderjähriger nicht für eine Erhöhung, sondern vielmehr für eine Senkung der Altersgrenzen aussprechen. Für eine an dem generellen Zeitpunkt der Schulreife orientierte Absenkung des Mindestalters in § 828 Abs. 1 BGB auf sechs Jahre *Deutsch*, Allgemeines Haftungsrecht, S. 294. Eine Beibehaltung der bestehenden Altersgrenze von sieben Jahren befürwortend *Goecke*, Unbeschränkte Haftung Minderjähriger, S. 256; *Lang*, 51. Deutscher Verkehrsgerichtstag 2013, S. 61, 89; *Müller*, zfs 2003, 433, 434 f. Der Vollständigkeit halber sei angemerkt, dass angesichts vorhandener entwicklungspsychologischer Erkenntnisse auch für den von § 828 Abs. 2 BGB erfassten Bereich des Straßenverkehrs vereinzelt Forderungen nach einer Anhebung auf bis zu 14 Jahre bestehen. Vgl. hierzu *Limbourg*, 36. Deutscher Verkehrsgerichtstag 1998, S. 211, 220 sowie *Neuhaus*, 51. Deutscher Verkehrsgerichtstag 2013, S. 91, 98.

[97] Vgl. etwa *Scheffen*, ZRP 1991, 458, 461.

[98] Vgl. *Kuhlen*, JZ 1999, 273, 274. Gleichwohl darf an dieser Stelle nicht unerwähnt bleiben, dass auch im Bereich des Strafrechts mitunter Rufe nach einer restriktiveren Anpassung der in § 19 StGB bestehenden Altersgrenze der Strafmündigkeit von 14 Jahren, etwa in Form einer Absenkung auf 12 Jahre oder der völligen Aufgabe der Untergrenze, existieren. Vgl. hierzu nur die Nachweise bei *Paul*, ZRP 2002, 204, dort insbesondere Fn. 3.

fähigkeit Minderjähriger bestehenden höheren Altersgrenzen als Vorbild für eventuelle Anpassungen der deutschen Rechtslage an. Genannt wird dabei vor allem Art. 6:164 BW, wonach Minderjährige im niederländischen Recht erst mit Vollendung des 14. Lebensjahres als deliktsfähig angesehen werden. Auch das österreichische Recht regelt in § 176 ABGB eine Haftung des Minderjährigen grundsätzlich[99] erst ab Erreichen der Mündigkeit, wobei gem. § 21 Abs. 2 ABGB diejenigen Minderjährigen unmündig sind, welche das 14. Lebensjahr noch nicht vollendet haben.[100]

Entgegen denjenigen Stimmen, die eine Erhöhung des in § 828 Abs. 1 BGB geregelten Mindestalters favorisieren, wurde allerdings vereinzelt auch vorgeschlagen, das in § 828 BGB verwirklichte Modell gestufter Altersgrenzen völlig aufzugeben und von einer grundsätzlichen Deliktsfähigkeit Minderjähriger auszugehen. Auf solchen Erwägungen gründete der nachfolgend auszugsweise wiedergegebene Regelungsvorschlag für einen neu zu schaffenden § 829 BGB:

> „I. [1]Wer das achtzehnte Lebensjahr noch nicht vollendet hat, ist zum Schadensersatz insoweit nicht verpflichtet, als dies im Hinblick auf sein Alter, seine Entwicklung, die Art der Tat, die wirtschaftlichen Verhältnisse und die übrigen Umstände des Einzelfalles der Billigkeit entspricht. [2]Bei der Feststellung der wirtschaftlichen Verhältnisse kann ein vorhandener oder im Verkehr erwarteter Versicherungsschutz berücksichtigt werden. [...]“[101]

Unter Zugrundelegung dieses Reformvorschlags würde Minderjährige auch unter sieben Jahren grundsätzlich die volle Verantwortlichkeit für ihr deliktisches Verhalten treffen, soweit sie im Einzelfall nicht aufgrund des Nachweises ihres alters- und entwicklungsbedingten Unvermögens aus Billigkeitsgründen von einer Haftungsverpflichtung befreit werden können.

bb) Berücksichtigung der individuellen Steuerungsfähigkeit im Rahmen von § 828 Abs. 3 BGB

In Anlehnung an die im Rahmen des JGG von 1923 vorgenommene Fassung des § 3 JGG[102] fordern einige Stimmen in der Literatur seit geraumer Zeit eine haftungsbegründende Berücksichtigung der individuellen Steuerungsfähigkeit neben der Einsichtsfähigkeit auch im Rahmen der Prüfung der Delikts-

---

[99] Eine der Regelung des § 829 BGB vergleichbare Billigkeitshaftung findet sich in § 1310 ABGB, der im Einzelfall die gerichtliche Verschuldenszurechnung auch an einen unmündigen Minderjährigen gestattet.

[100] Einen umfassenden Überblick über die verschiedenen Altersstufen im Deliktsrecht einzelner europäischer Staaten bietet die Untersuchung bei *Borgelt*, Kind im Deliktsrecht, S. 64–70. Vgl. auch die Verweise unter anderem auf das griechische, polnische, norwegische und dänische Zivilrecht bei *Scheffen*, FS Steffen, S. 387, 390 f.

[101] *Bar*, Gutachten und Vorschläge zur Überarbeitung des Schuldrechts, S. 1681, 1762.

[102] Zu den Hintergründen der Aufnahme der individuellen Steuerungsfähigkeit in § 3 JGG vgl. erneut *Loheit*, Die Deliktsfähigkeit Minderjähriger, S. 54 ff.

fähigkeit. Nach teilweise vertretener Ansicht soll dies bereits de lege lata zulässig sein; methodisch wird insoweit eine an § 3 JGG angelehnte rechtsfortbildende Analogie zu § 828 Abs. 3 BGB bzw. § 828 Abs. 2 BGB a.F. vorgeschlagen.[103] Allerdings lehnte der BGH in einer grundlegenden Entscheidung aus dem Jahr 1970 eine rechtsfortbildende Erweiterung der tatbestandlichen Anforderungen an die Feststellung der Deliktsfähigkeit unter Verweis auf den Vorrang einer insoweit notwendigen gesetzgeberischen Entscheidung ausdrücklich ab.[104] Im Übrigen ist der Justiz in der Praxis eine entsprechende rechtsfortbildende tatbestandliche Erweiterung nunmehr angesichts des Inkrafttretens des SchadÄndG und der spätestens damit verbundenen Aufnahme des § 828 BGB in den nachkonstitutionellen Willen des Gesetzgebers grundsätzlich untersagt.[105]

Neben den genannten rechtsfortbildenden Bestrebungen haben auch Forderungen einer legislativen Aufnahme des Kriteriums der Steuerungsfähigkeit in den Tatbestand des § 828 Abs. 3 BGB bzw. § 828 Abs. 2 BGB a.F. bis heute Tradition.[106] Neben einem Reformvorschlag des 34. Deutschen Juris-

[103] Für § 828 Abs. 3 BGB vgl. Erman/*Wilhelmi*, BGB, § 828 Rn. 2, wonach die mangelnde Steuerungsfähigkeit entgegen des Wortlauts von § 828 Abs. 3 BGB gleichfalls bei der Feststellung der deliktischen Verantwortlichkeit zu berücksichtigen sein soll. Die Möglichkeit einer Rechtsfortbildung noch für § 828 Abs. 2 BGB a.F. bejahend *Borgelt*, Kind im Deliktsrecht, S. 51; *Rolfs*, JZ 1999, 233, 238. Auch nach *Koebel*, NJW 1956, 969 (Fn. 8) und *Mezger*, MDR 1954, 597, 598 sollte der Umstand, dass die Steuerungsfähigkeit aus altersspezifischen Gründen ausgeschlossen oder jedenfalls vermindert sein kann, bei der Auslegung von § 828 Abs. 2 BGB a.F. zu berücksichtigen sein. Vgl. auch OLG Nürnberg, Urt. v. 7.10.1966 – 1 U 120/65, OLGZ 1967, 143.

[104] Vgl. hierzu BGH, Urt. v. 10.3.1970 – VI ZR 182/68, NJW 1970, 1039, 1039: „Die Entscheidung, ob ein Jugendlicher, der zwar seine Verantwortlichkeit einzusehen fähig ist, dem es aber noch an der Fähigkeit fehlt, nach dieser Einsicht zu handeln, nicht nur von Strafe frei sein soll, sondern auch von zivilrechtlicher Verantwortung, muß der Gesetzgeber treffen. Es ist – auch aus rechtspolitischen Gründen – denkbar, daß Strafe und Ersatzpflicht von verschiedenen Voraussetzungen abhängig bleiben sollen." Eine ausdrückliche Bestätigung dieser Entscheidung erfolgte in BGH, Urt. v. 28.2.1984 – VI ZR 132/82, NJW 1984, 1958. Gegen eine Ergänzung des § 828 Abs. 2 BGB a.F. um ein voluntatives Element mit Verweis auf den klaren Wortlaut der Norm auch *Deutsch*, JZ 1964, 86.

[105] Vgl. *Simon*, AcP 204 (2004), 264, 281.

[106] Vgl. *Berning/Vortmann*, JA 1986, 12, 14; *Borgelt*, Kind im Deliktsrecht, S. 132; *Dölle*, Verhandlungen des 34. Deutschen Juristentages, Band I, S. 98, 121; *Loheit*, Die Deliktsfähigkeit Minderjähriger, S. 165 f.; *Niboyet*, Haftung Minderjähriger und ihrer Eltern, S. 56; *Nießen*, Eltern haften für ihre Kinder, S. 192 ff.; *Peters*, Kindheit im Strafrecht, S. 20; *Scheffen*, FS Steffen, S. 387, 388; *Teichmann*, JZ 1970, 617, 618; *Waibel*, Die Verschuldensfähigkeit des Minderjährigen, S. 172. In diese Richtung auch *Kuhlen*, JZ 1990, 273, 277, der eine Angleichung des zivilrechtlichen Verständnisses der Schuldfähigkeit an dasjenige des Strafrechts in „qualitativer Hinsicht" und damit eine Ergänzung von § 828 II BGB a.F. um das § 3 S. 1 JGG sowie §§ 20, 21 StGB inhärente voluntative Element befürwortet.

tentages von 1926[107] enthielt auch ein Referentenentwurf des Bundesministers der Justiz aus dem Jahr 1967 eine an die Stelle von § 828 Abs. 2 BGB a.F. tretende Neuregelung.[108] Auch aus neuerer Zeit finden sich in der Literatur verschiedentlich konkrete Vorschläge für tatbestandliche Neu- oder Umgestaltungen von § 828 BGB, deren Gemeinsamkeit jeweils eine neben die Einsichtsfähigkeit tretende, haftungsbegründende Berücksichtigung der Steuerungsfähigkeit des minderjährigen Schädigers darstellt.[109]

Entsprechende Forderungen werden unter anderem mit Blick auf Sinn und Zweck der Verschuldenshaftung begründet, mit der es unvereinbar sei, trotz fehlender Steuerungsfähigkeit die Schuldfähigkeit zu bejahen, da in solch einem Fall keine bewusst ausgeführte Handlung vorläge. Wer nicht fähig sei, sich seiner Unrechtseinsicht gemäß zu verhalten, verdiene ebenso wenig einen Schuldvorwurf wie derjenige, der nicht fähig ist, das Unrecht seines Verhaltens zu erkennen.[110]

cc) Wechselwirkung zwischen § 828 Abs. 2 BGB und §§ 828 Abs. 3, 276 Abs. 2 BGB

Die im Zuge des SchadÄndG vorgenommene Neufassung von § 828 Abs. 2 BGB motivierte in der Folge zu Überlegungen, den Anwendungsbereich dieser auf den motorisierten Straßen- bzw. Schienenverkehr beschränkten Vor-

---

[107] Vgl. hierzu den auf dem 34. Deutschen Juristentag beschlossenen, dem vorbereitenden Gutachten von *Dölle* folgenden Vorschlag zur Neufassung von § 828 BGB a.F., abgedruckt bei *Ständige Deputation des Deutschen Juristentages*, Verhandlungen des 34. Deutschen Juristentages Band II, S. 514.

[108] Abgedruckt bei *Bar*, Gutachten und Vorschläge zur Überarbeitung des Schuldrechts, S. 1681, 1756: „Wer das 7., nicht aber das 18. Lebensjahr vollendet hat, ist für den Schaden, den er einem anderen zufügt, nicht verantwortlich, wenn er bei der Begehung der schädigenden Handlung nach seiner sittlichen und geistigen Entwicklung unfähig ist, das Unrecht der Handlung und seine Verantwortlichkeit für deren Folgen einzusehen oder nach dieser Einsicht zu handeln. Hat er diese Fähigkeit, jedoch im geringeren Maße als ein Erwachsener, so kann das Gericht die Ersatzpflicht einschränken, soweit dies nach den Umständen, insbesondere nach den Verhältnissen der Beteiligten, der Billigkeit entspricht. [...]"

[109] Vgl. beispielsweise den nachfolgend auszugsweise wiedergegebenen Gesetzesvorschlag zur Schaffung eines neuen § 828 Abs. 2 BGB bei *Busch*, Der Reifegrad Minderjähriger, S. 199: „[1]Wer das siebente, aber noch nicht das zehnte Lebensjahr vollendet hat, ist für einen Schaden, den er einem anderen zugefügt hat, nur verantwortlich, wenn er bei der Begehung der schädigenden Handlung die zur Erkenntnis der Verantwortlichkeit erforderliche Einsicht hat und fähig ist, seinen Willen dieser Einsicht gemäß zu bestimmen. [2]Wer das zehnte, aber noch nicht das achtzehnte Lebensjahr vollendet hat, ist für einen Schaden, den er einem anderen zugefügt hat, nicht verantwortlich, wenn er bei Begehung der schädigenden Handlung nicht die zur Erkenntnis der Verantwortlichkeit erforderliche Einsicht hat."

[110] Vgl. *Borgelt*, Kind im Deliktsrecht, S. 48; *Kuhlen*, JZ 1990, 273, 276 f.

schrift im Wege einer Analogie[111] oder de lege ferenda[112] auf Unfälle mit anderen sich schnell bewegenden Verkehrsteilnehmern zu erstrecken. Auch eine analoge Anwendung auf am Straßenverkehr teilnehmende Minderjährige über zehn Jahren wurde erwogen.[113] Auch wird vereinzelt gefordert, § 828 Abs. 3 BGB unter Berücksichtigung der in § 828 Abs. 2 BGB enthaltenen Wertungen auszulegen. Danach soll eine Haftung Minderjähriger umso eher zu verneinen sein, je näher das Alter des betroffenen Schädigers an der Haftungsgrenze des § 828 Abs. 2 BGB von zehn Jahren liegt.[114]

Ähnliche Überlegungen finden sich anlässlich der vereinzelt erhobenen Forderung, die nach entwicklungspsychologischer Erkenntnis regelmäßig bestehenden Steuerungsdefizite Minderjähriger bestimmter Altersklassen nicht bei § 828 Abs. 3 BGB, sondern vielmehr anlässlich der Feststellung des Verschuldens im Rahmen des Haftungsmaßstabs des § 276 Abs. 2 BGB zu berücksichtigen.[115] Spezifische kindliche Eigenheiten wie ein ausgeprägter Spieltrieb, eine häufig vorhandene „Rauflust" sowie Impulsivität und Affektreaktionen und die damit einhergehende altersgemäße Einschränkung der Steuerungsfähigkeit müssten demnach bei Anlegung des Maßstabs der Gruppenfahrlässigkeit durch die Rechtsprechung noch stärkere Berücksichtigung finden. Ein Haftungsausschluss solle folglich umso eher angenommen werden können, je näher sich das Alter des Kindes und sein Entwicklungsstand an der Grenze zur Deliktsfähigkeit befänden.[116]

dd) Änderung der Beweislastverteilung in § 828 Abs. 3 BGB

Zur Verbesserung der haftungsrechtlichen Situation Minderjähriger wird teilweise auch eine Änderung der bestehenden gesetzlichen Beweislastverteilung vorgeschlagen. Nach derzeitiger Rechtslage wird die Einsichtsfähigkeit eines betroffenen Minderjährigen aufgrund der in § 828 Abs. 3 BGB enthaltenen Regel-Ausnahme-Struktur grundsätzlich widerlegbar vermutet. Demnach obliegt dem minderjährigen Schädiger im Prozess die Beweislast dafür,

---

[111] Mit Blick auf die vergleichbare Interessenlage angedeutet, letztlich jedoch abgelehnt von *Pardey*, DAR 2004, 499, 508; ebenfalls ablehnend *Oechsler*, NJW 2009, 3185, 3188.

[112] Für eine de lege ferenda vorzunehmende Erweiterung auf sämtliche Verkehrssituationen auch im nicht motorisierten Straßenverkehr, die insbesondere Minderjährige als Radfahrer umfassen würde, plädiert *Lang*, r+s-Beil. 2011, 63, 68.

[113] Vgl. die Darstellung bei *Zech*, Beschränkung der Haftung Minderjähriger, S. 25 f.

[114] *Lang*, r+s-Beil 2011, 63, 66; auch insoweit ablehnend *Oechsler*, NJW 2009, 3185, 3188.

[115] *Singer*, FS Prölss, S. 191, 207 ff. In diese Richtung auch *Haberstroh*, VersR 2000, 806, 809, der den Begriff des „Verschuldens" an der persönlichen Verantwortlichkeit des konkreten Schädigers orientiert sehen möchte.

[116] *Singer*, FS Prölss, S. 191, 207. Vgl. auch *Lang*, 51. Deutscher Verkehrsgerichtstag 2013, S. 61, 73.

dass ihm bei Begehung der deliktischen Handlung die Einsichtsfähigkeit fehlte. Insoweit wird in der einschlägigen Literatur teilweise angeregt, zumindest bis zum Erreichen des zehnten Lebensjahres einen von Amts wegen durch das Gericht zu erbringenden Nachweis der Einsichtsfähigkeit des minderjährigen Schädigers zur Voraussetzung seiner Verurteilung zu machen, was in der Regel die Einholung eines Sachverständigengutachten notwendig erscheinen ließe.[117]

b) Begrenzung des Haftungsumfangs

Die bislang dargestellten Reformansätze beinhalten mit Blick auf eine Verbesserung des Minderjährigenschutzes zunächst allein Korrekturen auf tatbestandlicher Ebene. Daneben bestehen auch Erwägungen, für den Fall der bestehenden Schadensersatzverpflichtung eines minderjährigen Schädigers alternativ oder kumulativ zu vorgenannten Lösungswegen im Ausnahmefall zugunsten Minderjähriger eine Begrenzung des Haftungsumfangs zu ermöglichen.

aa) De lege lata mittels § 242 BGB

Nach verbreiteter Ansicht, die auch auf einen seitens des BVerfG in dessen Beschluss vom 13.8.1998 gegebenen Hinweis rekurriert, soll eine mit Blick auf Art. 2 Abs. 1 GG i.V.m. Art. 1 Abs. 1 GG gebotene summenmäßige Reduktion bestehender Schadensersatzverpflichtungen Minderjähriger bereits de lege lata nach § 242 BGB auf Basis einer beiderseitigen Grundrechts- und Interessenabwägung möglich sein.[118] Als methodischer Anknüpfungspunkt einer entsprechenden Reduktionsmöglichkeit wird insoweit teilweise der Einwand des Rechtsmissbrauchs gewählt.[119] In der Praxis haben entspre-

[117] Vgl. *Borgelt*, Kind im Deliktsrecht, S. 36; *Busch*, Der Reifegrad Minderjähriger, S. 185; *Politsch*, SuP 1954, 339, 344; *Teichmann*, JZ 1970, 617, 619.

[118] Vgl. zuletzt insbesondere BerlVerfGH, Beschl. v. 14.12.2009 – VerfGH 31/09, NJW-RR 2010, 1141, wonach die ordentlichen Gerichte nach den Umständen des Einzelfalls gezwungen sein können, dem gebotenen Minderjährigenschutz durch einen Rückgriff auf § 242 BGB Rechnung zu tragen. Siehe zudem *Ahrens*, VersR 1997, 1064, 1066; *Borgelt*, Kind im Deliktsrecht, S. 63 f.; *Canaris*, JZ 1987, 993, 1002; *Coester*, FS Lorenz, S. 113, 129 f.; *Eckebrecht*, MDR 1999, 1248; *Goecke*, NJW 1999, 2305, 2309 f.; Geigel/*Haag*, Kap. 16 Rn. 13; *Looschelders*, VersR 1999, 141, 151; *Looschelders*, Einwirkungen der Grundrechte, S. 93, 105; *Rolfs*, JZ 1999, 233, 238 f.; *Zech*, Beschränkung der Haftung Minderjähriger, S. 125. Die Möglichkeit einer ermessensbasierten Berücksichtigung des Verschuldens bei Bemessung der Ersatzverpflichtung wurde zuvor auch schon bei *Heck*, Grundriß des Schuldrechts, S. 54 f. diskutiert. Mit Blick auf die Anwendung von § 242 BGB grundsätzlich kritisch hingegen *Fleischer*, ZIP 2014, 1305, 1307; *Krause*, JR 1994, 494, 496; *Medicus*, AcP 192 (1992), 35, 67.

[119] So LG Bremen, Urt. v. 15.2.1991 – 6 O 2866/89 u. 1218/90, NJW-RR 1991, 1432,

chende Überlegungen allerdings soweit ersichtlich keine signifikante Durchsetzung erfahren.[120] Dies könnte auch darin begründet liegen, dass die Voraussetzungen einer Haftungsreduktion in der diesbezüglich vorhandenen Rechtsprechung und Literatur nicht einheitlich beurteilt werden und damit weitgehend konturenlos bleiben.

Eine Reduktion der Schadensersatzverpflichtung Minderjähriger soll nach teilweise vertretener Ansicht möglich sein, sofern eine lediglich fahrlässige Verhaltensweise zu einem daraus resultierenden exorbitanten Schaden führt, zugunsten des Schädigers keine Haftpflichtversicherung besteht und der Schadensersatzanspruch nicht durch einen Sozialversicherungsträger geltend gemacht wird.[121] Nach anderer Auffassung soll auch im Fall einer grob fahrlässigen bzw. vorsätzlichen Rechtsgutsverletzung eine Haftungsreduktion nicht zwingend ausgeschlossen sein.[122] Als weitere Voraussetzung wird darüber hinaus teilweise verlangt, dass der konkrete Geschädigte nicht auf die Beitreibung des Schadensersatzes angewiesen sein darf, weil er etwa über ein ausreichendes Vermögen verfügt oder aber der Schaden durch Dritte, insbesondere eine Versicherung, abgedeckt wird.[123] Im Umkehrschluss soll sich eine Haftungsreduktion dann nicht begründen lassen können, wenn der Geschädigte nicht versichert war und ihm infolge der Schädigung selbst eine finanzielle Belastung erdrückenden Ausmaßes drohe.[124] Uneinigkeit besteht im Rahmen entsprechender Vorschläge vor allem mit Blick auf die Frage, wann eine die Haftungsreduktion überhaupt notwendig

---

1435; *Canaris*, JZ 1987, 993, 1002; Palandt/*Sprau*, BGB, § 828 Rn. 8; *Rolfs*, JZ 1999, 233, 239; *Zech*, Beschränkung der Haftung Minderjähriger, S. 125. Aus methodischer Perspektive kritisch hingegen *Goecke*, Unbegrenzte Haftung Minderjähriger, S. 97 sowie *Simon*, AcP 204 (2004), 264, 277. Auch *Müller*, Tradition und Fortschritt im Recht, S. 211, 215 weist darauf hin, dass eine Anknüpfung an § 242 BGB gravierenden Bedenken begegne, da ein unverhältnismäßiges Vorgehen des Gläubigers zwar im Einzelfall durchaus gegen Treu und Glauben verstoßen könne, dies jedoch allein diejenigen Fälle umfasse, in welchen mehrere Mittel zur Verfügung stünden und das jeweils mildere Vorgehen zur Befriedigung des Rechtsinhabers genüge. Insoweit sei die Sachlage im Fall einer Haftungsreduktion anders gelagert.

[120] Zu diesbezüglichen Rechtsprechungsnachweisen vgl. erneut LG Bremen, Urt. v. 15.2.1991 – 6 O 2866/89 u. 1218/90, NJW-RR 1991, 1432; OLG Saarbrücken, Beschl. v. 13.12.1999 – 4 W 372/99, juris; OLG Celle, Urt. v. 17.10.2001 – 9 U 159/01, VersR 2002, 241; BerlVerfGH, Beschl. v. 14.12.2009 – VerfGH 31/09, NJW-RR 2010, 1141.

[121] So beispielsweise *Goecke*, NJW 1999, 2395, 2310.

[122] Vgl. *Rolfs*, JZ 1999, 233, 240 f.; *Zech*, Beschränkung der Haftung Minderjähriger, S. 140. Vgl. überdies *Canaris*, JZ 1987, 993, 1001, der auch im Fall vorsätzlicher Schadenszufügung die Möglichkeit einer Haftungsbeschränkung nicht grundsätzlich ausschließen möchte.

[123] *Canaris*, JZ 1987, 993, 1002; *Looschelders*, VersR 1999, 141, 151.

[124] *Goecke*, NJW 1999, 2395, 2309.

machende „existenzvernichtende", „existenzbedrohende" oder „exorbitante" Höhe der im Raum stehenden Forderung erreicht sein soll.[125]

bb) De lege ferenda mittels Einführung einer gesetzlichen Haftungsreduktionsklausel

Alternativ werden in der jüngeren Literatur verbreitet auch Forderungen nach einer de lege ferenda zu schaffenden Haftungsreduktionsklausel zugunsten Minderjähriger erhoben.[126] Teilweise werden diesbezüglich auch konkrete Normvorschläge unterbreitet.[127] Entsprechende Forderungen an den Gesetzgeber sind allerdings nicht gänzlich neu; vielmehr sahen beispielsweise ein Beschluss des 43. Deutschen Juristentages 1960 ebenso wie ein nachfolgender Referentenentwurf des Bundesministers der Justiz aus dem Jahr 1967 die Einführung einer allgemeinen[128] und nicht auf Minderjährige

---

[125] Nach einer Ansicht soll von einer solchen Wirkung der Forderung auszugehen sein, wenn der Minderjährige bei gewöhnlichem Verlauf nicht in der Lage sein wird, die Forderung bis zum Eintritt der Volljährigkeit zu tilgen. Vgl. *Rolfs*, JZ 1999, 233, 241. Zur Idee einer billigkeitsorientierten „umgekehrten Analogie" zu § 829 BGB vgl. *Looschelders*, VersR 1999, 141, 151; *ders.*, Einwirkungen der Grundrechte, S. 93, 105. Nach einer stärker konkretisierenden Auffassung soll eine existenzvernichtende Forderung zu bejahen sein, wenn die gegen den Minderjährigen gerichtete Forderung einschließlich Zinsen mindestens so hoch ist, dass dieser nach Übergang in das Berufsleben drei Jahre auf das pfändungsfreie Einkommen verwiesen werden müsste, um seine Schulden zu tilgen. Vgl. *Zech*, Beschränkung der Haftung Minderjähriger, S. 132. Ein weiterer Ansatz schließlich gründet auf einer betragsmäßigen Konkretisierung der Zahlungsverpflichtung; so wird bei *Tilsen*, Die beschränkte Haftung des Minderjährigen, S. 55 vorgeschlagen, von einer „erdrückenden" Schadensersatzverpflichtung auszugehen, sofern ein Betrag von 11.000 Euro als im Einzelfall flexibler Richtwert überschritten wird.

[126] Für entsprechende Forderungen vgl. *Ahrens*, VersR 1997, 1064, 1066; *Deutsch*, Allgemeines Haftungsrecht, S. 402; *Scheffen*, FS Steffen, S. 387, 396; *dies.*, 36. Deutscher Verkehrsgerichtstag 1998, S. 222, 229; *Schmidt*, Auswirkungen auf den Minderjährigenschutz, S. 133 f.

[127] Ein Reformvorschlag in Gestalt eines neu zu schaffenden § 828 Abs. 3 BGB findet sich beispielsweise bei *Goecke*, Unbegrenzte Haftung Minderjähriger, S. 257: „Wenn die Verantwortlichkeit des Minderjährigen nicht bereits nach Absatz 1 oder Absatz 2 ausgeschlossen ist, so kann, soweit es die Billigkeit erfordert, die Ersatzpflicht des Minderjährigen gemindert werden, wobei dessen Alter und Entwicklung, Art, Umstände und Folgen der schädigenden Handlung, die wirtschaftlichen Verhältnisse der Parteien sowie deren Versicherungsschutz zu berücksichtigen sind." Für einen vergleichbaren Normvorschlag vgl. *Busch*, Der Reifegrad Minderjähriger, S. 199.

[128] Von allgemeinen, nicht auf bestimmte Fallgestaltungen oder Situationen beschränkten Reduktionsklauseln lassen sich die sogenannten besonderen Reduktionsklauseln abgrenzen, die auf gesetzlich genau definierte Konstellationen zutreffen und dem erkennenden Gericht bei der Rechtsanwendung keinen Ermessensspielraum eröffnen. Vgl. *Finke*, Minderung der Schadensersatzpflicht in Europa, S. 42 f., der als Beispiel für eine besondere Reduktionsklausel § 10 ProdHaftG nennt, wonach die Haftung für durch ein fehlerhaftes

beschränkten Reduktionsklausel in einem neu zu schaffenden §255a BGB vor.[129] Dieser Reformgedanke wurde auch in einem Gutachten zur Vorbereitung der Schuldrechtsmodernisierung wieder aufgegriffen, worin eine entsprechende Klausel in abgewandelter Form in einem neuen §254a BGB vorgesehen war.[130] Allerdings wurden entsprechende Vorschläge seitens des Gesetzgebers weder im Zuge der Schuldrechtsreform noch des SchadÄndG berücksichtigt.

cc) Analoge Anwendung von § 1629a BGB

Nach Inkrafttreten des MHbeG am 1.1.1999 und der damit verbundenen Einführung von §1629a BGB wurde vereinzelt erwogen, die danach bestehende Möglichkeit einer Haftungsbeschränkung über den Gesetzeswortlaut hinaus analog auch auf deliktische Verbindlichkeiten anzuwenden, um dergestalt dem verfassungsrechtlich notwendigen Schutz Minderjähriger vor einer langfristigen Überschuldung Rechnung zu tragen.[131] Begründet wird die Notwendigkeit einer analogen Anwendung insbesondere damit, dass die Sach- und Interessenlage bei der Haftung Minderjähriger aus Vertrag und Delikt vergleichbar sei.[132] Im Übrigen sei die Anwendung von §1629a BGB auf deliktische Ansprüche angesichts Art. 2 Abs. 1 GG i.V.m. Art. 1 Abs. 1

Produkt verursachte Personenschäden auf einen Höchstbetrag von 85 Millionen Euro beschränkt ist.

[129] Vgl. §255a Abs. 1 des Referentenentwurfs von 1967, abgedruckt bei *Hohloch*, Gutachten und Vorschläge zur Überarbeitung des Schuldrechts, S. 375, 460. Vgl. überdies den Beschluss des 43. Deutschen Juristentages 1960 mit der darin enthaltenen Empfehlung an den Gesetzgeber, „[...] das Prinzip der Totalhaftung im Schadensrecht dadurch aufzulockern, daß dem Richter für bestimmte Fälle die Möglichkeit einer Minderung des Umfangs der Ersatzpflicht eingeräumt wird." Siehe hierzu *Ständige Deputation des Deutschen Juristentages*, Verhandlungen des 43. Deutschen Juristentages Band II, C 121 sowie den bei *Lange*, Verhandlungen des 43. Deutschen Juristentages Band I, S. 37 enthaltenen Formulierungsvorschlag für eine dahingehende Minderungsklausel. Ein weiterer Regelungsvorschlag findet sich bei *Stoll*, RabelsZ 34 (1970), 481, 501 f.

[130] Vgl. *Hohloch*, Gutachten und Vorschläge zur Überarbeitung des Schuldrechts, S. 375, 475.

[131] Ein dahingehender Vorschlag findet sich bei *Ludyga*, FPR 2006, 460, 461 f. Über diesen Ansatz hinaus wäre methodisch alternativ auch eine zukünftige gesetzgeberische Erweiterung des Anwendungsbereichs von §1629a Abs. 1 BGB denkbar, um deliktische Verbindlichkeiten erfassen zu können.

[132] Eine Vergleichbarkeit der Interessenlagen sieht auch *Athanasiadis*, Beschränkung der Haftung Minderjähriger, S. 140, da auch im Bereich einer deliktischen Haftung Minderjähriger die gesetzlichen Vertreter derselben ihrer elterlichen Verantwortung, insbesondere hinsichtlich angemessener Erziehung und Aufsicht ihres Kindes und Abschluss einer Haftpflichtversicherung in dessen Namen, nicht in ausreichendem Maße nachgekommen seien.

GG sowie Art. 6 Abs. 2 GG auch aus verfassungsrechtlichen Gründen notwendig.[133]

dd) Summenmäßige Begrenzung des Regresses von Versicherern

Ein weiterer Ansatz zur Beschränkung von Schadensersatzverpflichtungen der Höhe nach besteht im Vorschlag einer Einführung gesetzlicher Haftungshöchstsummen für die praktisch sehr häufigen Konstellationen, in denen Regressforderungen von Versicherungen Gegenstand von Rechtsstreitigkeiten sind.[134] Für den Fall einer Inanspruchnahme Minderjähriger durch private Versicherer, deren auf §86 Abs. 1 S. 1 VVG beruhender Regress nicht durch eine §76 Abs. 2 S. 1 Nr. 3 SGB IV vergleichbare Regelung beschränkt ist, wird daneben auch erwogen, etwaige Regressansprüche mittels einer teleologischen Reduktion von §67 VVG zu kürzen oder zu vermeiden.[135]

c) Pflicht des gesetzlichen Vertreters zum Abschluss einer privaten Haftpflichtversicherung und Elternhaftung

Um das Haftungsrisiko deliktisch verantwortlicher Minderjähriger bestmöglich zu minimieren, wird vielfach die Einführung einer gesetzlichen Verpflichtung der Eltern oder anderer gesetzlicher Vertreter zum Abschluss einer privaten Haftpflichtversicherung gefordert.[136] Zudem wird eine Pflicht der Eltern zum Abschluss einer entsprechenden Haftpflichtversicherung im Namen ihres Kindes vereinzelt bereits de lege lata angenommen.[137] Hintergrund

---

[133] *Ludyga*, FPR 2006, 460, 461.

[134] Vgl. etwa *Scheffen*, FS Steffen, S. 387, 394f., die eine Begrenzung auf 5.000 DM vorschlägt. Diese Summe sollte der Minderjährige in Raten zurückzahlen können, um dergestalt einen „Denkzettel" zu erhalten, während ihm die finanziellen Lasten im Übrigen erlassen und die ungedeckten Kosten somit auf alle Versicherten verteilt werden sollten.

[135] Vgl. *Simon*, AcP 204 (2004), 264, 281 ff.; kritisch *Looschelders*, VersR 1999, 141, 147. Soweit es sich bei dem jeweiligen Anspruchssteller hingegen um einen Sozialversicherungsträger handele, müsse der in §76 Abs. 2 S. 1 Nr. 3 HS. 1 SGB IV enthaltene Begriff der Unbilligkeit so ausgelegt werden, dass die Fallgruppe einer unverhältnismäßigen Haftung darunterfalle. Vgl. *Simon*, AcP 204 (2004), 264, 281 ff.

[136] Vgl. *Fischinger*, Haftungsbeschränkung im Bürgerlichen Recht, S. 657; *Looschelders*, VersR 1999, 141, 151; *Scheffen*, FS Steffen, S. 387, 396f.; *Schwintowski*, ZRP 2003, 391, 395; *Hippel*, VersR 1998, 26, 27. Befürwortend auch *Ebert*, Pönale Elemente im deutschen Privatrecht, S. 435. Die Möglichkeit der Einführung einer Privathaftpflichtversicherung für Minderjährige findet auch bei *Lorenz*, VersR 1989, 711, 713 Erwähnung. Entsprechende Überlegungen ablehnend *Goecke*, Unbegrenzte Haftung Minderjähriger, S. 209 sowie *Schirmer*, DAR 2004, 509, 512 ff.

[137] So etwa *Peters*, FamRZ 1997, 595, 598 f. Danach gehöre die Gewährung von Versicherungsschutz durch Übernahme der Kosten einer Haftpflichtversicherung zu dem, was ein Kind nach §1610 Abs. 1 BGB als angemessenen Unterhalt beanspruchen könne; überdies entspringe die Verpflichtung zum Abschluss einer Haftpflichtversicherung der aus

entsprechender Forderungen ist unter anderem die Überlegung, dass es nicht zu rechtfertigen sei, das Risiko der aus deliktischen Handlungen Minderjähriger resultierenden Schäden allein den jeweils Geschädigten, quasi stellvertretend für die Gesamtgesellschaft, zuzuweisen, obgleich diese keinerlei familien- oder vertragsrechtliche Bindung zu den Minderjährigen aufweisen, welche eine solche Zuweisung legitimieren könnte.[138] Im Übrigen wird teilweise dafür plädiert, Minderjährige gewisser Altersstufen generell von der Haftung aus deliktischem Verhalten freizustellen und zugleich eine verschuldensunabhängige Elternhaftung ohne Exkulpationsmöglichkeit einzuführen, wobei mitunter auch eine elterliche Verpflichtung zum Abschluss einer privaten Haftpflichtversicherung angeregt wird.[139]

2. Grundsätzliche Erwägungen mit Blick auf einen eigenständigen Reformvorschlag

Die im Bereich der deliktischen Haftung Minderjähriger bestehenden Mängel der Gesetzeslage und die voranstehend erörterten zahlreichen, bislang jedoch ganz überwiegend durch Gesetzgeber und Rechtsprechung ignorierten Vorschläge zur Verbesserung der Haftungssituation Minderjähriger verdeutlichen ein weiterhin bestehendes Reformbedürfnis und -potential. Dabei stellt sich die grundlegende Frage, ob insbesondere das Problem der mangelnden Berücksichtigung alterstypischer individueller Schwächen im Rahmen von § 828 Abs. 3 BGB sowie des nach dem Grundsatz der Totalreparation grundsätzlich unbeschränkten Haftungsumfangs bereits de lege lata im Wege richterlicher Gesetzesanwendung und Norminterpretation gelöst werden kann, oder ob nicht vielmehr ein Tätigwerden des Gesetzgebers notwendig und wünschenswert erscheint. Nachfolgend soll daher unter Berücksichtigung der in Literatur und Rechtsprechung bereits vorliegenden Reformvorschläge analysiert werden, an welchen Stellen Veränderungen der bestehenden Rechtslage notwendig und sinnvoll erscheinen und wie diese bestmöglich realisiert werden könnten.

---

§§ 1626 ff. BGB folgenden elterlichen Pflicht zur Vermögenssorge. Ebenso *Zech*, Beschränkung der Haftung Minderjähriger, S. 71 ff.

[138] *Schwintowski*, ZRP 2003, 391, 392.

[139] Vgl. etwa MüKoBGB/*Wagner*, BGB, § 828 Rn. 22 mit Verweis auf das im niederländischen Recht bestehende Regelungsmodell; siehe auch *Nießen*, Eltern haften für ihre Kinder, S. 102 ff., der für die Schaffung einer elterlichen Gefährdungshaftung plädiert; *Scheffen*, ZRP 1991, 458, 463; *Stürner*, GS Lüderitz, S. 789, 807. Einen Überblick über verschiedene Regelungsvorschläge bietet im Übrigen *Bernau*, VersR 2005, 1346, 1348 f. Eine Verschärfung der Elternhaftung nach § 832 BGB mittels Einschränkung der insoweit vorgesehenen Exkulpationsmöglichkeit für nicht schuldhafte Verletzungen der Aufsichtspflicht regt *Schlegelmilch*, ZAP F. 2 1999, 227, 232 an.

a) Sinnhaftigkeit einer festen Altersgrenze

Zur Gewährleistung der Intention, Minderjährigen unterhalb einer bestimmten Altersgrenze gegenüber den Erfordernissen des Verkehrsschutzes ein Mindestmaß an entwicklungsbedingtem Freiraum zu garantieren, empfiehlt sich die Beibehaltung eines Mindestalters für den Eintritt deliktischer Verantwortlichkeit. Sowohl die Fähigkeit, mögliche Gefahren zu erkennen, als auch das Bewusstsein der Verantwortlichkeit für ein gefahrträchtiges eigenes Verhalten müssen Minderjährige erst erlernen, zumal rein theoretische Erläuterungen, beispielsweise durch die eigenen Eltern, gegenüber dem eigenen praktischen Erfahrungshorizont zwingend nachrangig sind.[140]

Für eine festgesetzte Altersgrenze sprechen dabei, auch unter Berücksichtigung teilweise geäußerter Zweifel an deren entwicklungspsychologischer Validität,[141] vor allem rechts- und gesellschaftspolitische Gründe.[142] Denn bei Verwendung von Altersgrenzen insbesondere zur Grenzziehung im oberen Randbereich der Deliktsunfähigkeit sind die Entscheidungskriterien zwingend rein objektiver Natur und damit ohne Weiteres überprüfbar. Zudem kann durch eine feste Altersgrenze den anerkannten unterschiedlichen Reifegraden innerhalb der verschiedenen Altersstufen Minderjähriger systematisch Rechnung getragen werden.[143] Schließlich ist die Einstufung eines Minderjährigen in den Bereich der absoluten Deliktsunfähigkeit bei Vorhandensein eines gesetzlich reglementierten Mindestalters nicht in jedem Einzelfall von einer medizinisch-psychologischen Einzelfallbegutachtung abhängig, welche angesichts des entwicklungspsychologischen Forschungsstands und der notwendigen Einschätzungsspielräume psychologisch-psychiatrischer Begutachtung unter Umständen je nach den konkreten Umständen stark differenzieren kann.

Klar definierte Altersgrenzen können dergestalt jedoch nicht allein zu einer allgemeinen, dem Schutz des Rechtsverkehrs dienenden erhöhten Rechtssicherheit und Verlässlichkeit beitragen.[144] Speziell für den jeweils betroffenen Minderjährigen bietet die feste Altersgrenze in § 828 Abs. 1 BGB überdies ein bedeutendes Mindestmaß an Rechtssicherheit und somit auch eine Art „Mindestschutz". Im Fall ihrer Aufhebung könnten die Gerichte, auch mit Blick auf die Rechtsprechungspraxis in anderen Ländern des eu-

---

[140] *Busch*, Der Reifegrad Minderjähriger, S. 177.

[141] Vgl. hierzu erneut die Darstellung unter E. IV. 2. a) sowie *Himmelsbach*, BuE 54 (2001), 255, 261, nach welchem „[…] wissenschaftlich *gesicherte* [Hervorhebung im Original, Anm. d. Verf.] Ergebnisse über den Reifezustand junger Menschen kaum zu erarbeiten sein" dürften. Eine Erklärung von Altersgrenzen mit rein objektiven Kriterien sei demnach nicht möglich.

[142] *Borgelt*, Kind im Deliktsrecht, S. 131; *Himmelsbach*, BuE 54 (2001), 255, 260.

[143] *Knothe*, Die Geschäftsfähigkeit der Minderjährigen, S. 458.

[144] Vgl. auch *Himmelsbach*, BuE 54 (2001), 255, 256.

ropäischen Raums, nämlich in Ausübung des ihnen sodann eingeräumten Ermessens durchaus dazu tendieren, je nach individueller Einschätzung und Überzeugung des erkennenden Spruchkörpers den Eintritt der Deliktsfähigkeit noch früher anzusetzen.[145]

Die Idee einer vollständigen Aufgabe des in Gestalt von §§ 828, 829 BGB bestehenden Haftungssystems zugunsten einer umfassenden Haftung Minderjähriger aller Altersstufen bei zugleich eröffneter Möglichkeit einer Haftungsbefreiung aus Billigkeitsgründen erscheint nach alledem nicht vorzugswürdig.[146] Zunächst würde durch ein solches Haftungsmodell das bisher in § 828 Abs. 1 BGB legislativ verbürgte „Mindestschutzniveau" zu Lasten minderjähriger Verkehrsteilnehmer ersatzlos aufgeben.[147] Ist es nach derzeitiger Rechtslage nach § 829 BGB möglich, einem gem. §§ 827, 828 BGB für den Schaden grundsätzlich nicht verantwortlichen Schädiger aus Billigkeitsgründen ausnahmsweise eine Ersatzpflicht aufzuerlegen, so würde die Umsetzung des vorgeschlagenen Haftungsmodells diese Regelungsstruktur umkehren. Folglich wären Minderjährige jeder Altersstufe grundsätzlich für alle von ihnen verursachte Schäden verantwortlich, sofern nicht ausnahmsweise eine Haftungsbefreiung aus Billigkeitsgründen in Betracht zu ziehen sein sollte.

Problematisch mutet in diesem Zusammenhang auch die Anknüpfung an das Merkmal der „Billigkeit" an, das im weitesten Sinne abhängig vom Standpunkt des jeweiligen Betrachters ist und daher potentiell mit den Erfordernissen der Rechtssicherheit in Konflikt geraten könnte.[148] Damit wären sowohl die Möglichkeit, von einer Haftung des Minderjährigen gänzlich abzusehen, als auch die Annahme einer vollumfänglichen Haftung des Minderjährigen allein von der Ermessensausübung des erkennenden Gerichts abhängig. Es erscheint zumindest zweifelhaft, ob eine entsprechende Regelung zu einer Erhöhung der Rechtssicherheit führen würde. Gerade bei Minderjährigen in den unteren Altersstufen wäre die Anstrengung eines Prozesses für den Geschädigten oder dessen Versicherungsträger vielmehr mit hohen Risiken verbunden.

---

[145] Siehe hierzu *Borgelt*, Kind im Deliktsrecht, S. 37 und die dort dargestellte Auswertung entsprechender Judikatur aus dem skandinavischen Raum. Danach besteht beispielsweise in Dänemark mit Blick auf die Deliktsfähigkeit keine feste gesetzliche Altersgrenze, wobei sich in der dänischen Rechtsprechung Verurteilungen von erst vierjährigen Kindern zum Schadensersatz nachweisen ließen.

[146] Vgl. hierzu erneut den Regelungsvorschlag von *Bar* unter H. II. 1. a) aa).

[147] Die Korrelation zwischen der Aufgabe einer festen Altersgrenze und der damit einhergehenden Reduzierung des Minderjährigenschutzes wird in der Begründung des Entwurfs bei *Bar*, Gutachten und Vorschläge zur Überarbeitung des Schuldrechts, S. 1681, 1774 auch selbst dargestellt: „Der Minderjährigenschutz im Deliktsrecht tritt damit zurück."

[148] Vgl. *Lange/Schiemann*, Schadensersatz, S. 16 f.

Im Übrigen wird der betreffende Vorschlag auch im Hinblick auf das im Zivilrecht geltende Verschuldensprinzip sowie die entwicklungspsychologischen Erkenntnisse, wonach Kinder unter sieben Jahren in der Regel noch keine Einsichts- oder Verschuldensfähigkeit besitzen, kritisch gesehen. Denn es würde einen ungerechtfertigten Bruch des Verschuldensgrundsatzes darstellen, einen Minderjährigen trotz seiner Deliktsunfähigkeit zur Verantwortung zu ziehen und die Haftung aufgrund eventueller entwicklungsbedingter Unzulänglichkeiten lediglich zu begrenzen. Es empfehle sich vielmehr, die bei Kindern unter sieben Jahren regelmäßig bestehende Deliktsunfähigkeit zu berücksichtigen und in spezifischen Einzelfällen eine Lösung über die Billigkeitshaftung nach § 829 BGB zu finden.[149]

b) Maßgebliche Altersstufe für § 828 Abs. 1 BGB

Eine feste Altersgrenze für den Eintritt der haftungsauslösenden Deliktsfähigkeit erscheint zur Gewährleistung eines „Mindestschutzes" nach alledem als zu favorisierende Lösung. Das außerhalb des motorisierten Straßenverkehrs beobachtete Festhalten des deutschen Gesetzgebers an der in § 828 Abs. 1 BGB definierten Altersgrenze von sieben Jahren ist dabei trotz der insoweit durchaus bestehenden, unter E. IV. 2. a) bereits umfassend dargestellten Kritikpunkte insbesondere entwicklungspsychologischer Natur letztlich als sinnvolle Lösung anzuerkennen. Eine teilweise geforderte allgemeine Herauf- oder Herabsetzung der betreffenden Altersstufe ist daher nicht zu befürworten.

Zunächst orientierte sich der deutsche Gesetzgeber bei der Reform von § 828 Abs. 2 BGB ausweislich der Gesetzesbegründung zum SchadÄndG an modernen, die kindliche Entwicklung kognitiver und motorischer Fähigkeiten einbeziehenden Erkenntnissen.[150] Dem Umstand, dass der Gesetzgeber angesichts dieser Erkenntnisse die Notwendigkeit einer zumindest teilweisen Anpassung der in § 828 BGB enthaltenen Altersgrenze sah, ist dabei eine grundsätzliche Bedeutung für weitere Reformdiskussionen einzuräumen. Denn anhand dieser Entscheidung des Gesetzgebers lässt sich ablesen, dass allgemein anerkannte und empirisch nachweisbare Entwicklungsschwächen Minderjähriger verschiedener Altersstufen im Hinblick auf ihre Einsichts- und Steuerungsfähigkeit aus rechtspolitischer Sicht auch im Gesetz selbst stärkere Berücksichtigung finden könnten als bislang vorgesehen.

Daneben ist die im Zuge des SchadÄndG vorgenommene Anpassung allerdings auch als rechtspolitische Maßnahme zur Verbesserung des Schutzes minderjähriger Verkehrsteilnehmer zu begreifen. So steht bei Unfallsituationen unter Beteiligung eines Minderjährigen und eines Kfz häufig nicht eine

---

[149] *Busch*, Der Reifegrad Minderjähriger, S. 192 f.

[150] Vgl. erneut E. IV. 2. b).

Inanspruchnahme des Minderjährigen wegen Personen- oder Sachschäden im Raum, vielmehr erheben häufig umgekehrt minderjährige Geschädigte Ansprüche wegen der ihnen entstandenen Schäden.[151] Dabei stellt sich mit Blick auf entsprechende Regressforderungen stets die Frage, ob und in welcher Höhe sich der minderjährige Anspruchsteller ein eigenes Mitverschulden nach § 254 BGB, § 9 StVG, § 4 HPflG anrechnen lassen muss.[152] Insoweit begründete die Heraufsetzung der Deliktsfähigkeit auf zehn Jahre durch den hierdurch bewirkten Ausschluss des Mitverschuldenseinwands eine hohe, angesichts der unterschiedlichen Gefahrenpotentiale eines minderjährigen Verkehrsteilnehmers einerseits und eines betriebenen Kfz andererseits jedoch auch gerechtfertigte Schutzwirkung für jüngere Verkehrsteilnehmer der betreffenden Altersklasse.

Demgegenüber mögen in Situationen, in denen etwa minderjährige Radfahrer mit anderen Radfahrern oder Fußgängern kollidieren und es zu wechselseitigen Schadensersatzansprüchen, insbesondere also einer Inanspruchnahme des minderjährigen Schädigers, kommen kann, etwaige entwicklungsbedingte Schwächen zwar häufig ebenfalls einem vollumfänglich verkehrsadäquaten Verhalten entgegenstehen.[153] Eine generelle, nicht auf individueller Betrachtung des betreffenden Minderjährigen erfolgende Besserstellung gegenüber den jeweiligen Unfallgegnern wäre gleichwohl angesichts des nicht vergleichbaren Gefahrenpotentials rechtspolitisch nicht in demselben Maße begründbar.[154] Auch ginge eine pauschale, einseitige Frei-

---

[151] Im Rahmen der Gesetzesbegründung zum SchadÄndG wurde diesbezüglich zutreffend darauf hingewiesen, dass die Frage, ob ein Minderjähriger im Straßenverkehr „Täter" oder „Opfer" sei, oft vom Zufall abhänge. Könne ein Kraftfahrer einem plötzlich auf die Straße laufenden Kind noch ausweichen und fahre er deshalb gegen einen Baum, sei das Kind aktiver Verursacher des Unfalls und damit „Täter"; sei ihm ein Ausweichen hingegen nicht mehr möglich und erfasse er infolgedessen das Kind, sei es Opfer. Vgl. BT-Drs. 14/7752, S. 16.

[152] Vgl. BT-Drs. 14/7752, S. 16; BGH, Urt. v. 30.11.2004 – VI ZR 335/03, NJW 2005, 354, 354 f.

[153] Siehe erneut die diesbezügliche Darstellung unter E. IV. 2. c).

[154] Erhellend stellen sich in diesem Zusammenhang die Versuche der Rechtsprechung dar, nach Inkrafttreten des SchadÄndG die auf dem Wortlaut von § 828 Abs. 2 BGB gründende weitreichende Privilegierung Minderjähriger mittels teleologischer Reduktion einzuschränken und auf solche Situationen zu begrenzen, in denen eine aus dem motorisierten Straßenverkehr resultierende typische Überforderungssituation zu dem nicht verkehrsgerechten Verhalten des jeweils betroffenen Minderjährigen geführt hat. Vgl. BGH, Urt. v. 30.11.2004 – VI ZR 335/03, NJW 2005, 354, 354 f.; BGH, Urt. v. 16.10.2007 – VI ZR 42/07, NJW 2008, 147, 147 f. Nicht erfasst sind demnach insbesondere etwa Fälle, in denen Minderjährige der relevanten Altersklasse mit Fahrrädern oder Kickboards gegen einen ordnungsgemäß geparkten PKW stoßen und diesen beschädigen. Vgl. BGH, Urt. v. 30.11.2004 – VI ZR 335/03, NJW 2005, 354. In entsprechenden Konstellationen gelangt folglich ohne Weiteres § 828 Abs. 3 BGB zur Anwendung.

stellung des Minderjährigen stets zu Lasten des Geschädigten, sofern nicht im Einzelfall eine Ersatzpflicht aus Billigkeitsgründen nach §829 BGB in Betracht kommen sollte. Aus Wertungsgesichtspunkten gestaltete sich dies besonders schwierig, wenn auf Seiten des Geschädigten ebenfalls ein Minderjähriger steht, wie dies in einer Vielzahl von Spielunfällen der Fall sein wird.[155]

Ebenfalls problematisch erschienen umgekehrt solche Fälle, in denen ein Minderjähriger sein Handeln erkennbar unbeeinflusst von etwaigen entwicklungs- oder affektbedingten Beeinträchtigungen hätte steuern können, aufgrund der pauschalen Haftungsfreistellung jedoch nicht in Regress genommen werden könnte. Praktisch könnte dies zu einer häufigeren Anwendung der Haftung aus Billigkeitsgründen nach §829 BGB führen, wodurch allerdings der Ausnahmecharakter dieser Vorschrift aufgeweicht werden könnte und eine Haftung betroffener Minderjähriger in vielen Fällen vom Ermessen des erkennenden Gerichts abhängig wäre. Schließlich bleibt zu berücksichtigen, dass von einer generellen Angleichung des Mindestalters an §828 Abs. 2 BGB naturgemäß nur diejenigen Minderjährigen profitieren könnten, die das siebte, aber nicht das zehnte Lebensjahr vollendet haben. Für Minderjährige oberhalb dieser Altersgrenze, die ebenfalls entwicklungsbedingt nicht in der Lage sein könnten, sich entsprechend einer von ihnen erwarteten Einsicht zu verhalten, bliebe es demgegenüber bei der vollumfänglichen Haftung und damit auch bei der Anwendung des Alles-oder-Nichts-Prinzips.

Die Entscheidung des Gesetzgebers, eine generelle Erhöhung der entscheidenden Altersgrenze auf zehn Jahre mittels §828 Abs. 2 BGB allein auf den engen, in der Praxis besonders bedeutsamen Bereich des Straßenverkehrs zu beschränken, erscheint daher insgesamt zustimmungswürdig. Eine abschließende Bewertung des denkbaren Reformpotentials ist mit dieser gesetzgeberischen Entscheidung jedoch nicht verbunden.[156]

c) Berücksichtigung mangelnder Steuerungsfähigkeit

Eine im Einzelfall wünschenswerte umfassendere Berücksichtigung individueller Schwächen ließe sich grundsätzlich mittels einer Überprüfung der Steuerungsfähigkeit als zusätzlicher Voraussetzung deliktischer Zurech-

[155] Dass tatsächlich bereits einsichtsfähige Minderjährige im Alter zwischen sieben und zehn Jahren durch eine Anhebung der Altersgrenze und einer damit verbundenen sanktionslosen Hinnahme ihres Verhaltens zu weiteren schädigenden Handlungen erst verleitet werden könnten, erscheint hingegen eher ein theoretisches Problem. So aber *Busch*, Der Reifegrad Minderjähriger, S. 184.

[156] Vgl. insoweit erneut die Gesetzesbegründung zum SchadÄndG bei BT-Drs. 14/7752, S. 17, wonach durch die Neufassung des §828 Abs. 2 BGB die „[...] bereits seit langem kontrovers geführte Diskussion über eine sachgerechte Festlegung der allgemeinen Deliktsfähigkeit [...] immerhin für einen wichtigen Teilbereich abgeschlossen“ worden sei.

nungsfähigkeit erzielen. Zu hinterfragen wäre in diesem Fall nicht allein, ob ein Minderjähriger im Hinblick auf ein deliktsrechtlich relevantes Verhalten nach seiner individuellen kognitiven Entwicklung in der Lage ist, die Gefährlichkeit seines Handelns zu erkennen und sich der Verantwortung für die Folgen seines Tuns bewusst zu sein. Darüber hinaus wäre zusätzlich zu prüfen, ob der betreffende Minderjährige fähig ist, sich dieser Einsicht entsprechend zu verhalten.

aa) Vorteile

Mag es zwar mit Blick auf die Interessen des Rechtsverkehrs notwendig und gerechtfertigt erscheinen, die Einsichtsfähigkeit des Minderjährigen in die abstrakte Gefährlichkeit seines Tuns und seine Verantwortung für selbiges ausreichen zu lassen, muss gleichwohl hinterfragt werden, ob er zudem auch faktisch in der Lage ist, ein gefordertes gefahrvermeidendes Alternativverhalten überhaupt vorzunehmen. Auch unter Berücksichtigung von Sinn und Zweck des Haftungsrechts und der hierauf ausgerichteten weitreichenden Objektivierung und Typisierung der im Verkehr geltenden Sorgfaltsanforderungen sollten Minderjährige angesichts ihrer besonderen Schutzwürdigkeit dann von einer Haftung befreit sein, wenn es ihnen infolge einer nicht kontrollierbaren Affektreaktion, sonstiger impulsiver Handlungen oder anderweitiger entwicklungsbedingter Defizite nachweislich nicht möglich ist, an sie gestellte Anforderungen einzuhalten. Anderenfalls erschienen das Erfordernis einer kognitiven Einsichtsfähigkeit und damit einhergehend eine eigenständige individuelle Betrachtung der Zurechnungsfähigkeit durchweg entbehrlich.

Erfasst werden könnten durch eine entsprechende Berücksichtigung der voluntativen Fähigkeiten des Minderjährigen insbesondere jene Fallgestaltungen, die der Gesetzgeber im Rahmen des SchadÄndG, wenngleich auch beschränkt auf den motorisierten Straßenverkehr, erfassen wollte. Gerade in solchen Sachverhalten, in denen ein übersteigerter kindlicher Spiel- und Erprobungsdrang, mangelnde Konzentrationsfähigkeit oder fehlende psychomotorische Fähigkeiten ein verkehrsgerechtes Verhalten beispielsweise eines minderjährigen Radfahrers verhindern, könnte den individuellen Besonderheiten und Fähigkeiten Minderjähriger in begründeten Ausnahmefällen bereits auf tatbestandlicher Ebene Rechnung getragen werden. Während im Wege einer Anhebung der maßgeblichen Altersstufe in § 828 Abs. 1, Abs. 3 BGB Minderjährige beispielsweise vor Vollendung des zehnten Lebensjahres pauschal von einer Haftung befreit würden, könnte durch die Aufnahme der Steuerungsfähigkeit als zusätzlicher Haftungsvoraussetzung angesichts der in § 828 Abs. 3 BGB bestehenden gesetzlichen Vermutung der Zurechnungsfähigkeit an der haftungsrechtlich wünschenswerten weitreichenden Typizität festgehalten werden.

Dabei sollte §828 Abs. 3 BGB weiterhin als Ausnahme von der Regel verstanden und mit Blick auf einen möglichen Haftungswegfall infolge mangelnder Steuerungsfähigkeit als restriktiv zu behandelnder Ausnahmetatbestand behandelt werden. Durch die Beibehaltung der derzeitigen Beweislastverteilung, wonach das Vorliegen der Steuerungsfähigkeit im Zeitpunkt der schädigenden Handlung widerlegbar vermutet wird und der Minderjährige hinsichtlich deren Nichtvorliegens beweisbelastet wäre, könnte dem Kompensationsinteresse des Geschädigten Rechnung getragen werden.[157] In Ausnahmefällen wäre es bei entsprechendem Vorbringen des beklagten Minderjährigen und mittels Einholung eines gegebenenfalls notwendigen Sachverständigengutachtens gleichwohl möglich, den individuellen Fähigkeiten des Schädigers Rechnung zu tragen. Dies würde es zudem erlauben, vorhandene entwicklungsbedingte, die Steuerungsfähigkeit ausschließende Defizite auch solcher Minderjähriger, die das zehnte Lebensjahr bereits vollendet haben, unabhängig von etwaigen pauschalen, aus psychologischer Sicht nicht unumstrittenen[158] Alterskorridoren zu berücksichtigen.

Sofern angesichts der Verhältnisse von Schädiger und Geschädigtem eine vollständige Haftungsbefreiung selbst unter Berücksichtigung der mangelnden Steuerungsfähigkeit unbillig erschiene, bestünde für das erkennende Gericht im Übrigen weiterhin die Möglichkeit, eine Ersatzpflicht aus Billigkeitsgründen nach §829 BGB anzuordnen. In der Gesamtschau wäre es somit möglich, etwaige auf voluntativer Ebene vorhandene, schwerwiegende Defizite des betroffenen Minderjährigen bereits auf haftungsbegründender Ebene zu berücksichtigen, anstatt diesen, z.B. im Rahmen einer ermessensbasierten Schadensreduktionsklausel, allein mit Blick auf den festzusetzenden Haftungsumfang Rechnung zu tragen. De lege lata ist eine Berücksichtigung dieses voluntativen Elements der Zurechnungsfähigkeit angesichts des eindeutigen Wortlauts von §828 Abs. 3 BGB allerdings nicht möglich.[159] Zwingend erforderlich wäre daher eine gesetzgeberische Anpassung von §828 Abs. 3 BGB, wie sie in Teilen der Literatur bereits gefordert wurde.

bb) Sachverständige Exploration als regelmäßig notwendige Praxisvoraussetzung

In praktischer Hinsicht stellt sich gleichwohl die Frage, ob bei Aufnahme des Kriteriums der Steuerungsfähigkeit in den Gesetzeswortlaut tatsächlich messbar abweichende Ergebnisse in der Rechtsprechung erzielt werden könnten. Nicht nur wird insoweit teilweise vorgebracht, dass den Gerichten die Feststellung der individuellen Direktionsfähigkeit kaum möglich sei.[160]

[157] Vgl. *Kuhlen*, JZ 1990, 273, 277.

[158] Vgl. insoweit erneut E. IV. 2. a).

[159] Vgl. erneut E. IV. 4. a).

[160] Vgl. erneut MüKoBGB/*Wagner*, BGB, §828 Rn. 10.

Überdies wird in diesem Zusammenhang vereinzelt auch auf die Schweizer Rechtsprechung zu Art. 16 ZGB verwiesen. Nach dieser Vorschrift setzt die deliktische Haftung eines Minderjährigen zwingend die Feststellung seiner Urteilsfähigkeit voraus, worunter sowohl seine Einsichts- als auch seine Steuerungsfähigkeit verstanden wird.[161] In der gerichtlichen Praxis werde dieses gesetzliche Erfordernis allerdings insoweit konterkariert, als die Schweizer Rechtsprechung dazu neige, bei vorliegender Einsichtsfähigkeit auch die Steuerungsfähigkeit grundsätzlich zu bejahen.[162]

Eingedenk vorstehender Kritik sollte die Steuerungsfähigkeit nicht vorrangig nach Einschätzung und Erfahrung des erkennenden Gerichts und nur im Ausnahmefall nach einem einzuholenden Sachverständigengutachten bewertet werden, wie es in der deutschen Rechtspraxis derzeit bei der Feststellung der Einsichtsfähigkeit Usus ist. Vielmehr erscheint es vorzugswürdig, bei ausreichend substantiiertem Vorbringen des minderjährigen Beklagten bezüglich Einschränkungen seiner Zurechnungsfähigkeit regelmäßig ein Sachverständigengutachten einzuholen. Insoweit kann bereits auf die allgemeinen Grundsätze des zivilprozessualen Erkenntnisverfahrens zurückgegriffen werden. Danach hat das Gericht einen Sachverständigenbeweis nach § 144 Abs. 1 S. 1 Alt. 2 ZPO i.V.m. §§ 402 ff. ZPO nicht nur aufgrund eines entsprechend formulierten Antrags einer Partei, sondern nach pflichtgemäßem Ermessen bereits von Amts wegen zu erheben, sofern die ihm eigene Sachkunde nicht ausreicht, um die Behauptungen einer Partei zu überprüfen.[163] Dies dürfte in den hier in Rede stehenden Fällen individueller und entwicklungsbedingter voluntativer Defizite, insbesondere vor Vorhandensein hinreichend konkreter Leitvorgaben der höchstrichterlichen Rechtsprechung, oftmals der Fall sein.

Demnach sollte eine sachverständige Begutachtung des Vorliegens von Einsichts- und Steuerungsfähigkeit bei ausreichend substantiiertem Vorbringen eines minderjährigen Beklagten entgegen der bisherigen Praxis die Regel sein, während ein Absehen von der Einholung eines Sachverständigengutachtens nur im Ausnahmefall und nur bei entsprechender Begründung durch das erkennende Gericht zulässig sein könnte. Überdies dürfte eine Ablehnung der sachverständigen Begutachtung gerade nicht allein mit einer vorhandenen „eigenen Lebenserfahrung" der Mitglieder des erkennenden Gerichts begründet werden. Im Sinne einer möglichst zeitnahen Beurteilung der einer beständigen individuellen Entwicklung unterworfenen Steuerungsfähigkeit böte sich dem Gericht nach Klageerhebung zudem gem. § 358a S. 2 Nr. 4 ZPO die Möglichkeit, bereits vor der mündlichen Verhandlung durch

---

[161] Vgl. Breitschmid/Jungo/*Breitschmid*, ZGB, Art. 16 Rn. 2.

[162] Vgl. *Stürner*, GS Lüderitz, S. 789, 801.

[163] Vgl. MüKoZPO/*Zimmermann*, ZPO, § 403 Rn. 2; Musielak/Voit/*Stadler*, ZPO, § 144 Rn. 6.

Beweisbeschluss eine Begutachtung des Minderjährigen durch einen Sachverständigen anzuordnen.[164]

Ein in der Schweiz beobachteter Schluss der erkennenden Gerichte allein von der vorliegenden Einsichtsfähigkeit auf die Steuerungsfähigkeit müsste im Übrigen nach den hier getätigten Erwägungen als unzulässig angesehen werden. Anderenfalls würde die Aufnahme des Kriteriums der Steuerungsfähigkeit als zusätzliche Voraussetzung der Deliktsfähigkeit konterkariert. Erforderlich ist demnach eine eigenständige, regelmäßig auf eine sachverständige Begutachtung gestützte gerichtliche Feststellung der Steuerungsfähigkeit. Mit Blick auf die besondere Schutzwürdigkeit Minderjähriger, die potentiell gravierenden persönlichen und wirtschaftlichen Folgen einer unbeschränkten Haftung und den Umstand, dass es sich bei den relevanten Anwendungsfällen letztlich um spezifische Ausnahmekonstellationen handelt, erschiene auch das mit einer sachverständigen Exploration gegebenenfalls verbundene Kostenrisiko für den minderjährigen Beklagten gerechtfertigt. Insoweit kann auf die geltende Rechtslage zu § 828 Abs. 3 BGB verwiesen werden, wonach der beklagte minderjährige Schädiger hinsichtlich des Nichtvorliegens der Einsichtsfähigkeit beweisbelastet ist und deshalb unter Umständen auch das Kostenrisiko einer sachverständigen Begutachtung zu tragen hat.

d) Bewertung der Notwendigkeit einer Einschränkung des Prinzips der Totalreparation

Unabhängig von tatbestandlichen Schwächen des § 828 BGB kann eine dauerhafte finanzielle Belastung minderjähriger Schuldner nach geltender Rechtslage in vielen Fällen mittels des Instruments der Restschuldbefreiung vermieden werden. Neben bereits volljährig gewordenen Schuldnern ist auch Minderjährigen die Einleitung eines Verbraucherinsolvenz- und Restschuldbefreiungsverfahrens und somit eine Vermeidung langfristig belastender Schulden im Sinne der Wahrung einer Lebensperspektive möglich. Einer von zahlreichen Stimmen angeregten Haftungsreduktion als noch weitreichenderer Einschränkung des Prinzips der Totalreparation bedarf es angesichts dessen zur Vermeidung einer existenzbelastenden Überschuldung jedenfalls aus verfassungsrechtlichen Gründen nicht.[165]

In diesem Zusammenhang ist auch zu berücksichtigen, dass nach hier vertretenem Verständnis von § 302 Nr. 1 InsO lediglich solche unerlaubten

---

[164] Vgl. *Busch*, Der Reifegrad Minderjähriger, S. 186.

[165] Im Ergebnis ebenso *Fischinger*, Haftungsbeschränkung im Bürgerlichen Recht, S. 655 f.; *Müller*, zfs 2003, 433, 435; Staudinger/*Oechsler*, BGB, § 828 Rn. 9. Anderer Auffassung sind demgegenüber *Coester*, FS Lorenz, S. 113, 130 sowie *Taupitz*/*Pfeiffer*, JBl 2010, 88, 100.

Handlungen von der Erteilung der Restschuldbefreiung ausgeschlossen sind, bei denen auch die Folgen der Rechtsgutsverletzung, insbesondere also der Schaden, vom zumindest bedingten Vorsatz des Schädigers umfasst sind. In solchen Fällen wäre allerdings auch nach den vorhandenen Vorschlägen in Literatur und Rechtsprechung eine Haftungsreduktion nicht möglich.[166] Ein Mehrwert wäre für einen minderjährigen Schädiger durch die Vornahme einer Haftungsreduktion somit hinsichtlich der potentiellen Anwendungsfälle nicht verbunden. Des Weiteren besteht für den Forderungsgläubiger im Rahmen eines Verbraucherinsolvenz- und Restschuldbefreiungsverfahrens zumindest die realistische Chance, an einem Vermögenserwerb des Schuldners während der Wohlverhaltensphase, etwa in Gestalt einer Erbschaft, zu partizipieren. Hierin besteht ein Vorzug des Insolvenzverfahrens gegenüber einer richterlichen Haftungsreduktion, da im Rahmen einer richterlichen Abwägungsentscheidung ein eventueller zukünftiger Vermögenszuwachs bei der Festsetzung der Reduktionssumme schwerlich berücksichtigt werden könnte.[167]

Im Übrigen überzeugt der vereinzelt vorgebrachte Vorschlag einer analogen Anwendung von § 1629a BGB auch auf deliktische Verbindlichkeiten Minderjähriger, mit der wiederum eine Einschränkung des Prinzips der Totalreparation nach Eintritt der Volljährigkeit des Schuldners realisiert werden könnte, sowohl methodisch als auch im Hinblick auf ihre behauptete Notwendigkeit nicht.[168] Insbesondere wäre die für eine analoge Anwendung notwendige Regelungslücke nicht als planwidrig anzusehen, da ein minderjähriger Schuldner durch die mit dem MHbeG verbundene Einführung einer Haftungsbeschränkung ausdrücklich die Möglichkeit erhalten sollte, die Haftung für etwaige von seinen Eltern oder sonstigen Dritten begründete, von ihm somit nicht zu verantwortende Verbindlichkeiten zu beschränken. Eine demgegenüber eigenverantwortliche Schädigung fremder Rechtsgüter durch deliktisches Verhalten war von dieser gesetzgeberischen Zielsetzung hingegen gerade nicht umfasst.

---

[166] Dies gälte sowohl für eine Reduktion mittels § 242 BGB als auch für die zuvor dargestellten Vorschläge für die Einführung einer gesetzlichen Haftungsreduktionsklausel, da danach eine Haftungsreduktion entweder im Fall einer grob fahrlässigen oder vorsätzlichen Begehung der unerlaubten Handlung ausdrücklich ausgeschlossen oder mit Blick auf die notwendigen tatbestandlichen Voraussetzungen, insbesondere der Berücksichtigung der „Umstände der schädigenden Handlung", abzulehnen wäre. Eine abweichende Position vertritt insoweit allerdings *Canaris*, JZ 1987, 993, 1001, nach dessen Dafürhalten auch im Fall einer vorsätzlichen Schadensherbeiführung eine Reduktion grundsätzlich denkbar sein soll.

[167] Vgl. *Kolbe*, Deliktische Forderungen und Restschuldbefreiung, S. 248.

[168] Vgl. *Eckardt*, ZJS 2008, 444, 449 (Fn. 38): „ohne methodisch tragfähige Begründung." Siehe auch die Einschätzung bei Soergel/*Fischinger*, BGB, § 1629a Rn. 10, wonach eine analoge Anwendung von § 1629a BGB als „unvertretbar" qualifiziert wird.

Überdies stellt sich auch die Interessenlage bei der Haftung Minderjähriger aus Vertrag einerseits und aus Delikt andererseits nicht als vergleichbar dar. Zwar stellt es für einen minderjährigen Schuldner selbst im Ergebnis keinen Unterschied dar, ob er sich bei Eintritt in die Volljährigkeit infolge vertraglicher oder deliktischer Verbindlichkeiten mit erheblichen finanziellen Forderungen konfrontiert und belastet sieht. Zudem gebieten verfassungsrechtliche Erwägungen wegen Art. 2 Abs. 1 GG i.V.m. Art. 1 Abs. 1 GG durchaus auch einen Schutz vor einer nicht fremdverantworteten erdrückenden Ver- und Überschuldung.[169] Aus Sicht des Rechtsverkehrs hingegen erscheint die betreffende Unterscheidung durchaus von Bedeutung. Im Gegensatz zum Vertragsrecht beruht die schuldrechtliche Beziehung zwischen minderjährigem Schädiger und dem durch eine deliktische Handlung Geschädigten nicht auf einer seitens des Verletzten freiwilligen und willentlichen rechtlichen Kontaktaufnahme, wie sie im rechtsgeschäftlichen Bereich vorliegt. Demjenigen, der bewusst mit einer minderjährigen Vertragspartei kontrahiert, kann das Risiko der mangelnden Realisierbarkeit seiner Forderung aus wertenden Gesichtspunkten eher zugemutet werden als demjenigen, welcher unfreiwillig Opfer einer deliktischen Handlung wird.[170]

Zudem würde die Anwendung der Rechtsfolge von § 1629a BGB und somit die pauschale und voraussetzungslose Beschränkung der Haftung auf das bei Eintritt der Volljährigkeit vorhandene Altvermögen die dem Deliktsrecht innewohnende Erziehungs- und Präventionsfunktion völlig vernachlässigen. Dies könnte dem Minderjährigen falsche Anreize vermitteln, indem weitgehende Verantwortungslosigkeit für das eigene Handeln suggeriert würde.[171] Vor diesem Hintergrund stellt sich die Einleitung eines Verbraucherinsolvenzverfahrens mit anschließender Möglichkeit einer Restschuldbefreiung aufgrund der insoweit bestehenden Verfahrensvoraussetzungen als vorzugswürdig dar. Schließlich handelt es sich bei der Vorschrift des § 1629a BGB wie zuvor bereits aufgezeigt um eine „überschießende" Regelung des Gesetzgebers, die ein die expliziten Vorgaben des BVerfG übersteigendes Schutzniveau etabliert. Dies auf die Situation im Deliktsrecht zu übertragen, wäre weder aus Wertungsgesichtspunkten noch infolge rechtspolitischer Erwägungen zu begrüßen.

---

[169] Vgl. hierzu erneut die Darstellung unter E. IV. 6. c).

[170] Im Ergebnis ebenso *Busch*, Der Reifegrad Minderjähriger, S. 189; *Zech*, Beschränkung der Haftung Minderjähriger, S. 63.

[171] *Coester*, FS Lorenz, S. 113, 130; Staudinger/*Coester*, BGB, § 1629a Rn. 10.

e) Vorzüge und Schwächen einer „Pflichthaftpflichtversicherung"

Die Einführung einer obligatorischen Haftpflichtversicherung für alle Minderjährigen bedeutete, unabhängig von den Möglichkeiten einer rechtlichen und praktischen Umsetzung, eine gewichtige Anhebung des bestehenden Minderjährigenschutzniveaus. Insbesondere könnte so die für diese Personengruppe regelmäßig[172] bestehende rechtliche und tatsächliche Unmöglichkeit, selbständig einen wirksamen Versicherungsschutz zu erlangen, kompensiert werden. Demnach entspräche ein solches Konstrukt auch der dem Staat nach Art. 6 Abs. 2 S. 2 GG resultierenden Fürsorgepflicht.

Allerdings muss sich aus praktischer Sicht die Frage stellen, auf welchem Wege eine entsprechende Verpflichtung der gesetzlichen Vertreter zum Abschluss einer Haftpflichtversicherung zugunsten eines Minderjährigen effektiv durchgesetzt und überwacht werden könnte.[173] Eine solche gesetzliche Pflicht wäre wohl nur mit kostenintensivem Verwaltungsaufwand bürokratisch zu kontrollieren; überdies könnte sich aus dieser zwar für den durch einen Geschädigten in Anspruch genommenen Minderjährigen im Fall des Nichtabschlusses durch die Eltern grundsätzlich ein Anspruch auf Freistellung oder Schadensersatz ergeben, allerdings würde ein solcher Anspruch mangels eigener Mittel der Eltern regelmäßig wirtschaftlich wertlos sein.[174] Ein Versicherungszwang dieser Art widerspricht zudem dem Grundsatz der Privatautonomie. Bedenken ruft auch der Umstand hervor, dass hierdurch die Eigenverantwortlichkeit der Eltern geschwächt werden könnte, was eventuell zu einem verringerten Sorgfaltsmaßstab bei der Beaufsichtigung der eigenen Kinder führt.[175]

---

[172] Auf einen – zumindest theoretisch denkbaren – Sonderfall weist *Fischinger*, Haftungsbeschränkung im Bürgerlichen Recht, S. 604 f. hin. Danach könne beschränkt geschäftsfähigen Minderjährigen der rechtswirksame Abschluss eines Haftpflichtversicherungsvertrags, trotz der wegen der Pflicht zur Prämienzahlung rechtlichen Nachteilhaftigkeit, nach § 110 BGB möglich sein.

[173] Vgl. *Bernau*, VersR 2005, 1346, 1351; *Müller*, Tradition und Fortschritt im Recht, S. 211, 222. Entsprechende technische Umsetzungsprobleme deutet auch *Lorenz*, VersR 1989, 711, 713 an. Zu Überlegungen hinsichtlich einer Art „Volksunfallversicherung" und der diesbezüglichen Kritik vgl. *Pfeiffer*, Entwürfe für ein neues österreichisches Schadensersatzrecht, S. 205 f. Für die mit Blick auf europäische Harmonisierungstendenzen bestehende Idee einer Verlagerung von Kindern ausgehenden Risiken vom einzelnen Geschädigten auf die Gesellschaft mittels einer „social liability insurance in favor of children, financed by the community" siehe *Koziol*, Harmonization and Fundamental Questions of European Tort Law, S. 47 f. Speziell für den Fall minderjähriger Kinder weist *Fischinger*, Haftungsbeschränkung im Bürgerlichen Recht, S. 654 f. auf die Möglichkeit hin, einen Teil des an die Eltern auszuzahlenden Kindergeldes einzubehalten und an einen Pool an Haftpflichtversicherungen zur weiteren Verteilung auszuschütten.

[174] *Müller*, Tradition und Fortschritt im Recht, S. 211, 212.

[175] So *Bernau* VersR 2005, 1346, 1351, auch unter Verweis auf eine mögliche miss-

Darüber hinaus wäre die Einführung eines Versicherungszwangs eine vor allem rechtspolitische Entscheidung im Sinne des Minderjährigenschutzes. Tatbestandliche Schwächen, wie sie sich insbesondere mit Blick auf § 828 Abs. 3 BGB nachweisen ließen, können dergestalt jedoch nicht korrigiert werden. Anzumerken bleibt zudem, dass Schäden, die auf einer vorsätzlichen Herbeiführung oder einer Verletzung des Persönlichkeits- oder Namensrechts beruhen, nach derzeitiger Rechtslage und -praxis grundsätzlich nicht von Haftpflichtversicherern übernommen werden. Auch eine unterstellte gesetzliche Pflicht zum Abschluss einer Haftpflichtversicherung würde jedenfalls in diesen Bereichen keinen weiterführenden Schutz minderjähriger Schädiger bewirken.

Die durch die Befürworter einer Versicherungspflicht teilweise kritisierte Verlagerung des Schadensrisikos auf den Geschädigten schließlich ist durch die vorhandene Gesetzessystematik selbst vorgezeichnet. Dies stellte auch der bundesdeutsche Gesetzgeber anlässlich des SchadÄndG und der damit verbundenen Heraufsetzung der Schwelle der Deliktsfähigkeit in § 828 Abs. 2 BGB auf die Vollendung des zehnten Lebensjahres ausdrücklich fest.[176] Gleichwohl nahm er diesen Umstand nicht zum Anlass etwaiger Modifikationen der bestehenden Schadenszuweisung, sondern verwies vielmehr auf die zugunsten Geschädigter bestehende Möglichkeit eines Versicherungsschutzes sowie der Billigkeitshaftung nach § 829 BGB.

f) Zweifelhafte Aspekte eines Elternhaftungsmodells

Gegen das Modell einer die Inanspruchnahme eines minderjährigen Schädigers verhindernden, verschuldensunabhängigen elterlichen Gefährdungshaftung schließlich sprechen vor allem rechtspolitische Erwägungen. Eine Gesellschaft, die Kinder als notwendige Grundlage des zukünftigen gesell-

---

bräuchliche Ausnutzung einer Pflichtversicherung durch Angabe des Kindes als Schadensverursacher in allen in Betracht kommenden Fällen. Auf die Gefahr einer Schwächung der Eigenverantwortlichkeit weist auch *Schlegelmilch*, ZAP F. 2 1999, 227, 231 hin.

[176] Siehe hierzu die Gesetzesbegründung unter BT-Drs. 14/7752, S. 16: „Die Folge dieser Regelung [in § 828 Abs. 2 BGB n.F., Anm. d. Verf.] wird eine vermehrte Kostentragung des anderen Unfallbeteiligten sein […]. Damit ist die schwierige Frage nach einer interessengerechten Verteilung der Kostenlast zwischen dem nicht verantwortlichen Schadensverursacher und dem – abgesehen von der gesetzten Betriebsgefahr – nicht verursachenden Geschädigten gestellt. Sie grundsätzlich Letzterem zuzuweisen, ist ein Weg, den bereits das geltende Recht vorzeichnet. Erscheint dies im Einzelfall nicht gerechtfertigt, kann die Billigkeitshaftung nach § 829 BGB, die nach dieser Änderung von der Praxis stärker als zuvor in den Blick genommen werden muss, zu angemessenen Ergebnissen führen. Im Übrigen schützt vor dem Risiko durch einen nicht Verantwortlichen geschädigt zu werden – ebenso wie in den Fällen, in denen bereits jetzt kein Anspruchsgegner zur Verfügung steht – nur der Abschluss einer entsprechenden Versicherung."

schaftlichen Zusammenlebens begreifen und fördern möchte, muss im Rahmen eines gesellschaftlichen Konsenses akzeptieren, dass von heranwachsenden Personen aufgrund ihrer jeweiligen altersspezifischen Besonderheiten und Einschränkungen potentielle Risiken ausgehen, die unter Umständen einzelne Mitglieder der Gesellschaft oder die ganze Gesellschaft zu tragen haben.[177] Insoweit kommt dem Haftungsrecht die Funktion eines einzelfallbasierten Interessens- und Schadensausgleichs zu; nicht zweckmäßig erscheint es demgegenüber, jegliche mit der Kindeserziehung verbundene Risiken den Eltern bzw. Elternteilen zuzuweisen. Auch eine Versicherbarkeit des Risikos erscheint nicht geeignet, eine solche Zuweisung zu rechtfertigen.[178]

Wesensmäßige Voraussetzung jeglicher Gefährdungshaftung, zu der letztlich auch eine verschuldensunabhängige elterliche Haftung für kindliches Fehlverhalten zählen müsste, ist zudem die Verantwortlichkeit für eine besondere Gefahrenquelle sowie die tatsächliche Herrschaft über diese. Das Kind dementsprechend als eine haftungsauslösende Gefahrenquelle zu begreifen, mutet aus wertender Perspektive zweifelhaft an.[179] Obgleich nicht verkannt werden darf, dass von Minderjährigen aufgrund ihrer jeweiligen altersbedingten Kapazitäten spezifische Schadensrisiken ausgehen können,[180] sind Kinder nichtsdestotrotz menschliche Individuen, denen es an einer spezifischen Gefährlichkeit mangelt, wie sie für anderweitige Gefährdungshaftungstatbestände kennzeichnend ist; es ließe sich mit der Menschenwürde eines Kindes daher schwerlich vereinen, seine Existenz auf die von einer unbeherrschbaren Gefahrenquelle ausgehende Gefahr zu reduzieren.[181]

Schließlich würde eine entsprechende elterliche Gefährdungshaftung das Problem aufwerfen, dass Eltern, unabhängig von der tatsächlichen Realisierbarkeit, gezwungen wären, ihre Kinder „auf Schritt und Tritt" zu überwachen, um Fehltritte ihrer Kinder und damit eine eigene Haftung möglichst zu vermeiden. Denn selbst in Fällen, in denen Eltern aufgrund einer vorgeschlagenen gesetzlichen Verpflichtung oder freiwillig eine Haftpflichtversicherung abgeschlossen haben sollten, die entsprechende finanzielle Belastungen auffangen soll, wäre in jedem Einzelfall zu prüfen, ob die in Rede ste-

---

[177] Vgl. auch *Goecke*, Unbegrenzte Haftung Minderjähriger, S. 238; *Müller*, zfs 2003, 433, 435.

[178] *Müller*, zfs 2003, 433, 435.

[179] So auch *Singer*, FS Prölls, S. 191, 204.

[180] Diesen Umstand betont *Koziol*, Comparative Stimulations for Developing Tort Law, S. 141 unter Verweis auf die Vielzahl durch kindliches Zündeln verursachter Brandschäden und die den Eltern aus solchen kindsspezifischen Risiken erwachsenden Aufsichts- und Sorgfaltspflichten.

[181] *Bernau*, VersR 2005, 1346, 1351.

hende Versicherung nach den bestehenden Versicherungsbedingungen tatsächlich leistungsverpflichtet ist. Eine entsprechend strikte Aufsichtsobliegenheit der Eltern widerspräche wiederum dem in § 1626 Abs. 2 BGB zum Ausdruck kommenden Ideal einer möglichst an der Persönlichkeitsentwicklung und -entfaltung des Kindes orientierten Erziehung durch die Eltern.

g) Zwischenfazit

Zusammenfassend lässt sich konstatieren, dass zwar an einer gesetzlichen Altersgrenze für den Beginn der Deliktsfähigkeit in § 828 Abs. 1 BGB festgehalten werden sollte, eine Ausweitung dieses gesetzlichen „Mindestschutzes" mittels einer Erhöhung der betreffenden Altersgrenze jedoch nicht empfehlenswert erscheint. Vorzugswürdig stellt sich demgegenüber eine auf den individuellen Minderjährigen bezogene Prüfung des Vorliegens ausreichender Steuerungsfähigkeit dar, die als weitere tatbestandliche Voraussetzung deliktischer Verantwortlichkeit zu normieren ist. Mittels dieser zusätzlichen Haftungsvoraussetzung könnte der besonderen Schutzwürdigkeit und etwaigen Entwicklungsschwierigkeiten minderjähriger Deliktsschädiger in spezifischen Ausnahmefällen Rechnung getragen werden, ohne ganze Altersklassen gegenüber dem Rechtsverkehr im Übrigen pauschal zu privilegieren. Einer darüber hinausreichenden Einschränkung des Prinzips der Totalreparation bedarf es mit Blick auf die notwendigen Erfordernisse des Minderjährigenschutzes daneben insbesondere angesichts des Existenz des Verbraucher- und Restschuldbefreiungsverfahrens und des dadurch verwirklichten, den Gewährleistungen aus Art. 2 Abs. 1 GG i.V.m. Art. 1 Abs. 1 GG genügenden Minderjährigenschutzniveaus jedenfalls aus verfassungsrechtlicher Perspektive nicht mehr. Schließlich ist eine weitreichende Absicherung minderjähriger Personen durch Abschluss eines sie umfassenden Haftpflichtversicherungsvertrags durch deren gesetzliche Vertreter wünschenswert und praktisch auch mit einem zumeist geringen finanziellen Aufwand zu realisieren. Eine gesetzliche Pflicht zum Abschluss einer entsprechenden Versicherung hingegen ist wie dargestellt nicht zu befürworten.

3. Methodische Voraussetzungen und Sinnhaftigkeit einer Haftungsreduktionsklausel

Neben der Existenz des Verbraucherinsolvenz- und Restschuldbefreiungsverfahrens bedarf es einer Haftungsreduktion aus Gründen des Minderjährigenschutzes wie dargelegt grundsätzlich nicht. Nichtsdestotrotz könnte sich eine solche in besonders gelagerten Fällen extremer finanzieller Verpflichtungen wenn nicht als verfassungsrechtlich geboten,[182] so doch zumin-

[182] So aber Palandt/*Sprau*, BGB, § 828 Rn. 8 für extreme Einzelfälle, in denen eine unbegrenzte Haftung Minderjähriger zur „Existenzvernichtung" führen müsste.

dest als rechtspolitisch wünschenswert darstellen.[183] Zudem wird verbreitet vertreten, dass eine entsprechende Reduktion zugunsten minderjähriger Deliktsschädiger bereits de lege lata möglich und unter Umständen notwendig sei. So betonte der BerlVerfGH erst im Jahr 2009 die aus verfassungsrechtlichen Gründen vermeintlich bestehende Pflicht der ordentlichen Gerichte, eine Haftungsreduktion zugunsten Minderjähriger über § 242 BGB zu prüfen.[184]

Die Idee einer dem erkennenden Gericht bereits de lege lata offenstehenden oder jedenfalls de lege ferenda zu schaffenden Möglichkeit einer Haftungsreduktion wirft allerdings grundlegende Fragen sowohl methodischer als auch wertender Natur auf. Zu diesem im Zusammenhang mit einer finanziellen Überforderung Minderjähriger wesentlichen Themenkomplex soll daher, insbesondere auch angesichts noch näher zu beleuchtender supranationaler Reformideen, nachfolgend Stellung bezogen werden, um die methodischen Voraussetzungen ebenso wie die Sinnhaftigkeit einer optionalen Haftungsreduktionsklausel zugunsten minderjähriger Schuldner auszuloten. Dabei wird aus rechtsvergleichender Perspektive auch auf aktuelle Bestrebungen zur Reform des österreichischen Schadensrechts, die unter anderem eine allgemeine Haftungsreduktionsklausel vorsehen, und auf das damit verbundene kontroverse österreichische Schrifttum Bezug genommen.

a) Methodische Voraussetzungen

In seinem Beschluss vom 13.8.1998 hatte das BVerfG entgegen der in der zugrundeliegenden Richtervorlage vertretenen Auffassung des LG Dessau darauf hingewiesen, dass einer Einschränkung der Minderjährigenhaftung über § 242 BGB weder der Wille des vorkonstitutionellen Gesetzgebers noch der Wortlaut des § 828 Abs. 2 BGB a.F. entgegenstünden. Ob eine entsprechende Einschränkung im konkreten Einzelfall geboten sei, müsse allerdings das jeweils zuständige Zivilgericht entscheiden.[185] Dieser Einschätzung einer möglichen Einschränkbarkeit der deliktischen Haftung Minderjähriger der Höhe nach mittels Heranziehung von § 242 BGB schlossen sich in der Folge weitere Stimmen in Literatur und Rechtsprechung an.[186]

Allerdings wurde teilweise schon vor der insoweit ergangenen Entscheidung des BVerfG und dem nachfolgenden Inkrafttreten des SchadÄndG mit Blick auf eine Haftungsbegrenzung mittels § 242 BGB „[...] die Grenze zwi-

---

[183] Einen kombinierten Schutzansatz, bestehend aus dem Instrument einer Haftungsreduktion und den sich nach der InsO bietenden Möglichkeiten, sieht auch *Coester*, FS Lorenz, S. 113, 130 als „sachlich befriedigende Lösung“ an.

[184] Vgl. erneut BerlVerfGH, Beschl. v. 14.12.2009 – VerfGH 31/09, NJW-RR 2010, 1141.

[185] BVerfG, Beschl. v. 13.8.1998 – 1 BvL 25–96, NJW 1998, 3557, 3558.

[186] Vgl. erneut die Nachweise in Kapitel E. Fn. 269.

schen dem, was man noch durch Interpretation aus der Verfassung ableiten kann, und demjenigen, was dem Gesetzgeber überlassen bleiben muß, deutlich überschritten" gesehen.[187] Auch bei Annahme der Erforderlichkeit einer Haftungsreduktionsklausel sei demnach der Gesetzgeber angesichts der Vielzahl insoweit bestehender Fragen dazu angehalten, zumindest den Rahmen einer entsprechenden Reduktionsmöglichkeit selbst zu bestimmen.[188] Dies müsse umso mehr gelten, als sich infolge der notwendigen Berücksichtigung und Abwägung der Entfaltungsfreiheit des Schädigers einerseits und des Geschädigten andererseits verschiedene verfassungsgemäße Lösungen ergeben könnten, die Verfassung somit kein Ergebnis vorwegnehme. Folglich sei der Gesetzgeber dazu aufgerufen, eine wertende Entscheidung zu treffen.[189]

Eine entsprechende Rahmenentscheidung des Gesetzgebers könnte zudem auch eine hinreichende Berücksichtigung des verfassungsrechtlichen Kompetenz- und Funktionsgefüges und die damit einhergehende Aufgabenteilung zwischen Legislative und Judikative ermöglichen. Umgekehrt läge im Fall der Annahme einer Befugnis der Gerichte, jegliche richterliche Ausgestaltung einfachrechtlicher Normstrukturen unter Heranziehung der Grundrechte begründen zu können, ein Vorstoß der Justiz in genuin dem Gesetzgeber obliegende Funktionsareale vor.[190] Der Rückgriff auf § 242 BGB, der grundsätzlich ultima ratio der Rechtsanwendung bleiben sollte, würde bei einer Lösung über den Rechtsmissbrauchseinwand unter Umgehung des Normvorbehalts somit zur Regel.[191]

Jedenfalls nach Inkrafttreten des SchadÄndG sind die der vorerwähnten Entscheidung des BVerfG zugrundeliegenden Rahmenbedingungen entfallen und damit eine Haftungsreduktion de lege lata auch rechtsmethodisch nicht mehr vertretbar. Mit Blick auf die Anwendung von § 242 BGB hatte das BVerfG im Jahr 1998 darauf hingewiesen, dass die Anpassung des geltenden Rechts an veränderte Verhältnisse angesichts des beschleunigten Wandels der gesellschaftlichen Rahmenbedingungen, der begrenzten Reaktionsmöglichkeiten des Gesetzgebers und der offenen Formulierung zahlreicher Normen zu den Aufgaben der Rechtsprechung gehöre. Dies gelte insbesondere bei

---

[187] *Medicus*, AcP 192 (1992), 35, 66.

[188] *Medicus*, AcP 192 (1992), 35, 67. Fraglich sei insbesondere, wie sich das Vorhandensein oder Fehlen von Versicherungsschutz beim Schädiger und beim Geschädigten auszuwirken habe, welche Relevanz dem Vermögen des Geschädigten zukomme und ob eine entsprechende Minderung endgültig oder nur vorläufig vorzunehmen sei.

[189] *Medicus*, AcP 192 (1992), 35, 67. Zustimmend *Ahrens*, VersR 1997, 1064, 1066; *Deutsch*, Allgemeines Haftungsrecht, S. 404. Ähnlich auch *Klüsener*, Rpfleger 1999, 55, 59.

[190] So deutlich *Simon*, AcP 204 (2004), 264, 271 f.

[191] *Müller*, KTS 2000, 57, 64; *ders.*, Tradition und Fortschritt im Recht, S. 211, 215. Danach würde die in §§ 249 S. 1, 827 ff. BGB niedergelegte gesetzliche Wertung mittels § 242 BGB unterlaufen. Ebenso *Goecke*, Unbegrenzte Haftung Minderjähriger, S. 97.

zunehmendem zeitlichen Abstand zwischen Gesetzeserlass und richterlicher Einzelfallentscheidung.[192] Obgleich also der seit Inkrafttreten des BGB inhaltlich unveränderte Wortlaut des § 828 Abs. 2 BGB a.F. keine Einschränkung der Haftung eines als deliktsfähig einzustufenden Minderjährigen vorsah, sollte es den Gerichten nach Darstellung des BVerfG aufgrund der seit dem 1.1.1900 gewandelten Verhältnisse grundsätzlich möglich sein, eine Haftungsreduktion über § 242 BGB vorzunehmen; insbesondere sei insoweit kein entgegenstehender Wille des vorkonstitutionellen Gesetzgebers anzunehmen.

Zentrale Voraussetzung sowohl einer veränderten Normauslegung als auch einer die Auslegung übersteigenden richterlichen Rechtsfortbildung ist, dass sich die tatsächlichen und rechtlichen Verhältnisse, die der historische Gesetzgeber als Grundlage seiner normativen Regelung vor Augen hatte, in einem solchen Umfang verändert haben, dass die in Rede stehende Norm in ihren Auswirkungen nicht mehr den geänderten Verhältnissen entspricht.[193] Soweit die Verfasser des BGB eine Berücksichtigung des Minderjährigenschutzes im Deliktsrecht lediglich mittels des Erfordernisses der Einsichtsfähigkeit in § 828 Abs. 2 BGB a.F. verwirklichten, stellte diese Wertentscheidung im Hinblick auf die in der Folge deutlich gewandelten Verhältnisse und die neueren psychologischen Erkenntnisse durchaus keinen sachgerechten Ausgleich zwischen den Interessen Minderjähriger und des Rechtsverkehrs mehr dar.[194] Mag folglich die Möglichkeit einer richterlichen Rechtsfortbildung mit Blick auf den zeitlichen Abstand zwischen Inkrafttreten des § 828 Abs. 2 BGB a.F. und Erlass der Entscheidung des BVerfG zu bejahen gewesen sein, so sind die dafür notwendigen Kriterien vor dem Hintergrund des Inkrafttretens des SchadÄndG zum 1.8.2002 und der damit verbundenen Neufassung von § 828 BGB nun nicht mehr gegeben.[195]

Während im Zuge der zum 1.1.2002 erfolgten Schuldrechtsmodernisierung keine spezifischen Änderungen der Vorschriften des Deliktsrechts vor-

---

[192] BVerfG, Beschl. v. 13.8.1998 – 1 BvL 25–96, NJW 1998, 3557, 3558.

[193] *Larenz/Canaris*, Methodenlehre, S. 171; *Looschelders*, Einwirkungen der Grundrechte, S. 93, 105.

[194] Vgl. auch *Looschelders*, VersR 1999, 141, 150.

[195] Ebenso *Fischinger*, Haftungsbeschränkung im Bürgerlichen Recht, S. 612, wonach die im Beschluss vom 13.8.1998 zum Ausdruck kommende Auffassung des BVerfG überholt sei, sowie *Tilsen*, Die beschränkte Haftung Minderjähriger im Deliktsrecht, S. 275. Zweifelnd auch *Eckardt*, ZJS 2008, 444, 446 (Fn. 17 a.E). Offengelassen bei *Finke*, Minderung der Schadensersatzpflicht in Europa, S. 180. Nach *Müller*, KTS 2000, 57, 69 stellt zudem auch der hinter der Einführung der InsO stehende gesetzgeberische Wille eine den Rückgriff auf die Generalklausel des § 242 BGB hindernde Schranke dar. Anders hingegen die Einschätzung bei BerlVerfGH, Beschl. v. 14.12.2009 – VerfGH 31/09, NJW-RR 2010, 1141.

genommen wurden,[196] beschränkte sich der deutsche Gesetzgeber anlässlich des SchadÄndG darauf, in § 828 Abs. 2 BGB n.F. eine Sonderregelung zum Schutz Minderjähriger für den Bereich des motorisierten Straßen- und Bahnverkehrs zu schaffen. Weitere Einschränkungen der deliktischen Haftung Minderjähriger erfolgten trotz zu diesem Zeitpunkt bereits existenter weitreichenderer Lösungsvorschläge nicht.[197] Insoweit kann auf die Gesetzesbegründung zum SchadÄndG verwiesen werden, im Rahmen derer der Gesetzgeber ausdrücklich auf die seit Inkrafttreten des BGB am 1.1.1900 veränderten, für das Delikts- und Schadensersatzrecht relevanten Verhältnisse hinwies, die einer interessengerechten Auslegung und Rechtsfortbildung durch die Rechtsprechung Grenzen setzten.[198] Gleichwohl nahm der deutsche Gesetzgeber diesen Umstand nicht zum Anlass, an dem auch für Minderjährige geltenden Prinzip der Totalreparation zu rütteln.

Angesichts der insoweit vor Erlass des SchRModG sowie des SchadÄndG über einen breiten Zeitraum von namhaften Stimmen intensiv geführten wissenschaftlichen Diskussion kann aus dem diesbezüglichen Schweigen des Gesetzgebers gefolgert werden, dass dieser die im BGB seit dessen Inkrafttreten vorgesehene, nach dem Prinzip der Totalreparation grundsätzlich unbeschränkte Haftung Minderjähriger als vereinbar mit den nach dem 1.1.1900 deutlich gewandelten sozialen und technischen Verhältnissen ansah.[199] Aufgrund dieser in der Schaffung von § 828 Abs. 3 BGB zum Ausdruck

---

[196] Das Deliktsrecht wurde im Rahmen der Schuldrechtsreform vielmehr ausgeklammert und durch diese lediglich „reflexartig" betroffen, vgl. MüKoBGB/*Wagner*, BGB, Vorbemerkung vor § 823 Rn. 107.

[197] Vgl. hierzu LG Bremen, Urt. v. 15.2.1991 – 6 O 2866/89 u. 1218/90, NJW-RR 1991, 1432, 1434, wo die Untätigkeit des Gesetzgebers im Bereich der deliktischen Haftung Minderjähriger trotz einer Vielzahl „literarischer Denkanstöße" mit der Notwendigkeit zu einer umfassenderen, im Jahr 1991 noch im Fluss befindlichen Schuldrechtsreform begründet wurde.

[198] Siehe hierzu ausdrücklich BT-Drs. 14/7752, S. 11: „Die Bestimmungen des Bürgerlichen Gesetzbuchs, die das Recht der unerlaubten Handlungen und das Schadensersatzrecht regeln, sind seit dessen Inkrafttreten zum 1. Januar 1900 nahezu unverändert geblieben. Zwar war es der Rechtsprechung auf Grund des hohen Abstraktionsgrades der Vorschriften möglich, durch entsprechende Auslegung, aber auch durch richterliche Rechtsfortbildung, eine Reihe von Anpassungen an die gewandelten Verhältnisse vorzunehmen. Dieser Weg stößt jedoch dort an seine Grenzen, wo das Gesetz selbst Entscheidungen vorgibt. Im Laufe der Zeit zeigte sich zunehmend deutlicher, dass manche dieser Grundentscheidungen zum Schadensersatzrecht nur noch schwer mit den heutigen Verhältnissen und Wertvorstellungen in Übereinstimmung zu bringen sind. […] So sind Haftungslücken, vereinzelt auch Gerechtigkeitsdefizite entstanden, die dieses Gesetz beseitigen will."

[199] So auch *Fischinger*, Haftungsbeschränkung im Bürgerlichen Recht, S. 612 und *Rolfs*, JZ 1999, 233, 235. Vgl. auch die Einschätzung bei *Zech*, Beschränkung der Haftung Minderjähriger, S. 115. An dieser Stelle sei zudem auf die anlässlich einer parlamentarischen Anfrage des SPD-Abgeordneten Klaus Hagemann ergangene Stellungnahme des Bundes-

kommenden legislativen Bestätigung der schon nach § 828 Abs. 2 BGB a.F. geltenden Rechtslage kann eine Anpassung der gesetzgeberischen Wertentscheidung nicht mehr mittels § 242 BGB erzielt werden.

Will man den erkennenden Gerichten im Rahmen von Schadensersatzprozessen unter Beteiligung Minderjähriger auf Grundlage rechtspolitischer Erwägungen die Möglichkeit einer Haftungsreduktion eröffnen, ist angesichts der zuvor angestellten Überlegungen eine Regelung durch den Gesetzgeber unabdingbar, da es nach dem im Zuge des SchadÄndG formulierten klaren gesetzgeberischen Willen an den Voraussetzungen einer Rechtsfortbildung über § 242 BGB fehlt.[200] Allerdings wäre eine entsprechende gesetzliche Regelung wohl allein in Form einer eher allgemeinen, die Mindestkriterien einer Abwägung beinhaltenden „Billigkeitsklausel" denkbar.[201]

---

ministeriums der Justiz vom 14.9.1998 hingewiesen, abgedruckt unter BT-Drs. 13/11459, S. 12 ff. Auf die Frage des Abgeordneten, wie die Bundesregierung die zivilrechtliche Situation von Minderjährigen im Hinblick unter anderem auf die Entscheidung des BVerfG vom 13.8.1998 beurteile und ob danach Bedarf für eine rechtliche Besserstellung von Kindern im materiellen und prozessualen Bereich bestehe, erging die nachfolgend auszugsweise wiedergegebene Antwort: „[...] Nach Ansicht der Bundesregierung bieten die beiden vorstehenden Fälle keinen Anlaß, die bestehenden Regelunen [sic!] zur Haftung Minderjähriger in Frage zu stellen und eine rechtliche Besserstellung von Kindern zu fordern. Eine Verbesserung der haftungsrechtlichen Situation von Kindern dergestalt, daß sie in den geschilderten Konstellationen, die durch einfache, leicht erfüllbare Verhaltensanforderungen geprägt sind, den von ihnen verursachten Schaden nicht mehr zu tragen hätten, würde eine Überprivilegierung von Kindern bedeuten. In diesem Zusammenhang ist darauf hinzuweisen, daß eine übermäßige Privilegierung jugendlicher Täter immer zugleich auch eine unverhältnismäßige Verkürzung des Deliktsschutzes des Geschädigten bedeutet."

[200] Die dem Gesetzgeber obliegende Aufgabe, erforderlichenfalls eine allgemeine Relativierung des Grundsatzes der Totalreparation vorzunehmen, sieht aus Gründen der funktionellen Gewaltenteilung auch *Fleischer*, ZIP 2014, 1305, 1307. Demgegenüber wäre allenfalls eine ausnahmsweise vorzunehmende verfassungskonforme Reduktion der §§ 828 Abs. 3, 249 Abs. 1 BGB über § 242 BGB denkbar, sofern angenommen werden müsste, dass eine unbeschränkte deliktische Haftung Minderjähriger trotz Bestehens der Möglichkeit der Durchführung eines Verbraucherinsolvenzverfahrens mit anschließender Restschuldbefreiung mit Art. 2 Abs. 1 GG i.V.m. Art. 1 Abs. 1 GG unvereinbar und somit verfassungswidrig wäre, vgl. *Müller*, KTS 2000, 57, 64. Einen entsprechenden Anwendungsfall sähe *Fischinger*, Haftungsbeschränkung im Bürgerlichen Recht, S. 655 gegeben, sofern im Fall eines nicht haftpflichtversicherten minderjährigen Schädigers die Einleitung eines Verbraucherinsolvenzverfahrens wegen § 287a Abs. 2 Nr. 1 Alt. 1 InsO erst nach Ablauf der Zehnjahres-Frist zulässig, der Anwendungsbereich von § 76 Abs. 2 S. 1 Nr. 3 SGB IV nicht eröffnet und der Minderjährige exorbitanten Haftungsverbindlichkeiten ausgesetzt wäre.

[201] Vgl. *Coester*, FS Lorenz, S. 113, 129. Auch die bereits in der Literatur und früheren Reformentwürfen vorgelegten Normvorschläge operieren in ihrer Funktion als Billigkeitsklauseln mit ausfüllungsbedürftigen Rechtsbegriffen.

b) Europäische Rechtstraditionen und supranationale Vereinheitlichungsvorschläge

Die Idee der Einführung einer gesetzlich fixierten Reduktionsklausel steht im Einklang mit bereits bestehenden, allerdings nicht auf die Haftung Minderjähriger beschränkten europäischen Rechtstraditionen. So besteht auf nationaler Ebene unter anderem im Zivilrecht der Schweiz nach Art. 43, 44 OR die Möglichkeit, eine Verpflichtung zur Leistung von Schadensersatz unter bestimmten Umständen der Höhe nach zu mindern.[202] Ebenso erkennt, wie auch noch andere Rechtsordnungen, das niederländische Recht in Art. 6:109 BW die Möglichkeit einer ausnahmsweise vorzunehmenden richterlichen Haftungsreduktion an.[203]

Sind an entsprechenden Regelungen orientierte Reformbemühungen auf bundesdeutscher Ebene angesichts der Nichtberücksichtigung durch den Gesetzgeber aktuell augenscheinlich „im Sande verlaufen", so wurden demgegenüber auf supranationaler Ebene in der jüngeren Vergangenheit vermehrt Überlegungen entwickelt, die für die Schaffung einer allgemeinen Reduktionsklausel votieren. Zwar scheint die Idee einer das außervertragliche Haftungsrecht umfassenden supranationalen Kodifikation in Gestalt eines „Europäischen Zivilgesetzbuchs"[204] nach derzeitigem Stand zu stagnieren.[205] Gleichwohl beinhalten die auf eine zukünftige Rechtsvereinheitlichung des Privatrechts in Europa abzielenden Forschungsarbeiten sowohl der Euro-

---

[202] Vgl. Art. 44 Abs. 2 OR: „Würde ein Ersatzpflichtiger, der den Schaden weder absichtlich noch grobfahrlässig verursacht hat, durch Leistung des Ersatzes in eine Notlage versetzt, so kann der Richter auch aus diesem Grunde die Ersatzpflicht ermäßigen."

[203] Vgl. hierzu *Bar*, Gemeineuropäisches Deliktsrecht Band I, § 2 Rn. 80 sowie *Koziol*, Harmonization and Fundamental Questions of European Tort Law, S. 139 f. Auf vergleichbare Vorschriften der Rechtsordnungen Spaniens, Portugals, Dänemarks, Schwedens, Finnlands und Polen verweist *Finke*, Minderung der Schadensersatzpflicht in Europa, S. 43 m.w.N.

[204] Zu Ursprüngen und Entwicklung der Idee einer europäischen Privatrechtskodifikation vgl. *Kieninger*, RW 2012, 406, 411 ff.

[205] Vgl. hierzu beispielsweise die Stellungnahme bei *Koziol*, JBl 2008, 348, 356, wonach eine „[...] Vereinheitlichung des europäischen Rechts in doch recht weite Ferne gerückt [...]" sei. Der Realisierung einer die bestehenden nationalen Regelungen verdrängenden europäischen Privatrechtskodifikation steht nicht allein der aktuelle Mangel eines entsprechenden politischen Willens entgegen, worauf *Kieninger*, RW 2012, 406, 418, 430 f. hinweist. Problematisch gestaltet sich zudem aus dogmatischer Perspektive bereits die Frage, ob der EU überhaupt eine ausreichende Kompetenz zur umfassenden Angleichung des privaten Haftungsrechts ihrer Mitgliedstaaten zustehen würde. Vgl. insoweit kritisch *Schulte-Nölke*, Karlsruher Forum 2015, S. 3, 19 f. Zur Frage der vor diesem Hintergrund möglichen Rechtsnatur eines umfassenden Europäischen Gesetzbuchs vgl. näher *Bar*, Gemeineuropäisches Deliktsrecht Band I, § 4 Rn. 371; *Finke*, Minderung der Schadensersatzpflicht in Europa, S. 57 f.

pean Group on Tort Law[206] als auch der Study Group on a European Civil Code[207] jeweils Vorschläge für eine allgemeine Reduktionsklausel. Auch Art. 168 Abs. 2 des Vorentwurfs der Akademie Europäischer Privatrechtswissenschaftler für ein Europäisches Vertragsgesetzbuch[208] enthält eine entsprechende Klausel.[209]

Auch in der aktuell noch offenen Diskussion um eine denkbare Reform des österreichischen Schadensersatzrechts[210] spiegeln sich die in den Rechts-

---

[206] Art. 10:401 PETL, deutsche Fassung abgedruckt bei *European Group on Tort Law*, Principles of European Tort Law, S. 215, lautet wie folgt: „Wenn in einem außergewöhnlichen Fall im Hinblick auf die finanzielle Lage der Parteien die volle Ersatzpflicht eine erdrückende Belastung für den Beklagten bedeuten würde, kann der Umfang der Schadensersatzpflicht herabgesetzt werden. Bei der Entscheidung darüber sind insbesondere der Grund der Haftung (Art. 1:101), das Ausmaß des Schutzes des Interesses (Art. 2:102) und die Größe des Schadens zu berücksichtigen."

[207] Art. VI. – 6:202 DCFR, abgedruckt bei *Study Group on a European Civil Code*, Principles, Definitions and Model Rules, S. 317, lautet wie folgt: „Where it is fair and reasonable to do so, a person may be relieved of liability to compensate, either wholly or in part, if, where the damage is not caused intentionally, liability in full would be disproportionate to the accountability of the person causing the damage or the extent of the damage or the means to prevent it."

[208] Abgedruckt bei ZEuP 2002, 365, 391: „Unter Berücksichtigung des Verhaltens, des Interesses und der wirtschaftlichen Verhältnisse des Gläubigers kann der Richter den Umfang des Schadensersatzes nach Billigkeit begrenzen:

a) wenn die vollständige Entschädigung sich als unverhältnismäßig erweist und für den Schuldner offensichtlich untragbare Folgen hätte; in Betracht zu beziehen sind dabei auch die wirtschaftliche Lage des Schuldners und der Umstand, ob die Nichterfüllung, die nicht ordnungsgemäße Erfüllung oder der Verzug nicht auf seiner Treuwidrigkeit beruhen.

b) in dem Fall einer leichten Fahrlässigkeit des Schuldners, vor allem bei Verträgen, in denen kein Entgelt für die Leistung des Schuldners vorgesehen ist."

[209] Eine nähere Darstellung zu Zielen und Methoden der genannten und weiteren Rechtsvereinheitlichungsprojekte verschiedener internationaler wissenschaftlicher Arbeitsgruppen findet sich bei *Finke*, Minderung der Schadensersatzpflicht in Europa, S. 59–63, sowie bei *Kieninger*, RW 2012, 406, 411 ff.

[210] Mit Blick auf eine mögliche Modernisierung und Reform der für das Schadensersatzrecht maßgeblichen Teile des ABGB legte eine durch das österreichische Bundesministerium der Justiz beauftragte Arbeitsgruppe bereits im Jahr 2005 einen ersten „Diskussionsentwurf der beim BMJ eingerichteten Arbeitsgruppe für ein neues österreichisches Schadensersatzrecht" vor. Als Reaktion auf diesen folgte im Jahr 2008 der „Gegenentwurf" eines alternativen Arbeitskreises sowie schließlich im Jahr 2011 ein dritter, als „Schattenentwurf" oder „Fusionsentwurf" bezeichneter Reformvorschlag aus den Kreisen des österreichischen Justizministeriums. Zur Diskussion über die Notwendigkeit einer Reform des österreichischen Schadensersatzrechts an sich sowie der Inhalte der einzelnen Entwürfe vgl. weiterführend die Darstellungen bei *Griss*, JBl 2005, 273 ff.; *Hopf*, (Hrsg.), Entwurf eines neuen österreichischen Schadenersatzrechts, S. 17 ff.; *Karner*, Entwurf eines neuen österreichischen Schadenersatzrechts, S. 89 f.; *Kathrein*, 200 Jahre ABGB, S. 237 ff.; *Koch*, FS Koziol, S. 721 ff.; *Koziol*, JBl 2008, 348 ff.; *Neumayr*, 200 Jahre ABGB, S. 257 ff.;

vereinheitlichungsvorschlägen des DCFR und der PETL enthaltenen Überlegungen zur Einführung einer Haftungsreduktionsklausel wider.[211] So sieht der von einer durch das österreichische Bundesministerium der Justiz eingesetzten Arbeitsgruppe vorgelegte „Entwurf eines neuen österreichischen Schadensersatzrechts" in der Fassung von Ende Juni 2007 in § 1318 die ausnahmsweise mögliche Minderung einer bestehenden Ersatzpflicht vor.

„Die Ersatzpflicht kann ausnahmsweise gemindert werden, wenn sie den Schädiger unverhältnismäßig und erdrückend belastet und ein bloß teilweiser Ersatz dem Geschädigten zumutbar ist. Dabei sind das Gewicht der Zurechnungsgründe, die wirtschaftlichen Verhältnisse des Geschädigten und des Schädigers sowie die von diesem erlangten Vorteile zu berücksichtigen."[212]

Der damit präsentierte Vorschlag einer Reduktionsklausel ist dem geltenden österreichischen Schadensersatzrecht bislang fremd[213] und wurde daher nach der erstmaligen Vorstellung des genannten Entwurfs im Jahr 2005 äußerst kontrovers diskutiert.[214] Gleichwohl übernahm auch ein im Jahr 2011 vorgestellter, bislang jedoch nicht umgesetzter Fusionsentwurf aus den Kreisen des

Pfeiffer, Entwürfe für ein neues österreichisches Schadensersatzrecht, S. 3 ff.; *Reischauer*, JBl 2009, 405 ff.; *ders.*, JBl 2013, 69 ff.; *Taupitz/Pfeiffer*, JBl 2010, 88 ff.; *Wagner*, JBl 2008, 2 ff.

[211] Auf die Vorbildfunktion insbesondere von Art. 10:401 PETL für die Überlegungen zur Einführung eines Minderungstatbestandes weisen *Neumayr*, 200 Jahre ABGB, S. 257, 273 sowie *Wagner*, Entwurf für einen Gemeinsamen Referenzrahmen, S. 161, 206 hin.

[212] Abdruck des § 1318 in der vorläufigen Endfassung aus dem Jahr 2007 bei JBl 2008, 365, 369, sowie in der ursprünglichen, inhaltsgleichen Fassung als § 1317 aus dem Jahr 2005 bei *Griss*, JBl 2005, 273, 283 (Fn. 28).

[213] *Griss*, JBl 2005, 272, 283. Zu berücksichtigen bleibt in diesem Zusammenhang allerdings, dass nach dem Diskussionsentwurf aus dem Jahr 2005 auch die bis dato im österreichischen Recht bestehenden Haftungshöchstbeträge im Fall einer Gefährdungshaftung, beispielsweise nach §§ 15, 16 EKHG, ersatzlos gestrichen werden sollen. Vor diesem Hintergrund wird der in § 1318 des Entwurfs enthaltenen Minderungsmöglichkeit in der Literatur ein durchaus kompensatorischer Charakter zugeschrieben. Vgl. *Huber*, Reform des Schadenersatzrechts Band II, S. 83, 90 f.; *Jud*, Reform des Schadenersatzrechts Band II, S. 169, 178 f.

[214] Mit Blick auf die Vorrangigkeit der Schutzmechanismen des Zwangsvollstreckungs- und Insolvenzrechts kritisch etwa *Wagner*, JBl 2008, 2, 19 f. *Reischauer*, JBl 2013, 69, 78 verweist im Übrigen darauf, dass sich die Annahme der Entwurfsverfasser, wonach Reduktionsklauseln sachgerecht handhabbar und praktikabel seien, auch nicht im Vergleich zur Rechtsprechung in der Schweiz belegen lasse. Schließlich verzichtet auch der bei *Reischauer/Spielbüchler/Welser*, Reform des Schadenersatzrechts Band III, S. 1–11 abgedruckte Gegenentwurf aus dem Jahr 2008 auf die Einführung einer Haftungsreduktionsklausel. Demgegenüber plädieren *Taupitz/Pfeiffer*, JBl 2010, 88, 100 sowie *Pfeiffer*, Entwürfe für ein neues österreichisches Schadensersatzrecht, S. 204 ausdrücklich für die Kodifikation der im Entwurf vorgesehenen Haftungsreduktionklausel, da es in einem Haftungssystem, das die finanzielle Betroffenheit der Schadensbeteiligten unberücksichtigt lasse, einer Korrektur unbilliger Ergebnisse bedürfe.

österreichischen Justizministeriums in dem darin enthaltenen § 1324 die Idee einer allgemeinen Reduktionsklausel.[215]

Nach alledem stellte sich die Schaffung einer im deutschen Schadensrecht de lege ferenda zu implementierenden allgemeinen Haftungsreduktionsklausel nicht als nationales Spezifikum dar. Vielmehr befände sich eine entsprechende Lösung im Einklang nicht nur mit bereits bestehenden Rechtstraditionen, sondern überdies vom Standpunkt einer avisierten europäischen Rechtsvereinheitlichung betrachtet auch in einem europäischen „Trend".

c) Vorzüge und Schwächen einer gesetzlichen Haftungsreduktionsklausel

Die Einführung einer gesetzlichen Haftungsreduktionsklausel, gleich ob speziell zugunsten minderjähriger Schuldner oder in allgemeinerer Form, würde den erkennenden Zivilgerichten im Streitfall eine auf die individuellen Interessen der Beteiligten zugeschnittene, im besten Fall „maßgeschneiderte" Lösung ermöglichen. Hierdurch ließe sich eine einzelfallbasierte Abwägung zwischen den widerstreitenden Interessen, namentlich dem Ausgleichsinteresse des Geschädigten und dem Schutz des Schädigers vor einer ruinösen Haftung, erzielen. Abweichend vom grundsätzlich starren Alles-oder-Nichts-Prinzip würde somit eine weitreichende Billigkeitsentscheidung ermöglicht. Auch wäre eine solche das Prinzip der Totalreparation aufhebende Billigkeitsentscheidung mit dem bestehenden deutschen Zivilrechtssystem durchaus vereinbar, wie die Existenz sowohl des § 829 BGB als auch des § 254 BGB beweisen, die ausnahmsweise eine Haftung aus Billigkeitserwägungen begründen bzw. eine partielle Abkehr vom Alles-oder-Nichts-Prinzip im Falle eines Mitverschuldens ermöglichen.[216]

Andererseits müsste die Einführung einer allgemeinen gesetzlichen Reduktionsklausel auch erheblichen Bedenken begegnen, welche die Notwendigkeit ihrer Implementierung in das bestehende System des BGB zweifelhaft erscheinen lassen. Im Falle der Aufnahme einer Haftungsreduktionsklausel de lege ferenda müsste grundsätzliche Klarheit darüber bestehen, dass es sich bei den in Rede stehenden Anwendungsfällen um absolute Sondersituationen handelt.[217] Es wäre dabei stets zu berücksichtigen, dass jegliche Ent-

---

[215] Abgedruckt bei *Neumayr*, 200 Jahre ABGB, S. 257, 289 f.

[216] Vgl. die Ausführungen bei *Pfeiffer*, Entwürfe für ein neues österreichisches Schadensersatzrecht, S. 202. *Hohloch*, Gutachten und Vorschläge zur Überarbeitung des Schuldrechts, S. 375, 386 erkennt speziell in § 254 BGB sogar eine verdeckte Funktion als allgemein gefasste Reduktionsklausel.

[217] *Ahrens*, VersR 1997, 1064, 1066; mit Blick auf die österreichischen Reformdiskussionen ebenso *Koziol*, 200 Jahre ABGB, S. 307, 329 und *Neumayr*, 200 Jahre ABGB, S. 257, 273 f. Vgl. auch die deutliche Stellungnahme bei *Koziol*, Grundfragen des Schadenersatzrechts, S. 307: „Es ist aber abschließend nochmals zu betonen, dass entsprechend den auf dem Ausgleichsprinzip und auch auf dem Präventionsgedanken aufbauenden Grundsät-

scheidung zugunsten des minderjährigen Schuldners zugleich eine Entscheidung zu Lasten des Gläubigers darstellt. Mag man diesen Umstand im Hinblick auf die besondere Schutzbedürftigkeit und -würdigkeit Minderjähriger aus Billigkeits- und Wertungsgesichtspunkten noch rechtfertigen können, müsste dieses Argument naturgemäß im Besonderen an Strahlkraft verlieren, wenn auf Gläubigerseite ebenfalls ein Minderjähriger stünde, was praktisch durchaus häufig der Fall sein könnte, etwa im Bereich von Spielunfällen.[218]

Auch könnte es nicht überzeugen, einem kurz vor dem 18. Geburtstag stehenden Minderjährigen den „Gnadenakt" einer Haftungsreduktion noch zu gewähren, während sich ein gerade 18 Jahre alt gewordener vormaliger Minderjähriger im Falle deliktischer Verantwortlichkeit einer ruinösen Zahlungsverpflichtung lediglich über das Institut der Restschuldbefreiung entledigen könnte. Es stellt sich daher die Frage, ob eine gesetzlich zu implementierende Haftungsreduktionsklausel überhaupt auf Minderjährige beschränkt werden könnte oder nicht vielmehr auch volljährige Deliktsschuldner umfassen müsste.[219]

Zweifelhaft erscheint auch, wie hoch der im Einzelfall angemessene Kürzungsbetrag seitens des Gerichts konkret angesetzt werden könnte, um einerseits dem Grundgedanken deliktischer Verantwortlichkeit und dem Kompensationsinteresse des Geschädigten in ausreichendem Umfang Rechnung tragen, gleichzeitig jedoch den schutzwürdigen minderjährigen Schädiger spürbar entlasten zu können. Angesichts dieser widerstreitenden Interessen verböte es sich zwingend, einem minderjährigen Schädiger die ihm obliegende Ersatzverpflichtung durch eine Haftungsreduktion ganz oder überwiegend zu erlassen. Andererseits ist auch zweifelhaft, ob dem Minderjährigen im Fall einer hohen Schadensersatzverpflichtung etwa mit einer hälftigen Reduktion überhaupt gedient sein könnte. Müsste der Gläubiger bei einer Schadenssumme von beispielsweise 300.000 Euro auf 150.000 Euro verzichten, erscheint dies bereits als eine weitreichende Einschränkung seines legitimen Interesses an einer Kompensation seiner erlittenen Vermögenseinbußen. Zugleich bestünde jedoch für einen minderjährigen Schädiger weiterhin eine finanzielle Belastung, die er kaum je realistisch abzutragen in der Lage sein wird.

---

zen des geltenden Rechts, bei Vorliegen der Zurechnungsmomente in ausreichender Stärke *regelmäßig voller Ersatz* begehrt werden kann und eine Reduktion selbstverständlich nur mit großer Zurückhaltung in krassen *Ausnahmefällen* zu einer Mäßigung der Ersatzpflicht führen kann." [Hervorhebungen jeweils im Original, Anm. d. Verf.].

[218] Ebenso *Müller*, KTS 2000, 57, 64.

[219] So für das deutsche und das österreichische Recht gleichermaßen *Koziol*, Grundfragen des Schadensersatzrechts, S. 305 unter Anknüpfung an *Canaris*, JZ 1987, 995, 1001 f., wonach das verfassungsrechtliche Übermaßverbot auch zugunsten eines volljährigen Schädigers greifen müsse. Eine allgemeine Haftungsreduktionsklausel auch für Volljährige im Ergebnis hingegen ablehnend *Rolfs*, JZ 1999, 233, 239 f.

Des Weiteren würde nach denjenigen Stimmen, die im Rahmen einer Abwägung für eine Einbeziehung der Vermögensverhältnisse und der Versicherungsverhältnisse als wesentliche Abwägungskriterien plädieren, insbesondere derjenige Geschädigte von einer Kürzung seines Anspruchs betroffen, der einen besonders hohen Schaden erleidet, zugleich jedoch entweder gut versichert oder wirtschaftlich derartig abgesichert ist, dass er auf den Ersatz des Schadens nicht angewiesen ist.[220] Fraglich ist hierbei nicht nur, wann ein entsprechender ausreichender finanzieller Status des Geschädigten überhaupt angenommen werden müsste; auch ist es nicht nachvollziehbar, warum ein wohlhabender Geschädigter allein deshalb schlechter gestellt werden sollte, weil er über erhebliche Finanzmittel verfügt oder zuvor laufend Versicherungsbeiträge erbracht hat. Darüber hinaus erscheint es durchaus zweifelhaft, einem minderjährigen Schädiger beispielsweise im Fall eines Großbrandes beträchtliche Haftungssummen allein deshalb zu erlassen, weil der Eigentümer als natürliche Person aufgrund seiner wirtschaftlichen Verhältnisse oder die klagende Versicherung aufgrund ihrer Vermögensstruktur nicht auf die Erstattung des Schadens „angewiesen" ist, während denjenigen Minderjährigen, der einem nicht versicherten Geschädigten gegenübersteht, der infolge der deliktischen Handlung einen Großteil seiner Vermögenswerte verloren hat, im Gegenzug die volle Haftung treffen müsste.

Da die wirtschaftlichen Verhältnisse im vorhandenen Recht im Übrigen nur ausnahmsweise berücksichtigt werden und im Sinne der schadensrechtlichen Ausgleichsfunktion allein der erlittene Schaden als Grundlage der Zuweisung des Haftungsumfangs maßgeblich ist, müsste eine klare Beschränkung einer entsprechenden Schadensverlagerung auf „exorbitante" Forderungen statuiert werden.[221]

In prozessualer Hinsicht wird überdies teilweise die Gefahr gesehen, dass sich eine richterliche Haftungsreduktion zu einer Art „Einigungsdruckmittel" auswachsen und dergestalt eventuell unerwünschten Einfluss auf das Prozessverhalten der Beteiligten nehmen könnte.[222] Schließlich wäre eine gesetzliche allgemeine Reduktionsklausel mit Blick auf die für eine Haftungsreduktion erforderliche einzelfallbasierte Interessenabwägung notwendigerweise ausfüllungsbedürftig und somit in hohem Maße von einem auszuübenden richterlichen Ermessen abhängig.[223] Sowohl die Frage, ob eine Haftungs-

---

[220] Hierauf weist für die vorerwähnten österreichischen Reformbestrebungen auch *Welser*, Reform des Schadenersatzrechts Band II, S. 1, 17 hin.

[221] Vgl. hierzu *Lange/Schiemann*, Schadensersatz, S. 15 f.

[222] Vgl. *Neumayr*, 200 Jahre ABGB, S. 257, 273 f. (Fn. 62) m.w.N. *Müller*, KTS 2000, 57, 68 verweist zudem auf das Risiko der Vermehrung von Rechtsstreitigkeiten, da die Bereitschaft eines Schädigers zu freiwilligen Zahlungen oder einem außergerichtlichen Vergleich abnehmen werde, wenn er durch einen Prozess einen zumindest teilweisen Erlass seiner Forderung erreichen könnte.

[223] Insoweit kritisch etwa *Fischinger*, Haftungsbeschränkung im Bürgerlichen Recht,

reduktion vorgenommen werden muss, als auch ihre konkrete Anwendung hingen je nach Ausgestaltung der zu schaffenden gesetzlichen Vorschrift stark von der Einschätzung des erkennenden Gerichts und den Umständen des jeweiligen Einzelfalls ab. Dies könnte, ungeachtet einer sich auf lange Sicht eventuell bildenden Rechtsprechungstradition, zunächst zu erheblicher Rechtsunsicherheit sowohl für die konkreten Beteiligten eines Schadensersatzprozesses als auch den allgemeinen Rechtsverkehr führen.[224]

Beispielhaft sei in diesem Zusammenhang auf Art. 10:401 PETL verwiesen, der in seinem Wortlaut verschiedene erheblich konkretisierungsbedürftige Begriffe enthält:

> „Wenn in einem außergewöhnlichen Fall im Hinblick auf die finanzielle Lage der Parteien die volle Ersatzpflicht eine erdrückende Belastung für den Beklagten bedeuten würde, kann der Umfang der Schadensersatzpflicht herabgesetzt werden. Bei der Entscheidung darüber sind insbesondere der Grund der Haftung (Art. 1:101), das Ausmaß des Schutzes des Interesses (Art. 2:102) und die Größe des Schadens zu berücksichtigen."[225]

Schon die Frage, unter welchen Voraussetzungen ein tatbestandlich notwendiger „außergewöhnlicher" Fall angenommen werden müsste, erscheint stark vom Dafürhalten des mit dem jeweiligen Sachverhalt befassten Gerichts abhängig. Die von der European Group on Tort Law veröffentlichte Kommentierung zu Art. 10:401 PETL nennt als Beispiel für eine entsprechend außergewöhnliche Konstellation einen Skiunfall, im Rahmen dessen der 14 Jahre alte Sohn eines arbeitslosen Ehepaars fahrlässig eine Kollision mit einem „Rockstar" und Multimillionär verursacht, in deren Folge der verletzte Künstler ein vereinbartes, mit 2 Millionen Euro dotiertes Engagement auf einem abendlichen Galakonzert nicht wahrnehmen kann.[226] Dem-

---

S. 634; *Hippel*, VersR 1998, 26, 27; MüKoBGB/*Wagner*, BGB, § 828 Rn. 21; *Reischauer*, JBl 2013, 69, 77.

[224] Ein Hinweis auf das Risiko einer gewissen Unsicherheit findet sich auch in der veröffentlichen Kommentierung zu Art. 10:401 PETL in *European Group on Tort Law*, Principles of European Tort Law, S. 180: „Introducing a possibility of ad hoc mitigation may indeed generate complexitiy and uncertainty." Vgl. im Übrigen zu dem gleichfalls eine Reduktionsklausel enthaltenden österreichischen Diskussionsentwurf aus dem Jahr 2005 die kritische Einschätzung bei *Reischauer*, Reform des Schadenersatzrechts Band II, S. 23, 45, der in durchaus polemischer Form feststellt, die im Diskussionsentwurf vorgeschlagene Reduktionsklausel bringe „[...] eine unklare Abschwächung unklarer Haftung", auch sei im Diskussionsentwurf generell „[...] alles ‚beweglich', alles und jedes ist unbestimmt. Alles läuft auf Billigkeitshaftung hinaus." Auch *Fischinger*, Haftungsbeschränkung im Bürgerlichen Recht, S. 634 weist auf die mit einer Haftungsreduktionsklausel einhergehende Gefahr eines Abgleitens „[...] in ein dogmatisch unfundiertes, diffuses Billigkeitsrecht [...]" hin.

[225] Deutsche Fassung abgedruckt bei *European Group on Tort Law*, Principles of European Tort Law, S. 215.

[226] Siehe das Fallbeispiel bei *European Group on Tort Law*, Principles of European Tort Law, S. 181.

gegenüber ging etwa der BerlVerfGH in seiner Entscheidung vom Dezember 2009 bereits bei einer gesamtschuldnerischen Verpflichtung der im fraglichen Fall 12 Jahre alten Beklagten zur Leistung von Schadensersatz in Höhe von 587,60 Euro sowie Zahlung von Schmerzensgeld in Höhe von 5.000 Euro davon aus, dass das Berufungsgericht zur Prüfung einer etwaigen Reduktion mittels § 242 BGB verpflichtet gewesen wäre.[227]

Allein anhand der Gegensätzlichkeit dieser beiden Fallgestaltungen lässt sich exemplarisch die aus der Unbestimmtheit des Terminus „außergewöhnlicher Fall" potentiell resultierende Rechtsunsicherheit verdeutlichen.[228] Entsprechendes müsste denknotwendig gleichermaßen sowohl für die weiteren in Art. 10:401 PETL enthaltenen unbestimmten Rechtsbegriffe wie beispielsweise „finanzielle Lage der Parteien" und „erdrückende Belastung" als auch für die in anderweitigen Reformvorschlägen genutzten Termini gelten.[229]

d) Fazit

In der Gesamtschau ist die Einführung einer gesetzlichen Haftungsreduktionsklausel, unabhängig von einer eventuellen Beschränkung auf minderjährige Schädiger, aufgrund der Gewährleistungen des Vollstreckungs- und Insolvenzrechts nicht vonnöten und angesichts der damit verbundenen dogmatischen wie praktischen Unwägbarkeiten auch nicht empfehlenswert. Wollte man im Übrigen, entgegen der hier vertretenen Auffassung, der Möglichkeit einer Haftungsreduktion angesichts des Ausschlusses vorsätzlich begangener unerlaubter Handlungen nach § 302 Nr. 1 InsO oder der weitreichenden Unmöglichkeit eines mehrfachen Durchlaufens des Verbraucherin-

[227] Vgl. BerlVerfGH, Beschl. v. 14.12.2009 – VerfGH 31/09, NJW-RR 2010, 1141.

[228] Vgl. hierzu auch bereits die im Zusammenhang zum Referentenentwurf des Bundesministers der Justiz von 1967 für einen neu zu schaffenden § 255a BGB stehende Darstellung bei *Schwamb*, Die schadensersatzrechtliche Reduktionsklausel § 255a BGB, S. 385. Soweit der Wortlaut des genannten Referentenentwurfs den Eintritt eines außerordentlich hohen Schadens verlangt, weist *Schwamb* darauf hin, dass ein einzelner Sachschaden etwa aus einem Straßenverkehrsunfall in Höhe von 2.000.000 DM selten sei und wohl auch als außergewöhnlich angesehen werden könne. Als ungewöhnlich niedrig sei dieser Sachschaden jedoch dann anzusehen, wenn eine Gemäldegalerie niederbrenne. Es lasse sich an diesem und weiteren bei *Schwamb* genannten Beispielen somit veranschaulichen, dass im Hinblick auf die notwendige Konkretisierung des Begriffs „außerordentlich hoher Schaden" eine Orientierung weder an bestimmten, absoluten Zahlen noch an allgemeingültigen Anhaltspunkten möglich sei.

[229] Vgl. etwa den unter H. III. 2. dargestellten § 1318 des Entwurfs eines neuen österreichischen Schadensersatzrechts oder den bei *Busch*, Der Reifegrad Minderjähriger, S. 199 präsentierten Regelungsvorschlag. Mit Blick auf die in Art. VI. – 6:202 DCFR statuierte Grundvoraussetzung, wonach eine Haftungsreduktion in Betracht kommen könne „where it is fair and reasonable to do so", konstatiert *Wagner*, Entwurf für einen Gemeinsamen Referenzrahmen, S. 161, 206, die genannte Formel sei „geradezu aufreizend vage."

solvenz- und Restschuldbefreiungsverfahrens das Wort reden, wären anstelle dessen gesetzgeberische Anpassungen im Insolvenzrecht im Ergebnis vorzugswürdig.[230]

4. Eigener Vorschlag: tatbestandliche Ergänzung von § 828 Abs. 3 BGB um Kriterium der Steuerungsfähigkeit

Unter Berücksichtigung der voranstehenden Erwägungen und anknüpfend an langanhaltend geäußerte Reformgedanken sollte § 828 Abs. 3 BGB somit um das haftungsbegründende Erfordernis der Steuerungsfähigkeit ergänzt und neugefasst werden wie folgt:

Wer das 18. Lebensjahr noch nicht vollendet hat, ist, sofern seine Verantwortlichkeit nicht nach Absatz 1 oder 2 ausgeschlossen ist, für den Schaden, den er einem anderen zufügt, nicht verantwortlich, wenn er bei der Begehung der schädigenden Handlung nicht die zur Erkenntnis der Verantwortlichkeit erforderliche Einsicht hat *oder unfähig ist, nach dieser Einsicht zu handeln. Vor einer Entscheidung über das Vorliegen der Verantwortlichkeit im Sinne von Satz 1 hat das Gericht ein Gutachten einzuholen. Ein Absehen von der Einholung eines Gutachtens ist zu begründen.*

a) Festhalten an § 828 Abs. 1, Abs. 2 BGB

Der hier angeregte Reformvorschlag ist allein auf eine Neufassung von § 828 Abs. 3 BGB gerichtet. Somit wird nicht nur der in § 828 Abs. 1 BGB normierte Ausschluss jeglicher deliktischen Haftung vor Vollendung des siebten Lebensjahres beibehalten, um Minderjährigen unterhalb einer bestimmten Altersgrenze gegenüber den Erfordernissen des Verkehrsschutzes ein Mindestmaß an entwicklungsbedingtem Freiraum garantieren zu können. Darüber hinaus wird auch an § 828 Abs. 2 BGB festgehalten. Zwar erscheint eine generelle Heraufsetzung des für die Deliktsfähigkeit maßgeblichen Alters auf zehn Jahre nicht veranlasst; gleichwohl bleibt anzuerkennen, dass § 828 Abs. 2 BGB sachlich begrenzte und zugleich praktisch besonders erhebliche Anwendungsfälle erfasst. Die vor allem rechtspolitisch motivierte Entscheidung des Gesetzgebers, Minderjährige vor Vollendung des zehnten Lebensjahres zumindest bei Unfällen im motorisierten Straßenverkehr auch im Hinblick auf ein etwaiges Mitverschulden zu privilegieren, erscheint im Ergebnis begrüßenswert. Allenfalls bliebe zu erwägen, ob die seitens der Rechtsprechung vorgenommene teleologische Reduktion auf typische Überforderungssituationen im Zuge einer Neufassung in Gesetz gefasst werden könnte. Angesichts der mittlerweile verfestigten Rechtsprechung des BGH bedeutete eine solche Novellierung des Gesetzeswortlauts letztlich allerdings keinen praktischen Gewinn und kann daher unterbleiben.

---

[230] Ebenso *Ebert*, Pönale Elemente im deutschen Privatrecht, S. 429.

b) Vollumfänglicher Haftungsausschluss bei Steuerungsunfähigkeit

Der hier präsentierte Entwurf einer Neufassung von § 828 Abs. 3 BGB soll dazu dienen, Minderjährige nach Vollendung des siebten Lebensjahres nicht nur bei mangelnder Einsichtsfähigkeit vor einer potentiell unbeschränkten deliktischen Haftung zu schützen, sondern auch dann, wenn ihnen ein situationsadäquates Verhalten infolge voluntativer Steuerungsunfähigkeit unmöglich ist. Lässt sich mit ausreichender Sicherheit und mittels Einholung eines Sachverständigengutachtens nachweisen, dass es einem minderjährigen Schädiger zur Tatzeit an der notwendigen Steuerungsfähigkeit fehlt, ist er demnach ebenso wie im Fall mangelnder Einsichtsfähigkeit von einer deliktischen Verantwortlichkeit befreit.

Entgegen anderweitiger Ansätze ermöglicht der hier präferierte Vorschlag nur einen Ausschluss der Haftung bei fehlender Steuerungsfähigkeit, nicht jedoch eine Haftungsminderung der Höhe nach im Fall einer nur eingeschränkten Steuerungsfähigkeit.[231] Dies soll einerseits einer Beschränkung des Haftungsausschlusses auf gravierende Ausnahmefälle und damit der Vermeidung einer nicht notwendigen Überprivilegierung minderjähriger Verkehrsteilnehmer dienen. Andererseits soll dergestalt eine zu weitreichende, einzelfallorientierte Billigkeitsrechtsprechung, wie sie insbesondere durch eine allgemeine Haftungsreduktionsklausel erzielt würde, verhindert werden. Denn auch bei einer Minderung nur im Fall einer eingeschränkten Steuerungsfähigkeit würde dem richterlichen Ermessen erheblicher Spielraum eingeräumt nicht nur bezüglich der Frage, ob eine Minderung überhaupt veranlasst erscheint, sondern auch dahingehend, welche die maßgeblichen „Umstände" des in Rede stehenden Lebenssachverhaltes wären, die zu einer Minderung führen müssten. Zudem stellte sich die Frage, wann ein für die Minderung ausreichender Grad der Einschränkung der Steuerungsfähigkeit erreicht und dies nachvollziehbar festzustellen wäre.

c) Maßgebliche Altersstufen in § 828 Abs. 3 BGB

Hat ein Minderjähriger das siebte, nicht jedoch das 18. Lebensjahr vollendet, gelangt der neu zu fassende § 828 Abs. 3 BGB zur Anwendung, soweit nicht § 828 Abs. 2 BGB einschlägig sein sollte. Eine noch weitreichendere Differenzierung zwischen Minderjährigen verschiedener Altersstufen, wie sie in der Literatur vereinzelt vorgeschlagen wird, unterbleibt demnach.[232] Eine solche

---

[231] Eine entsprechende Minderungsmöglichkeit sah der Referentenentwurf des Bundesministers der Justiz aus dem Jahr 1967 in seinem Vorschlag für einen neu zu schaffenden § 828 Abs. 2 S. 2 BGB vor: „Hat er diese Fähigkeit [Steuerungsfähigkeit, Anm. d. Verf.], jedoch im geringeren Maße als ein Erwachsener, so kann das Gericht die Ersatzpflicht einschränken, soweit dies nach den Umständen, insbesondere nach den Verhältnissen der Beteiligten, der Billigkeit entspricht. […]"

[232] Vgl. hierzu den Reformvorschlag bei *Busch*, Der Reifegrad Minderjähriger, S. 199,

müsste in der Rechtsprechungspraxis wiederum zur Etablierung schematischer „Alterskorridore" führen, die zwar eine prozessuale Erleichterung und vereinfachte praktische Handhabbarkeit böten, jedoch aus entwicklungspsychologischer Sicht nicht verifizierbar wären. Obgleich sich Defizite in der Verhaltenssteuerung auf Grundlage vorhandener Untersuchungen vor allem bei sehr jungen Minderjährigen zeigen, ist es im Einzelfall dennoch denkbar, dass auch ein Minderjähriger, der das zehnte Lebensjahr bereits vollendet hat, an gravierenden Einschränkungen seiner Steuerungsfähigkeit leidet. Diesen gegenüber einem gerade noch neun Jahre alten Minderjährigen allein aufgrund einer starren formalen Altersgrenze zu benachteiligen, erscheint folglich auch bei gebotener Berücksichtigung der Interessen des Rechtsverkehrs nicht zu rechtfertigen. Gleichwohl kann das jeweilige Alter des in Rede stehenden Minderjährigen im Rahmen einer gerichtlichen Feststellung der Steuerungsfähigkeit ohne Weiteres dahingehend Berücksichtigung finden, ob mit Blick auf den allgemeinen Entwicklungszustand des Minderjährigen erhebliche Zweifel an dessen Steuerungsfähigkeit bestehen.

d) Festhalten an gesetzlicher Beweislastverteilung

Schließlich enthält der vorliegende Vorschlag zur Novellierung von §828 Abs. 3 BGB ausweislich seines Wortlauts in §828 Abs. 3 S. 1 BGB n.F. eine gesetzliche Vermutung, wonach sowohl die Einsichtsfähigkeit als auch die Steuerungsfähigkeit des Minderjährigen vorliegt. An der im Rahmen von §828 Abs. 3 BGB aktuell bestehenden Beweislastverteilung wird somit festgehalten und auf eine in der Literatur teilweise angeregte Beweislastumkehr verzichtet.[233] Die Beweislast für das Nichtvorliegen sowohl der Einsichts- als auch der Steuerungsfähigkeit obliegt folglich weiterhin dem Minderjährigen. Auch hierdurch kann dem Interesse des Rechtsverkehrs an einer möglichst

---

wonach die Steuerungsfähigkeit allein bei Minderjährigen vor Vollendung des zehnten Lebensjahres als zusätzliches haftungsbegründendes Element zu prüfen sein soll: „[1]Wer das siebente, aber noch nicht das zehnte Lebensjahr vollendet hat, ist für einen Schaden, den er einem anderen zugefügt hat, nur verantwortlich, wenn er bei der Begehung der schädigenden Handlung die zur Erkenntnis der Verantwortlichkeit erforderliche Einsicht hat und fähig ist, seinen Willen dieser Einsicht gemäß zu bestimmen. [2]Wer das zehnte, aber noch nicht das achtzehnte Lebensjahr vollendet hat, ist für einen Schaden, den er einem anderen zugefügt hat, nicht verantwortlich, wenn er bei Begehung der schädigenden Handlung nicht die zur Erkenntnis der Verantwortlichkeit erforderliche Einsicht hat."

[233] Vgl. wiederum *Busch*, Der Reifegrad Minderjähriger, S. 199. Nach dem dort vorgeschlagenen §828 Abs. 2 S. 1 BGB wäre ein Minderjähriger vor Vollendung des zehnten Lebensjahres „[…] nur verantwortlich, wenn er […] die zur Erkenntnis der Verantwortlichkeit erforderliche Einsicht hat und fähig ist, seinen Willen dieser Einsicht gemäß zu bestimmen." Danach obläge es dem erkennenden Gericht, von Amts wegen die Einsichts- und Steuerungsfähigkeit des betroffenen Minderjährigen nachzuweisen.

weitreichenden Typizität Rechnung getragen werden. Überdies wird dergestalt das mit Blick auf die anderenfalls in vielen Fällen zwingend notwendige sachverständige Exploration bestehende Kostenrisiko für minderjährige Schädiger verringert.

Legt ein minderjähriger Beklagter allerdings ausreichend substantiiert dar, dass und warum es ihm im maßgeblichen Tatzeitpunkt an der Einsichts- oder der Steuerungsfähigkeit gemangelt habe, hat das Gericht über das Vorliegen der deliktischen Verantwortlichkeit des Minderjährigen im Sinne von § 828 BGB zu entscheiden. Vor einer solchen Entscheidung des Gerichts ist sodann nach dem neu einzufügenden § 828 Abs. 3 S. 2 BGB regelmäßig die Einholung eines Sachverständigengutachtens zur Frage der deliktischen Verantwortlichkeit erforderlich. Ein Absehen von der Einholung eines Gutachtens hätte das Gericht demgegenüber nach § 828 Abs. 3 S. 3 BGB n.F. in seiner Entscheidung zu begründen. Ein pauschales Abstellen auf allgemeine Erfahrungswerte des erkennenden Gerichts soll durch dieses Regel-Ausnahme-Verhältnis möglichst vermieden werden.

H. Gesamtfazit und Normvorschläge

Minderjährige unterliegen im Alltag in vielerlei Hinsicht dem Risiko einer Verschuldung sowie einer daraus resultierenden, die weitere Lebensentwicklung potentiell stark einschränkenden Überschuldung. Dieser Umstand erfordert nicht allein eine pädagogische, im häuslichen und schulischen Kontext zu realisierende Aufklärung Minderjähriger über den richtigen Umgang mit finanziellen Mitteln sowie bestehende Alltags- und Verletzungsrisiken. Vielmehr tragen vor allem die vorhandenen juristischen Rahmenbedingungen erheblich dazu bei, das Risiko einer finanziellen Überforderung der betreffenden Zielgruppe zu minimieren. Soweit in der Praxis Forderungen gegen Minderjährige durch Gläubiger geltend gemacht werden, ist daher eine Prüfung sowohl der tatbestandlichen Voraussetzungen des jeweiligen Anspruchs als auch der Möglichkeiten, die Haftung für eine rechtswirksam begründete Verbindlichkeit zu begrenzen, erforderlich.

Ein besonders hohes Schutzniveau ergibt sich diesbezüglich im Bereich rechtsgeschäftlicher Haftung. Die Vorschriften der §§ 104 ff., 1626 ff. BGB weisen dem gesetzlichen Vertreter eines Minderjährigen in weitreichendem Umfang die Entscheidungsbefugnis über dessen rechtsgeschäftliche Betätigung zu und limitieren dergestalt schon präventiv dessen Möglichkeit zu einer eigenständigen Teilnahme erheblich. Mag dies auch mit Blick auf die Erlangung einer grundsätzlich begrüßenswerten Geschäftspraxis und den Wunsch nach Teilhabe am Rechtsverkehr hinderlich erscheinen, so stellt sich die diesbezügliche Regelungssystematik im Sinne eines effektiven Minderjährigenschutzes gleichwohl als stringenter Regelungsmechanismus dar. Wie im Zuge der vorliegenden Untersuchung aufgezeigt werden konnte, schützt er Minderjährige wirksam auch in solchen „modernen" Vertragskonstellationen, die erst seit kurzer Zeit praktische Bedeutung erlangt haben. Hierzu kann neben In-App-Käufen und Mehrwertdienstverträgen insbesondere das Tätigkeitsfeld des Influencer Marketing gerechnet werden, das auch für Minderjährige ein attraktives, wenngleich mit gewissen Haftungsrisiken verbundenes Geschäftsmodell darstellen kann.

Wesentliche Grundbedingung für einen effektiven Schutz ist dabei stets, dass der gesetzliche Vertreter die ihm zukommenden Befugnisse verantwortungsbewusst ausübt. In der Praxis begründet dies insbesondere für Eltern die Notwendigkeit, sich in ausreichendem Maße mit den jeweils in Rede stehenden Rechtsgeschäften und deren möglichen Risiken vertraut zu machen, um eine ausgewogene Entscheidung hinsichtlich eines Vertragsschlusses im Namen ihres Kindes bzw. hinsichtlich ihrer Zustimmung zu einer von diesem selbst abzugebenden Willenserklärung treffen zu können. Diesbezügliche Fehlentscheidungen sind dabei, insbesondere im Fall einer mangelnden familiengerichtlichen Genehmigungsbedürftigkeit, denkbar, jedoch notwendiger Ausfluss des elterlichen Entscheidungsspielraums. Problematisch ist allerdings ein solches Vertreterhandeln, das bewusst missbräuchlich im Eigeninteresse und zu Lasten des Kindes vorgenommen wird. Vor daraus resultierenden Verpflichtungen schützen die bestehenden gesetzlichen Regelungen nicht ausreichend, zumal die nach § 1629a BGB eröffnete Möglichkeit, nach Eintritt der Volljährigkeit eine Haftungsbegrenzung auf das zu diesem Zeitpunkt vorhandene Altvermögen zu erreichen, das vor Volljährigkeit vorhandene Vermögen nicht schützt. Zur Verbesserung der Situation minderjähriger Vertretener soll daher der in dieser Untersuchung enthaltene Vorschlag zur Schaffung eines neuen § 1629 Abs. 1a BGB dienen. Danach ist eine Vertretung in solchen Fällen ausgeschlossen, in denen eine vorsätzlich pflichtwidrige Vertretung die Interessen des vertretenen Minderjährigen nicht nur unerheblich beeinträchtigt, und das von den Vertretern getätigte Rechtsgeschäft folglich nichtig.

Bezüglich deliktischer Haftungssituationen ließ sich aufzeigen, dass diese in der Praxis mit Blick auf eine mögliche Verschuldung Minderjähriger einen wesentlichen Faktor darstellen. Dies gilt insbesondere vor dem Hintergrund, als beispielsweise Unfälle in Spielsituationen, ein Fehlverhalten im Straßenverkehr oder Zündeleien trotz des in ihnen oftmals zum Ausdruck kommenden niederschwelligen Unwertgehalts zu exorbitanten Haftungssummen führen können. Aus praktischer Sicht sind daher insbesondere Eltern nachdrücklich dazu angehalten, für einen ausreichenden Haftpflichtschutz zugunsten ihres Kindes zu sorgen, was allerdings in der Praxis nicht immer gewährleistet scheint. Überdies bleibt hiervon der Umstand unbeeinflusst, dass das geltende deutsche Deliktsrecht im Hinblick auf die Feststellung der für eine Haftung erforderlichen Deliktsfähigkeit eines über sieben Jahre alten Minderjährigen dessen individuelle Verhaltensschwächen nur unzureichend berücksichtigt. Zwar ist es im Sinne der Interessen des Rechtsverkehrs grundsätzlich vorzugswürdig, bei § 828 Abs. 3 BGB unter Zugrundelegung einer abstrakten Einsichtsfähigkeit nur darauf abzustellen, ob ein minderjähriger Schädiger allgemein um seine Verantwortung weiß und imstande ist, dieses Wissen auf den konkreten Fall anzuwenden. Im Hinblick auf den auch verfassungsrechtlich gebotenen wirksamen Minderjährigenschutz unangemessen ist hingegen die fehlende Berücksichtigung der möglicherweise bestehenden individuellen Unfähigkeit eines Minderjährigen, sein Verhalten situativ an dieser Erkenntnis auszurichten. Erschwerend tritt diesbezüglich der Umstand hinzu, dass auch im Rahmen der notwendigen Verschuldensprüfung angesichts der maßgeblichen Gruppenfahrlässigkeit individuelle Steuerungsmängel unberücksichtigt bleiben. Folgerichtig beinhaltet der in dieser Arbeit präsentierte Reformvorschlag die Aufnahme des Kriteriums der Steuerungsfähigkeit in den Tatbestand von § 828 Abs. 3 BGB.

Schließlich ist mit Blick auf die Möglichkeiten einer Haftungsbegrenzung insbesondere auf die in vielen Fällen mögliche Einleitung eines Verbraucherinsolvenz- und Restschuldbefreiungsverfahrens hinzuweisen. Gerade in solchen Haftungskonstellationen, auf die § 1629a BGB keine Anwendung findet, ermöglicht die am Ende des Verfahrens denkbare Erteilung der Restschuldbefreiung eine dauerhafte Entledigung von einer drückenden Schuldenlast. Unter Zugrundelegung eines an § 103 VVG orientierten Vorsatzverständnisses in § 302 Nr. 1 InsO sind dabei auch die Mehrzahl der durch Minderjährige verursachten deliktischen Haftungsfälle von der Wirkung der Restschuldbefreiung erfasst. Dies lässt eine weitreichendere Einschränkung des Prinzips der Totalreparation, insbesondere mittels einer aus verfassungsrechtlichen Gründen verbreitet geforderten Haftungsreduktionsklausel, entbehrlich erscheinen.

Zusammenfassend lautet der Vorschlag für einen neu zu fassenden § 1629 Abs. 1a BGB wie folgt:

(1a) Eine Vertretung ist ausgeschlossen, wenn durch diese die Interessen des Kindes pflichtwidrig und vorsätzlich in nicht nur unerheblicher Weise verletzt werden. Ein nach Maßgabe von Satz 1 ohne Vertretungsmacht getätigtes Rechtsgeschäft ist nichtig. In diesem Fall bestimmt sich die Haftung des Vertreters nach § 179 BGB.

Überdies ist § 1793 Abs. 1 BGB gemäß nachfolgender Maßgabe neu zu fassen:

(1) Der Vormund hat das Recht und die Pflicht, für die Person und das Vermögen des Mündels zu sorgen, insbesondere den Mündel zu vertreten. §§ 1626 Abs. 2, 1629 Abs. 1a gelten entsprechend. Ist der Mündel auf längere Dauer in den Haushalt des Vormunds aufgenommen, so gelten auch die §§ 1618a, 1619, 1664 entsprechend.

§ 828 Abs. 3 BGB schließlich ist neu zu fassen wie folgt:

(3) Wer das 18. Lebensjahr noch nicht vollendet hat, ist, sofern seine Verantwortlichkeit nicht nach Absatz 1 oder 2 ausgeschlossen ist, für den Schaden, den er einem anderen zufügt, nicht verantwortlich, wenn er bei der Handlung nicht die zur Erkenntnis der Verantwortlichkeit erforderliche Einsicht hat oder unfähig ist, nach dieser Einsicht zu handeln. Vor einer erforderlichen Entscheidung über das Vorliegen der Verantwortlichkeit im Sinne von Satz 1 hat das Gericht ein Gutachten einzuholen. Ein Absehen von der Einholung eines Gutachtens ist zu begründen.

Anhang

Tabelle 1: Auswertung aller 57 Fragebögen nach „Ja"- und „Nein"-Stimmen

	Ja	Nein
1) Haben Sie in Ihrer Beratungspraxis bereits Schuldner beraten, welche zum Beratungszeitpunkt noch minderjährig (d.h. unter 18 Jahre alt) waren und Sie ohne Begleitung des gesetzlichen Vertreters (z.B. der Eltern) aufgesucht hatten?	13	44
2) Haben Sie in Ihrer Beratungspraxis bereits minderjährige Schuldner in Begleitung des gesetzlichen Vertreters (z.B. der Eltern) beraten?	27	30
3) Haben Sie in Ihrer Beratungspraxis bereits Schuldner beraten, welche zum Beratungszeitpunkt schon volljährig waren, jedoch Schulden hatten, deren Entstehung ausschließlich oder teilweise in die Zeit der Minderjährigkeit des betreffenden Schuldners fiel?	48	8
4) Sind Ihnen Fälle aus ihrer Beratungspraxis bekannt, bei denen im Rahmen der Beratung von verschuldeten Eltern Schulden auch deren noch minderjährigen Kinder aufgedeckt werden konnten?	43	14
5) Sind Ihnen aus Ihrer Beratungspraxis insbesondere nachfolgende Fälle bekannt, welche zu einer Inanspruchnahme minderjähriger Personen bzw. bereits volljährig gewordener Personen geführt haben?		
a) Durch Eltern auf den Namen der eigenen Kinder vorgenommene Warenbestellungen im Online- oder Versandhandel	50	7
b) Durch Minderjährige unter Angabe eines falschen Geburtsdatums vorgenommene Warenbestellungen im Online- oder Versandhandel	19	37
c) Schulden Minderjähriger bei Mobilfunkanbietern infolge der Nutzung eines eigenen Mobiltelefons	27	30
d) Schulden Minderjähriger bei Anbietern sog. Mehrwertdienste (z.B. Klingelton-Abonnements)	16	41
e) Finanzielle Forderungen gegen Minderjährige infolge der Nutzung von Online-Spielen	14	43
f) Finanzielle Forderungen gegen Minderjährige infolge einer Haftung für illegale Downloads	21	34
g) „Schwarzfahrten" Minderjähriger mit öffentlichen Verkehrsmitteln	30	27

		Ja	Nein
h)	Haftung Minderjähriger als Mitglied einer sozialrechtlichen Bedarfsgemeinschaft für Rückforderungen von Sozialleistungen	41	15
i)	Haftung Minderjähriger gegenüber gesetzlichen Krankenkassen	8	48
j)	Verpflichtung Minderjähriger zur Zahlung von Schadensersatz oder Schmerzensgeld infolge deliktischen Verhaltens (z.B. Körperverletzungen, Sachbeschädigungen, Brandstiftung, Unfälle im Straßenverkehr)	25	32
k)	Haftung Minderjähriger für Nachlassverbindlichkeiten anlässlich eines Erbfalls	16	41
6) Sind Ihnen aus Ihrer Beratungspraxis Fälle bekannt, in denen gegen Minderjährige aufgrund bestehender Verbindlichkeiten ein Mahnverfahren angestrengt wurde?		27	30
7) Sind Ihnen aus Ihrer Beratungspraxis Fälle bekannt, in denen gegen Minderjährige aufgrund bestehender Verbindlichkeiten ein Klageverfahren angestrengt wurde?		8	48
8) Sind Ihnen aus Ihrer Beratungspraxis Fälle bekannt, in denen gegen Minderjährige aufgrund titulierter Forderungen Vollstreckungsversuche unternommen wurden?		12	45
9) Ist die nach § 1629a BGB bestehende Möglichkeit einer Beschränkung der Minderjährigenhaftung in Ihrer persönlichen Beratungspraxis von Relevanz?		34	20
10) Sind Ihnen Fälle bekannt, in denen die Eröffnung eines Verbraucherinsolvenzverfahrens über das Vermögen eines Minderjährigen beantragt wurde?		1	56

Tabelle 2: Detailauswertung aller 57 Fragebögen

	Ja	Nein	Enthaltung / nicht eindeutige Antwort
1) Haben Sie in Ihrer Beratungspraxis bereits Schuldner beraten, welche zum Beratungszeitpunkt noch minderjährig (d.h. unter 18 Jahre alt) waren und Sie ohne Begleitung des gesetzlichen Vertreters (z.B. der Eltern) aufgesucht hatten?	13	44	
2) Haben Sie in Ihrer Beratungspraxis bereits minderjährige Schuldner in Begleitung des gesetzlichen Vertreters (z.B. der Eltern) beraten?	27	30	
3) Haben Sie in Ihrer Beratungspraxis bereits Schuldner beraten, welche zum Beratungszeitpunkt schon volljährig waren, jedoch Schulden hatten, deren Entstehung ausschließlich oder teilweise in die Zeit der Minderjährigkeit des betreffenden Schuldners fiel?	48	8	1

	Ja	Nein	Enthaltung / nicht eindeutige Antwort
4) Sind Ihnen Fälle aus ihrer Beratungspraxis bekannt, bei denen im Rahmen der Beratung von verschuldeten Eltern Schulden auch deren noch minderjährigen Kinder aufgedeckt werden konnten?	43	14	
5) Sind Ihnen aus Ihrer Beratungspraxis insbesondere nachfolgende Fälle bekannt, welche zu einer Inanspruchnahme minderjähriger Personen bzw. bereits volljährig gewordener Personen geführt haben?			
a) Durch Eltern auf den Namen der eigenen Kinder vorgenommene Warenbestellungen im Online- oder Versandhandel	50	7	
b) Durch Minderjährige unter Angabe eines falschen Geburtsdatums vorgenommene Warenbestellungen im Online- oder Versandhandel	19	37	1
c) Schulden Minderjähriger bei Mobilfunkanbietern infolge der Nutzung eines eigenen Mobiltelefons	27	30	
d) Schulden Minderjähriger bei Anbietern sog. Mehrwertdienste (z.B. Klingelton-Abonnements)	16	41	
e) Finanzielle Forderungen gegen Minderjährige infolge der Nutzung von Online-Spielen	14	43	
f) Finanzielle Forderungen gegen Minderjährige infolge einer Haftung für illegale Downloads	21	34	2
g) „Schwarzfahrten" Minderjähriger mit öffentlichen Verkehrsmitteln	30	27	
h) Haftung Minderjähriger als Mitglied einer sozialrechtlichen Bedarfsgemeinschaft für Rückforderungen von Sozialleistungen	41	15	1
i) Haftung Minderjähriger gegenüber gesetzlichen Krankenkassen	8	48	1
j) Verpflichtung Minderjähriger zur Zahlung von Schadensersatz oder Schmerzensgeld infolge deliktischen Verhaltens (z.B. Körperverletzungen, Sachbeschädigungen, Brandstiftung, Unfälle im Straßenverkehr)	25	32	
k) Haftung Minderjähriger für Nachlassverbindlichkeiten anlässlich eines Erbfalls	16	41	
6) Sind Ihnen aus Ihrer Beratungspraxis Fälle bekannt, in denen gegen Minderjährige aufgrund bestehender Verbindlichkeiten ein Mahnverfahren angestrengt wurde?	27	30	

	Ja	Nein	Enthaltung / nicht eindeutige Antwort
7) Sind Ihnen aus Ihrer Beratungspraxis Fälle bekannt, in denen gegen Minderjährige aufgrund bestehender Verbindlichkeiten ein Klageverfahren angestrengt wurde?	8	48	1
8) Sind Ihnen aus Ihrer Beratungspraxis Fälle bekannt, in denen gegen Minderjährige aufgrund titulierter Forderungen Vollstreckungsversuche unternommen wurden?	12	45	
9) Ist die nach § 1629a BGB bestehende Möglichkeit einer Beschränkung der Minderjährigenhaftung in Ihrer persönlichen Beratungspraxis von Relevanz?	34	20	3
10) Sind Ihnen Fälle bekannt, in denen die Eröffnung eines Verbraucherinsolvenzverfahrens über das Vermögen eines Minderjährigen beantragt wurde?	1	56	

Tabelle 3: Auswertung von 17 Fragebögen aus Mainz

	Ja	Nein	Enthaltung / nicht eindeutige Antwort
1) Haben Sie in Ihrer Beratungspraxis bereits Schuldner beraten, welche zum Beratungszeitpunkt noch minderjährig (d.h. unter 18 Jahre alt) waren und Sie ohne Begleitung des gesetzlichen Vertreters (z.B. der Eltern) aufgesucht hatten?	5	12	
2) Haben Sie in Ihrer Beratungspraxis bereits minderjährige Schuldner in Begleitung des gesetzlichen Vertreters (z.B. der Eltern) beraten?	10	7	
3) Haben Sie in Ihrer Beratungspraxis bereits Schuldner beraten, welche zum Beratungszeitpunkt schon volljährig waren, jedoch Schulden hatten, deren Entstehung ausschließlich oder teilweise in die Zeit der Minderjährigkeit des betreffenden Schuldners fiel?	14	3	
4) Sind Ihnen Fälle aus ihrer Beratungspraxis bekannt, bei denen im Rahmen der Beratung von verschuldeten Eltern Schulden auch deren noch minderjährigen Kinder aufgedeckt werden konnten?	12	5	
5) Sind Ihnen aus Ihrer Beratungspraxis insbesondere nachfolgende Fälle bekannt, welche zu einer Inanspruchnahme minderjähriger Personen bzw. bereits volljährig gewordener Personen geführt haben?			

	Ja	Nein	Enthaltung / nicht eindeutige Antwort
a) Durch Eltern auf den Namen der eigenen Kinder vorgenommene Warenbestellungen im Online- oder Versandhandel	16	1	
b) Durch Minderjährige unter Angabe eines falschen Geburtsdatums vorgenommene Warenbestellungen im Online- oder Versandhandel	5	12	
c) Schulden Minderjähriger bei Mobilfunkanbietern infolge der Nutzung eines eigenen Mobiltelefons	7	10	
d) Schulden Minderjähriger bei Anbietern sog. Mehrwertdienste (z.B. Klingelton-Abonnements)	5	12	
e) Finanzielle Forderungen gegen Minderjährige infolge der Nutzung von Online-Spielen	3	14	
f) Finanzielle Forderungen gegen Minderjährige infolge einer Haftung für illegale Downloads	3	14	
g) „Schwarzfahrten" Minderjähriger mit öffentlichen Verkehrsmitteln	13	4	
h) Haftung Minderjähriger als Mitglied einer sozialrechtlichen Bedarfsgemeinschaft für Rückforderungen von Sozialleistungen	13	4	
i) Haftung Minderjähriger gegenüber gesetzlichen Krankenkassen	1	15	1
j) Verpflichtung Minderjähriger zur Zahlung von Schadensersatz oder Schmerzensgeld infolge deliktischen Verhaltens (z.B. Körperverletzungen, Sachbeschädigungen, Brandstiftung, Unfälle im Straßenverkehr)	5	12	
k) Haftung Minderjähriger für Nachlassverbindlichkeiten anlässlich eines Erbfalls	7	10	
6) Sind Ihnen aus Ihrer Beratungspraxis Fälle bekannt, in denen gegen Minderjährige aufgrund bestehender Verbindlichkeiten ein Mahnverfahren angestrengt wurde?	7	10	
7) Sind Ihnen aus Ihrer Beratungspraxis Fälle bekannt, in denen gegen Minderjährige aufgrund bestehender Verbindlichkeiten ein Klageverfahren angestrengt wurde?	3	14	
8) Sind Ihnen aus Ihrer Beratungspraxis Fälle bekannt, in denen gegen Minderjährige aufgrund titulierter Forderungen Vollstreckungsversuche unternommen wurden?	2	15	
9) Ist die nach § 1629a BGB bestehende Möglichkeit einer Beschränkung der Minderjährigenhaftung in Ihrer persönlichen Beratungspraxis von Relevanz?	12	4	1

	Ja	Nein	Enthaltung / nicht eindeutige Antwort
10) Sind Ihnen Fälle bekannt, in denen die Eröffnung eines Verbraucherinsolvenzverfahrens über das Vermögen eines Minderjährigen beantragt wurde?	0	17	

Tabelle 4: Auswertung von 22 Fragebögen aus Koblenz

	Ja	Nein	Enthaltung / nicht eindeutige Antwort
1) Haben Sie in Ihrer Beratungspraxis bereits Schuldner beraten, welche zum Beratungszeitpunkt noch minderjährig (d.h. unter 18 Jahre alt) waren und Sie ohne Begleitung des gesetzlichen Vertreters (z.B. der Eltern) aufgesucht hatten?	3	19	
2) Haben Sie in Ihrer Beratungspraxis bereits minderjährige Schuldner in Begleitung des gesetzlichen Vertreters (z.B. der Eltern) beraten?	10	12	
3) Haben Sie in Ihrer Beratungspraxis bereits Schuldner beraten, welche zum Beratungszeitpunkt schon volljährig waren, jedoch Schulden hatten, deren Entstehung ausschließlich oder teilweise in die Zeit der Minderjährigkeit des betreffenden Schuldners fiel?	18	3	1
4) Sind Ihnen Fälle aus ihrer Beratungspraxis bekannt, bei denen im Rahmen der Beratung von verschuldeten Eltern Schulden auch deren noch minderjährigen Kinder aufgedeckt werden konnten?	16	6	
5) Sind Ihnen aus Ihrer Beratungspraxis insbesondere nachfolgende Fälle bekannt, welche zu einer Inanspruchnahme minderjähriger Personen bzw. bereits volljährig gewordener Personen geführt haben?			
a) Durch Eltern auf den Namen der eigenen Kinder vorgenommene Warenbestellungen im Online- oder Versandhandel	19	3	
b) Durch Minderjährige unter Angabe eines falschen Geburtsdatums vorgenommene Warenbestellungen im Online- oder Versandhandel	7	14	1
c) Schulden Minderjähriger bei Mobilfunkanbietern infolge der Nutzung eines eigenen Mobiltelefons	10	12	

	Ja	Nein	Enthaltung / nicht eindeutige Antwort
d) Schulden Minderjähriger bei Anbietern sog. Mehrwertdienste (z.B. Klingelton-Abonnements)	5	17	
e) Finanzielle Forderungen gegen Minderjährige infolge der Nutzung von Online-Spielen	4	18	
f) Finanzielle Forderungen gegen Minderjährige infolge einer Haftung für illegale Downloads	8	12	2
g) „Schwarzfahrten" Minderjähriger mit öffentlichen Verkehrsmitteln	8	14	
h) Haftung Minderjähriger als Mitglied einer sozialrechtlichen Bedarfsgemeinschaft für Rückforderungen von Sozialleistungen	12	10	
i) Haftung Minderjähriger gegenüber gesetzlichen Krankenkassen	4	18	
j) Verpflichtung Minderjähriger zur Zahlung von Schadensersatz oder Schmerzensgeld infolge deliktischen Verhaltens (z.B. Körperverletzungen, Sachbeschädigungen, Brandstiftung, Unfälle im Straßenverkehr)	9	13	
k) Haftung Minderjähriger für Nachlassverbindlichkeiten anlässlich eines Erbfalls	2	20	
6) Sind Ihnen aus Ihrer Beratungspraxis Fälle bekannt, in denen gegen Minderjährige aufgrund bestehender Verbindlichkeiten ein Mahnverfahren angestrengt wurde?	9	13	
7) Sind Ihnen aus Ihrer Beratungspraxis Fälle bekannt, in denen gegen Minderjährige aufgrund bestehender Verbindlichkeiten ein Klageverfahren angestrengt wurde?	1	21	
8) Sind Ihnen aus Ihrer Beratungspraxis Fälle bekannt, in denen gegen Minderjährige aufgrund titulierter Forderungen Vollstreckungsversuche unternommen wurden?	3	19	
9) Ist die nach § 1629a BGB bestehende Möglichkeit einer Beschränkung der Minderjährigenhaftung in Ihrer persönlichen Beratungspraxis von Relevanz?	11	9	2
10) Sind Ihnen Fälle bekannt, in denen die Eröffnung eines Verbraucherinsolvenzverfahrens über das Vermögen eines Minderjährigen beantragt wurde?	0	22	

Tabelle 5: Auswertung von 18 Fragebögen aus Trier

	Ja	Nein	Enthaltung / nicht eindeutige Antwort
1) Haben Sie in Ihrer Beratungspraxis bereits Schuldner beraten, welche zum Beratungszeitpunkt noch minderjährig (d.h. unter 18 Jahre alt) waren und Sie ohne Begleitung des gesetzlichen Vertreters (z.B. der Eltern) aufgesucht hatten?	5	13	
2) Haben Sie in Ihrer Beratungspraxis bereits minderjährige Schuldner in Begleitung des gesetzlichen Vertreters (z.B. der Eltern) beraten?	7	11	
3) Haben Sie in Ihrer Beratungspraxis bereits Schuldner beraten, welche zum Beratungszeitpunkt schon volljährig waren, jedoch Schulden hatten, deren Entstehung ausschließlich oder teilweise in die Zeit der Minderjährigkeit des betreffenden Schuldners fiel?	16	2	
4) Sind Ihnen Fälle aus ihrer Beratungspraxis bekannt, bei denen im Rahmen der Beratung von verschuldeten Eltern Schulden auch deren noch minderjährigen Kinder aufgedeckt werden konnten?	15	3	
5) Sind Ihnen aus Ihrer Beratungspraxis insbesondere nachfolgende Fälle bekannt, welche zu einer Inanspruchnahme minderjähriger Personen bzw. bereits volljährig gewordener Personen geführt haben?			
a) Durch Eltern auf den Namen der eigenen Kinder vorgenommene Warenbestellungen im Online- oder Versandhandel	15	3	
b) Durch Minderjährige unter Angabe eines falschen Geburtsdatums vorgenommene Warenbestellungen im Online- oder Versandhandel	7	11	
c) Schulden Minderjähriger bei Mobilfunkanbietern infolge der Nutzung eines eigenen Mobiltelefons	10	8	
d) Schulden Minderjähriger bei Anbietern sog. Mehrwertdienste (z.B. Klingelton-Abonnements)	6	12	
e) Finanzielle Forderungen gegen Minderjährige infolge der Nutzung von Online-Spielen	7	11	
f) Finanzielle Forderungen gegen Minderjährige infolge einer Haftung für illegale Downloads	10	8	
g) „Schwarzfahrten" Minderjähriger mit öffentlichen Verkehrsmitteln	9	9	

	Ja	Nein	Enthaltung / nicht eindeutige Antwort
h) Haftung Minderjähriger als Mitglied einer sozialrechtlichen Bedarfsgemeinschaft für Rückforderungen von Sozialleistungen	16	1	1
i) Haftung Minderjähriger gegenüber gesetzlichen Krankenkassen	3	15	
j) Verpflichtung Minderjähriger zur Zahlung von Schadensersatz oder Schmerzensgeld infolge deliktischen Verhaltens (z.B. Körperverletzungen, Sachbeschädigungen, Brandstiftung, Unfälle im Straßenverkehr)	11	7	
k) Haftung Minderjähriger für Nachlassverbindlichkeiten anlässlich eines Erbfalls	7	11	
6) Sind Ihnen aus Ihrer Beratungspraxis Fälle bekannt, in denen gegen Minderjährige aufgrund bestehender Verbindlichkeiten ein Mahnverfahren angestrengt wurde?	11	7	
7) Sind Ihnen aus Ihrer Beratungspraxis Fälle bekannt, in denen gegen Minderjährige aufgrund bestehender Verbindlichkeiten ein Klageverfahren angestrengt wurde?	4	13	1
8) Sind Ihnen aus Ihrer Beratungspraxis Fälle bekannt, in denen gegen Minderjährige aufgrund titulierter Forderungen Vollstreckungsversuche unternommen wurden?	7	11	
9) Ist die nach § 1629a BGB bestehende Möglichkeit einer Beschränkung der Minderjährigenhaftung in Ihrer persönlichen Beratungspraxis von Relevanz?	11	7	
10) Sind Ihnen Fälle bekannt, in denen die Eröffnung eines Verbraucherinsolvenzverfahrens über das Vermögen eines Minderjährigen beantragt wurde?	1	17	

Literaturverzeichnis

Ahrens, Hans-Jürgen, Existenzvernichtung Jugendlicher durch Deliktshaftung? Zu einer Fehlentscheidung des LG Dessau, VersR 1997, 1064–1066.

Ders., Influencer-Marketing – Regulierungsrahmen und Konsequenzen seiner Anwendung (Teil 1), GRUR 2018, 1211–1218.

Ahrens, Martin/Gehrlein, Markus/Ringstmeier, Andreas (Hrsg.), Insolvenzrecht. Kommentar, 3. Auflage, Köln 2017 (zit. als A/G/R/*Bearbeiter*).

Allmendinger, Jörg, Vertretungsverbot bei Insichgeschäften, Ergänzungspflegschaft und gerichtliche Genehmigung. Rechtsgeschäftlicher Minderjährigenschutz bei Eltern-Kind-Schenkungen, Berlin 2009.

Amend, Anja, Schulden, zeitenblicke 3 (2004), Nr. 3 (13.12.2004), Internetressource, abrufbar unter http://www.zeitenblicke.de/2004/03/amend/index.html, Abrufdatum 27.4.2021.

Andres, Dirk/Leithaus, Rolf, Insolvenzordnung. Kommentar, 4. Auflage, München 2018 (zit. als Andres/Leithaus/*Bearbeiter*).

ASB Schuldnerberatungen GmbH, Schuldenreport 2015, Internetressource, abrufbar unter https://www.schuldenberatung.at/downloads/infodatenbank/schuldenreport/asb_schuldenreport2015_EndV.pdf, Abrufdatum 27.4.2021.

Dies., Schuldenreport 2016, Internetressource, abrufbar unter http://www.schuldenberatung.at/downloads/infodatenbank/schuldenreport/asb_schuldenreport2016_fuerWEB.pdf, Abrufdatum 27.4.2021.

Dies., Schuldenreport 2017, Internetressource, abrufbar unter https://www.schuldenberatung.at/downloads/infodatenbank/schuldenreport/asb_schuldenreport2017.pdf?m=1493021175&, Abrufdatum 27.4.2021.

Dies., Schuldenreport 2018, Internetressource, abrufbar unter https://www.schuldenberatung.at/downloads/infodatenbank/schuldenreport/asb_schuldenreport2018_EndV_web.pdf, Abrufdatum 27.4.2021.

Dies., Schuldenreport 2019, Internetressource, abrufbar unter https://www.schuldenberatung.at/downloads/infodatenbank/schuldenreport/asb_Schuldenreport2019_EndV2.pdf, Abrufdatum 27.4.2021.

Athanasiadis, Marianna, Die Beschränkung der Haftung Minderjähriger. Anwendungsbereich der neuen gesetzlichen Regelung und ihre Auswirkungen auf die Praxis, Frankfurt am Main et al. 2000.

Ballon, Saskia, Die Annahme, Ausschlagung und Erfüllungswirkung von Vermächtnissen bei beschränkt Geschäftsfähigen, Berlin 2018.

Bar, Christian von, Deliktsrecht. Empfiehlt es sich, die Voraussetzungen der Haftung für unerlaubte Handlungen mit Rücksicht auf die gewandelte Rechtswirklichkeit und die Entwicklungen in Rechtsprechung und Lehre neu zu ordnen? Wäre es insbesondere zweckmäßig, die Grundtatbestände der §§ 823 Absätze 1 und 2, § 826 BGB zu erweitern oder zu ergänzen?, in: Bundesminister der Justiz (Hrsg.), Gutachten und Vorschläge zur Überarbeitung des Schuldrechts Band II, Köln 1981, S. 1681–1778 (zit. als *Bar*, Gutachten und Vorschläge zur Überarbeitung des Schuldrechts).

Ders., Gemeineuropäisches Deliktsrecht. Erster Band. Die Kernbereiche des Deliktsrechts, seine Angleichung in Europa und seine Einbettung in die Gesamtrechtsordnungen, München 1996.

Barry, Daniela, Die Einstellung zu Geld bei jungen Erwachsenen. Eine Grundlegung aus wirtschaftspädagogischer Sicht, Wiesbaden 2014.

Barth, Peter/Dokalik, Dietmar/Potyka, Matthias, Das Allgemeine bürgerliche Gesetzbuch samt den wichtigsten Nebengesetzen. Mit der wichtigsten OGH-Judikatur im Überblick sowie weiterführenden Anmerkungen und Verweisungen, 25. Auflage, Wien 2017.

Baumbach, Adolf/Hopt, Klaus, Handelsgesetzbuch mit GmbH & Co., Handelsklauseln, Bank- und Kapitalmarktrecht, Transportrecht (ohne Seerecht), 40. Auflage, München 2021 (zit. als Baumbach/Hopt/*Bearbeiter*).

Baumbach, Adolf/Hueck, Alfred, GmbHG, 22. Auflage, München 2019 (zit. als Baumbach/Hueck/*Bearbeiter*).

Becker, Ulrich/Kingreen, Thorsten (Hrsg.), SGB V – Gesetzliche Krankenversicherung. Kommentar, 7. Auflage, München 2020 (zit. als Becker/Kingreen/*Bearbeiter*).

Beck'scher Online-Kommentar BGB, Bamberger, Georg/Roth, Herbert/Hau, Wolfgang/Poseck, Roman (Hrsg.), 57. Edition, Stand: 1.2.2021, München 2021 (zit. als BeckOK BGB/*Bearbeiter*).

Beck'scher Online-Kommentar InsO mit InsVV, EuInsVO und Spezialthemen, Fridgen, Alexander/Geiwitz, Arndt/Göpfert, Burkard (Hrsg.), 16. Edition, Stand: 15.1.2021, München 2021 (zit. als BeckOK InsO/*Bearbeiter*).

Beck'scher Onlinekommentar JGG, Gertler, Fabian/Kunkel, Volker/Putzke, Holm (Hrsg.), 20. Edition, Stand: 1.2.2021, München 2021 (zit. als BeckOK JGG/*Bearbeiter*).

Beck'scher Online-Kommentar Sozialrecht, Rolfs, Christian/Giesen, Richard/Kreikebohm, Ralf/Udsching, Peter (Hrsg.), 52. Edition, Stand: 1.3.2021, München 2021 (zit. als BeckOK SozR/*Bearbeiter*).

Beck'scher Online-Kommentar Urheberrecht, Ahlberg, Hartwig/Götting, Horst-Peter (Hrsg.), 30. Edition, Stand: 15.1.2021, München 2021 (zit. als BeckOK UrhR/*Bearbeiter*).

Beck'scher Online-Kommentar ZPO, Vorwerk, Volkert/Wolf, Christian (Hrsg.), 40. Edition, Stand: 1.3.2021, München 2021 (zit. als BeckOK ZPO/*Bearbeiter*).

*beck-online.*GROSSKOMMENTAR *BGB*, Gsell, Beate/Krüger, Wolfgang/Lorenz, Stephan/Reymann, Christoph (Hrsg.), München 2021 (zit. als. BeckOGK/*Bearbeiter)*.

Behnke, Thorsten, Das neue Minderjährigenhaftungsbeschränkungsgesetz, NJW 1998, 3078–3083.

Ders., Minderjährige als Gesellschafter. Minderjährigenhaftungsbeschränkungsgesetz und Beratungspraxis, NZG 1999, 244–246.

Beitzke, Günther, Mündigkeit und Minderjährigenschutz, AcP 172 (1972), 240–265.

Bernau, Falk, Versicherungspflicht für das Schadensrisiko Kind?, VersR 2005, 1346–1352.

Ders., Die Haftung von Aufsichtspflichtigen aus § 832 BGB. Eine Übersicht der aktuellen Rechtsprechung, FamRZ 2017, 166–171.

Berning, Detlev/Vortmann, Jürgen, Haftungsfragen bei von Kindern verursachten Schäden unter besonderer Berücksichtigung der Brandstiftung, JA 1986, 12–20.

Berz, Ulrich (Begr.)/*Burmann, Michael/Heß, Rainer* (Hrsg.), Handbuch des Straßenverkehrsrechts, Band 1: Zivilrecht, 42. Ergänzungslieferung, München 2020 (zit. als Berz/Burmann/*Bearbeiter*).

Binninger, Thomas, Minderjährigenhaftungsbeschränkung und erbrechtliche Haftungsbeschränkung, Hamburg 2008.

Birr, Christiane, Die Haftung Minderjähriger im Zivilrecht. Deliktshaftung – Gefährdungshaftung – Aufsichtspflichten, Berlin 2005.

Bisges, Marcel, Schlumpfbeeren für 3000 Euro – Rechtliche Aspekte von In-App-Verkäufen an Kinder, NJW 2014, 183–186.

Bittner, Claudia, Die Einrede der beschränkten Haftung auf das Volljährigkeitsvermögen aus § 1629a BGB, FamRZ 2000, 325–334.

Blank, Hubert/Börstinghaus, Ulf, Miete. Das gesamte BGB-Mietrecht. Kommentar, 6. Auflage, München 2020 (zit. als Blank/Börstinghaus/*Bearbeiter*).

Böhm, Fabian, Haftung von Eisenbahnunternehmen. Nationale Haftungsgrundlagen und Konventionsrecht, Hamburg 2008.

Bongartz, Josef, Zur gebotenen rechtlichen Behandlung von Ehen unter Beteiligung Minderjähriger, NZFam 2017, 541–546.

Borgelt, Rainer, Das Kind im Deliktsrecht. Zur Bedeutung der individuellen Reife für persönliche Haftung und Mitverschulden, Regensburg 1995.

Bork, Reinhard, Das Kind als Schuldner, in: Bork, Reinhard/Repgen, Tilman (Hrsg.), Das Kind im Recht, Berlin 2009, S. 85–104 (zit. als *Bork*, Kind im Recht).

Ders., Allgemeiner Teil des Bürgerlichen Gesetzbuchs, 4. Auflage, Tübingen 2016.

Borsch, Uwe, Der angemaßte Influencer – Markenpiraterie 2.0. Aspekte und Möglichkeiten der Abwehr aufgezwungener Werbung, MMR 2018, 127–129.

Bräutigam, Peter/Rücker, Daniel (Hrsg.), E-Commerce. Rechtshandbuch, München 2017 (zit. als Bräutigam/Rücker/*Bearbeiter*).

Brauer, Markus/Roßmann, Markus, § 1629a BGB – eine Fallstudie. Darstellung einer neuen Dimension des Minderjährigenschutzes im BGB, JA 2001, 381–386.

Braun, Andrea/Lanzen, Vera/Schweppe, Cornelia, Junge Menschen, Geld, Schulden, APuZ 2016, 36–41.

Braun, Eberhard (Hrsg.), Insolvenzordnung. InsO mit EuInsVO (Neufassung). Kommentar, 8. Auflage, München 2020 (zit. als Braun/*Bearbeiter*).

Breitschmid, Peter/Jungo, Alexandra (Hrsg.), Handkommentar zum Schweizer Privatrecht, Band 1: Art. 1–456 ZGB, Personen- und Familienrecht, Partnerschaftsgesetz, 3. Auflage, Zürich 2016 (zit. als Breitschmid/Jungo/*Bearbeiter*).

Brunckhorst, Andreas/Sterzinger, Christian, Ertragsteuerliche Beurteilung von Bloggern, Podcastern und YouTubern, DStR 2018, 1689–1694.

Buchwitz, Wolfram, Onlinespiele, Mehrwertdienste und Minderjährige, VuR 2010, 378–381.

Busch, Nicola, Der Reifegrad Minderjähriger als Maßstab im Zivilrecht, München 2001.

Bydlinski, Peter, Der sogenannte „Mißbrauch“ unbeschränkbarer Vertretungsmacht, in: Koziol, Helmut/Rummel, Peter (Hrsg.), Im Dienste der Gerechtigkeit. Festschrift für Franz Bydlinski, Wien 2002, S. 19–45 (zit. als *Bydlinski*, FS Bydlinski).

Canaris, Claus-Wilhelm, Grundrechte und Privatrecht, AcP 184 (1984), 201–246.

Ders., Verstöße gegen das verfassungsrechtliche Übermaßverbot im Recht der Geschäftsfähigkeit und im Schadensersatzrecht, JZ 1987, 993–1004.

Ders., Zur Problematik von Privatrecht und verfassungsrechtlichem Übermaßverbot. Ein Schlußwort zu den vorstehend abgedruckten Erwiderungen von Ramm und Wieser, JZ 1988, 494–499.

Ders., Grundrechtswirkungen und Verhältnismäßigkeitsprinzip in der richterlichen Anwendung und Fortbildung des Privatrechts, JuS 1989, 161–172.

Ders., Die Verfassungswidrigkeit von § 828 II BGB als Ausschnitt aus einem größeren Problemfeld. Zugleich eine Besprechung des Vorlagebeschlusses des OLG Celle vom 26.5.1989, JZ 1990, 679–681.

Carlé, Thomas, Der Minderjährige als Erbe eines Komplementärs. Problemaufriss und Gestaltungsempfehlung, ErbStB 2009, 195–197.

Christmann, Günter, Die Zustellung an Minderjährige, DGVZ 1994, 65–68.

Christmann, Verena, Die Geltendmachung der Haftungsbeschränkung zugunsten Minderjähriger. Weitere Anwendungsfälle des § 1629a, ZEV 2000, 45–49.

Coester, Michael, Die beschränkbare Haftung von Minderjährigen – schuldrechtliche Risiken und Nebenwirkungen, in: Mansel, Heinz-Peter/Rauscher, Thomas (Hrsg.), Festschrift für Werner Lorenz zum 80. Geburtstag, München 2001, S. 113–130 (zit. als *Coester*, FS Lorenz).

Creditreform Wirtschaftsforschung, SchuldnerAtlas Deutschland. Überschuldung von Verbrauchern 2018, Internetressource, abrufbar unter https://www.creditreform.de/fileadmin/user_upload/central_files/News/News_Wirtschaftsforschung/2018/Analyse-SchuldnerAtlas-Deutschland 2018.pdf, Abrufdatum 27.4.2021.

Damrau, Jürgen, Der Minderjährige im Erbrecht. Eine Skizze, 3. Auflage, Bonn 2019.

Dauner, Iris, Brandstiftung durch Kinder. Kriminologische, kinderpsychiatrische und rechtliche Aspekte, Bern/Stuttgart/Wien 1980.

Dehesselles, Thomas/Hertl, Thomas, Sponsoring – Rechtliche und steuerliche Grundlagen, in: Galli, Albert/Elter, Vera-Carina et al. (Hrsg.), Sportmanagement, 2. Auflage, München 2012, S. 481–493 (zit. als *Dehesselles/Hertl*, Sportmanagement).

Derleder, Peter/Thielbar, Carsten, Handys, Klingeltöne und Minderjährigenschutz, NJW 2006, 3233–3239.

Dethloff, Nina, Familienrecht. Ein Studienbuch, 32. Auflage, München 2018.

Deutsch, Erwin, Zurechnungsfähigkeit und Verschulden. Ein Beitrag zum Anwendungsbereich des § 839 BGB, JZ 1964, 86–91.

Ders., Allgemeines Haftungsrecht, 2. Auflage, Köln/Berlin et al. 1996.

Ders., Ungerechtfertigkeit, Unerlaubtheit und Rechtswidrigkeit. Eine funktionale Untersuchung der §§ 812 ff. und der §§ 823 ff. BGB, in: Beuthien, Volker/Fuchs, Maximilian et al. (Hrsg.), Perspektiven des Privatrechts am Anfang des 21. Jahrhunderts. Festschrift für Dieter Medicus zum 80. Geburtstag am 9. Mai 2009, Köln 2009, S. 55–65 (zit. als *Deutsch*, FS Medicus).

Dieckmann, Johann/Schneider, Sven, Zivilrechtliche Ansprüche gegen Minderjährige bei Beförderungserschleichung im System der Rechtsordnung, ZfJ 2002, 161–168.

Diegmann, Heinz/Kuntz, Wolfgang, Praxisfragen bei Onlinespielen, NJW 2010, 561–566.

DIJuF, Rechtsgutachten vom 29.1.2007 – ES 4.100 An, JAmt 2007, 81–84.

DIJuF, Rechtsgutachten vom 25.4.2008 – ES 4.100 An, JAmt 2009, 33–34.

DIJuF, Rechtsgutachten vom 20.5.2015 – V 2.400/V 2.500 Ho, JAmt 2015, 262–264.

DIJuF, Rechtsgutachten vom 18.1.2016 – V 2.400/V 2.500 Ho, JAmt 2016, 209–211.

DIJuF, Themengutachten, DIJuF-Rechtsgutachten, 1. Auflage, Edition 14 2019.

Dittenberger, Heinrich, Der Schutz des Kindes gegen die Folgen eigener Handlungen im Bürgerlichen Gesetzbuch für das Deutsche Reich, Berlin 1903.

Döll, Yves, Schutz vor Sexting – Aber wie?, FamRZ 2017, 1728–1730.

Dölle, Hans, Empfiehlt es sich, im Zusammenhang mit der kommenden Strafrechtsreform die Vorschriften des bürgerlichen Rechtes über Schuldfähigkeit, Schuld und Ausschluss der Rechtswidrigkeit zu ändern? Gutachten für den 34. Deutschen Juristentag, in: Schriftführer-Amt der Ständigen Deputation des Deutschen Juristentages (Hrsg.), Verhandlungen des Vierunddreißigsten Deutschen Juristentages zu Köln vom 12. bis 15. September 1926, Band I (Gutachten), Berlin/Leipzig 1926, S. 98–178 (zit. als *Dölle*, Verhandlungen des 34. Deutschen Juristentages, Band I).

Ders., Familienrecht. Darstellung des deutschen Familienrechts mit rechtsvergleichenden Hinweisen – Band II, Karlsruhe 1965.

Dreier, Thomas/Schulze, Gernot, Urheberrechtsgesetz. Kommentar, 6. Auflage, München 2018 (zit. als Dreier/Schulze/*Bearbeiter*).

Duden. Deutsches Universalwörterbuch. Das umfassende Bedeutungswörterbuch der deutschen Gegenwartsprache, Scholze-Stubenrecht, Werner (Hrsg.), 8. Auflage, Berlin 2015 (zit. als Duden).

Duisberg, Alexander/Picot, Henriette (Hrsg.), Recht der Computer- und Videospiele. The Law of Video and Computer Games, Berlin 2013 (zit. als Duisberg/Picot/*Bearbeiter*).

Ebert, Ina, Pönale Elemente im deutschen Privatrecht. Von der Renaissance der Privatstrafe im deutschen Recht, Tübingen 2004.

Eccher, Bernhard/Schurr, Francesco/Christandl, Gregor, Handbuch Italienisches Zivilrecht, Wien 2009 (zit. als Eccher/Schurr/Christandl/*Bearbeiter*).

Eckardt, Diederich, Vorsicht – Kinder haften für ihre Eltern! Zum 10. Geburtstag des „Minderjährigenhaftungsbeschränkungsgesetzes", ZJS 2008, 444–455.

Eckebrecht, Marc, Praktische Folgen des Minderjährigenhaftungsbeschränkungsgesetzes, MDR 1999, 1248–1252.

Egger, August, Missbrauch der Vertretungsmacht, in: Juristische Fakultät der Universität Basel (Hrsg.), Beiträge zum Handelsrecht: Festgabe zum siebzigsten Geburtstage von Carl Wieland, Basel 1934, S. 47–65 (zit. als *Egger*, Festgabe Carl Wieland).

Eichenhofer, Eberhard, Sozialrecht, 11. Auflage, Tübingen 2019.

Eicher, Wolfgang/Luik, Steffen (Hrsg.), SGB II – Grundsicherung für Arbeitssuchende. Kommentar, 4. Auflage 2017 (zit. als Eicher/Luik/*Bearbeiter*).

Ell, Ernst, Kinder als Täter, ZfJ 1992, 632–636.

Enneccerus, Ludwig/Kipp, Theodor/Wolff, Martin, Lehrbuch des bürgerlichen Rechts. Erster Band, erste Abteilung: Einleitung, Allgemeiner Teil, Elfte Bearbeitung, Marburg 1926.

Erfurter Kommentar zum Arbeitsrecht, Müller-Glöge, Rudi/Preis, Ulrich/Schmidt, Ingrid (Hrsg.), 21. Auflage, München 2021 (zit. als. ErfK/*Bearbeiter*).

Erkeling, Sabrina, Minderjährige als Vertragspartner eines Online-Game-Nutzungsvertrags, in: Taeger, Jürgen (Hrsg.), Smart World – Smart Law? Weltweite Netze mit regionaler Regulierung. Tagungsband Herbstakademie 2016, Edewecht 2016, S. 785–801 (zit. als *Erkeling*, Smart World – Smart Law?).

Erman, Walter (Begr.)/*Westermann, Harm Peter/Grunewald, Barbara/Maier-Reimer, Georg* (Hrsg.), Erman BGB, 16. Auflage, Köln 2020 (zit. als Erman/*Bearbeiter*).

European Group on Tort Law, Principles of European Tort Law. Text and Commentary, Wien 2005.

Festl, Ruth, Täter im Internet. Eine Analyse individueller und struktureller Erklärungsfaktoren von Cybermobbing im Schulkontext, Wiesbaden 2015.

Fielenbach, Martin, Können Minderjährige aus zivilrechtlicher Sicht bedenkenlos schwarzfahren?, NZV 2000, 358–362.

Filthaut, Werner (Begr.)/*Piontek, Sascha/Kayser, Alke*, Haftpflichtgesetz. Kommentar zum Haftpflichtgesetz und zu den konkurrierenden Vorschriften anderer Haftungsgesetze, 10. Auflage, München 2019 (zit. als Filthaut/*Bearbeiter*).

Finke, Tilman, Die Minderung der Schadensersatzpflicht in Europa: zu den Chancen für die Aufnahme einer allgemeinen Reduktionsklausel in ein europäisches Schadensrecht, Göttingen 2006.

Fischer, Georg, Die Haftung des minderjährigen Schwarzfahrers gegenüber der Eisenbahn, TranspR 1992, 7–11.

Fischinger, Philipp, Haftungsbeschränkung im Bürgerlichen Recht, Tübingen 2015.

FK-InsO – Frankfurter Kommentar zur Insolvenzordnung mit EuInsVO, InsVV und weiteren Nebengesetzen, Wimmer, Klaus (Hrsg.), 8. Auflage, München 2015 (zit. als FK-InsO/*Bearbeiter*).

FK-InsO – Frankfurter Kommentar zur Insolvenzordnung mit EuInsVO, InsVV und weiteren Nebengesetzen, Wimmer, Klaus (Hrsg.), 9. Auflage, München 2018 (zit. als FK-InsO/*Bearbeiter*).

Fleischer, Holger, Ruinöse Managerhaftung: Reaktionsmöglichkeiten de lege lata und de lege ferenda, ZIP 2014, 1305–1316.

Flume, Johannes, Der minderjährige Gesellschafter. Ein Beitrag zur Zusammenführung von Beschlussdogmatik und Minderjährigenrecht, NZG 2014, 17–22.

Fomferek, André, Minderjährige „Superstars" – Die Probleme des § 1822 Nr. 5 BGB, NJW 2004, 410–412.

Fröhler, Oliver, Erbausschlagungen von Eltern für ihr minderjähriges Kind, BWNotZ 2013, 88–90.

Frotz, Gerhard, Verkehrsschutz im Vertretungsrecht. Zugleich ein Beitrag zur sozialen Verantwortung als Korrelat privatautonomer Gestaltungsfreiheit, Frankfurt am Main 1972.

Fuchs, Thomas/Hahn, Caroline, Was sind die medienrechtlichen Rahmenbedingungen des Influencer Marketings? Kennzeichnung, Jugendschutz und Aufsicht, in: Jahnke, Marlis (Hrsg.), Influencer Marketing. Für Unternehmen und Influencer: Strategien, Plattformen, Instrumente, rechtlicher Rahmen. Mit vielen Beispielen, Berlin 2018, S. 161–175 (zit. als *Fuchs/Hahn*, Influencer Marketing).

Gabanyi, Annamaria/Hemedinger, Fritz/Lehner, Markus, Jugendverschuldung. Analyse und Präventionsansätze, Linz 2007.

Geigel, Reinhart/Haag, Kurt (Hrsg.), Der Haftpflichtprozess: mit Einschluss des materiellen Haftpflichtrechts, 28. Auflage, München 2020 (zit. als Geigel/*Bearbeiter*).

Geilen, Gerd, Strafrechtliches Verschulden im Zivilrecht?, JZ 1964, 6–13.

Ders., Beschränkte Deliktsfähigkeit, Verschulden und Billigkeitshaftung (§ 829 BGB), FamRZ 1965, 401–408.

Geißler, Markus, Die gegen die Restschuldbefreiung resistenten Vermögensansprüche der Insolvenzgläubiger, ZInsO 2018, 1701–1710.

Gerecke, Martin, Kennzeichnung von werblichen Beiträgen im Online-Marketing, GRUR 2018, 153–159.

Gernhuber, Joachim, Elterliche Gewalt heute. Eine grundsätzliche Betrachtung, FamRZ 1962, 89–96.

Ders., Lehrbuch des Familienrechts, 3. Auflage, München 1980.

Gernhuber, Joachim/Coester-Waltjen, Dagmar, Lehrbuch des Familienrechts, 4. Auflage, München 1994 (zit. als *Gernhuber/Coester-Waltjen*, Familienrecht, 4. Auflage 1994).

Dies., Familienrecht, 7. Auflage, München 2020 (zit. als *Gernhuber/Coester-Waltjen*, Familienrecht).

Giebel, Christoph, Zivilrechtlicher Rechtsschutz gegen Cybermobbing in sozialen Netzwerken, NJW 2017, 977–983.

Gierke, Otto von, Der Entwurf eines Bürgerlichen Gesetzbuchs und das Deutsche Recht, Nachdruck der Ausgabe Leipzig, Duncker und Humblot, 1889, Goldbach 1997.

Giers, Michael, Die Vollstreckung aus Titeln gegen Minderjährige, DGVZ 2008, 145–148.

Glöckner, Hans-Peter, Die Haftung des Minderjährigen. Von § 1629a BGB zu einer Gesamtregelung der Minderjährigenhaftung, FamRZ 2000, 1397–1405.

Goecke, Klaus, Die unbegrenzte Haftung Minderjähriger im Deliktsrecht. Bewertung, Änderungsmöglichkeiten und Änderungsvorschlag auf der Grundlage einer rechtsvergleichenden Untersuchung, Berlin 1997.

Ders., Unbegrenzte Haftung Minderjähriger?, NJW 1999, 2305–2310.

Gottwald, Peter/Haas, Ulrich (Hrsg.), Insolvenzrechts-Handbuch, 6. Auflage, München 2020 (zit. als Gottwald/Haas/*Bearbeiter*).

Götz, Isabell, Digital Natives im Familienrecht, FamRZ 2017, 1725–1728.

Dies., Kinderzimmer 4.0 – Ausverkauf der Kindheit?, FamRZ 2019, 573–575.

Gounalakis, Georgios, Geldentschädigung bei zu eigen gemachten ehrverletzenden Äußerungen Dritter im Internet, NJW 2014, 2000–2003.

Graf-Schlicker, Marie Luise (Hrsg.), InsO. Kommentar zur Insolvenzordnung, 5. Auflage, Köln 2019 (zit. als Graf-Schlicker/*Bearbeiter*).

Griem, Sabine, Gesetzliche Vertretung und Überschuldungsschutz Minderjähriger. Eine rechtsgeschichtliche und zivilrechtliche Untersuchung zu dem Beschluss des Bundesverfassungsgerichts vom 13. Mai 1986, Marburg 1996.

Griss, Irmgard, Der Entwurf eines neuen österreichischen Schadensersatzrechts, JBl 2005, 273–288.

Grunewald, Barbara, Haftungsbeschränkungs- und Kündigungsmöglichkeiten für volljährig gewordene Personengesellschafter, ZIP 1999, 597–600.

Günter, Michael, Strafrechtliche Begutachtung von Jugendlichen und Heranwachsenden, in: Dreßing, Harald/Habermeyer, Elmar (Hrsg.), Psychiatrische Begutachtung. Ein praktisches Handbuch für Ärzte und Juristen, 6. Auflage, München 2015, S. 579–605 (zit. als *Günter*, Psychiatrische Begutachtung).

Habersack, Mathias, Das neue Gesetz zur Beschränkung der Haftung Minderjähriger, FamRZ 1999, 1–7.

Habersack, Mathias/Schneider, Patrick, Haftungsbeschränkung zugunsten Minderjähriger – aber wie? Überlegungen zum Regierungsentwurf eines Gesetzes zur Beschränkung der Haftung Minderjähriger, FamRZ 1997, 649–656.

Haberstroh, Dieter, Haftungsrisiko Kind – Eigenhaftung des Kindes und elterliche Aufsichtspflicht, VersR 2000, 806–815.

Hackenbroich, Benedikt, Das Wirksamwerden von Willenserklärungen im System des Schutzes nicht voll Geschäftsfähiger, Jura 2019, 136–142.

Hager, Johannes, Grundrechte im Privatrecht, JZ 1994, 373–383.

Handbuch des Fachanwalts Familienrecht, Gerhardt, Peter/Heintschel-Heinegg, Bernd von/Klein, Michael (Hrsg.), 11. Auflage, Köln 2018 (zit. als FA-FamR/*Bearbeiter*).

Harder, Manfred, Minderjährige Schwarzfahrer, NJW 1990, 857–864.

Heck, Philipp, Grundriß des Schuldrechts, 3. Neudruck der Ausg. Tübingen 1929, Aalen 1994.

Heckmann, Dirk/Paschke, Anne, Persönlichkeitsrechtsschutz im Internet, DRiZ 2018, 144–147.

Heinz, Karl Eckhart, Familiengrundrecht und staatliches Wächteramt. „Homeschooling“ vor dem BVerfG, FuR 2016, 328–331.

Henning-Bodewig, Frauke, Influencer-Marketing – der „Wilde Westen des Werbens“?, WRP 2017, 1415–1421.

Henssler, Martin/Strohn, Lutz (Hrsg.), Gesellschaftsrecht, 5. Auflage, München 2021 (zit. als Henssler/Strohn/*Bearbeiter*).

Hermes, Kai, Games: Aktuelle Rechtsfragen zum Handel mit virtuellen Gegenständen, GRUR-Prax 2013, 400–402.

Hertwig, Stefan, Verfassungsrechtliche Determinanten des Minderjährigenschutzes. Zugleich eine Besprechung der Entscheidung des BVerfG vom 13.5.1986 – 1 BvR 1542/84, FamRZ 1986, 769 ff, FamRZ 1987, 124–130.

Hesse-Schmitz, Katrin, Versicherungsrecht in der Wirtschaftspraxis: Die Haftung von Minderjährigen nach § 828 Abs. 2 BGB, in: Kokemoor, Axel/Kroeschell, Karl/Slapnicar, Klaus/Wedde, Rainer (Hrsg.), Recht im Dialog. Gedächtnisschrift für Rainer Wörlen, Baden-Baden 2013, S. 235–249 (zit. als *Hesse-Schmitz*, GS Wörlen).

Hien, Moritz, Was bedeuten Schulden? – Explikation zu einem Grundbegriff von Schuld- und Insolvenzrecht, JA 2019, 481–486.

Hilgert, Felix/Eickhoff, Vera, Jugendschutz im eSport. Rechtsfragen und Regelungen für minderjährige Spieler und Zuschauer bei eSport-Veranstaltungen, MMR-Beil. 2018, 16–20.

Himmelsbach, Gero, Zu jung, um Verantwortung zu tragen? Gesetzliche Altersgrenzen als Mittel des Jugendschutzes, BuE 54 (2001), 255–273.

Hippel, Eike von, Nochmals: Existenzvernichtung Jugendlicher durch Deliktshaftung?, VersR 1998, 26–27.

Ders., Ruinöse Haftung von Eltern und Minderjährigen?, FamRZ 2001, 748.

Hippel, Uta, Jugendverschuldung: Zum Einfluss der Strukturkategorie Geschlecht auf Verschuldungsverhalten, den Umgang mit Geld und Wissen um Kredite und ihre Kosten, Paderborn 2011.

Hoeren, Thomas/Sieber, Ulrich/Holznagel, Bernd (Hrsg.), Handbuch Multimedia-Recht. Rechtsfragen des elektronischen Geschäftsverkehrs, 54. Ergänzungslieferung, München 2020 (zit. als Hoeren/Sieber/Holznagel/*Bearbeiter*).

Hohloch, Gerhard, Allgemeines Schuldrecht. Empfiehlt sich eine Neufassung der gesetzlichen Regelung des Schadensrechts (§§ 249–255 BGB)?, in: Bundesminister der Justiz (Hrsg.), Gutachten und Vorschläge zur Überarbeitung des Schuldrechts Band I, Köln 1981, S. 375–478 (zit. als *Hohloch*, Gutachten und Vorschläge zur Überarbeitung des Schuldrechts).

Hommers, Wilfried, Die Entwicklungspsychologie der Delikts- und Geschäftsfähigkeit. Ein exemplarischer Beitrag zur Validität der zivilrechtlichen Altersgrenze des vollendeten siebenten Lebensjahres, Göttingen et al. 1983.

Hopf, Gerhard, Das Reformvorhaben, in: Griss, Irmgard/Kathrein, Georg/Koziol, Helmut (Hrsg.), Entwurf eines neuen österreichischen Schadenersatzrechts, Wien/New York 2006, S. 17–21 (zit. als *Hopf*, Entwurf eines neuen österreichischen Schadenersatzrechts).

Huber, Christian, Reform des österreichischen Schadenersatzrechts. Blickwinkel des deutschen Rechts, Umfang des Ersatzes und Nebengesetze, in: Reischauer, Rudolf/Spielbüchler, Karl/Welser, Rudolf (Hrsg.), Reform des Schadenersatzrechts Band II. Zum Entwurf einer Arbeitsgruppe, Wien 2006, S. 83–106 (zit. als *Huber*, Reform des Schadenersatzrechts Band II).

Hüffer, Uwe, Die Fortführung des Handelsgeschäfts in ungeteilter Erbengemeinschaft und das Problem des Minderjährigenschutzes. Überlegungen zu den Entscheidungen BGHZ 92, 259 und BVerfG WM 1986, 828, ZGR 1986, 603–655.

Hufen, Friedhelm, Staatsrecht II. Grundrechte, 8. Auflage, München 2020.

Ivo, Malte, Familiengerichtliche Genehmigungen im Gesellschaftsrecht – Ein aktueller Überblick, in: Amend-Traut, Anja (Hrsg.), 2018: Familie und Recht. Symposium des Instituts für Notarrecht an der Universität Würzburg 2018, Bonn 2018, S. 79–105 (zit. als *Ivo*, 2018: Familie und Recht).

Janković, Aleksandra, Vererben an Minderjährige unter Ausschluss der gesetzlichen Vertretung. Gestaltungsmöglichkeiten aus dem Familien-, Erb- und Stiftungsrecht, Hamburg 2018.

Jaquemoth, Bernd, Brauchen Jugendliche ein spezielles Insolvenzrecht?, ZVI 2011, 141–145.

Jauernig, Othmar (Begr.)/*Stürner, Rolf* (Hrsg.), Bürgerliches Gesetzbuch mit Rom-I-, Rom-II-VO, Rom-III-VO, EG-UnthVO/HUntProtJa und EuErbVO. Kommentar, 18. Auflage, München 2021 (zit. als Jauernig/*Bearbeiter*).

Jordans, Roman, Vermögenssorge für minderjährige Kinder unter besonderer Berücksichtigung des Erbfalls, MDR 2014, 379–382.

Joussen, Jacob, Die erbrechtliche Anfechtung durch Minderjährige, ZEV 2003, 181–185.

Jud, Brigitta, Integration der Haftpflichtsondergesetze in das österreichische Schadenersatzrecht?, in: Reischauer, Rudolf/Spielbüchler, Karl/Welser, Rudolf (Hrsg.), Reform des Schadenersatzrechts Band II. Zum Entwurf einer Arbeitsgruppe, Wien 2006, S. 169–184 (zit. als *Jud*, Reform des Schadenersatzrechts Band II).

juris Praxiskommentar BGB, Herberger, Maximilian/Martinek, Michael/Rüßmann, Helmut/Weth, Stephan (Hrsg.), 9. Auflage, Saarbrücken 2020 (zit. als jurisPK-BGB/*Bearbeiter*).

juris Praxiskommentar Internetrecht – Telemediengesetz, E-Commerce, E-Government, Heckmann, Dirk (Hrsg.), 6. Auflage, Saarbrücken 2019 (zit. als juris PK-Internetrecht/*Bearbeiter*).

Jülicher, Tim, Cybermobbing in der Schule, NJW 2019, 2801–2805.

Käppler, Renate, Familiäre Bedarfsdeckung im Spannungsfeld von Schlüsselgewalt und Güterstand, AcP 179 (1979), 245–288.

Karner, Ernst, Geldersatz für ideelle Schäden, Minderung der Ersatzpflicht, Beweislast, Verjährung, in: Griss, Irmgard/Kathrein, Georg/Koziol, Helmut (Hrsg.), Entwurf eines neuen österreichischen Schadenersatzrechts, Wien/New York 2006, S. 83–93 (zit. als *Karner*, Entwurf eines neuen österreichischen Schadenersatzrechts).

Kasseler Kommentar Sozialversicherungsrecht, Körner, Anne/Leitherer, Stephan/Mutschler, Bernd/Rolfs, Christian (Hrsg.), 112. Ergänzungslieferung, München 2020 (zit. als KassKomm/*Bearbeiter*).

Kathrein, Georg, Zur Reform des Schadensersatzrechts – Eine Skizze aus dem Schattenreich, in: Bundesministerium für Justiz (Hrsg.), 200 Jahre ABGB. RichterInnenwoche 2011 in Lochau 16.–20. Mai 2011, Wien/Graz 2012, S. 237–256 (zit. als *Kathrein*, 200 Jahre ABGB).

Kayser, Godehard/Thole, Christoph (Hrsg.), Insolvenzordnung, 10. Auflage, Heidelberg 2020 (zit. als Kayser/Thole/*Bearbeiter*).

Keitel, Ines, Der Minderjährige als strukturell Unterlegener. Eine exemplarische Untersuchung des Minderjährigenschutzes im Einheitsgefüge der Privatrechtsordnung, Saarbrücken 2014.

Kellner, Martin, Die Beschränkung der Minderjährigenhaftung im SGB II, VR 2018, 253–257.

Ders., Offene Fragen des Minderjährigenschutzes im SGB II, NZS 2018, 684–687.

Ders., Anmerkung zu BSG, Urt. v. 28.11.2018 – B 4 AS 43/17 R, NJW 2019, 1703–1704.

Kieninger, Eva-Maria, Kodifikationsidee und Europäisches Privatrecht, RW 2012, 406–431.

Kilian, Matthias, Die deliktische Verantwortlichkeit Minderjähriger nach § 828 BGB n.F., ZGS 2003, 168–173.

Kindl, Johann/Meller-Hannich, Caroline (Hrsg.), Gesamtes Recht der Zwangsvollstreckung. ZPO, ZVG, Nebengesetze, Europäische Regelungen, Kosten. Handkommentar, 4. Auflage, Baden-Baden 2021 (zit. als Kindl/Meller-Hannich/*Bearbeiter*).

Klees, Andreas, Der Erwerb von Handyklingeltönen durch Minderjährige. Eine Untersuchung der Vertragsverhältnisse und Vergütungsansprüche, CR 2005, 626–632.

Klumpp, Hans-Hermann, Beschränkung der Minderjährigenhaftung – ein überfälliges Gesetz, ZEV 1998, 409–415.

Klüsener, Bernd, Das neue Minderjährigenhaftungsbeschränkungsgesetz, Rpfleger 1999, 55–59.

Knickrehm, Sabine/Kreikebohm, Ralf/Waltermann, Raimund (Hrsg.), Kommentar zum Sozialrecht. VO (EG) 883/2004, SGB I bis SGB XII, SGG, BEEG, Kindergeldrecht (EStG), UnterhaltsvorschussG, 6. Auflage 2019 (zit. als Knickrehm/Kreikebohm/Waltermann/*Bearbeiter*).

Knothe, Hans-Georg, Die Geschäftsfähigkeit der Minderjährigen in geschichtlicher Entwicklung, Frankfurt am Main 1983.

Koch, Bernhard, Die österreichische Schadenersatzreform im europäischen Kontext. Nationale und internationale Entwürfe im Vergleich, in: Apathy, Peter/Bollenberger, Raimund et al. (Hrsg.), Festschrift für Helmut Koziol zum 70. Geburstag, Wien 2010, S. 721–741 (zit. als *Koch*, FS Koziol).

Koch, Frank, Schutz der Persönlichkeitsrechte im Internet: Problemlage. Grundlagen des Persönlichkeitsrechts und allgemeine Gefährdungen im Internet, ITRB 2011, 128–133.

Koebel, Ulrich, Billigkeitshaftung von Kindern und Jugendlichen, NJW 1956, 969–972.

Köhler, Helmut, BGB, Allgemeiner Teil: Ein Studienbuch, 43. Auflage, München 2019.

Köhler, Helmut/Bornkamm, Joachim/Feddersen, Jörn, Gesetz gegen den unlauteren Wettbewerb mit PAngV, UKlaG, DL-InfoV, 39. Auflage, München 2021 (zit. als Köhler/Bornkamm/Feddersen/*Bearbeiter*).

Kölmel, Dominik, Der Minderjährige in der notariellen Praxis – unentgeltlicher Erwerb von Grundstücken, RNotZ 2010, 618–641.

Kolbe, Sebastian, Deliktische Forderungen und Restschuldbefreiung, Baden-Baden 2009.

Konrad, Kerstin/Fink, Gereon, Entwicklung von Wahrnehmungs- und Aufmerksamkeitsprozessen, in: Herpertz-Dahlmann, Beate/Resch, Franz et al. (Hrsg.), Enwicklungspsychiatrie. Biopsychologische Grundlagen und die Entwicklung psychischer Störungen, 2. Auflage, Stuttgart/New York 2008, S. 161–174 (zit. als *Konrad/Fink*, Entwicklungspsychiatrie).

Korczak, Dieter, Definitionen der Verschuldung und Überschuldung im europäischen Raum. Literaturrecherche im Auftrag des Bundesministeriums für Familie, 2003, Internetressource, abrufbar unter http://www.schuldenberatung.at/downloads/infodatenbank/statistiken-daten/literaturstudie_verschuldung_korczak.pdf, Abrufdatum 27.4.2021.

Koziol, Helmut, Schadensersatzreform: Der Gegenentwurf eines Arbeitskreises, JBl 2008, 348–358.

Ders., Grundfragen des Schadenersatzrechts, Wien 2010.

Ders., Gedanken zur österreichischen Schadenersatzreform, in: Bundesministerium für Justiz (Hrsg.), 200 Jahre ABGB. RichterInnenwoche 2011 in Lochau 16.–20. Mai 2011, Wien/Graz 2012, S. 307–333 (zit. als *Koziol*, 200 Jahre ABGB).

Ders., Comparative Stimulations for Developing Tort Law. Compensation for Personal Injuries; All-or-Nothing Rule; Liability of Children and the Notion of Fault; Liability for Agents; Lawful Alternative Conduct; Finding of a Violation, Wien 2015.

Ders., Harmonisation and Fundamental Questions of European Tort Law, Wien 2017.

Krasemann, Henry, Onlinespielrecht – Spielwiese für Juristen, MMR 2006, 351–357.

Krause, Rüdiger, Haftungsbegrenzung kraft Verfassungsrechts?, JR 1994, 494–499.

Krauskopf, Dieter (Begr.)/*Wagner, Regine/Knittel, Stefan* (Hrsg.), Soziale Krankenversicherung, Pflegeversicherung, Band 1: SGB I, SGB IV, SGB V §§ 1 bis 68, 109. Ergänzungslieferung, München 2020 (zit. als. Krauskopf/*Bearbeiter*).

Krauss, Stefan, Schuldenhaftung bei gesetzlicher Vertretung, Frankfurt am Main et al. 1992.

Kreikebohm, Ralf (Hrsg.), SGB IV. Sozialgesetzbuch. Gemeinsame Vorschriften für die Sozialversicherung. Kommentar, 3. Auflage, München 2018 (zit. als Kreikebohm/*Bearbeiter*).

Krüger, Hildegard/Breetzke, Ernst/Nowack, Kuno, Gleichberechtigungsgesetz. Kommentar, München/Berlin 1958 (zit. als Krüger/Breetzke/Nowack/*Bearbeiter*).

Kühl, Kristian/Heger, Martin (Hrsg.), Strafgesetzbuch. Kommentar, 29. Auflage, München 2018 (zit. als Lackner/Kühl/*Bearbeiter*).

Kuhlen, Lothar, Strafrechtliche Grenzen der zivilrechtlichen Deliktshaftung Minderjähriger? – Zugleich eine Anmerkung zum Vorlagebeschluss des OLG Celle vom 26.5.1989 (4 U 53/88), JZ 1990, 273–279.

Kuhn, Gustav, Grundrechte und Minderjährigkeit. Die Einwirkung der Verfassung auf die Rechtsstellung des jungen Menschen, Berlin 1965.

Kunkel, Volker, Das Junge Konto – Minderjährigenschutz im Rahmen des Girovertrags, Rpfleger 1997, 1–7.

Kunz, Wolfgang, Die rechtlich bedeutsamen Stufen des Minderjährigen, ZBlJR 1983, 258–267.

Lang, Herbert, Die Haftung Minderjähriger – alle Fragen geklärt? Eine Betrachtung „unserer Kleinen" zwischen zehn und 14 Jahren, r+s-Beil. 2011, 63–69.

Ders., Minderjährigenschutz versus Schutz der anderen Unfallbeteiligten: zwei sich ausschließende Prinzipien? Eine Betrachtung speziell der Kinder zwischen zehn und achtzehn Jahren, in: Deutsche Akademie für Verkehrswissenschaft (Hrsg.), 51. Deutscher Verkehrsgerichtstag 2013, Köln 2013, S. 61–89 (zit. als *Lang*, 51. Deutscher Verkehrsgerichtstag 2013).

Lange, Elmar/Fries, Karin, Jugend und Geld 2005. Eine empirische Untersuchung über den Umgang von 10–17-jährigen Kindern und Jugendlichen mit Geld, München/Münster 2006.

Lange, Hermann, Empfiehlt es sich, die Haftung für schuldhaft verursachte Schäden zu begrenzen? Kann für den Umfang der Schadensersatzpflicht auf die Schwere des Verschuldens und die Tragweite der verletzten Norm abgestellt werden? Gutachten für den 43. Deutschen Juristentag, in: Ständige Deputation des Deutschen Juristentages (Hrsg.), Verhandlungen des Dreiundvierzigsten Deutschen Juristentages München 1960, Band I (Gutachten), 1. Teil, Tübingen 1960 (zit. als *Lange*, Verhandlungen des 43. Deutschen Juristentages Band I).

Lange, Hermann/Schiemann, Gottfried, Schadensersatz, 3. Auflage, Tübingen 2003.

Lange, Knut Werner, Erbrecht, 2. Auflage, München 2017.

Langheid, Theo/Wandt, Manfred (Hrsg.), Münchener Kommentar zum VVG, Band 2, §§ 100–216, 2. Auflage, München 2017 (zit. als Langheid/Wandt/*Bearbeiter*).

Langosch, Ingo, Die Einsichtsfähigkeit und das Verschulden im Zivilrecht. Eine empirische, psychologische Untersuchung, Diss. Köln 1972.

Larenz, Karl/Canaris, Claus-Wilhelm, Methodenlehre der Rechtswissenschaft, 3. Auflage, Berlin/Heidelberg 1995.

Lattka, Cornelia, Fahren ohne (gültigen) Fahrausweis. Eine Analyse der rechtlichen Probleme des sog. „Schwarzfahrens", Marburg 2010.

Latzel, Clemens/Zöllner, Andreas, Anfänglich kostenlose Verträge mit Minderjährigen, NJW 2019, 1031–1036.

Leeb, Christina-Maria/Maisch, Marc, Social-Media-Stars und -Sternchen im rechtsfreien Raum? Aspekte eines „Influencer-Rechts", ZUM 2019, 29–40.

Leipold, Dieter, Gibt es noch vorkonstitutionelle Vorschriften im BGB?, NJW 2003, 2657–2659.

Ders., BGB I: Einführung und allgemeiner Teil. Ein Lehrbuch mit Fällen und Kontrollfragen, 10. Auflage, Tübingen 2019.

Lettmann, Sabine, Schleichwerbung durch Influencer Marketing – Das Erscheinungsbild der Influencer, GRUR 2018, 1206–1211.

Lichtnecker, Florian, Neues aus dem Social Media-Marketing. Aktuelle wettbewerbs-, urheber- und markenrechtliche Problemstellungen, MMR 2018, 512–517.

Limbourg, Maria, Welche Forderungen stellt die Kinderpsychologie an das Zivilrecht?, in: Deutsche Akademie für Verkehrswissenschaft (Hrsg.), 36. Deutscher Verkehrsgerichtstag 1998, Hamburg 1998, S. 211–221 (zit. als *Limbourg*, 36. Deutscher Verkehrsgerichtstag 1998).

Dies., Verkehrssicherheit für Kinder. Psychologische Grundlagen der Lern- und Leistungsmöglichkeiten von Kindern im Straßenverkehr, in: Deutsche Akademie für Verkehrswissenschaft (Hrsg.), 39. Deutscher Verkehrsgerichtstag 2001. Veröffentlichung der auf dem 39. Deutschen Verkehrsgerichtstag am 25. und 26. Januar 2001 in Goslar gehaltenen Referate und erarbeiteten Empfehlungen, Jever 2001, S. 39–50 (zit. als *Limbourg*, 39. Deutscher Verkehrsgerichtstag 2001).

Loheit, Stephan, Die Deliktsfähigkeit Minderjähriger. Insbesondere das Verhältnis von Einsichts- und Steuerungsfähigkeit, Hamburg 2008.

Looschelders, Dirk, Die Ausstrahlung der Grundrechte, in: Wolter, Jürgen/Riedel, Eibe/Taupitz, Jochen (Hrsg.), Einwirkungen der Grundrechte auf das Zivilrecht, Öffentliche Recht und Strafrecht. Mannheimer Fakultätstagung über 50 Jahre Grundgesetz, Heidelberg 1999, S. 93–111 (zit. als *Looschelders*, Einwirkungen der Grundrechte).

Ders., Verfassungsrechtliche Grenzen der deliktischen Haftung Minderjähriger – Grundsatz der Totalreparation und Übermaßverbot. Zugleich Anmerkung zum Beschluss des BVerfG vom 13.8.1998 (1 BvL 25/96) VersR 98, 1289, VersR 1999, 141–151.

Lorenz, Egon, Anmerkung zu OLG Celle, Vorlagebeschl. v. 26.5.1989 – 4 U 53/88, VersR 1989, 711–713.

Ludyga, Hannes, Die Beschränkung der Minderjährigenhaftung – Zur analogen Anwendbarkeit von § 1629a BGB auf deliktische Ansprüche, FPR 2006, 460–462.

Lüdecke, Elfi, Vermögensverwaltung unter Beteiligung Minderjähriger, NJOZ 2018, 681–689.

Lutzi, Tobias, Aktuelle Rechtsfragen zum Handel mit virtuellen Gegenständen in Computerspielen, NJW 2012, 2070–2074.

Malcher, Arno/Paterna, Kai, Bezahlung durch Mehrwertdienste-Rufnummern in Online-Games. Payment-Verträge unter dem Verdacht der Sittenwidrigkeit, MMR 2013, 275–278.

Mankowski, Peter/Schreier, Michael, Klingeltöne auf dem vertragsrechtlichen Prüfstand, VuR 2006, 209–218.

Dies., Wer ist Vertragspartner beim Klingeltonvertrag?, VuR 2007, 1–8.

Maunz, Theodor/Dürig, Günter (Begr.)/*Herzog, Roman/Scholz, Rupert/Herdegen, Matthias/Klein, Hans* (Hrsg.), Grundgesetz, Kommentar, 92. Ergänzungslieferung, München 2020 (zit. als Maunz/Dürig/*Bearbeiter*).

Medicus, Dieter, Der Grundsatz der Verhältnismäßigkeit im Privatrecht, AcP 192 (1992), 35–70.

Meier, Patrick, Sportler als Unternehmer, Verbraucher und Kaufleute, SpuRt 2012, 229–231.

Melchers, Gunnar, Die Minderjährigenhaftungsbeschränkung gem. § 1629a BGB, FuR 2009, 6–10.

Ders., Die Minderjährigenhaftungsbeschränkung gem. § 1629a BGB – Teil 2, FuR 2009, 85–88.

Ders., Erfolgreiche Vermeidungsstrategien gegen die Kostenhaftung eines minderjährigen Kindes und die Regresshaftung des Rechtsanwaltes, FuR 2012, 166–167.

Meyer, Cornel-Rupert, Die Stellung des Minderjährigen im öffentlichen Recht, Berlin 1988.

Meyer, Silke, Wie geht es „raus aus den Schulden"? Narrative Krisenbewältigung in der Privatverschuldung, APuZ 2016, 42–47.

Meyer, Susanne, Gratisspiele im Internet und ihre minderjährigen Nutzer, NJW 2015, 3686–3691.

Mezger, Hans-Robert, Haftet ein zurechnungsfähiger Jugendlicher nach § 829 BGB, wenn ihn wegen der typischen Eigenarten seiner Altersgruppe kein Verschulden trifft?, MDR 1954, 567–598.

Moritz, Heinz-Peter, Die (zivil-)rechtliche Stellung der Minderjährigen und Heranwachsenden innerhalb und außerhalb der Familie, Berlin 1989.

Mroß, Stefan, Der geschäftsunfähige Schuldner – Gläubiger in der Sackgasse?, DGVZ 2011, 66–69.

Müller, Gerda, Neue Perspektiven beim Schadensersatz, VersR 2006, 1289–1297.

Müller, Hans-Friedrich, Die Problematik der unbegrenzten deliktischen Haftung Minderjähriger, in: Ackermann, Thomas/Arnd, Arnold et al. (Hrsg.), Jahrbuch Junger Zivilrechtswissenschaftler 1999. Tradition und Fortschritt im Recht. Bonner Tagung 8.–11.

September 1999, Stuttgart 2000, S. 211–225 (zit. als *Müller*, Tradition und Fortschritt im Recht).
Ders., Restschuldbefreiung und materielles Recht, KTS 2000, 57–69.
Ders., Privilegierung von Kindern nach der Schadensersatzrechtsreform 2002, zfs 2003, 433–436.
Müller-Feldhammer, Ralf, Mißbrauchsrisiken im Anwendungsbereich des § 1629a BGB, FamRZ 2002, 13–17.
Müller-Freienfels, Wolfram, Die Vertretung beim Rechtsgeschäft, Tübingen 1955.
Münch, Christof, Übertragung von Kommanditanteilen an Minderjährige – Zugleich Besprechung von OLG Oldenburg, FamRZ 2019, 1934, FamRZ 2019, 1916–1920.
Ders. (Hrsg.), Familienrecht in der Notar- und Gestaltungspraxis, 3. Auflage, München 2020.
Münchener Anwaltshandbuch IT-Recht, Leupold, Andreas/Glossner, Silke (Hrsg.), 3. Auflage, München 2013 (zit. als MAH IT-Recht/*Bearbeiter*).
Münchener Kommentar zum Bürgerlichen Gesetzbuch, Säcker, Franz Jürgen/Rixecker, Roland/Oetker, Hartmut/Limperg, Bettina (Hrsg.), 8. Auflage, München (zit. als MüKoBGB/*Bearbeiter*)
– Band 1: Allgemeiner Teil, §§ 1–240, AllgPersönlR, ProstG, AGG, 2018
– Band 2: Schuldrecht – Allgemeiner Teil I, §§ 241–310, 2019
– Band 3: Schuldrecht – Allgemeiner Teil II, §§ 311–432, 2019
– Band 4: Schuldrecht – Besonderer Teil I, §§ 433–534, Finanzierungsleasing, CISG, 2019
– Band 5: Schuldrecht – Besonderer Teil II, §§ 535–630h, BetrKV, HeizkostenV, WärmeLV, EFZG, TzBfG, KSchG, MiLoG, 2020
– Band 6: Schuldrecht – Besonderer Teil III, §§ 631–704, 2020
– Band 7: Schuldrecht – Besonderer Teil IV, §§ 705–853, Partnerschaftsgesetz, Produkthaftungsgesetz, 2020
– Band 9: Familienrecht I, §§ 1297–1588, Versorgungsausgleichgesetz, Gewaltschutzgesetz, Lebenspartnerschaftsgesetz, 2019
– Band 10: Familienrecht II, §§ 1589–1921, SGB VIII, 2020
– Band 11: Erbrecht, §§ 1922–2385, §§ 27–35 BeurkG, 2020.
Münchener Kommentar zur Insolvenzordnung, Stürner, Rolf/Eidenmüller, Horst/Schoppmeyer, Heinrich (Hrsg.), Band 3: §§ 217–359 InsO, Art. 103a–110 EGInsO, Konzerninsolvenzrecht, Insolvenzsteuerrecht, 4. Auflage, München 2020 (zit. als MüKoInsO/*Bearbeiter*).
Münchener Kommentar zum Lauterkeitsrecht, Heermann, Peter/Schlingloff, Jochen (Hrsg.), Band 2: §§ 5–20 UWG, 2. Auflage, München 2014 (zit. als MüKoUWG/*Bearbeiter*).
Münchener Kommentar zum StGB, Joecks, Wolfgang/Miebach, Klaus (Hrsg.), Band 6: JGG (Auszug), Nebenstrafrecht I, 3. Auflage, München 2017 (zit. als MüKoStGB/*Bearbeiter*).
Münchener Kommentar zur Zivilprozessordnung mit Gerichtsverfassungsgesetz und Nebengesetzen, Rauscher, Thomas/Krüger, Wolfgang (Hrsg.), 6. Auflage, München (zit. als MüKoZPO/*Bearbeiter*)
– Band 1: §§ 1–354, 2020
– Band 2: §§ 355–1024, 2020.
Mugdan, Benno, Die gesammten Materialien zum Bürgerlichen Gesetzbuch für das Deutsche Reich, Band 1: Einführungsgesetz und Allgemeiner Theil, Berlin 1899.
Ders., Die gesammten Materialien zum Bürgerlichen Gesetzbuch für das Deutsche Reich, Band 2: Recht der Schuldverhältnisse, Berlin 1899.
Ders., Die gesammten Materialien zum Bürgerlichen Gesetzbuch für das Deutsche Reich, Band 4: Familienrecht, Berlin 1899.

Munkwitz, Werner, Die Beurteilung der Deliktsfähigkeit Minderjähriger im Sinne des § 828 BGB aus der Sicht des Jugendpsychiaters, ZBlJR 1960, 129–135.

Muscheler, Karlheinz, Haftungsbeschränkung zugunsten Minderjähriger (§ 1629a BGB), WM 1998, 2271–2288.

Ders., Erbrecht. Band II, Tübingen 2010.

Ders., Familienrecht, 4. Auflage, München 2017.

Musielak, Hans-Joachim/Voit, Wolfgang (Hrsg.), Zivilprozessordnung mit Gerichtsverfassungsgesetz. Kommentar, 18. Auflage, München 2021 (zit. als Musielak/Voit/*Bearbeiter*).

Nerlich, Jörg/Römermann, Volker (Hrsg.), Insolvenzordnung. Kommentar, 42. Ergänzungslieferung, München 2021 (zit. als Nerlich/Römermann/*Bearbeiter*).

Neuhaus, Cordula, Deliktsfähigkeit von Kindern ab dem 10. Lebensjahr bei Unfällen im Straßenverkehr aus psychologischer Sicht. Grenzen der Verantwortlichkeit aus entwicklungspsychologischer Sicht – oder: wir müssen das Rad nicht neu erfinden…, in: Deutsche Akademie für Verkehrswissenschaft (Hrsg.), 51. Deutscher Verkehrsgerichtstag 2013, Köln 2013, S. 91–98 (zit. als *Neuhaus*, 51. Deutscher Verkehrsgerichtstag 2013).

Neumayr, Matthias, Zur Reform des Schadenersatzrechts, in: Bundesministerium für Justiz (Hrsg.), 200 Jahre ABGB. RichterInnenwoche 2011 in Lochau 16.–20. Mai 2011, Wien/Graz 2012, S. 257–306 (zit. als *Neumayr*, 200 Jahre ABGB).

Neuner, Jörg, Das BVerfG im Labyrinth der Drittwirkung, NJW 2020, 1851–1855.

Niboyet, Frédérique, Die Haftung Minderjähriger und ihrer Eltern nach deutschem und französischem Deliktsrecht zwischen Dogmatik und Rechtspolitik, Berlin 2001.

Nießen, Tobias Barend, „Eltern haften für ihre Kinder“: ein Reformvorschlag für die Haftung Minderjähriger und ihrer Eltern unter Berücksichtigung der europäischen Rechtsentwicklung, Diss. Bonn 2005.

Nipperdey, Hans Carl, Grundrechte und Privatrecht, Krefeld 1961.

Nitze, Melanie, Der minderjährige Gesellschafter im Familienunternehmen. Eine Untersuchung zur Wahrnehmung der Gesellschafterrechte in der KG und GmbH, Baden-Baden 2017.

Nolte, Frank, Download, Handy & Kids. Entwicklungsperspektiven versus Verschuldungsprävention im Minderjährigenschutz des BGB, ZVI 2012, 324–336.

Nolting-Hauff, Wilhelm, Gebote zum Schutz Minderjähriger und ihre Verwirklichung im Verwaltungsrecht, Frankfurt am Main/Berlin et al. 1998.

Nomos Kommentar BGB, Heidel, Thomas/Hüßtege, Rainer/Mansel, Heinz-Peter/Noack, Ulrich (Hrsg.), Band 1: Allgemeiner Teil §§ 1–240, EGBGB, 4. Auflage, Baden-Baden 2021 (zit. als NK-BGB/*Bearbeiter*).

Nomos Kommentar BGB Familienrecht, Kaiser, Dagmar/Schnitzler, Klaus/Schilling, Roger/Sanders, Anne (Hrsg.), Band 4: §§ 1297–1921, 4. Auflage, Baden-Baden 2020 (zit. als NK-BGB/*Bearbeiter*).

Nomos Kommentar BGB Handkommentar, Schulze, Reiner/Dörner, Heinrich/Ebert, Ina/Hoeren, Thomas/Kemper, Rainer/Saenger, Ingo/Scheuch, Alexander/Schreiber, Klaus/Schulte-Nölke, Hans/Staudinger, Ansgar/Wiese, Volker, 10. Auflage, Baden-Baden 2019 (zit. als HK-BGB/*Bearbeiter*).

Oechsler, Jürgen, Die Unzurechnungsfähigkeit von Kindern in Verkehrs-situationen, NJW 2009, 3185–3189.

Ohly, Ansgar/Sosnitza, Olaf, Gesetz gegen den unlauteren Wettbewerb mit Preisangabenverordnung. Kommentar, 7. Auflage 2016 (zit. als Ohly/Sos-nitza/*Bearbeiter*).

Ossenbühl, Fritz, Treuhänderische Wahrnehmung von Grundrechten der Kinder durch die Eltern, FamRZ 1977, 533–534.

Ders., Das elterliche Erziehungsrecht im Sinne des Grundgesetzes, Berlin 1981.

Otto, Carl/Schilling, Bruno (Hrsg.)/*Sintenis, Carl Friedrich Ferdinand* (Red.), Das Corpus Juris Civilis in's Deutsche übersetzt von einem Vereine Rechtsgelehrter, Band 4, Leipzig 1832.

Palandt, Otto (Begr.), Bürgerliches Gesetzbuch, 80. Auflage, München 2021 (zit. als Palandt/*Bearbeiter*).

Pardey, Frank, Reichweite des Haftungsprivilegs von Kindern im Straßenverkehr, DAR 2004, 499–509.

Ders., Minderjährigenschutz bei Teilnahme am Straßenverkehr, DAR 2013, 2–6.

Parensen, Andreas, Spielervermittlung im Profifußball: Ökonomischer und rechtlicher Kontext, in: Galli, Albert/Elter, Vera-Carina et al. (Hrsg.), Sportmanagement, 2. Auflage, München 2012, S. 653–674 (zit. als *Parensen*, Sportmanagement).

Paschke, Anne/Halder, Christoph, Auskunftsansprüche bei digitalen Persönlichkeitsrechtsverletzungen. Möglichkeiten und Grenzen im Vergleich zu Immaterialgüterrechtsverletzungen, MMR 2016, 723–727.

Paul, Andreas, Reform der Altersstufen im Jugendstrafrecht, ZRP 2003, 204–207.

Pauli, Rudolf, Unternehmensnachfolge mit Minderjährigen, ZErb 2016, 131–138.

Peifer, Karl-Nikolaus, Influencer Marketing – Rechtlicher Rahmen und Regulierungsbedürfnis (Teil 2), GRUR 2018, 1218–1225.

Peschel-Gutzeit, Lore Maria, Elterliche Vertretung und Minderjährigenschutz, FamRZ 1993, 1009–1014.

Dies., Überschuldungsschutz für Minderjährige, FPR 2006, 455–460.

Peschel-Gutzeit, Lore Maria/Jenckel, Anke, § 1629a BGB oder: Vom langen Leben einer Gesetzeslücke. Entwurf für ein MinderjährigenhaftungsbeschränkungsG, FuR 1997, 34–38.

Petermann, Frank/Koglin, Ute, Aggression und Gewalt von Kindern und Jugendlichen. Hintergründe und Praxis. Mit 23 Abbildungen und 11 Tabellen, Berlin/Heidelberg 2013.

Peters, Frank, Schutz Minderjähriger vor deliktischen Verbindlichkeiten. Gibt es eine Verpflichtung der Eltern, für ihre Kinder eine Haftpflichtversicherung abzuschließen?, FamRZ 1997, 595–600.

Peters, Johannes, Kindheit im Strafrecht. Eine Untersuchung des materiellen Strafrechts mit besonderem Schwerpunkt auf dem Kind als Opfer und Täter, München 2014.

Petersen, Jens, Das familienrechtliche Schutzverhältnis als gesetzliches Schuldverhältnis. § 1664 BGB in der Fallbearbeitung, Jura 1998, 399–400.

Pfeffer, Ruth, Schuldenprävention bei Jugendlichen – ein Bericht aus der Praxis von Cashless (München), ZVI 2012, 288–293.

Pfeiffer, Christian, Die Entwürfe für ein neues österreichisches Schadensersatzrecht – Fortschritt für Österreich und Vorbild für Deutschland? Eine Untersuchung der Entwürfe unter besonderer Berücksichtigung der Principles of European Tort Law und der Tort Law Principles des DCFR, Hamburg 2011.

Piekenbrock, Andreas, Die Überschuldung Minderjähriger als insolvenzrechtliches Problem, KTS 2008, 307–337.

Pohar, Michael, Handy-SMS, Online-Ticket und Chipkarte als Fahrschein – neue Wege zum Personenbeförderungsvertrag, NZV 2003, 257–261.

Politsch, Georg, Kinder vor Gericht. Ein Beitrag zur Frage der Deliktsfähigkeit von Kindern und Jugendlichen gemäß § 828 BGB, SuP 1954, 339–344.

Poller, Stefan, Geltendmachen von Schadensersatzansprüchen gegen den Anwalt und Beschränkung der Minderjährigenhaftung, NZFam 2015, 840.

Poppen, Enno, Beschränkung der Minderjährigenhaftung, FamFR 2010, 328.

Prölss, Jürgen/Martin, Anton (Hrsg.), Versicherungsvertragsgesetz. Mit Nebengesetzen, Vermittlerrecht und Allgemeinen Versicherungsbedingungen, 31. Auflage, München 2021 (zit. als Prölss/Martin/*Bearbeiter*).

Prütting, Hanns/Wegen, Gerhard/Weinreich, Gerd (Hrsg.), BGB. Kommentar, 14. Auflage, München 2019 (zit. als PWW/*Bearbeiter*).

Psczolla, Jan-Peter, Onlinespielrecht. Rechtsfragen im Zusammenhang mit Onlinespielen und virtuellen Parallelwelten, Marburg 2008.

Quitzau, Julia, Haftungsbeschränkung zugunsten Minderjähriger. Auswirkungen des § 1629a BGB auf Verbindlichkeiten des Minderjährigen, Hamburg 2006.

Rake, Ulrich, Social Media und elterliche Umgangsbestimmung, FamRZ 2017, 1733–1734.

Ramm, Thilo, Drittwirkung und Übermaßverbot – Eine Erwiderung auf den Aufsatz von Canaris in JZ 1987, S. 933 ff., JZ 1988, 489–493.

Ders., Die gesetzliche Vertretung durch die Eltern: überholt und verfassungswidrig, NJW 1989, 1708–1712.

Rau, Matthias, Die Verschuldung junger Menschen: Theoretische und empirische Betrachtungen zu einer anhaltenden Diskussion, GWP 2011, 337–348.

Rau, Matthias/Bender, Nina, Weg zur biografischen Autonomie oder Risiko? Plädoyer für eine differenzierte Sichtweise der Schulden junger Menschen, uj 2010, 493–502.

Redeker, Helmut, IT-Recht, 7. Auflage, München 2020.

Redell, Patrick, Spielerverträge mit Minderjährigen: Droht ein neuer „Bosman"-Fall?, CAS 2015, 28–36.

Reinemann, Bernd, Behörden wissen auch nicht alles (…), VR 2017, 23–28.

Reischauer, Rudolf, Reform des Schadenersatzrechts?, in: Reischauer, Rudolf/Spielbüchler, Karl/Welser, Rudolf (Hrsg.), Reform des Schadenersatzrechts Band II. Zum Entwurf einer Arbeitsgruppe, Wien 2008, S. 23–55 (zit. als *Reischauer*, Reform des Schadenersatzrechts Band II).

Ders., Schadensersatzreform – Verständnis und Missverständnisse. Eine Antwort auf Koziol (JBl 2008, 348) (1. Teil), JBl 2009, 405–426.

Ders., Zum Schattenentwurf eines neuen Schadensersatzrechts, JBl 2013, 69–84.

Reuter, Dieter, Elterliche Sorge und Verfassungsrecht, AcP 192 (1992), 108–152.

Rhein, Andreas, Vollstreckungsschutz nach § 765a ZPO im Insolvenzverfahren, NJW-Spezial 2019, 213–214.

Richter, Susann/Schlag, Bernhard/Schupp, Astrid, Zum Einfluss entwicklungspsychologischer Besonderheiten des Kindes- und Jugendalters auf die Unfallgefährdung, in: Schlag, Bernhard/Roesner, Dietmar/Zwipp, Hans/Richter, Susann (Hrsg.), Kinderunfälle. Ursachen und Prävention, Wiesbaden 2006, S. 25–35 (zit. als *Richter/Schlag/Schupp*, Kinderunfälle).

Rodi, Daniel, Der neue § 312a Abs. 3 S. 1 BGB – das Ende des erhöhten Beförderungsentgelts?, VuR 2015, 14–20.

Röhl, Klaus/Röhl, Hans Christian, Allgemeine Rechtslehre. Ein Lehrbuch, 3. Auflage, Köln/München 2008.

Rolfs, Christian, Neues zur Deliktshaftung Minderjähriger, JZ 1999, 233–242.

Rosenberg, Leo/Schwab, Karl Heinz/Gottwald, Peter, Zivilprozessrecht, 18. Auflage, München 2018.

Rosendorfer, Tatjana, Gelderziehung und Finanzkompetenz bei Kindern und Jugendlichen, ZVI 2012, 46–51.

Roth, Wolfgang, Praxisfragen zum Minderjährigenschutz in der Erbengemeinschaft, NJW-Spezial 2019, 615.

Röthel, Anne, Erbrecht, 18. Auflage, München 2020.

Rust, Walter, Die Beteiligung von Minderjährigen im Gesellschaftsrecht. Vertretung, familien-/vormundschaftsgerichtliche Genehmigung und Haftung des Minderjährigen (Teil I), DStR 2005, 1942–1949.

Ders., Die Beteiligung von Minderjährigen im Gesellschaftsrecht. Vertretung, familien-/vormundschaftsgerichtliche Genehmigung und Haftung des Minderjährigen (Teil II), DStR 2005, 1992–1996.

Sachs, Michael (Hrsg.), Grundgesetz. Kommentar, 9. Auflage, München 2021 (zit. als Sachs/*Bearbeiter*).

Saenger, Ingo (Hrsg.), ZPO. Familienverfahren – Gerichtsverfassung – Europäisches Verfahrensrecht. Handkommentar, 8. Auflage, Baden-Baden 2019 (zit. als Saenger/*Bearbeiter*).

Schaffstein, Friedrich, Die Jugendzurechnungsfähigkeit in ihrem Verhältnis zur allgemeinen Zurechnungsfähigkeit, ZStW 1965, 191–208.

Scheffen, Erika, Zur Reform der (zivilrechtlichen) Deliktsfähigkeit von Kindern ab dem 7. Lebensjahr (§ 828 I, II BGB), ZRP 1991, 458–463.

Dies., Vorschläge zur Änderung des § 828 Abs. 1 und 2 BGB. Ist die Deliktshaftung Minderjähriger ab Vollendung des 7. Lebensjahres und ohne Rücksicht auf ihre „Steuerungsfähigkeit" noch gerechtfertigt?, FuR 1993, 82–89.

Dies., Reformvorschläge zur Haftung von Kindern und Jugendlichen, in: Deutsch, Erwin/Klingmüller, Ernst/Kullmann, Hans Josef (Hrsg.), Festschrift für Erich Steffen zum 65. Geburtstag am 28. Mai 1995, Berlin/New York 1995, S. 387–398 (zit. als *Scheffen*, FS Steffen).

Dies., Zur Haftung von Kindern im Straßenverkehr als Täter, in: Deutsche Akademie für Verkehrswissenschaft (Hrsg.), 36. Deutscher Verkehrsgerichtstag 1998, Hamburg 1998, S. 222–230 (zit. als *Scheffen*, 36. Deutscher Verkehrsgerichtstag 1998).

Dies., Änderungen schadensersatzrechtlicher Vorschriften im Hinblick auf betroffene Kinder und Jugendliche, ZRP 2001, 380–381.

Scheffen, Erika/Pardey, Frank, Schadensersatz bei Unfällen mit Minderjährigen, 2. Auflage, München 2003.

Scherer, Inge, Rezeption kommerzieller Kommunikation in sozialen Netzwerken durch minderjährige Nutzer, WRP 2019, 277–283.

Schirmer, Helmut, Zwangshaftpflichtversicherung für Kinder?, DAR 2004, 509–514.

Schlachter, Monika, Minderjährigenschutz bei langzeitbefristeten Arbeitsverträgen im Berufssport, FamRZ 2006, 155–160.

Schlaich, Klaus/Korioth, Stefan, Das Bundesverfassungsgericht. Stellung, Verfahren, Entscheidungen. Ein Studienbuch, 11. Auflage, München 2018.

Schlegelmilch, Günter, Das Gesetz zur Beschränkung der Haftung Minderjähriger, ZAP Fach 2 1999, 227–232.

Schmidt, Andreas, Privatinsolvenz. Schuldenbereinigung – Restschuldbefreiung – Insolvenzplan, 4. Auflage, München 2014.

Schmidt, Axel, Die Auswirkungen der Entscheidung des Bundesverfassungsgerichts vom 13.05.1986 (BVerfGE 72, 155) auf den Minderjährigenschutz im Recht der Personengesellschaften, Frankfurt am Main et al. 1991.

Schmidt, Karsten, Gesetzliche Vertretung und Minderjährigenschutz im Unternehmensprivatrecht. Bemerkungen zum Beschluss des Bundesverfassungsgerichts vom 13.5.1986, BB 1986, 1238–1245.

Ders., Die gesetzliche Vertretung durch die Eltern: notwendig und verfassungsmäßig, NJW 1989, 1712–1715.

Ders., Grenzen des Minderjährigenschutzes im Handels- und Gesellschaftsrecht, JuS 1990, 517–522.

Ders., Minderjährigen-Haftungsbeschränkung im Unternehmensrecht: Funktioniert das? Eine Analyse des § 1629a BGB mit Rückblick auf BGHZ 92, 259 – NJW 1985, 136, JuS 2004, 361–366.

Ders., § 1629a BGB oder: Über den Umgang mit einer rechtstechnisch misslungenen Vorschrift, in: Bub, Wolf-Rüdiger (Hrsg.), Zivilrecht im Sozialstaat: Festschrift für Professor Dr. Peter Derleder, Baden-Baden 2005, S. 601–624 (zit. als *Schmidt*, FS Derleder).

Ders. (Hrsg.), Insolvenordnung. InsO mit EuInsVO, 19. Auflage, München 2016 (zit. als K. Schmidt InsO/*Bearbeiter*).

Schneider, Frank/Frister, Helmut/Olzen, Dirk, Begutachtung psychischer Störungen, 3. Auflage, Berlin/Heidelberg 2015.

Schönke, Adolf/Schröder, Horst (Begr.), Strafgesetzbuch. Kommentar, 30. Auflage, München 2019 (zit. als Schönke/Schröder/*Bearbeiter*).

Schott, Clausdieter, Der Mißbrauch der Vertretungsmacht, AcP 171 (1971), 385–402.

Schriftführer-Amt der Ständigen Deputation des Deutschen Juristentages (Hrsg.), Verhandlungen des Vierunddreißigsten Deutschen Juristentages zu Köln vom 12. bis 15. September 1926, Band II (Stenographischer Bericht), Berlin/Leipzig 1927 (zit. als *Ständige Deputation des Deutschen Juristentages,* Verhandlungen des 34. Deutschen Juristentages Band II).

Schubart, Erich, Schadensersatzklagen gegen Minderjährige, MDR 1956, 531–533.

Schubert, Werner/Schmid, Werner/Regge, Jürgen (Hrsg.), Akademie für Deutsches Recht 1933–1945. Protokolle der Ausschüsse, Band III/5: Ausschuß für Schadenersatzrecht, Berlin/New York 1993.

SCHUFA Holding AG, Kredit-Kompass 2013. Empirische Untersuchung der privaten Kreditaufnahme in Deutschland. Finanzverhalten von Jugendlichen und jungen Erwachsenen, Wiesbaden 2013, Internetressource, abrufbar unter https://www.schufa.de/media/editorial/ueber_uns/dateien/studien_und_publikationen_1/SCHUFA_Kredit-Kompass-2013_Web.pdf, Abrufdatum 27.4.2021.

Schülke, Britta, Der Online-Versandhandel im Spannungsfeld des Jugendschutzes, JMS-Report 5/2015, 2–5.

Schulte-Nölke, Hans, Europäisierung des Haftungsrechts, in: Lorenz, Egon (Hrsg.), Karlsruher Forum 2015: Europäisierung des Haftungs- und Versicherungsvertragsrechts, Karlsruhe 2016, S. 3–60 (zit. als *Schulte-Nölke*, Karlsruher Forum 2015).

Schuschke, Winfried/Walker, Wolf-Dietrich/Kessen, Martin/Thole, Christoph (Hrsg.), Vollstreckung und vorläufiger Rechtsschutz. Kommentar, 7. Auflage, Köln 2019 (zit. als Schuschke/Walker/Kessen/Thole/*Bearbeiter*).

Schuster, Fabian, Der Telekommunikationsvertrag (Festnetz, Internet, Mobilfunk), CR 2006, 444–453.

Schwab, Dieter, Familienrecht, 27. Auflage, München 2019.

Schwamb, Thomas, Die schadensersatzrechtliche Reduktionsklausel § 255a BGB Referentenentwurf 1967. Eine vergleichende Untersuchung mit dem Schweizer Recht, Frankfurt am Main 1984.

Schwartze, Andreas, Die Minderjährigen-Insolvenz – Eine Alternative zu § 1629a Abs. 1 BGB-E für den Schutz von Kindern vor Verpflichtungen durch ihre gesetzlichen Vertreter, in: Salje, Peter (Hrsg.), Festschrift für Helmut Pieper. Recht – Rechtstatsachen – Technik, Hamburg 1998, S. 527–549 (zit. als *Schwartze*, FS Pieper).

Schwimann, Michael/Neumayer, Matthias (Hrsg.), ABGB Taschenkommentar mit EheG, EPG, KSchG, ASVG und EKHG, 4. Auflage, Wien 2017 (zit. Schwimann/Neumayer/*Bearbeiter*).

Schwintowski, Pflicht einer Privathaftpflichtversicherung für Schäden durch Kinder?, ZRP 2003, 391–395.

Sekara, Monika, Welche weiteren rechtlichen Aspekte gibt es im Influencer-Marketing?, in: Jahnke, Marlis (Hrsg.), Influencer Marketing. Für Unternehmen und Influencer: Strategien, Plattformen, Instrumente, rechtlicher Rahmen. Mit vielen Beispielen, Berlin 2018, S. 177–210 (zit. als *Sekara*, Influencer Marketing).

Simon, Thomas, „Grundrechtstotalitarismus" oder „Selbstbehauptung des Zivilrechts"? Wie lässt sich eine Begrenzung der deliktischen Haftung Minderjähriger rechtlich begründen?, AcP 204 (2004), 264–293.

Singer, Reinhard, Methodologische, psychologische und verfassungsrechtliche Fragen der deliktischen Verantwortung Minderjähriger, in: Armbrüster, Christian/Canaris, Claus-Wilhelm/Häublein, Martin/Klimke, Dominik (Hrsg.), Recht genau. Liber amicorum für Jürgen Prölss zum 70. Geburtstag, München 2009, S. 191–209 (zit. als *Singer*, FS Prölss).

Soergel, Hans Theodor (Begr.), Bürgerliches Gesetzbuch mit Einführungsgesetz und Nebengesetzen, 13. Auflage, Stuttgart (zit. als Soergel/*Bearbeiter*)
- Band 2: Allgemeiner Teil 2, §§ 104–240 BGB, 1999
- Band 17/1: Familienrecht 1/1, §§ 1297–1588 BGB, 2013
- Band 19/2: Familienrecht 3/2, §§ 1616–1717 BGB, 2017.

Spindler, Gerald/Schmitz, Peter/Liesching, Marc (Hrsg.), Telemediengesetz mit Netzwerkdurchsetzungsgesetz (NetzDG). Kommentar, 2. Auflage, München 2018 (zit. als Spindler/Schmitz/Liesching/*Bearbeiter*).

Spindler, Gerald/Schuster, Fabian (Hrsg.), Recht der elektronischen Medien. Kommentar, 4. Auflage, München 2019 (zit. als Spindler/Schuster/*Bearbeiter*).

Stacke, Rolf, Der minderjährige Schwarzfahrer: Sind ihm wirklich Tür und Tor geöffnet?, NJW 1991, 875–878.

Ständige Deputation des Deutschen Juristentages (Hrsg.), Verhandlungen des Dreiundvierzigsten Deutschen Juristentages München 1960, Band II (Sitzungsberichte), Tübingen 1962.

Statistisches Bundesamt, Statistik zur Überschuldung privater Personen 2017, Internetressource, abrufbar unter https://www.destatis.de/DE/Themen/Gesellschaft-Umwelt/Einkommen-Konsum-Lebensbedingungen/Vermoegen-Schulden/Publikationen/Downloads-Vermoegen-Schulden/ueberschuldung-2150500177004.pdf?__blob=publicationFile&v=6, Abrufdatum 27.4.2021 (zit. als *Destatis*, Überschuldungsstatistik 2017).

Statistisches Bundesamt, Statistik zur Überschuldung privater Personen 2018, Internetressource, abrufbar unter https://www.destatis.de/DE/Themen/Gesellschaft-Umwelt/Einkommen-Konsum-Lebensbedingungen/Vermoegen-Schulden/Publikationen/Downloads-Vermoegen-Schulden/ueberschuldung-2150500187004.pdf?__blob=publicationFile&v=3, Abrufdatum 27.4.2021 (zit. als *Destatis*, Überschuldungsstatistik 2018).

Staudinger, Ansgar/Steinrötter, Björn, Minderjährige im Zivilrecht, JuS 2012, 97–105.

Staudinger, Julius von (Begr.)/*Habermann, Norbert* (Hrsg.), Kommentar zum Bürgerlichen Gesetzbuch, Buch 1: Allgemeiner Teil, §§ 90–124, §§ 130–133 (Sachen und Tiere, Geschäftsfähigkeit, Willenserklärung), Berlin 2017 (zit. als Staudinger/*Bearbeiter*).

Staudinger, Julius von (Begr.)/*Löwisch, Manfred/Jagmann, Rainer* (Hrsg.), Kommentar zum Bürgerlichen Gesetzbuch, Buch 2: Recht der Schuldverhältnisse, §§ 328–345 (Vertrag zugunsten Dritter, Draufgabe, Vertragsstrafe), Berlin 2020 (zit. als Staudinger/*Bearbeiter*).

Staudinger, Julius von (Begr.)/*Hager, Johannes* (Hrsg.), Kommentar zum Bürgerlichen Gesetzbuch, Buch 2: Recht der Schuldverhältnisse, §§ 826–829, ProdHaftG (Unerlaubte Handlungen 2, Produkthaftung), Berlin 2018 (zit. als Staudinger/*Bearbeiter*).

Staudinger, Julius von (Begr.)/*Coester, Michael* (Red.), Kommentar zum Bürgerlichen Gesetzbuch, Buch 4: Familienrecht, §§ 1353–1362 (Wirkung der Ehe im Allgemeinen), Berlin 2018 (zit. als Staudinger/*Bearbeiter*).

Staudinger, Julius von (Begr.)/*Coester, Michael* (Hrsg.), Kommentar zum Bürgerlichen Gesetzbuch, Buch 4: Familienrecht, §§ 1626–1633, RKEG (Elterliche Sorge 1 – Inhaberschaft und Inhalt), Berlin 2020 (zit. als Staudinger/*Bearbeiter*).

Steenbuck, Michael, Haftungsrechtliche Konsequenzen des Missbrauchs elterlicher Vertretungsmacht, FamRZ 2007, 1064–1067.
Stefula, Martin, Zivilrechtliche Fragen des Schwarzfahrens, ÖJZ 2002, 826–840.
Steinle, Christine, Schuldenprävention in Kindertagesstätten. Angebote für Kinder, Eltern, Erziehende und Kinderpflegerinnen, ZVI 2012, 293–297.
Stoll, Hans, Die Reduktionsklausel im Schadensrecht aus rechtsvergleichender Sicht, RabelsZ 34 (1970), 481–503.
Streuli, Elisa, Geld, Knappheit und Verschuldung im Jugendalter. Zwischen finanzieller Abhängigkeit und Mündigkeit, in: Piller, Edith Maud/Schnurr, Stefan (Hrsg.), Kinder- und Jugendhilfe in der Schweiz. Forschung und Diskurse, Wiesbaden 2013, S. 333–366 (zit. als *Streuli*, Kinder- und Jugendhilfe in der Schweiz).
Study Group on a European Civil Code, Principles, Definitions and Model Rules of European Private Law. Draft Common Frame of Reference (DCFR). Interim Outline Edition, München 2008.
Stürner, Rolf, Zivilrechtliche Haftung junger Menschen – fortbestehender Reformbedarf im deutschen Recht?, in: Schack, Haimo (Hrsg.), Gedächtnisschrift für Alexander Lüderitz, München 2000, S. 789–809 (zit. als *Stürner*, GS Lüderitz).
Suwelack, Felix, Schleichwerbung als Boombranche? Geltung und Wirksamkeit werberechtlicher Grundsätze im Influencer-Marketing, MMR 2017, 661–665.
Taupitz, Jochen/Pfeiffer, Christian, Der Entwurf und der Gegenentwurf für ein neues österreichisches Schadensersatzrecht – eine kritische Analyse, JBl 2010, 88–104.
Teichmann, Arndt, Anmerkung zu BGH, Urteil vom 10.3.1970 – VI ZR 182/69, JZ 1970, 617–619.
Thiel, Katrin, Das Gesetz zur Beschränkung der Haftung Minderjähriger, Tübingen 2002.
Dies., Finanzierung minderjähriger Sportler und die Einrede nach § 1629a BGB, SpuRt 2002, 1–4.
Tilsen, Anja Marie, Die beschränkte Haftung des Minderjährigen im Deliktsrecht. Zugleich ein Beitrag zur Beschränkung der Haftung des Minderjährigen aus verfassungs-, sozialversicherungs- und insolvenzrechtlicher Sicht, Hamburg 2009.
Trittel, Manfred, „Erhöhtes Beförderungsentgelt" bei Schwarzfahrern. Zugleich eine Auseinandersetzung mit Bartl, BB 1978 S. 1446, und Hensen, BB 1979 S. 459, BB 1980, 497–502.
Troge, Thorsten, Herausforderung: Influencer-Marketing, GRUR-Prax 2018, 87–89.
Uhlenbruck InsO Kommentar, Hirte, Heribert/Vallender, Heinz (Hrsg.), Band 1, 15. Auflage, München 2019 (zit. als Uhlenbruck/*Bearbeiter*).
Ulbricht, Dirk, iff-Überschuldungsreport 2019. Überschuldung in Deutschland, Internetressource, abrufbar unter https://www.iff-hamburg.de/wp-content/uploads/2019/06/iff-%C3%9Cberschuldungsreport-2019.pdf, Abrufdatum 27.4.2021.
Undeutsch, Udo, Delikthaftung junger Menschen, in: Gottschaldt, Kurt/Lersch, Philipp et al. (Hrsg.), Forensische Psychologie. Handbuch der Psychologie Band 11, Göttingen et al. 1967, S 567–597 (zit. als *Undeutsch*, Forensische Psychologie).
Uyanik, Markos, Aufhebungs- und Erstattungsentscheidungen nach dem Sozialgesetzbuch. 2. Buch (SGB II) im Konflikt zur Minderjährigenhaftungsbeschränkung nach § 1629a BGB, Berlin 2018.
Ders., Öffentlich-rechtliche Schulden bei Eintritt in die Volljährigkeit? Rechtsschuldbefreiung nach § 44 SGB II als Alternative oder zumindest Ergänzung der Haftungsbeschränkung nach § 1629a BGB (analog), info also 2019, 153–161.
Vallender, Heinz, Grundzüge des Verbraucherinsolvenzverfahrens, ZAP 2016, 463–480.
Vedder, Karl Christian, Missbrauch der Vertretungsmacht. Der Schutz der Selbstbestimmung durch die Anfechtbarkeit vorsätzlich interessenwidriger Vertretergeschäfte, Tübingen 2007.

Ders., Neues zum Missbrauch der Vertretungsmacht – Vorsatzerfordernis, Anfechtbarkeit, negatives Interesse, JZ 2008, 1077–1082.

Veit, Barbara, Mündigkeit und Minderjährigenschutz im Arbeitsrecht, in: Konzen, Horst/Krebber, Sebastian et al. (Hrsg.), Festschrift für Rolf Birk zum siebzigsten Geburtstag, Tübingen 2008, S. 877–898 (zit. als *Veit*, FS Birk).

Voss, Arne, Zur Urteilsfähigkeit Minderjähriger aus psychiatrischer Sicht, BuE 54 (2001), 287–293.

Waas, Bernd, Das Gesetz zur Beschränkung der Haftung Minderjähriger zwischen Selbstbestimmung und notwendigem Schutz des Minderjährigen, KritV 2000, 5–29.

Wacke, Andreas, Einzelprobleme der neugeregelten „Schlüsselgewalt", FamRZ 1980, 13–17.

Wagner, Gerhard, Das Zweite Schadensersatzrechtsänderungsgesetz, NJW 2002, 2049–2064.

Wagner, Gerhard, Deliktsrecht, in: Schulze, Reiner/Bar, Christian von/Schulte-Nöltke, Hans (Hrsg.), Der Akademische Entwurf für einen Gemeinsamen Referenzrahmen, Tübingen 2008, S. 161–214 (zit. als *Wagner*, Entwurf für einen Gemeinsamen Referenzrahmen).

Ders., Reform des Schadensersatzrechts, JBl 2008, 2–22.

Waibel, Erich, Die Verschuldensfähigkeit des Minderjährigen im Zivilrecht, Berlin 1970.

Wandtke, Artur-Axel/Bullinger, Winfried (Hrsg.), Praxiskommentar zum Urheberrecht, 5. Auflage, München 2019 (zit. als Wandtke/Bullinger/*Bearbeiter*).

Weimar, Wilhelm, Der Mietvertrag der beschränkt geschäftsfähigen Person, ZMR 1957, 145–146.

Wellenhofer, Marina, Familienrecht, 5. Auflage, München 2019.

Welser, Rudolf, Braucht Österreich ein neues Schadenersatzrecht?, in: Reischauer, Rudolf/Spielbüchler, Karl/Welser, Rudolf (Hrsg.), Reform des Schadenersatzrechts Band II. Zum Entwurf einer Arbeitsgruppe, Wien 2006, S. 1–22 (zit. als *Welser*, Reform des Schadenersatzrechts Band II).

Weth, Stephan, Zivilrechtliche Probleme des Schwarzfahrens in öffentlichen Verkehrsmitteln, JuS 1998, 795–801.

Wilhelmi, Rüdiger, Risikoschutz durch Privatrecht. Eine Untersuchung zur negatorischen und deliktischen Haftung unter besonderer Berücksichtigung von Umweltschäden, Tübingen 2009.

Wille, R./Bettge, Frank Karl, Empirische Untersuchungen zur Deliktsfähigkeit nach § 828 BGB, VersR 1971, 878–882.

Willems, Constantin, Influencer als Unternehmer. Überlegungen zu § 2 Abs. 1 Nr. 6 UWG und §§ 14, 112 BGB, MMR 2018, 707–711.

Winkler von Mohrenfels, Peter, Der minderjährige Schwarzfahrer – AG Hamburg, NJW 1987, 448, und AG Köln, NJW 1987, 447, JuS 1987, 692–695.

Wolf, Manfred, Vermögensschutz für Minderjährige und handelsrechtliche Haftungsgrundsätze, AcP 187 (1987), 319–342.

Zagouras, Georgios, Klingeltöne & Co. im Abonnement. Vertragsbeziehungen und Kündigung beim wiederkehrenden Vertrieb von Mehrwertdiensten, MMR 2006, 511–514.

Zech, Astrid, Möglichkeiten zur Beschränkung der deliktischen Haftung Minderjähriger im geltenden Recht, Marburg 2004.

Zimmermann, Johannes, Bei Anruf Zahlung? Das Pay by Call-Verfahren zwischen Rechtsscheinhaftung und Minderjährigenschutz, MMR 2011, 516–520.

Zurth, Patrick/Pless, Viola, #transparenz: Die Kennzeichnung nutzergenerierter Werbung in sozialen Netzwerken unter der neuen AVMD-Richtlinie – Teil 1, ZUM 2019, 414–424.

Stichwortregister

Studien zum Privatrecht

Die Schriftenreihe *Studien zum Privatrecht* (StudPriv) als Äquivalent zur renommierten Reihe *Jus Privatum* bietet herausragenden Dissertationen aus dem Bereich des Privatrechts eine ansprechende Plattform und deckt sämtliche Fächer des Privatrechts ab: das Bürgerliche Recht, das Handels- und Gesellschaftsrecht, das Wirtschaftsrecht, das Arbeitsrecht und das Verfahrensrecht. Fächerübergreifende und fachgebietsübergreifende Themenstellungen sind dabei nicht ausgeschlossen, solange der Schwerpunkt der Arbeit im Privatrecht einschließlich seiner europarechtlichen beziehungsweise internationalrechtlichen Bezüge zu finden ist. Um die hohe Qualität der in dieser Reihe veröffentlichten Dissertationen zu gewährleisten, werden nur Arbeiten zur Veröffentlichung in Betracht gezogen, die in beiden Gutachten uneingeschränkt mit summa cum laude bewertet wurden.

ISSN: 1867-4275
Zitiervorschlag: StudPriv

Alle lieferbaren Bände finden Sie unter *www.mohrsiebeck.com/studpriv*

Mohr Siebeck
www.mohrsiebeck.com